Tle STI2D

Nouveau programme 2020

W0352299

Physique-Chimie

ENSEIGNEMENT DE SPÉCIALITÉ

Sous la direction de Jean-Luc Azan

Éric BAUSSON - Lycée du Léon, Landivisiau

Sylvain BERCHET - Collège Gérard Philipe, Paris

Nathalie HOANG-ONIMUS - Lycée Jean-Pierre Timbaud, Brétigny sur Orge

Magali QUERTIER - Lycée Jean-Pierre Timbaud, Brétigny sur Orge

Pierre-François THOMAS - Lycée technique et régional du bâtiment et des travaux publics, Paris

Nathan TECHNIQUE

Sommaire

THÈME 1 ÉNERGIE

THÈME 2 MATIÈRE ET MATÉRIAUX

THÈME 3
ONDES ET SIGNAUX

Sommaire des ressources

Plus de ressources avec notre partenaire Mediachimie — Donner matière à l'avenir

37 VIDÉOS À VISUALISER SUR Nathan live!

3 AUDIOS SUR Nathan live!

18 LIENS SUR Nathan live!

Grand oral

18 RÉSULTATS D'EXPÉRIENCE À TÉLÉCHARGER SUR LE SITE COMPAGNON

Avec ce livre, une licence i-Manuel 2.0

Le i-Manuel 2.0, un outil simple d'utilisation qui reprend l'ensemble des contenus de ce livre sous forme numérique et interactive.

Il permet d'accéder au contenu de ce manuel à tout moment et en tout lieu sur un ordinateur ou une tablette. L'utilisateur peut donc passer du papier au numérique et choisir le support qui lui convient le mieux selon le travail à faire et le lieu où il se trouve.

Une véritable interactivité entre l'enseignant et sa classe

- Piloter la classe : assurer le suivi du travail des élèves à distance et en cours (recevoir et envoyer du travail, faire des commentaires, intervenir en temps réel)
- Intégrer et envoyer à la classe, à un ou plusieurs élèves, des documents personnels
- Afficher les corrigés ou la correction individuelle du travail de l'élève
- Vidéoprojeter en classe les activités, les documents et les corrections pour animer les cours et travailler collectivement
- Télécharger la version papier pour une utilisation sans connexion
- Imprimer des documents pour mettre les élèves en situation d'examen

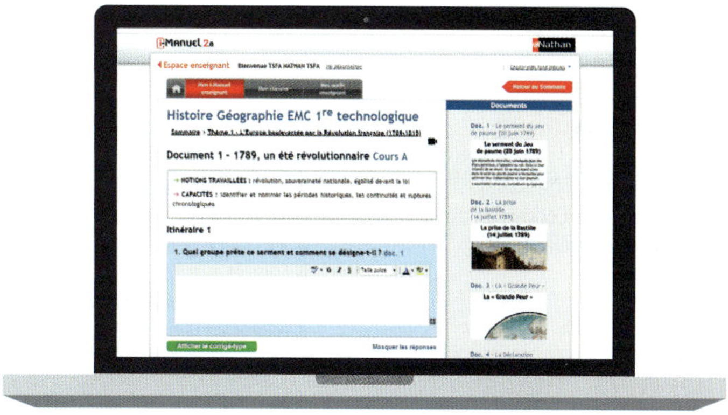

Des fonctionnalités innovantes pour favoriser l'intérêt, la motivation et l'implication des élèves

- Saisir les réponses en travaillant sur ordinateur ou tablette
- Faire les activités et les exercices, préparer ou réviser le cours en classe ou à la maison
- Accéder directement aux ressources numériques, vidéos, logiciels professionnels, fichiers élèves…
- Sauvegarder le travail effectué dans un dossier (classeur)
- Envoyer le travail à son professeur
- S'enregistrer, s'auto-évaluer et se former aux outils numériques

Toutes les infos et les tutos sur www.nathan.fr/i-manuel2

Des ressources numériques en accès direct

① **Téléchargez gratuitement l'application Nathan Live !**
disponible dans l'AppStore et sur Google Play sur votre smartphone ou tablette.

② **Ouvrez l'application.**
Flashez une page avec le logo Nathan Live !
La liste des ressources complémentaires de la page apparaît : vidéos, animations, QCM…

Programme

Physique-chimie de terminale STI2D

THÈME 1 > ÉNERGIE

L'énergie et ses enjeux

Notions et contenus	Capacités exigibles / *Activités expérimentales*
Énergie et puissance.	– Définir la puissance instantanée comme la limite de la puissance moyenne pour un intervalle de temps infiniment petit. – Définir la puissance instantanée comme la dérivée par rapport au temps de l'énergie. – Déterminer l'énergie mise en jeu par un système pendant un intervalle de temps donné à partir de la courbe représentant la puissance en fonction du temps. – *Utiliser un outil numérique (tableur, logiciel ou programme informatique) pour calculer les valeurs de la puissance d'un système à partir d'un tableau de valeurs de l'énergie mise en jeu au cours du temps.* – *Utiliser un outil numérique (tableur, logiciel ou programme informatique) pour calculer les valeurs de l'énergie mise en jeu au cours du temps à partir d'un tableau de valeurs de la puissance d'un système.* – Estimer la durée de fonctionnement d'un système autonome.
Puissance absorbée et puissance utile. Rendement d'une conversion, d'un transfert d'énergie.	– Exploiter la relation permettant de calculer le rendement d'une conversion ou d'un transfert d'énergie.
Réversibilité des conversions d'énergie.	– Définir un fonctionnement réversible et non-réversible pour un convertisseur.

Énergie chimique

Notions et contenus	Capacités exigibles / *Activités expérimentales*
Piles, accumulateurs. Conversion d'énergie chimique en énergie électrique.	– Distinguer une pile d'un accumulateur. – Calculer l'énergie totale stockée dans une batterie d'accumulateur ou une pile à partir des caractéristiques tension et quantité d'électricité stockée. – *Exploiter les principales caractéristiques des piles ou accumulateurs (tension à vide, capacité, énergies massique et volumique, nombre de cycles de charge et décharge) pour les utiliser dans des applications spécifiques.*

Énergie électrique

Notions et contenus	Capacités exigibles / *Activités expérimentales*
Le régime sinusoïdal. Puissance active et puissance apparente.	– Indiquer que la puissance apparente S, égale au produit des valeurs efficaces de la tension et de l'intensité du courant, est une grandeur de dimensionnement d'une installation ou d'un équipement électrique. – Indiquer que la puissance active P est égale à la puissance moyenne mise en jeu par une installation ou d'un équipement électrique. – *Mesurer une puissance active P et apparente S en régime sinusoïdal.* – *Utiliser un outil numérique (tableur, logiciel ou programme informatique) pour calculer la valeur de la puissance active d'un système à partir des évolutions temporelles de la tension et de l'intensité du courant.* – Calculer le facteur de puissance $k = P/S$ d'un récepteur en régime sinusoïdal.
Transport et distribution de l'énergie électrique.	– Représenter le schéma simplifié de l'organisation du transport et de la distribution de l'énergie électrique pour une ligne monophasée. – Distinguer et citer les caractéristiques essentielles du réseau de distribution électrique. – Relier qualitativement le facteur de puissance d'un équipement de puissance donnée aux pertes dans les lignes d'alimentation. – Citer les rôles du transformateur (élévation de tension, diminution de tension, isolation galvanique). – *Mesurer le rendement et le rapport de transformation d'un transformateur monophasé.* – Relier qualitativement l'augmentation, pour une charge donnée, de la tension de distribution à la diminution des pertes dans les lignes d'alimentation.
Protection des individus contre les risques du courant électrique.	– Exploiter des documents mettant en évidence les seuils de dangerosité du courant électrique. – Citer des dispositifs de protection des individus contre les risques du courant électrique : isolation, alimentation en très basse tension et disjoncteur différentiel dans une installation domestique.
Protection des matériels contre les risques du courant électrique.	– Citer des dispositifs de protection des matériels contre les risques du courant électrique : fusible et disjoncteur.

Énergie interne

Notions et contenus	Capacités exigibles / *Activités expérimentales*
Flux thermique.	– Définir le flux thermique à travers une paroi comme un débit d'énergie équivalent à une puissance. – Calculer le flux thermique à travers une paroi.
Conduction et résistance thermique. Conductivité thermique.	– Exploiter la relation entre flux thermique à travers une paroi en régime permanent, résistance thermique et écart de température. – Relier qualitativement l'augmentation de la résistance thermique d'une paroi à la diminution du flux thermique la traversant pour un même écart de température. – Calculer la valeur de la résistance thermique d'une paroi à partir de son épaisseur et de la conductivité thermique du matériau. – Calculer la résistance thermique d'une paroi composée de plusieurs couches de matériaux différents. – *Déterminer expérimentalement la résistance thermique d'une paroi.*

Énergie mécanique

Notions et contenus	Capacités exigibles / *Activités expérimentales*
Principe fondamental de la dynamique.	– Déterminer, à partir de l'accélération, la résultante des forces appliquées à un système dont le mouvement est rectiligne. – Déterminer les caractéristiques de l'accélération d'un système dans le cas d'un mouvement rectiligne à partir des forces extérieures appliquées. – *Exploiter numériquement des résultats expérimentaux pour valider le modèle de la chute libre.* – *Mesurer des accélérations et en déduire la résultante des forces extérieures appliquées au système étudié.*
Force de frottement entre un fluide et un solide. Force de frottement entre solides. Transfert d'énergie par travail mécanique.	– *Exploiter des mesures pour modéliser une force de résistance aérodynamique lors d'un déplacement d'un solide à vitesse constante.* – Exploiter la relation entre la variation d'énergie cinétique d'un solide en translation et le travail des forces extérieures appliquées pour déterminer une force de frottement supposée constante (frottement solide-solide).
Mouvement de rotation. Actions mécaniques : moment d'une force, couple de forces et moment d'un couple.	– Écrire et exploiter la relation entre vitesse linéaire et vitesse angulaire. – Définir et calculer le moment d'une force et d'un couple de forces. – Exploiter graphiquement la caractéristique mécanique d'un moteur pour déterminer le point de fonctionnement d'un ensemble moteur-charge en régime permanent.
Force pressante et pression dans un fluide incompressible en équilibre. Statique des fluides.	– Définir la pression exercée sur une surface à partir de la résultante des forces pressantes appliquées. – Distinguer la pression absolue de la pression relative. – Citer et exploiter le principe fondamental de l'hydrostatique. – Mesurer des pressions ou des différences de pression.

Énergie transportée par la lumière

Notions et contenus	Capacités exigibles / *Activités expérimentales*
Modèle corpusculaire de la lumière (le photon). Énergie d'un photon.	– Interpréter les échanges d'énergie entre la matière et la lumière à l'aide de la notion de photon. – Citer et exploiter la relation $\Delta E = h.f$ reliant une variation d'énergie à la fréquence des photons émis ou reçus.
Conversion photovoltaïque. Conversion photothermique.	– Identifier les formes d'énergie mises en jeu dans une conversion photovoltaïque et une conversion photothermique. – Exploiter les caractéristiques tension-courant d'un panneau photovoltaïque pour identifier son point de fonctionnement. – Réaliser le bilan de puissance pour déterminer le rendement d'une conversion photovoltaïque et d'une conversion photothermique.

THÈME 2 > MATIÈRE ET MATÉRIAUX

Propriétés des matériaux et organisation de la matière

Notions et contenus	Capacités exigibles / *Activités expérimentales*
Changements d'état et transferts thermiques.	– Associer, dans le cas de l'eau, un changement d'état à l'établissement ou à la rupture de liaisons hydrogène entre molécules. – Utiliser un diagramme d'état (P, T) pour déterminer l'état final d'un fluide lors d'une transformation physique d'un corps pur. – *Établir expérimentalement le bilan énergétique de la transformation physique d'une entité chimique.* – Utiliser l'énergie massique de changement d'état et les capacités thermiques massiques pour calculer les énergies mises en jeu.

Radioactivité naturelle et artificielle. Rayonnement radioactif de type alpha, bêta et gamma. Loi de décroissance radioactive et demi-vie. $N(t) = N(0) \times e^{-\frac{1}{\tau}}$ où τ est la demi-vie de l'espèce considérée.	– Distinguer la radioactivité naturelle de la radioactivité artificielle. – Citer les différents types de rayonnement radioactif et préciser la nature des particules émises. – Citer la définition de l'activité d'une source radioactive et indiquer son unité. – Exploiter la définition de la demi-vie d'une espèce radioactive. – Comparer la décroissance radioactive de deux espèces connaissant leurs demi-vies respectives.
Réaction de fission. Réaction de fusion. Défaut de masse et énergie libérée.	– Distinguer une réaction de fission d'une réaction de fusion, l'équation nucléaire étant donnée. – Déterminer la valeur du défaut de masse lors d'une réaction nucléaire, l'équation étant donnée. – Calculer l'énergie libérée lors d'une réaction nucléaire, le défaut de masse étant connu.

Combustions

Notions et contenus	Capacités exigibles / *Activités expérimentales*
Bilan énergétique d'une combustion complète.	– Utiliser le modèle de la réaction chimique pour déterminer l'énergie échangée entre le système chimique étudié et le milieu extérieur lors d'une combustion complète.

Oxydo-réduction : piles, accumulateurs et piles à combustible

Notions et contenus	Capacités exigibles / *Activités expérimentales*
Transformation chimique et générateurs électriques. Piles, accumulateurs, piles à combustible.	– Identifier l'oxydant et le réducteur mis en jeu dans une pile ou un accumulateur à partir de la polarité de la pile ou des couples oxydant/réducteur utilisés. – Exploiter les équations d'une réaction d'oxydo-réduction pour réaliser un bilan de matière dans le cas d'une charge puis d'une décharge d'un accumulateur. – Exploiter les équations d'une réaction d'oxydo-réduction pour réaliser un bilan de matière dans le cas d'une pile à combustible.

Réactions chimiques acido-basiques

Notions et contenus	Capacités exigibles / *Activités expérimentales*
Définition d'un acide et d'une base. Couple acide-base. Définition du pH. Réaction acido-basique.	– Définir un acide comme un donneur de proton et une base comme un accepteur de proton. – Identifier un acide et une base dans un couple donné. – Citer et exploiter la relation entre la concentration en ions H_3O^+ d'une solution aqueuse et la valeur du pH. – Prévoir le sens d'évolution du pH lors d'une dilution d'une solution aqueuse de pH connu. – Écrire et exploiter l'équation chimique d'une réaction entre un acide et une base, les couples acide/base étant donnés. – *Mesurer le pH d'une solution aqueuse.* – *Proposer et réaliser un protocole permettant d'obtenir une solution de concentration molaire donnée par dilution.*

THÈME 3 > ONDES ET SIGNAUX

Notion d'onde

Notions et contenus	Capacités exigibles / *Activités expérimentales*
Spectre d'amplitude d'un signal périodique.	– Comprendre qu'un signal périodique quelconque peut être décomposé en une somme d'un signal continu (composante continue) et de signaux sinusoïdaux. – Identifier la fréquence du fondamental d'un signal périodique. – Exploiter un spectre d'amplitude d'un signal périodique pour déterminer la valeur absolue de la composante continue, l'amplitude et la fréquence du fondamental et des harmoniques présents. – Déterminer le rang d'un harmonique à partir de sa fréquence et de la fréquence du signal. – *Relever expérimentalement le spectre d'amplitude d'une onde périodique : déterminer la fréquence du fondamental et des harmoniques.*
Transmission d'un signal.	– Déterminer l'intervalle de fréquence nécessaire pour transmettre un signal comportant un ensemble d'harmoniques choisis.

Ondes sonores

Notions et contenus	Capacités exigibles / *Activités expérimentales*
Spectre d'amplitude d'un son. Son pur et son complexe. Notion de timbre et de hauteur.	– *Utiliser un outil numérique pour relever le spectre d'amplitude d'un signal sonore périodique (son pur et son complexe).* – Déterminer la fréquence du fondamental et des harmoniques à partir du spectre d'amplitude d'un signal sonore. – Définir et distinguer la notion de timbre et de hauteur.

Intensité acoustique et niveau sonore.	– Exploiter la relation entre l'intensité acoustique et le niveau sonore. – Citer et exploiter l'unité correspondant au niveau sonore : le décibel (dB). – Exploiter des informations relatives aux courbes de sensibilité de l'oreille humaine (fréquences audibles, seuil d'audibilité, seuil de douleur, etc.). – *Mesurer des niveaux sonores.*
Transmission et absorption.	– *Mettre en évidence expérimentalement les phénomènes de transmission ou d'absorption d'un son par différents matériaux.*

Ondes électromagnétiques

Notions et contenus	Capacités exigibles / *Activités expérimentales*
Spectre des ondes électromagnétiques utilisées en communication.	– Positionner les domaines fréquentiels des ondes utilisées dans les télécommunications sur une échelle de fréquence ou de longueur d'onde, à partir de données fournies.
Transmission d'informations.	– Associer qualitativement la transmission d'informations différentes dans un même milieu à une transposition fréquentielle. – Relier le domaine de fréquence exploité à la dimension des antennes utilisées. – *Mettre en œuvre une transmission d'informations par infrarouge ou onde radio.* – *Mettre en œuvre une transmission par fibre optique.*

Mesure et incertitudes

Notions et contenus	Capacités exigibles / *Activités expérimentales*
Dispersion des mesures. Incertitude-type sur une série de mesures ou une mesure unique.	– Procéder à l'évaluation d'une incertitude-type par une approche statistique (type A). – *Utiliser un outil numérique pour évaluer une incertitude-type* par une approche statistique (type A). – Procéder à l'évaluation d'une incertitude-type associée à une mesure unique en exploitant une relation fournie.
Incertitude-type composée.	– Comparer le poids des différentes sources d'erreur, à partir de l'incertitude-type associée à chacune d'elles. – *Utiliser un outil numérique pour évaluer l'incertitude-type composée associée à une mesure obtenue lors de la réalisation d'un protocole dans lequel interviennent plusieurs incertitudes.* – Faire des propositions pour améliorer un protocole de mesure.
Valeur de référence. Validité d'un résultat.	– Évaluer le nombre d'incertitudes-types séparant le résultat d'une mesure de la valeur de référence. – Discuter selon le contexte de la validité d'un résultat de mesure en fonction du nombre d'incertitudes-types le séparant d'une valeur de référence.
Écriture d'un résultat.	– Maîtriser l'usage des chiffres significatifs et l'écriture scientifique pour écrire un résultat avec l'incertitude associée et l'unité correspondante. – Arrondir un résultat d'une mesure en cohérence avec l'incertitude associée.

Pictogrammes POUR VOUS GUIDER

Au fil du manuel, vous pourrez retrouver ces pictogrammes.

TABLEUR ▶ L'exercice concerné demandera aux élèves d'utiliser un tableur.

Audacity ▶ L'exercice ou l'activité demandera à l'élève d'utiliser le logiciel Audacity.

→ Mesures et incertitudes, rabats ▶ L'exercice fait appel à des notions de mesures et d'incertitudes. Un rabat rassemble l'essentiel de ces notions.

DIFFÉRENCIATION ▶ L'exercice concerné dispose, sur le site compagnon, d'une version avec des questions supplémentaires pour guider l'élève.

Vidéo ▶ Une vidéo, une animation ou un lien vers un site internet sont disponibles sur Nathan Live et le site compagnon.

RÉSULTATS D'EXPÉRIENCE À TÉLÉCHARGER ▶ Les résultats de l'activité expérimentale sont disponibles sur le site compagnon.

THÈME 1 › ÉNERGIE

CHAPITRE 1

THÈME 1 › ÉNERGIE

L'énergie et ses enjeux

L'énergie est essentielle à toute activité humaine, elle est extraite de ressources primaires. Les ressources primaires exploitées sont le bois et les énergies fossiles (charbon, pétrole, gaz). L'uranium, avec la fission nucléaire, et l'énergie mécanique des cours d'eau et du vent sont utilisés pour produire de l'énergie. Dans l'univers, la quantité totale d'énergie est constante. L'énergie peut se transformer mais elle ne peut être ni créée ni détruite.

→ **Comment fonctionnent les convertisseurs d'énergie et quelles sont leurs principales caractéristiques ?**

› Testez vos prérequis

Indiquer la (ou les) bonne(s) réponse(s) :

1. Un dispositif reçoit une énergie de 100 kJ pendant 30 minutes. La puissance moyenne vaut :

☐ **a.** 56 W ☐ **b.** 560 W ☐ **c.** 18 W

2. Un moteur électrique de puissance 3 kW fonctionne pendant 1 heure. L'énergie consommée vaut :

☐ **a.** 3 kWh ☐ **b.** 10^7 J ☐ **c.** 300 J

3. Un panneau photovoltaïque convertit le rayonnement solaire en :

☐ **a.** énergie mécanique
☐ **b.** énergie thermique
☐ **c.** électricité

4. Un alternateur absorbe une puissance mécanique de 255 kW et fournit une puissance électrique de 176 kW. Son rendement vaut :

☐ **a.** 0,70
☐ **b.** 1,1
☐ **c.** 50 %

5. L'énergie nucléaire :

☐ **a.** ne produit pas de CO_2
☐ **b.** est une énergie non renouvelable
☐ **c.** est fournie par la fission de l'uranium

→ Corrigés, p. 284

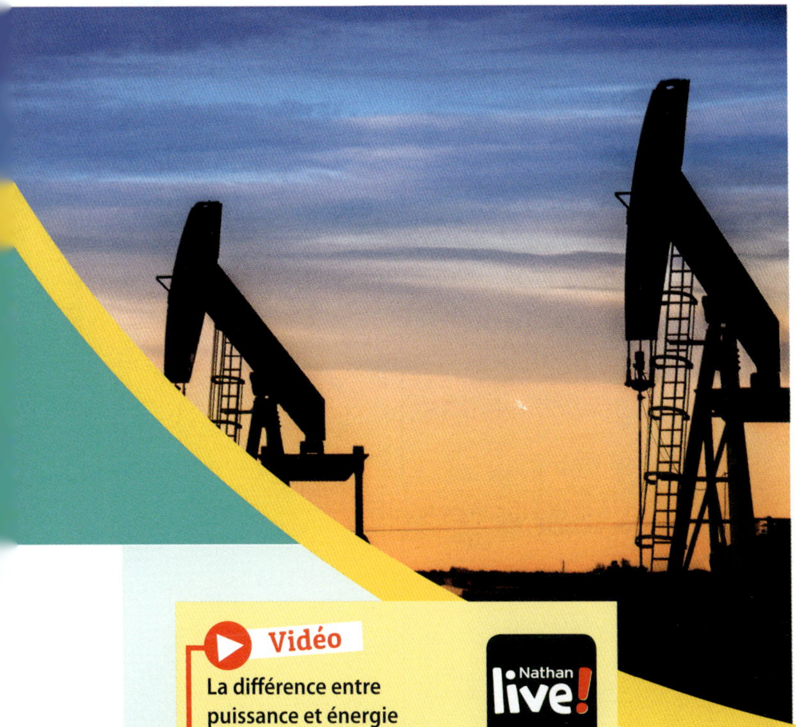

Vidéo
La différence entre puissance et énergie

CAPACITÉS EXIGIBLES

- Déterminer l'énergie mise en jeu par un système à partir de la courbe de la puissance en fonction du temps.

> ACTIVITÉ DOCUMENTAIRE 1

- Définir la puissance instantanée avec la dérivée par rapport au temps de l'énergie et la limite de la puissance moyenne.

> ACTIVITÉ DOCUMENTAIRE 2

- Utiliser un outil numérique pour calculer la puissance d'un système à partir d'un tableau de valeurs de l'énergie et les valeurs de l'énergie à partir d'un tableau de valeurs de la puissance d'un système.

> ACTIVITÉ EXPÉRIMENTALE 3

- Calculer la durée de fonctionnement d'un système autonome.

> ACTIVITÉ DOCUMENTAIRE 4

ACTIVITÉ 1

ACTIVITÉ DOCUMENTAIRE

COMPÉTENCES

✓ Réaliser : effectuer des calculs littéraux et numériques

Puissance moyenne et puissance instantanée

DOC. Puissance instantanée $p(t)$ consommée pour un dispositif de chauffage

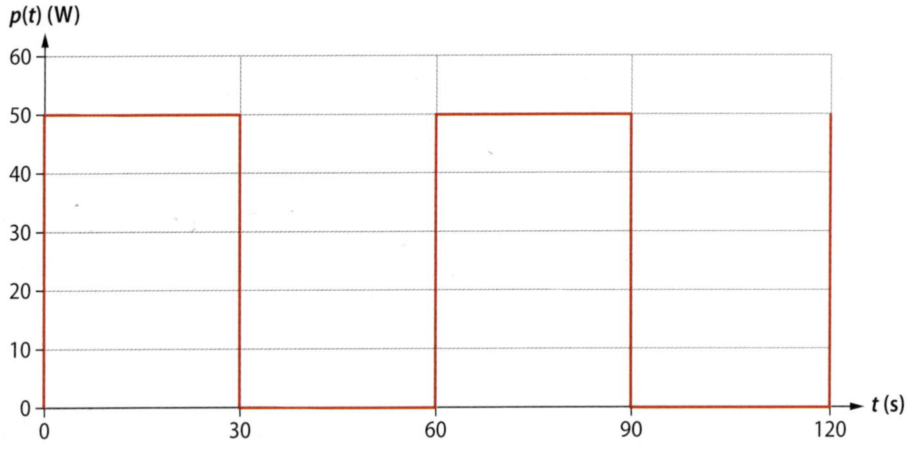

Outils

- La **puissance moyenne** P sur un intervalle de temps $\Delta t = t_2 - t_1$ est définie par l'expression suivante :

$$P = \frac{1}{t_2 - t_1}\int_{t_1}^{t_2} p(t)dt = \frac{1}{\Delta t}\int_{\Delta t} p(t)dt$$

• P : puissance moyenne en watts
• $p(t)$: puissance instantanée en watts
• Δt : intervalle de temps en secondes

La puissance moyenne P sur une durée Δt peut être calculée à l'aide de la méthode suivante : $P = \frac{A}{\Delta t}$.
Avec A = aire comprise entre la courbe $p(t)$ et l'axe des abscisses.

- Pour une **puissance instantanée** $p(t)$ périodique de période T, on peut écrire :

$$P = \frac{1}{T}\int_0^T p(t)dt$$

QUESTIONS

1. RÉALISER ▶ À l'aide du graphique du **DOC.**, déterminer la période T de la puissance instantanée $p(t)$.

2. RÉALISER ▶ Calculer la puissance moyenne P.

3. RÉALISER ▶ En déduire l'énergie consommée par ce dispositif de chauffage en J et en kWh pour une durée de 1 h.

4. ANALYSER – RAISONNER ▶ On règle le dispositif de chauffage avec une période de $p(t)$ 2 fois plus petite. Que peut-on dire pour la valeur de la puissance moyenne P ?

ACTIVITÉ 2

ACTIVITÉ EXPÉRIMENTALE **TP**

COMPÉTENCES

✓ Réaliser : effectuer des calculs littéraux et numériques

Puissance instantanée et énergie

DOC. Énergie consommée $e(t)$ par un dispositif d'éclairage

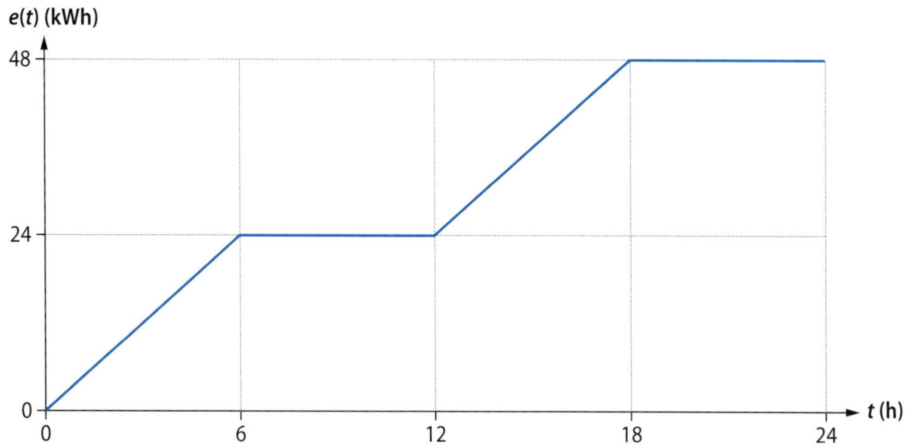

Outils

- La puissance instantanée $p(t)$ est définie par l'expression suivante :

$$p(t) = \frac{de(t)}{d(t)}$$

• $e(t)$: énergie en joules
• $p(t)$: puissance instantanée en watts

- La puissance moyenne P sur un intervalle Δt est définie par :

$$P = \frac{1}{\Delta t}\int_{\Delta t} p(t)dt$$

On en déduit l'expression de la puissance instantanée : $p(t) = \lim P$ lorsque $\Delta t \to 0$

QUESTIONS

1. ANALYSER – RAISONNER ▶ Indiquer sur le graphique du **DOC.** les phases où le dispositif d'éclairage est en veille.

2. RÉALISER ▶ Représenter le graphique donnant la puissance instantanée $p(t)$ de ce dispositif d'éclairage.

3. RÉALISER ▶ Calculer la puissance moyenne P pour une journée de fonctionnement.

4. RÉALISER ▶ On remplace les lampes par des lampes « basse consommation » qui permettent de diviser par 2 la dépense énergétique. Calculer la nouvelle valeur de la puissance moyenne.

RÉSULTATS D'EXPÉRIENCE À TÉLÉCHARGER

ACTIVITÉ 3

ACTIVITÉ EXPÉRIMENTALE TP TABLEUR

COMPÉTENCES
✓ Analyser/Raisonner : exploiter des informations

→ Utilisation d'un tableur : énergie et puissance

DOC. 1 Énergie consommée dans un bâtiment

On a enregistré toutes les heures les valeurs de l'énergie consommée dans un bâtiment :

Énergie (en kWh)	1 517	3 860	4 589	8 732	9 425	12 765	12 865	15 344	17 032
Temps (en heures)	1	2	3	4	5	6	7	8	9
Puissance (en kW)									

Outils

L'énergie consommée ou produite par un dispositif ΔE pendant une durée Δt est reliée à la puissance moyenne P par la relation suivante :

$$P = \frac{\Delta E}{\Delta t} = \frac{E_2 - E_1}{t_2 - t_1}$$

- ΔE : énergie en joules (J) ou en kilowattheures (kWh)
- P : puissance moyenne en watts (W) ou en kilowatts (kW)
- Δt : durée en secondes (s) ou en heures (h)

DOC. 2 Puissance fournie par un moteur électrique

On a mesuré, à l'aide d'un wattmètre, la puissance fournie par un moteur électrique lors d'une phase de démarrage :

Puissance (en W)	12	32	47	57	62
Temps (en s)	10	20	30	40	50
Énergie (en J)					

QUESTIONS

Document 1

1. RÉALISER ▶ Calculer la valeur de la puissance moyenne pour un intervalle de 0 h à 9 h.

2. RÉALISER ▶ À l'aide d'un tableur, calculer la valeur de la puissance mise en jeu au cours du temps et compléter le tableau du DOC. 1.

3. ANALYSER – RAISONNER ▶ Représenter l'allure de la courbe représentant la puissance en fonction du temps.

4. A VENIR ▶ En déduire le dimensionnement de ce dispositif concernant les équipements de puissance.

Document 2

5. RÉALISER ▶ À l'aide d'un tableur, calculer la valeur de l'énergie mise en jeu au cours du temps et compléter le tableau du DOC. 2.

6. ANALYSER – RAISONNER ▶ En déduire la valeur de l'énergie fournie par ce moteur électrique pour une durée de 50 s.

RÉSULTATS D'EXPÉRIENCE À TÉLÉCHARGER

ACTIVITÉ 4

ACTIVITÉ DOCUMENTAIRE

COMPÉTENCES

✓ Analyser/Raisonner : exploiter des informations

Durée de fonctionnement d'un système autonome

DOC. Autonomie d'un vélo électrique

L'autonomie d'un vélo électrique peut énormément varier (de 20 à 80 km) selon le type de batterie embarquée mais aussi suivant le type de parcours effectué et le niveau d'assistance utilisé.

La capacité de la batterie

La batterie correspond au réservoir du vélo électrique. Plus sa capacité, exprimée en Wh, sera élevée, meilleure sera l'autonomie. Les batteries des modèles d'entrée de gamme ont une capacité de 300-400 Wh, tandis que celles des modèles haut de gamme ont une capacité de 600-800 Wh.

Ex. : une batterie de 36 V et 14 Ah a une capacité de : 36 V × 14 Ah = 504 Wh.

Le niveau d'assistance

Le niveau d'assistance choisi a un impact direct sur la consommation et donc l'autonomie du vélo électrique. Il faut adapter la conduite en utilisant les niveaux d'assistance les plus bas en terrain plat et les plus élevés dans les montées.

Le type de parcours

Descente, terrain plat ou forte montée… L'autonomie du vélo électrique ne sera pas la même selon le parcours emprunté. Un fort dénivelé associé à un niveau d'assistance élevé induit une consommation importante d'énergie électrique.

Le poids de l'utilisateur

Souvent, l'autonomie annoncée par le constructeur est estimée avec une personne dont la masse est voisine de 60 kg. Pour un vélo électrique de 22 kg, on obtient une masse totale de 82 kg. Pour un individu de 80 kg, la masse totale augmente alors de 25 %, ce qui influe sur l'autonomie du vélo électrique.

QUESTIONS

1. RÉALISER ▶ Un vélo électrique dispose d'une batterie de 400 Wh. Calculer l'énergie totale en joules qu'elle peut fournir.

2. RÉALISER ▶ Ce vélo électrique a une autonomie de 60 km sur terrain plat pour une vitesse moyenne de 20 km.h^{-1}. Calculer sa durée d'utilisation.

3. RÉALISER ▶ La puissance du moteur électrique est de 250 W. En supposant qu'il a fonctionné avec une puissance moyenne de 180 W, calculer l'énergie fournie au moteur électrique par la batterie.

4. ANALYSER – RAISONNER ▶ Un cycliste fait un parcours avec un dénivelé de 500 m. Estimer l'autonomie de ce vélo électrique (la distance parcourue par le cycliste).

LE COURS

1 PUISSANCE MOYENNE ET PUISSANCE INSTANTANÉE

- La **puissance moyenne *P*** sur un intervalle de temps $\Delta t = t_2 - t_1$ est définie par l'expression suivante :

$$P = \frac{1}{t_2 - t_1}\int_{t_1}^{t_2} p(t)dt = \frac{1}{\Delta t}\int_{\Delta t} p(t)dt$$

- P : puissance moyenne en watts (W) ou en kilowatts (kW)
- $p(t)$: puissance instantanée en watts (W)
- Δt : durée en secondes (s) ou en heures (h)

La puissance moyenne P sur une durée Δt peut être calculée à l'aide de la méthode suivante : $P = \frac{A}{\Delta t}$.

Avec A = aire comprise entre la courbe $p(t)$ et l'axe des abscisses.

- Pour une **puissance instantanée *p(t)*** périodique de période T, on peut écrire :

$$P = \frac{1}{T}\int_0^T p(t)dt$$

2 PUISSANCE INSTANTANÉE ET ÉNERGIE

La puissance instantanée $p(t)$ est définie par l'expression suivante :

$$p(t) = \frac{de(t)}{d(t)}$$

- $e(t)$: énergie en joules
- $p(t)$: puissance instantanée en watts

La puissance moyenne P sur un intervalle Δt est définie par : $P = \frac{1}{\Delta t}\int_{\Delta t} p(t)dt$

On en déduit l'**expression de la puissance instantanée** : $p(t) = \lim P$ lorsque $\Delta t \rightarrow 0$

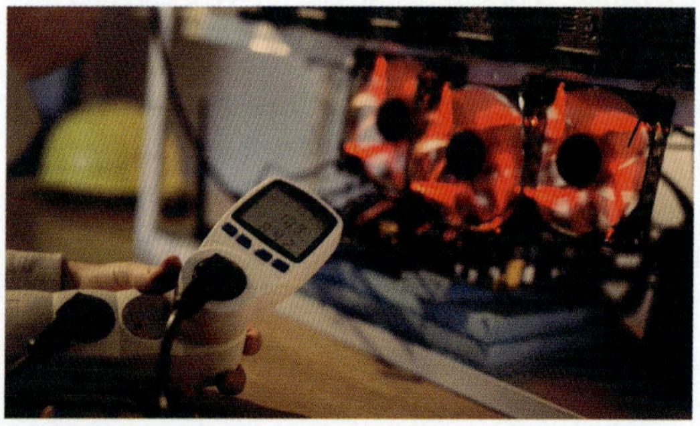

▲ Wattmètre

3 UTILISATION D'UN TABLEUR : ÉNERGIE ET PUISSANCE

L'énergie consommée ou produite par un dispositif ΔE pendant une durée Δt est reliée à la puissance moyenne P par la relation suivante :

$$P = \frac{\Delta E}{\Delta t} = \frac{E_2 - E_1}{t_2 - t_1}$$

- ΔE : énergie en joules (J) ou en kilowattheures (kWh)
- P : puissance moyenne en watts (W) ou en kilowatts (kW)
- Δt : durée en secondes (s) ou en heures (h)

4 RENDEMENT D'UN CONVERTISSEUR D'ÉNERGIE

• **L'énergie ne se produit pas, ne se consomme pas** ;
elle se transforme ou se convertit d'une forme en une autre. Par exemple :
– le carburant se convertit en énergie mécanique et en énergie thermique à l'aide d'un moteur à combustion ;
– le rayonnement solaire est converti en électricité par un panneau photovoltaïque.

Lors d'un transfert ou d'une conversion, toute l'énergie entrante (absorbée) n'est pas transférée en énergie de sortie (utile), une partie est dissipée dans l'environnement sous forme d'énergie thermique.

• Le **rendement**, rapport de l'énergie utile sur l'énergie absorbée, est donc inférieur à 100 %.

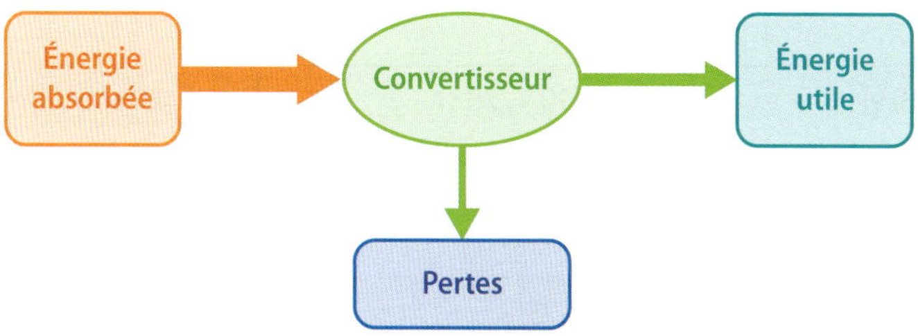

Rendement η d'un convertisseur d'énergie : $\eta = \frac{\text{Énergie utile}}{\text{Énergie absorbée}} = \frac{\text{Puissance absorbée}}{\text{Puissance utile}}$.

Exemples :

Convertisseur	Énergie absorbée	Énergie utile	Rendement maximum
Brûleur	Chimique	Thermique	1
Alternateur	Mécanique	Électrique	0,98
Moteur électrique	Électrique	Mécanique	0,90
Moteur thermique	Chimique	Mécanique	0,45

Indiquer la (ou les) bonne(s) réponse(s) :

Puissance moyenne et puissance instantanée

La puissance instantanée fournie par un dispositif est modélisée par : $p(t) = P_M \cos(\omega t)$.

	A	B	C
1. Cette puissance instantanée est périodique de période :	☐ $T = \frac{2\pi}{\omega}$	☐ $T = \frac{\omega}{2\pi}$	☐ $T = \frac{1}{\omega}$
2. La puissance moyenne est égale à :	☐ P_M	☐ $\frac{P_M}{\sqrt{2}}$	☐ 0 W
3. La valeur maximale de cette puissance vaut :	☐ $\frac{P_M}{\sqrt{2}}$	☐ P_M	☐ $\frac{P_M}{2\pi}$

Puissance instantanée et énergie

	A	B	C
4. Une ampoule à LED de puissance 4,0 W fonctionne pendant 12 h. L'énergie consommée vaut :	☐ 48 J	☐ $1{,}7 \times 10^5$ J	☐ 48 Wh
5. L'énergie consommée par un dispositif est modélisée par : $e(t) = E_M \sin(\omega t)$. La puissance instantanée est donnée par :	☐ $p(t) = E_M \omega \cos(\omega t)$	☐ $p(t) = E_M \cos(\omega t)$.	☐ $p(t) = E_M \sin(\omega t)$

Utilisation d'un tableur : énergie et puissance

On a enregistré toutes les 10 secondes l'énergie fournie par un système électromécanique :

Énergie (en J)	55	87	93	107	120	120

	A	B	C
6. La valeur de la puissance moyenne sur un intervalle de 1 minute vaut :	☐ 2,0 W	☐ 120 W	☐ 582 W
7. Pour l'intervalle de temps [50 s ; 60 s], la puissance est égale à :	☐ 55 W	☐ 120 W	☐ 0 W
8. La puissance est maximale pour l'intervalle :	☐ [0 s ; 10 s]	☐ [10 s ; 20 s]	☐ [20 s ; 30 s]

Rendement d'un convertisseur d'énergie

	A	B	C
9. Une éolienne terrestre absorbe une puissance moyenne de 2,0 MW et fournie une puissance électrique moyenne de 0,46 MW. Son rendement vaut :	☐ 4,3	☐ 0,23	☐ 23 %
10. Pour une vitesse du vent de 10 m.s^{-1}, une éolienne domestique a un rendement de 34 %. Si la puissance absorbée vaut 5,0 kW, la puissance utile est égale à :	☐ 170 kW	☐ 1,7 kW	☐ 0,15 kW

→ Corrigés, p. 284

■ Traitement thermique

Pour réaliser un traitement thermique pour des pièces métalliques, un système de chauffage fournit une énergie, $e(t)$ selon 3 phases de fonctionnement, représentées ci-contre.

- $0 < t < t_1 : e(t) = at^2$
- $t_1 < t < t_2 : e(t) = E_1 + b(t - t_1)$
- $t_2 < t < t_3 : e(t) = E_2$

Données :
$t_1 = 4{,}0$ h, $t_2 = 8{,}0$ h, $t_3 = 12$ h
$E_1 = 250$ MJ, $E_2 = 500$ MJ

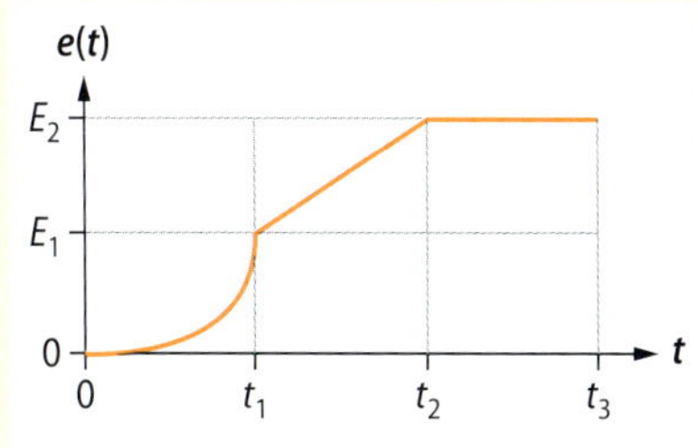

1. Déterminer l'expression de la puissance instantanée, $p(t)$, pour les 3 phases de fonctionnement.

ANALYSER/RAISONNER - Exploiter la relation entre $e(t)$ et $p(t)$.

2. Représenter graphiquement $p(t)$.

RÉALISER - Calculer les valeurs numériques de a et b puis tracer la courbe de $p(t)$ pour les 3 phases.

3. Calculer la valeur moyenne de la puissance P.

ANALYSER/RAISONNER - Calculer l'aire de la surface comprise entre la courbe $p(t)$ et l'axe des abscisses.

4. Le système de chauffage absorbe une puissance électrique $P_a = 220$ kW. Calculer le rendement de ce dispositif.

RÉALISER - Utiliser la définition du rendement.

Solution

1. On utilise la définition : $p(t) = \dfrac{de(t)}{d(t)}$ et on obtient :
- $0 < t < t_1 : p(t) = 2at$
- $t_1 < t < t_2 : p(t) = b$
- $t_2 < t < t_3 : p(t) = 0$

2. On peut écrire : $E_1 = at_1^2$ soit :
$a = 1{,}2\ J.s^{-2}$ et $E_2 = E_1 + b(t_2 - t_1)$,
soit : $b = \dfrac{E_2 - E_1}{t_2 - t_1} = 1{,}7 \times 10^4\ W$.

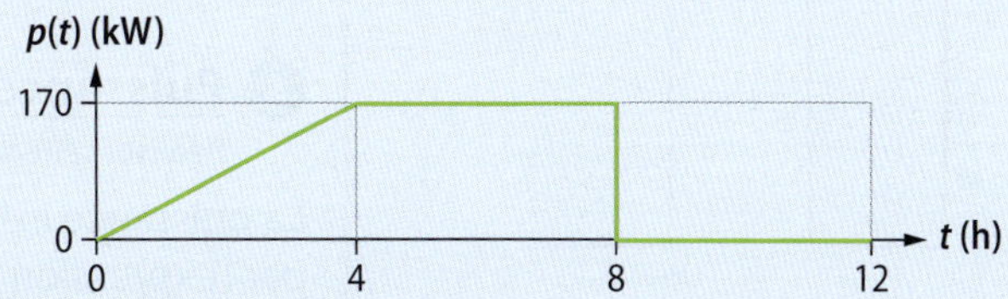

3. Puissance moyenne : $P = \dfrac{\dfrac{4 \times 170}{2} + 4 \times 170}{8} = 130$ kW.

4. Rendement : $\eta = \dfrac{130}{220} = 0{,}59$.

À VOUS DE JOUER !

■ Puissance d'un chauffage

Le système de chauffage fournit maintenant une énergie selon les 3 phases de fonctionnement définies ci-dessous :
- $0 < t < t_1 : e(t) = at$
- $t_1 < t < t_2 : e(t) = E_1$
- $t_2 < t < t_3 : e(t) = E_1 + b(t - t_2)^2$

Données :
$t_1 = 2{,}0$ h, $t_2 = 6{,}0$ h, $t_3 = 12$ h
$E_1 = 250$ MJ, $E_2 = e(t_3) = 500$ MJ

1. Déterminer l'expression de la puissance instantanée, $p(t)$, pour les 3 phases de fonctionnement.

2. Représenter graphiquement $p(t)$.

3. Calculer la valeur moyenne de la puissance P.

4. Le système de chauffage absorbe une puissance électrique $P_a = 25$ kW. Calculer le rendement de ce dispositif.

→ Corrigés, p. 284

Puissance moyenne et puissance instantanée

1 Puissance instantanée périodique

Réaliser : effectuer une représentation graphique

On a enregistré la puissance instantanée $p(t)$ pour 3 dispositifs.
L'axe des abscisses est gradué en s et l'axe des ordonnées est gradué en W.

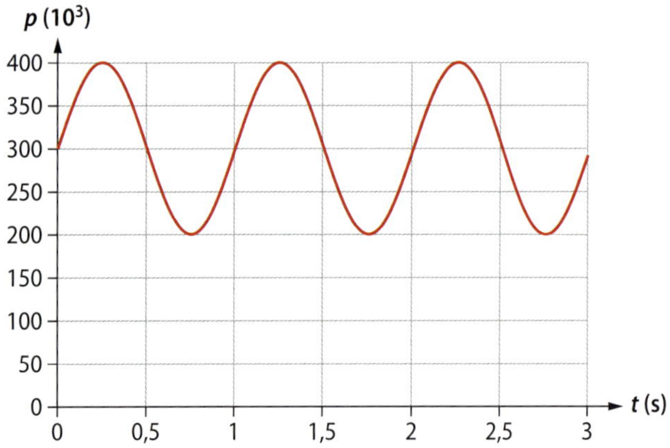

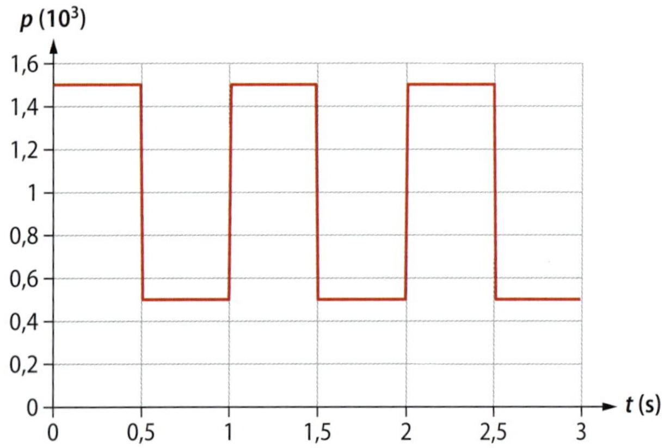

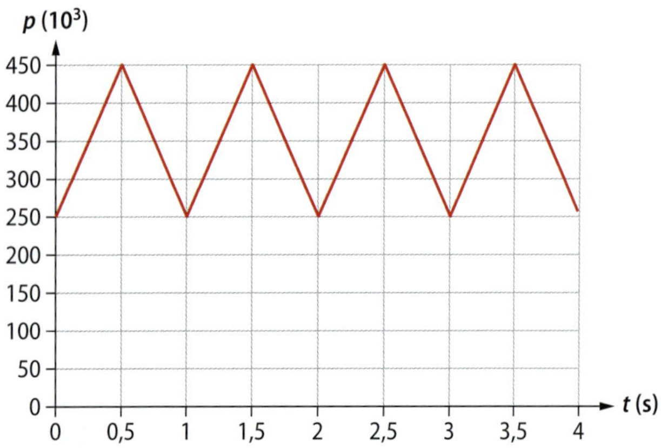

1. Relever sur chaque graphique les valeurs maximales et minimales de la puissance instantanée $p(t)$ ainsi que la période T.

2. Relever la valeur de la puissance moyenne P.

2 Puissance en régime variable

Réaliser : effectuer des calculs

La puissance instantanée d'un dispositif est modélisée par l'expression suivante :
$p(t) = P_M \sin(\omega t)$ pour t compris entre 0 s et π/ω avec $\omega = 314$ rad.s^{-1} et $P_M = 280$ W.

1. Représenter $p(t)$ pour t compris entre 0 s et 10 ms.

2. Calculer la valeur moyenne P de $p(t)$.

3 Enregistrement de l'énergie consommée

Réaliser : effectuer des calculs

On a relevé l'énergie fournie par un moteur pendant une durée de 24 h.

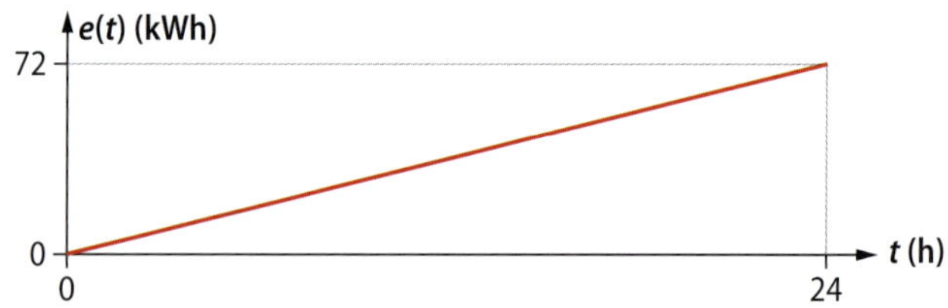

- Indiquer la ou les bonnes réponses.

a) La puissance instantanée est constante.

b) La puissance moyenne vaut 3 kW.

c) La puissance instantanée augmente au cours du temps.

4 Puissance moyenne

Réaliser : effectuer une représentation graphique

La puissance instantanée d'un dispositif est modélisée par l'expression suivante :

$p(t) = P_M \cos(\omega t)$ pour t compris entre 0 s et $T = \dfrac{2\pi}{\omega} = 1$ s avec $P_M = 10$ W.

1. Représenter $p(t)$ pour t compris entre 0 s et 1 s.

2. En déduire la valeur moyenne P de $p(t)$.

Puissance instantanée et énergie

5 SCIENCE IN ENGLISH

Average power of solar panels

A 3.5A, 12V solar panel can supply energy to an electrical installation for 2 hours.

1. Calculate the average power P produced by the panel.

2. Calculate the energy E received by the installation.

6 Profil énergétique journalier

Réaliser : effectuer une représentation graphique

On a relevé l'énergie consommée $e(t)$ par une habitation pendant 24 h.

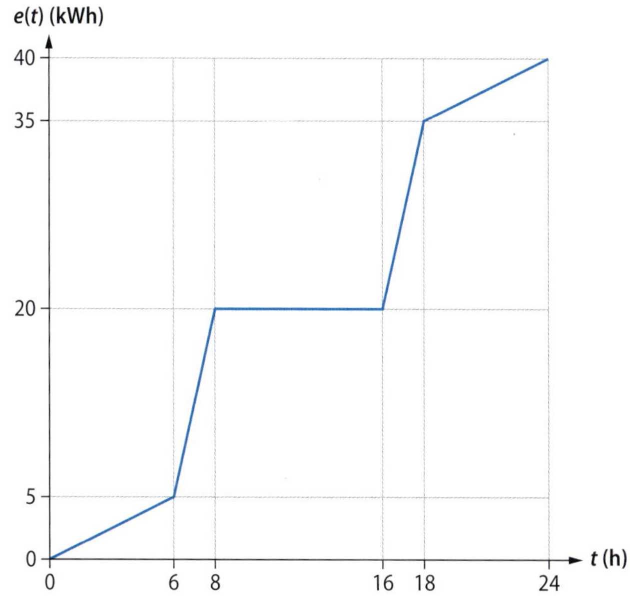

1. Indiquer l'intervalle de temps où le système de fourniture d'énergie est en veille.

2. Représenter le graphique donnant la puissance instantanée $p(t)$ de cette habitation.

3. Calculer la puissance moyenne P pour une journée de fonctionnement.

Utilisation d'un tableur : énergie et puissance

7 Voiture électrique

TABLEUR

Réaliser : mettre en œuvre les étapes d'une démarche

La consommation d'une voiture électrique est due à la résistance de l'air, au frottement des roulements et, éventuellement, à la climatisation.
Pour une petite voiture roulant à 100 km.h^{-1} :
- 7 kW sont nécessaires pour la résistance de l'air ;
- 3 kW pour les frottements de roulement ;
- 1 kW pour la climatisation.

La puissance nécessaire pour surmonter les frottements de roulement est une fonction linéaire de la vitesse alors que celle correspondant à la résistance de l'air croît comme la puissance 3 de celle-ci.

1. Calculer la puissance moyenne d'une voiture électrique roulant à une vitesse de 130 km.h^{-1}.
On a enregistré toutes les 15 minutes les valeurs de l'énergie consommée par un véhicule électrique :

Énergie (en kWh)	0,75	1,55	4,05	6,45	8,95	10,4	11,1	11,6
Temps (en minutes)	15	30	45	60	75	90	105	120
Puissance (en kW)								

2. Calculer la valeur de la puissance moyenne P pour un intervalle de 0 h à 2 h.

3. À l'aide d'un tableur, calculer la valeur de la puissance mise en jeu au cours du temps et compléter le tableau ci-dessus.

4. Représenter l'allure de la courbe représentant la puissance en fonction du temps.

5. Indiquer les moments correspondant à une vitesse du véhicule voisine de 100 km.h^{-1}.

Rendement d'un convertisseur d'énergie

8 Convoyeur électrique

Réaliser : effectuer des calculs

Un convoyeur utilise un moteur électrique associé à un tapis roulant. Le moteur électrique a un rendement de 85 % et le tapis roulant a un rendement de 60 %. Le rendement du convoyeur vaut :

a) 51 %

b) 145 %

c) 0,51

9 Groupe électrogène

Analyser/Raisonner : faire des prévisions à l'aide d'un modèle

Un groupe électrogène est constitué d'un moteur diesel et d'une transmission permettant de mettre en rotation un alternateur. L'ensemble sert d'alimentation de secours à une installation électrique de 5,5 kW.
Le rendement du moteur diesel est de 40 %, celui de la transmission de 65 % et celui de l'alternateur de 90 %.

1. Dessiner le schéma de la chaîne énergétique du groupe électrogène en indiquant les différentes formes d'énergie absorbée, fournie et perdue par chaque élément.

2. Calculer le rendement du groupe électrogène.

3. Calculer la puissance absorbée par le moteur diesel lorsque l'alternateur fournit 5,5 kW à l'installation électrique.

4. Calculer l'énergie fournit par le carburant pour 6 h de fonctionnement.

5. Sachant que le pouvoir calorifique d'un litre de gasoil est de 38 MJ.L^{-1}, calculer la consommation de carburant pour 6 h de fonctionnement.

Données :
Accélération de la pesanteur $g = 10$ m.s^{-2}

10 Cabine d'ascenseur

Un ascenseur monte à une vitesse $v = 1,3$ m.s^{-1} du 1er étage au dernier étage d'une hauteur $h = 30$ m. La masse de la cabine et des passagers est $m = 850$ kg. Les forces de frottement sont estimées à $F_f = 5,5 \times 10^2$ N.

1. Calculer le travail W des 2 forces qui agissent sur la cabine d'ascenseur.

2. Calculer la puissance moyenne P nécessaire au mouvement de la cabine.

3. Le moteur électrique qui actionne l'ascenseur délivre en permanence une puissance $P_a = 15$ kW. Déterminer le rendement du système.

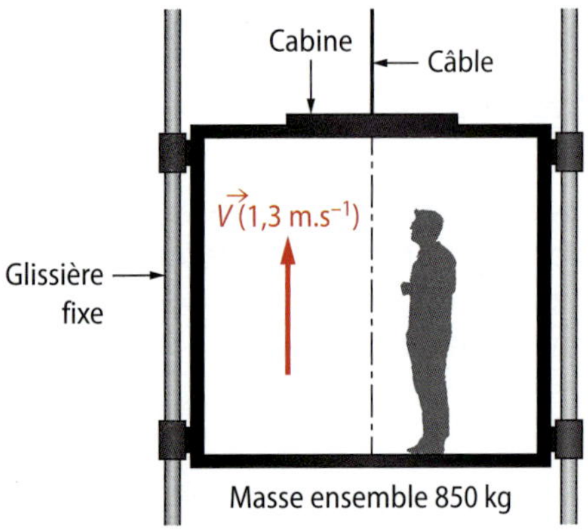

11 Remonte-pente

BAC

Un skieur de masse $m = 80$ kg utilise un téléski de longueur $L = 1,2$ km et de dénivelé $d = 300$ m qui fonctionne à la vitesse constante de 5,0 m.s^{-1}. Le skieur est soumis à une force de frottement parallèle à la piste et de valeur $F = 45$ N.

1. Calculer le travail W_P de la force de pesanteur auquel est soumis le skieur.

2. Calculer le travail W_F de la force de frottement auquel est soumis le skieur.

3. En utilisant le théorème de l'énergie cinétique, en déduire le travail W_T de la force de traction exercé par le téléski sur le skieur.

4. En déduire la puissance moyenne P fournie par le téléski pour tracter un skieur.

5. Le téléski tire en moyenne 600 skieurs par heure. Calculer la puissance totale fournie par le téléski.

6. Le rendement de l'installation est de 50 %. Calculer la puissance du moteur électrique que l'on doit utiliser pour ce téléski.

12 Escalier mécanique

DIFFÉRENCIATION

Un escalier mécanique transporte 60 personnes par minute entre 2 étages séparés d'une hauteur de 6,0 m. La masse moyenne d'une personne transportée est évaluée à 75 kg.
Un moteur électrique de puissance 6,5 kW est installé pour faire fonctionner cet escalier mécanique.

- Calculer le rendement de cette installation.

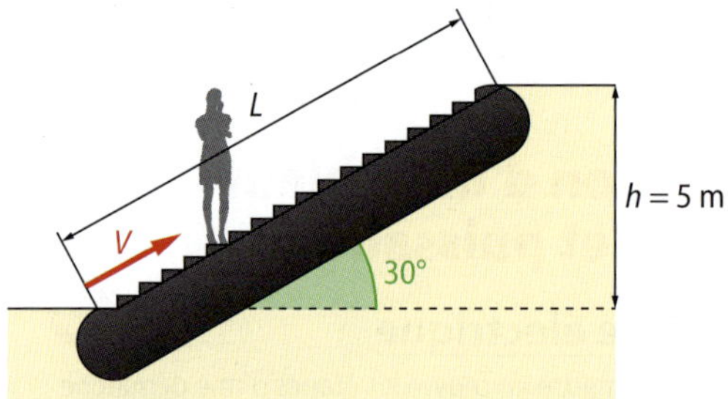

13 Énergie et puissance d'un cycliste

La puissance d'un cycliste est liée au niveau de l'effort qu'il fournit pour avancer et vaincre les forces résistantes qui s'opposent à lui. Celles-ci sont de 3 types :
– la pesanteur ; plus la pente est forte, plus la force liée à la pesanteur est élevée ;
– la résistance de l'air, qui est proportionnelle au carré de la vitesse et qui dépend du coefficient C_X ;
– les frottements mécaniques, qui dépendent de la qualité de la transmission du vélo et du contact des pneumatiques avec le sol et qui sont modélisés par un coefficient de frottement f.
Pour un cycliste dont la masse est de 85 kg, vélo inclus, dont $C_x = 0,20$ avec un coefficient de frottement $f = 1,0$, on a tracé les courbes donnant la vitesse du cycliste pour des puissances développées allant de 0 à 550 W, avec un pas de 50 W pour une pente variant de – 12 % à + 12 %.

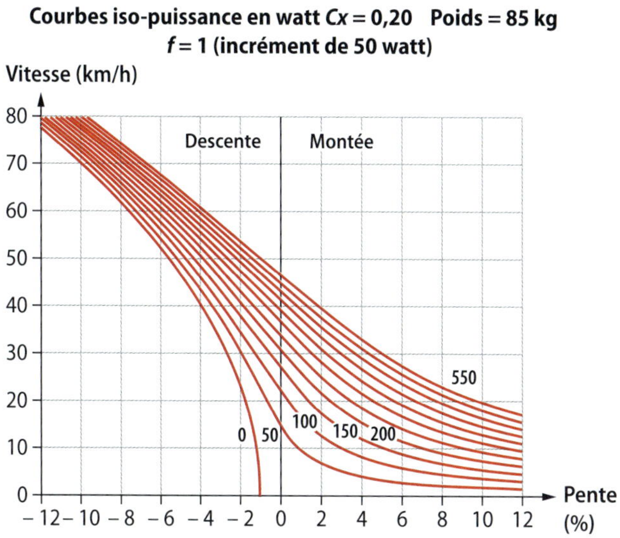

1. À l'aide du graphique, compléter le tableau ci-dessous pour un cycliste qui pédale pendant 60 minutes.

Pente	0 %	0 %	4 %	4 %	10 %	– 4 %
Vitesse (en km.h^{-1})	15	30	15	25	20	15
Puissance moyenne (en W)						
Énergie fournie (en J)						

2. Un cycliste amateur peut développer une puissance de 350 W. Déterminer sa vitesse maximale s'il monte une pente de 10 %.

14 Système d'irrigation solaire

Pour irriguer des cultures, on souhaite pomper l'eau nécessaire grâce à une pompe alimentée en direct par des panneaux solaires. Le réservoir est situé à 25 m au-dessus du cours d'eau. La durée d'ensoleillement journalière est de 8 h, la pompe ne peut fonctionner que pendant cette durée.

La puissance de pompage est donnée par la relation : $P = q_m gH$.

- P : puissance en watt (W)
- g : accélération de pesanteur ($g = 9{,}81$ m.s^{-2})
- H : hauteur de pompage (m)
- q_m : débit massique (kg·s^{-1})

Donnée : débit massique de la pompe : 3,40 kg.s^{-1}

1. Calculer la puissance P nécessaire au pompage.

2. Calculer la puissance du moteur électrique P_e de la pompe sachant que le rendement du dispositif de pompage est de 70 %.

3. Calculer le volume d'eau maximal qui peut être stocké dans le réservoir.

Donnée : $\rho_{eau} = 1\,000$ kg.m^{-3}

4. Dimensionnement de l'installation solaire On relie le moteur électrique de la pompe à un panneau photovoltaïque chargé de l'alimenter.

Longueur	1 477 mm
Largeur	660 mm
Épaisseur	35 mm
Rendement	10 %

▲ Caractéristiques d'une cellule photovoltaïque

Sachant que l'irradiance E (puissance lumineuse surfacique) reçue par la cellule solaire est telle que $E = 1\,000$ W.m^{-2}. Déterminer le nombre de cellules composant le panneau photovoltaïque pour assurer le fonctionnement de la pompe.

5. Actuellement le village utilise une pompe fonctionnant avec un moteur à essence. Citer au moins deux avantages que procurerait son remplacement par le panneau photovoltaïque.

15 Puissance d'une grue

Une grue de chantier élève une charge de masse 1 tonne sur une hauteur de 50 m.

Le profil de vitesse de la charge correspond à trois phases de fonctionnement :

Phases de fonctionnement	Vitesse de la charge	Puissance fournie par la grue
phase 1 : 0 s < t < 4 s	La vitesse croit de 0 m.s^{-1} à 4 m.s^{-1}	$P_G = m(g + a)v$
phase 2 : 4 s < t < 12,5 s	La vitesse est constante : 4 m.s^{-1}	$P_G = mgv$
phase 3 : 12,5 s < t < 16,5 s	La vitesse décroit de 4 m.s^{-1} à 0 m.s^{-1}	$P_G = m(g - a)v$

- a : accélération de la charge
- g : accélération de la pesanteur ($g = 10$ m.s^{-2})

1. Calcule la valeur de l'accélération a lors de la phase 1.

2. Calculer la distance parcourue par la charge pendant la phase 2.

3. Représenter graphiquement la puissance instantanée $p_G(t)$ fournie par la grue pour les trois phases de fonctionnement.

4. Calculer la puissance moyenne P_G fournie par la grue.

CHAPITRE 2

THÈME 1 › ÉNERGIE

Énergie chimique

Les piles et accumulateurs font partie de notre quotidien avec l'essor de tous les appareils portables, véhicules électriques et systèmes embarqués. Leurs technologies progressent régulièrement pour répondre à une demande toujours croissante.

→ Quels sont les critères à prendre en compte pour choisir une pile ou une batterie selon son utilisation ?

›Testez vos prérequis

Indiquer la (ou les) bonne(s) réponse(s) :

1. Quel type de pile existe ?

- ☐ **a.** La pile bouton
- ☐ **b.** La pile à combustible
- ☐ **c.** La pile au mercure

2. Qu'est-ce qui est rechargeable ?

- ☐ **a.** Un accumulateur
- ☐ **b.** Une pile
- ☐ **c.** Une batterie

3. Pour une pile qui se décharge :

- ☐ **a.** le courant sort par la borne +
- ☐ **b.** le courant sort par la borne –
- ☐ **c.** le courant est alternatif

4. La pile a été inventée par :

- ☐ **a.** Elon Musk
- ☐ **b.** Alessandro Volta
- ☐ **c.** Bill Gates

5. La masse d'une pile est liée à :

- ☐ **a.** sa tension
- ☐ **b.** sa puissance
- ☐ **c.** l'énergie qu'elle stocke

6. Dans une pile, la réaction de décharge est :

- ☐ **a.** réversible
- ☐ **b.** irréversible
- ☐ **c.** athermique

7. Dans une batterie, les accumulateurs peuvent être associés :

- ☐ **a.** en série
- ☐ **b.** en parallèle
- ☐ **c.** Une batterie n'est pas constituée d'accumulateurs

→ Corrigés, p. 284

Vidéo

Le sodium, un nouvel avenir pour les batteries !

Nathan live!

CAPACITÉS EXIGIBLES

- Différencier une pile d'un accumulateur

> ACTIVITÉ DOCUMENTAIRE 3

- Calculer l'énergie totale contenue dans une batterie d'accumulateurs ou une pile à partir des caractéristiques tension et quantité d'électricité stockée

> ACTIVITÉ EXPÉRIMENTALE 1
> ACTIVITÉ DOCUMENTAIRE 4

- Exploiter les principales caractéristiques des piles ou accumulateurs (tension à vide, capacité, énergie massique et volumique, nombre de cycles de charge et décharge) pour les utiliser dans des applications spécifiques

> ACTIVITÉ DOCUMENTAIRE 2
> ACTIVITÉ DOCUMENTAIRE 4

ACTIVITÉ 1

ACTIVITÉ EXPÉRIMENTALE **TP**

COMPÉTENCES
- ✓ S'approprier : rechercher, sélectionner et organiser l'information en lien avec la problématique
- ✓ Analyser/raisonner : planifier des tâches
- ✓ Réaliser : mettre en œuvre les étapes d'une démarche

→ Recharge d'une batterie

On souhaite connaître le rendement de la recharge d'une batterie sur une prise électrique.

DOC. 1 Matériels disponibles

- 1 chargeur de batterie avec sa batterie (appareil électroportatif, batterie externe de téléphone portable…). La batterie doit être partiellement déchargée.
- 1 compteur de consommation électrique.
- 1 chronomètre.

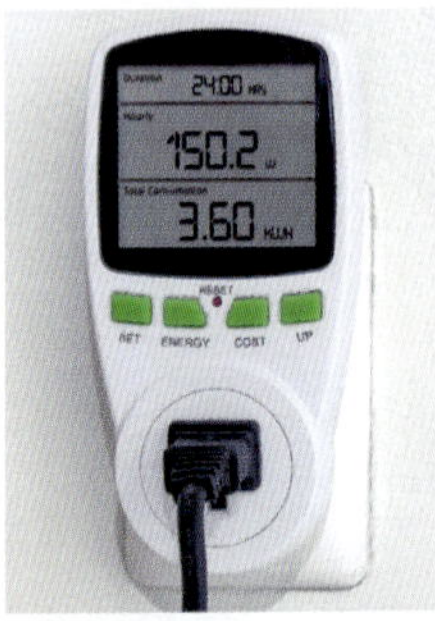

▲ Exemple de compteur de consommation électrique

DOC. 2 Travail préliminaire

Relever sur la batterie les caractéristiques suivantes :
– la tension indiquée avec la capacité de la batterie : U (V) ;
– la quantité d'électricité (ou capacité de la batterie) généralement exprimée en mA.h ou en A.h ;
– le pourcentage de l'énergie restant disponible dans la batterie.

Exemples :

• Batterie externe de téléphone portable
Input : DC 5 V / 2 A max
Output : 5 V / 3,4 A
Capacité : 3,7 V / 22 400 mA.h

• Batterie d'un appareil électroportatif
Capacité : 2,0 A.h
Tension : DC 12 V

DOC. 3 Protocole opératoire

- Brancher le chargeur muni de sa batterie sur le compteur de consommation d'énergie.
- Brancher le compteur sur la prise électrique.
- Arrêter le dispositif quand la batterie est totalement chargée (si elle n'est que partiellement chargée, relever le pourcentage d'énergie finale stockée dans la batterie).
- Relever l'énergie consommée sur le compteur.

Outils

- Conversion : 1 000 mA.h = 1,0 A.h
- Énergie stockée dans la batterie :

$$W = Q \times U$$

- W = énergie stockée (W.h)
- Q = quantité d'électricité (A.h)
- U = tension nominale de la batterie (V)

QUESTIONS

1. RÉALISER ▶ Exploiter vos résultats pour indiquer quel a été le pourcentage d'énergie stockée dans la batterie lors de sa recharge.

2. RÉALISER ▶ Calculer l'énergie stockée dans la batterie lors de la recharge.

3. ANALYSER - RAISONNER ▶ Calculer le rendement énergétique lors de la recharge de la batterie.

Vidéo Le coût d'une recharge d'une trottinette électrique — Nathan live!

ACTIVITÉ 2

ACTIVITÉ DOCUMENTAIRE

COMPÉTENCES

- ✓ S'approprier : rechercher, sélectionner et organiser l'information en lien avec la problématique
- ✓ Analyser/raisonner : procéder à des analogies
- ✓ Communiquer : utiliser un vocabulaire adapté et choisir des modes de représentation appropriés

→ Innovation technologique : batterie à électrolyte circulant

DOC. 1 Schéma d'une batterie à électrolyte circulant

Ces batteries utilisent deux couples oxydant/réducteur comme toute batterie classique. À la différence d'une batterie classique, chacun des couples oxydant/réducteur est contenu dans un liquide spécifique (le catholyte et l'anolyte). Une membrane échangeuse permet la migration d'ions, assurant ainsi le passage du courant entre les deux électrolytes. Une réaction d'oxydation a lieu sur une électrode tandis qu'une réaction de réduction se produit sur l'autre. Deux réservoirs extérieurs permettent de stocker l'anolyte et le catholyte (les deux électrolytes). Deux pompes permettent de faire circuler les électrolytes dans la cellule, permettant ainsi de renouveler chaque réactif.

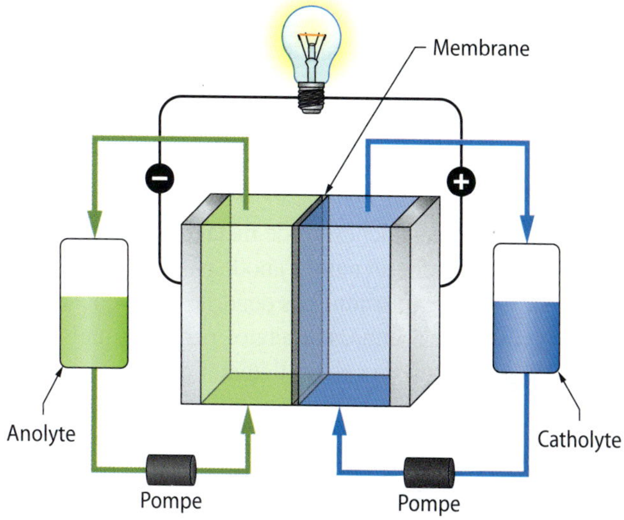

DOC. 2 Quelques caractéristiques des batteries à électrolyte circulant

Dans une batterie, la puissance disponible dépend directement de la surface des électrodes. La capacité énergétique dépend, elle, de la masse des réactifs présents dans la batterie. Pour une batterie à électrolyte circulant, ces deux propriétés sont indépendantes. L'énergie stockée augmente en utilisant des réservoirs d'électrolyte plus volumineux sans changer la puissance. Pour augmenter la puissance, on utilise plusieurs cellules électrochimiques.

Ce type de batterie est au stade du développement et les applications industrielles commencent à apparaître sur le marché.

QUESTIONS

1. S'APPROPRIER ▶ Comment est réalisé le stockage de l'énergie dans une batterie à électrolyte circulant ?
2. ANALYSER - RAISONNER ▶ Quelles sont les principales caractéristiques chimiques d'une batterie à électrolyte circulant par rapport à une batterie classique ?
3. ANALYSER - RAISONNER ▶ Quelles sont les principales caractéristiques physiques d'une batterie à électrolyte circulant par rapport à une batterie classique ?
4. ANALYSER - RAISONNER ▶ Quelles analogies peut-on faire entre une batterie à électrolyte circulant et une pile à combustible ?

Vocabulaire

Électrolyte liquide : fluide qui transporte des charges électriques sous forme d'ions.

Vidéo
Kemwatt

Nathan live!

ACTIVITÉ 3

ACTIVITÉ DOCUMENTAIRE

COMPÉTENCES
- S'approprier : rechercher, sélectionner et organiser l'information en lien avec la problématique
- Communiquer : présenter une démarche de manière argumentée, synthétique et cohérente
- Communiquer : utiliser un vocabulaire adapté et choisir des modes de représentation appropriés

→ Pourquoi ne pas recharger une pile ?

Les batteries et accumulateurs sont rechargeables, tandis que les piles ne le sont pas. Pourquoi ?

DOC. 1 Réactions spontanées et forcées

La décharge d'une pile ou d'un accumulateur est une réaction spontanée.
La recharge d'un accumulateur est une réaction forcée à l'aide d'un générateur continu.

DOC. 2 Réactions parasites lors de la recharge

Lors de la recharge, deux types de problème peuvent se produire.

• La formation de dendrites de métal qui peuvent créer un court-circuit entre l'anode et la cathode ; il peut y avoir explosion. Les dendrites peuvent se former avec de nombreux métaux, parmi lesquels : le zinc, le lithium, le cuivre, l'étain, l'argent…

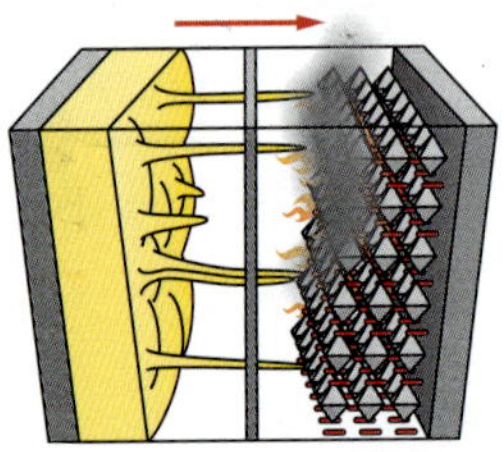

▲ Court-circuit dû à la formation de dendrites

• La formation de gaz suite à l'évaporation et/ou la décomposition de l'électrolyte, qui peuvent créer une surpression (gonflement du boîtier), voire une explosion.

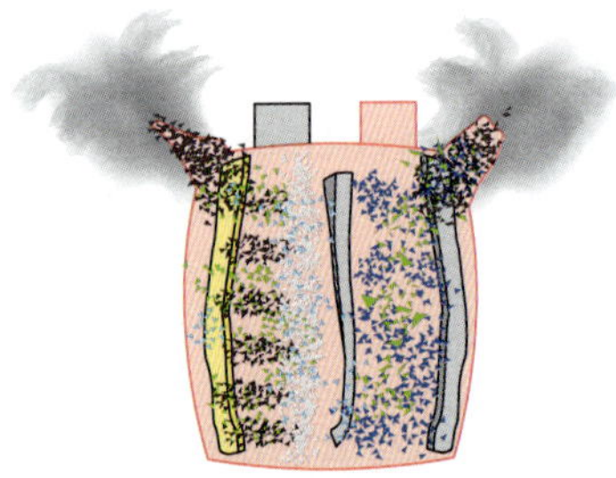

▲ Explosion suite à la production de gaz

DOC. 3 Solutions technologiques pour éviter les risques lors de la recharge des accumulateurs

• La formation de dendrites peut être empêchée par l'utilisation d'électrodes poreuses ou traitées en surface (couche de graphite…), l'emploi d'électrolytes solides ou encore le placement d'une membrane en polymère dans l'électrolyte qui agit comme une barrière.
• L'emploi, dans certains cas, d'électrolytes spécifiques (qui ne peuvent pas se décomposer) peut permettre d'empêcher la formation de gaz dans l'accumulateur.
• Les chargeurs dédiés à chaque technologie d'accumulateur contrôlent l'état et le processus de chargement et de déchargement grâce à des mesures (tension, courant, température…). En fin de charge ou en cas d'anomalie, l'accumulateur est automatiquement déconnecté de l'alimentation électrique, évitant ainsi la formation de gaz ou la surchauffe.

Vocabulaire

Dendrite de métal : formation d'un cristal métallique solide en forme d'arbre.

QUESTIONS

Vidéo Dendrite de zinc — Nathan live!

1. RÉALISER ▶ Quelle est, d'un point de vue chimique, la principale différence entre la charge et la décharge ?
2. RÉALISER ▶ Pourquoi une pile n'est-elle pas rechargeable ?
3. S'APPROPRIER ▶ Quelles solutions technologiques permettent de rendre les accumulateurs rechargeables ?
4. COMMUNIQUER ▶ Pourquoi la formation de dendrites est-elle problématique lors de la recharge ?

ACTIVITÉ 4

ACTIVITÉ DOCUMENTAIRE

COMPÉTENCES
- ✓ S'approprier : rechercher, sélectionner et organiser l'information en lien avec la problématique
- ✓ Réaliser : effectuer des procédures courantes (calculs, représentations, collectes de données, etc.)
- ✓ Analyser/raisonner : proposer une stratégie de résolution
- ✓ Réaliser : mettre en œuvre les étapes d'une démarche

→ Choisir une batterie de vélo électrique

Les vélos à assistance électrique (VAE) utilisent très couramment des batteries d'accumulateurs utilisant la technologie Li-ion. Comment comparer deux batteries différentes pour faire un choix raisonné ?

DOC. 1 Cahier des charges

- La batterie doit permettre d'effectuer un trajet de 40 km.
- En moyenne, sur le trajet effectué, la consommation d'énergie est estimée à 9,0 W.h par kilomètre parcouru.
- Le coût d'exploitation (prix de revient de la batterie par kilomètre parcouru durant toute sa durée de vie) doit être le plus faible possible.

DOC. 2 Caractéristiques des batteries sélectionnées pour cette étude

Modèle de batterie	Prix à l'achat	Capacité de la batterie pleine	Tension nominale	Temps de charge (chargeur 2,0 A)	Masse	Durée de vie en nombre de cycles charge/décharge
Modèle 1	300 €	5,0 A·h	36 V	2 h 30 min	1,1 kg	800
Modèle 2	400 €	8,7 A·h	36 V	4 h 21 min	1,6 kg	800
Modèle 3	500 €	11,6 A·h	36 V	5 h 48 min	2,1 kg	800
Modèle 4	550 €	14,5 A·h	36 V	7 h 15 min	2,5 kg	800

Outils

L'énergie stockée (et donc disponible) est proportionnelle à la quantité d'électricité (ou capacité) stockée dans l'accumulateur ainsi qu'à sa tension nominale.

$$W = Q \times U$$

- W = énergie stockée (W.h)
- Q = quantité d'électricité (A.h)
- U = tension nominale (V)

QUESTIONS

1. RÉALISER ▶ Calculer l'énergie disponible dans chaque batterie lorsqu'elle est pleine.

2. ANALYSER - RAISONNER ▶ Quel modèle de batterie répond le mieux au cahier des charges fixé ?

3. COMMUNIQUER ▶ Ce choix serait-il modifié si le poids était un critère plus important que le coût d'exploitation ?

LE COURS

1 DIFFÉRENCIER UNE PILE D'UN ACCUMULATEUR – ASSOCIATIONS SÉRIE ET PARALLÈLE

• **Piles et accumulateurs**

Une **pile sèche** est un générateur électrochimique à usage unique. Sa décharge est irréversible, c'est une réaction spontanée. Elle délivre **une tension et un courant continu**.

Une **pile à combustible** est alimentée à l'aide de deux réactifs. Elle délivre **une tension et un courant continu**. Tant que l'un des deux réactifs n'est pas totalement consommé, elle peut continuer à fournir de l'énergie électrique. Si elle est alimentée (par exemple, par un réseau de distribution de gaz), son autonomie est limitée par sa seule durée de vie.

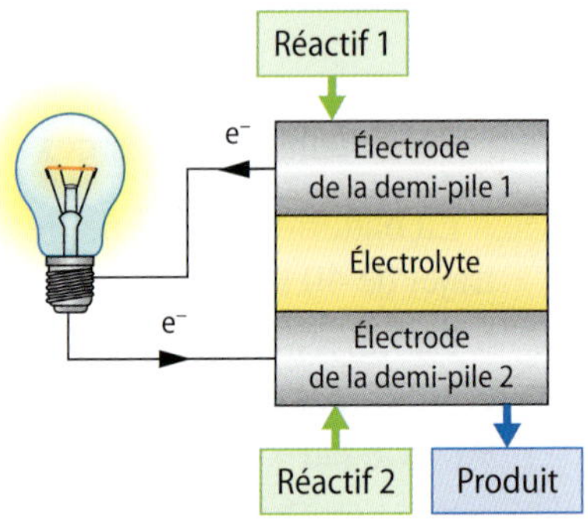

Un **accumulateur** est un générateur électrochimique réversible. Il peut être déchargé (réaction spontanée) puis rechargé (réaction forcée à l'aide d'un générateur continu). Une batterie désigne un assemblage d'accumulateurs (en série et/ou en dérivation). Un accumulateur ou une batterie délivrent **une tension et un courant continus.**

• **Associations série et parallèle (ou dérivation)**

Pour une association en série, les tensions s'additionnent.
Pour une association en parallèle (ou dérivation), les courants s'additionnent.

	Tension (V)	Intensité du courant (A)
1 seul élément	1,5	0,10
3 éléments en série	4,5	0,10
3 éléments en parallèle	1,5	0,30

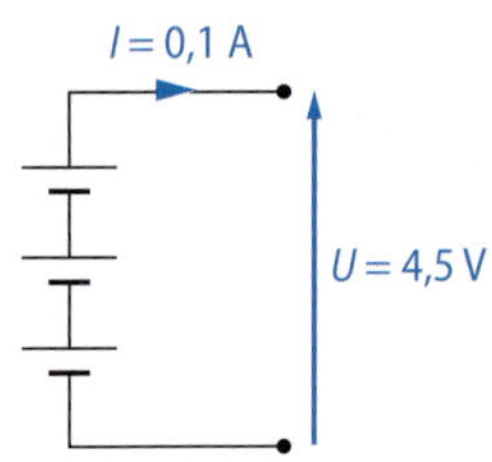

▲ Association en série

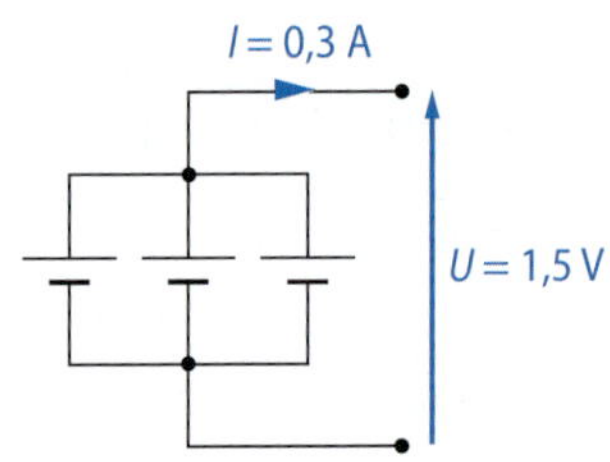

▲ Association en parallèle (ou dérivation)

2 ÉNERGIE STOCKÉE DANS UNE PILE, UN ACCUMULATEUR OU UNE BATTERIE

• L'énergie stockée (et donc disponible) est proportionnelle à la quantité d'électricité stockée (dans la pile, l'accumulateur ou la batterie) ainsi qu'à sa tension.

$$W = Q \times U$$

- W = énergie disponible (J) ou (W.h)
- Q = quantité d'électricité (C) ou (A.h)
- U = tension nominale (V) toujours en (V)

• La durée de la décharge (ou de la charge) dépend de l'intensité du courant débité. Lors de l'utilisation (selon ce qui est alimenté), l'intensité du courant est en général différente de celle lors de la charge. Le temps de recharge est donc différent de la durée d'utilisation (autonomie).

$$t = \frac{Q}{I}$$

- Q = quantité d'électricité (C) ou (mA.h) ou (A.h)
- I = intensité du courant électrique (A) ou (mA) ou (A)
- t = durée de circulation du courant électrique (s) ou (h)

3 CARACTÉRISTIQUES DES PILES ET DES ACCUMULATEURS

• Les principales caractéristiques importantes des piles sont :
- l'**énergie massique** ;
- la **quantité d'électricité stockée** ;
- la **tension nominale**.

Nature de la pile	Énergie massique	Quantité d'électricité	Tension nominale
Pile saline	52 $W.h.kg^{-1}$	0,46 A.h	1,5 V
Pile alcaline	103 $W.h.kg^{-1}$	1,6 A.h	1,55 V
Pile lithium	200 $W.h.kg^{-1}$	2,7 A.h	1,5 V

▲ Exemples de piles de type LR6

• La quantité d'électricité stockée est également parfois appelée « capacité » de la pile ou de l'accumulateur. Elle peut s'exprimer dans d'autres unités.

Q (unité courante ou usuelle)	1,0 A.h	500 mA.h	1,0 A.s
Q exprimée en unité SI : le coulomb (C)	$3{,}6 \times 10^3$ C	$1{,}80 \times 10^3$ C	1,0 C

• Les caractéristiques importantes des accumulateurs sont :
- l'**énergie massique** (déterminante pour la masse de l'accumulateur) ;
- l'**énergie volumique** (déterminante pour la taille de l'accumulateur) ;
- la **puissance massique** (déterminante pour libérer l'énergie avec un rythme important) ;
- la **quantité d'électricité stockée** (l'énergie stockée lui est proportionnelle) ;
- la **tension nominale**, qui dépend de la technologie employée (l'énergie stockée lui est proportionnelle) ;
- le **nombre de cycles de charge-décharge** (détermine la durée de vie).

Technologie de l'accumulateur	Énergie massique ($W.h.kg^{-1}$)	Énergie volumique ($W.h.L^{-1}$)	Puissance massique ($W.kg^{-1}$)	Quantité d'électricité (ou capacité) (A.h)	Tension nominale (V)	Nombre de cycles recharge-décharge
Plomb	30 à 50	50 à 100	40	60	2,0	400 à 1 200
Ni-Cd	45 à 65	80 à 200	200	1,6	1,2	500 à 1 000
Ni-MH	55 à 80	80 à 300	200	1,8	1,2	600 à 1 000
Li-ion	120 à 200	200 à 400	250	2,0	3,6	500 à 100

▲ Exemples de différents modèles de batteries

• Les intensités des courants de charge et de décharge sont souvent exprimées par des multiples ou sous-multiples de la capacité *C* (il s'agit de la quantité d'électricité). Le calcul s'effectue comme ci-dessous :

Batterie 60 A.h déchargée à 2 C	Batterie 1,6 A.h chargée à 0,1 C	Batterie 2,0 A.h chargée à 1 C
$I = 60 \times 2{,}0 = 120$ A	$I = 1{,}6 \times 0{,}1 = 0{,}16$ A	$I = 2{,}0 \times 1 = 2{,}0$ A

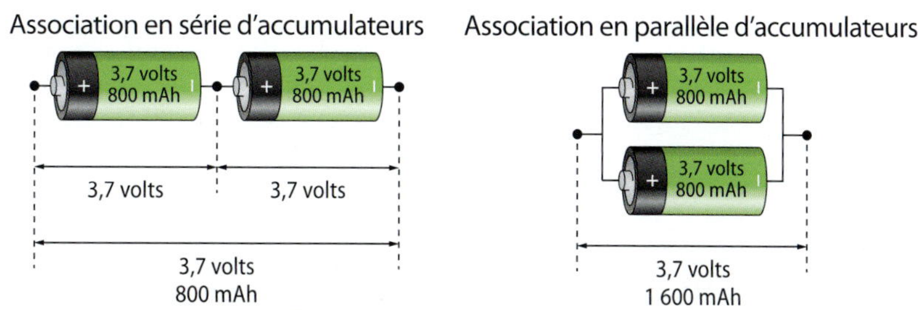

▲ Capacité d'une association d'accumulateurs pour former une batterie

Indiquer la (ou les) bonne(s) réponse(s) :

Différencier une pile d'un accumulateur – Associations série et parallèle

	A	B	C
1. Les piles et accumulateurs délivrent :	☐ un courant continu	☐ un courant alternatif	☐ un courant sinusoïdal
2. Pour une association en série d'accumulateurs :	☐ les tensions s'additionnent	☐ les intensités des courants s'additionnent	☐ les quantités d'électricité s'additionnent
3. Pour une association en parallèle d'accumulateur :	☐ les tensions s'additionnent	☐ les intensités des courants s'additionnent	☐ les quantités d'électricité s'additionnent
4. Les générateurs ayant un fonctionnement réversible sont :	☐ Une batterie	☐ Une pile	☐ Un accumulateur

Énergie stockée dans une pile, un accumulateur ou une batterie

	A	B	C
5. L'énergie stockée dans une pile dépend :	☐ de sa puissance	☐ de l'intensité du courant de décharge	☐ de la quantité d'électricité qu'elle stocke
6. L'énergie stockée dans un accumulateur :	☐ est proportionnelle à sa tension nominale	☐ est proportionnelle à la quantité d'électricité stockée	☐ dépend de l'inverse de sa puissance
7. L'énergie stockée dans une batterie peut s'exprimer :	☐ en W	☐ en W.h	☐ en $W.h^{-1}$
8. L'énergie stockée dans un accumulateur peut s'exprimer :	☐ en joule	☐ en wattheure	☐ en ampèreheure
9. La quantité d'électricité stockée dans un accumulateur peut s'exprimer :	☐ en coulomb (C)	☐ en W.h	☐ en mA.h
10. L'autre nom de la quantité d'électricité stockée dans une batterie est :	☐ son intensité	☐ sa puissance	☐ sa capacité

Caractéristiques des piles et des accumulateurs

	A	B	C
11. La taille d'un accumulateur diminue quand :	☐ sa tension diminue	☐ son énergie massique diminue	☐ son énergie volumique augmente
12. La tension aux bornes d'une batterie dépend :	☐ de sa masse	☐ de son volume	☐ de la technologie employée
13. L'énergie massique d'une batterie peut s'exprimer :	☐ en $W.h.kg^{-1}$	☐ en $A.kg^{-1}$	☐ en $W.kg^{-1}$
14. La puissance massique d'une batterie peut s'exprimer :	☐ en $W.h.kg^{-1}$	☐ en $A.kg^{-1}$	☐ en $W.kg^{-1}$
15. L'intensité I du courant de charge d'un accumulateur de capacité 1 600 mA·h chargé à 0,1 C :	☐ vaut 160 A	☐ vaut 0,160 A	☐ vaut 1,6 A
16. La durée de vie d'une batterie dépend :	☐ de sa technologie	☐ du nombre de cycles charge-décharge possibles	☐ de son énergie massique

→ Corrigés, p. 284

Batterie d'accumulateurs connectés en série

Une batterie contient 6 accumulateurs connectés en série.
Chaque accumulateur a les caractéristiques suivantes :

Capacité	Tension nominale	Nombre de cycles recharge-décharge
$Q_{accu} = 1\,600$ mA.h	$U_{accu} = 1{,}2$ V	500 à 1 000

1. Que valent la tension et la capacité de la batterie d'accumulateurs ?

→ **ANALYSER/RAISONNER** – Appliquer les lois de l'association d'accumulateurs en parallèle.
RÉALISER – Calculer la tension aux bornes de la batterie.

2. Calculer l'énergie maximale que peut stocker cette batterie.

→ **RÉALISER** – Calculer l'énergie stockée à partir de la capacité et de la tension de la batterie.

3. Cette batterie est chargée avec un courant de 0,1 C. Calculer l'intensité du courant de charge.

→ **RÉALISER** – Calculer l'intensité du courant de charge à partir de la capacité de la batterie.

4. Une fois chargée, la batterie délivre un courant de 2 C. Quelle sera la durée d'utilisation dans ces conditions ?

→ **ANALYSER/RAISONNER** – Identifier les deux étapes de calcul.
RÉALISER – Calculer l'intensité du courant de décharge puis la durée d'utilisation à partir de la capacité de la batterie.

Solution

1. Pour une association en série, les tensions s'additionnent 6 fois, ce qui revient à multiplier par 6 :
$U_{batterie} = 6 \times U_{accu} = 6 \times 1{,}2 = 7{,}2$ V.
La capacité de la batterie est identique à celle d'un seul accumulateur :
$Q_{batterie} = Q_{accu} = 1\,600$ mA.h $= 1{,}600$ A.h.

2. L'énergie maximale stockée s'exprime par :
$W_{batterie} = Q_{batterie} \times U_{batterie} = 1{,}600 \times 7{,}2 = 11{,}5$ W.h.

3. L'intensité du courant de charge se calcule par :
$I_{charge} = 0{,}1 \times Q_{batterie} = 0{,}1 \times 1{,}600 = 0{,}16$ A.

4. Il faut d'abord calculer l'intensité du courant de décharge : $I_{décharge} = 2 \times Q_{batterie} = 2 \times 1{,}600 = 3{,}2$ A.
On peut ensuite en déduire la durée d'utilisation pour ce courant : $t = \frac{Q_{batterie}}{I_{décharge}} = \frac{1{,}6}{3{,}2} = 0{,}5$ h.

À VOUS DE JOUER !

Batterie d'accumulateurs connectés en parallèle

Une batterie contient 6 accumulateurs connectés en parallèle.
Chaque accumulateur a les caractéristiques suivantes :

Capacité (A.h)	Tension nominale (V)	Nombre de cycles recharge-décharge
1,6	1,2	500 à 1 000

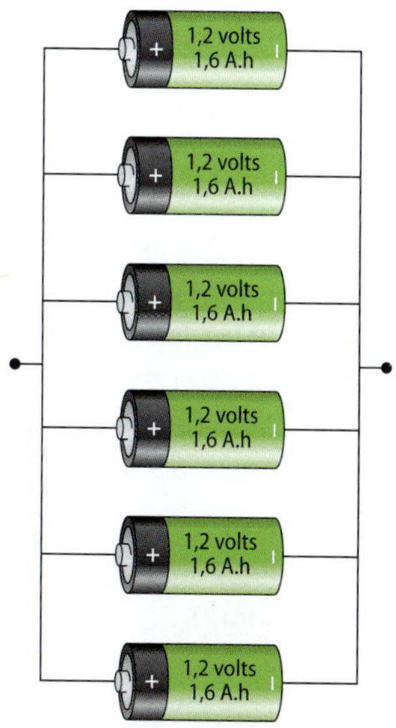

1. Que valent la tension et la capacité de la batterie des accumulateurs ?

2. Calculer l'énergie maximale que peut stocker cette batterie.

3. Cette batterie est chargée avec un courant de 0,1 C. Calculer l'intensité du courant de charge.

4. Une fois chargée, la batterie délivre un courant de 2,0 C. Quelle sera la durée d'utilisation dans ces conditions ?

→ Corrigés, p. 284

Différencier une pile d'un accumulateur – Associations série et parallèle

1 Usage unique ?

Analyser/Raisonner : formuler des hypothèses

Dans la liste suivante, indiquer en cochant quels générateurs électrochimiques sont à usage unique, à alimenter en combustible ou à recharger à l'aide d'un générateur.

	Pile à hydrogène	Batterie au plomb	Pile au lithium	Batterie au lithium
Usage unique				
À alimenter en combustible				
À recharger				

2 Batterie d'accumulateurs

Analyser/Raisonner : choisir un modèle ou des lois pertinentes

Une batterie est constituée d'accumulateurs qui peuvent être associés en série ou en parallèle.

- Compléter le tableau en cochant les caractéristiques de la batterie suivant le type d'association.

	Association en série			Association en parallèle		
	I (A)	U (V)	C (A·h)	I (A)	U (V)	C (A·h)
Identique à celle d'un accumulateur						
Proportionnelle au nombre d'accumulateurs						

3 Prix Nobel de chimie 2019

Analyser/Raisonner : procéder à des analogies, choisir un modèle ou des lois pertinentes

Le prix Nobel de chimie 2019 a été attribué à l'Américain John B. Goodenough, à l'Anglais Stanley Whittingham et au Japonais Akira Yoshino pour l'invention des batteries au lithium-ion. Cette technologie constitue une très grande évolution technologique par rapport aux technologies précédentes.

1. Citer les principales différences entre les piles et les batteries au lithium.

2. Quel type de tension et de courant délivrent ces deux générateurs électrochimiques ?

Énergie stockée dans une pile, un accumulateur ou une batterie

4 Batterie au plomb

Réaliser : effectuer des procédures courantes ; mettre en œuvre les étapes d'une démarche

Une batterie au plomb possède les caractéristiques suivantes : 12 V ; 22 A.h.

1. Calculer l'énergie stockée dans cette batterie quand elle est totalement chargée.

2. Sans utilisation au bout d'un mois, la batterie se décharge naturellement de 5 %. Quelle énergie reste disponible au bout d'un mois ?

5 Station de recharge

Réaliser : effectuer des procédures courantes
Analyser/Raisonner : proposer une stratégie de résolution

Une station de recharge possède plusieurs sorties : 1,0 A et 4,0 A. On souhaite recharger la batterie d'une tablette ayant pour caractéristique 6 800 mA.h.

1. Calculer l'énergie stockée dans cette batterie quand elle est totalement chargée.

2. Calculer, pour chacune des deux intensités disponibles, le pourcentage supplémentaire de recharge de la batterie si la tablette est restée branchée 2,0 h.

6 Pile à hydrogène

Analyser/Raisonner : formuler des hypothèses
Réaliser : effectuer des procédures courantes

Une pile à combustible possède les caractéristiques suivantes : $P = 1{,}0$ kW, rendement $\eta = 35$ %.

1. Pourquoi ne trouve-t-on jamais d'indication de quantité d'électricité (ou capacité) pour une pile à combustible ?

2. Calculer l'énergie consommée pour 2,0 h de fonctionnement.

Caractéristiques des piles et des accumulateurs

7 Comparaison d'accumulateurs

Réaliser : effectuer des procédures courantes
Communiquer : utiliser un vocabulaire adapté et choisir des modes de représentation appropriés

On souhaite comparer l'énergie massique de deux accumulateurs utilisant des technologies différentes. Les caractéristiques des deux accumulateurs sont les suivantes :

Technologie	Capacité (mA.h)	Tension nominale (V)	Masse
Ni-Cd	780 mA.h	1,2 V	21 g
NiMH	1 500 mA.h	1,2 V	26 g

1. Calculer l'énergie stockée (exprimée en W.h) dans chacun de ces deux accumulateurs.

2. Lequel de ces accumulateurs possède la meilleure énergie massique ?

8 Énergie consommée pour la recharge d'un téléphone

Réaliser : effectuer des procédures courantes ; mettre en œuvre les étapes d'une démarche

Un téléphone portable contient une batterie de technologie Lithium-Polymère qui possède les caractéristiques suivantes :

Technologie	Capacité (mA.h)	Tension nominale (V)
Li-Po	4 100 mA.h	3,85 V

1. Calculer l'énergie consommée par le chargeur lors de la recharge et celle stockée dans la batterie.

2. Calculer l'énergie consommée pour recharger totalement la batterie si le rendement sur chargeur vaut $\eta = 60$ %.

9 Remplacement d'une pile par un accumulateur

Réaliser : effectuer des procédures courantes ; mettre en œuvre les étapes d'une démarche

M. Martin souhaiterait remplacer les piles de son appareil auditif par un accumulateur qui remplirait la même fonction. Actuellement, ses piles lui permettent une autonomie d'écoute de 12 jours à raison d'une utilisation de 8 h par jour. Les caractéristiques de la pile et de l'accumulateur sont données ci-dessous :

Technologie	Capacité	Tension nominale	Masse
Pile Air-Zinc	305 mA.h	1,45 V	0,9 g
NiMH	25 mA.h	1,2 V	0,9 g

1. Calculer l'énergie disponible dans une pile.

2. Combien de recharges de l'accumulateur seront nécessaires pour stocker au total autant d'énergie que dans la pile ?

10 SCIENCE IN ENGLISH

Storage batteries

Batteries store energy in chemical form. Studying how they age is necessary, because their cost, performance and environmental impact depend in large part on the degradation of their characteristics. Testing generally includes two charge/discharge cycles as well as a high-power pulse discharge test.

1. In what form is energy stored in batteries?

2. Why do we need to study how they age?

3. Specify in what form the high-power discharge tests are performed.

11 Batterie pour une voiture électrique

Réaliser : effectuer des procédures courantes ; mettre en œuvre les étapes d'une démarche

La batterie d'une voiture électrique est composée de 16 modules branchés en série. 6 ensembles sont connectés en série dans chaque module et chaque ensemble est composé de 74 accumulateurs connectés en dérivation. Les caractéristiques de chaque accumulateur sont les suivantes :

Capacité	Tension nominale	Masse
$Q_{accu} = 3\ 350$ mA.h	$U_{accu} = 3{,}6$ V	47,5 g

1. Calculer le nombre d'accumulateurs utilisés dans la batterie.

2. Montrer par un calcul que l'énergie totale stockée dans la batterie vaut environ 85,6 kW·h.

3. Calculer la puissance minimale à laquelle la batterie doit être rechargée pour faire le plein en 8,0 h.

12 Pile pour appareil auditif

Les appareils auditifs utilisent des piles bouton ou des accumulateurs. Pour les piles bouton, plusieurs technologies existent, parmi lesquelles : Zinc-Argent et Zinc-Air. Le volume d'une pile vaut $V = 0{,}18\ \text{cm}^3$.

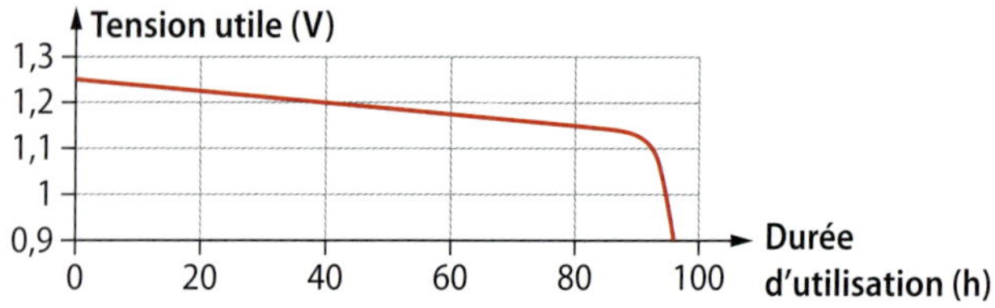

Les différentes caractéristiques des deux technologies sont indiquées ci-dessous :

Technologie	Énergie massique (W.h.kg^{-1})	Énergie volumique (W.h.L^{-1})	Tension nominale (V)
Zinc-Air	420	1 400	1,4
Zinc-Argent	89	420	1,55

1. Calculer l'énergie contenue dans une pile ainsi que sa masse pour chaque type de technologie.

2. Argumenter pour justifier la commercialisation des piles Zinc-Air et pas de l'autre technologie.

3. La résistance interne de pile vaut $R = 7{,}5\ \Omega$. Justifier que pour un courant débité de 2,0 mA, la tension utile de la pile chute à 1,25 V.

4. L'appareil auditif indique deux bips signalant que la pile est usée quand elle délivre une tension de 1,1 V. Quelle est l'autonomie correspondante ?

13 Pile à combustible et cogénération

Une pile à combustible domestique est utilisée en cogénération. Elle permet donc de produire de l'énergie électrique ainsi que de l'énergie thermique mais avec des rendements différents.

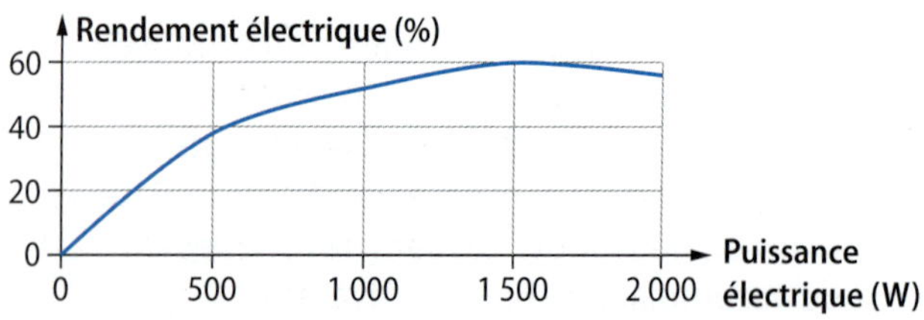

▲ Rendement électrique en fonction de la puissance électrique

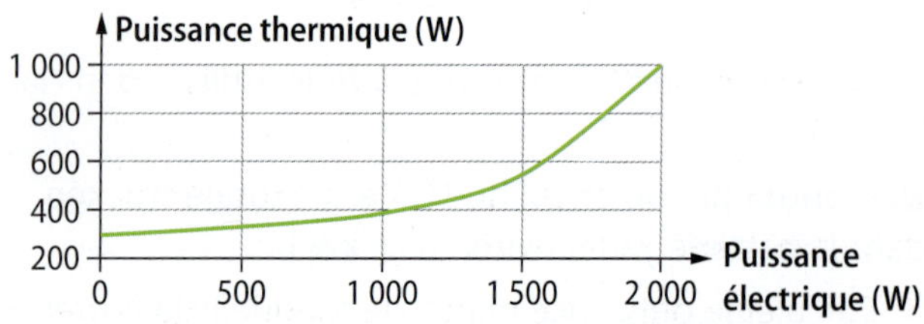

▲ Puissance thermique en fonction de la puissance électrique

1. Exploiter les données pour indiquer si la puissance thermique délivrée par la pile est maximale quand la puissance électrique délivrée par la pile est maximale.

2. Exploiter les documents pour donner les valeurs de la puissance électrique et de la puissance thermique quand le rendement électrique est maximum.

3. Pour le rendement électrique maximal, le rendement thermique vaut 22 %. Quel est, dans ces conditions, le rendement total de la pile à combustible ?

4. Calculer pour une heure de fonctionnement l'énergie consommée par la pile à combustible.

14 Accumulateurs pour véhicules électriques

Les performances d'une batterie pour un véhicule électrique dépendent essentiellement de 5 caractéristiques auxquelles on peut ajouter une caractéristique économique : le coût d'achat.

- *a* = son énergie massique, qui détermine l'autonomie du véhicule
- *b* = sa puissance massique puissance, qui détermine l'accélération du véhicule
- *c* = sa sécurité, qui traduit les risques de surchauffe, courts-circuits, destruction…
- *d* = sa performance, qui caractérise l'aptitude à fonctionner par températures extrêmes
- *e* = sa durée de vie, fixée par le nombre de cycles de charge et de décharge pour lequel le niveau d'énergie restitué reste suffisant
- *f* = son coût d'achat

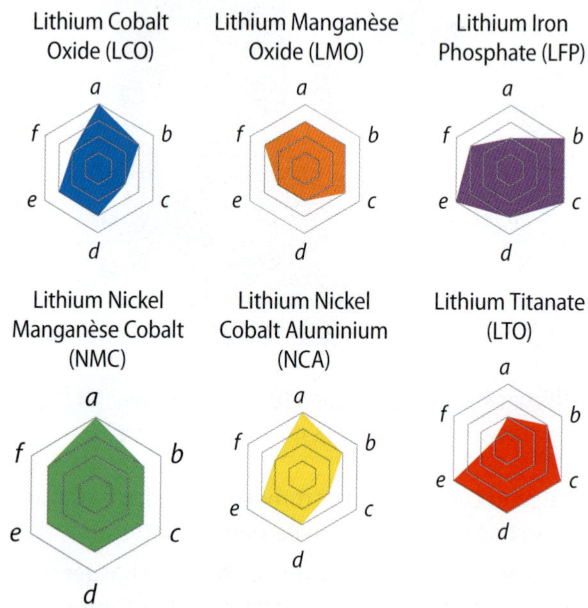

1. Quel point commun ont toutes ces batteries ?

2. Quelles technologies constituent le meilleur choix pour l'autonomie d'un véhicule ?

3. Exploiter les documents pour indiquer vers quelles technologies probables se sont tournés les constructeurs de véhicules électriques haut de gamme.

4. Existe-t-il une batterie idéale parmi les technologies proposées ?

15 Durée de vie d'une batterie solaire

DIFFÉRENCIATION

Le stockage de l'énergie électrique produite par des panneaux photovoltaïques peut être réalisé par des batteries au plomb. Le choix retenu est une capacité de 240 A.h pour une tension nominale de 24 V permettant de délivrer annuellement une énergie de 576 kW.h. La profondeur de décharge (exprimée en pourcentage de la capacité totale) est un élément déterminant pour la durée de vie ; elle est fixée à 40 %.

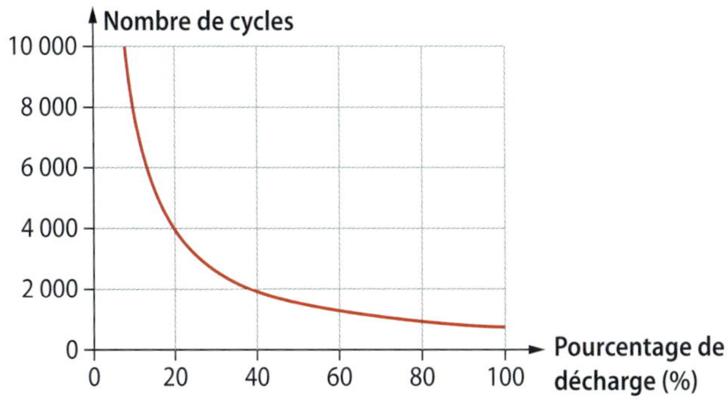

▲ Nombre de cycles en fonction du pourcentage de décharge

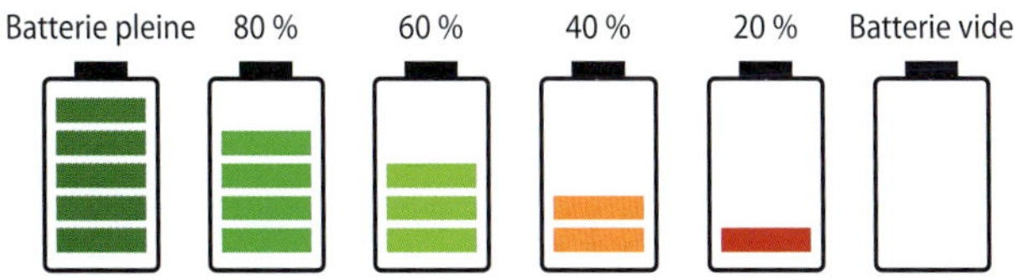

▲ Pourcentage de charge

- Calculer la durée de vie en années pour l'ensemble des batteries.

16 Choix d'une batterie pour un véhicule électrique ou hybride

Les caractéristiques des accumulateurs pour batteries de véhicules électriques sont différentes suivant qu'il s'agisse d'un véhicule tout électrique ou hybride (dans ce cas, le véhicule est également équipé d'un moteur thermique). Pour un véhicule électrique, l'autonomie est déterminante, tandis que pour un véhicule hybride, les batteries doivent permettre au véhicule d'accélérer rapidement.

Le moteur électrique d'une voiture hybride de puissance P = 36 kW doit être alimenté sous une tension U = 120 V. La batterie ne contient aucune association d'accumulateurs en parallèle. Le tableau ci-dessous donne les caractéristiques de deux types d'accumulateurs.

	Capacité	Tension nominale	Intensité possible du courant de décharge	Énergie massique	Énergie volumique
Modèle 1	Q_{accu} = 20 A.h	U_{accu} = 3,6 V	15 C	95 $W.h.kg^{-1}$	187 $W.h.L^{-1}$
Modèle 2	Q_{accu} = 45 A.h	U_{accu} = 3,6 V	2,2 C	150 $W.h.kg^{-1}$	313 $W.h.L^{-1}$

1. Calculer l'intensité du courant que doit débiter la batterie pour faire fonctionner le moteur.

2. Calculer le courant que peut débiter chaque modèle d'accumulateur.

3. Proposer une association d'accumulateurs pour réaliser la batterie.

4. Quelle sera l'autonomie d'utilisation du moteur électrique utilisé à pleine puissance ?

17 Expédition à poids minimal

BAC

L'évaluation de la consommation énergétique électrique pour une expédition au pôle est estimée à 0,5 kW.h par jour. La durée totale de l'expédition est estimée à 20 jours. La masse totale du dispositif qui doit assurer la production électrique ne doit peut pas dépasser 30 kg et doit comporter au moins une batterie de 12 V assurant 2 jours d'autonomie.

Technologie de l'accumulateur	Énergie massique ($W.h.kg^{-1}$)	Tension nominale (V)	Nombre de cycles recharge-décharge
Li-ion	200	3,6	500 à 100

1. Calculer l'énergie électrique totale consommée pour toute l'expédition.

2. Calculer la masse totale de batterie qui serait nécessaire pour assurer la consommation électrique.

3. La valeur calculée précédemment répond-elle au cahier des charges ?

4. Proposer un complément de matériel qui assure une solution avec une seule batterie.

CHAPITRE 3

THÈME 1 › ÉNERGIE

Puissances en régime sinusoïdal

En régime sinusoïdal, la puissance est une grandeur électrique primordiale pour analyser les échanges d'énergie dans les circuits électriques. Mais il existe différents types de puissances.

→ **Comment sont-elles définies et comment peut-on les utiliser pour optimiser la quantité d'énergie consommée ?**

› Testez vos prérequis

Indiquer la (ou les) bonne(s) réponse(s) :

1. Une résistance de 10 Ω parcourue par un courant continu d'intensité 5 A dissipe une puissance de :

- ☐ **a.** 250 W
- ☐ **b.** 50 W
- ☐ **c.** 250 J

2. Un générateur alimente 4 lampes, chacune ayant une puissance de 60 W. Le générateur :

- ☐ **a.** fournit une puissance de 60 W
- ☐ **b.** reçoit une puissance de 240 W
- ☐ **c.** fournit une puissance de 240 W

3. Un radiateur électrique de puissance 600 W fonctionne pendant 10 h. L'énergie qu'il consomme vaut :

☐ **a.** 60 W.h ☐ **b.** 6,0 kW.h ☐ **c.** 600 W.h

4. La puissance instantanée d'un dipôle est donnée par : $p(t) = P_M \cos(\omega t)$. Sa puissance moyenne est :

- ☐ **a.** égale à $\frac{P_M}{\sqrt{2}}$
- ☐ **b.** nulle
- ☐ **c.** égale à P_M^2

5. Une résistance de 22 kΩ est soumise à une tension de 5 V. Elle dissipe une puissance de :

- ☐ **a.** 0,23 mW
- ☐ **b.** 5 mW
- ☐ **c.** 1,1 mW

→ Corrigés, p. 284

Vidéo
Puissance apparente

CAPACITÉS EXIGIBLES

- Indiquer que la puissance active P est égale à la puissance moyenne mise en jeu par une installation ou un équipement électrique

> ACTIVITÉ DOCUMENTAIRE 1

- Utiliser un outil numérique (tableur, logiciel ou programme informatique) pour calculer la valeur de la puissance active d'un système à partir des évolutions temporelles de la tension et de l'intensité du courant

> ACTIVITÉ EXPÉRIMENTALE 2

- Indiquer que la puissance apparente S, égale au produit des valeurs efficaces de la tension et de l'intensité du courant, est une grandeur de dimensionnement d'une installation ou d'un équipement électrique
- Calculer le facteur de puissance $k = \frac{P}{S}$ d'un récepteur en régime sinusoïdal

> ACTIVITÉ DOCUMENTAIRE 3

- Mesurer une puissance apparente S en régime sinusoïdal
- Mesurer une puissance active P en régime sinusoïdal

> ACTIVITÉ EXPÉRIMENTALE 4

ACTIVITÉ 1

ACTIVITÉ DOCUMENTAIRE

COMPÉTENCES
- ✓ Analyser/Raisonner : exploiter des informations
- ✓ Réaliser : effectuer des calculs, représenter un graphique

➔ Qu'appelle-t-on puissance active en régime sinusoïdal ?

On s'intéresse à une installation électrique de tension efficace $U = 230$ V et de fréquence 50 Hz qui alimente différents dipôles.

DOC. 1 Dipôle en régime sinusoïdal

Dipôle en convention récepteur

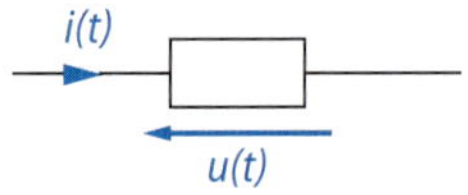

$u(t) = U\sqrt{2}\cos(\omega t)$

$i(t) = I\sqrt{2}\cos(\omega t - \varphi)$

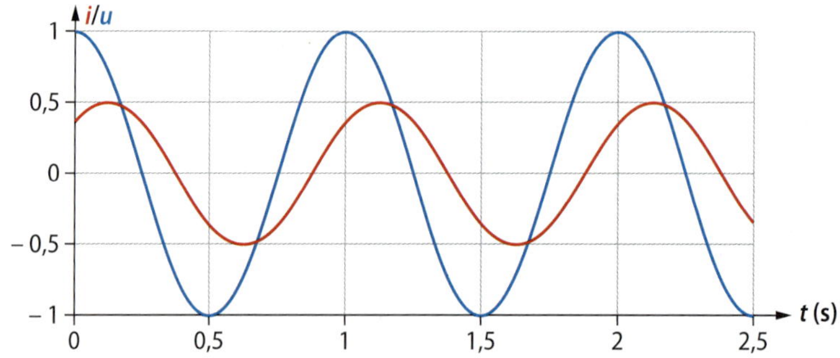

DOC. 2 Puissance active et puissance instantanée en régime sinusoïdal

En régime sinusoïdal, la puissance active est égale à la valeur moyenne de la puissance instantanée :

$$P = \langle p(t) \rangle = UI\cos\varphi$$

- U : tension efficace en volts (V)
- I : intensité efficace en ampères (A)
- φ : déphasage du courant $i(t)$ par rapport à la tension $u(t)$ en degrés ou en radians

Avec $\varphi = \omega \Delta t$ où ω est la pulsation du régime sinusoïdal et Δt le décalage temporel entre $u(t)$ et $i(t)$
Δt est positif si $i(t)$ est en retard par rapport *à* $u(t)$.

DOC. 3 Puissance active de dipôles élémentaires

Dipôle purement résistif : résistance R	Dipôle purement inductif : inductance L	Dipôle purement capacitif : capacité C
$P = UI = RI^2 = \frac{U^2}{R}$	$\varphi = 90°$ donc $\cos\varphi = 0$ d'où $P = 0$ W Un dipôle purement inductif ne reçoit pas de puissance active.	$\varphi = -90°$ donc $\cos\varphi = 0$ d'où $P = 0$ W Un dipôle purement capacitif ne reçoit pas de puissance active.

QUESTIONS

1. S'APPROPRIER Calculer la puissance active dissipée par une résistance $R = 22\ \Omega$.

2. Un dipôle est parcouru par un courant d'intensité efficace $I = 5{,}2$ A et dont le déphasage vaut $\varphi = 45°$.

a) RÉALISER ▶ Calculer la puissance active reçue par ce dipôle.

b) RÉALISER ▶ Donner l'expression de l'intensité $i(t)$ et la représenter graphiquement.

3. RÉALISER ▶ Calculer la puissance active P_D reçue par un dipôle constitué d'une résistance $R = 150\ \Omega$ associé en parallèle avec un condensateur de capacité $C = 22$ µF.

ACTIVITÉ 2

ACTIVITÉ EXPÉRIMENTALE **TP** TABLEUR

COMPÉTENCE
✓ Réaliser : utiliser un tableur-grapheur

→ Comment calculer la puissance active d'un système à l'aide d'un outil numérique ?

On s'intéresse à un système qui est alimenté sous une tension $u(t)$ et qui absorbe un courant $i(t)$. On détermine la puissance active P fournie au système en utilisant un tableur-grapheur.

Outils

Utilisation d'un tableur-grapheur

Représenter graphiquement la tension u(t) et l'intensité du courant i(t) qui alimentent le système.

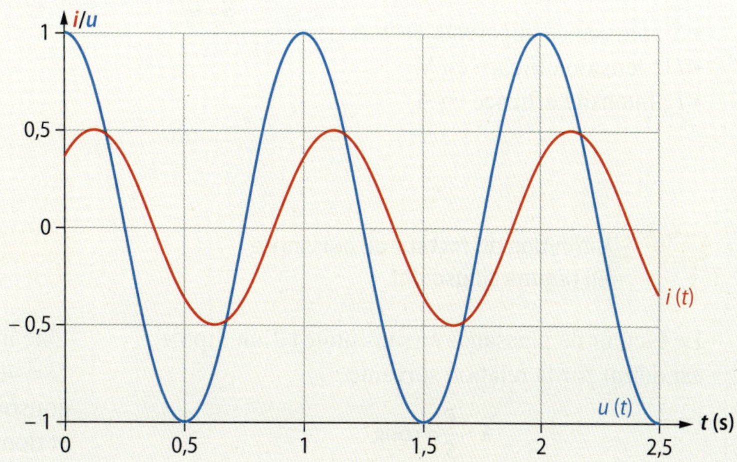

Tracer la puissance instantanée $p(t)$:
$p(t) = u(t)i(t)$.

Calculer la puissance moyenne $<p(t)>$ à l'aide de la commande *moyenne*.

En déduire la valeur de la puissance active P.

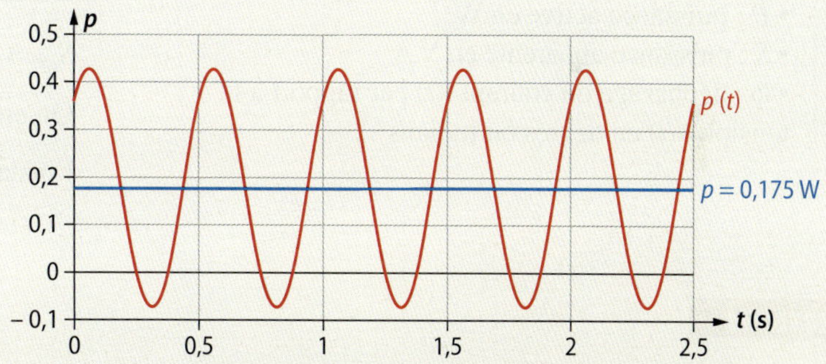

QUESTIONS

Une installation électrique alimente un atelier qui fait fonctionner un ensemble de machines. Elle fournit une tension efficace $U = 230$ V de fréquence 50 Hz. Elle débite un courant d'intensité efficace $I = 31{,}2$ A avec un déphasage de 60°.

1. RÉALISER ▶ À l'aide d'un tableur-grapheur, représenter la tension $u(t)$ et l'intensité $i(t)$.

2. RÉALISER ▶ Représenter la puissance instantanée $p(t)$ et faire calculer la valeur moyenne de $p(t)$.

3. ANALYSER/RAISONNER ▶ En déduire la valeur de la puissance active P fournie par cette installation.

RÉSULTATS D'EXPÉRIENCE À TÉLÉCHARGER

ACTIVITÉ 3

ACTIVITÉ DOCUMENTAIRE

COMPÉTENCES
- Analyser/Raisonner : exploiter des informations
- Réaliser : effectuer des calculs, représenter un graphique

Qu'appelle-t-on puissance apparente et facteur de puissance en régime sinusoïdal ?

DOC. 1 Définition de la puissance apparente en régime sinusoïdal

Pour un dipôle soumis à une tension sinusoïdale $u(t) = U\sqrt{2}\cos(\omega t)$ et parcouru par un courant sinusoïdal $(t) = I\sqrt{2}\cos(\omega t - \varphi)$, la puissance apparente du dipôle est donnée par :

$$S = UI$$

- S : puissance apparente en V.A
- U : tension efficace en V
- I : intensité efficace en A

DOC. 2 Définition du facteur de puissance en régime sinusoïdal

Le facteur de puissance k (sans unité) d'un dipôle est défini par la relation suivante :

$$k = \frac{P}{S} = \cos\varphi$$

- P : puissance active en W
- S : puissance apparente en V.A
- φ : déphasage du courant $i(t)$ par rapport à la tension $u(t)$ en degrés ou radians

DOC. 3 Dimensionnement d'une installation électrique

Une installation électrique monophasée, $U = 400$ V, alimente un ensemble de moteurs qui consomme une puissance active $P_M = 5{,}4$ kW et dont le facteur de puissance vaut : $\cos\varphi = 0{,}92$.

On calcule la puissance apparente :

$S_M = \dfrac{P_M}{\cos\varphi} = 5{,}9$ kV.A.

On en déduit l'intensité efficace que doit fournir l'installation : $I = \dfrac{5{,}9 \times 10^3}{400} = 15$ A.

QUESTIONS

1. ANALYSER/RAISONNER ▶ Un dipôle est alimenté par une tension efficace de 400 V et est traversé par un courant d'intensité efficace 750 mA. Calculer la puissance apparente de ce dipôle.

2. RÉALISER ▶ Une installation fournie une tension efficace de 230 V avec une puissance apparente de 3,5 kVA. Calculer l'intensité efficace débitée par cette installation.

3. RÉALISER ▶ Un moteur électrique est alimenté sous une tension efficace de 110 V et consomme une puissance de 10 kW avec un facteur de puissance de 0,85. Calculer l'intensité efficace débitée par l'installation électrique.

4. ANALYSER/RAISONNER ▶ On a déterminé l'expression mathématique de l'intensité $i(t)$ d'un système d'éclairage :

$$i(t) = 25\cos(314\,t - 1)$$

avec $i(t)$ en A et le cosinus en radians. Déterminer la valeur efficace de $i(t)$, sa fréquence et son déphasage.

ACTIVITÉ 4

ACTIVITÉ EXPÉRIMENTALE **TP**

COMPÉTENCE
✓ Réaliser : mettre en œuvre un protocole expérimental

→ Comment mesurer une puissance apparente et une puissance active en régime sinusoïdal ?

DOC. 1 **Mesure de la puissance apparente pour différents dipôles**

Matériel disponible

- Une alimentation délivrant une tension sinusoïdale de valeur efficace 12 V et de fréquence 50 Hz
- Une résistance *R* de 220 Ω, puissance maximale 1 W
- Un condensateur de capacité C = 10 µF
- Une bobine d'inductance *L* = 0,1 H
- Un voltmètre
- Un ampèremètre

Protocole expérimental

- L'alimentation est réglée pour fournir une tension sinusoïdale de valeur efficace 12 V et de fréquence 50 Hz.
- Brancher successivement les différents dipôles en insérant dans le circuit les appareils de mesure.
- Mesurer la valeur efficace de la tension aux bornes du dipôle.
- Mesurer l'intensité efficace qui parcourt le circuit.
- En déduire la puissance apparente pour les différents dipôles.

DOC. 2 **Mesures de la puissance active pour différents dipôles**

Protocole expérimental

L'alimentation est réglée pour fournir une tension sinusoïdale de valeur efficace 12 V et de fréquence 50 Hz.

À l'aide du wattmètre, mesurer la puissance :
- d'un dipôle R = 220 Ω ;
- d'un dipôle R = 220 Ω, L = 0,1 H en série ;
- d'un dipôle R = 220 Ω, C = 10 µF en dérivation.

Matériel disponible

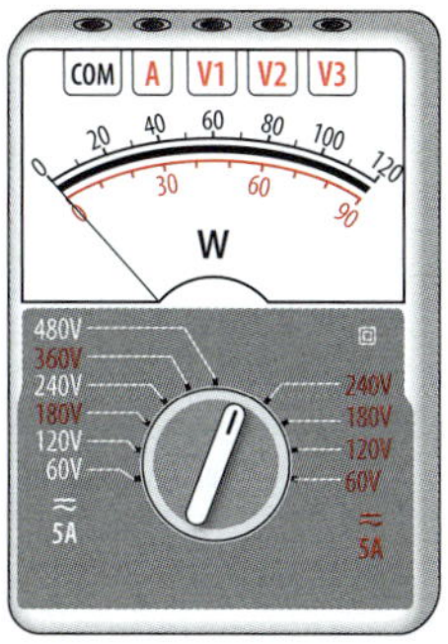

▲ Wattmètre monophasé

QUESTIONS

1. RÉALISER ▶ Représenter le schéma électrique du montage du DOC. 1 avec les appareils de mesure. Réaliser les mesures demandées (DOC. 1).

2. VALIDER ▶ Comparer la mesure de la puissance active de la résistance avec la valeur calculée.

3. COMMUNIQUER ▶ Que peut-on en déduire concernant les puissances apparentes consommées par une bobine et par un condensateur ?

4. VALIDER ▶ Réaliser les mesures demandées (DOC. 2). Comparer la mesure de la puissance active consommée par la résistance avec la valeur calculée.

5. VALIDER ▶ Que peut-on en déduire concernant les puissances actives consommées par une bobine et par un condensateur ?

RÉSULTATS D'EXPÉRIENCE À TÉLÉCHARGER

LE COURS

1 PUISSANCE ACTIVE EN RÉGIME SINUSOÏDAL

• **Dipôle en régime sinusoïdal**

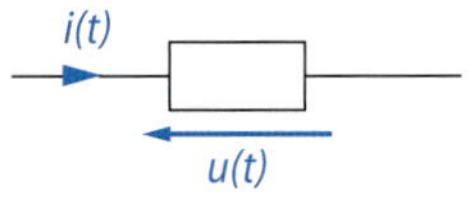

$u(t) = U\sqrt{2}\cos(\omega t)$

$i(t) = I\sqrt{2}\cos(\omega t - \varphi)$

▲ Dipôle en convention récepteur

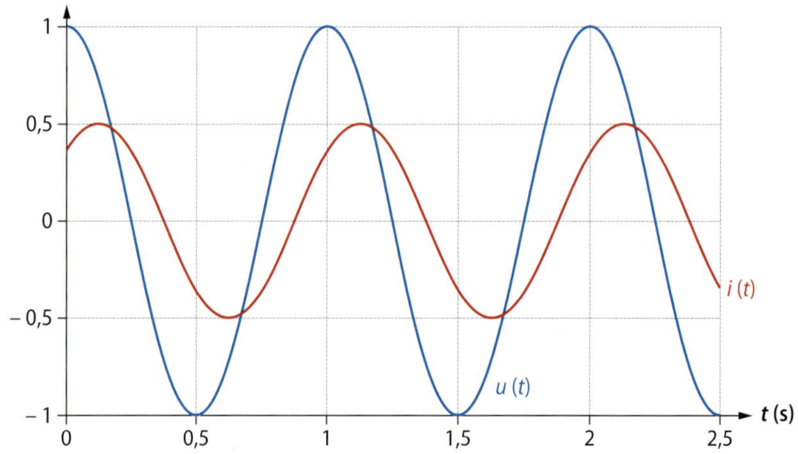

• **Puissance active et puissance instantanée en régime sinusoïdal**

En régime sinusoïdal, la puissance active est égale à la valeur moyenne de la puissance instantanée :

$P = <p(t)> = UI\cos\varphi$	• U : tension efficace en volts (V) • I : intensité efficace en ampères (A) • φ : déphasage du courant $i(t)$ par rapport à la tension $u(t)$ en degrés ou radians avec $\varphi = \omega\Delta t$ où ω est la pulsation du régime sinusoïdal et Δt le décalage temporel entre $u(t)$ et $i(t)$: Δt est positif si $i(t)$ est en retard par rapport *à* $u(t)$.

Dipôle purement résistif : résistance R	Dipôle purement inductif : inductance L	Dipôle purement capacitif : capacité C
$P = UI = RI^2 = \dfrac{U^2}{R}$	$\varphi = 90°$ donc $\cos\varphi = 0$ d'où $P = 0$ W Un dipôle purement inductif ne reçoit pas de puissance active.	$\varphi = -90°$ donc $\cos\varphi = 0$ d'où $P = 0$ W Un dipôle purement capacitif ne reçoit pas de puissance active.

▲ Puissance active de dipôles élémentaires

2 PUISSANCE APPARENTE ET FACTEUR DE PUISSANCE EN RÉGIME SINUSOÏDAL

• **Définition de la puissance apparente en régime sinusoïdal**

Pour un dipôle soumis à une tension sinusoïdale $u(t) = U\sqrt{2}\cos(\omega t)$ et parcouru par un courant sinusoïdal $i(t) = I\sqrt{2}\cos(\omega t - \varphi)$, la puissance apparente du dipôle est donnée par :

$S = UI$	• S : puissance apparente en V.A • U : tension efficace en V • I : intensité efficace en A

▶▶▶

▶▶▶

- **Définition du facteur de puissance en régime sinusoïdal**

Le facteur de puissance k (sans unité) d'un dipôle est défini par la relation suivante :

$$k = \frac{P}{S} = \cos\varphi$$

Avec :
- P : puissance active en W
- S : puissance apparente en V.A
- φ : déphasage du courant $i(t)$ par rapport à la tension $u(t)$ en degrés ou radians

- **Dimensionnement d'une installation électrique**

Une installation électrique monophasée, $U = 400$ V, alimente un ensemble de moteurs qui consomme une puissance active $P_M = 5{,}4$ kW et dont le facteur de puissance vaut : $\cos\varphi = 0{,}92$.

On calcule la puissance apparente : $S_M = \dfrac{P_M}{\cos\varphi} = 5{,}9$ kVA.

On en déduit l'intensité efficace que doit fournir l'installation : $I = \dfrac{5{,}9 \times 10^3}{400} = 15$ A.

3 MESURE DE PUISSANCE EN RÉGIME SINUSOÏDAL

- **Puissance apparente : *S***

Pour mesurer la puissance apparente consommée par un dipôle, on alimente le dipôle en régime sinusoïdal et on mesure :
- la tension efficace U aux bornes du dipôle avec un voltmètre RMS ;
- l'intensité efficace I qui parcourt le dipôle avec un ampèremètre RMS.

On obtient la valeur de la puissance : $S = UI$ en V.A.

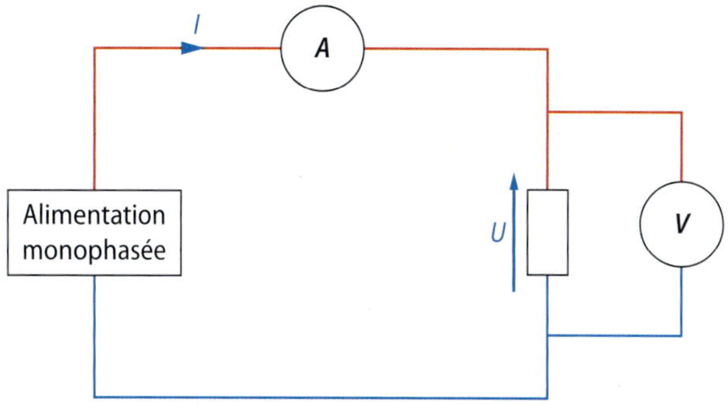

- **Puissance active : *P***

Pour mesurer la puissance active consommée par un dipôle, on alimente le dipôle en régime sinusoïdal et on utilise un wattmètre. L'appareil indique la valeur moyenne du produit UI, donc la valeur de la puissance active P. Le wattmètre possède quatre bornes : deux pour le circuit tension et deux pour le circuit intensité.

La précision de la mesure dépend de la précision du wattmètre utilisé.

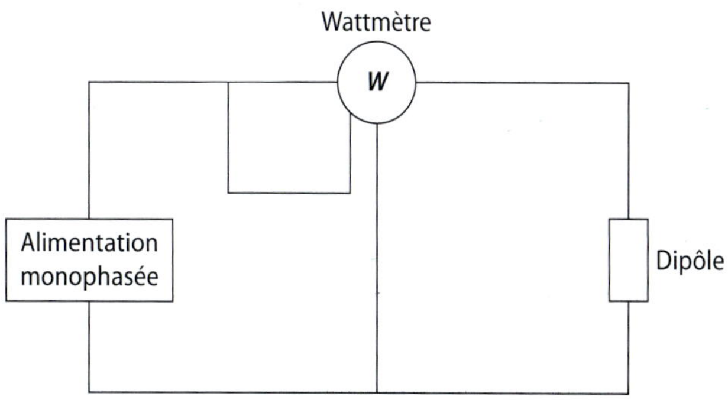

Indiquer la (ou les) bonne(s) réponse(s) :

Puissance active en régime sinusoïdal

	A	B	C
1. La relation qui permet de calculer la puissance active consommée par un dipôle est :	☐ $P = UI\cos\varphi$	☐ $P = UI$	☐ $P = UI\sin\varphi$
2. Une résistance soumise à une tension efficace de 45 V et parcourue par une intensité efficace de 8,3 A dissipe une puissance de :	☐ 0,18 W	☐ $3{,}7 \times 10^2$ W	☐ 5,4 W
3. Un dipôle purement capacitif :	☐ consomme de la puissance active	☐ ne consomme pas de la puissance active	☐ ne fonctionne pas en régime sinusoïdal
4. Pour un dipôle, on a : – tension aux bornes en V : $u(t) = 110\sqrt{2}\cos(314t)$; – intensité du courant en A : $i(t) = 24\sqrt{2}\cos(314t - 1{,}0)$.	☐ La tension efficace aux bornes de ce dipôle vaut 110 V.	☐ La tension efficace aux bornes de ce dipôle vaut 156 V.	☐ La tension efficace aux bornes de ce dipôle vaut 24 V.
5. Pour ce dipôle, l'intensité efficace vaut :	☐ 24 A	☐ 34 A	☐ 110 A
6. Ce dipôle consomme une puissance active égale à :	☐ 1,4 kW	☐ 2,6 kW	☐ 2,9 kW

Puissance apparente et facteur de puissance en régime sinusoïdal

	A	B	C
7. La relation qui permet de calculer la puissance apparente consommée par un dipôle est :	☐ $S = UI\cos\varphi$	☐ $S = UI$	☐ $S = U/I$
8. La relation qui permet de calculer le facteur de puissance est :	☐ $k = PS$	☐ $k = \cos\varphi$	☐ $k = P/S$
9. Un dipôle qui absorbe une puissance active de 2,3 kW et une puissance apparente de 3,5 kV.A a un facteur de puissance égal à :	☐ 1,5	☐ 8,1	☐ 0,66

Mesure de puissance en régime sinusoïdal

	A	B	C
10. Pour mesurer une puissance active, on utilise :	☐ un ohmmètre	☐ un voltmètre	☐ un wattmètre
11. Pour mesurer une puissance apparente, on utilise :	☐ un consomètre	☐ un multimètre	☐ un voltmètre et un ampèremètre
12. On a mesuré pour un dipôle : $U_{eff} = 47$ V, $I_{eff} = 5{,}27$ et $\varphi = 45°$. On en déduit la valeur de la puissance active :	☐ 24 W	☐ $3{,}5 \times 10^2$ W	☐ $1{,}3 \times 10^2$ W

→ Corrigés, p. 284

■ Puissance active pour un circuit R, C

Un générateur fournit une tension sinusoïdale $u(t)$ qui alimente un circuit R, C.
Il débite un courant $i(t)$. On a relevé les chronogrammes de $u(t)$ (en V) et de $i(t)$ (en A).

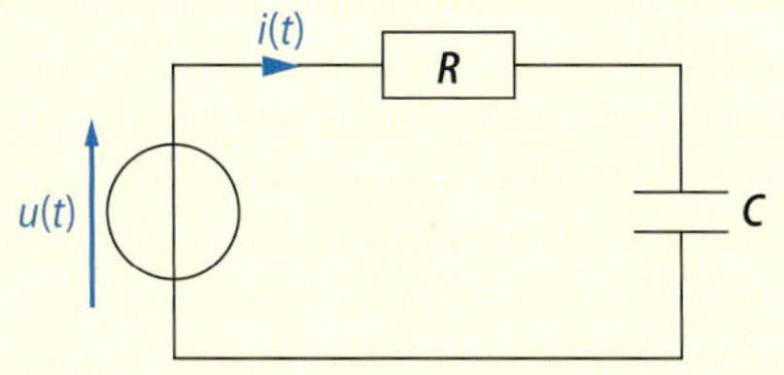

$u(t) = U\sqrt{2}\cos(\omega t)$ $i(t) = I\sqrt{2}\cos(\omega t - \varphi)$

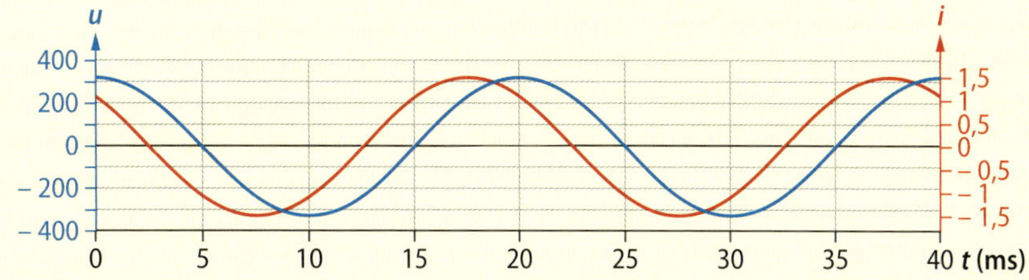

1. Pour la tension $u(t)$ et l'intensité $i(t)$:
– relever la valeur de la période T et en déduire la valeur de la fréquence f ;
– relever la valeur maximale et en déduire la valeur efficace.

> **RÉALISER** – lire sur le graphique les différentes valeurs demandées. L'échelle de la tension est à gauche et l'échelle de l'intensité est à droite. L'échelle du temps est en ms.

2. Relever l'écart temporel Δt entre $i(t)$ et $u(t)$ et indiquer si $i(t)$ est en avance ou en retard par rapport à $u(t)$.

> **ANALYSER/RAISONNER** – pour déterminer si $i(t)$ est en avance ou en retard par rapport à $u(t)$, on analyse leurs passages par 0 avec la même pente.

3. Sachant que $|\varphi| = 2\pi f \Delta t$, calculer sa valeur en radians puis calculer la puissance active P fournie par le générateur.

> **RÉALISER** – on utilise l'expression de la puissance active : $P = UI\cos\varphi$. La calculatrice doit être en mode radian.

Solution

1. On relève sur le graphique : $T = 20$ ms, donc $f = 50$ Hz.
$U_{max} = 320$ V, donc $U = 230$ V
$I_{max} = 1{,}5$ A, donc $I = 1{,}1$ A

2. On relève sur le graphique : $\Delta t = 2{,}5$ ms.
$i(t)$ est en avance par rapport à $u(t)$.

3. On obtient : $|\varphi| = 314 \times 2{,}5 \times 10^{-3} = 0{,}78$ radian.
On en déduit : $P = 230 \times 1{,}1 \times \cos(0{,}78) = 1{,}8 \times 10^2$ W

À VOUS DE JOUER !

■ Puissance active pour un circuit R, L

Un générateur fournit une tension sinusoïdale $u(t)$ qui alimente un circuit R, L.
Il débite un courant $i(t)$. On a relevé les chronogrammes de $u(t)$ (en V) et $i(t)$ (en A).

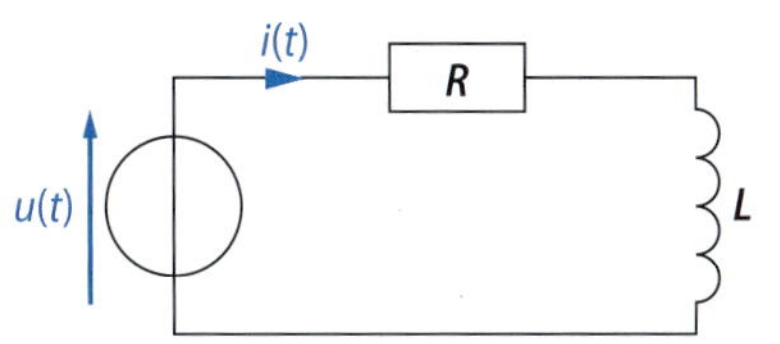

$u(t) = U\sqrt{2}\cos(\omega t)$ $i(t) = I\sqrt{2}\cos(\omega t - \varphi)$

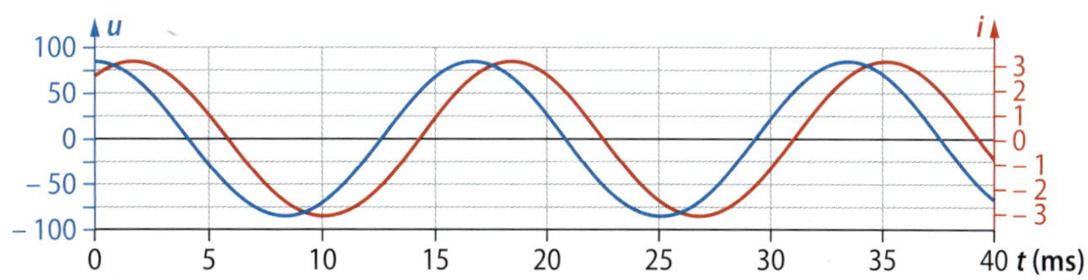

1. Pour la tension $u(t)$ et l'intensité $i(t)$:
– relever la valeur de la période T et en déduire la valeur de la fréquence f ;
– relever la valeur maximale et en déduire la valeur efficace.

2. Relever l'écart temporel Δt entre $i(t)$ et $u(t)$ et indiquer si $i(t)$ est en avance ou en retard par rapport à $u(t)$.

3. Sachant que $|\varphi| = 2\pi f \Delta t$, calculer sa valeur en radians puis calculer la puissance active P fournie par le générateur.

→ Corrigés, p. 284

Puissance active en régime sinusoïdal

1 Puissance instantanée et puissance active

S'approprier : mobiliser des connaissances
Réaliser : exploiter un graphique

On a relevé la puissance instantanée, $p(t)$ en W, reçue par un dipôle :

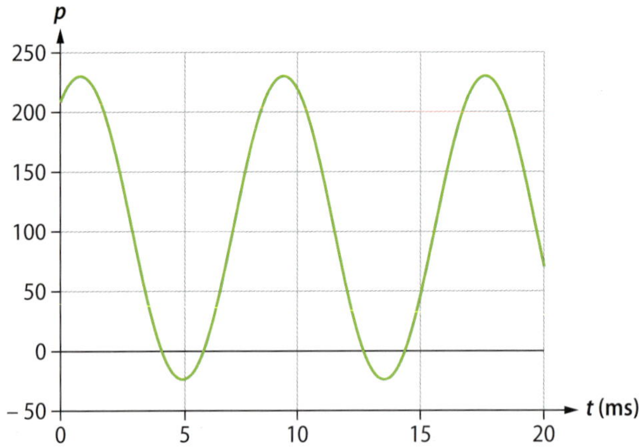

• En déduire la valeur de la puissance active P de ce dipôle.

2 Résistances en dérivation

S'approprier : mobiliser des connaissances

Un circuit est constitué de deux résistances identiques branchées en dérivation alimentées par un générateur de tension sinusoïdale. Le générateur fournit une puissance active $P = 250$ W.

1. Déterminer la puissance dissipée par chaque résistance.

2. Que vaut le déphasage φ entre $i(t)$ et $u(t)$?

3. On modifie la fréquence du générateur. Comment varie la puissance active fournie par le générateur ?

3 Circuit inductif

S'approprier : effectuer des calculs

On étudie le circuit suivant avec $R = 120\ \Omega$ et $L = 87$ mH. L'alimentation fournit une tension sinusoïdale de fréquence $f = 400$ Hz, de valeur efficace $U = 85$ V et débite un courant d'intensité efficace $I = 0,34$ A.

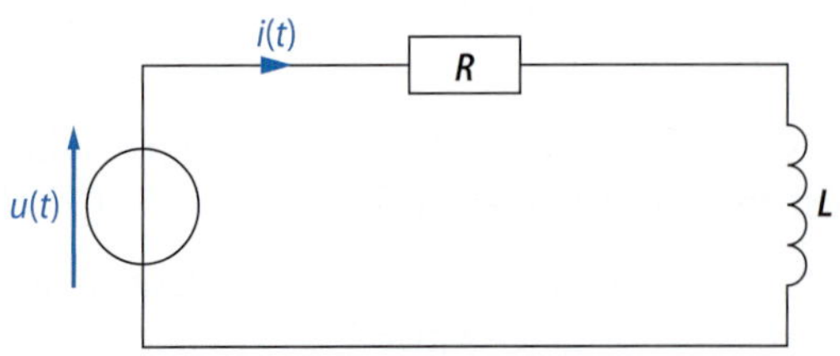

On peut monter que le déphasage φ obéit à l'équation suivante : $\tan\varphi = \dfrac{2\pi f L}{R}$.

1. Calculer la valeur de tanφ et en déduire le déphasage φ en radians.

2. Calculer la puissance active P reçue par ce circuit.

4 Circuit capacitif

Analyser/Raisonner : proposer une stratégie de résolution

On étudie le circuit suivant avec R = 150 Ω et C = 22 μF. L'alimentation fournit une tension sinusoïdale de fréquence $f = 50$ Hz, de valeur efficace $U = 230$ V et débite un courant d'intensité efficace $I = 1,1$ A.

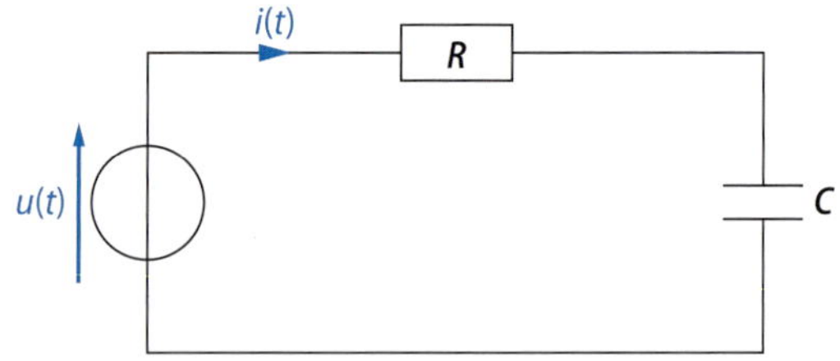

On peut monter que le déphasage φ obéit à l'équation suivante : $\tan\varphi = \dfrac{1}{2\pi fRC}$.

1. Calculer la valeur de tanφ et en déduire le déphasage φ en radians.

2. Calculer la puissance active P reçue par ce circuit.

5 Dipôles passifs

S'approprier : mobiliser des connaissances

• Quels sont les dipôles passifs qui ne consomment aucune puissance active ?

a) Un conducteur ohmique (résistance)

b) Une bobine modélisée par une inductance L en série avec une résistance R

c) Un condensateur sans perte

d) Une résistance en dérivation avec un condensateur sans perte

Puissance apparente et facteur de puissance en régime sinusoïdal

6 Moteurs électriques

S'approprier : mobiliser des connaissances
Réaliser : effectuer des calculs

Une installation monophasée 230 V, 50 Hz alimente trois moteurs électriques identiques qui consomment chacun une puissance active de 1,5 kW avec un déphasage de $i(t)$ par rapport à $u(t)$ de 32°.

1. Calculer la puissance active P fournie par cette installation.

2. Calculer le facteur de puissance *k*.

3. Calculer la puissance apparente *S* fournie par cette installation.

4. En déduire l'intensité efficace *I* débitée par cette installation.

7 Chauffage par induction

S'approprier : extraire des informations
Réaliser : effectuer des calculs

Le chauffage par induction est une méthode rapide qui permet de chauffer sans contact les métaux. Un système de chauffage par induction comprend un générateur de courant alternatif qui alimente une bobine qui produit un champ magnétique variable. Ce champ magnétique induit dans la pièce à chauffer un courant qui provoque l'échauffement de celle-ci.

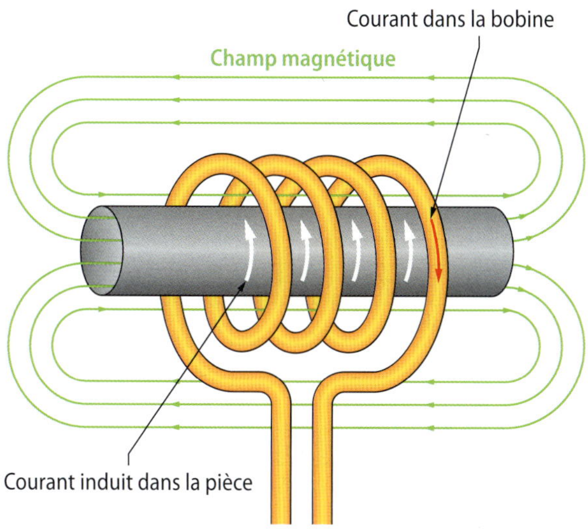

Un chauffage par induction est constitué d'un générateur qui fournit un courant sinusoïdal de fréquence 40 kHz sous une tension efficace de 30 V et pour une puissance active de 50 W. Le facteur de puissance de ce générateur vaut 0,15.

1. Calculer la puissance apparente *S* fournie par ce générateur.

2. En déduire l'intensité efficace *I* débitée.

3. Déterminer la valeur du déphasage φ.

8 SCIENCE IN ENGLISH

Dipoles

For a dipole with active power $P = 235$ W and apparent power $S = 30$ V.A.
• Calculate the dipole's power factor PF.

Mesure de puissance en régime sinusoïdal

9 Utilisation d'un wattmètre

S'approprier : extraire des informations

On utilise un wattmètre analogique dont le calibre tension est réglé à 400 V et le calibre intensité à 2,5 A. L'aiguille du cadran indique alors la graduation 80 de l'échelle qui en comporte 100.

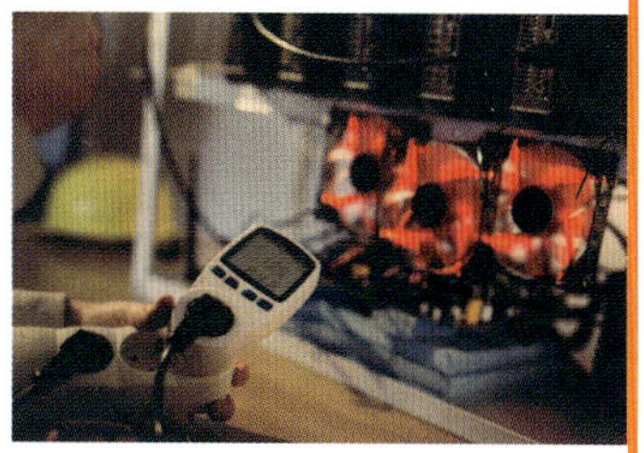

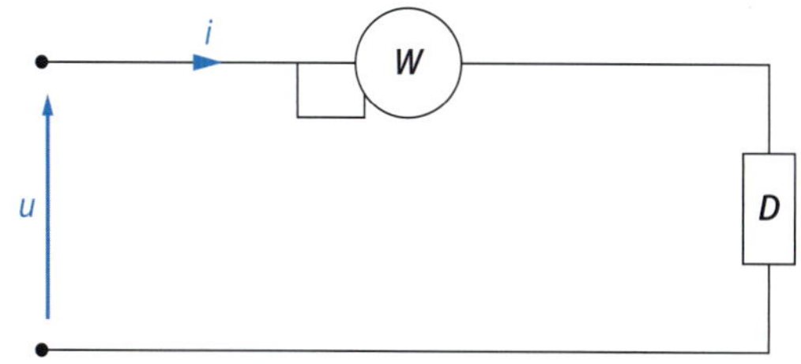

• Déterminer la puissance active mesurée par ce wattmètre.

10 Mesure de puissance apparente

Réaliser : proposer un protocole expérimental

Une installation électrique peut-être modélisée par le circuit ci-dessous :

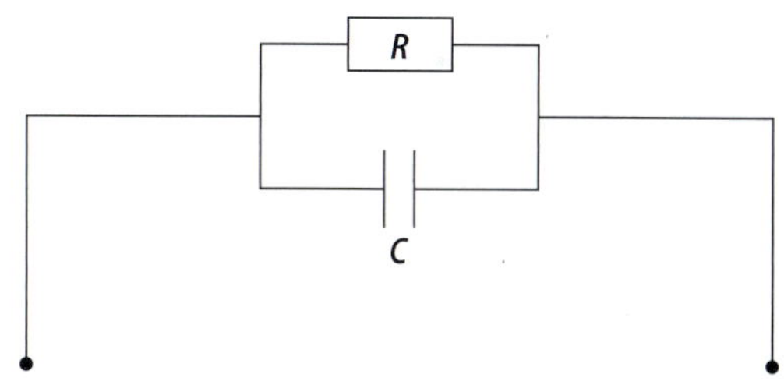

1. Compléter le schéma en insérant les appareils de mesure pour mesurer la puissance apparente de cette installation.

2. Proposer un protocole de mesure pour obtenir la valeur de *S*.

3. On a mesuré les grandeurs suivantes :

$U_{eff} = 112$ V avec une précision de 2 %.

$I_{eff} = 1{,}50$ A avec une précision de 5 %.

a) Calculer l'incertitude pour chaque mesure : ΔU et ΔI. → Mesures et incertitudes, rabats

b) En déduire l'incertitude type pour chaque mesure.

c) Écrire le résultat de chaque mesure sous la forme : $M = m \pm \Delta m$.

11 Mesures de puissance et précision

DOC. 1 Affichage d'un wattmètre numérique

L'afficheur LCD 73 × 54,3 mm, l'utilisateur sait d'un seul coup d'œil où il en est.
Le voyant usure de pile l'avertit quand il ne reste qu'une heure d'autonomie.

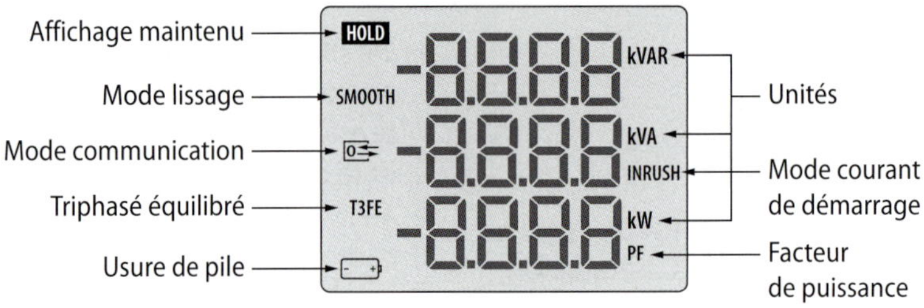

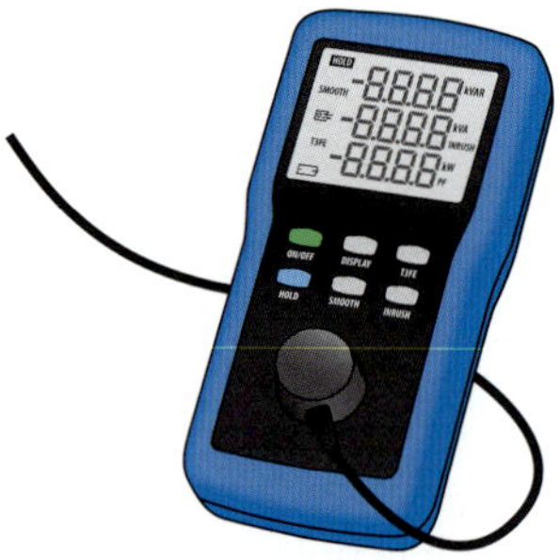

Terminé les mauvais contacts, la liaison s'effectue directement par l'intermédiaire d'une tête optique aimantée que l'on vient tout simplement poser sur la face avant de l'appareil.

DOC. 2 Caractéristiques d'un wattmètre numérique

Caractéristiques techniques	PX 120	PX 110
Nature des réseaux	Monophasé et Triphasé 3 fils équilibré T3FE)	Monophasé
Nombre de points	3 lignes de 4 digits (14 mm)	3 lignes de 4 digits (14 mm)
Bande passantes	DC à 1 kHz	DC à 1 kHz
Puissance active		
Étendue de mesure	10 W à 1 kW – 1 kW à 6 kW	10 kW à 1 kW – 1 kW à 6 kW
Résolutions	0,1 W – 1 W	0,1 W – 1 W
Précision de base en AC / DC	1 % L ± 2D / 2 %L ± 3D	1 % L ± 2D / 2 %L ± 3D
Puissance apparente, réactive		
Étendue de mesure	10* à 1 k* – 1 k* à 6 k*	10 * à 1 k* – 1 k* à 6 k*
Résolution / Précision de base	0,1* – 1* / 2 %L ± 2D	0,1* – 1* / 2 %L ± 2D
Facteur de puissance		
Gamme	1,00	1,00
Résolution	0,01 / 3 %L ± 2D	0,01 / 3 %L ± 2D

▲ Wattmètres numériques TRMS tri et monophasé

On mesure les puissances absorbées par une installation électrique monophasée. On lit sur l'afficheur les valeurs suivantes :

Puissance active	230,4 W
Puissance apparente	256,7 V.A
Facteur de puissance	0,89

1. En exploitant le DOC. 2, calculer l'incertitude-type des trois mesures réalisées.

→ Mesures et incertitudes, rabats

2. Écrire le résultat de chacune des trois mesures sous la forme :

$$M = m + \Delta m$$

12 Puissance instantanée en régime sinusoïdal

Un dipôle, en convention récepteur, est soumis à une tension sinusoïdale $u(t)=U\sqrt{2}\cos(\omega t)$. Il est parcouru par un courant d'intensité $i(t)=I\sqrt{2}\cos(\omega t-\varphi)$.

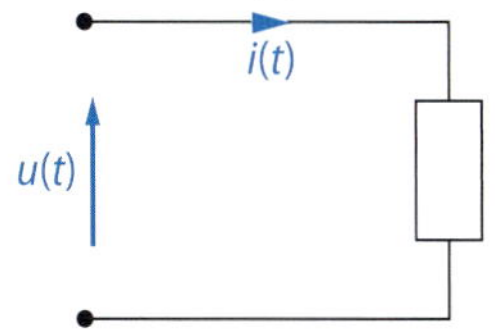

φ représente le déphasage de l'intensité $i(t)$ par rapport à la tension $u(t)$.

1. Montrer que l'expression de la puissance instantanée est donnée par :
$p(t)=u(t)i(t)=UI\cos\varphi+UI\cos(2\omega t-\varphi)$.

2. Montrer que $p(t)$ est périodique de période $T_P=\dfrac{\pi}{\omega}$.

3. En appliquant la définition de la puissance moyenne, montrer que :

$$P=<p(t)>=\frac{1}{T_P}\int_0^{T_p}p(t)dt=UI\cos\varphi.$$

Outils

Rappel mathématiques

Rappel : $\cos a\cos b=\frac{1}{2}[\cos(a+b)+\cos(a-b)]$.

4. Pour un dipôle résistif, $\varphi=0$ rad, en déduire l'expression de la puissance moyenne P consommée par ce dipôle.

5. Pour un dipôle purement inductif, $\varphi=\dfrac{\pi}{2}$, que vaut la puissance moyenne consommée par ce dipôle ?

6. Pour un dipôle purement capacitif $\varphi=-\dfrac{\pi}{2}$, que vaut la puissance moyenne consommée par ce dipôle ?

13 Calcul de puissance et impédance

BAC

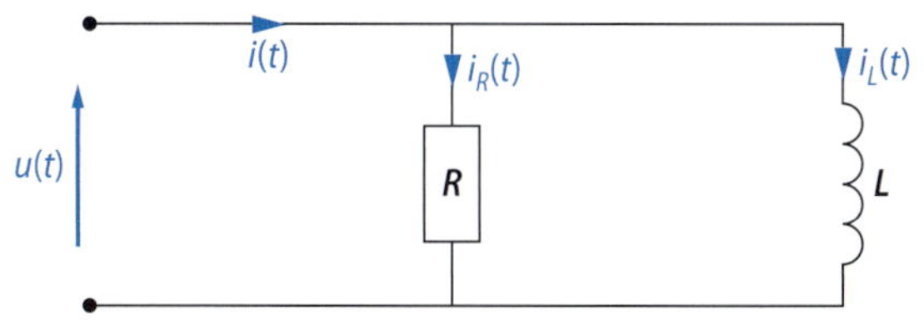

On étudie un circuit constitué d'une résistance $R=153\ \Omega$ en dérivation avec une bobine d'inductance $L=0{,}35$ H.
Ce circuit est alimenté par le réseau :
– U = 230 V et $f=\dfrac{\omega}{2\pi}=50$ Hz ;
– $u(t)=U\sqrt{2}\cos(\omega t)$ et $i(t)=I\sqrt{2}\cos(\omega t-\varphi)$.
– Pour un dipôle d'impédance Z, on a la relation : $U=ZI$;
– L'impédance d'une bobine est une grandeur électrique qui est définie par :

$$Z_L=L\omega=L\times2\pi f \text{ (unité en } \Omega\text{)} ;$$

– Pour une bobine, le déphasage φ entre $i_L(t)$ et $u(t)$ est égal à $\dfrac{\pi}{2}$.

1. Calculer la valeur efficace I_R.

2. Calculer la valeur efficace I_L.

3. Donner les expressions de $i_R(t)$ et de $i_L(t)$.

4. Calculer la puissance active P dissipée par la résistance.

5. Que peut-on dire de la puissance active fournie par le réseau ?

6. On a mesuré le facteur de puissance de ce circuit : $k=0{,}58$. En déduire la valeur de la puissance apparente S.

7. Montrer que la valeur de l'intensité efficace $I=2{,}6$ A.

8. On a relevé les chronogrammes de $u(t)$ et $i(t)$:

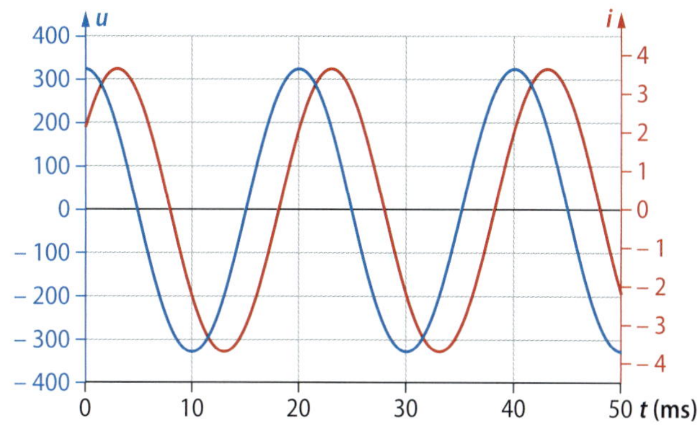

Sachant que $|\varphi|=2\pi f\Delta t$ avec Δt écart temporel entre $i(t)$ et $u(t)$.

a) Mesurer le déphasage φ de $i(t)$ par rapport à $u(t)$.

b) Vérifier que la valeur de φ mesurée est cohérente avec le facteur de puissance.

14 Dimensionnement d'une installation électrique

DIFFÉRENCIATION

Une installation électrique, $U=620$ V, alimente un atelier qui consomme une puissance apparente $S=230$ kV.A et dont le déphasage φ entre le courant et la tension de l'installation vaut 20°.

- Calculer la puissance active P_M consommée par l'atelier.

CHAPITRE

4

THÈME 1 › ÉNERGIE

Transport et distribution de l'énergie électrique

L'électricité est produite par des centrales électriques installées à des endroits spécifiques et adaptés. Pour transporter et distribuer l'énergie électrique sur l'ensemble du territoire français, on utilise un réseau de lignes électriques aériennes et souterraines. Ce réseau de transport et de distribution, qui utilise des lignes très haute tension (225 kV-400 kV), permet de fournir de l'électricité aux consommateurs à partir des centrales de production.

→ **Comment est organisé le réseau de transport et de distribution de l'énergie électrique ? Pourquoi utilise-t-on des lignes à haute tension pour transporter l'énergie électrique ?**

› Testez vos prérequis

Indiquer la (ou les) bonne(s) réponse(s).

1. Un fusible de calibre 10 A ouvre le circuit si l'intensité efficace :

- ☐ **a.** dépasse 10 A
- ☐ **b.** est plus petite que 10 A
- ☐ **c.** dépasse 10 V

2. La valeur efficace de la tension délivrée par le secteur vaut :

- ☐ **a.** 400 V
- ☐ **b.** 12 V
- ☐ **c.** 230 V

3. La tension délivrée par le secteur est une tension alternative sinusoïdale de fréquence :

- ☐ **a.** 20 kHz
- ☐ **b.** 50 Hz
- ☐ **c.** 60 Hz

4. Une résistance de 5 Ω parcourue par un courant d'intensité efficace de 60 A dissipe une puissance de :

- ☐ **a.** 300 W
- ☐ **b.** 18 kW
- ☐ **c.** 12 W

5. Une résistance de 5 Ω parcourue par un courant d'intensité efficace de 60 A provoque une chute de tension de :

☐ **a.** 60 V ☐ **b.** 5 V ☐ **c.** 300 V

→ Corrigés, p. 284

Vidéo
Les chemins de l'électricité

Nathan live!

CAPACITÉS EXIGIBLES

- Représenter le schéma simplifié de l'organisation du transport et de la distribution de l'énergie électrique. Distinguer et citer les caractéristiques essentielles du réseau de distribution électrique.

> ACTIVITÉ DOCUMENTAIRE 1

- Relier le facteur de puissance d'un équipement de puissance donnée aux pertes en ligne.
- Relier l'augmentation de la tension de distribution à la diminution des pertes en ligne.

> ACTIVITÉ DOCUMENTAIRE 2

- Citer les rôles du transformateur (élévation de tension, diminution de tension).
- Mesurer le rendement et le rapport de transformation d'un transformateur.

> ACTIVITÉ EXPÉRIMENTALE 3

- Exploiter des documents mettant en évidence les seuils de dangerosité du courant.
- Citer des dispositifs de protection des individus et des matériels contre les risques du courant électrique dans une installation domestique.

> ACTIVITÉ DOCUMENTAIRE 4

ACTIVITÉ 1

ACTIVITÉ DOCUMENTAIRE

COMPÉTENCE

✓ S'approprier : rechercher l'information

→ Comment est organisé le réseau de transport et de distribution de l'énergie électrique ?

L'électricité ne se stocke pas. Pourtant, elle est toujours disponible à tout moment de la journée. Un réseau de lignes électriques, aériennes et souterraines, relie les centrales de production aux consommateurs.

DOC. Les chemins de l'électricité

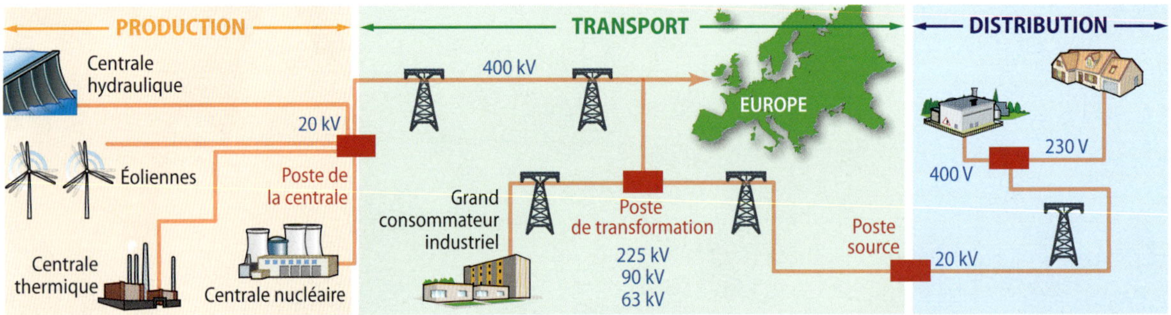

- Production : l'électricité est, en général, produite grâce à un alternateur qui transforme le mouvement de rotation en énergie électrique. En France, la production d'électricité provient essentiellement des centrales nucléaires.
- Réseau 400 000 volts : l'électricité produite est portée à une tension de 400 000 volts, ce qui permet de transporter de grandes quantités d'énergie électrique sur de longues distances avec le minimum de pertes. Ce réseau est interconnecté aux réseaux des pays voisins.
- Réseau d'alimentation régionale : le transport à l'échelle régionale ou locale est assuré en 225 000, 90 000 et 63 000 volts. Ce réseau permet d'acheminer l'électricité jusqu'aux grands consommateurs industriels et aux réseaux de distribution. Il constitue, avec le réseau 400 000 volts, le réseau de transport d'électricité.
- Réseau de distribution : l'électricité passe du réseau de transport au réseau de distribution grâce aux « postes sources ». Ces échangeurs abaissent la haute tension en moyenne tension (20 000 volts) ou en basse tension (400 et 230 volts). Les réseaux de distribution alimentent les particuliers et les entreprises.
- Transformateur : il permet d'élever la tension, par exemple en sortie de centrale de production, de 20 000 à 400 000 volts pour limiter les pertes en ligne (effet Joule). Il peut également abaisser la tension, par échelons successifs, en fonction des besoins de l'utilisateur.

Source : Réseau de transport d'électricité

QUESTIONS

1. S'APPROPRIER ▸ Donner le nom du convertisseur utilisé pour transformer l'énergie mécanique en énergie électrique.

2. S'APPROPRIER ▸ Quelle est la valeur de la THT (Très Haute Tension) utilisée dans le transport ?

3. S'APPROPRIER ▸ Quelles valeurs de tension BT (Basse Tension) sont utilisées dans la distribution ? Préciser les caractéristiques de ces BT (forme, fréquence).

4. S'APPROPRIER ▸ Indiquer le rôle du transformateur dans le réseau de transport et de distribution de l'énergie électrique.

ACTIVITÉ 2

ACTIVITÉ DOCUMENTAIRE

COMPÉTENCES
- ✓ Analyser/Raisonner : évaluer des ordres de grandeur
- ✓ Réaliser : utiliser un modèle

→ Comment diminuer les pertes en ligne dans le réseau de transport de l'énergie électrique ?

On s'intéresse à une charge alimentée en monophasé par le réseau et qui absorbe une puissance active $P_C = 7{,}5$ kW.
La ligne est en cuivre, elle a une longueur $L = 100$ m et une section $S = 70$ mm².

DOC. 1 Chute de tension en ligne

Une charge est alimentée en monophasé par une ligne de longueur L.

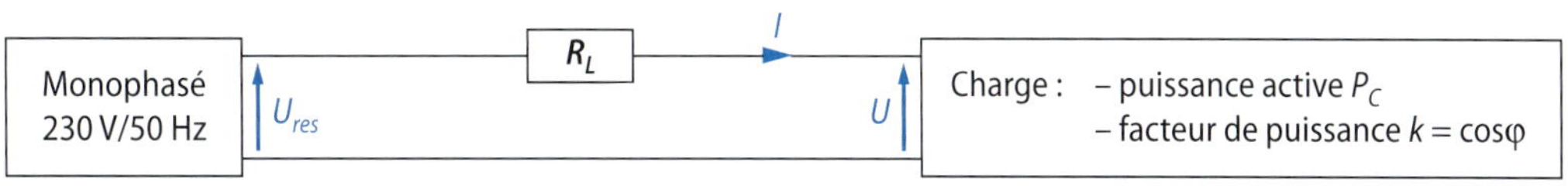

On modélise les pertes dans la ligne par une résistance R_L dont la valeur dépend :
- de la longueur de la ligne L en km ;
- de la section de la ligne S en mm².

Pour une ligne en cuivre, on a :
$R_L = \dfrac{2 \times 22{,}5\ L}{S}$ mm².km⁻¹ avec R_L en Ω.

On montre que la chute de tension est donnée par : $\Delta U = U_{res} - U = R_L I$.

DOC. 2 Transport de l'énergie électrique sous haute tension

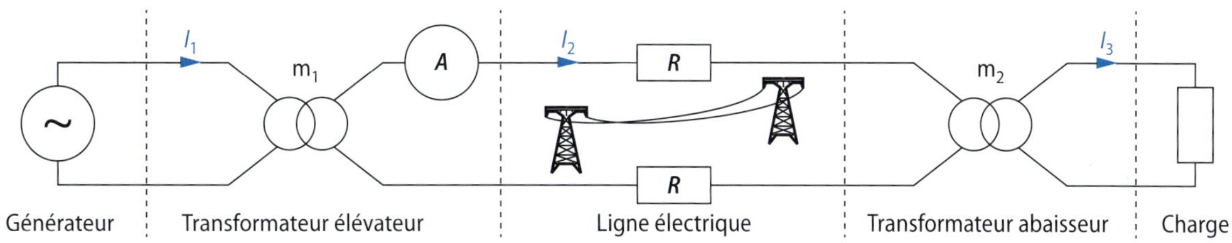

Pour diminuer les pertes en ligne dans le réseau de transport, on utilise des transformateurs qui élèvent la tension de 20 kV à 400 kV. Pour une même puissance transportée, cela permet de diminuer l'intensité du courant de ligne, donc les pertes en ligne. Avant que le courant ne soit distribué dans les habitations, des transformateurs abaissent la tension pour fournir le réseau 230V/400V – 50 Hz.

QUESTIONS

1. ANALYSER - RAISONNER ▶ La charge a un facteur de puissance $k = 0{,}90$. On admet que la tension aux bornes de la charge est pratiquement égale à la tension du secteur.
Déterminer la valeur efficace de l'intensité I du circuit.

2. RÉALISER ▶ Calculer la valeur de la résistance de la ligne R_L.

3. RÉALISER ▶ Déterminer la chute de tension en ligne.

4. RÉALISER ▶ Calculer la puissance perdue par effet Joule dans la ligne.

5. Déterminer la chute de tension en ligne si le facteur de puissance de la charge vaut maintenant $k = 0{,}70$. Conclure.

6. ANALYSER - RAISONNER ▶ On souhaite transporter une puissance de 1 MW. On note P_{L400} les pertes en ligne pour une tension de 400 kV et P_{L20} les pertes en ligne pour une tension de 20 kV.
Déterminer le rapport : $\dfrac{P_{L20}}{P_{L400}}$ et conclure.

ACTIVITÉ 3

ACTIVITÉ EXPÉRIMENTALE TP TABLEUR

COMPÉTENCE
✓ Réaliser : mettre en œuvre un protocole expérimental

→ Comment fonctionne un transformateur ?

Pour élever ou abaisser la tension lors du transport et de la distribution de l'énergie électrique, on utilise des transformateurs.

DOC. 1 Constitution d'un transformateur

Un transformateur est constitué d'un circuit magnétique (noyau de fer doux) sur lequel deux circuits sont bobinés : le primaire et le secondaire.
– **primaire N_1 spires**
– **secondaire N_2 spires**

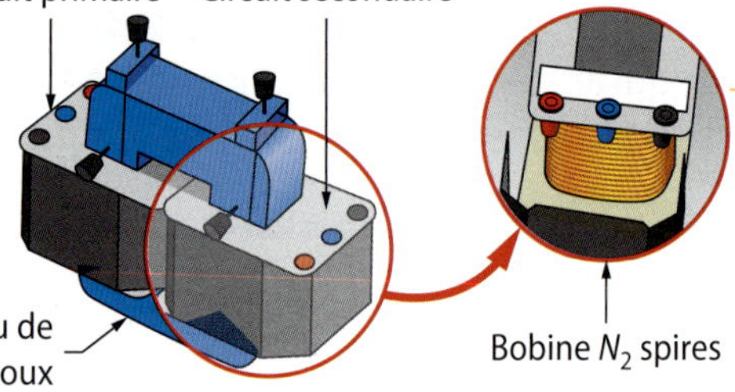

DOC. 2 Dispositif expérimental

On dispose :
– d'un transformateur avec au primaire une bobine de N_1 = 1 000 spires et au secondaire une bobine de N_2 = 500 spires ;
– d'un générateur de tension sinusoïdale de valeur efficace 12 V et f = 50 Hz ;
– de deux voltmètres RMS ;
– d'un oscilloscope ;
– d'une résistance R = 10 Ω, 5 W ;
– d'un wattmètre.

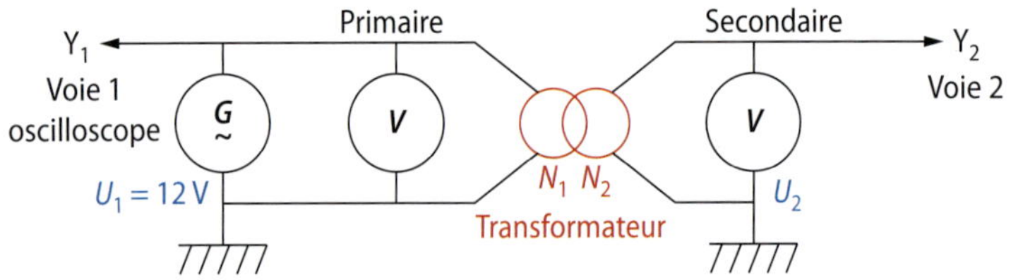

▲ Schéma du montage à réaliser

Outil
Le **rapport de transformation** d'un transformateur est défini par : $m = \frac{N_2}{N_1}$.

DOC. 3 Protocole expérimental

- Alimenter le primaire sous la tension efficace de 12 V.
- Mesurer les tensions efficaces U_1 et U_2.
- À l'aide de l'oscilloscope : relever les chronogrammes des deux tensions $u_1(t)$ et $u_2(t)$, mesurer leurs fréquences et leurs amplitudes U_{1max} et U_{2max}.
- Brancher la résistance aux bornes du secondaire et mesurer à nouveau U_2.
- Brancher le wattmètre au primaire et mesurer la puissance absorbée P_1.

QUESTIONS

1. RÉALISER ▶ Réaliser les mesures demandées (DOC. 3).

2. ANALYSER - RAISONNER ▶ Comparer m au rapport $\frac{U_2}{U_1}$ et conclure.

3. S'APPROPRIER ▶ Indiquer si le transformateur est élévateur ou abaisseur de tension.

4. ANALYSER - RAISONNER ▶ Que peut-on dire de la forme et de la fréquence des tensions au primaire et au secondaire ?

5. RÉALISER ▶ Déterminer le rendement de ce transformateur pour le point de fonctionnement choisi et conclure.

ACTIVITÉ 4

ACTIVITÉ DOCUMENTAIRE

COMPÉTENCES
- ✓ S'approprier : rechercher des informations
- ✓ Réaliser : effectuer des calculs

→ Quels dispositifs doit-on installer pour protéger les individus et les matériels contre les risques du courant électrique ?

Certaines installations électriques sont dangereuses pour le corps humain. Elles peuvent blesser – on parle d'électrisation – voire tuer – on parle d'électrocution.

DOC. 1 Le risque électrique

Ce n'est pas la tension qui est dangereuse mais l'intensité. La résistance du corps humain varie entre 500 Ω et 3 000 Ω. Sa valeur dépend en effet de multiples facteurs tels que l'humidité, la propreté de la surface de contact ou encore la pression de contact.

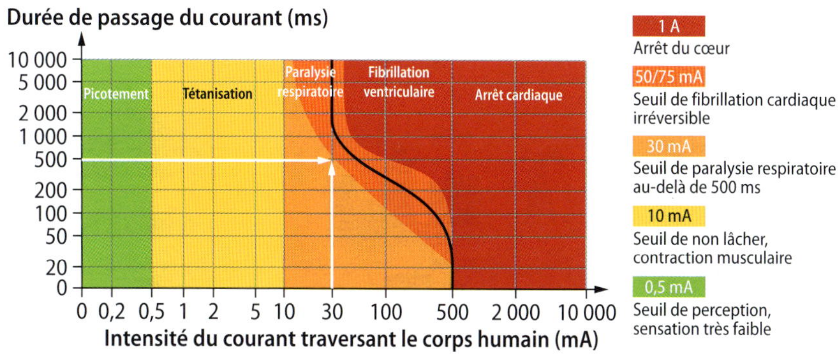

DOC. 2 Protection des personnes : le disjoncteur différentiel

Un disjoncteur différentiel est caractérisé par une valeur seuil : la sensibilité, exprimée en mA. La valeur typique est de **30 mA**. Si un courant de fuite apparaît et dépasse cette intensité, le disjoncteur différentiel coupe le courant dans le circuit. Les personnes sont ainsi protégées.

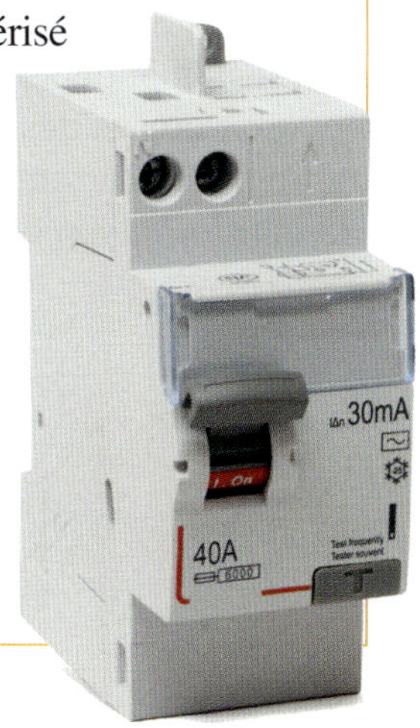

DOC. 3 Protection des biens : le fusible

Un fusible permet d'assurer la sécurité d'un circuit électrique. Lorsque l'intensité du courant devient trop importante, le fusible fond et ouvre le circuit.

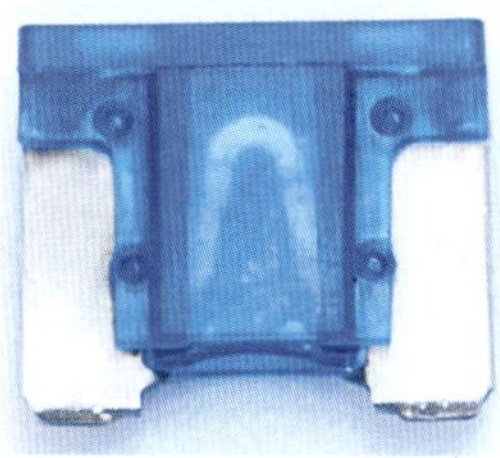
▲ Fusible de calibre 10 A

Un fusible est caractérisé par son **calibre** ; c'est une valeur spécifique de l'intensité du courant qui va provoquer l'ouverture du circuit et donc sa protection contre une **surintensité**.

QUESTIONS

1. S'APPROPRIER ▶ Indiquer ce qui se passe si un fusible de calibre 5 A est traversé par un courant d'intensité 8,5 A.

2. S'APPROPRIER ▶ Une personne est traversée par un courant d'intensité 5 mA pendant une durée de 200 ms. Expliquer les effets du courant électrique dans cette situation pour cette personne.

3. RÉALISER ▶ Une personne dont les mains sont humides ($R = 1$ kΩ) est en contact avec la tension secteur $U = 230$ V. L'installation est munie d'un disjoncteur différentiel 30 mA. Ce disjoncteur va-t-il protéger cette personne ? Justifier.

LE COURS

1 TRANSPORT ET DISTRIBUTION DE L'ÉNERGIE ÉLECTRIQUE

L'électricité circule depuis le lieu où elle est fabriquée jusqu'à l'endroit où elle est consommée, par l'intermédiaire d'un réseau de lignes électriques aériennes ou souterraines. Il permet de transporter et de distribuer l'énergie électrique sur l'ensemble du territoire français et même vers d'autres pays d'Europe.

Le réseau français d'acheminement de l'énergie électrique est organisé en deux parties : le réseau de transport et le réseau de distribution.

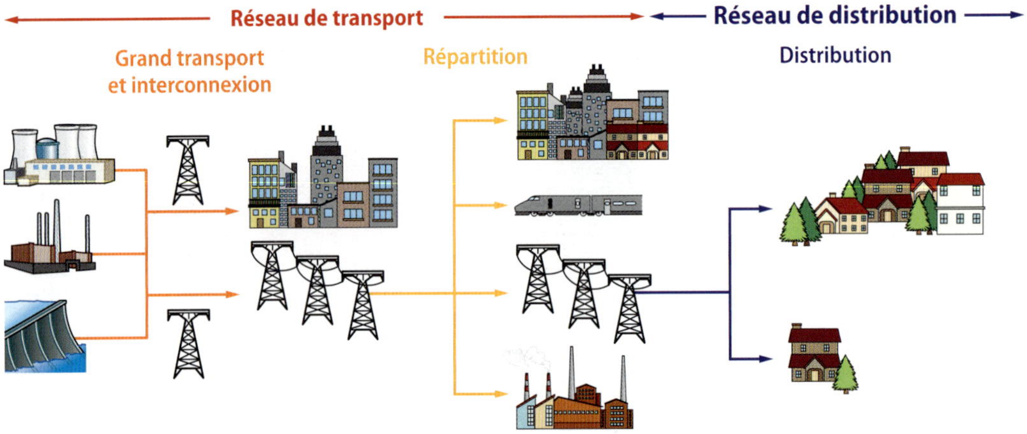

Le réseau de transport et de distribution de l'électricité est organisé à la manière d'un réseau routier avec ses grands axes, ses axes secondaires et ses échangeurs :
– le réseau de transport joue le rôle du réseau des autoroutes et des routes nationales ;
– le réseau de distribution joue celui du réseau des routes départementales ;
– pour passer d'un réseau à un autre, les postes de transformation jouent le rôle d'échangeurs.

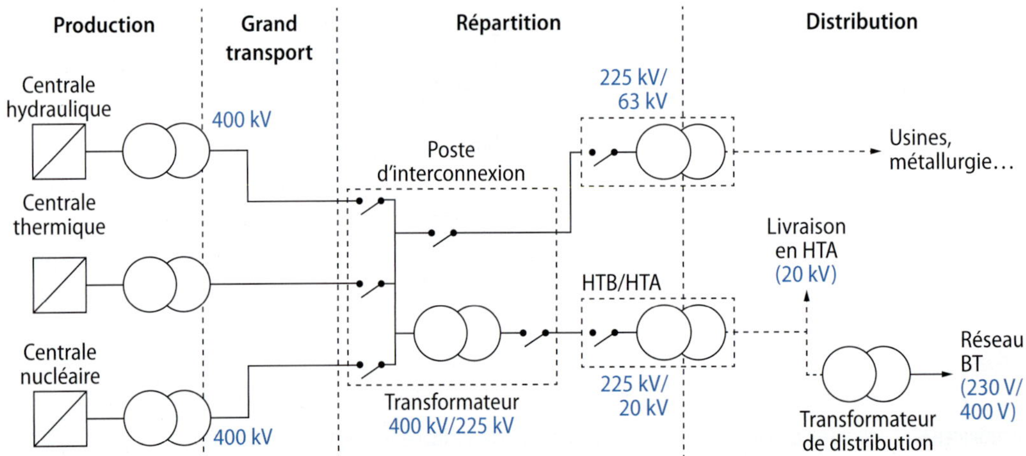

2 LE TRANSFORMATEUR ÉLECTRIQUE

Les transformateurs sont utilisés pour élever ou abaisser la tension lors du transport et de la distribution de l'énergie électrique. Il fonctionne uniquement avec des tensions alternatives (très souvent sinusoïdales).

Constitution d'un transformateur

Un transformateur est constitué d'un circuit magnétique (noyau de fer doux) sur lequel deux circuits sont bobinés : le primaire et le secondaire.
- **primaire N_1 spires**
- **secondaire N_2 spires**

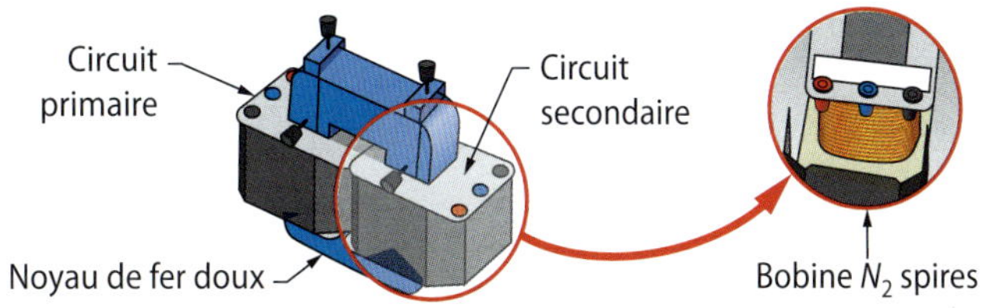

Symbole d'un transformateur

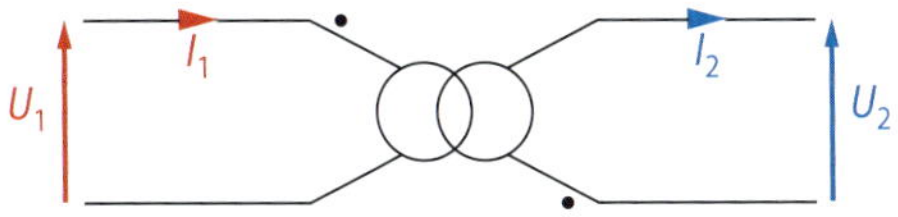

Rapport de transformation

$$m = \frac{N_2}{N_1} = \frac{U_2}{U_1} = \frac{I_1}{I_2}$$

avec :
m : rapport de transformation
N_1 : nombre de spires au primaire
N_2 : nombre de spires au secondaire

3 PROTECTION DES BIENS ET DES PERSONNES

- **Protection des biens**

Risque : un appareil électrique endommagé peut déclencher un court-circuit qui va entraîner une surintensité. Ce courant très intense peut provoquer un incendie.

Dispositifs de protection :
– un disjoncteur magnéto-thermique ou un fusible ouvre le circuit lorsque l'intensité du courant est trop élevée et qu'elle dépasse une valeur limite ;
– une varistance branchée en dérivation sur l'élément à protéger limite les surtensions éventuelles.

- **Protection des personnes**

Risque : lorsqu'un appareil électrique présente un défaut d'isolement, la personne qui le touche peut être électrocutée.

Dispositifs de protection :
– une prise de terre permet de générer un courant de fuite lors d'un défaut d'isolement ;
– un **disjoncteur différentiel** est caractérisé par une valeur seuil : la valeur typique est de **30 mA**. Si un courant de fuite dépasse cette intensité, le disjoncteur différentiel coupe le courant dans le circuit. Les personnes sont ainsi protégées.

La **tension secteur a une valeur efficace de 230 V**. Il est dangereux de toucher les bornes d'une prise électrique car elle débite un courant de forte intensité qui peut provoquer une électrocution.

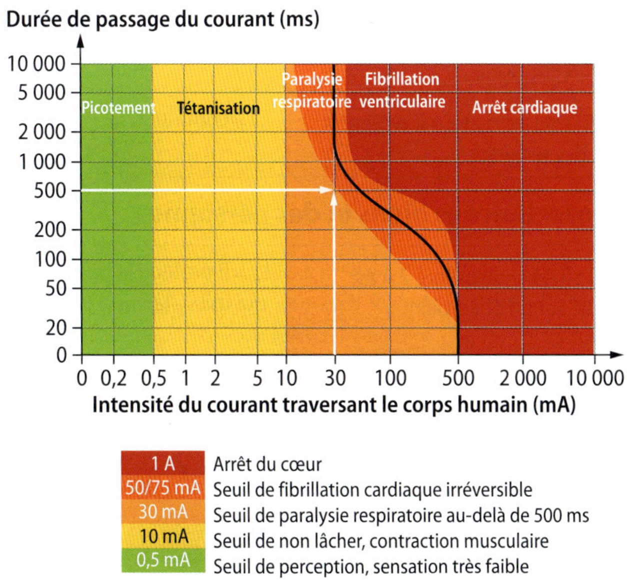

- **Seuil de dangerosité des tensions**

Environnement	Sec	Humide
Tension efficace de sécurité en alternatif	50 V	25 V

Testez vos connaissances

Indiquer la (ou les) bonne(s) réponse(s) :

Transport et distribution de l'énergie électrique

	A	B	C
1. La très haute tension utilisée pour le transport de l'énergie électrique est égale à :	☐ 400 kV	☐ 25 kV	☐ 400 V
2. Pour une utilisation domestique, la valeur efficace de la tension monophasée est égale à :	☐ 400 V	☐ 230 V	☐ 110 V
3. Le transport de l'énergie électrique se fait à haute tension pour :	☐ augmenter l'énergie transportée	☐ diminuer l'intensité des courants de ligne	☐ diminuer les pertes en ligne
4. Une ligne de longueur 4,0 km a une résistance de 0,45 $\Omega.km^{-1}$. Elle est parcourue par un courant d'intensité efficace I = 134 A. La puissance dissipée par effet Joule est égale à :	☐ 32 kW	☐ $2{,}4 \times 10^2$ W	☐ 59 W
5. Pour passer d'une tension de 20 kV à 400 kV, on utilise :	☐ un transformateur élévateur de tension	☐ un transformateur abaisseur de tension	☐ un poste de transformation

Le transformateur électrique

	A	B	C
6. Un transformateur est constitué de $N_1 = 50$ spires au primaire et $N_2 = 500$ spires au secondaire.	☐ Son rapport de transformation est égal à 0,1	☐ Son rapport de transformation est égal à 10	☐ Son rapport de transformation est égal à 1
7. On applique au primaire d'un transformateur où $m = 0{,}02$, une tension efficace $U_1 = 20$ kV.	☐ La tension efficace au secondaire vaut 0,4 V	☐ La tension efficace au secondaire vaut 400 V	☐ La tension efficace au secondaire vaut 230 V
8. Un transformateur fonctionne pour des tensions :	☐ continues	☐ alternatives	☐ sinusoïdales

Protection des biens et des personnes

	A	B	C
9. Un fusible de calibre 2 A est installé sur un grille-pain.	☐ Il protège la personne qui utilise le grille-pain	☐ Il protège le grille-pain contre une surintensité	☐ Il coupe le circuit si l'intensité efficace dépasse 2 A
10. Un disjoncteur différentiel associé à une prise de terre :	☐ protège les personnes de l'électrocution	☐ protège les personnes de l'électrisation	☐ coupe le circuit en cas de surintensité
11. Dans une salle de bain, la valeur efficace de la tension de sécurité vaut :	☐ 230 V	☐ 50 V	☐ 25 V
12. Dans une salle de Travaux Pratiques, la valeur efficace de la tension de sécurité vaut :	☐ 230 V	☐ 50 V	☐ 25 V

→ Corrigés, p. 284

■ Défaut d'isolement pour un lave-linge

Un lave-linge est alimenté par la tension du secteur $U = 230$ V de fréquence $f = 50$ Hz.
Sa plaque signalétique indique une puissance active $P = 2{,}3$ kW et le fonctionnement de son circuit électrique est résistif.
La mise à la terre EDF du neutre est modélisée par une résistance $R_n = 10\ \Omega$.
La mise à la terre au niveau de la prise électrique est modélisée par une résistance R_P.
Le schéma électrique est représenté ci-contre :

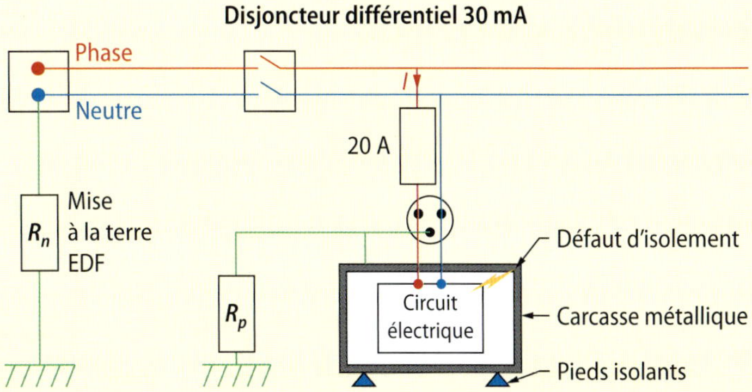

1. Le lave-linge est en fonctionnement sans défaut d'isolement.
a) Calculer l'intensité efficace I du courant circulant dans le circuit électrique du lave-linge.
b) Le fusible choisi permet-il au lave-linge de fonctionner ?

> **RÉALISER** - on utilise la formule de la puissance pour un circuit résistif : $P = UI$.

2. Le lave-linge est soumis à un défaut d'isolement. La résistance R_p vaut alors 50 Ω.
a) Représenter le schéma électrique équivalent au circuit parcouru par le courant de défaut $I_D = I$.
b) Calculer l'intensité efficace I_D du courant qui circule dans les résistances R_p et R_n.
c) Que se passe-t-il au niveau du disjoncteur différentiel ?

> **ANALYSER/RAISONNER** - on applique la loi d'Ohm, soit : $U = R_{eq}\,I$.
> R_{eq} correspond à l'association en série de R_n et R_P.

3. Un câblage incorrect de la terre au niveau de la prise électrique provoque une augmentation de la valeur de R_p.
a) Dans le cas où $R_p = 10$ kΩ, calculer la tension de contact u_C entre la carcasse métallique du lave-linge et la terre.
b) Une personne qui touche le lave-linge est-elle en danger ?

> **COMMUNIQUER** - on utilise le tableau du cours qui donne la tension seuil de sécurité en alternatif.

Solution

1. a) $P = UI$ alors $I = P/U$, soit $I = 10$ A.
b) Le fusible choisi a un calibre de 20 A, donc supérieur à 10 A : le lave-linge peut fonctionner.
2. a)

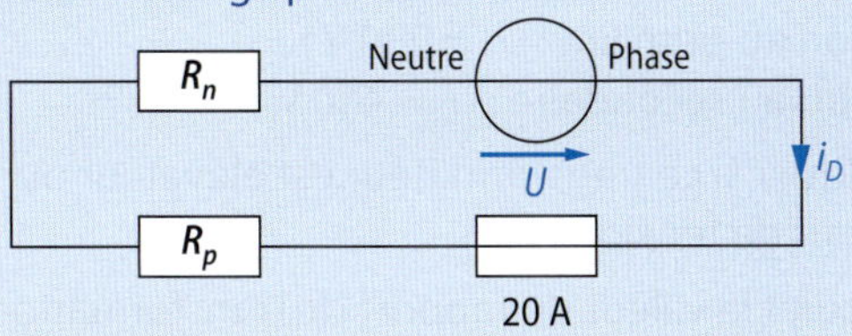

b) $I_D = \dfrac{U}{R_n + R_p}$, soit $I_D = 230/60 = 3{,}8$ A.
c) Le disjoncteur différentiel disjoncte car 3,8 A > 0,03 A.
3. a) On a $I_D = \dfrac{U}{R_n + R_p}$ et $U_C = R_p . I_D$, alors $U_c = \dfrac{R_p}{R_n + R_p} U$.
On a $R_p >> R_n$, donc $U_C = U = 230$ V.
b) Une personne qui touche la carcasse du lave-linge est en danger car 230 V est une tension supérieure à la tension limite de sécurité en milieu sec, qui vaut 50 V.

À VOUS DE JOUER !

■ Défaut d'isolement pour un lave-vaisselle

Un lave-vaisselle est alimenté par la tension du secteur $U = 110$ V de fréquence $f = 60$ Hz.
Sa plaque signalétique indique une puissance active $P = 0{,}85$ kW et le fonctionnement de son circuit électrique est résistif.
La mise à la terre EDF du neutre est modélisée par une résistance $R_n = 5{,}0\ \Omega$.
La mise à la terre au niveau de la prise électrique est modélisée par une résistance $R_P = 30\ \Omega$.

- Répondre aux mêmes questions 1 et 2 que l'exercice résolu.

→ Corrigés, p. 284

Transport et distribution de l'énergie électrique

1 Alimentation d'une habitation

S'approprier : mobiliser des connaissances
Réaliser : effectuer des calculs

Une habitation est reliée à un poste de distribution électrique par une ligne de résistance $R = 0{,}10\ \Omega$. La puissance de l'installation est de 15 kW avec un facteur de puissance $k = 1$ et une tension efficace $U = 230$ V.

1. Calculer l'intensité efficace I dans la ligne d'alimentation.

2. En déduire la puissance dissipée par effet Joule P_J dans la ligne.

3. Calculer la tension efficace U_{distri} que doit fournir le poste de distribution.

2 Longueur d'une ligne électrique

Analyser/Raisonner : proposer une stratégie de résolution

On modélise les pertes dans une ligne électrique par une résistance R_L dont la valeur dépend :
– de la longueur de la ligne L en km (aller-retour) ;
– de la section de la ligne S en mm^2.
Pour une ligne en cuivre, on a : $R_L = \frac{17L}{S}$ mm^2.km^{-1} avec R_L en Ω.
Pour une ligne en aluminium, on a :
$R_L = \frac{28L}{S}$ mm^2.km^{-1} avec R_L en Ω.
La chute de tension dans la ligne est donnée par :
$\Delta U = R_L I$.
Pour limiter les perturbations au niveau des récepteurs, on limite la chute de tension à 3 %.

• Pour une installation monophasée 400 V qui débite un courant d'intensité efficace $I = 30$ A, déterminer la longueur maximale de la ligne électrique que l'on peut utiliser pour du cuivre et pour de l'aluminium et pour une section de 50 mm^2.

3 Résistance d'un câble électrique

Réaliser : effectuer des calculs

La résistance R (Ω) d'un conducteur cylindrique de section S (m^2), de longueur L (m) et de résistivité ρ (Ω.m) est donnée par : $R = \frac{\rho L}{S}$.

Pour l'aluminium, on a :
$\rho = 28 \times 10^{-9}$ Ω.m.

• Calculer la valeur de la résistance d'une ligne aérienne de longueur 300 m pour une section de 10 mm^2.

4 Distribution de l'énergie électrique

S'approprier : mobiliser des connaissances

On modélise une distribution de l'énergie électrique à l'aide du schéma suivant :

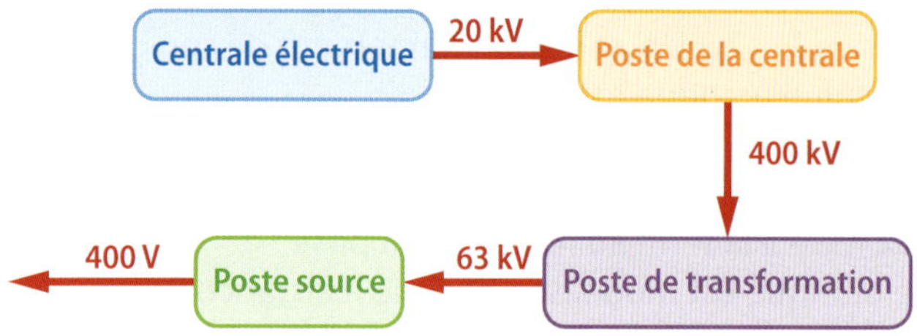

• Indiquer le type de transformateur utilisé dans les différents postes.

Le transformateur électrique

5 Transport de l'électricité

S'approprier : mobiliser des connaissances.

1. Indiquer la valeur de la fréquence des tensions alternatives utilisées en Europe pour le transport de l'électricité.

2. Citer le nom du dispositif qui permet d'élever la tension de sortie de centrale de 25 kV en très haute tension de 400 kV.

3. Indiquer l'intérêt d'utiliser une haute tension pour transporter de l'énergie électrique.

6 Rapport de transformation

S'approprier : extraire des informations
Réaliser : effectuer des calculs

On peut lire sur la plaque signalétique d'un transformateur les informations suivantes :
– tension au primaire : $U_1 = 230$ V ;
– tension au secondaire : $U_2 = 460$ V.

1. Indiquer si ce transformateur est élévateur ou abaisseur de tension.

2. Calculer la valeur du rapport de transformation m.

3. L'enroulement primaire est composé de 150 spires. Calculer le nombre de spires de l'enroulement au secondaire.

7 Transformateur abaisseur de tension

Réaliser : effectuer des calculs

L'enroulement primaire d'un transformateur comporte 200 spires et l'enroulement secondaire 20 spires.

1. Calculer la valeur du rapport de transformation m.

2. On applique au primaire une tension alternative de valeur efficace $U_1 = 400$ V. Calculer la tension efficace au secondaire.

8 SCIENCE IN ENGLISH

Transformer

For a transformer with a turns ratio of $m = 3$.

1. Specify if it is a step-up or step-down transformer (i.e. if it increases or decreases voltage).

2. If the output voltage in the secondary coil is: $U_2 = 330$ V, what is the input voltage in the primary coil?

Protection des biens et des personnes

9 Tensions dangereuses

S'approprier : extraire des informations

Les effets du courant électrique traversant le corps humain sont indiqués ci-dessous :

Courant alternatif Intensité efficace en mA	Effets physiologiques sur le corps humain
0,5	Seuil de sensation très faible
5	Seuil de secousse électrique
10	Seuil de contraction musculaire (tétanisation)
30	Seuil de paralysie respiratoire

1. Pour une peau sèche, la résistance moyenne du corps humain vaut environ 3 kΩ. Calculer la valeur efficace de la tension provoquant une contraction musculaire.

2. Pour une peau humide, la résistance moyenne du corps humain vaut environ 500 Ω. Calculer la valeur efficace de la tension provoquant une paralysie respiratoire.

10 Choix d'un fusible

S'approprier : extraire des informations

On souhaite protéger une installation de chauffage électrique consommant une puissance de 4,2 kW pour une tension monophasée 230 V.
On dispose de fusibles à cartouche cylindrique pour les calibres (A) suivants :

6 – 10 – 16 – 20

- Sachant que le fusible doit être calibré à la valeur immédiatement supérieure au courant nominal de la charge, déterminer le calibre de la cartouche fusible adaptée à la protection de cette installation.

11 Choix d'un disjoncteur

S'approprier : extraire des informations

Dans une habitation, on a mesuré une valeur de 300 Ω pour la résistance associée à la prise de terre.
La tension de contact est limitée à 50 V (local sec).
Un disjoncteur différentiel de sensibilité 30 mA est câblé pour cette installation.

- Indiquer si ce disjoncteur est bien choisi.

12 Temps de réponse d'un fusible

S'approprier : extraire des informations

Un fusible de type gG de calibre 6 A est parcouru par un courant de surcharge de 20 A.

1. À l'aide des courbes de fusion des cartouches de type gG représentées ci-dessous, déterminer le temps de fusion du fusible.

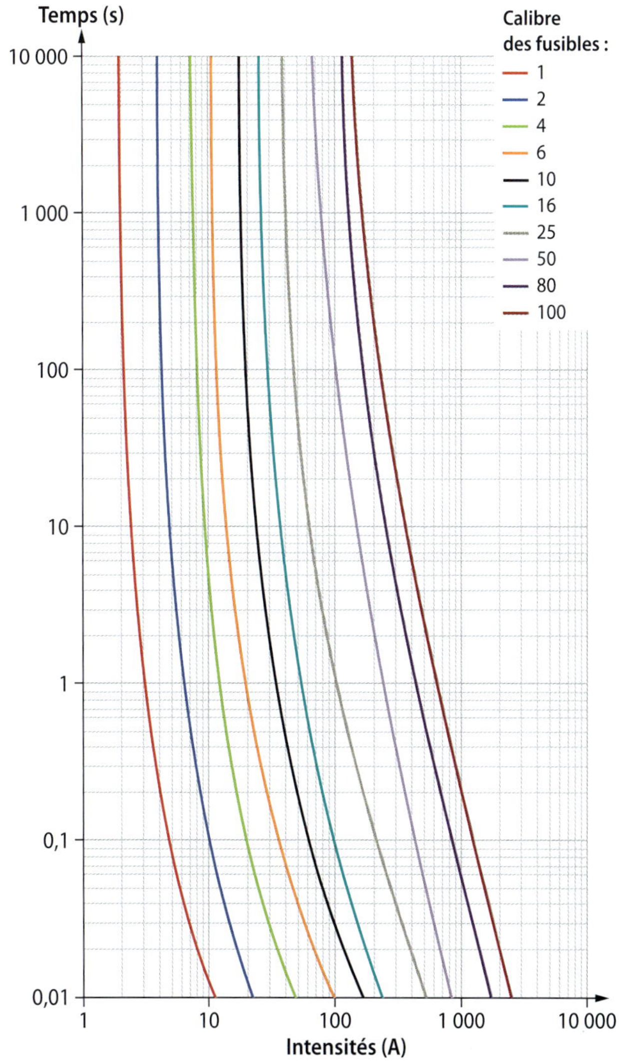

2. Déterminer l'intensité qui provoque la fusion du fusible de type gG de calibre 25A au bout de 1 s.

13 Chute de tension due aux pertes en ligne

DIFFÉRENCIATION

Une ligne de transport d'énergie électrique est modélisée par le schéma suivant :

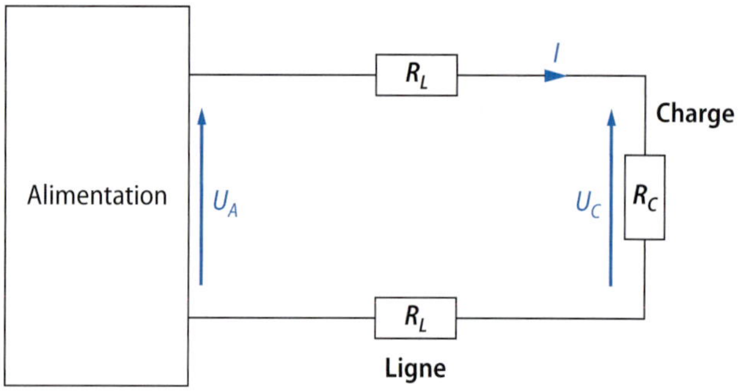

L'alimentation fournit une tension sinusoïdale de valeur efficace $U_A = 20$ kV.
La distance entre l'alimentation et la charge est : $L = 5{,}2$ km.
La ligne électrique a une résistance linéique $R_L = 1{,}1\ \Omega.\text{km}^{-1}$.
La charge est résistive avec $R_C = 330\ \Omega$.

- Déterminer la tension U_C aux bornes de la charge.

14 Surcharge d'une prise électrique

Dans une cuisine, une prise électrique est protégée par un fusible de calibre 6 A. On fait fonctionner en même temps sur cette prise :
– un grille-pain de puissance 1 000 W ;
– un mixeur de puissance 200 W ;

1. Déterminer l'intensité efficace qui traverse chaque appareil.

2. Indiquer si le fusible coupe le circuit.
Rappel : la tension efficace du secteur est de 230 V.

15 Risques électriques

BAC

Selon la norme de la Commission électrotechnique internationale, un courant alternatif de fréquence comprise entre 15 Hz et 100 Hz provoque des effets qui peuvent être classés suivant quatre zones de risques :

Zone 1	Pas de perception
Zone 2	Aucun effet physiologique dangereux
Zone 3	Contraction musculaire possible et difficultés respiratoires
Zone 4	Risque d'arrêt du cœur et de la respiration, graves brûlures

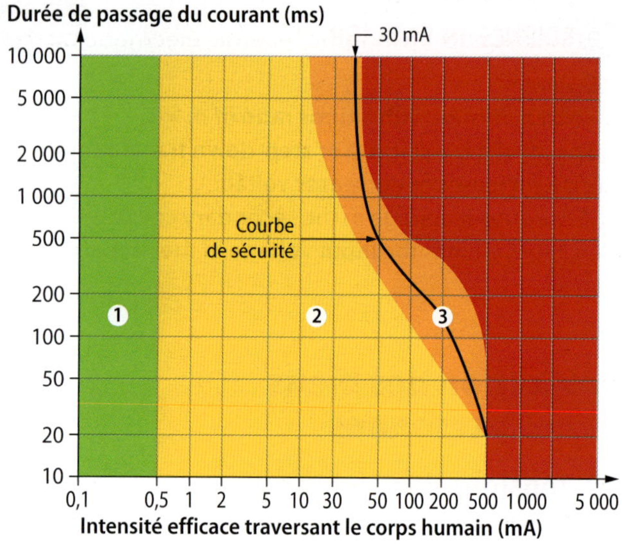

1. Indiquer l'effet subi par une personne qui est traversée par un courant d'intensité efficace 10 mA pendant 1 s.

2. Une personne est traversée par un courant d'intensité efficace 50 mA. À partir de quelle durée y a-t-il risque de difficultés respiratoires ?

3. À partir de quelle intensité efficace un courant peut-il provoquer un arrêt cardiaque ?

4. Une personne entre en contact avec une phase (230 V). La liaison phase-terre est modélisée par une résistance $R = 1{,}1\ \text{k}\Omega$. Au bout de combien de temps un disjoncteur différentiel 30 mA doit-il se déclencher pour éviter le risque d'un arrêt cardiaque ?

16 Disjoncteur différentiel et prise de terre

La norme NFC 15-100 impose une valeur maximale de 100 Ω pour la résistance de prise de terre.
Un disjoncteur différentiel de 500 mA est installé en tête de l'installation.

1. Justifier la valeur maximale de 100 Ω pour la résistance de prise de terre.

2. On a mesuré une résistance de prise de terre de 500 Ω. Pour quelle tension le disjoncteur différentiel 30 mA va-t-il couper le circuit ?

3. Dans une installation, on a mesuré un temps de réaction pour le disjoncteur différentiel 30 mA de 53 ms. Est-ce une valeur correcte pour une protection efficace des personnes contre le risque électrique (voir le graphique p. 61 des dangers du courant électrique) ?

17 Ligne électrique et transformateurs

On modélise le transport de l'énergie électrique par le schéma suivant :

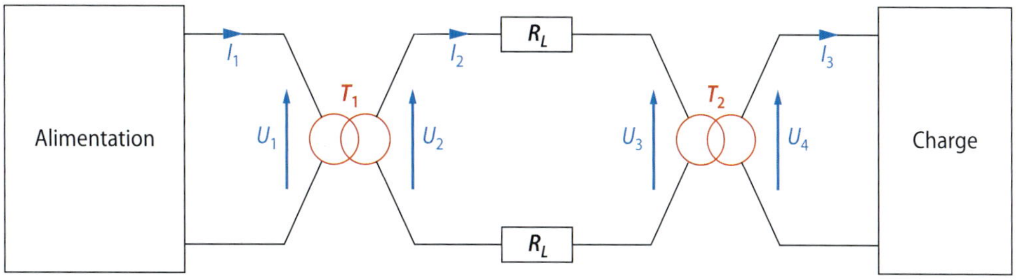

Caractéristiques nominales des transformateurs :

	Tension au primaire	Tension au secondaire	Puissance apparente	Rendement
Transformateur T1	430 V	4,3 kV	5,6 kVA	95 %
Transformateur T2	4,3 kV	430 V	5,6 kVA	95 %

- Le facteur de puissance vaut $k = 1$ pour les deux transformateurs.
- La ligne électrique a une longueur totale $L = 4{,}0$ km et une résistance linéique $R_L = 0{,}70\ \Omega.\text{km}^{-1}$.

1. Calculer les rapports de transformation de T_1 et T_2, et indiquer leur propriété : élévateur ou abaisseur de tension.

2. Calculer l'intensité efficace I_1 fournie par l'alimentation.

3. Déterminer la puissance transmise au secondaire de T_1 et en déduire l'intensité efficace I_2 qui parcourt la ligne électrique.

4. En déduire la puissance dissipée par effet Joule dans la ligne électrique.

5. Calculer les puissances transmises au primaire et au secondaire de T_2.

6. En déduire l'intensité efficace I_2 qui traverse la charge.

18 Choix d'un câble électrique

Pour un câble de longueur L (en km), parcouru par un courant d'intensité I (en A), la chute de tension en ligne ΔU (en V) peut se calculer en utilisant la relation suivante :

$$\Delta U = KIL$$

La valeur du coefficient K est obtenue à l'aide du tableau ci-dessous.

Elle dépend du métal utilisé et du facteur de puissance de l'installation.

L'alimentation du réseau d'éclairage d'un hôtel est effectuée à partir du réseau public (230/400V). Le câble utilisé est en cuivre, il a une longueur $L = 25$ m, une section $S = 4$ mm². Il est parcouru par un courant d'intensité $I = 20$ A.

1. Calculer la chute de tension ΔU à l'extrémité du câble.

2. On souhaite que ΔU soit limité à 5 % de la tension secteur. Vérifier si le câble utilisé est bien choisi.

Section en mm²		Circuit monophasé		Éclairage
		Force motrice		
Cu	Alu	Service normal cos φ = 0,8	Démarrage cos φ = 0,35	cos φ = 1
1,5		24	10,6	30
2,5		14,4	6,4	18
4		9,1	4,1	11,2
6	10	6,1	2,9	7,5
10	16	3,7	1,7	4,5
16	25	2,36	1,15	2,8
25	35	1,5	0,75	1,8
35	50	1,15	0,6	1,29
50	70	0,86	0,47	0,95

▲ Valeur du coefficient K

CHAPITRE 5

THÈME 1 > ÉNERGIE

Énergie interne

Après le premier choc pétrolier de 1973, les Français ont pris conscience de l'importance de limiter le gaspillage énergétique. Alors que le chauffage représente la part majoritaire de la consommation énergétique des ménages, limiter les pertes d'énergie est devenu un enjeu financier et écologique.

→ **Comment peut-on limiter les pertes d'énergie thermique dans les bâtiments ?**

>Testez vos prérequis

Indiquer la (ou les) bonne(s) réponse(s) :

1. Dans une paroi, le transfert thermique s'effectue :
- ☐ **a.** par convection
- ☐ **b.** par conduction
- ☐ **c.** par rayonnement

2. Un transfert thermique s'effectue :
- ☐ **a.** du corps le plus chaud vers le corps le plus froid
- ☐ **b.** entre deux corps à la même température
- ☐ **c.** du corps le plus froid vers le corps le plus chaud

3. Une grandeur physique qui se mesure en W :
- ☐ **a.** correspond à une énergie
- ☐ **b.** est forcément une grandeur électrique
- ☐ **c.** correspond à une puissance

4. La température la plus basse que l'on puisse atteindre est :
- ☐ **a.** 0 °C
- ☐ **b.** 0 K
- ☐ **c.** – 273,15 °C

→ Corrigés, p. 284

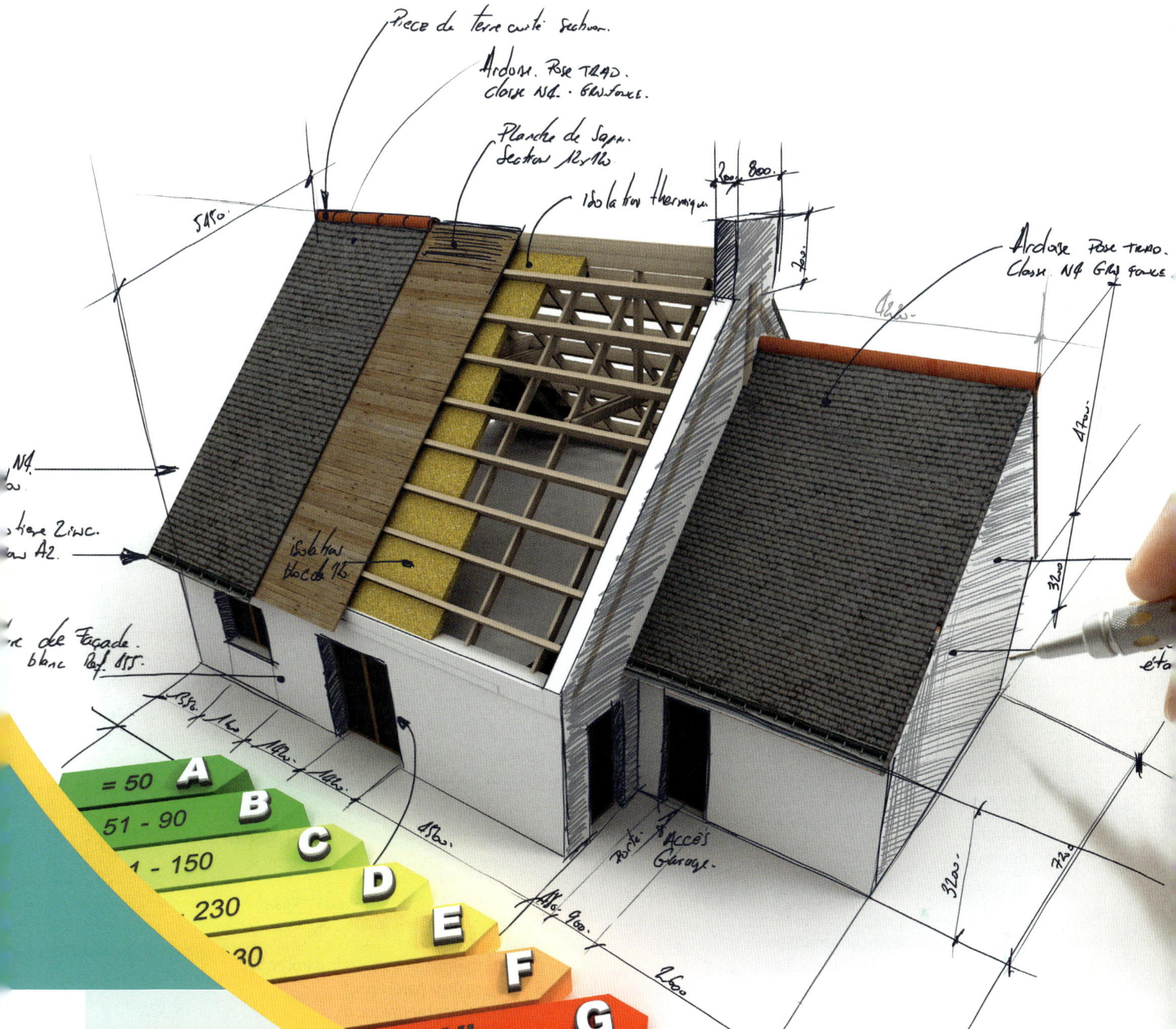

Vidéo
Agir pour économiser l'énergie

CAPACITÉS EXIGIBLES

- Relier qualitativement l'augmentation de la résistance thermique d'une paroi à la diminution du flux thermique la traversant

> ACTIVITÉ DOCUMENTAIRE 1

- Calculer la résistance thermique d'une paroi

> ACTIVITÉ DOCUMENTAIRE 2

- Calculer la résistance thermique d'une paroi composée de plusieurs couches de matériaux

> ACTIVITÉ DOCUMENTAIRE 3

- Déterminer expérimentalement la résistance thermique d'une paroi.

> ACTIVITÉ EXPÉRIMENTALE 4

- Définir le flux thermique à travers une paroi comme un débit d'énergie équivalent à une puissance, le calculer
- Exploiter la relation entre flux thermique à travers une paroi en régime permanent, résistance thermique et écart de température

> ACTIVITÉ DOCUMENTAIRE 4

ACTIVITÉ 1

ACTIVITÉ DOCUMENTAIRE

COMPÉTENCES
- ✓ Analyser/Raisonner : identifier les paramètres qui influent sur un phénomène
- ✓ Valider : faire preuve d'esprit critique

→ Comment réduire le flux thermique à travers une paroi ?

La réglementation thermique RT 2020 impose que toute nouvelle construction soit à énergie positive, c'est-à-dire qu'elle produise plus d'énergie que ce qu'elle consomme. Pour y parvenir, il convient donc de réduire au maximum les pertes énergétiques du bâtiment.

DOC. 1 Thermographie infrarouge d'une maison en hiver

Les surfaces apparaissent en fausses couleurs allant du bleu pour les surfaces les plus froides au rouge pour les surfaces les plus chaudes. En hiver, les surfaces les plus chaudes sont celles à travers lesquelles le flux thermique est le plus important.

DOC. 2 Résistance thermique conseillée selon le type de paroi pour la réglementation RT 2012 et la réglementation RT 2020

Paroi opaque	BBC[1] respectant la RT 2012	BEPOS[2] respectant la RT 2020
Isolation des combles	$R_{th} \geq 8$	$R_{th} \geq 10$
Isolation des murs	$R_{th} \geq 4$	$R_{th} \geq 5$
Isolation du sol	$R_{th} \geq 4$	$R_{th} \geq 5$

1. BBC : bâtiment basse consommation
2. BEPOS : bâtiment à énergie positive

Les résistances thermiques sont données pour une paroi de 1 m^2 en m^2.K.W^{-1}

Outil

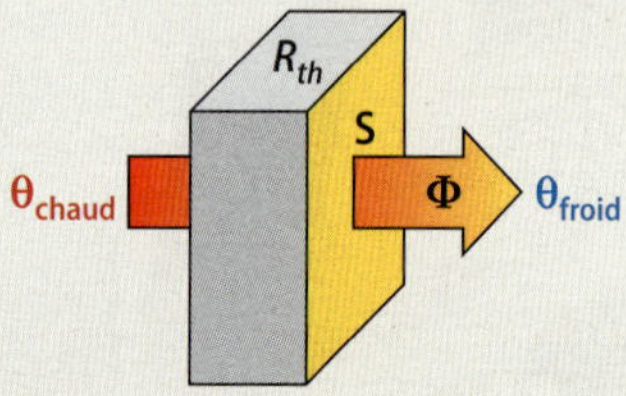

Le flux thermique à travers une paroi correspond à la puissance thermique qui traverse cette paroi. Il est dirigé de la paroi chaude vers la paroi froide et s'exprime de la manière suivante :

$$\Phi = \frac{S(\theta_{chaud} - \theta_{froid})}{R_{th}}$$

- Φ = flux thermique à travers la paroi en W
- S = surface de la paroi en m^2
- R_{th} = résistance thermique d'une paroi de 1 m^2 en m^2.K.W^{-1}
- θ_{chaud} et θ_{froid} = températures de part et d'autre de la paroi en °C

QUESTIONS

1. S'APPROPRIER ▶ Indiquer les zones de la maison du **DOC. 1** pour lesquelles le flux thermique est le plus important. Justifier soigneusement.

2. RÉALISER ▶ On considère une fenêtre de 1,5 m^2 dont la résistance thermique vaut 0,70 m^2.K.W^{-1}. Dans quel sens s'effectue le flux thermique et quelle est sa valeur :

a) en été, lorsque la température extérieure est de 28 °C et la température intérieure de 20 °C ?

b) en hiver, lorsque la température extérieure est de 5 °C et la température intérieure de 19 °C ?

3. RÉALISER ▶ On considère maintenant une porte-fenêtre d'une surface de 3,0 m^2 et dont la résistance thermique vaut également 0,70 m^2.K.W^{-1}. Répondre aux mêmes questions que précédemment.

4. VALIDER ▶ Expliquer l'intérêt de l'évolution de la résistance thermique conseillée entre la réglementation RT 2012 et la réglementation RT 2020.

ACTIVITÉ 2

COMPÉTENCES
- ✓ Réaliser : effectuer un calcul
- ✓ Analyser/Raisonner : proposer une stratégie de résolution, exploiter des informations
- ✓ Communiquer : présenter une démarche de manière argumentée, synthétique et cohérente

ACTIVITÉ DOCUMENTAIRE

→ Résistance thermique et épaisseur d'une paroi

En matière d'isolant thermique, les choix possibles sont multiples. Comment adapter le choix du matériau et son épaisseur en fonction de la résistance thermique attendue ?

DOC. 1 Plan actuel de l'isolation des combles

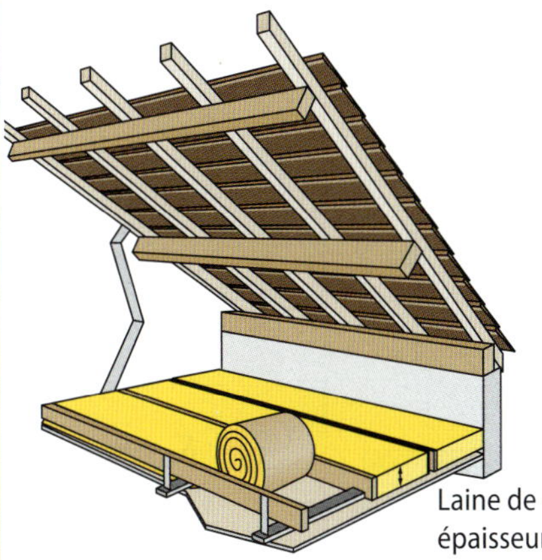

Outil

Expression de la résistance thermique

La résistance thermique R_{th} d'une paroi de 1 m^2 est donnée par l'expression suivante :

$$R_{th} = \frac{e}{\lambda}$$

- R_{th} = résistance thermique d'une paroi de 1 m^2 en $m^2.K.W^{-1}$
- e = épaisseur de la paroi en m
- λ = conductivité thermique du matériau en $W.m^{-1}.K^{-1}$

DOC. 2 Caractéristiques techniques de différents matériaux d'isolation

Origine	Nom	λ en $W.m^{-1}.K^{-1}$	Prix en €/m^3	Classement au feu	Contribution à l'effet de serre kg CO_2 / UF[1]
Minérale	Laine de verre en rouleaux	0,032 à 0,042	30	A	12
	Laine de roche en vrac	0,030 à 0,045	60	A	43
Végétale	Chanvre en vrac	0,048	65	E	–49
	Paille en bottes	0,045 à 0,050	10	B	–26
Issue du recyclage	Textile recyclé	0,039	110	E	2
Animale	Laine de mouton en rouleaux	0,035 à 0,042	100	C	0
Synthétique	Polystyrène expansé	0,032 à 0,038	95	B	10

1. UF : unité fonctionnelle correspondant à 1 m^2 d'isolant qui apporte une résistance thermique de 5 $m^2.K.W^{-1}$

QUESTIONS

1. RÉALISER ▶ Calculer la résistance thermique de l'isolant installé dans les combles.

2. VALIDER ▶ Cette isolation est-elle suffisante pour respecter la résistance thermique de 10 $m^2.K.W^{-1}$ conseillée pour l'isolation des combles, dans le cadre de la réglementation RT 2020 ?

3. ANALYSER – RAISONNER ▶ Si la réponse à la question 2 est négative, choisir, à l'aide du DOC. 2, une solution technique de remplacement de l'isolation actuelle qui permettrait de respecter cette réglementation.

4. COMMUNIQUER ▶ Préparer une présentation avec un support visuel présentant de manière argumentée la solution retenue.

ACTIVITÉ 3

ACTIVITÉ DOCUMENTAIRE

COMPÉTENCES
- ✓ Analyser/Raisonner : exploiter des informations, proposer une stratégie de résolution
- ✓ Réaliser : effectuer des calculs

→ Résistance thermique d'une paroi composite

Lors de la rénovation thermique d'un bâtiment, on est souvent amené à ajouter des épaisseurs d'isolant à l'extérieur des parois existantes afin d'augmenter la résistance thermique des parois.
Comment réaliser en rénovation une isolation conforme à la réglementation en matière de résistance thermique ?

DOC. 1 Construction type des murs d'une maison individuelle entre 1989 et 2001

DOC. 2 Conductivité thermique de différents matériaux

	Enduit ciment	Parpaing 20 cm	Polystyrène expansé	BA 13	PSE[1] gris épaisseur disponible de 40 à 300 mm	Enduit de mortier après isolation extérieure
Conductivité thermique λ en $W.m^{-1}.K^{-1}$	1,15		0,039	0,25	0,031	0,87
Résistance thermique R_{th} en $m^2.K.W^{-1}$		0,23				

1. PSE : polystyrène expansé

DOC. 3 Caractéristiques minimales à mettre en œuvre selon le niveau d'isolation souhaitée

	Niveau RT 2005 ($130\ kWh.m^{-2}.an^{-1}$ chauffage + eau chaude + rafraîchissement)	Niveau « basse énergie » (40 à $80\ kWh.m^{2}.an^{-1}$ chauffage + eau chaude + rafraîchissement)	Niveau « très basse énergie » ($< 15\ kWh.m^{-2}.an^{-1}$ chauffage)
Isolation du toit R_{max}	$5,0\ m^2.K.W^{-1}$	$6,7\ m^2.K.W^{-1}$	$10\ m^2.K.W^{-1}$
Isolation du plancher R_{max}	$2,0\ m^2.K.W^{-1}$	$3,3\ m^2.K.W^{-1}$	$6,7\ m^2.K.W^{-1}$
Isolation de la façade R_{max}	$2,2\ m^2.K.W^{-1}$	$3,3\ m^2.K.W^{-1}$	$6,7\ m^2.K.W^{-1}$

Outil

Résistance thermique d'une paroi composée de plusieurs couches de matériaux différents

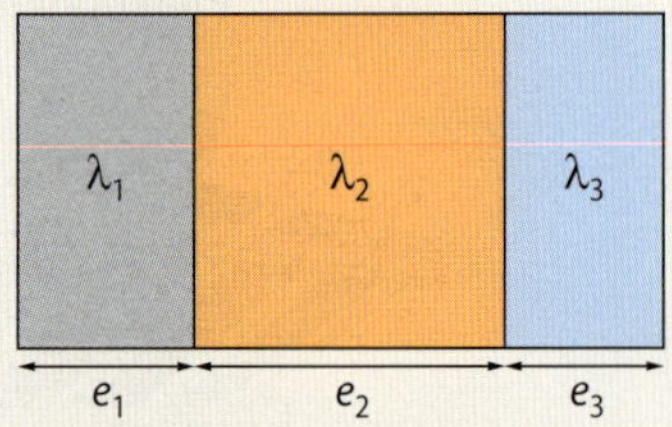

La résistance thermique de chaque épaisseur de matériau constituant la paroi s'ajoute :

$$R_{th} = R_{th1} + R_{th2} + R_{th3}$$

$$R_{th} = \frac{e_1}{\lambda_1} + \frac{e_2}{\lambda_2} + \frac{e_3}{\lambda_3}$$

- R_{th} = résistance thermique d'une paroi de $1\ m^2$ en $m^2.K.W^{-1}$
- e = épaisseur des différents matériaux en m
- λ = conductivité thermique des différents matériaux en $W.m^{-1}.K^{-1}$

QUESTIONS

1. RÉALISER ▶ Calculer la résistance thermique des murs d'une maison individuelle construite entre 1989 et 2001.

2. ANALYSER – RAISONNER ▶ Pour améliorer le confort thermique de sa maison, le propriétaire souhaiterait réaliser une isolation des murs par l'extérieur. Pour cela, il prévoit de faire poser du PSE gris à l'extérieur de sa maison avec en finition un enduit de mortier de 15 mm d'épaisseur.

Déterminer l'épaisseur de PSE gris à poser pour atteindre les caractéristiques attendues pour un niveau « très basse énergie ».

ACTIVITÉ 4

ACTIVITÉ EXPÉRIMENTALE **TP**

COMPÉTENCES

✓ Réaliser : mettre en œuvre un protocole expérimental

✓ Analyser/Raisonner : exploiter des informations, des résultats de mesure

→ Déterminer expérimentalement la résistance thermique d'une paroi

De nombreux matériaux de finition sont utilisés dans nos habitations, tels que le carrelage, le Placoplatre, le bois sous différentes formes…

Doit-on tenir compte de la résistance thermique de ces matériaux de finition quand on évalue la résistance thermique d'une paroi ou bien est-elle négligeable devant celle de l'ensemble de la paroi ?

DOC. 1 Principe de la mesure d'une résistance thermique

Le matériau dont on cherche à mesurer la résistance thermique est placé entre deux plaques métalliques.

La plaque du bas est au contact d'une source froide dont la température n'est pas réglable tandis que la plaque du haut est au contact d'une résistance qui joue le rôle de source chaude.

L'appareil mesure la tension et l'intensité de la résistance ainsi que les températures des deux plaques une fois le régime permanent atteint.

La puissance électrique de la résistance constituant la source chaude est égale au flux thermique traversant le matériau testé.

DOC. 2 Matériel à disposition

- Un appareil de mesure de la résistance thermique
- Une règle
- Différents échantillons de matériaux : carrelage, bois, placoplatre, moquette, faux plafond, parquet flottant…

Outil

Le flux thermique à travers une paroi correspond à la puissance thermique qui traverse cette paroi. Il est dirigé de la paroi chaude vers la paroi froide et s'exprime de la manière suivante :

$$\Phi = \frac{S(\theta_{chaud} - \theta_{froid})}{R_{th}}$$

- Φ = flux thermique à travers la paroi en W
- S = surface de la paroi en m^2
- R_{th} = résistance thermique d'une paroi de 1 m^2 en $m^2.K.W^{-1}$
- θ_{chaud} et θ_{froid} = températures de part et d'autre de la paroi en °C

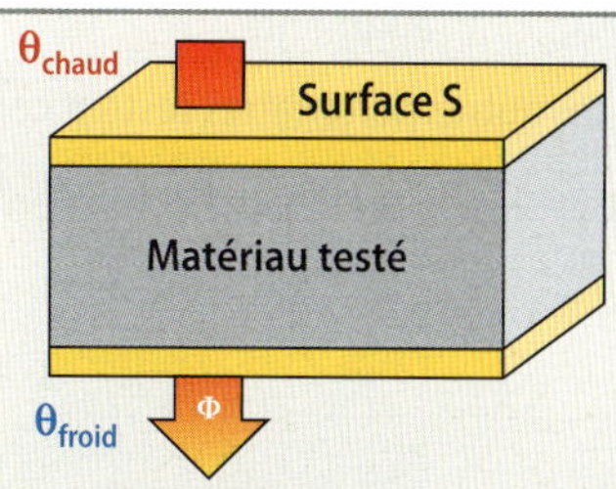

QUESTIONS

1. RÉALISER ▶ Choisir 3 ou 4 échantillons de matériaux parmi ceux à disposition et pour chacun d'entre eux :

a) Mesurer la surface du matériau testé qui sera en contact avec une des mâchoires de l'appareil.

b) Placer le matériau choisi entre les mâchoires de l'appareil de mesure et le serrer à l'aide de la molette.

c) Mettre l'appareil sous tension puis une fois le régime permanent atteint, mesurer la tension et l'intensité ainsi que les températures de chacune des plaques.

d) Déduire des mesures de tension et d'intensité la valeur du flux thermique à travers la paroi.

e) Calculer la résistance thermique du matériau testé.

2. ANALYSER – RAISONNER ▶

a) Pour chacun des matériaux, comparer la valeur de la résistance thermique trouvée à celle de la paroi à laquelle il est destiné dans le cas d'un niveau d'isolation très basse énergie (voir **DOC 3** de l'activité 3).

b) Conclure en répondant à la problématique : peut-on négliger la résistance thermique de ce matériau devant celle de l'ensemble de la paroi ?

RÉSULTATS D'EXPÉRIENCE À TÉLÉCHARGER

LE COURS

1 FLUX THERMIQUE

Le flux thermique à travers une paroi correspond à l'énergie traversant cette paroi par unité de temps. Il est toujours orienté de la paroi chaude vers la paroi froide.

$$\Phi = \frac{E}{\Delta t}$$

- Φ = flux thermique à travers la paroi en watts (W)
- E = énergie traversant la paroi en joules (J)
- Δt = durée du transfert d'énergie en secondes (s)

Le flux thermique a donc la dimension d'une puissance.

Par exemple, dans une habitation, le flux thermique traversant les différentes parois en hiver correspond à la puissance de chauffage nécessaire pour l'habitation.

Le flux thermique à travers une paroi dépend de la surface de la paroi, de la résistance thermique de la paroi et de l'écart de température entre la face chaude et la face froide selon la relation :

$$\Phi = \frac{S(\theta_{chaud} - \theta_{froid})}{R_{th}}$$

- Φ = flux thermique à travers la paroi en watts (W)
- S = surface de la paroi en mètres carrés (m^2)
- θ_{chaud} et θ_{froid} = températures de part et d'autre de la paroi en °C
- R_{th} = résistance thermique d'une paroi de 1 m^2 en $m^2.K.W^{-1}$, grandeur qui dépend de la nature et de l'épaisseur de la paroi

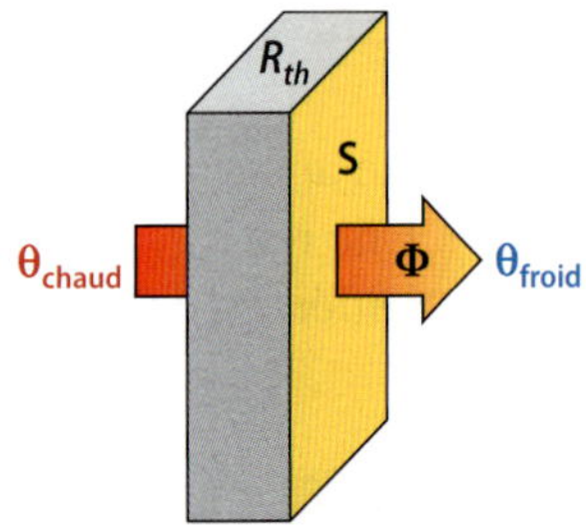

	S augmente*	$(\theta_{chaud} - \theta_{froid})$ augmente*	R_{th} augmente*
Φ	augmente	augmente	diminue

* Les autres paramètres restent constants.

▲ Évolution du flux thermique en fonction des différents paramètres dont il dépend

2 RÉSISTANCE THERMIQUE D'UNE PAROI HOMOGÈNE

La résistance thermique de la paroi permet de rendre compte de sa capacité à s'opposer au passage du flux thermique.

Pour une paroi homogène, elle dépend de la nature du matériau unique qui la constitue et de son épaisseur :

$$R_{th} = \frac{e}{\lambda}$$

- R_{th} = résistance thermique d'une paroi de 1 m^2 en $m^2.K.W^{-1}$
- e = épaisseur de la paroi en m
- λ = conductivité thermique du matériau constituant la paroi en $W.K^{-1}.m^{-1}$

La conductivité thermique est une grandeur physique qui est d'autant plus grande que les transferts thermiques par conduction sont faciles.

3 RÉSISTANCE THERMIQUE D'UNE PAROI COMPOSÉE DE PLUSIEURS COUCHES DE MATÉRIAUX DIFFÉRENTS

Pour une paroi composée de différents matériaux accolés, la résistance thermique de la paroi est égale à la somme des résistances thermiques de chaque couche de matériau qui la constitue.

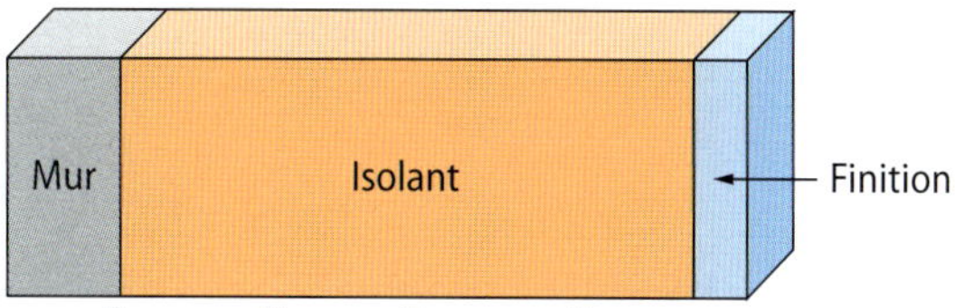

$R_{th\ \text{totale}} = R_{th\ \text{mur}} + R_{th\ \text{isolant}} + R_{th\ \text{finition}}$

La réglementation thermique fixe des objectifs de réduction de la consommation énergétique des bâtiments. Il en résulte des conseils sur les résistances thermiques à atteindre en fonction du type de paroi considérée.

	Toit	Plancher	Façade
R_{th} à atteindre en $m^2.K.W^{-1}$	10	6,7	6,7

▲ Exemple pour un bâtiment dépensant moins de 15 $kWh.m^{-2}.an^{-1}$

4 RÉSISTANCE THERMIQUE DE DIFFÉRENTES PAROIS HOMOGÈNES

Matériau	λ_{moyen} en $W.m^{-1}.K^{-1}$	Épaisseur				
		5 cm	10 cm	20 cm	30 cm	40 cm
Polystyrène expansé	0,035	1,4	2,9	5,7	8,6	11
Laine minérale, animale ou issue du recyclage	0,038	1,3	2,6	5,3	7,9	11
Paille en bottes	0,047	1,1	2,1	4,3	6,4	8,5

▲ Conductivité thermique et résistance thermique de 1 m^2 de paroi en $m^2.K.W^{-1}$ de différents matériaux isolants en fonction de l'épaisseur mise en œuvre

La résistance thermique augmente avec l'épaisseur mais diminue lorsque la conductivité thermique augmente.

Matériau	Placoplatre	Carrelage en grès	Moquette	Parquet stratifié	Parpaing	Verre
λ_{moyen} en $W.m^{-1}.K^{-1}$	0,25	1,3	0,09	0,16	0,95	1,1
Épaisseur usuelle en mm	13	10	4,0	12	200	5,0
R_{th} en $m^2.K.W^{-1}$ pour l'épaisseur usuelle	$5{,}2 \times 10^{-2}$	$7{,}7 \times 10^{-3}$	$4{,}4 \times 10^{-2}$	$7{,}5 \times 10^{-2}$	0,21	$4{,}5 \times 10^{-3}$

▲ Conductivité thermique et résistance thermique de différents matériaux utilisés dans l'habitat pour une épaisseur de mise en œuvre usuelle

Dans une paroi constituée de différentes couches de matériaux accolés entre eux, la résistance thermique de certaines de ces couches peut être négligeable devant la résistance thermique de l'ensemble de la paroi.

Testez vos connaissances

Indiquer la (ou les) bonne(s) réponse(s) :

Flux thermique

	A	B	C
1. Le flux thermique se mesure :	☐ en W	☐ en J	☐ en K
2. Si l'on double la surface d'une paroi, le flux thermique à travers cette paroi :	☐ est divisé par 2	☐ ne change pas	☐ est multiplié par 2
3. Si l'on augmente la résistance thermique d'une paroi, le flux thermique à travers cette paroi :	☐ ne change pas	☐ diminue	☐ augmente
4. Si l'écart de température entre l'intérieur et l'extérieur est divisé par 2, le flux thermique à travers la paroi :	☐ est multiplié par 2	☐ est divisé par 2	☐ ne change pas

Résistance thermique d'une paroi homogène

	A	B	C
5. La résistance thermique d'une paroi homogène :	☐ dépend du matériau constituant la paroi	☐ augmente avec l'épaisseur de la paroi	☐ augmente avec la surface de la paroi
6. Lorsqu'un matériau isolant se tasse, sa résistance thermique :	☐ ne varie pas	☐ augmente	☐ diminue
7. 20 cm d'épaisseur d'un matériau ayant une conductivité thermique de 1,0 $W.m^{-1}.K^{-1}$ a une résistance thermique de :	☐ 20 $m^2.K.W^{-1}$	☐ 0,20 $m^2.K.W^{-1}$	☐ 0,05 $m^2.K.W^{-1}$

Résistance thermique d'une paroi composée de plusieurs couches de matériaux différents

	A	B	C
8. On ajoute à une paroi dont la résistance thermique mesure 2,0 $m^2.K.W^{-1}$, un matériau isolant dont la résistance thermique mesure 4,0 $m^2.K.W^{-1}$. La nouvelle résistance thermique de la paroi vaut :	☐ 6,0 $m^2.K.W^{-1}$	☐ 8,0 $m^2.K.W^{-1}$	☐ 3,0 $m^2.K.W^{-1}$
9. En ajoutant une couche de matériaux isolants sur une paroi :	☐ on diminue le flux thermique à travers la paroi	☐ on ne change presque pas l'épaisseur de la paroi	☐ on augmente la résistance thermique de la paroi

Résistance thermique de différentes parois homogènes

	A	B	C
10. Pour 20 cm d'épaisseur de matériaux isolants, la résistance thermique est de l'ordre de :	☐ 5 $m^2.K.W^{-1}$	☐ 5×10^2 $m^2.K.W^{-1}$	☐ 0,05 $m^2.K.W^{-1}$
11. Pour une épaisseur usuelle on peut négliger la résistance thermique des matériaux suivants devant celle de 20 cm de parpaing :	☐ du carrelage	☐ de la paille en botte	☐ du polystyrène expansé

→ Corrigés, p. 284

Paroi et flux thermique

La température extérieure est de 10 °C et la température intérieure de 19 °C. La surface de paroi mesure 90 m².

DOC. Caractéristique de la paroi

- Mur
  Résistance thermique : 0,19 $m^2.K.W^{-1}$
- Isolant
  – Épaisseur : 20 cm
  – Conductivité thermique : 0,038 $W.m^{-1}.K^{-1}$
- Finition en placoplatre
  Résistance thermique : 0,04 $m^2.K.W^{-1}$

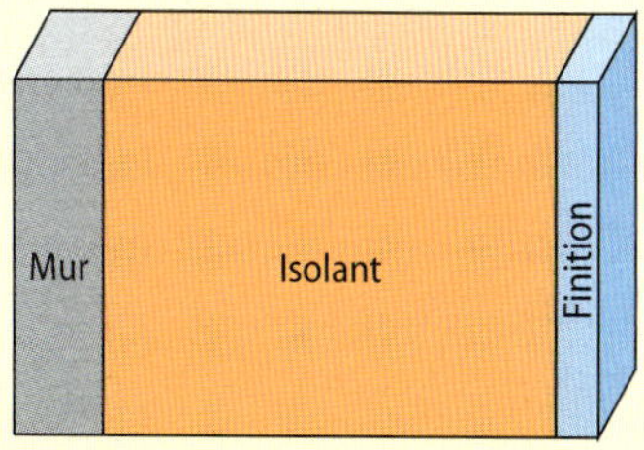

1. Calculer la résistance thermique de l'isolant composant la paroi.

> **S'APPROPRIER** - Relever les grandeurs pertinentes.
> **RÉALISER** - Calculer la résistance thermique de la couche homogène d'isolant.

2. En déduire la résistance thermique de l'ensemble de la paroi.

> **RÉALISER** - Faire la somme des résistances thermiques des différentes couches de matériau constituant la paroi.

3. Calculer le flux thermique à travers cette paroi. Indiquer le sens de ce flux thermique.

> **ANALYSER/RAISONNER** - Le flux thermique est orienté du chaud vers le froid.

Solution

1. $R_{th\ \text{isolant}} = \frac{e}{\lambda} = \frac{0,20}{0,038} = 5,3\ m^2.K.W^{-1}$.
La résistance thermique de la couche d'isolant constituant la paroi vaut 5,3 $m^2.K.W^{-1}$.

2. La résistance thermique de l'ensemble de la paroi est égale à la somme des résistances thermiques des différentes couches constituant la paroi.
$R_{th\ \text{totale}} = R_{th\ \text{mur}} + R_{th\ \text{isolant}} + R_{th\ \text{finition}} = 0,19 + 5,3 + 0,04 = 5,5\ m^2.K.W^{-1}$.

La résistance thermique de l'ensemble de la paroi vaut 5,5 $m^2.K.W^{-1}$.

3. $\phi = \frac{S \times (\theta_{\text{chaud}} - \theta_{\text{froid}})}{R_{th}} = \frac{90 \times (19 - 10)}{5,5} = 1,5 \times 10^2\ W$
Le flux thermique à travers la paroi mesure $1,5 \times 10^2$ W. Il est orienté de l'intérieur vers l'extérieur car la température la plus élevée est celle de l'intérieur de la maison.

À VOUS DE JOUER !

Fenêtre et flux thermique

Les températures extérieure et intérieure valent respectivement 5 °C et 19 °C. On cherche à déterminer le flux thermique à travers une fenêtre.

DOC. Caractéristiques techniques de la fenêtre

- Double vitrage 4/16/4 (4 mm de verre, 16 mm d'argon, 4 mm de verre)
- Largeur : 1 250 mm
- Hauteur : 1 000 mm

Données : $\lambda_{\text{verre}} = 1,0\ W.m^{-1}.K^{-1}$ – $\lambda_{\text{argon}} = 0,024\ W.m^{-1}.K^{-1}$

1. Exprimer la résistance thermique de la fenêtre en fonction des épaisseurs et des conductivités thermiques des différents éléments la constituant.

2. Calculer la valeur de la résistance thermique de la fenêtre.

3. Calculer le flux thermique à travers cette fenêtre.

→ Corrigés, p. 284

Flux thermique

1 Flux thermique et facture énergétique

Réaliser : effectuer des calculs

En hiver, le flux thermique à travers les différentes parois d'une habitation est de 450 W. L'habitation est chauffée au fioul, dont le coût est de l'ordre de 0,101 €.kWh^{-1}.

1. Calculer l'énergie thermique en kWh consommée par cette habitation durant les 6 mois d'hiver.

2. Calculer le montant de la facture de fioul pour cette habitation.

2 Flux thermique et caractéristiques de la paroi

Réaliser : effectuer des calculs
Analyser/Raisonner : faire des prévisions à l'aide d'un modèle

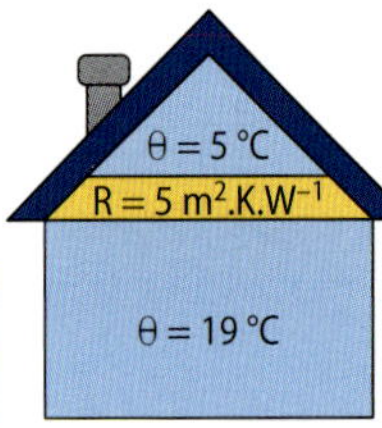

1. Indiquer le sens du flux thermique à travers le plafond de cette habitation.

2. Calculer le flux thermique à travers le plafond de cette habitation.

3. Comment évolue ce flux thermique :
a) si la température sous toiture augmente ?
b) si la température dans l'espace à vivre augmente ?

3 Isolation d'une maison

Analyser/Raisonner : exploiter des informations

	Maison 1960	Rénovation 1982	Rénovation 2000	Objectifs 2012
Isolation	Non isolée	Combles et murs	Combles, murs, sols	Super isolation
Consommation annuelle	7 200 L fioul (75 000 kWh)	2 150 L fioul (22 500 kWh)	1 050 L fioul(11 000 kWh)	800 L fioul (8 500 Wh)
Prix 2008*	7 200 €	2 150 €	1 050 €	800 €
Prix en € constant	150 €	2 865 €	900 €	800 €
Solutions mises en œuvres : (*R* en m^2.K.W^{-1})				
Combles	Sans isolations	*R* = 2,5	*R* = 5	*R* = 6,5
Murs extérieurs	Sans	*R* = 1,25	*R* = 2,2	*R* = 5
Sols	Sans	Sans isolation	*R* = 2	*R* = 2 + PSE intérieur
Vitrages	Simples	Doubles	Doubles + VIR	Double + VIR + argon
Ventilation	Naturelle	Simple flux	Hygroréglable	Hygroréglable

▲ Évolution des solutions d'isolation et de chauffage

** Pour les prix du fioul, le choc pétrolier de 1973 a doublé le prix, qui a été à nouveau doublé en 1979 lors du second choc, d'où un facteur quatre entre 1970 et 1982. Après le contre choc des années 1990, les années 2000 sont caractérisées par des fluctuations importantes de plus de 60 % qui amènent le prix du litre de fioul proche de 1 € (2008-2011).*
N.B. : Les prix à la consommation générale ont augmenté de 636 % en quarante ans.

• Expliquer le lien entre l'évolution du coût du kWh et l'évolution des solutions d'isolation mises en œuvre au cours des 50 dernières années. Proposer une explication à cette tendance en vous appuyant sur le contexte historique.

Résistance thermique d'une paroi homogène

4 Résistance thermique

Réaliser : effectuer des calculs
Analyser/Raisonner : exploiter des informations

1. Compléter le tableau ci-dessous :

Épaisseur	Polystyrène expansé blanc 60 mm	Polystyrène expansé blanc 110 mm	Polystyrène expansé gris 110 mm
Conductivité thermique	0,038	0,038	0,032
Résistance thermique			

2. Comment évolue la résistance thermique lorsque :
a) la conductivité thermique augmente ?
b) l'épaisseur augmente ?

5 Épaisseur d'isolant

Réaliser : effectuer des calculs

Une maison ancienne ne présente pas du tout d'isolation. Le nouveau propriétaire souhaiterait la rénover afin que la performance thermique soit équivalente à celle d'un bâtiment neuf actuel.

Il se fixe comme objectif une résistance thermique de 10 m^2.K.W^{-1} pour l'isolant des combles et de 5,0 m^2.K.W^{-1} pour l'isolant extérieur des murs.
Donnée : conductivité thermique de la laine de roche : 0,030 à 0,045 W.m^{-1}.K^{-1}

1. Donner l'expression de la résistance thermique de l'isolant.

2. En déduire un encadrement de l'épaisseur d'isolant à mettre en place dans les combles.

3. Même question pour les murs.

Résistance thermique d'une paroi composée de plusieurs couches de matériaux différents

6 Maison en paille

Analyser/Raisonner : proposer une stratégie de résolution
Réaliser : effectuer des calculs

On trouve aujourd'hui de nombreux kits d'autoconstruction de maison en paille, comme présenté dans le document 1.

Peut-on prétendre construire une maison à énergie positive avec ce genre de kit ?

DOC. 1 Kit d'autoconstruction

- Les panneaux de paille, d'une épaisseur de 40 cm, sont réalisés sur mesure pour s'adapter à l'architecture de la maison. Les murs et les pignons sont réalisés en paille. La notice de montage est fournie.
- Le bardage extérieur en pin Montana, d'une épaisseur de 21 mm, est fourni.
- La finition intérieure en placoplatre de type BA 13 est à prévoir.

Données :
Conductivités thermiques

	Paille	Pin Montana	Placoplatre
λ en W.m^{-1}.K^{-1}	0,048	0,14	0,250

Résistance thermique des parois d'une maison à énergie positive $R \geq 5$ m^2.K.W^{-1}

1. Réaliser un schéma de la paroi en indiquant, pour chacun des éléments la constituant, les différentes données utiles dans le calcul de la résistance thermique.

2. Calculer la résistance thermique de chacun des éléments constituant la paroi.

3. En déduire la résistance thermique de l'ensemble de la paroi.

4. La comparer à la valeur minimale conseillée pour une maison à énergie positive.

7 SCIENCE IN ENGLISH

Traditional Irish Houses

In Ireland, traditional houses are built with local materials, and their roofs are often made of thatch. The thickness, or width, of the thatch is 40 centimetres. The walls are typically made from about 600 mm of local stone. The exterior is coated with 24 mm of natural lime render, and the inside with 21 mm of natural lime plaster.
Thermal conductivity: λthatch = 0,065 W.m^{-1}.K^{-1} ; λstone = 2,2 W.m^{-1}.K^{-1} ; λrender = 0,70 W.m^{-1}.K^{-1} ; λplaster = 0,57 W.m^{-1}.K^{-1}

1. Calculate the thermal resistance of the roof.
2. Calculate the thermal resistance of the walls
3. Comment on your results and compare them to a modern building respecting thermal recommendations.

8 Vêtement et résistance thermique

→ Mesures et incertitudes, rabats

Analyser/Raisonner : exploiter des résultats de mesure
Réaliser : effectuer des calculs

On a mesuré la résistance thermique de différents pulls en fibre polaire ; résultats ci-dessous :

Mesure	1	2	3	4	5	6	7	8	9	10
R_{th} en m^2.K.W^{-1}	0,46	0,47	0,45	0,45	0,49	0,47	0,46	0,47	0,45	0,46

1. Évaluer l'incertitude de la série de mesures réalisées.

2. Écrire le résultat sous la forme $<R_{th}> \pm \Delta R_{th}$.

3. La résistance thermique des vêtements se mesure habituellement en clo avec 1 clo = 0,155 m^2.K.W^{-1}.
La résistance thermique d'un pull en fibre polaire est de l'ordre de 3 clo. Le résultat de la série de mesure est-il compatible avec cette valeur ?

9 Flux et résistance thermique

Analyser/Raisonner : exploiter des résultats de mesure, évaluer des ordres de grandeur **Réaliser** : effectuer des calculs

On a mesuré le flux thermique traversant différents échantillons pour des températures de part et d'autre de 10 °C et 20 °C. Les échantillons ont la même épaisseur et la même surface S = 20 cm^2.
Les résultats des mesures sont regroupés ci-dessous :

	Échantillon 1	Échantillon 2	Échantillon 3
φ en W	0,38	1,7	0,054
R_{th} en m^2.K.W^{-1}			

1. Compléter le tableau en calculant la résistance thermique de chaque échantillon.

2. Retrouver le matériau correspondant à chaque échantillon dans la liste suivante : polystyrène, placoplatre, verre.

10 Fenêtre et résistance thermique BAC

Dans les années 1970, les premiers doubles vitrages ont vu le jour afin de limiter les pertes d'énergie mais aussi de supprimer la condensation sur les fenêtres en hiver. Bien que le flux thermique à travers les fenêtres soit limité, du fait de leur faible surface, différentes solutions ont vu le jour pour améliorer leurs performances thermiques.

Données :
Conductivité thermique : $\lambda_{air} = 0{,}024\ W.m^{-2}.K^{-1}$; $\lambda_{argon} = 0{,}017\ W.m^{-2}.K^{-1}$; $\lambda_{verre} = 1{,}0\ W.m^{-2}.K^{-1}$

DOC. 1 Les différentes solutions d'amélioration des fenêtres

• La première et la plus répandue est le double vitrage à lame d'argon. Il est constitué de deux plaques de verre de 4,0 mm d'épaisseur séparées par 16 mm de gaz argon.

• La seconde consiste en un triple vitrage. Il est alors constitué de trois plaques de verre de 4,0 mm d'épaisseur séparées par 16 mm d'air. Bien que plus performante quant à la résistance thermique, cette solution a du mal à s'imposer car elle réduit les apports en énergie solaire. De plus, elle s'adapte mal en rénovation et le coût est beaucoup plus important que pour un double vitrage. Enfin, le poids est une fois et demie plus élevé, ce qui complique le travail des professionnels et oblige à augmenter l'épaisseur du dormant, conduisant à une surconsommation de matière première de l'ordre de 20 à 25 %.

DOC. 2 Pont thermique au niveau des fenêtres

Les pourtours des fenêtres sont souvent des zones de pont thermique, c'est-à-dire des zones présentant un défaut d'isolation et pour lesquels le flux thermique peut s'avérer très important.

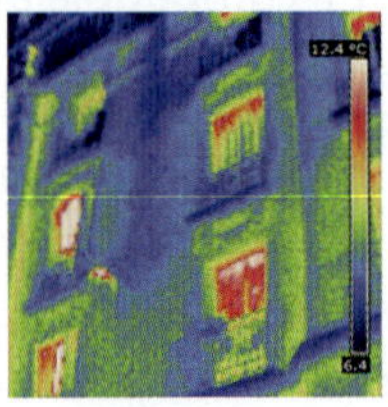

1. En vous appuyant sur les **DOC. 1** et **DOC. 2** et sur la notion de flux thermique, citer deux arguments justifiant le changement des fenêtres lors de la rénovation thermique des bâtiments.

2. Faire un schéma des deux types de vitrage cités dans le **DOC. 1**.

3. Calculer la résistance thermique de chacun de ces deux vitrages et indiquer celui qui est le plus rentable du point de vue de la résistance thermique.

4. Expliquer pourquoi le triple vitrage est rarement retenu lors de la rénovation thermique des fenêtres.

11 Isolation par l'extérieur d'une tour HLM

Au cours des années 2010, une prise de conscience s'opère en France : le parc HLM français est particulièrement énergivore. La loi Grenelle 1 fixe comme objectif pour 2020 de baisser la consommation des logements de 38 % par rapport à 2009. Les bailleurs sociaux se voient donc dans l'obligation de réaliser des investissements visant à baisser la consommation énergétique des logements.

DOC. 1 Classement énergétique des logements sociaux

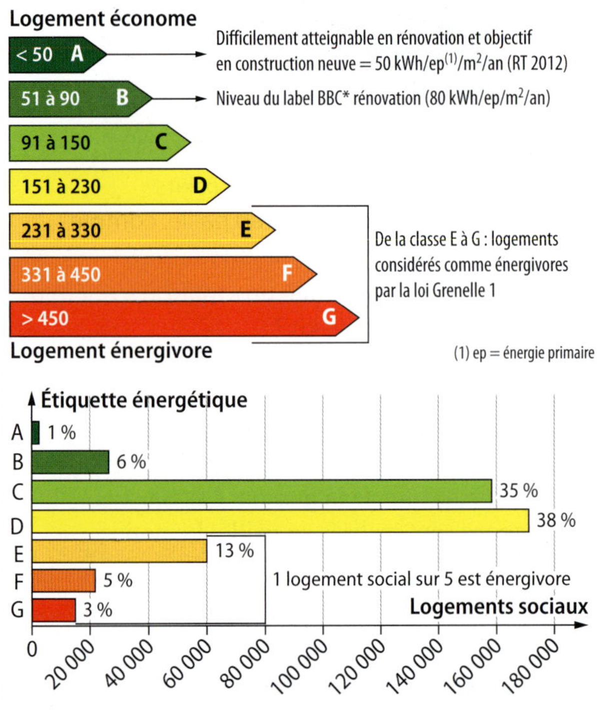

DOC. 2 Répartition géographique des logements sociaux à étiquette énergétique E, F ou G

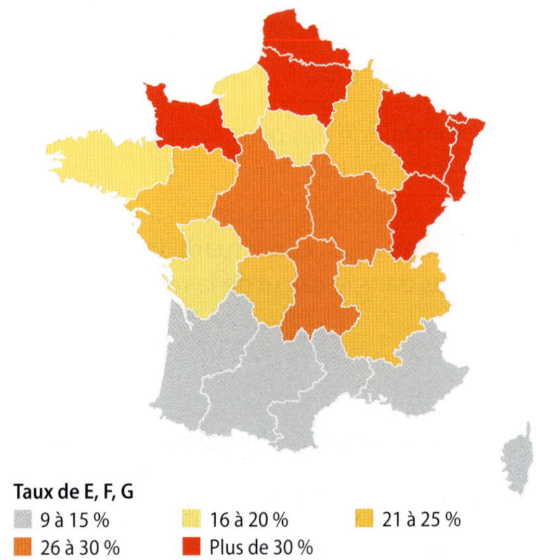

DOC. 3 Plans du logement étudié

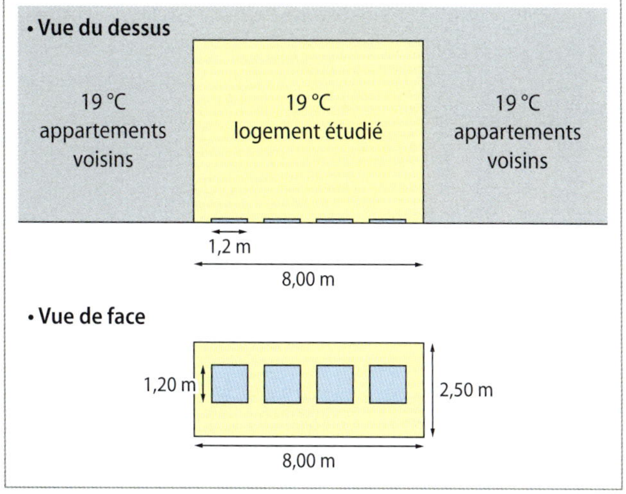

DOC. 4 État des murs et fenêtres avant et après rénovation du logement étudié

	Avant rénovation	Après rénovation
Fenêtre	Simple vitrage $R_{th} = 0{,}17$ m^2.K.W^{-1}	Double vitrage à isolation renforcée $R_{th} = 0{,}91$ m^2.K.W^{-1}
Murs extérieurs	15 mm d'enduit extérieur 180 mm de béton armé 50 mm de laine de verre 50 mm de briques plâtrières 10 mm de plâtre $R_{th} = 1{,}49$ m^2.K.W^{-1}	Ajout de polystyrène graphité et d'un enduit mince Résistance thermique supplémentaire de l'ensemble $R_{th} = 3{,}00$ m^2.K.W^{-1}

1. En utilisant les DOCS. 1 et 2 :
a) Indiquer le pourcentage de logements sociaux en France que l'on peut qualifier d'« énergivores » ;
b) L'énergie consommée par un logement dépend-elle des conditions météorologiques ? Expliquer la répartition géographique des logements sociaux énergivores.

2. 70 % de la facture énergétique des logements sociaux est due au chauffage. Quel type de travaux peut-on envisager pour réduire la facture ? Justifier.

3. Expliquer pourquoi le flux thermique vers les appartements voisins est nul.

4. Étude du flux thermique à travers les fenêtres :
a) Calculer la surface totale des fenêtres ;
b) En déduire le flux thermique à travers les fenêtres avant rénovation ;
c) Même question après rénovation.

5. Étudier de même, le flux thermique à travers le mur extérieur.

6. Quel était le flux total pour l'appartement avant rénovation ? Après rénovation ?

7. L'économie d'énergie réalisée permet-elle de respecter les objectifs fixés par la loi Grenelle 1 ?

12 Choix technique et économie d'énergie

Cécile et Manu passent leur premier hiver dans la maison qu'ils viennent d'acheter en banlieue parisienne. Il s'agit d'une maison des années 1940, chauffée au gaz. La première facture de gaz est une véritable douche froide tant le montant est élevé : des travaux d'isolation s'imposent.
Le couple hésite entre le remplacement des fenêtres ou l'isolation des combles.

DOC. 1 Utilisation habituelle du chauffage en Île-de-France

En Île-de-France, le chauffage est en général allumé de la mi-octobre à la mi-avril.

La température moyenne sur la période de chauffage est de l'ordre de 7,5 °C.

La température intérieure souhaitée est de 19 °C.

DOC. 2 Travaux envisagés

Solution 1 : remplacement des fenêtres simple vitrage par des fenêtres double vitrage

- Nombre de fenêtres : 8
- Dimension des fenêtres : 1,50 m × 1,20 m

	Simple vitrage	Double vitrage à isolation renforcée
Résistance thermique en m^2.K.W^{-1}	0,17	0,91

Solution 2 : Isolation des combles

- Surface à isoler : 60 m^2
- Situation actuelle : plafond en plâtre sur bacula – résistance thermique de l'ordre de 0,03 m^2.K.W^{-1}
- Isolation envisagée : 30 cm de laine de roche en vrac de conductivité thermique 0,040 W.m^{-1}.K^{-1}

1. Lequel de ces deux choix permettra de faire le plus d'économie d'énergie ?

2. Une fois la solution choisie, évaluer l'économie financière réalisée sur une saison hivernale, sachant que le prix du kWh de gaz est de 0,0706 €.

CHAPITRE 6

THÈME 1 › ÉNERGIE

Dynamique des solides en translation

Quel que soit le véhicule utilisé, le conducteur doit être en capacité de maîtriser sa vitesse. Il agit pour cela sur la force motrice ou sur les forces de freinage.

→ Quel est le lien entre les différentes forces qui agissent sur le système et son mouvement ?

›Testez vos prérequis

Indiquer la (ou les) bonne(s) réponse(s) :

1. Le poids est une force :

- ☐ **a.** dont la direction est horizontale
- ☐ **b.** dont le sens est vers le bas
- ☐ **c.** dont la valeur se mesure en kilogramme

2. L'accélération :

- ☐ **a.** se mesure en m.s^{-1}
- ☐ **b.** est la dérivée par rapport au temps de la vitesse
- ☐ **c.** l'accélération moyenne s'exprime $a_{moy} = \frac{\Delta v}{\Delta t}$

3. Une force de frottement :

- ☐ **a.** est dirigée perpendiculairement au déplacement
- ☐ **b.** s'oppose au déplacement
- ☐ **c.** a la même direction que le déplacement

4. Pour le solide en mouvement de translation ci-dessous :

- ☐ **a.** son mouvement est rectiligne et uniforme
- ☐ **b.** la somme des forces est égale à 0 : $P + R = 0$
- ☐ **c.** la somme vectorielle des forces est égale à $\vec{0}$: $\vec{P} + \vec{R} = \vec{0}$

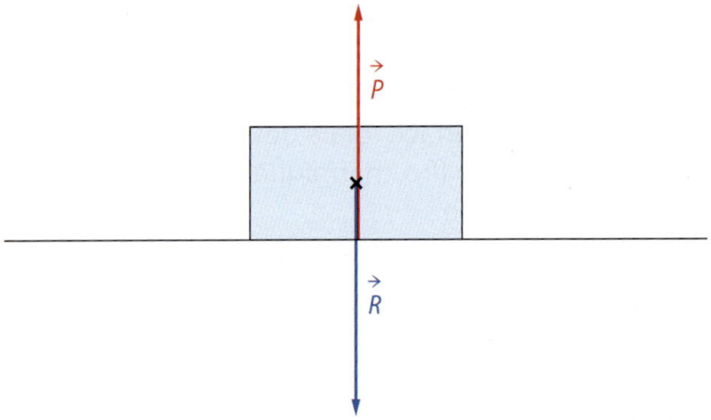

→ Corrigés, p. 284

CAPACITÉS EXIGIBLES

- Déterminer les caractéristiques de l'accélération dans le cas d'un mouvement rectiligne
- Exploiter des résultats expérimentaux pour valider le modèle de la chute libre

> ACTIVITÉ EXPÉRIMENTALE 2

- Mesurer des accélérations et en déduire la résultante des forces extérieures appliquées à un système dont le mouvement est rectiligne

> ACTIVITÉ EXPÉRIMENTALE 1

- Exploiter des mesures pour modéliser une force de résistance aérodynamique

> ACTIVITÉ EXPÉRIMENTALE 4

- Exploiter la relation entre la variation d'énergie cinétique et le travail des forces extérieures appliquées pour déterminer une force de frottement supposée constante

> ACTIVITÉ DOCUMENTAIRE 3

ACTIVITÉ 1

ACTIVITÉ EXPÉRIMENTALE TP

COMPÉTENCES

✓ Réaliser : mettre en œuvre les étapes d'une démarche, faire des calculs

→ Quelle est la force de poussée nécessaire au lancement d'une fusée ?

On s'intéresse aux premiers instants de la phase de décollage de la fusée. On suppose que la masse des gaz éjectés est négligeable devant la masse de la fusée. La masse de la fusée est considérée comme constante au cours de l'étude.

DOC. 1 Lancement de la fusée Ariane 5

Depuis la fin des années 70, les fusées Ariane ont assuré une centaine de lancement depuis le centre spatial guyanais de Kourou. À chaque lancement, qu'il s'agisse de placer un satellite de télécommunication en orbite ou de ravitailler la station spatiale internationale, plus de 10 tonnes de matériel sont envoyés dans l'espace.

Vidéo Lancement de la fusée Ariane 5 — Nathan live!

DOC. 2 Caractéristiques techniques de la fusée Ariane 5

Hauteur	52 m
Masse au décollage	780 t
Moteur	Vulcain
Masse de la charge utile	de l'ordre de 10 t

Outil 1

Principe fondamental de la dynamique

La somme vectorielle des forces extérieures appliquées au système est équivalente à une force unique appelée résultante des forces. Dans le référentiel terrestre, cette résultante des forces est égale au produit de la masse et du vecteur accélération du centre de gravité du système : $\sum \vec{F} = m\vec{a}_G$.

Outil 2

Calcul de l'accélération

Le vecteur accélération est égale à la dérivée seconde du vecteur position :

$$\vec{a} = \frac{d^2\overrightarrow{OM}}{dt^2} = \frac{d^2x}{dt^2}\vec{i} + \frac{d^2y}{dt^2}\vec{j}$$

Pour déterminer la composante verticale du vecteur accélération, il faut :

– modéliser la courbe donnant la composante verticale du vecteur position en fonction du temps $y(t)$;

– calculer la dérivée seconde du modèle : $\frac{d^2y(t)}{dt^2}$.

QUESTIONS

1. RÉALISER ▶ À l'aide d'un logiciel de type LatisPro, réaliser un pointage d'un point de la fusée Ariane 5.

2. RÉALISER ▶ Calculer à chaque instant, à l'aide de l'Outil 2, la composante verticale du vecteur accélération de la fusée.

3. ANALYSER - RAISONNER ▶ En déduire, en utilisant le principe fondamental de la dynamique, la valeur de la résultante des forces appliquées à la fusée lors de la phase de lancement.

4. RÉALISER ▶ Faire un bilan des forces exercées sur la fusée durant cette phase.

5. ANALYSER - RAISONNER ▶ En déduire la valeur de la force de poussée exercée sur la fusée au cours de ce lancement.

Donnée : une tonne = 10^3 kg ; intensité de la pesanteur $g = 9{,}81$ m.s^{-2}

RÉSULTATS D'EXPÉRIENCE À TÉLÉCHARGER

ACTIVITÉ 2

ACTIVITÉ EXPÉRIMENTALE **TP**

COMPÉTENCES
- ✓ Analyser/Raisonner : proposer un protocole expérimental
- ✓ Valider : confronter un modèle à des résultats expérimentaux

→ Modèle de la chute libre

Dans le modèle de la chute libre, on fait l'hypothèse que les frottements sont négligeables et que le système n'est alors soumis qu'à une seule force : son poids. Dans quel cadre est-il pertinent d'utiliser ce modèle ?

Outil 1
Principe fondamental de la dynamique
Voir l'outil 1 de l'activité précédente.

Outil 2
Calcul de l'accélération
Voir l'outil 2 de l'activité précédente.

DOC. 1 Liste du matériel disponible

- Un objet 1 à choisir parmi une balle de tennis et une balle de golf
- Un objet 2 à choisir parmi une plume, un volant de badminton, une balle en polystyrène
- Une caméra ou une vidéo de la chute des objets 1 et 2
- Un logiciel de pointage de type Latispro

DOC. 2 Validation d'un modèle

On considère généralement que l'utilisation d'un modèle est pertinente s'il y a moins de 10 % d'écart entre la valeur mesurée expérimentalement et la valeur prévue par l'étude théorique : $\frac{|a_{th} - a_{exp}|}{a_{th}} < 10\ \%$.

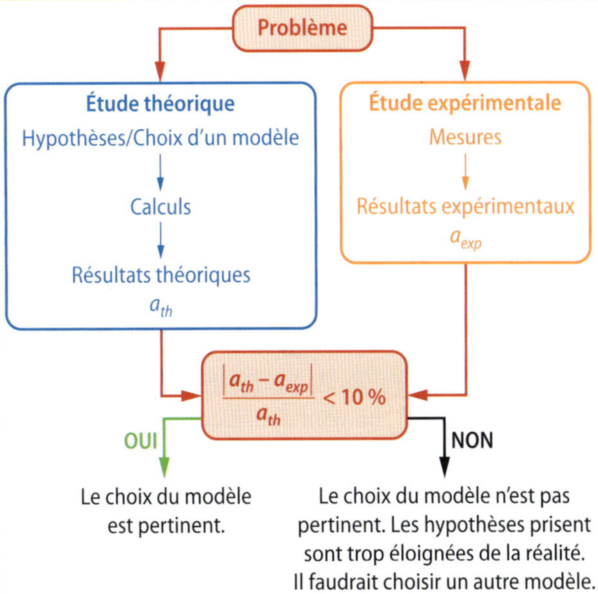

QUESTIONS

On souhaite étudier la composante verticale de l'accélération des objets 1 et 2, dans le cas d'une chute avec ou sans vitesse initiale afin de valider le modèle de la chute libre.

Étude théorique

1. RÉALISER ▶ Faire le bilan des forces s'exerçant sur l'objet choisi, dans le cas d'une chute libre.
Donnée : intensité de la pesanteur $g = 9{,}81$ m.s^{-2}

2. RÉALISER ▶ En utilisant la relation fondamentale de la dynamique, en déduire l'expression du vecteur accélération $\vec{a}_G$ puis de la composante verticale de ce vecteur a_y.

Étude expérimentale

3. RÉALISER ▶ À l'aide du matériel à disposition, proposer puis mettre en œuvre un protocole permettant de déterminer la valeur de la composante verticale du vecteur accélération au cours du temps $a_y(t)$.

4. ANALYSER - RAISONNER ▶ Les valeurs mesurées sont-elles conformes à ce que prévoit le modèle de la chute libre ? Justifier.

5. ANALYSER - RAISONNER ▶ Si ce n'est pas le cas, proposer une explication.

Conclusion

6. COMMUNIQUER ▶ Conclure en rappelant ce qu'est le modèle de la chute libre et dans quel cadre il s'applique.

RÉSULTATS D'EXPÉRIENCE À TÉLÉCHARGER

ACTIVITÉ 3

COMPÉTENCES
- Réaliser : effectuer un calcul
- Valider : faire preuve d'esprit critique

ACTIVITÉ DOCUMENTAIRE

➔ Évaluer une force de frottement solide

Notre première expérience de la conduite se fait souvent à vélo, à un âge où nous savons que les temps de réaction sont plus longs que ceux d'un adulte. Alors que ses capacités de réaction sont déjà moindres, un enfant est-il en capacité physique de freiner sur la même distance qu'un adulte ?

DOC. 1 Vitesse et distance de freinage en fonction du temps pour un adulte dont le poids vaut 800 N exerçant une force de freinage constante

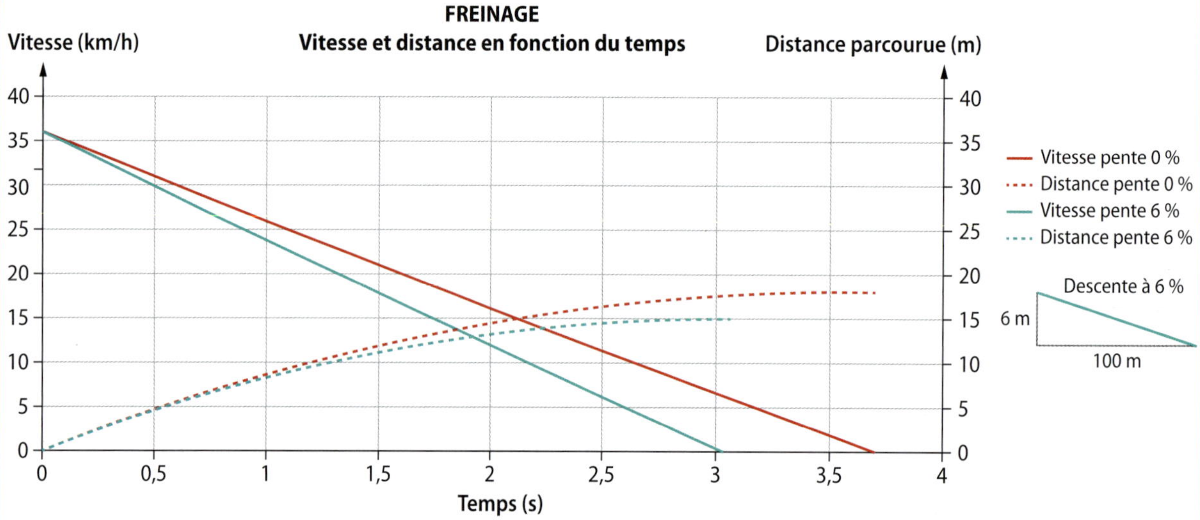

DOC. 2 Force de pression des mains et freinage

Compte tenu de l'effet de levier au niveau de la manette de frein, on peut considérer que la force de freinage exercée par le cycliste est égale à trois fois les forces de pression exercées par les deux mains du cycliste.

	Enfant gaucher	Adulte droitier
Main gauche	23	35
Main droite	20	40

▲ Tableau des forces de pression maximales exercées par les deux mains d'un cycliste

QUESTIONS

1. S'APPROPRIER ▸ En utilisant le DOC. 1, indiquer quelle est la distance nécessaire pour qu'un adulte passe de 36 km.h^{-1} à l'arrêt complet dans une descente à 6 %.

2. RÉALISER ▸ En utilisant le théorème de l'énergie cinétique, évaluer le travail que devront fournir les forces de freinage pour qu'un enfant pesant 30 kg avec son vélo passe de 36 km.h^{-1} à l'arrêt complet dans la descente à 6 % sur la même distance qu'un adulte.
Données : intensité de la pesanteur $g = 9{,}81$ m.s^{-2}

3. VALIDER ▸ En déduire la valeur de la force de freinage qu'il devrait alors fournir, puis conclure en répondant à la problématique.

Outils

Théorème de l'énergie cinétique

La variation de l'énergie cinétique pour un solide en translation de A vers B est égale à la somme des travaux des forces extérieures appliquées au système sur la distance AB :

$E_c(\text{B}) - E_c(\text{A}) = \Sigma W_{\text{A}\to\text{B}}(\vec{F})$ avec $E_c = \frac{1}{2}\,mv^2$.

E_c : énergie cinétique en joule (J)
m : masse en kilogramme (kg)
v : vitesse en mètre par seconde (m.s^{-1})

ACTIVITÉ 4

ACTIVITÉ EXPÉRIMENTALE **TP**

COMPÉTENCES
- ✓ Analyser/Raisonner : exploiter des résultats de mesures, choisir un modèle
- ✓ Réaliser : construire un graphique

→ La résistance aérodynamique

Dès qu'un solide est en mouvement dans un fluide, il subit une force de frottement qui s'oppose à son déplacement. Cette force de frottement varie en fonction de la nature du fluide, de la forme du solide et de bien d'autres paramètres. Mais dépend-elle de la vitesse de déplacement du solide dans le fluide ?

DOC. 1 Étude de la chute d'une bille dans la glycérine

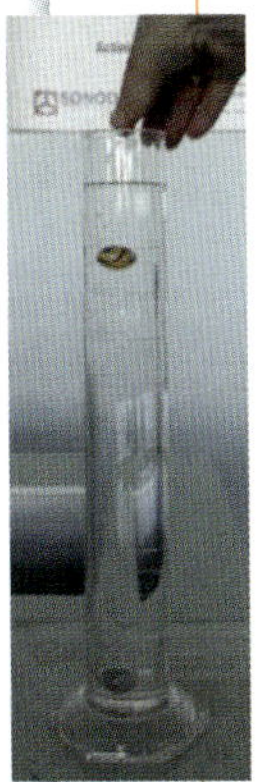

Après avoir rempli une éprouvette de glycérine, on lâche une bille, sans vitesse initiale, en haut de la colonne de glycérine.

On réalise ensuite un pointage des différentes positions occupées par la bille au cours de son mouvement.

On obtient ainsi la courbe donnant l'altitude z de la bille en fonction du temps.

La courbe ci-dessous montre le résultat obtenu pour une bille ayant les caractéristiques suivantes : masse de la bille $m = 4{,}7$ g, diamètre de la bille $d = 15$ mm.

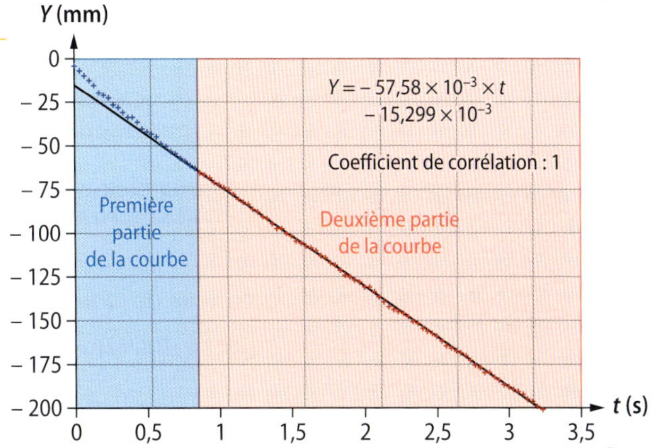

DOC. 2 Vitesse de la bille en fonction de sa masse

On recommence l'expérience décrite dans le DOC. 1 en changeant le paramètre masse de la bille. Les autres paramètres de l'expérience restent constants. On mesure à chaque fois la vitesse atteinte par la bille dans la deuxième partie de la courbe.

Masse en g	3,0 g	4,7 g	6,0 g	10 g	15 g	20 g
Vitesse en m.s^{-1}	30×10^{-3}	…	74×10^{-3}	11×10^{-2}	19×10^{-2}	24×10^{-2}

QUESTIONS

1. S'APPROPRIER ▶ Commenter l'allure de la courbe du DOC. 1.

a. Que peut-on dire de la vitesse de la bille dans la deuxième partie de la courbe ?

b. Relever sa valeur et compléter le tableau du DOC. 2.

2. RÉALISER ▶ Faire le bilan des forces s'exerçant sur la bille.

Données : masse volumique de la glycérine : $\rho = 1{,}26 \times 10^3$ kg.m^{-3} ; poussée d'Archimède en N : $\pi_A = \rho_{fluide} \times V_{bille} \times g$ avec ρ_{fluide} la masse volumique du fluide en kg.m^{-3}, V_{bille} le volume de la bille en m^3 et g l'intensité de la pesanteur $g = 9{,}81$ m.s^{-2}.

3. ANALYSER - RAISONNER ▶ Que peut-on dire de la somme des forces s'exerçant sur la bille dans la deuxième partie du graphique ?

4. RÉALISER ▶ Montrer, dans le cas de la bille du DOC. 1, que l'on peut négliger la poussée d'Archimède devant le poids de la bille. On supposera que cela reste vrai pour chaque lâcher de bille, tout au long de la deuxième partie de la courbe.

5. RÉALISER ▶ Déduire des deux précédentes questions l'expression de la force de frottement fluide s'exerçant sur la bille. La calculer pour chacune des billes du DOC. 2, à l'aide d'un tableur grapheur.

6. ANALYSER - RAISONNER ▶ Étudier graphiquement l'influence de la vitesse de la bille sur la valeur de la force de frottement fluide et proposer un modèle pour l'expression de la force de frottement fluide, dans le cadre de cette expérience.

7. VALIDER ▶ Conclure en répondant à la problématique.

LE COURS

1 PRINCIPE FONDAMENTAL DE LA DYNAMIQUE

- La **somme vectorielle des forces extérieures** appliquées au système est équivalente à une force unique appelée résultante des forces : $\overrightarrow{F_u}$.
- Dans le référentiel terrestre, la résultante des forces est liée au vecteur accélération par l'équation suivante :

$\overrightarrow{F_u} = m\overrightarrow{a_G}$	F_u : résultante des forces (N) a_G : accélération du centre de masse ($m.s^{-2}$) m : masse du système (kg)

Du bilan des forces vers l'accélération puis le mouvement

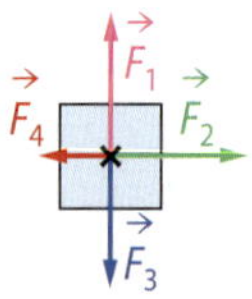

La somme vectorielle des forces est équivalente à une force unique $\overrightarrow{Fu}$ telle que $\overrightarrow{F_1} + \overrightarrow{F_2} + \overrightarrow{F_3} + \overrightarrow{F_4} = \overrightarrow{F_u}$

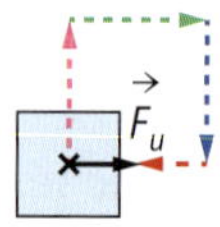

Cette force unique est telle que $\overrightarrow{F_u} = m\overrightarrow{a_G}$

Du mouvement vers l'accélération puis la résultante des forces

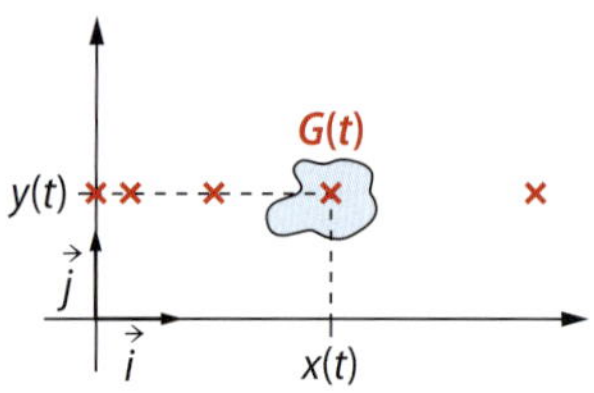

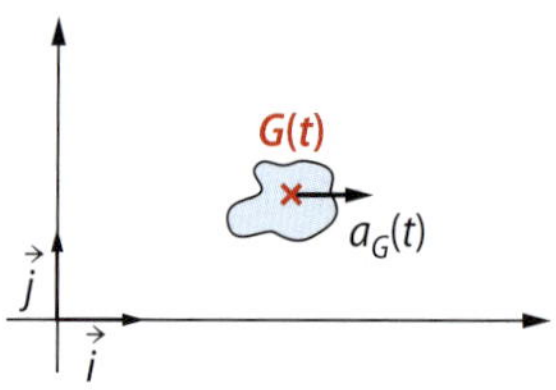

Le vecteur accélération est tel que la résultante des forces est : $\overrightarrow{F_u} = m\overrightarrow{a_G}$.

$$\overrightarrow{OG}(t) = x(t)\vec{i} + y(t)\vec{j}$$

$\overrightarrow{v_G}(t) = v_x\vec{i} + v_y\vec{j}$ est la dérivée du vecteur position $\overrightarrow{v_G}(t) = \dfrac{d\overrightarrow{OG}}{dt} = \dfrac{dx}{dt}\vec{i} + \dfrac{dy}{dt}\vec{j}$

$\overrightarrow{a_G}(t) = a_x\vec{i} + a_y\vec{j}$ – est la dérivée du vecteur vitesse $\overrightarrow{a_G}(t) = \dfrac{d\overrightarrow{v_G}}{dt} = \dfrac{dv_x}{dt}\vec{i} + \dfrac{dv_y}{dt}\vec{j}$

– est la dérivée seconde du vecteur position $\overrightarrow{a_G}(t) = \dfrac{d^2\overrightarrow{OG}}{dt^2} = \dfrac{d^2x}{dt^2}\vec{i} + \dfrac{d^2y}{dt^2}\vec{j}$

2 MODÈLE DE LA CHUTE LIBRE

Une chute est dite **libre** si au cours de cette chute,
le système n'est soumis qu'à son poids.
On suppose donc que les forces de frottement sont négligeables.
On a alors : $\vec{P} = m\vec{a}$, soit $m\vec{g} = m\vec{a}$, soit $\vec{g} = \vec{a}$.
Le choix de ce modèle sera légitime si l'accélération du système est de l'ordre de l'intensité de la pesanteur.

3 FORCES DE FROTTEMENT ET THÉORÈME DE L'ÉNERGIE CINÉTIQUE

• **Théorème de l'énergie cinétique**

La variation de l'énergie cinétique d'un solide entre deux points A et B est égale à la somme des travaux des forces qui s'appliquent sur le solide entre A et B :

$$\Delta E_c = E_c(\mathrm{B}) - E_c(\mathrm{A}) = \sum W_{\mathrm{A}\to\mathrm{B}}(\vec{F})$$

E_C : énergie cinétique (J)
W : travail des forces (J)

Pour une force F constante on a :

$$W_{\mathrm{A}\to\mathrm{B}}(\vec{F}) = F \times \mathrm{AB} \times \cos(\vec{F}, \overrightarrow{\mathrm{AB}})$$

F : force (N)
AB : distance (m)

• **Les forces de frottement**

Les frottements sont des forces qui s'exercent dans la direction du déplacement mais en sens opposé. Elles fournissent donc un travail négatif qui conduit à une diminution de l'énergie cinétique du système, d'après le théorème de l'énergie cinétique.

• **Les frottements entre solides**

La valeur de ce type de force dépend de la taille de la surface de contact, de la nature et de l'état de surface de chacun des solides.

Exemples :

▲ Force exercée par la mâchoire d'un disque de frein

▲ Force exercée par la route sur la semelle lors de la marche

▲ Force exercée par le support sur un objet ou une personne qui glisse

• **Les frottements entre un fluide et un solide**

La valeur de ce type de force de frottement dépend :
• de la nature du fluide, de sa température…
• de la nature du solide, de sa forme, de son état de surface, de la surface de contact…
• de la vitesse du solide dans le fluide.

La valeur de la force sera proportionnelle à la vitesse ou bien au carré de la vitesse lorsque les vitesses deviennent plus élevées.

Exemples :

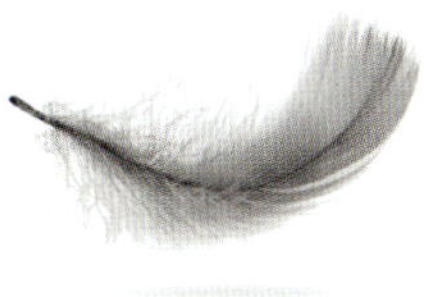
▲ Force de frottement fluide s'exerçant sur une plume

▲ Force exercée par l'eau sur un bateau en déplacement

▲ Force exercée par l'air sur un avion en déplacement

EXERCICES — Testez vos connaissances

Indiquer la (ou les) bonne(s) réponse(s) :

Principe fondamentale de la dynamique

	A	B	C
1. Un drone de masse 700 g s'élève avec une accélération $a = 10\ m.s^{-2}$. Il est soumis à des forces dont la résultante vaut :	☐ $F = 10$ N	☐ $F = 7{,}0 \times 10^3$ N	☐ $F = 7{,}0$ N
2. Une voiture se déplace sur une route horizontale en accélérant. Le schéma correspondant à sa résultante des forces est :	☐ 	☐ 	☐ 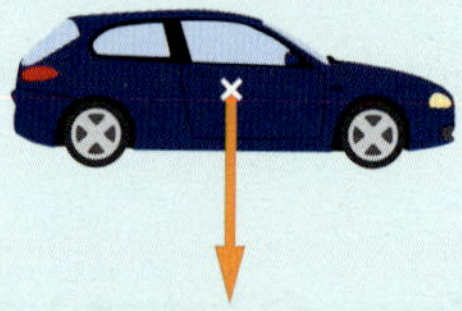
3. On représente les forces appliquées à un système. L'accélération du système est : 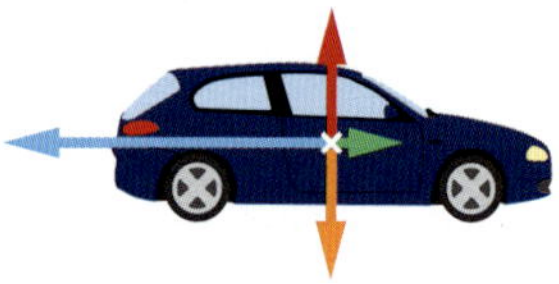	☐ nulle	☐ dirigée horizontalement	☐ dirigée verticalement

Modèle de la chute libre

	A	B	C
4. Choisir parmi les illustrations ci-contre celles correspondant à un corps en chute libre.	☐ 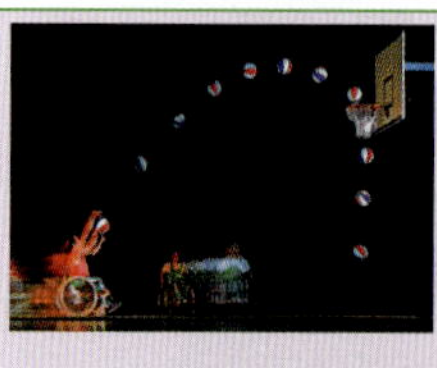	☐ 	☐ 

Forces de frottement et théorème de l'énergie cinétique

	A	B	C
5. Une force de frottement :	☐ a la même direction que le mouvement	☐ a le même sens que le mouvement	☐ est opposée au mouvement
6. Un système est soumis à une force de frottement fluide. Si sa vitesse augmente alors la force de frottement fluide :	☐ augmente	☐ diminue	☐ reste constante
7. Un objet est soumis à une force de frottement solide dont la valeur est constante au cours du mouvement. Cette force :	☐ contribue à augmenter l'énergie cinétique	☐ contribue à diminuer l'énergie cinétique	☐ ne contribue pas à faire varier l'énergie cinétique
8. L'énergie cinétique d'un système diminue de 500 kJ en 100 m en raison d'une force de frottement solide, supposée constante. Cette force vaut :	☐ 5,00 N	☐ 5,00 kN	☐ $5{,}00 \times 10^4$ kN

→ Corrigés, p. 284

Remonte pente et force de traction

Un skieur de masse 80 kg est soumis à son poids, à la réaction du sol de valeur $R = 655$ N et à la traction de la perche de valeur $T = 600$ N, dirigée selon la pente.

Donnée : intensité de la pesanteur $g = 10$ m.s^{-2}

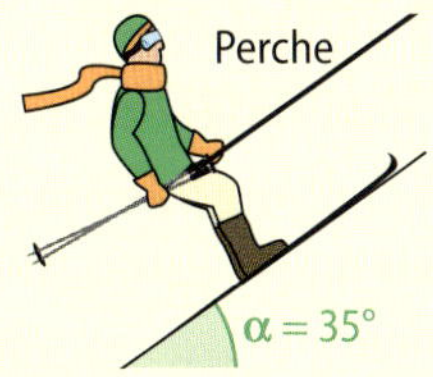

1. Représenter les forces exercées sur le skieur sur un schéma à l'échelle. On prendra comme échelle 1 cm pour 200 N et pour simplifier, on représentera le skieur par un point.

> **RÉALISER** - Calculer la valeur du poids. Faire un schéma en respectant l'échelle et donc les angles. Le poids est vertical, et la réaction est toujours perpendiculaire au sol.

2. En déduire graphiquement la représentation vectorielle de la résultante des forces puis sa valeur.

> **RÉALISER** - Faire la somme vectorielle des forces sur le schéma, puis mesurer la résultante des forces obtenue et en déduire sa valeur en utilisant l'échelle.

3. En déduire les caractéristiques du vecteur accélération du skieur.

> **ANALYSER/RAISONNER** - Utiliser le principe fondamental de la dynamique

Solution

1. On calcule la valeur du poids : $P = m \times g = 80 \times 10 = 800$ N.
À l'échelle indiquée, le poids mesurera $\frac{800}{200} = 4{,}0$ cm, la réaction du sol $\frac{655}{200} = 3{,}3$ cm et la traction de la perche $\frac{600}{200} = 3{,}0$ cm.

2. La résultante des forces mesure 1,4 cm sur le schéma, elle a donc une valeur de $0{,}7 \times 200 = 140$ N.

3. D'après le principe fondamental de la dynamique, dans un référentiel terrestre, le vecteur résultante des forces $\vec{F}$ est égale au produit de la masse et du vecteur accélération soit $\vec{F} = m\vec{a}$. On en déduit que la résultante des forces et le vecteur accélération ont la même direction et le même sens. De plus $F = ma$ donc $a = \frac{F}{m}$ donc $a = \frac{140}{80} = 1{,}8$ m.s^{-2}. Le vecteur accélération est donc dirigé selon la pente, son sens est vers la droite et sa valeur vaut 1,8 m.s^{-2}.

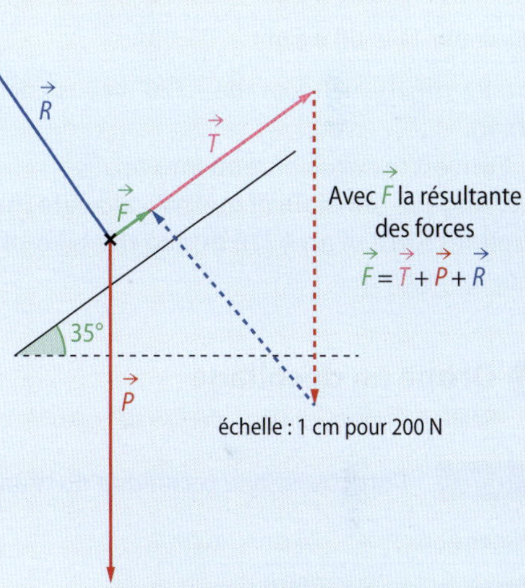

À VOUS DE JOUER !

Voiture qui freine

Une voiture de masse 750 kg freine sur une route horizontale. Elle est soumise à une force de freinage qui s'oppose à son déplacement de valeur 900 N.

Donnée : intensité de la pesanteur $g = 10$ m.s^{-2}

1. Représenter les forces qui s'exercent sur la voiture sur un schéma à l'échelle. On prendra comme échelle 1 cm pour 1 000 N.

2. En déduire graphiquement la représentation vectorielle de la résultante des forces puis sa valeur.

3. En déduire les caractéristiques du vecteur accélération du skieur.

→ Corrigés, p. 284

Principe fondamental de la dynamique

1 Résultante des forces d'une voiture

Réaliser : effectuer des calculs

Une voiture de masse 950 kg passe de 50 à 80 km.h^{-1} en 10 s. Son accélération est supposée constante.

1. Calculer l'accélération de cette voiture en m.s^{-2}.

2. Énoncer le principe fondamental de la dynamique.

3. Calculer la valeur de la résultante des forces à laquelle est soumise la voiture.

2 SCIENCE IN ENGLISH

A320 Airbus

DOC. A320 Airbus characteristics

Operational empty weight	42600 kg
Maximum landing weight	64500 kg
Maximum take-off weight	73500 kg

At take-off, the value of the A320 Airbus's acceleration is 0.4g.

1. Convert the acceleration into m.s^{-2}.

2. Using the principle of inertia, calculate the maximal resultant force of an A320 during the take-off.

Data : g = 9,81 m.s^{-2}

3 Drone au décollage

Réaliser : faire un schéma, effectuer des calculs

DOC. Caractéristique technique du drone

Dimensions	26 cm × 26 cm
Masse	700 g
Autonomie	21 min
Portée	1 km
Vitesse maximale	25 km.h^{-1}

Ce drone, au décollage, est soumis à une force de poussée verticale de 10 N.

Donnée : g = 10 m.s^{-2}

1. Faire le bilan des forces auxquelles est soumis le drone et les représenter sur un schéma à l'échelle.

2. En déduire la résultante des forces auxquelles il est soumis.

3. En utilisant le principe fondamental de la dynamique, en déduire l'accélération de ce drone.

4. Combien de temps après son décollage ce drone atteindra-t-il sa vitesse maximale ?

4 Accélération subie

Réaliser : faire un schéma, effectuer des calculs

Parachutiste et son équipement

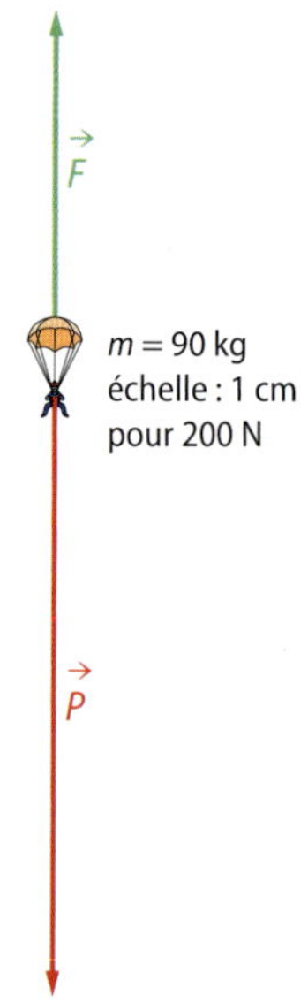

Skieur en descente

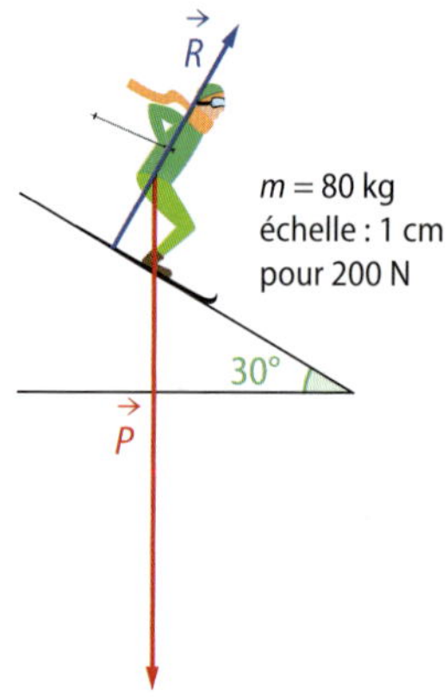

Formule 1 au freinage

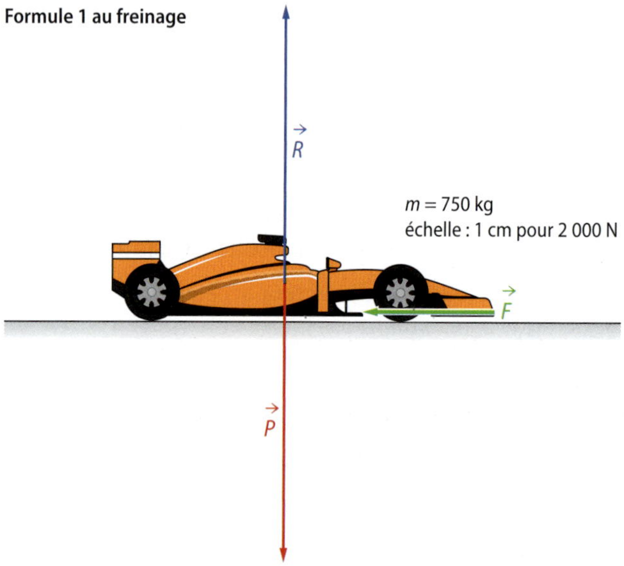

1. Énoncer le principe fondamental de la dynamique.

2. Pour chacune des situations ci-dessus :

a) Reproduire le schéma à l'échelle indiquée sur votre cahier.

b) Déterminer graphiquement la somme vectorielle des forces puis la valeur de la résultante des forces.

c) En déduire la valeur de l'accélération subie.

Modèle de la chute libre

5 Chute libre ?

Analyser/Raisonner : exploiter des résultats de mesures
Valider : confronter un modèle à des résultats expérimentaux

Le graphique donne l'évolution de la vitesse d'un parachutiste durant les trente premières secondes de son saut.

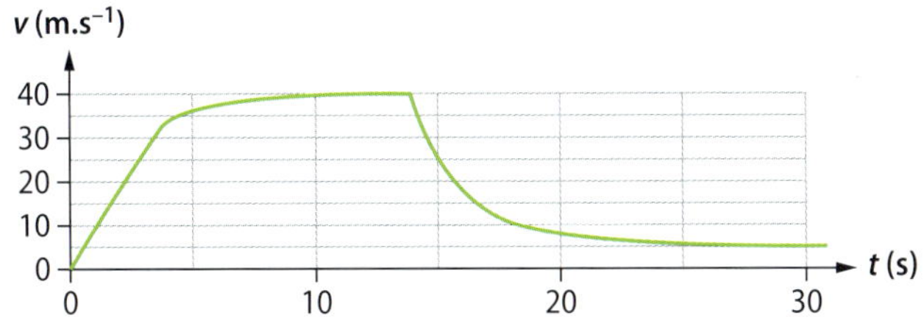

1. Son accélération est-elle constante au cours de son saut ? Justifier.

2. Au cours des trois premières secondes de son saut :

a) Calculer l'accélération du parachutiste.

b) Est-il en chute libre durant cette phase de sa chute ? Justifier.

3. Que se passe-t-il à la 14e seconde de son saut ? Est-il toujours en chute libre à cet instant ? Justifier.

Forces de frottement, transfert d'énergie par travail mécanique

6 Petite voiture et freinage

Réaliser : effectuer un calcul
Valider : faire preuve d'esprit critique

Une petite voiture est lancée sur une table horizontale, recouverte d'une nappe, avec une vitesse initiale de 1,0 m.s^{-1}.

Elle s'arrête au bout de 1,5 m.

1. Montrer que seule la force de frottement travaille.

2. En utilisant le théorème de l'énergie cinétique, calculer la valeur de la force de frottement à laquelle elle est soumise, en supposant qu'il s'agit d'une force de frottement constante.

3. On recommence le lancement avec la même vitesse initiale mais sur un parquet. La petite voiture s'arrête au bout de 2,5 m. Calculer la valeur de la force de frottement supposée constante dans ce cas.

4. Comparer les deux valeurs trouvées et proposer une explication à leur différence éventuelle.

7 Vélo et distance de freinage

S'approprier : restituer ses connaissances, représenter la situation par un schéma **Réaliser** : effectuer un calcul

Un cycliste roule à 30 km.h^{-1} sur une route horizontale. Il estime sa force de freinage à 200 N.

Données : masse du cycliste et son vélo m = 100 kg ; intensité de la pesanteur g = 9,81 m.s^{-2}

1. Faire un bilan des forces qui s'exercent sur le cycliste et son vélo et les représenter sur un schéma sans soucis d'échelle.

2. Énoncer le théorème de l'énergie cinétique.

3. Déterminer le travail que doit fournir la force de freinage pour passer de 30 km.h^{-1} à l'arrêt complet.

4. En déduire la distance nécessaire pour passer de 30 km.h^{-1} à l'arrêt complet dans cette situation.

8 Force de freinage d'une voiture

→ Mesures et incertitudes, rabats

Analyser/Raisonner : exploiter des résultats de mesures

On cherche à déterminer la valeur de la force de freinage, supposée constante, d'une voiture. Pour cela, on mesure la distance de freinage d'une voiture passant de 130 km.h^{-1} à l'arrêt complet. Cette distance est notée d. La mesure est répétée une dizaine de fois et les résultats sont regroupés dans le tableau ci-dessous :

d en m	74	80	75	85	82	73	83	78	80	76
F en N										

1. En utilisant le théorème de l'énergie cinétique, calculer dans chacun des cas la valeur de la force de freinage puis compléter le tableau.
Donnée : $m_{voiture}$ = 1 250 kg

2. En déduire la valeur moyenne et l'incertitude type de la série de mesure de la force de freinage.

Données : incertitude type : $\Delta F = \frac{\sigma_{exp}}{\sqrt{n}}$ avec σ_{exp} l'écart type expérimental de la série de mesure et n le nombre de mesures.

3. Écrire le résultat de la série de mesures de la force de freinage sous la forme $\langle F \rangle \pm \Delta F$.

9 Frottement et vitesse

Analyser/Raisonner : exploiter des résultats de mesures
S'approprier : mobiliser ses connaissances

On donne dans le tableau ci-dessous la valeur de la force de frottement subie par une voiture au cours de son déplacement en fonction de sa vitesse.

Vitesse en km.h^{-1}	Force de frottement en N
20	10
40	40
60	90
80	160
100	250

1. La force de frottement subie par la voiture dépend-elle de la vitesse ?

2. S'agit-il d'une force de frottement solide ou fluide ?

3. Cette force de frottement est-elle proportionnelle à la vitesse ou au carré de la vitesse ? Justifier soigneusement la réponse.

10 Le Bobsleigh, un sport à accélération forte ? BAC

Pour l'emporter dans une course de bobsleigh, il faut être le plus rapide sur 4 descentes. Pour atteindre des vitesses de l'ordre de 150 km.h^{-1} sans moyen de propulsion, tout est question de force de poussée au démarrage et de trajectoire, en particulier dans les virages.

Donnée : $g = 9{,}81$ m.s^{-2}

DOC. 1 Caractéristiques d'un bobsleigh à 4

Masse à vide	210 kg
Masse avec les équipiers	630 kg
Longueur maximale	3,80 m
Largeur maximale	0,67 m

DOC. 2 Démarrage de la course

Au départ, les 4 bobeurs poussent le bobsleigh puis montent à tour de rôle : le pilote en premier afin d'assurer la trajectoire, suivi par les deux pousseurs puis le freineur. Ils disposent d'environ 50 m pour pousser, sauter dans le bobsleigh et replier les poignées.

C'est une phase délicate car tout cela doit être fait en moins de 6 s et les vitesses atteintes dépassent alors les 40 km.h^{-1}.

DOC. 3 Force centrifuge

La force centrifuge $\vec{F}$ est une force qui s'exercent dans les virages et qui a tendance à pousser le système radialement, vers l'extérieur du virage.

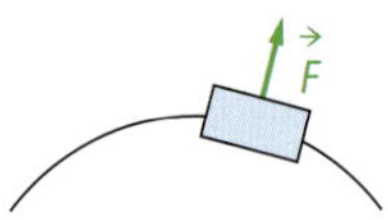

A. Étude de la phase de démarrage

1. Calculer l'accélération moyenne nécessaire au démarrage pour atteindre 40 km.h^{-1} en 6 s. Exprimer le résultat en m.s^{-2}.

2. On suppose que l'accélération est constante durant la phase de démarrage et que les forces de frottement sont négligeables.
a) Calculer la force de poussée nécessaire si le bobsleigh est vide.
b) Même question si le bobsleigh est plein.
c) Donner deux raisons qui justifient que les 4 équipiers poussent au démarrage puis montent à tour de rôle.

B. Au cours de la course

1. On suppose que le bobsleigh et son équipage évoluent sur une portion de piste en ligne droite descendante, dont la pente fait un angle de 10° avec l'horizontal.

a) Représenter les forces subies par le système sur un schéma à l'échelle. On prendra 1 cm pour 1 000 N.

b) En déduire graphiquement la résultante des forces.

c) Déterminer la valeur de l'accélération subie par le bobsleigh et son équipage sur cette portion de la piste.

2. Le bobsleigh est pourtant un sport dans lequel les accélérations sur certaines portions de la piste atteignent 5 g.
a) Convertir cette valeur en m.s^{-2}.
b) En déduire la valeur de la résultante des forces subie par le bobsleigh et ses 4 équipiers lorsque l'accélération vaut 5 g.
c) Que peut-on supposer quant aux portions de la piste ou de telles accélérations sont atteintes ?

11 Course de caisse à savon DIFFÉRENCIATION

Martin se prépare pour participer à une course de caisses à savon. Il a lesté son véhicule de manière à atteindre la masse maximale et pèse lui-même 68 kg. Il estime sa vitesse en fin de course à 50 km.h^{-1}. Des freins de vélo à patins dont la force de freinage est de l'ordre de 150 N par roue seront-ils suffisants pour qu'il réussisse le test de freinage lors des vérifications d'avant course ? On considèrera que la piste d'arrêt est horizontale.

DOC. 1 Qu'est-ce qu'une caisse à savon ?

C'est un engin à 4 roues, sans moteur ni système de propulsion qui avance uniquement grâce à la gravité.

Il doit être pourvu d'un système de freinage et d'une direction efficace et sa fabrication doit rester artisanale, à l'aide d'objets de récupération.

DOC. 2 Caractéristiques d'une caisse à savon

Largeur maximum	1,20 m
Longueur maximum préconisée	2,50 m
Poids maxi hors pilote	150 kg
Anneaux de remorquage	1 avant + 1 arrière Ø intérieur 20 mm minimum

DOC. 3 Extrait du règlement technique

Les « caisses à savon » seront obligatoirement équipées d'un système de freinage sur les deux roues d'un même essieu. Lors des vérifications, le pilote devra effectuer un test de freinage sans que ses mains ne quittent la commande de direction. Il devra réaliser son arrêt sur une distance maximum de 10 mètres.

12 Voiture, frottement fluide, consommation et émission de CO_2

Très tôt dans l'histoire de l'automobile, les ingénieurs se sont intéressés à l'aérodynamique des véhicules afin d'améliorer les performances routières, face à l'augmentation de la vitesse puis de réduire la consommation d'essence. Aujourd'hui cette préoccupation reste d'actualité, l'Europe s'est engagée à réduire ces émissions de gaz à effet de serre. Ainsi les industriels de l'automobile ont décidé de limiter les émissions de CO_2 de leurs véhicules.

DOC. 1 Expression de la force de trainée

La force de frottement fluide ou trainée s'exprime de la manière suivante :

$$F_{rés} = \frac{1}{2}\rho_a S C_x v^2$$

avec $\rho_a = 1{,}2\ \text{kg.m}^{-3}$: masse volumique de l'air
S : surface frontale du véhicule en m²
C_x : coefficient de traînée (sans unité) qui caractérise la qualité du profilage aérodynamique du véhicule
v : vitesse du véhicule en m.s^{-1}

DOC. 2 Évolution du C_x des voitures depuis les débuts de l'automobile

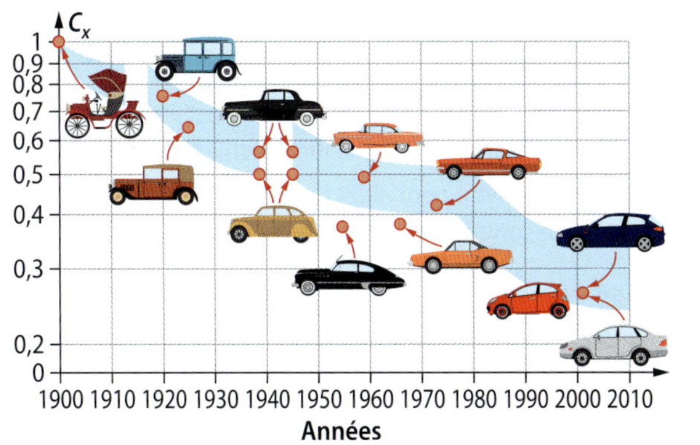

DOC. 3 Force de frottement fluide subie par une voiture en fonction de la vitesse

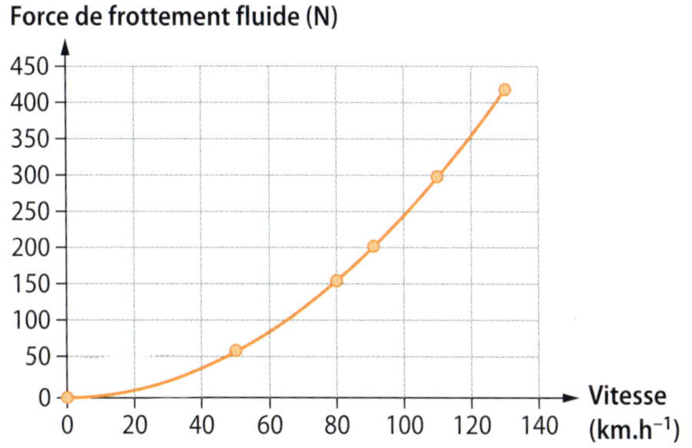

DOC. 4 Influence de la surface frontale sur la force de frottements fluides F subie par une voiture roulant à 80 km.h^{-1}

Véhicule de type SUV | Véhicule de type routière

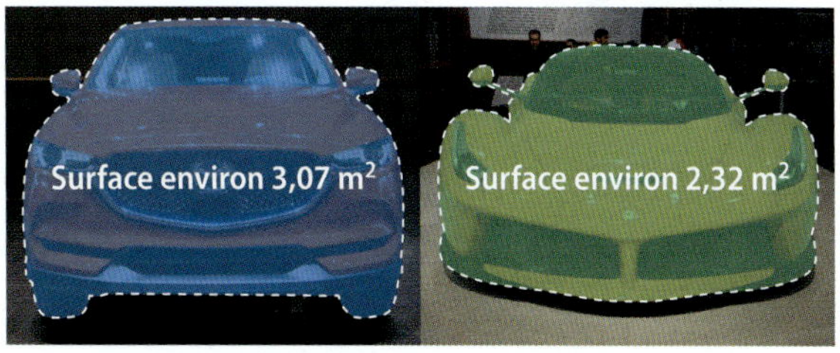

$Cx = 0{,}33$ | $Cx = 0{,}33$

1. On suppose que la voiture rouge du **DOC. 3** roule à vitesse constante sur une route horizontale, en ligne droite.

a) Faire un bilan des forces qui s'exercent sur cette voiture et les représenter qualitativement.

b) Quelle est la valeur de la résultante des forces ? Justifier.

c) En déduire la valeur de la force motrice qu'elle subit.

d) Même question pour le véhicule bleu.

e) Si les deux véhicules ont la même motorisation, et sont tous les deux en 5e vitesse, lequel aura la plus grande consommation et les plus grandes émissions de CO_2 ?

2. Commenter l'évolution du C_x des voitures entre 1900 et 2010. Que constate-t-on quant à son évolution après le premier choc pétrolier au début des années 70 ? Expliquer.

3. Analyser le **DOC. 3** afin de vérifier sa compatibilité avec la formule proposée pour la force de trainée.

4. Astrid, particulièrement soucieuse de l'environnement, souhaite s'acheter un véhicule de type SUV. Expliquer en 5 à 10 lignes, pourquoi un SUV a plus d'impact sur l'environnement qu'une voiture routière.

CHAPITRE

7

THÈME 1 › ÉNERGIE

Dynamique des solides en rotation

L'invention de la roue a été une des évolutions majeures de l'humanité et rares sont nos machines actuelles qui ne reposent pas, via un moteur, sur des pièces mécaniques en rotation.

→ Comment caractérise-t-on un mouvement de rotation ? Comment une force agit-elle sur un système en rotation ?

› Testez vos prérequis

Indiquer la (ou les) bonne(s) réponse(s) :

1. Une vitesse se mesure en :

☐ **a.** $m.s^{-1}$

☐ **b.** $m.s^{-2}$

☐ **c.** $km.h^{-1}$

2. Dans le triangle rectangle ci-dessous :

☐ **a.** $\sin \alpha = \dfrac{BC}{AB}$

☐ **b.** $\sin \alpha = \dfrac{AC}{AB}$

☐ **c.** $\cos \alpha = \dfrac{AC}{AB}$

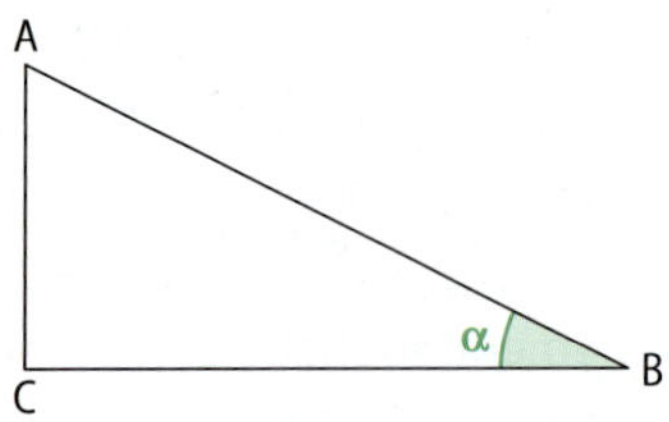

3. Lorsque la somme vectorielle des forces appliquées sur un système est nulle :

☐ **a.** le système est immobile ou en mouvement de translation rectiligne et uniforme

☐ **b.** le centre de gravité du système est immobile ou en mouvement de translation rectiligne et uniforme

☐ **c.** le système peut avoir un mouvement de rotation autour de son centre de gravité

4. Pour un solide en mouvement de translation circulaire :

☐ **a.** la trajectoire de chacun des points du solide est une droite

☐ **b.** la trajectoire de chacun des points du solide est identique

☐ **c.** la trajectoire de chacun des points du solide est un cercle

→ Corrigés, p. 284

Engrenage en rotation

Vidéo

Mécanisme, transmission et transformation

CAPACITÉS EXIGIBLES

- Mouvement de rotation

> ACTIVITÉ DOCUMENTAIRE 1

- Écrire et exploiter la relation entre vitesse linéaire et vitesse angulaire

> ACTIVITÉ DOCUMENTAIRE 2

- Définir et calculer le moment d'une force et d'un couple de forces

> ACTIVITÉ EXPÉRIMENTALE 3

- Exploiter graphiquement la caractéristique mécanique d'un moteur pour déterminer le point de fonctionnement d'un ensemble moteur charge en régime permanent

> ACTIVITÉ DOCUMENTAIRE 4

ACTIVITÉ 1

ACTIVITÉ DOCUMENTAIRE

COMPÉTENCES
- ✓ S'approprier : sélectionner et organiser l'information en lien avec la problématique
- ✓ Analyser/Raisonner : procéder à des analogies

→ Comment caractériser un mouvement de rotation ?

Au cours d'un mouvement de rotation, tout le monde s'accorde pour dire que la trajectoire du système décrit un cercle. Cependant, cette définition ne suffit pas à définir une rotation. Comment pourrions-nous définir de manière plus précise une rotation ?

DOC. 1 Quelques exemples de mouvements

1. Photo éolienne
Mouvement de la pale d'une éolienne dans le référentiel terrestre

2. London Eye
Mouvement d'une nacelle du London Eye dans le référentiel terrestre

3. Pédale de vélo
Mouvement d'une pédale de vélo par rapport à l'axe du pédalier

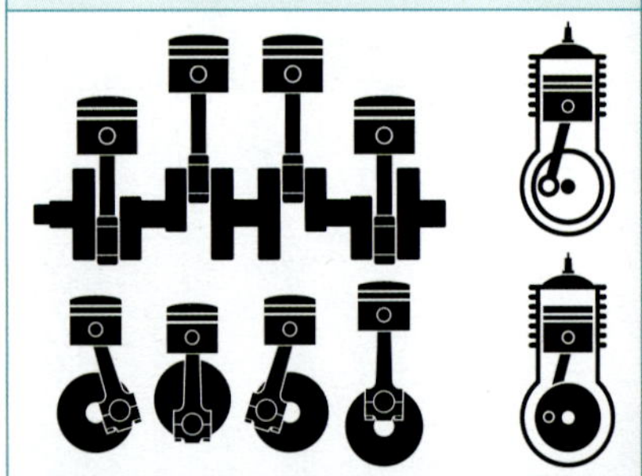

4. Car, pistons
Mouvement de la bielle (pièce qui relie le piston à la partie tournante du moteur) par rapport à l'axe du moteur

5. Chaîne et roue dentée
Mouvement du maillon d'une chaîne de vélo parcourant l'engrenage dans le référentiel terrestre

6. Métronome
Mouvement du balancier d'un métronome dans le référentiel terrestre

Vidéo
Vue aérienne d'éoliennes

Nathan live!

QUESTIONS

1. RÉALISER ▶ Pour chacun des systèmes évoqués dans le **DOC. 1**, tracer l'allure de la trajectoire de deux ou trois points du système considéré.

2. ANALYSER - RAISONNER ▶ Parmi ces systèmes, seuls trois ont un mouvement de rotation. Identifier les et justifier soigneusement.

3. ANALYSER - RAISONNER ▶ Pour ces trois systèmes, que peut-on dire du centre du cercle parcouru par chacun des points du système au cours de son mouvement ?

4. ANALYSER - RAISONNER ▶ La réponse serait-elle identique pour les autres systèmes ?

5. VALIDER ▶ Proposer une définition d'un mouvement de rotation.

ACTIVITÉ 2

ACTIVITÉ DOCUMENTAIRE

COMPÉTENCES
- S'approprier : sélectionner et organiser l'information en lien avec la problématique
- Réaliser : effectuer des calculs
- Analyser/Raisonner : choisir un modèle ou des lois pertinentes

→ Quel type de roues doit-on choisir pour avoir les meilleures performances quant à la vitesse ?

Lors des compétitions de roller de vitesse, le choix de l'équipement est primordial, en particulier celui des roues.

DOC. 1 Comment choisir ses roues de roller pour la course ?

La taille des roues varie selon l'usage que l'on souhaite en faire : les patins de street ont des roues très larges et de faible diamètre tandis que les patins de course ont des roues plus fines et de plus grand diamètre. Les rollers de course sont ainsi équipés de roues dont le diamètre varie entre 84 et 110 mm. Bien que plus difficile à lancer et à manier, les roues plus grandes apportent une augmentation notable de la vitesse.

Outils

Vitesse angulaire

La vitesse angulaire, notée ω, est le rapport de l'angle balayé Θ sur la durée Δt nécessaire pour balayer cet angle :

$$\omega = \frac{\Theta}{\Delta t}$$

avec : Θ en rad, Δt en s et ω en rad.s^{-1}.

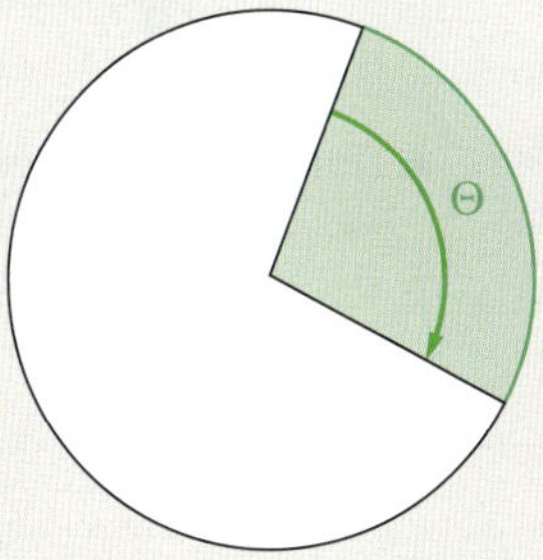

DOC. 2 Angle et mesure d'angle

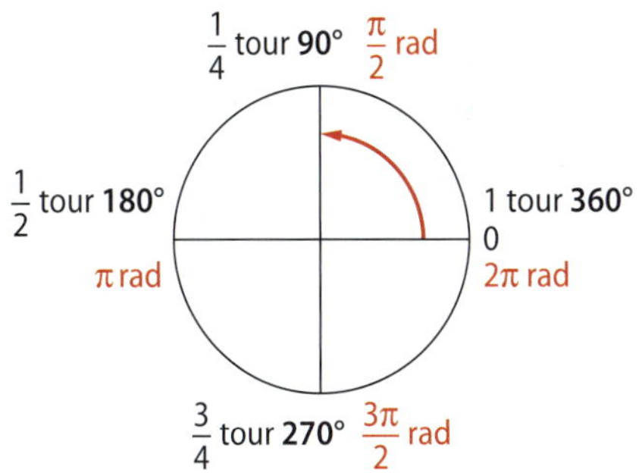

QUESTIONS

1. S'APPROPRIER ▶ D'après le DOC. 1, sur quel paramètre des roues de roller peut-on jouer pour augmenter sa vitesse ?

2. RÉALISER ▶ On souhaite étudier le paramètre « taille des roues ». On supposera que l'athlète roule à 20 km.h^{-1} avec des roues de 84 mm de diamètre.

a) Convertir cette vitesse en m.s^{-1}.

b) Calculer le temps mis par la roue pour faire un tour.

c) En déduire la vitesse angulaire de la roue en rad.s^{-1}.

3. RÉALISER ▶ On suppose que la vitesse angulaire reste la même mais on utilise maintenant des roues de 110 mm de diamètre.

a) Calculer le temps mis par la roue pour faire un tour.

b) Calculer la distance parcourue en un tour de roue.

c) En déduire la vitesse de l'athlète dans ces conditions.

4. VALIDER ▶ Commenter les résultats obtenus. Sont-ils conformes aux prévisions réalisées à la question **1.** ?

5. VALIDER ▶ Choisir, parmi les relations ci-dessous, celle qui fait le lien entre vitesse, rayon et vitesse angulaire. Justifier en utilisant les réponses aux questions précédentes.

$$v = r \times \omega \qquad v = \frac{r}{\omega} \qquad v = \frac{\omega}{r} \qquad v = r + \omega$$

ACTIVITÉ EXPÉRIMENTALE TP

COMPÉTENCES
- ✓ Réaliser : mettre en œuvre les étapes d'une démarche, effectuer des calculs
- ✓ Analyser/Raisonner : identifier les paramètres qui influencent un phénomène

Moment d'une force

Pour visser une roue de voiture, on utilise une clé plutôt qu'un simple tournevis, ce qui rend notre geste et donc notre force plus efficace. De quoi dépend l'effet de rotation d'une force ?

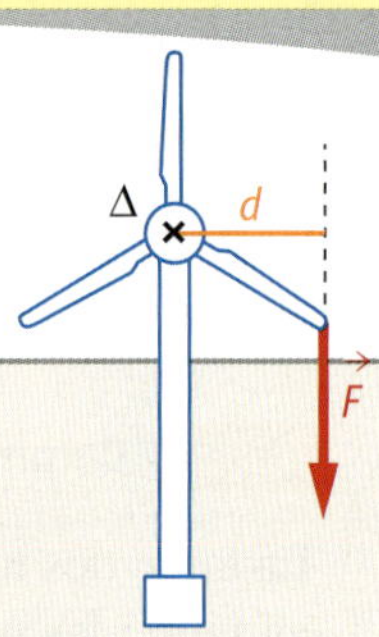

Outils

Moment d'une force

Pour rendre compte de l'effet de rotation d'une force, on utilise le moment.

Par définition, dans un système qui possède un axe de rotation Δ, le moment d'une force par rapport à cet axe s'exprime :

$M_\Delta(\vec{F}) = F \times d$ avec : F : valeur de la force en N ;
d : bras de levier en m qui correspond à la distance entre l'axe de rotation et la droite d'action (ou direction) de la force ;
M : moment en N.m.

DOC. 1 Dispositif expérimental

- Une barre à trous
- Un axe de rotation aimanté
- Un écran métallique
- Des masses marquées munies d'un crochet

▲ Dispositif expérimental mis en place pour réaliser l'expérience 1

DOC. 2 Expériences à réaliser

Le tableau ci-contre indique pour chaque expérience à réaliser la valeur des paramètres fixés et/ou la position de la barre souhaitée.

Expérience 1	$m_1 = m_2$ $OP_2 = OP_1$	**Expérience 2**	$m_2 = 2 \times m_1$ OP_2 et OP_1 à régler pour que la barre soit dans une position d'équilibre horizontal.
Expérience 3	m_1 et m_2 à régler pour que la barre soit dans une position d'équilibre horizontale. $OP_2 = 3 \times OP_1$	**Expérience 4**	$m_2 = m_1$ OP_2 et OP_1 à régler pour que la barre soit dans une position d'équilibre non horizontal.

QUESTIONS

1. S'APPROPRIER ▶ De quels paramètres dépend l'effet de rotation d'une force ?

2. RÉALISER ▶ Réaliser chacune des expériences décrites dans le DOC. 2 puis noter les résultats obtenus en complétant le tableau ci-dessous :

Expérience 1		Expérience 2		Expérience 3		Expérience 4	
Schéma Observations		Schéma Observations		Schéma Observations		Schéma Observations	
$m_1 =$	$m_2 =$	$m_1 =$	$m_2 =$	$m_1 =$	$m_2 =$	$m_1 =$	$m_2 =$
$OP_1 =$	$OP_2 =$	$OP_1 =$	$OP_2 =$	$OP_1 =$	$OP_2 =$	$OP_1 =$	$OP_2 =$
$d_1 =$	$d_2 =$	$d_1 =$	$d_2 =$	$d_1 =$	$d_2 =$	$d_1 =$	$d_2 =$
$M_1 =$	$M_2 =$	$M_1 =$	$M_2 =$	$M_1 =$	$M_2 =$	$M_1 =$	$M_2 =$

Avec d_1 et d_2 les bras de levier de chacune des forces exercées par les masses marquées et M_1 et M_2 les moments de chacune de ces forces.

3. VALIDER ▶ Indiquer, pour chacune des expériences, à quelle condition les deux forces ont des effets qui se compensent (c'est-à-dire à quelle condition la barre atteint une position d'équilibre, qu'elle soit horizontale ou non).

4. VALIDER ▶ Conclure en indiquant la grandeur physique qui rend compte de l'effet de rotation d'une force.

RÉSULTATS D'EXPÉRIENCE À TÉLÉCHARGER

ACTIVITÉ 4

ACTIVITÉ DOCUMENTAIRE

COMPÉTENCES
- ✓ Réaliser : construire un graphique
- ✓ Analyser/Raisonner : exploiter des informations

→ Comment savoir si un moteur est adapté à la charge ?

Au moment de choisir un engin de levage, il convient de s'interroger sur son utilisation.

Outils

Point de fonctionnement

La caractéristique mécanique couple moteur – vitesse de rotation d'un moteur est la courbe qui donne l'ensemble des points de fonctionnement possibles pour ce moteur. Elle dépend du type de moteur utilisé.

On caractérise de la même manière une charge mécanique.

Pour un ensemble moteur – charge, le point de fonctionnement se trouve à l'intersection de ces deux caractéristiques (celle du moteur et celle de la charge).

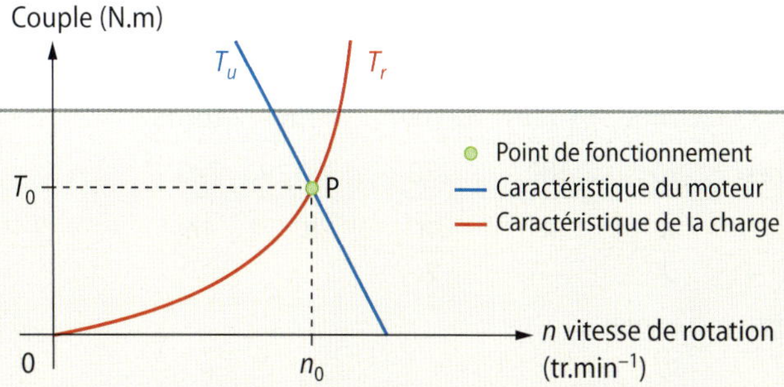

▲ Exemple d'un moteur entraînant un ventilateur. Le point de fonctionnement P a pour coordonnées (n_0 ; T_0)

- Si aucune intersection n'existe, alors le moteur n'est pas adapté à la charge.
- Si un point d'intersection existe mais qu'au démarrage le couple moteur est inférieur au couple de charge alors, bien que supportant la charge, le moteur ne sera pas en capacité de démarrer en charge.

DOC. 1 Caractéristique mécanique du moteur asynchrone équipant la machine de levage

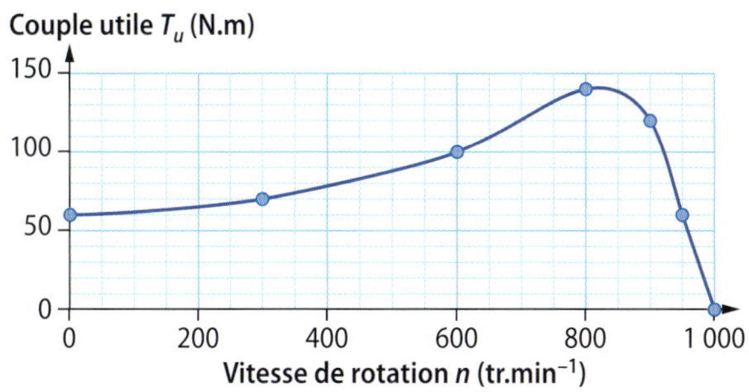

DOC. 2 Conditions d'utilisations prévues de la machine de levage

Une machine de levage fonctionne à couple constant : au cours de la levée, la valeur du couple demandée par la charge reste la même et ce quelle que soit la vitesse de rotation du moteur.

Usuellement, on prévoit de faire porter à la machine des masses de l'ordre de 50 kg, ce qui correspondrait à un couple de charge de l'ordre de 40 N.m.

Il pourrait arriver, de manière exceptionnelle d'avoir à lever de plus lourdes charges sans dépasser un couple de charge de l'ordre de 150 N.m.

QUESTIONS

1. S'APPROPRIER ▶ Indiquer la valeur du couple de démarrage du moteur de la machine de levage.

2. RÉALISER ▶ Reproduire la caractéristique du moteur puis tracer sur le même graphique les caractéristiques de la charge usuelle et de la charge maximale indiquées dans le DOC. 2.

3. ANALYSER - RAISONNER ▶ Le moteur de la machine de levage est-il adapté à la charge usuelle indiquée dans le DOC. 2 ? Si oui, indiquer les coordonnées du point de fonctionnement.

4. ANALYSER - RAISONNER ▶ Même question pour la charge maximale.

5. ANALYSER - RAISONNER ▶ Le moteur serait-il en capacité de supporter une charge de 100 N.m ? Pourrait-il démarrer en charge ? Justifier.

LE COURS

1 MOUVEMENT DE ROTATION

Un système a un mouvement de **rotation** si tous les points du système ont pour **trajectoire un cercle ayant le même centre**.

Tours	¼ tour	½ tour	¾ tour	1 tour	2 tours
degrés	90	180	270	360	720
rad	$\frac{\pi}{2}$	π	$\frac{3\pi}{2}$	2π	4π

▲ Mesures d'angles

2 VITESSE ANGULAIRE D'UN SYSTÈME EN ROTATION ET VITESSE D'UN POINT

La vitesse angulaire, notée ω, est le rapport de l'angle balayé Θ sur la durée Δt nécessaire pour balayer cet angle :

$$\omega = \frac{\Theta}{\Delta t}$$

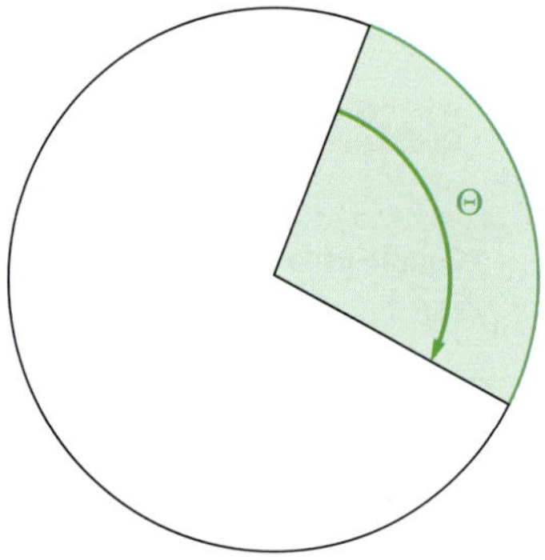

	ω	Θ	Δt
Unités légales	$rad.s^{-1}$	rad	s
Autre unité usuelle	$tour.min^{-1}$	tour	min

$$1\ tour.min^{-1} = \frac{1\ tour}{1\ min} = \frac{2\pi\ rad}{60\ s} = \frac{2\pi}{60}\ rad.s^{-1}$$

La vitesse en un point d'un système en rotation est liée à la vitesse angulaire du système par la relation :

$v = r\omega$

- r : distance entre le point M considéré et l'axe de rotation Δ du système en *m*
- ω : vitesse angulaire en $rad.s^{-1}$
- v : vitesse du point considéré en $m.s^{-1}$
- $\vec{v}$: vecteur vitesse au point M

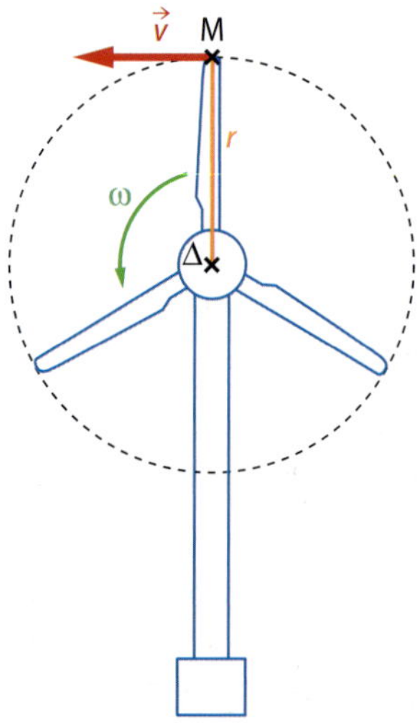

3 MOMENTS D'UNE FORCE OU D'UN COUPLE DE FORCE

Pour rendre compte de l'effet de rotation d'une force ou d'un couple de force, on utilise le **moment**.

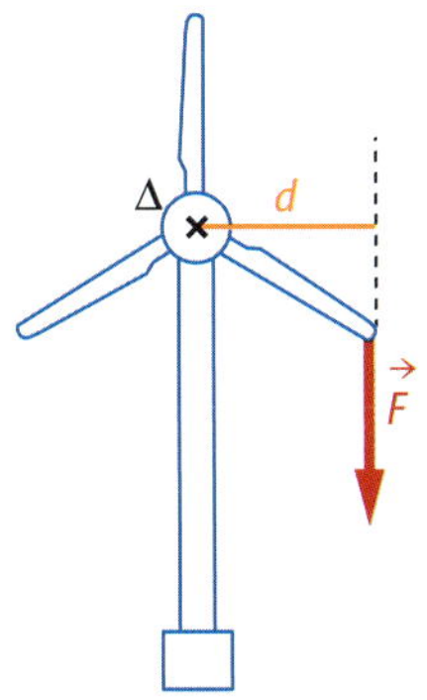

- **Moment d'une force**

Dans un système qui possède un axe de rotation Δ, le moment d'une force par rapport à cet axe s'exprime :

$M_\Delta(\vec{F}) = F \times d$	F : valeur de la force en N d : bras de levier en m qui correspond à la distance entre l'axe de rotation et la droite d'action de la force M : moment en N.m

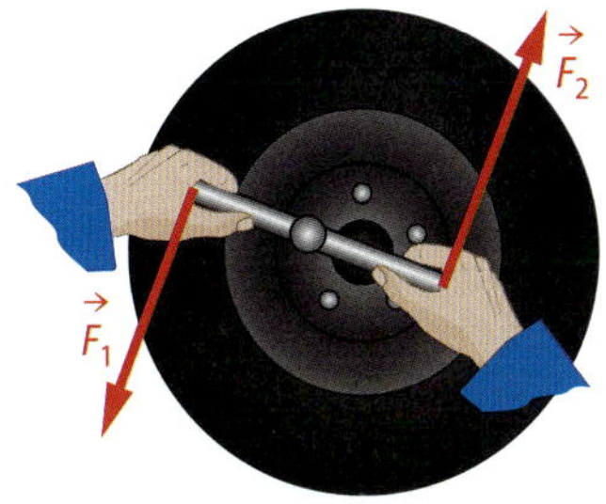

▲ Les forces s'exerçant sur la clé permettant de dévisser l'écrou de la roue constituent un couple de forces.

- **Couple de forces**

Deux forces s'appliquant sur un système en rotation constituent un couple de forces si :
- elles ont la **même direction** ;
- elles sont **de sens opposé** ;
- elles ont **la même valeur**.

- **Moment d'un couple de force**

Le moment d'un couple de force s'exerçant sur un solide en rotation autour d'un axe de rotation Δ est indépendant de la position de cet axe de rotation.

$M = Fd$	M : moment du couple de force en N.m $F = F_1 = F_2$: valeur des forces constituants le couple en N d : distance entre les deux forces en m

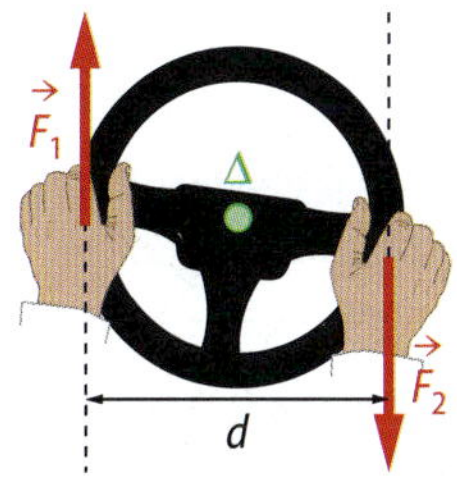

4 POINT DE FONCTIONNEMENT

La caractéristique mécanique d'un moteur est un graphique donnant le couple du moteur en fonction de sa vitesse de rotation.

Elle indique ainsi l'ensemble des points de fonctionnement possibles pour ce moteur.

Pour un ensemble moteur – charge, **le point de fonctionnement** correspond donc à l'intersection entre la caractéristique mécanique de la charge et la caractéristique mécanique du moteur.

Si aucune intersection n'existe entre les deux courbes, alors le moteur n'est pas en capacité de supporter la charge.

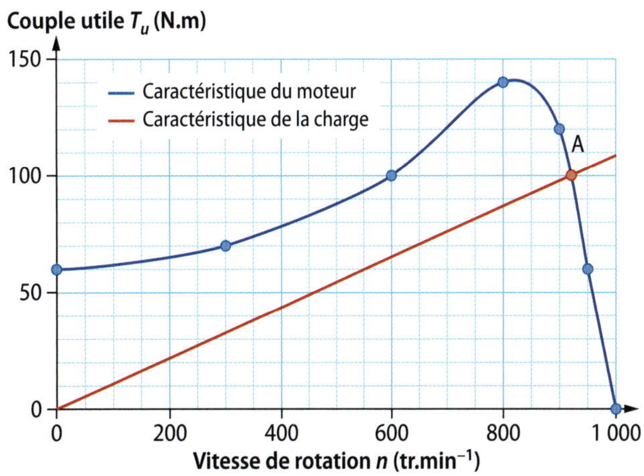

Indiquer la (ou les) bonne(s) réponse(s) :

■ Mouvement de rotation

	A	B	C
1. Un système a un mouvement de rotation si au cours de son mouvement :	☐ tous les points du système décrivent un cercle	☐ tous les points du système décrivent un cercle ayant le même centre	☐ tous les points du système décrivent un cercle de même rayon
2. Sélectionner ci-dessous les systèmes ayant un mouvement de rotation.	☐ Patineuse 	☐ Barre d'un bateau 	☐ Plateau d'une balance 

■ Vitesse de rotation

	A	B	C
3. Un solide en rotation effectue un tour en 1 s, sa vitesse de rotation vaut :	☐ 1/60 tour.min^{-1}	☐ 60 tour.min^{-1}	☐ 2π rad.s^{-1}
4. Dans un solide en rotation :	☐ tous les points du solide ont la même vitesse angulaire	☐ tous les points du solide ont la même vitesse	☐ les points du solide ont une vitesse d'autant plus grande qu'ils sont éloignés de l'axe de rotation

■ Moment d'une force ou d'un couple de force

	A	B	C
5. Choisir, parmi les schémas ci-dessous, les situations pour lesquels les deux forces $\vec{F_1}$ et $\vec{F_2}$ constituent un couple de force.	☐ 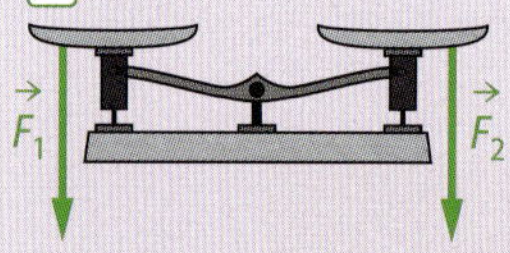	☐ 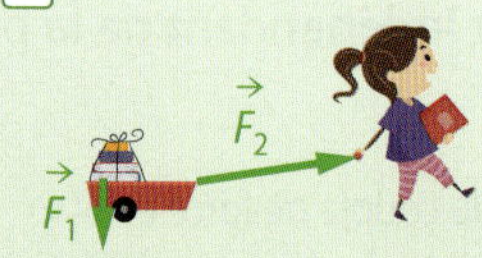	☐ 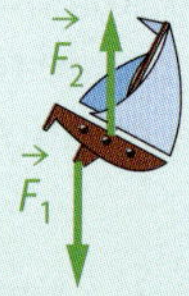
6. On applique une force $\vec{F}$ de valeur 10 N à un solide en rotation. La situation est telle qu'indiquée sur le schéma. Le moment de la force $\vec{F}$ vaut : 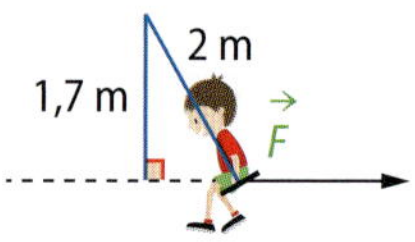	☐ 17 N.m	☐ 20 N.m	☐ 20 N

■ Point de fonctionnement

	A	B	C
7. Le point de fonctionnement de l'ensemble moteur asynchrone – pompe dont les caractéristiques sont représentées ci-dessous a pour coordonnées : 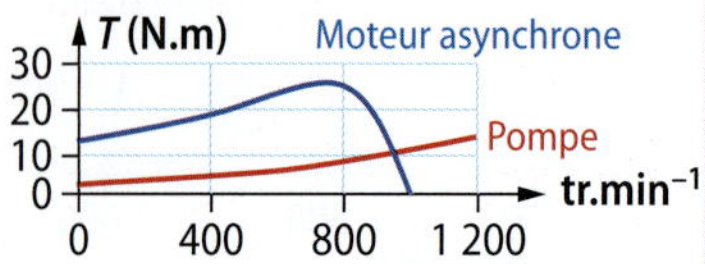	☐ 750 tr.min^{-1} ; 26 N.m	☐ 0 tr.min^{-1} ; 12 N.m	☐ 950 tr.min^{-1} ; 10 N.m

→ Corrigés, p. 284

Big Ben

Alors qu'on l'observe depuis la rive opposée de la Tamise, difficile d'imaginer à quel point l'horloge de Big Ben est monumentale… et pourtant elle mesure quand même sept mètres de diamètre !

DOC. 1 Schéma de l'horloge à 3 h

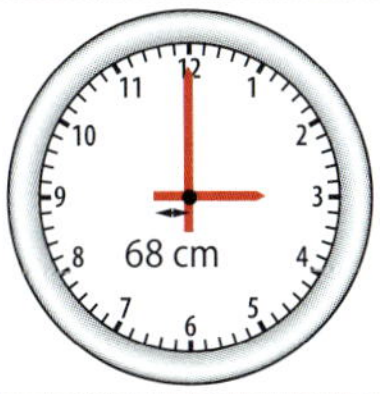

DOC. 2 Caractéristiques techniques des aiguilles

	Aiguille des heures	Aiguille des minutes
Longueur	2,7 m	4,2 m
Masse	304 kg	101 kg
Composition	fer	cuivre

▲ Photo de Big Ben

1. Calculer la vitesse angulaire de l'aiguille des heures en $rad.s^{-1}$.

> **RÉALISER** - Exprimer le secteur angulaire parcouru et le temps dans l'unité adaptée.

2. On cherche à déterminer le moment du poids de l'aiguille des heures par rapport à l'axe de rotation de l'aiguille. On supposera que le centre de gravité de l'aiguille se trouve en son milieu.

a. Représenter les différentes données utiles sur un schéma qualitatif.

> **ANALYSER - RAISONNER** - Identifier les différents paramètres utiles pour calculer le moment.

b. Calculer le moment du poids par rapport à l'axe de rotation.

> **RÉALISER** - Calculer le bras de levier en m et la valeur du poids en N puis en déduire la valeur du moment.

Solution

1. L'aiguille des heures fait un tour en 12 h, elle parcourt donc 2π radians en $12 \times 3\,600 = 43\,200$ s.
La vitesse angulaire vaut donc $1{,}45 \times 10^{-4}$ $rad.s^{-1}$.

$$\omega = \frac{2\pi}{43\,200} = 1{,}45.10^{-4} \text{ rad.s}^{-1}.$$

2. a.

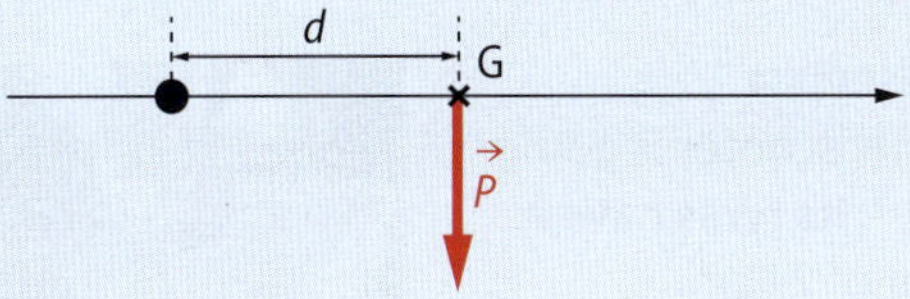

d représente le bras de levier, G le centre de gravité de l'aiguille.

b. $P = m \times g = 304 \times 9{,}81 = 2{,}98 \times 10^3$ N.
Le poids de l'aiguille des heures vaut $2{,}98 \times 10^3$ N.

$$\frac{2{,}7}{2} - 0{,}68 = 0{,}67 \text{ m}.$$

Le bras de levier vaut 0,67 m.

$$M_O(\vec{P}) = d \times P = 0{,}67 \times 2{,}98 \times 10^3 = 2{,}0 \times 10^3 \text{ N.m}.$$

Le moment du poids par rapport à l'axe de rotation vaut $2{,}0 \times 10^3$ N.m.

À VOUS DE JOUER !

Éolienne

DOC. 1 Caractéristique d'une éolienne

Vitesse de rotation	5 tours par minute
Masse d'une pale	6,5 t
Taille d'une pale	45 m

DOC. 2 Schéma de l'éolienne

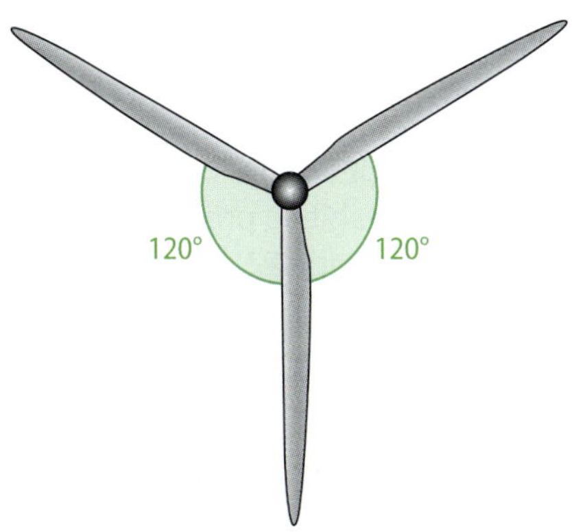

1. Calculer la vitesse angulaire des pales de l'éolienne en $rad.s^{-1}$.

2. Représenter sur un schéma qualitatif le poids de chacune des pales de l'éolienne.

3. Calculer moment du poids de chacune des pales de l'éolienne par rapport à son axe de rotation, lorsqu'elle se trouve dans la configuration représentée sur le schéma du DOC. 2. On supposera que le centre de gravité de la pale se trouve en son milieu.

→ Corrigés, p. 284

Mouvement de rotation

1 Éoliennes

Analyser/Raisonner : exploiter des informations

• Proposer un titre puis expliquer le document ci-dessous.

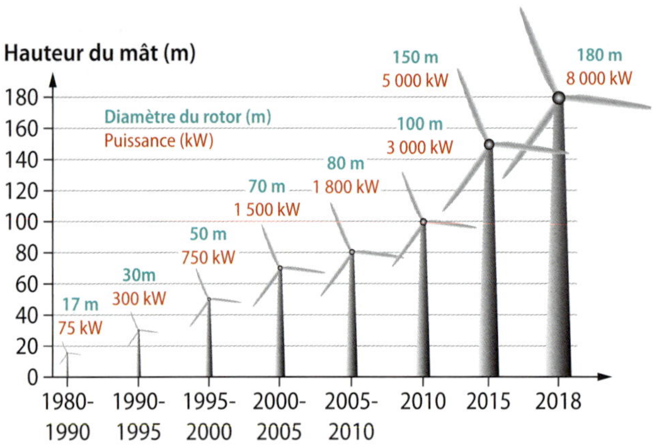

▲ Vitesse angulaire et vitesse

2 Moulin d'enfant

Réaliser : effectuer des calculs

En plaçant son moulin dans le vent, un enfant constate qu'il met 25 s à faire 10 tours.

1. Calculer sa vitesse angulaire en tour.min^{-1}.

2. Calculer sa vitesse angulaire en rad.s^{-1}.

3 Lave-linge

Réaliser : effectuer des calculs

Vitesse d'essorage final	
Programme	**Tours/minute**
Coton	1 400
Synthétique	1 200
Délicat	900
Laine	1 200
Chemises	900
Express 20	1 200

▲ Extrait de la notice d'un lave-linge

1. Nommer la grandeur physique donnée dans le tableau. Le titre du tableau proposé par le fabricant vous semble-t-il approprié ?

2. Pour un programme synthétique, le cycle d'essorage dure 2 min 30. Combien de tours sont effectués par le lave-linge au cours de cet essorage ?

3. Exprimer en rad.s^{-1}, la vitesse angulaire du lave-linge lors d'un essorage du programme Coton.

4 Éolienne et vitesse de rotation

Réaliser : effectuer des calculs. **Analyser/Raisonner** : sélectionner l'information

DOC. Tableau des caractéristiques d'une éolienne

Général	Puissance	8 MW
	Hauteur totale (en bout de pale)	210 m au-dessus du niveau de la mer
Rotor	Diamètre	180 m
	Longueur de pale	88 m
	Hauteur de moyeu (PBMA)	122 m au-dessus du niveau de la mer
	Vitesse de rotation moyenne	8,5 tours.min^{-1}
Rotor et Nacelle	Poids du rotor et de la nacelle	575 tonnes
Mât	Taille du mât	88 m
	Diamètre du mât	5 m (section haute) et 6,8 m (section basse)
	Poids du mât	550 tonnes

1. Quelle est la vitesse de rotation moyenne de l'éolienne en rad.s^{-1} ?

2. Quelle sera la vitesse atteinte par le bout de la pale de l'éolienne en m.s^{-1} ?

3. Convertir cette vitesse en km.h^{-1}.

5 SCIENCE IN ENGLISH

Electric scooters

An electric scooter is going 30 km.h^{-1}. Its tyres have a diameter of 24 cm.

1. Convert the speed of the scooter into m.s^{-1}.

2. Calculate the angular speed of the wheels.

3. If the diameter of the wheels is larger, what can you say about the angular speed?

Moments d'une force ou d'un couple de force

6 Poignée de porte

S'approprier : mobiliser ses connaissances. **Réaliser** : faire un schéma, effectuer des calculs. **Analyser/Raisonner** : identifier les paramètres qui influencent un phénomène

Pour ouvrir une porte, on exerce une force de l'ordre de 10 N perpendiculairement à la poignée, en son extrémité.

La poignée de porte mesure 15 cm de longueur et la force est appliquée à 3 cm du bord extérieur de la poignée.

1. Donner l'expression du moment de la force exercée sur la poignée par rapport à son axe de rotation.

2. Faire un schéma de la situation en indiquant les grandeurs utiles et leur valeur.

3. Calculer le moment de la force exercée sur la poignée par rapport à son axe de rotation.

4. Choisir parmi les poignées ci-dessous, celle qui permettra d'ouvrir une porte le plus facilement. Justifier.

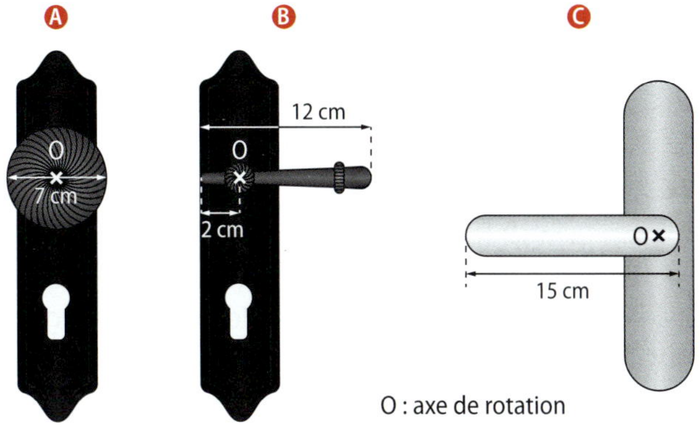

7 Dévisser un écrou

Réaliser : faire un schéma, effectuer des calculs. **Analyser/Raisonner :** identifier les paramètres qui influencent un phénomène

Éric cherche à dévisser un écrou à l'aide d'une grande clé plate. Il exerce pour cela une force de 100 N à l'extrémité de la clé mais se demande dans quelle direction il devrait exercer cette force pour qu'elle soit la plus efficace possible. On étudie deux situations représentées ci-dessous.

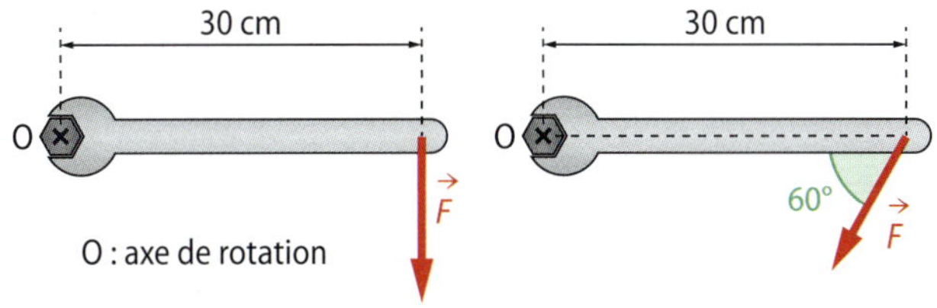

1. Pour chacune des situations :

a. Refaire le schéma en repérant le bras de levier.

b. Déterminer la valeur du bras de levier.

c. Calculer le moment de la force $\vec{F}$ par rapport à l'axe de rotation O.

2. Dans quel cas la force exercée est-elle la plus efficace ?

8 Volant et couple de force

Mobiliser ses connaissances, Réaliser : effectuer un calcul

Pour tourner son volant, un conducteur exerce deux forces $\vec{F_1}$ et $\vec{F_2}$ sur son volant comme indiqué sur le schéma suivant. Ces deux forces sont telles que $F_1 = F_2 = 5$ N.

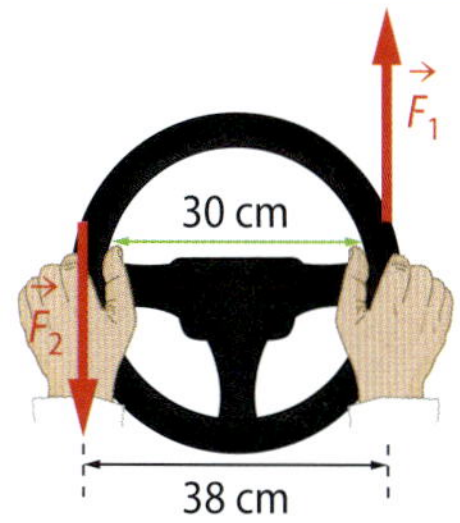

1. Expliquer pourquoi ces deux forces constituent un couple de force.

2. Calculer le moment de ce couple de force.

Point de fonctionnement

9 Locomotive et point de fonctionnement

Réaliser : construire un graphique. **Analyser/Raisonner :** exploiter des informations

Une locomotive est entraînée par un moteur asynchrone dont les caractéristiques sont données dans le **DOC. 1**. La charge de la locomotive est modélisée par la caractéristique du **DOC. 2**.

DOC. 1 Caractéristiques du moteur asynchrone

Fréquence de rotation nominale :
n = **4 160 tr.min^{-1}**.
Couple nominale : T_u = 3,5 kN.m.
Fréquence de rotation à vide : n = 4 200 tr.min^{-1}.
La caractéristique mécanique d'un moteur asynchrone est une droite décroissante.

DOC. 2 Caractéristique mécanique de la charge

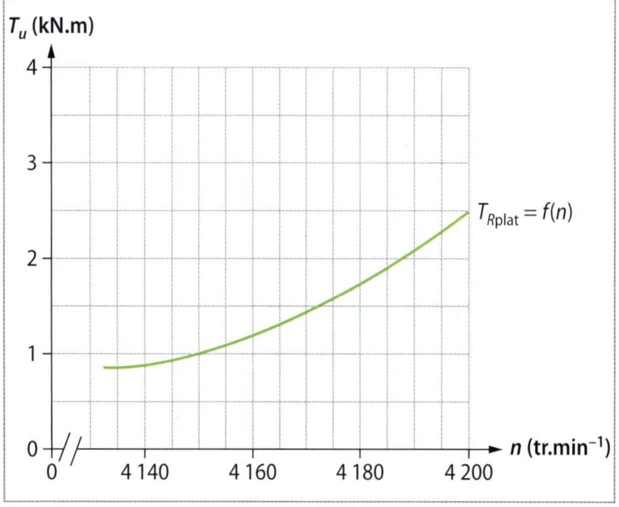

1. Que vaut le couple du moteur lorsqu'il fonctionne à vide ?

2. Reproduire sur votre cahier la caractéristique mécanique de la charge.

3. À l'aide du **DOC. 2**, tracer dans le même repère graphique, la caractéristique mécanique du moteur, c'est-à-dire le graphique donnant la charge T_u en fonction de la fréquence de rotation n en tr.min^{-1}.

4. En déduire les coordonnées du point de fonctionnement de l'ensemble moteur – charge.

10 Vélo, pédalage et vitesse BAC

Alors qu'elle se rend au lycée à vélo, Zélie se demande quel est le lien entre sa fréquence de pédalage et la vitesse à laquelle elle roule.

Données : 1" = 2,54 cm

DOC. 1 Fréquence de pédalage

La fréquence de pédalage est très variable. Elle varie d'un cycliste à l'autre, mais aussi pour un même cycliste, en fonction des conditions extérieures (météo, relief…) ou de son état de fatigue.

Pour un cycliste amateur comme Zélie, elle est, en moyenne, de l'ordre de 70 tours de pédalier par minute.

DOC. 2 Braquet

Le braquet Br est le rapport entre le nombre de dents de la couronne du pédalier (le plateau) et le nombre de dents de la couronne de la roue libre (le pignon).

Le braquet est aussi le rapport entre la vitesse angulaire de la roue libre et la vitesse angulaire du pédalier.

$$\text{Br} = \frac{\text{Nombre de dents du palier}}{\text{Nombre de dents du pignon}} = \frac{\text{Vitesse angulaire de la roue}}{\text{Vitesse angulaire du pédalier}}$$

Par exemple, le braquet correspondant à un plateau de 43 dents et à un pignon de 18 dents s'écrit $\frac{43}{18}$, soit 2,39.

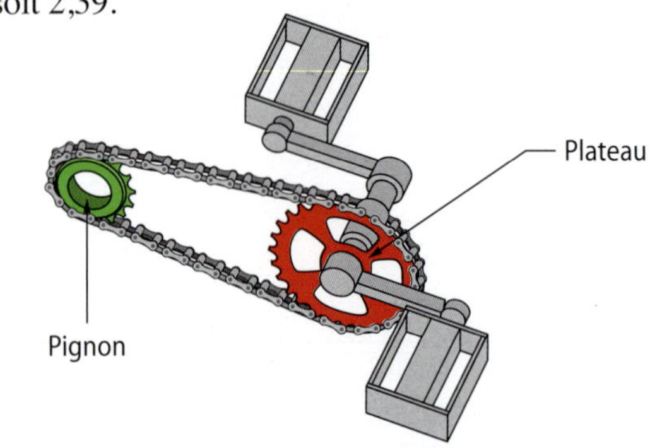

DOC. 3 Caractéristiques du vélo

Taille des roues : 26".
Dérailleur : 18 vitesses.
Nombre de dents sur les plateaux, du plateau 1 au plateau 3 : 25, 34 ou 42.
Nombre de dents sur les pignons, du pignon 1 au pignon 8 : 30, 26, 23, 20, 17, 15, 13 ou 11.

1. Calculer la vitesse angulaire des pédales du vélo de Zélie en rad.s^{-1}.

2. Zélie a réglé son vélo sur le troisième plateau et la deuxième vitesse. Calculer son braquet.

3. En déduire la vitesse angulaire des roues du vélo de Zélie en rad.s^{-1}.

4. Rappeler la relation entre la vitesse angulaire de la roue, la vitesse d'un point de la roue et son rayon.

5. En déduire la vitesse à laquelle roule Zélie.

6. Que pourriez-vous lui proposer pour qu'elle roule plus vite sans pédaler plus rapidement ?

11 Cage à écureuil

Pendant le Moyen-Âge, pour construire des châteaux dont les murs dépassent parfois le mètre d'épaisseur, il fallait être en capacité de déplacer de lourdes charges. Pour cela, on disposait déjà à l'époque d'engins de levage : les cages à écureuil.

Donnée : $g = 9{,}81 \text{ m.s}^{-2}$

Vidéo
Le tailleur de pierre et la cage à écureuil au château de Guédelon
Nathan live!

DOC. 1 Principe de la cage à écureuil

La cage à écureuil est constituée d'une ou deux roues en bois de 5 m de diamètre.

Dans chaque roue, on place un homme qui avance, à la manière d'un hamster dans sa roue. En tournant, le câble s'enroule autour du moyeu de la roue dont le diamètre est de l'ordre de 30 cm et remonte ainsi la charge qui se trouve à l'autre bout.

DOC. 2 Homme de 70 kg dans la cage à écureuil

L'homme est appuyé à moitié sur son pied avant qui se trouve à 40° de la verticale. Son pied exerce une force de 340 N sur la roue. Celle-ci fait ¼ de tour en 3 s.

▲ Bible de Maciejowski.

DOC. 3 Puissances

La puissance P en W développée par moment agissant sur un système en rotation est le produit du moment en N.m par la vitesse angulaire ω du système en rad.s^{-1} : $P = M \times \omega$.

La puissance P en W nécessaire pour faire monter une charge verticalement est égale au produit du Poids de la charge à monter en N par la vitesse v de montée de la charge en m.s^{-1} : $P = \text{Poids} \times v$.

1. Faire un schéma de la situation. Y représenter la force exercée par le pied avant de l'homme et le bras de levier de cette force par rapport à l'axe de rotation de la roue.

2. Montrer que le moment de cette force par rapport à l'axe de rotation de la roue vaut environ 550 N.m.

3. Calculer la vitesse angulaire de la roue de la cage à écureuil en rad.s^{-1}.

4. Montrer que la vitesse de montée de la charge est de l'ordre de 7,9.10^{-2} m.s^{-1}.

5. À l'aide du document 3, calculer la puissance nécessaire pour monter une charge de 400 kg à une telle vitesse.

6. Calculer la puissance développée par un homme de 70 kg avançant dans la cage à écureuil. On ne considère que son pied avant, le pied arrière ne développant aucune puissance.

7. Cet homme seul suffit-il à faire monter la charge de 400 kg ? Justifier.

8. Comment faisait-on en pratique pour faire monter une telle charge ?

12 Équilibre d'une balançoire

DIFFÉRENCIATION

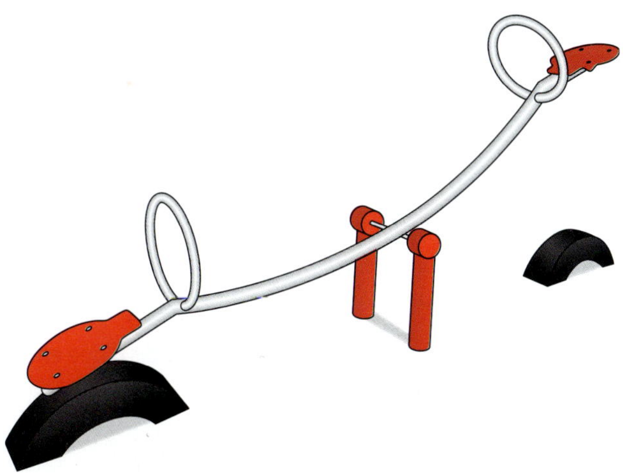

Un grand frère décide de se rendre au parc avec sa petite sœur. Cette dernière adore jouer à la balançoire de type tape-fesse, malheureusement il n'y a pas d'enfants de son gabarit à proximité.

Pour que le jeu soit agréable, il faut que la balançoire soit à l'équilibre en position quasi horizontale. Le moment du poids de chacun des utilisateurs doit donc être environ égal dans cette position. Si cette condition n'est pas vérifiée, la chute et l'accident sont très fréquents pour l'utilisateur de plus faible poids.

Données : intensité de la pesanteur $g = 9{,}81$ m.s^{-2}

DOC. 1 Plan d'installation de la balançoire

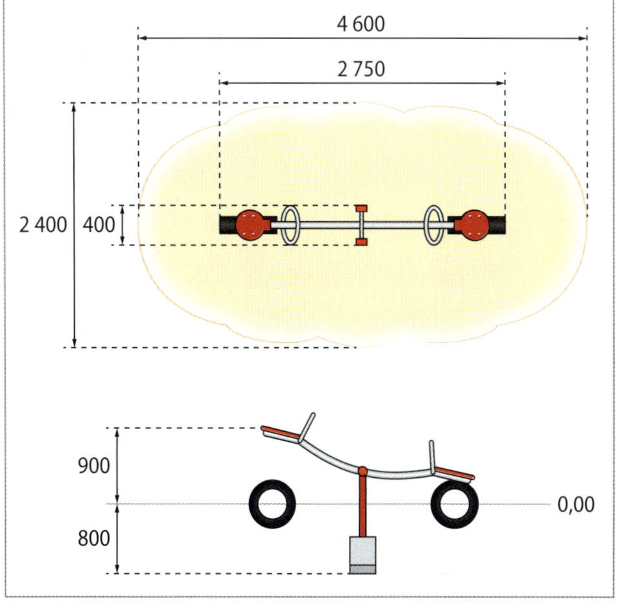

DOC. 2 Caractéristiques physiques des deux enfants

	Grand frère	Petite sœur
Masse en kg	50 kg	20 kg
Taille	1,65 m	1,15 m

1. Existe-t-il une situation d'équilibre horizontal si le grand frère et sa sœur s'assoient chacun sur le siège prévu. Justifier en calculant dans ce cas, le moment du poids de chacun des utilisateurs.

2. Proposer une solution technique pour que les deux puissent jouer ensemble sans risquer l'accident.
a. Faire le plan de la balançoire imaginée.
b. Rédiger une argumentation convaincante s'appuyant sur des connaissances mécaniques solides afin de présenter ce nouveau produit.
c. Rédiger une affiche expliquant les règles d'utilisation.

CHAPITRE

8

THÈME 1 › ÉNERGIE

Statique des fluides

Les plongeurs sous-marins doivent effectuer des pauses à mi-parcours lorsqu'ils remontent à la surface pour éviter des problèmes de santé dus à la pression. En hiver, les randonneurs s'enfoncent moins dans la neige lorsqu'ils chaussent des raquettes car celles-ci permettent de diminuer la pression à la surface de la neige.

→ Qu'est-ce que la pression ? Comment la mesure-t-on ?

›Testez vos prérequis

Indiquer la (ou les) bonne(s) réponse(s).

1. L'unité de la pression dans le système international d'unités (SI) est :

- ☐ **a.** le newton (N)
- ☐ **b.** le pascal (Pa)
- ☐ **c.** le kilogramme (kg)

2. Un gaz est :

- ☐ **a.** compressible
- ☐ **b.** incompressible
- ☐ **c.** ordonné

3. Un liquide est :

- ☐ **a.** compressible
- ☐ **b.** incompressible
- ☐ **c.** ordonné

4. La pression d'un gaz se mesure avec :

- ☐ **a.** un dynamomètre
- ☐ **b.** un manomètre
- ☐ **c.** un voltmètre

5. Le choc des molécules de gaz sur les parois d'une enceinte modélise :

- ☐ **a.** la température du gaz
- ☐ **b.** la masse du gaz
- ☐ **c.** la pression du gaz

→ Corrigés, p. 284

Vidéo
Plongée
et décompression

CAPACITÉS EXIGIBLES

- Mettre en évidence le lien entre la pression et la force pressante.

> ACTIVITÉ EXPÉRIMENTALE 1

- Mesurer des pressions et des différences de pression.
- Citer et exploiter le principe fondamental de l'hydrostatique.

> ACTIVITÉ EXPÉRIMENTALE 2

- Définir une pression exercée sur une surface à partir des forces pressantes appliquées.
- Distinguer la pression absolue de la pression relative.

> ACTIVITÉ DOCUMENTAIRE 3

ACTIVITÉ 1

ACTIVITÉ EXPÉRIMENTALE **TP**

COMPÉTENCES

- ✓ Analyser/Raisonner : formuler des hypothèses, proposer une stratégie de résolution
- ✓ Réaliser : mettre en œuvre les étapes d'une démarche

→ Quel est le lien entre la pression et la force pressante ?

DOC. 1 Mise en évidence de la force pressante

Matériel disponible

- Une cloche en verre
- Une pompe à vide
- Un ballon de baudruche

Protocole expérimental

- Gonfler légèrement le ballon en soufflant dedans puis nouer son extrémité.
- Placer le ballon sous la cloche.
- Mettre la pompe à vide en fonctionnement.

DOC. 2 Lien entre pression et force pressante

Matériel disponible

- Un cristallisoir rempli d'eau et recouvert d'un film plastique étirable
- Une potence munie d'une pince
- Une éprouvette
- Une balance
- Un réglet
- 3 plaques de carton rigide de dimensions respectives : 5 × 5 cm, 7 × 7 cm, 10 × 10 cm.

Protocole expérimental

A. Poser sur la balance la plaque de 7 × 7 cm et l'éprouvette à moitié remplie d'eau. Noter la masse indiquée par la balance.

B. Poser la plaque et l'éprouvette (guidée par la pince de la potence) sur le cristallisoir et mesurer la profondeur d'enfoncement.

C. Par essais successifs, déterminer la masse d'eau à introduire dans le récipient pour obtenir la même profondeur d'enfoncement avec la grande plaque.

D. Recommencer l'étape précédente avec la plus petite des plaques.

QUESTIONS

Document 1

1. S'APPROPRIER ▶ Comment évolue le volume du ballon lorsque la pompe fonctionne ?

2. S'APPROPRIER ▶ Préciser si la force pressante exercée sur la paroi extérieure augmente ou diminue.

3. ANALYSER – RAISONNER ▶ En déduire l'origine de la force pressante en utilisant un modèle moléculaire pour l'air.

Document 2

4. ANALYSER – RAISONNER ▶ Lorsque la surface de contact avec le film augmente (étape C du protocole), le poids total (plaque + éprouvette + eau) doit-il être supérieur ou inférieur à celle de l'étape B ?

5. ANALYSER – RAISONNER ▶ Même question lorsque la surface de contact avec le film diminue (étape C).

6. RÉALISER ▶ Dans chaque cas, calculer le rapport poids total/surface. Commenter.

7. COMMUNIQUER ▶ Compléter les phrases suivantes avec les termes : *force pressante*, *rapport*, *pression*, *constante*, *surface de contact*.

Si la .... et la surface de contact augmentent dans les mêmes proportions, alors la pression reste ....

La .... est égale au .... de la force pressante et de la ....

RÉSULTATS D'EXPÉRIENCE À TÉLÉCHARGER

ACTIVITÉ 2

ACTIVITÉ EXPÉRIMENTALE **TP**

COMPÉTENCES
- Réaliser : mettre en œuvre un protocole expérimental
- Valider : confronter un modèle à des résultats expérimentaux

→ Quelle est la relation entre la pression et la profondeur ?

DOC. 1 Évolution de la pression en fonction de la profondeur

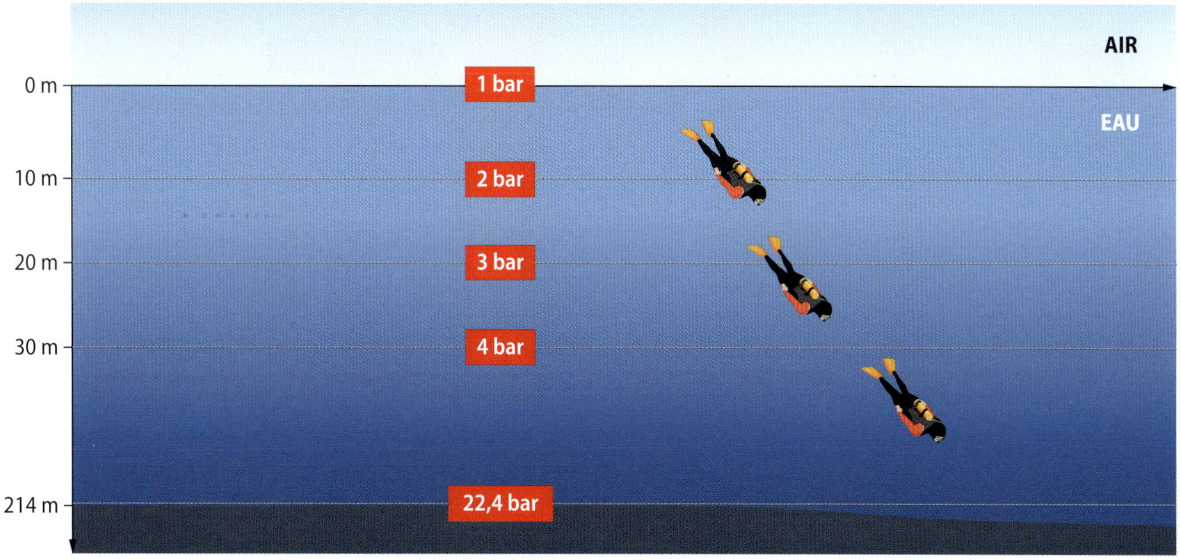

DOC. 2 Mesure de pression dans un liquide

On plonge un capteur de pression dans un récipient contenant un liquide de masse volumique ρ.

- Si la profondeur H augmente (du point B au point C), la pression augmente.
- Si on déplace le capteur dans un même plan horizontal (du point A au point B), la pression reste constante.

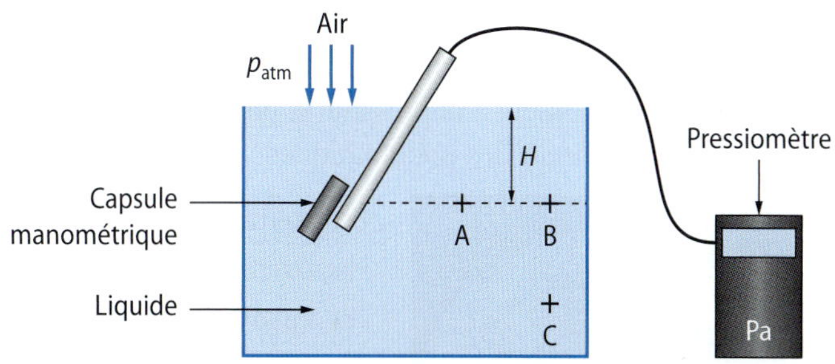

▲ Mesure de pression dans un liquide

Outil

La loi de la statique des fluides

La différence de pression Δp entre deux points A et B d'un liquide au repos vaut :

$$\Delta p = p_A - p_B = \rho g(z_B - z_A) = \rho g h$$

- ρ : masse volumique du liquide en $kg.m^{-3}$
- g : intensité de la pesanteur en $N.kg^{-1}$
- z_A et z_B : ordonnée respectives des points A et B en m
- h : différence de profondeur entre les deux points A et B en m

RÉSULTATS D'EXPÉRIENCE À TÉLÉCHARGER

QUESTIONS

1. ANALYSER – RAISONNER ▶ Déterminer la variation de pression lorsque la profondeur augmente de 10 m (DOC. 1).

2. RÉALISER ▶ Effectuer une mesure de la pression P (en pascal) pour différentes profondeurs z (en m) du capteur.

3. RÉALISER ▶ Tracer la courbe $\Delta P = P - P_{atm}$ en fonction de z.

4. VALIDER ▶ Déterminer la relation donnant ΔP en fonction de h et la valider à l'aide de la loi de la statique des fluides.

ACTIVITÉ 3

ACTIVITÉ DOCUMENTAIRE

COMPÉTENCES
- ✓ S'approprier : sélectionner et organiser l'information
- ✓ Analyser/Raisonner : exploiter des informations
- ✓ Réaliser : effectuer un calcul

→ Quelle est la différence entre pression absolue et pression relative et quels instruments utilise-t-on pour les mesurer ?

Outil

Une **force pressante** F perpendiculaire à une surface plane S exerce une pression p :

$$p = \frac{F}{S}$$

- F : force pressante (N)
- S : surface pressée (m^2)

L'unité de la pression dans le SI est le pascal, notée Pa : 1 Pa = 1 $N.m^{-2}$.

Vocabulaire

Pression absolue et pression relative

- La pression absolue P_{abs} est la pression mesurée par rapport au vide.

Une pression absolue de 0 Pa correspond au vide.

- La pression relative P_{rel} est la pression mesurée par rapport à la pression atmosphérique avec P_{atm} = 1 013 hPa au niveau de la mer à θ = 15 °C :

$$P_{rel} = P_{abs} - P_{atm}$$

DOC. 1 Le bar

Le bar (du grec *báros*, « lourd ») était l'unité officielle utilisée en sciences jusqu'au milieu du XXe siècle. Elle a ensuite été abandonnée mais continue d'être utilisée dans plusieurs domaines (plongée sous-marine, pneus…) : **1 bar = 10^5 Pa**.

DOC. 2 Le manomètre métallique

Un manomètre est composé d'un tube métallique aplati qui se déforme lorsqu'il est soumis intérieurement à la pression d'un fluide. Il est très utilisé pour mesurer la pression à l'intérieur des pneumatiques.

▲ Exemple de manomètre

Caractéristiques techniques	Valeurs
Plage d'affichage (bar)	De 0 à 10 bar
Conception	Manomètre à tube de Bourdon
Précision de la mesure	2,5 % de la pleine échelle
Poids du produit	60 g

DOC. 3 Les capteurs de pression

Un capteur de pression est basé sur la déformation d'un composant électronique sous l'effet de la pression :
– déformation d'une résistance (piézorésistance) ;
– déformation d'un condensateur.

Cette déformation entraîne une variation de grandeur électrique (résistance, capacité…) proportionnelle à la pression.

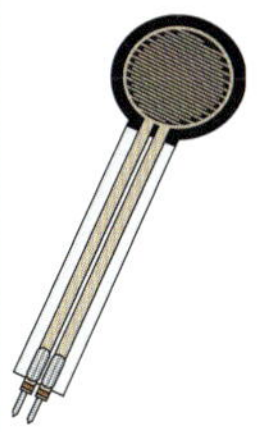	Zone de détection : ronde de 1,2 cm de diamètre
	La résistance de ce capteur varie en fonction de la pression appliquée sur la zone de détection : plus la force est forte, plus la résistance est faible.
	Ce capteur peut détecter une force appliquée pour une masse allant de 10 g à 10 kg.

▲ Exemple de capteur de pression à résistance

Lorsque l'on exerce une force sur le capteur sa résistance diminue. On obtient une courbe R (F) décroissante.

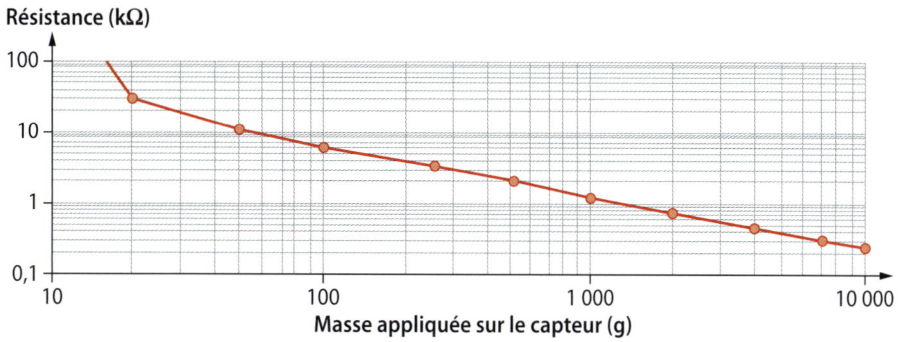

QUESTIONS

1. RÉALISER ▶ On applique une force pressante $F = 100$ N sur une surface de 0,10 m^2. Calculer la valeur de la pression à laquelle est soumise cette surface. Exprimer cette pression en bar.

2. RÉALISER ▶ On a mesuré une pression $P = 3$ bar dans une enceinte fermée. Calculer la force pressante qui s'exerce sur une surface carrée de 10 cm de côté.

3. ANALYSER - RAISONNER ▶ On utilise une pompe pour faire le vide dans une cloche à vide. On a mesuré la pression à l'intérieur de la cloche à vide : $P_{cloche} = 100$ mbar. Indiquer si cette pression est absolue ou relative.

4. RÉALISER ▶ À l'aide du manomètre du DOC. 2, on a mesuré la pression $P_{mes} = 3{,}2$ bar.

En tenant compte de la précision de cet appareil de mesure, exprimer l'incertitude de mesure ΔP_{mes} de P_{mes}.

5. RÉALISER ▶ Calculer les pressions minimale et maximale que peut détecter le capteur de pression à résistance du DOC. 3.

6. ANALYSER - RAISONNER ▶ Déterminer la valeur de la résistance lorsque l'on applique une masse de 1 000 g sur le capteur (courbe DOC. 3).

LE COURS

1 FORCE PRESSANTE ET PRESSION

- **La force pressante**

Une **force pressante** modélise l'**action mécanique de contact** exercée par un fluide ou un solide sur une surface.

Un **liquide** exerce une **force pressante en tout point de la paroi** du récipient qui le contient.

Cette force pressante, modélisée par le **vecteur $\vec{F}$**, est dirigée **perpendiculairement à la paroi** et s'exerce **vers l'extérieur** de la paroi. Sa valeur s'exprime en **newtons (N)**.

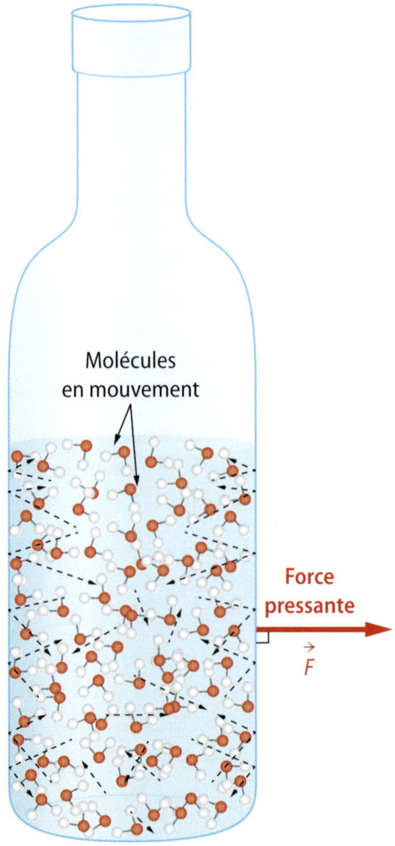

- **La pression**

La **pression *p***, exprimée en **pascals (Pa)** dans le système international d'unités (SI), est l'**intensité de la force pressante *F*** exercée par unité de **surface pressée *S*** :

$$p = \frac{F}{S}$$

Pression (Pa) → p ; Newton (N) → F ; Surface (m^2) → S

Pour une même force pressante, lorsque l'aire de la surface pressée diminue, la pression augmente.

Pour une surface pressée identique, plus la force pressante est élevée, plus la pression l'est également.

2 UNITÉS DE PRESSION ET APPAREILS DE MESURE

Il existe d'autres **unités usuelles** telles que le **bar (bar)**, le **millimètre de mercure (mmHg)** ou encore l'**atmosphère (atm)**.

Unité	hPa	bar	cmHg	atm
Nom	Hectopascal	Bar	Centimètre de mercure	Atmosphère
Conversion en unité SI	1 hPa = 100 Pa	1 bar = 10^5 Pa	1 cmHg = $1{,}33 \times 10^3$ Pa	1 atm = 101 325 Pa (p_{atm} au niveau de la mer)
Utilisations	Météorologie	Plongée sous-marine, pneus	Tension artérielle	Chimie, biologie, médecine

La pression d'un liquide se mesure à l'aide d'un manomètre et la pression atmosphérique se mesure à l'aide d'un baromètre.

3 PRESSION ABSOLUE ET PRESSION RELATIVE

- La pression absolue P_{abs} est la pression mesurée par rapport au vide.

Une pression absolue de 0 Pa correspond au vide.

- La pression relative P_{rel} est la pression mesurée par rapport à la pression atmosphérique avec $P_{atm} = 1\ 013$ hPa au niveau de la mer à $\theta = 15$ °C :

$$P_{rel} = P_{abs} - P_{atm}.$$

Exemples

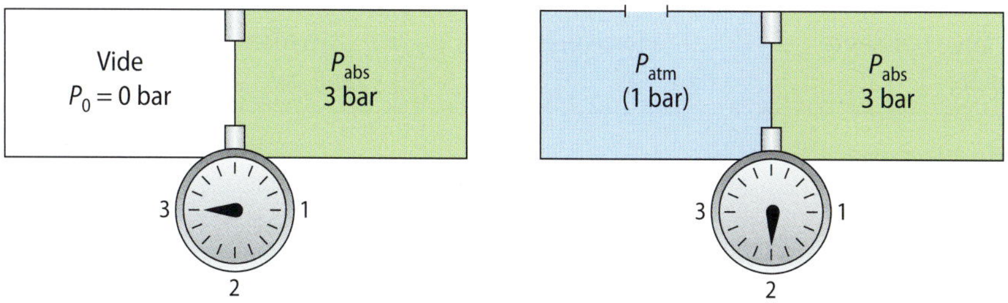

$P_{1abs} = 3{,}0$ bar

$P_{1rel} = 2{,}0$ bar

Lorsqu'un manomètre indique une pression de 2,4 bar pour un pneumatique, cela signifie que la pression absolue dans le pneumatique est de 3,4 bar.

4 LA LOI FONDAMENTALE DE LA STATIQUE DES FLUIDES

- **Paramètres dont dépend la pression dans un liquide**

Dans un liquide au repos, la pression :
– augmente avec la profondeur : $p_A > p_B > p_C$;
– est la même en tout point du liquide situé sur un même plan horizontal : $p_B = p_{B'}$;
– est égale à la pression atmosphérique sur sa surface libre $p_C = p_{atm}$;
– dépend de la masse volumique du liquide ρ.

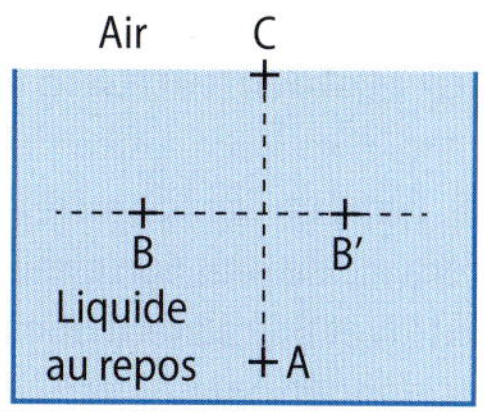

- **Principe fondamental de l'hydrostatique**

La **variation de pression $p_A - p_B$** entre deux points A et B (**A en dessous de B**) d'un liquide au repos dépend de la **masse volumique** du liquide ρ mais également de la dénivellation $h = z_B - z_A$ entre ces deux points :

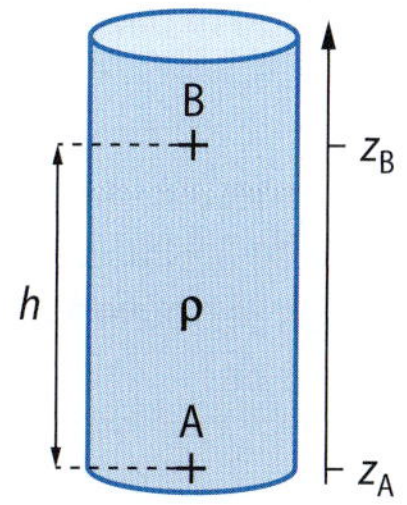

$$\Delta p = p_A - p_B = \rho g (z_B - z_A) = \rho g h$$

Avec :
- p_A et p_B en Pa
- ρ en kg.m^{-3}
- g : intensité de la pesanteur en N.kg^{-1}
- h, z_A et z_B en m

Testez vos connaissances

Indiquer la (ou les) bonne(s) réponse(s) :

Force pressante et pression

	A	B	C
1. La relation qui lie la pression et la force est :	☐ $F = P \times S$	☐ $F = \frac{P}{S}$	☐ $P = \frac{F}{S}$
2. Si une force pressante de 150 N est appliquée sur une surface de 2 m^2, alors la pression est de :	☐ 75 Pa	☐ 150 Pa	☐ 300 Pa
3. Si une surface de 5 m^2 subit une pression de 15 Pa, alors la force pressante est de :	☐ 3 N	☐ 20 N	☐ 75 N
4. Sur une même surface, si on augmente la pression, alors :	☐ la force pressante augmente	☐ la force pressante diminue	☐ la force pressante ne varie pas

Unités de pression et appareils de mesure

	A	B	C
5. L'unité SI de la pression est :	☐ le newton	☐ le bar	☐ le pascal
6. L'instrument servant à mesurer une pression s'appelle :	☐ un baromètre	☐ un pressiomètre	☐ un manomètre
7. Un capteur de pression dont la précision est de 0,5 % affiche la valeur 7,85 bar. Le résultat de la mesure s'écrit :	☐ $(7{,}8 \pm 0{,}1)$ bar	☐ $(7{,}85 \pm 0{,}4)$ bar	☐ $(7{,}8 \pm 0{,}5)$ bar

Pression absolue et pression relative

	A	B	C
8. La pression relative dépend de :	☐ la température de l'air	☐ l'appareil de mesure	☐ la pression atmosphérique
9. On a mesuré une pression relative de 3,5 bar. La pression absolue vaut :	☐ 3,5 bar	☐ 2,5 bar	☐ 4,5 bar

Loi fondamentale de la statique des fluides

	A	B	C
10. Dans un liquide au repos, la différence de pression entre deux points A et B séparés d'une hauteur h est donnée par :	☐ $p_A - p_B = \rho g h$	☐ $p_A - p_B = \rho h$	☐ $p_A - p_B = g h$
11. La différence de pression entre deux points séparés d'une hauteur de 10 m dans de l'eau vaut :	☐ 1 bar	☐ 105 Pa	☐ 103 hPa
12. On a mesuré une pression dans l'eau de 2,5 bar. Le capteur de pression se trouve à une profondeur de :	☐ 15 m	☐ 25 m	☐ 20 m

→ Corrigés, p. 284

■ Pression dans un robinet

Un réservoir d'eau permet de stocker de l'eau jusqu'à une hauteur de 20 m par rapport au sol. Ce réservoir est percé à son sommet. Il alimente une maison où les robinets du rez-de-chaussée sont situés à 1,50 m au-dessus du sol. Pour avoir un débit suffisant, il est recommandé d'avoir une pression relative de 2 bar au niveau d'un robinet.
Données : $\rho_{eau} = 1\ 000$ kg.m^{-3} ; $P_{atm} = 1,0$ bar ; $g = 10$ N.kg^{-1}.

1. Indiquer la valeur de la pression au sommet du réservoir.
← **S'APPROPRIER** - Utiliser le fait que le réservoir est percé.

2. Déterminer la pression absolue dans les robinets du rez-de-chaussée.
← **RÉALISER** - Appliquer la relation fondamentale de l'hydrostatique.

3. La pression relative au niveau d'un robinet est-elle satisfaisante ?
← **ANALYSER/RAISONNER** - Convertir en bar la pression calculée.

4. Déterminer la hauteur du réservoir H pour obtenir une pression relative de 2,5 bar du niveau d'un robinet.
← **RÉALISER** - Utiliser la loi de la statique des fluides.

Solution

1. La surface libre de l'eau du réservoir est à la pression atmosphérique $P_{atm} = 1,0$ bar.
2. On a : $P_{rob} = P_{atm} + \rho gh = 10^5 + 1\ 000 \times 10 \times 18,5 = 2,8 \times 10^5$ Pa
3. La pression relative au niveau d'un robinet est égale à : $1,8 \times 10^5$ Pa = 1,8 bar.
Cette pression est donc insuffisante pour obtenir un débit satisfaisant au niveau des robinets du rez-de-chaussée.
4. On écrit la loi de la statistique des fluides $\Delta p = \rho gh$. Donc $h = \dfrac{3,5 \times 10^5}{10^4} = 35$ m $= h - 1,5$ m soit $h = 33,5$ m.

À VOUS DE JOUER !

■ Alimentation domestique en eau

Après le compteur d'eau, une installation comporte un réducteur de pression qui permet à la pression relative du réseau de passer de 5,5 bar à 3,5 bar.

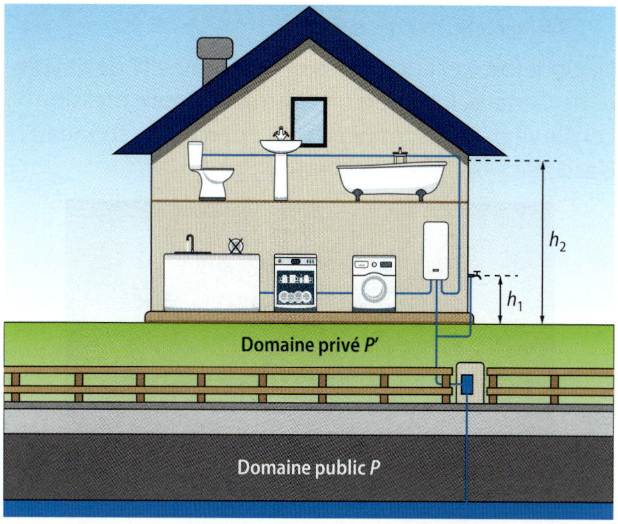

1. Calculer les pressions absolues correspondantes.

2. Tous les robinets sont fermés.
a) Calculer la pression relative au niveau des robinets situés à une altitude de $h_1 = 1,0$ m et $h_2 = 3,5$ m.
b) On souhaite que la pression relative de l'eau pour chaque robinet ne descende pas en dessous de 2 bar. Calculer l'altitude maximale à laquelle on peut connecter les robinets après le réducteur de pression.

→ Corrigés, p. 284

Données :
$\rho_{eau} = 1\ 000$ kg.m^{-3} ; $P_{atm} = 10^5$ Pa ; $g = 10$ N.kg^{-1}.

Force pressante et pression

1 Coup droit

S'approprier : mobiliser des connaissances
Réaliser : effectuer des calculs

Au tennis, lors d'un coup droit, la raquette exerce une force de 900 N sur la balle. La surface de la balle en contact avec la raquette est de 10 cm^2.

1. Schématiser la raquette, la balle et la force pressante qui s'y exerce.

2. Déterminer la pression exercée sur la surface de la balle en contact avec la raquette.

2 Marcher dans la neige

S'approprier : mobiliser des connaissances
Réaliser : effectuer des calculs

Une randonneuse se promène l'hiver dans la neige. Avec son équipement, sa masse est de 60 kg et la surface d'une semelle de chaussure est de $2{,}2 \times 10^{-2}$ m^2. Le manteau neigeux peut résister à une pression de 3,0 kPa.

1. Déterminer la force pressante exercée par la randonneuse sur la neige.

2. Déterminer la pression exercée par la randonneuse sur le manteau neigeux. Résiste-t-il ?

3. La randonneuse chausse des raquettes à neige ayant chacune une surface de 0,27 m^2. Déterminer alors la pression exercée par la randonneuse sur le manteau neigeux. Résiste-t-il ?

3 Le cidre forcé

S'approprier : mobiliser des connaissances
Réaliser : effectuer des calculs

Le cidre forcé est une boisson traditionnelle de Savoie et de Genève. Il s'agit d'un cidre sous haute pression conservé dans un tonneau plus épais qu'un tonneau classique.

1. Exprimer la force pressante F en fonction de la pression P_{et} de la surface d'application S.

2. Déterminer la surface intérieure d'un tonneau, assimilé à un cylindre, sachant que son diamètre est 60 cm et sa hauteur 90 cm.

3. Sachant que, dans un tonneau de cidre forcé, la pression peut atteindre 20 bar, déterminer la force pressante maximale exercée sur les parois.

4 Attention au masque !

Analyser/Raisonner : proposer une stratégie de résolution

Dans la mer, à 30 m de profondeur, la pression est de 3,95 bar et peut provoquer un écrasement du masque sur les yeux. Pour éviter cela, les plongeurs ajoutent de l'air dans le masque en soufflant par le nez. L'air exerce alors une force pressante $F = 3{,}0$ kN sur la vitre du masque de surface $S = 90$ cm^2.

1. Déterminer la pression de l'air à l'intérieur du masque et conclure quant au risque d'écrasement sur le visage.

2. Le plongeur continue sa descente. Calculer la profondeur maximale qu'il peut atteindre sans provoquer l'écrasement du masque.

Unités de pression et appareils de mesure

5 Unités de pression

S'approprier : mobiliser des connaissances

1. Compléter le tableau suivant :

Valeur de pression \ Unité de pression	Pa	hPa	cmHg	bar
$7{,}8 \times 10^5$ Pa				
950 hPa				
14 cmHg				
3,5 bar				

2. À partir des données suivantes, montrer qu'une colonne de 1 cm d'Hg correspond à une pression de $1{,}33 \times 10^3$ Pa.

Données :
– masse volumique du mercure à 0 °C : $\rho = 13\ 595$ kg.m^{-3} ;
– accélération de la pesanteur : $g = 9{,}81$ m.s^{-2}.

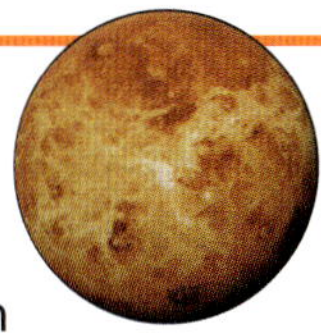

6 L'atmosphère de Vénus

Connaître : restituer des connaissances

L'« atmosphère » est une unité de pression parfois utilisée en astronomie : 1 atm est égale à la pression atmosphérique terrestre au niveau de la mer. La pression atmosphérique à la surface de Vénus est de 91,8 atm.

1. Rappeler la valeur de la pression atmosphérique sur Terre au niveau de la mer.

2. Déterminer la valeur en Pa de la pression atmosphérique sur Vénus.

3. La pression atmosphérique à la surface de Mars est de 610 Pa. Convertir cette valeur en atm.

7 Le baromètre

Réaliser : lire un appareil de mesure

1. Relever la valeur indiquée par le baromètre ci-dessus.

2. Quelle est la pression mesurer par ce baromètre ?

Pression absolue et pression relative

8 Des pneus bien gonflés

S'approprier : mobiliser des connaissances

Un mécanicien gonfle les pneumatiques d'une automobile à 2,2 bar, conformément aux instructions du constructeur.

1. Nommer l'instrument de mesure utilisé.

2. Préciser s'il s'agit d'une pression relative ou absolue.

3. S'il s'agit d'une pression relative, déterminer la pression absolue dans le pneu.

9 Pression négative

S'approprier : mobiliser des connaissances

On a mesuré une pression relative $P_{rel} = -5 \times 10^4$ Pa dans une conduite de gaz.

- Déterminer la pression absolue dans cette conduite de gaz.

10 Utilisation d'un manomètre

S'approprier : mobiliser et organiser ses connaissances
Réaliser : effectuer des calculs numériques

Un manomètre indique une pression relative de 200 mbar dans une enceinte remplie de gaz.

La pression atmosphérique est de 750 mmHg.

1. Indiquer si l'enceinte est en surpression ou en dépression.

2. Calculer la pression absolue dans l'enceinte exprimée en Pa.

Loi fondamentale de la statique des fluides

11 Une descente en apnée

S'approprier : mobiliser et organiser ses connaissances
Réaliser : effectuer des calculs numériques

Un apnéiste descend à 100 m de profondeur. La pression atmosphérique est de 1 013 hPa.
On rappelle que $\Delta p = p_A - p_B = \rho g(z_B - z_A) = \rho g h$.

1. Quelle est la pression à la surface de l'eau ? L'exprimer en unité SI.

2. Appliquer la loi de la statique des fluides pour calculer la pression ressentie par cet apnéiste.

3. Convertir cette pression en bar.

4. Pourquoi les poumons de l'apnéiste passent de la taille d'un melon à la taille d'une orange lors de la descente ?

12 SCIENCE IN ENGLISH

Scuba diving

A diver is at a depth of 10 meters below the surface of the sea. The density of seawater is 1,030 kilograms per cubic meter.

1. Give the altitude of the surface and the pressure at this point.

2. Calculate the pressure at a depth of 10 meters.

13 Un liquide inconnu

Il est possible de déterminer la nature d'un liquide en mesurant la différence de pression entre deux points du liquide. Une capsule manométrique reliée à un manomètre est plongée dans un liquide inconnu. La dénivellation observée entre deux points vaut 7,2 cm et la différence de pression vaut 883 Pa.

1. En utilisant la loi de la statique des fluides $\Delta p = \rho g h$, calculer la valeur de la masse volumique du liquide inconnu.

2. D'après le tableau ci-dessous, de quel liquide s'agit-il ?

Liquide	Masse volumique en $kg.m^{-3}$
Eau	1 000
Glycérine	1 250
Lait	1 080
Éthanol	790

3. Comment évolue la pression si la capsule est déplacée d'un point à un autre :
- horizontalement ?
- verticalement vers le haut ?

14 Les hémisphères de Magdebourg

DIFFÉRENCIATION

Le 8 mai 1654, le physicien allemand Otto von Guericke (1602-1686) démontre l'existence du vide par l'expérience suivante : il accole l'un à l'autre deux hémisphères métalliques de rayon 28 cm entre lesquels il pompe l'air. Chaque hémisphère est relié à un groupe de 8 chevaux et les groupes tirent dans des sens opposés sans parvenir à séparer les hémisphères. La force moyenne développée par un cheval est de 700 N.

Expliquer, en vous appuyant sur un calcul, comment il est possible que la force de 16 chevaux soit insuffisante pour séparer les deux hémisphères.
Donnée : surface d'une sphère $S = 4\pi R^2$.

15 Du cœur aux pieds

BAC

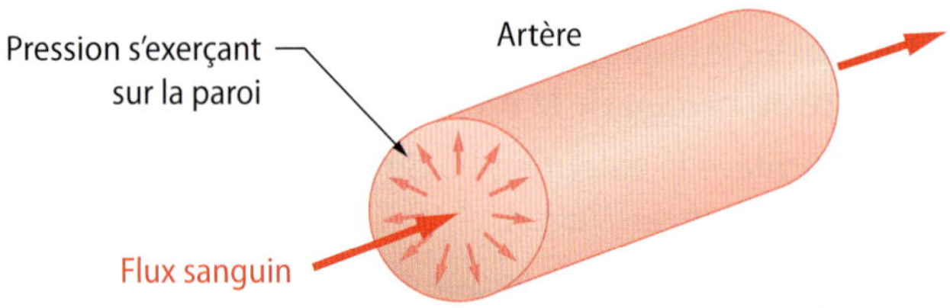

Le sang circule dans les artères sous une certaine pression : c'est la **pression artérielle**, notée $P_{\text{artérielle}}$.
Elle est supérieure à la pression atmosphérique et est à l'origine de la déformation des parois artérielles puisque le sang y exerce une force pressante.
La **tension artérielle** exprime cette **surpression dans les artères** et est définie par la relation :
$T = P_{\text{artérielle}} - P_{\text{atm}}$.
On considère deux points de l'appareil circulatoire d'un patient debout : A (les pieds), C (le cœur), séparés de 1,30 m.
On rappelle que : $\Delta p = p_A - p_B = \rho g (z_B - z_A) = \rho g h$.
Données : $g = 9{,}81\ N.kg^{-1}$; $\rho_{sang} = 1{,}06 \times 10^3\ kg.m^{-3}$.

1. Exprimer la tension artérielle aux points A et C en fonction de la pression artérielle en ces points p_A et p_C.

2. Montrer que la variation de tension artérielle entre les points A et C est égale à la variation de pression artérielle telle que $T_A - T_C = p_A - p_C$.

3. Sachant que la tension artérielle au niveau du cœur vaut 13,3 kPa, montrer, à l'aide de la loi de la statique des fluides, que la tension artérielle au niveau des pieds vaut 26,8 kPa.

4. Que vaut la tension artérielle au niveau des pieds si le patient est allongé ?

16 Alpinisme

Lors d'une course en altitude, un alpiniste constate que ses sachets hermétiques contenant des fruits secs sont gonflés.

1. Indiquer comment évolue la pression atmosphérique quand l'altitude augmente.

2. En déduire comment évolue l'intensité de la force pressante.

3. Expliquer comment évolue l'intensité de la force pressante à l'intérieur du sachet.

17 Eau douce, eau salée

Le graphique ci-contre représente la pression relative dans un réservoir d'eau en fonction de la profondeur.

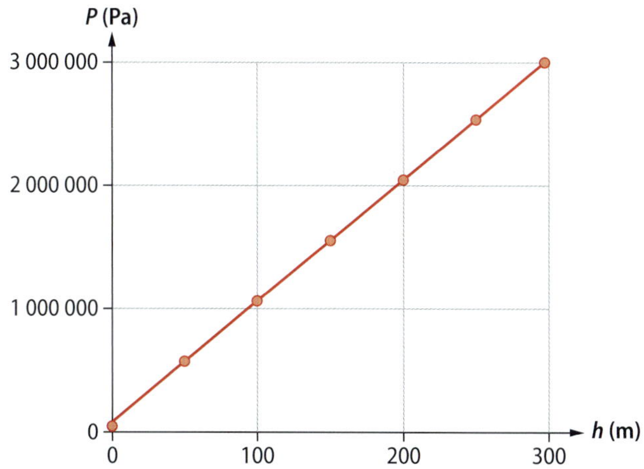

1. À l'aide du principe fondamental de l'hydrostatique, exprimer la masse volumique ρ du liquide en fonction de ΔP, g et h.

2. À l'aide du graphique, déterminer la masse volumique de l'eau contenue dans le réservoir.

3. Indiquer s'il s'agit d'eau douce ou d'eau salée.

Données : $\rho_{\text{eau douce}} = 1\,000$ kg.m^{-3} ; $\rho_{\text{eau salée}} = 1\,025$ kg.m^{-3} ; $g = 9{,}81$ N.kg^{-1}.

18 Une seringue

Un infirmier souhaite injecter un liquide dans la veine d'un patient. Il exerce une force pressante sur le piston d'une seringue, ce qui génère une pression supplémentaire p_A en un point A du liquide.

Le piston possède une surface 100 fois plus grande que celle de l'aiguille.

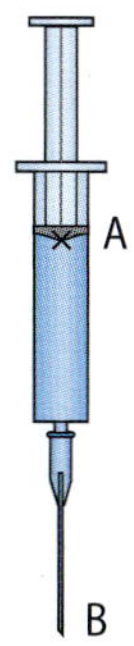

1. Sachant qu'un liquide est incompressible, que peut-on dire de la valeur de l'augmentation de pression p_B du liquide à l'extrémité de l'aiguille ?

2. Si l'infirmier exerce une force pressante F_A, la force pressante exercée en B est-elle plus faible ou plus élevée qu'en A ?

3. Que vaut le rapport des forces $\frac{F_A}{F_B}$?

19 Réservoir

Un réservoir est rempli par deux fluides non miscibles de masses volumiques différentes ρ_1 et ρ_2.

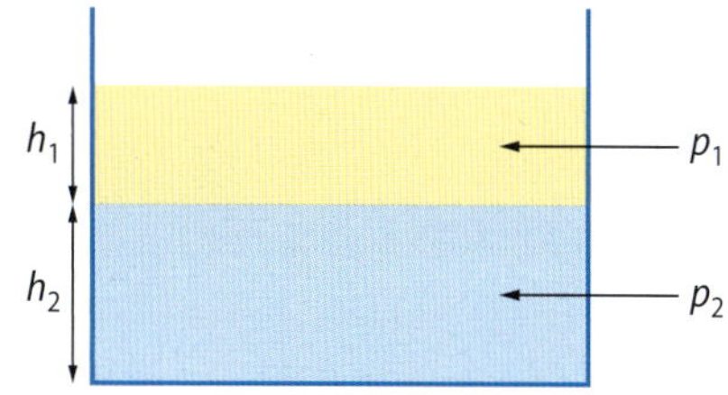

1. Déterminer la pression P_f exercée par les deux fluides sur le fond de ce bac en fonction de P_{atm}, h_1, h_2, ρ_1, ρ_2 et g.

2. Calculer la valeur numérique de la pression P_f en Pa.

Données : $\rho_1 = 1\,000$ kg.m^{-3} $\rho_2 = 860$ kg.m^{-3}
$h_1 = 1{,}50$ m $h_2 = 1{,}0$ m et $P_{atm} = 101\,325$ Pa

20 Tube en U

Un tube en U de section constante $S = 1$ cm^2 contient un volume V_1 d'un liquide de masse volumique $\rho_1 = 1\,000$ kg.m^{-3}. On verse ensuite dans une des branches un volume $V_2 = 10$ cm^3 d'un second liquide de masse volumique ρ_2 telle que $\rho_2 < \rho_1$. Ce deuxième liquide est non miscible avec le premier.

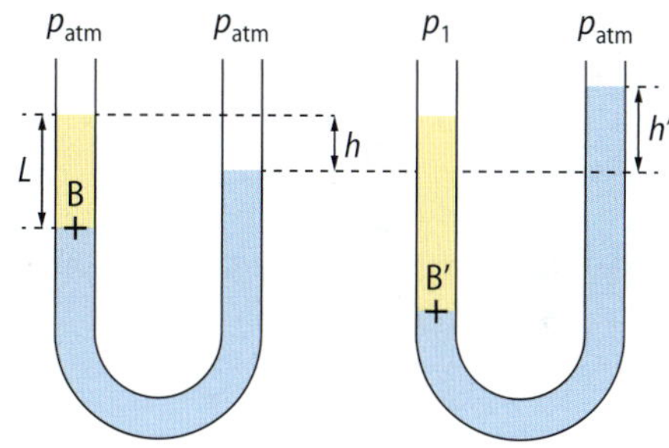

1. Les deux surfaces libres sont soumises à la pression atmosphérique.

a) Exprimer la pression au point B de deux façons différentes.

b) En déduire la relation donnant la masse volumique ρ_2 : $\rho_2 = \rho_1 \frac{L-h}{h}$.

c) On a mesuré une différence de niveau $h = 1{,}5$ cm. Calculer la valeur de la masse volumique ρ_2 du liquide ajouté.

2. La branche de gauche du tube en U est maintenant soumise à la pression P_1 tandis que la branche de droite reste soumise à la pression atmosphérique $P_{atm} = 101\,325$ Pa. La surface libre de l'eau s'est déplacée de $h' = 15$ cm.

a) Donner l'expression de P_1 en fonction de P_{atm}, ρ_1, g et h'.

b) En déduire la valeur de la pression P_1.

CHAPITRE 9

THÈME 1 › ÉNERGIE

Énergie transportée par la lumière

L'énergie transportée par la lumière est exploitée dans l'habitat pour produire de la chaleur mais aussi de l'électricité. Le rendement de conversion des capteurs solaires est un paramètre clé influant sur leur performance. Il représente donc un enjeu majeur dans la recherche sur les panneaux solaires.

→ **Comment la lumière transporte-t-elle de l'énergie ? Comment déterminer le rendement d'une conversion photovoltaïque et d'une conversion photothermique ?**

›Testez vos prérequis

Indiquer la (ou les) bonne(s) réponse(s) :

1. Une onde électromagnétique de longueur d'onde dans le vide $\lambda = 800$ nm et de célérité $c = 3{,}00 \times 10^8$ m.s^{-1} a une fréquence égale à :

- ☐ **a.** $2{,}67 \times 10^{-15}$ Hz
- ☐ **b.** $3{,}75 \times 10^{14}$ Hz
- ☐ **c.** 240 Hz

2. Un panneau photovoltaïque produit une puissance de 12 W et reçoit une puissance de 100 W. Son rendement est de :

- ☐ **a.** 12 %
- ☐ **b.** 8 %
- ☐ **c.** 0,12 %

3. Un panneau photovoltaïque présentant une tension à ses bornes de 15 V et délivrant une intensité de 2,0 A fournit une puissance électrique de :

- ☐ **a.** 7,5 W
- ☐ **b.** 0,13 W
- ☐ **c.** 30 W

4. Un conducteur ohmique de résistance $R = 110\ \Omega$ et parcouru par un courant d'intensité $I = 300$ mA présente entre ses bornes une tension de :

- ☐ **a.** $3{,}30 \times 10^4$ V
- ☐ **b.** 33,0 V
- ☐ **c.** 9,90 V

5. Un volume d'eau liquide V_{eau} subissant une élévation de température $\Delta\theta$ reçoit une énergie par transfert thermique donnée par (avec c_{eau} la capacité thermique massique de l'eau, ρ_{eau} la masse volumique de l'eau liquide) :

- ☐ **a.** $Q = V_{eau} c_{eau} \Delta\theta$
- ☐ **b.** $Q = \rho_{eau} c_{eau} \Delta\theta$
- ☐ **c.** $Q = \rho_{eau} V_{eau} c_{eau} \Delta\theta$

→ Corrigés, p. 284

Vidéo

Filière solaire « silicium »

Nathan live!

CAPACITÉS EXIGIBLES

- Interpréter les échanges d'énergie entre la matière et la lumière à l'aide de la notion de photon.
- Citer et exploiter la relation $\Delta E = hf$ reliant une variation d'énergie à la fréquence des photons émis ou reçus.

> ACTIVITÉ DOCUMENTAIRE 1

- Identifier les formes d'énergie mises en jeu dans une conversion photovoltaïque et une conversion photothermique.
- Réaliser le bilan de puissance pour déterminer le rendement d'une conversion photovoltaïque et d'une conversion photothermique.

> ACTIVITÉS DOCUMENTAIRES 2 ET 3

- Exploiter les caractéristiques tension-courant d'un panneau photovoltaïque pour identifier son point de fonctionnement.

> ACTIVITÉ DOCUMENTAIRE 4

ACTIVITÉ 1

ACTIVITÉ DOCUMENTAIRE

COMPÉTENCES
- ✓ S'approprier : rechercher, sélectionner et organiser l'information en lien avec la problématique.
- ✓ Réaliser : utiliser un modèle, effectuer des collectes de données, des calculs.

→ Comment expliquer la présence de raies dans le spectre d'émission d'une lampe spectrale ?

Contrairement aux lampes à incandescence, ou aux LED blanches qui émettent une lumière dont le spectre est continu, le spectre d'une lampe spectrale est constitué de raies.

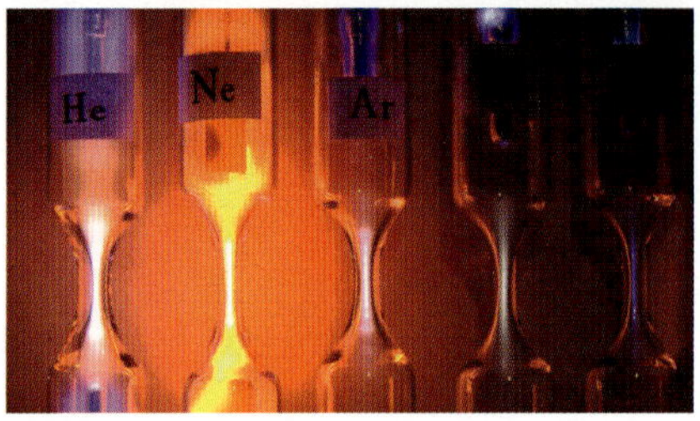

DOC. 1 Spectres d'émission du mercure

Une lampe spectrale de mercure contient une vapeur d'atomes de mercure.

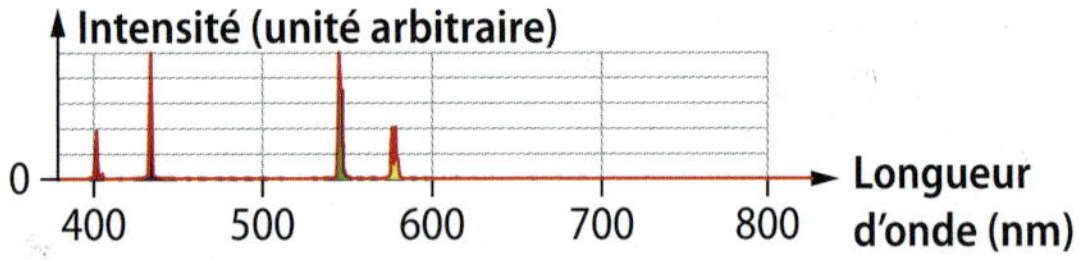

▲ Répartition spectrale de l'intensité émise par une lampe à vapeur de mercure

▲ Raies caractéristiques de l'atome de mercure dans le visible

DOC. 2 Modèle corpusculaire de la lumière

En 1905, Albert Einstein postule que les échanges d'énergie entre la matière et la lumière, se font par l'intermédiaire de photons. L'énergie ΔE (en J) d'un photon ne dépend que de la fréquence f (en Hz) du rayonnement qui le transporte ou de sa longueur d'onde dans le vide λ (en m) :

$\Delta E = hf = \dfrac{hc}{\lambda}$ où $h = 6{,}63 \times 10^{-34}$ J.s est la constante de Planck, $c = 3{,}00 \times 10^{8}$ m.s^{-1}

DOC. 3 Niveaux d'énergie d'un atome

Pour interpréter les spectres de raies d'un atome, Niels Bohr émet en 1913 les hypothèses suivantes :
– l'énergie d'un atome est quantifiée et ne peut prendre que certaines valeurs bien distinctes : ce sont les niveaux d'énergie d'un atome ;
– un atome peut changer de niveau d'énergie en émettant ou en absorbant de la lumière. Ainsi, un atome émet un photon lorsqu'il passe d'un niveau d'énergie supérieur à un niveau d'énergie inférieur. L'énergie du photon émis est alors égale à l'écart d'énergie entre ces deux niveaux.

Exemple : lors de la transition ci-contre, notée (1), un atome de mercure passe du niveau d'énergie E_5 au niveau d'énergie E_2 en émettant un photon d'énergie $\Delta E = E_5 - E_2$.

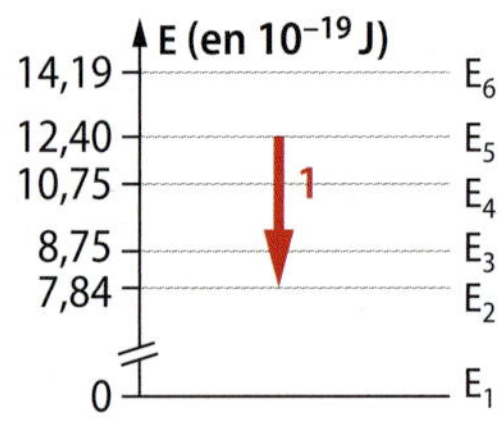

▲ Niveaux d'énergie de l'atome de mercure

QUESTIONS

1. S'APPROPRIER ▶ À partir du DOC. 1, indiquer les longueurs d'onde des deux raies les plus intenses du spectre du mercure.

2. RÉALISER ▶

a) Déterminer l'énergie du photon émis lors de la transition (1) du DOC. 3.

b) En déduire la longueur d'onde dans le vide du rayonnement émis lors de cette transition.

c) Identifier sur le DOC. 1 la raie du mercure associée à cette transition.

3. RÉALISER ▶ On s'intéresse à la raie du mercure de longueur d'onde dans le vide $\lambda = 546$ nm.

a) Calculer l'énergie ΔE du photon émis associé à cette longueur d'onde.

b) Identifier la transition atomique correspondante sur le diagramme du DOC. 3.

ACTIVITÉ 2

COMPÉTENCES

- ✓ S'approprier : rechercher, sélectionner et organiser l'information en lien avec la problématique.
- ✓ Réaliser : effectuer des représentations, collectes de données, des calculs.

ACTIVITÉ DOCUMENTAIRE

→ Comment déterminer le rendement d'un chauffe-eau solaire ?

DOC. 1 Schéma général d'un chauffe-eau solaire

Un chauffe-eau solaire produit de l'eau chaude en utilisant le rayonnement solaire. Il est constitué de capteurs solaires qui chauffent un fluide caloporteur. Ce fluide circule à travers un serpentin qui permet la production d'eau chaude.

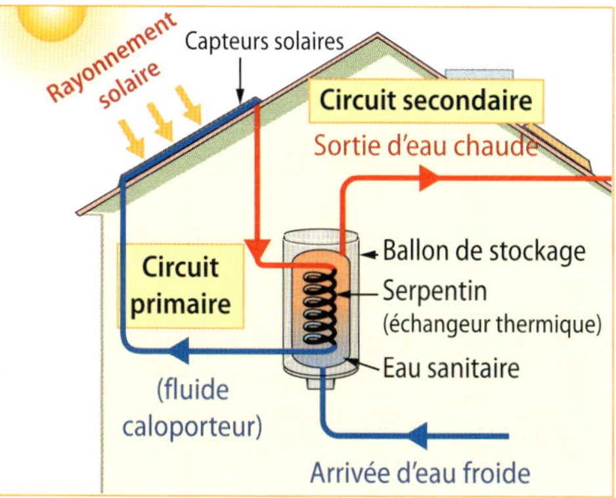

DOC. 2 Vue en coupe d'un capteur solaire thermique vitré

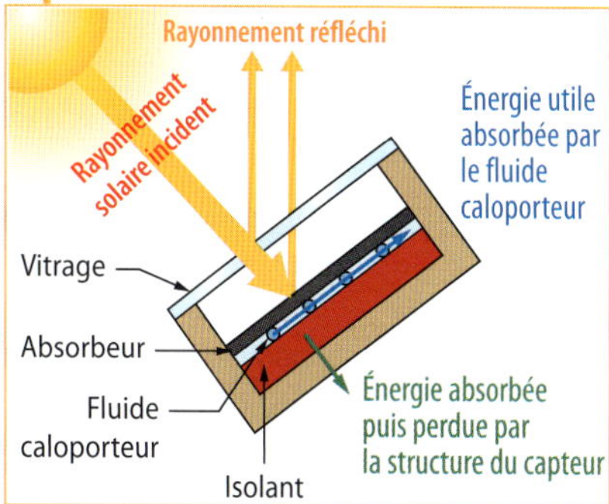

DOC. 3 Dimensionnement d'un chauffe-eau solaire en fonction du nombre d'occupants et de la zone climatique

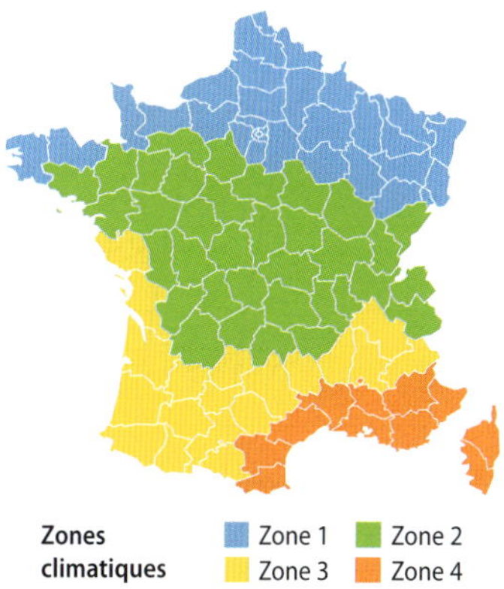

Nombres d'occupants par habitation	1 ou 2	3 ou 4	5 ou 6	7 ou 8
Volume du ballon solaire[1] (en litres)	100 à 150	100 à 250	250 à 350	350 à 500
Volume total du ballon[2] (en litres)	100 à 250	250 à 400	400 à 550	550 à 650
Zones climatiques	Surface des capteurs (en m^2)			
Zone 1	2 à 3	3 à 5,5	4 à 7	5 à 7
Zone 2	2 à 3	2,5 à 4,5	3,5 à 6,5	4,5 à 7
Zone 3	2 à 2,5	2 à 4	3 à 5,5	3,5 à 7
Zone 4	2 à 2,5	2 à 3,5	2,5 à 4,5	3,5 à 6

1 : pour un chauffe-eau solaire sans appoint ;
2 : pour un chauffe-eau solaire avec appoint

QUESTIONS

1. S'APPROPRIER ▶ Représenter la chaîne énergétique d'un capteur solaire thermique, en précisant les formes d'énergie mises en jeu.

2. RÉALISER ▶ Un couple habitant une petite maison individuelle à Nice souhaite installer un chauffe-eau solaire sans système d'appoint.

a) À l'aide du DOC. 3, indiquer le volume du ballon et la surface de capteurs solaires à poser.

b) Dans le ballon, l'eau froide arrive à une température $\theta_1 = 15$ °C et l'eau chaude sanitaire doit y ressortir à la température $\theta_2 = 55$ °C.
Calculer la puissance minimale P nécessaire pour que la durée de cette opération soit $\Delta t = 5{,}0$ h. Aucun soutirage d'eau n'a lieu pendant cette durée.

c) Calculer la puissance lumineuse P_R reçue par l'ensemble des capteurs solaires sachant que l'irradiance moyenne est de 800 W.m^{-2}.

d) En considérant que l'énergie absorbée par le fluide caloporteur est intégralement transférée à l'eau du ballon, estimer le rendement que doit posséder ce chauffe-eau solaire.

Rappel

- **L'énergie thermique** reçue par un volume d'eau liquide V (en L) pour faire passer sa température de θ_1 à θ_2 est : $Q = \rho V c_{eau}(\theta_2 - \theta_1)$
avec $\rho = 1{,}0$ kg.L^{-1} la masse volumique de l'eau liquide, $c_{eau} = 4{,}18 \times 10^3$ J.kg^{-1}.°C^{-1}, la capacité thermique massique de l'eau liquide.
- La puissance P (en W) s'exprime en fonction de l'énergie E (en J) et de la durée Δt (en s) par la relation : $P = \dfrac{E}{\Delta t}$.
- **1 Wh = 3,6 × 10³ J**
- Le **rendement** r d'un convertisseur est : $r = \dfrac{P_{utile}}{P_{reçue}}$.

ACTIVITÉ 3

ACTIVITÉ DOCUMENTAIRE

COMPÉTENCES
- Analyser/Raisonner : choisir un modèle ou des lois pertinentes.
- Réaliser : utiliser un modèle, effectuer des représentations, collectes de données, des calculs, exploiter un graphique.

→ Quels sont les effets de l'éclairement et de la température sur le rendement d'un panneau photovoltaïque ?

Thomas souhaite comparer les rendements des panneaux photovoltaïques posés sur le toit de sa maison lors d'une belle journée d'été et d'une belle journée d'hiver. Pour cela, il effectue des relevés d'éclairement à midi. Au mois de février, il relève un éclairement de 925 W.m^{-2} et une température du panneau de 0 °C ; au mois d'août, il relève un éclairement de 980 W.m^{-2} et une température du panneau de 60 °C.

DOC. **Caractéristiques courant-tension d'un panneau photovoltaïque pour différents éclairements (courbes 1) et pour différentes températures (courbes 2)**

Les dimensions du panneau sont : 1 237 mm × 1 082 mm × 45 mm.
Les courbes en noir (traits plein et en pointillé) sont des courbes d'isopuissance : lorsqu'on se déplace sur une même courbe, la puissance reste égale.

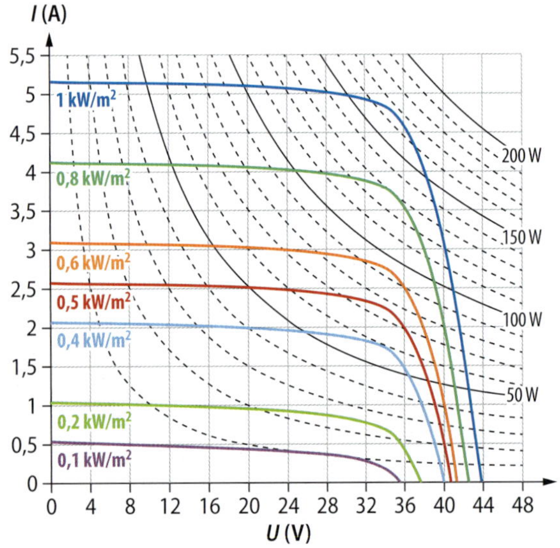

▲**Courbes 1** : pour une température de 25 °C

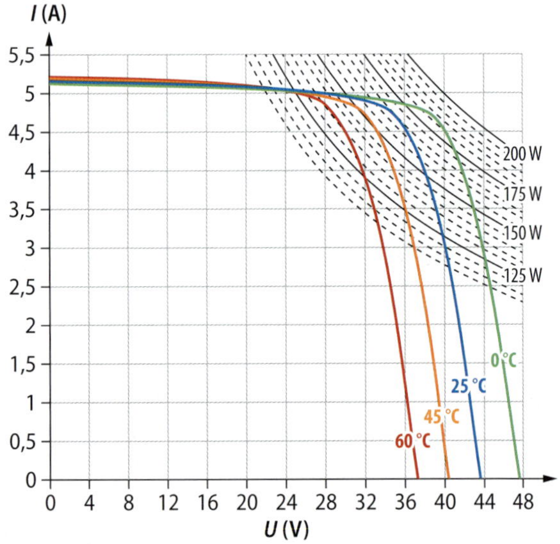

▲**Courbes 2** : pour un éclairement de 1 000 W.m^{-2}

QUESTIONS

1. S'APPROPRIER ▶ Représenter la chaîne énergétique d'un panneau photovoltaïque, en précisant les formes d'énergie mises en jeu.

2. ANALYSER - RAISONNER ▶ À température donnée, montrer que la puissance électrique maximale P_{max} que peut fournir un panneau photovoltaïque est proportionnelle à l'éclairement P_{surf} tant que l'éclairement reste suffisamment élevé.

3. RÉALISER ▶ À l'aide des courbes 2, déterminer la valeur de la puissance maximale P_{max} à 0 °C et à 60 °C obtenues pour un éclairement de 1 000 W.m^{-2}.

4. RÉALISER ▶ En utilisant la relation de proportionnalité entre P_{max} et P_{surf}, évaluer P_{max} à 0 °C et à 60 °C pour les valeurs d'éclairement mesurées par Thomas.

5. RÉALISER ▶ En déduire les valeurs des rendements dans les conditions mesurées par Thomas.

6. VALIDER ▶ Conclure sur les conditions météorologiques pour avoir le meilleur rendement.

ACTIVITÉ 4

ACTIVITÉ DOCUMENTAIRE

COMPÉTENCES

- ✓ S'approprier : rechercher, sélectionner et organiser l'information en lien avec la problématique.
- ✓ Réaliser : effectuer des collectes de données, des calculs, exploiter un graphique.

→ Comment optimiser la charge d'une batterie par un panneau photovoltaïque ?

Dans une installation photovoltaïque autonome, la charge des batteries s'effectue pendant la journée grâce aux panneaux solaires photovoltaïques, ce qui permet un stockage de l'énergie électrique produite. Cette énergie sert ensuite à alimenter différents récepteurs de l'habitation.

DOC. 1 Caractéristiques intensité-tension d'un module photovoltaïque à 25 °C pour différents éclairements et caractéristique d'un conducteur ohmique

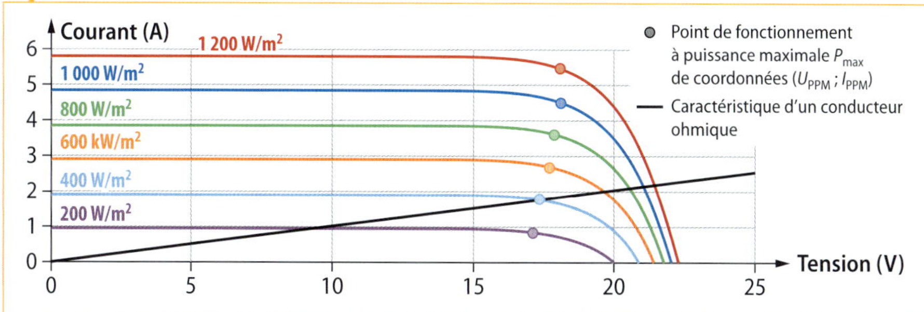

Vocabulaire

Capacité d'une batterie Q (en A.h) : quantité d'électricité disponible avant de devoir recharger la batterie.

Énergie E (en Wh) : énergie que peut stocker une batterie : $E = Q \times U$ où U est la tension à vide de la batterie (en V).

Temps d'une charge pour une charge complète d'une batterie : $\Delta t = \frac{E}{P}$ où P est la puissance électrique reçue par la batterie au cours de sa charge.

DOC. 2 Point de fonctionnement d'un module photovoltaïque

Lorsqu'on branche directement un dipôle récepteur aux bornes d'un module photovoltaïque, la tension U aux bornes du module et du dipôle ainsi que le courant I sont déterminés par le point de fonctionnement. Ce point est obtenu à l'intersection de la caractéristique du module photovoltaïque et celle du dipôle. Par exemple, sur le DOC. 1, on a superposé les caractéristiques du module photovoltaïque et celle d'un conducteur ohmique : le conducteur ohmique et le module fonctionnent au point de puissance maximale seulement pour un éclairement de 400 W.m^{-2}.

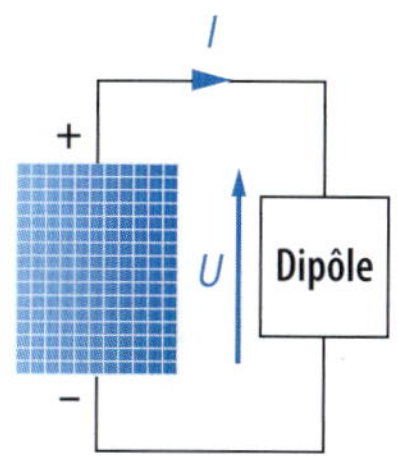

QUESTIONS

1. RÉALISER ▶ Afin de charger une batterie 12 V, et de capacité 50 A.h, on la branche directement sur le module photovoltaïque dont les caractéristiques sont données sur le DOC. 1. Le module reçoit un éclairement de 800 W.m^{-2}.

a) Déterminer l'intensité I et la tension U au point de fonctionnement.

b) En déduire la puissance électrique P reçue par la batterie pendant sa charge.

c) Estimer le temps de charge complète de la batterie avec un tel module en supposant l'éclairement constant.

d) En fait, le temps de charge est plus long que celui calculé précédemment. Justifier en donnant quelques raisons.

En réalité, dans une installation photovoltaïque autonome, on insère un régulateur de charge entre le module photovoltaïque et la batterie. Les régulateurs de charge les plus performants sont de type MPPT (*Maximum Power Point Tracking*).

2. S'APPROPRIER ▶ Indiquer la signification de cette dénomination.

3. RÉALISER ▶ Déterminer la puissance maximale P_{max} que peut délivrer le module photovoltaïque du DOC. 1 sous un éclairement de 800 W.m^{-2}.

4. RÉALISER ▶ Évaluer le temps de charge de la batterie 12 V, 50 A.h si elle pouvait recevoir la puissance maximale P_{max}.

5. VALIDER ▶ Conclure sur l'intérêt d'un régulateur MPPT.

LE COURS

1 MODÈLE CORPUSCULAIRE DE LA LUMIÈRE (LE PHOTON)

• Une **onde électromagnétique** de fréquence f et de longueur d'onde dans le vide λ peut être décrite par un ensemble de corpuscules appelés **photons**. Chaque photon transporte une énergie ΔE telle que :

$$\Delta E = hf = \frac{hc}{\lambda}$$

- ΔE : énergie en joules (J)
- f : fréquence en hertz (Hz)
- λ : longueur d'onde dans le vide en mètres (m)
- $h = 6{,}63 \times 10^{-34}$ J.s : constante de Planck
- $c = 3{,}0 \times 10^{8}$ m.s^{-1} : célérité de l'onde électromagnétique dans le vide et dans l'air

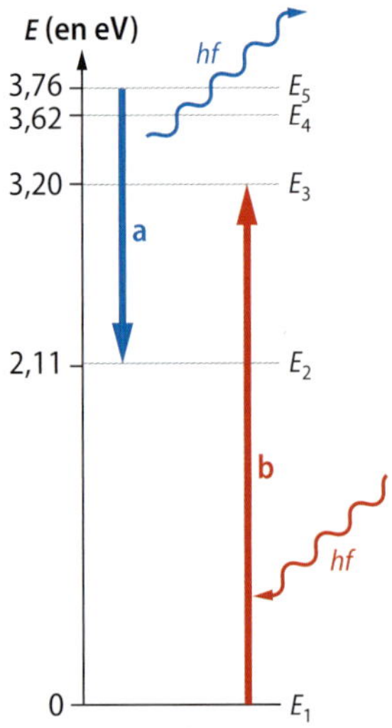

▲ Diagramme énergétique de l'atome de sodium

• **L'énergie ΔE du photon** est souvent exprimée en électronvolts (eV) avec 1 eV = $1{,}6 \times 10^{-19}$ J.

Exemple : pour $\lambda = 590$ nm, $\Delta E = \frac{hc}{\lambda} = 3{,}4 \times 10^{-19}\text{ J} = 2{,}1$ eV

• Il y a émission d'un photon lorsqu'une particule (atome, électron…) passe d'un niveau d'énergie supérieure E_{sup} à un niveau d'énergie inférieure E_{inf} (voir transition *a* sur le schéma ci-contre).

• Il y a absorption d'un photon lorsqu'une particule (atome, électron…) passe d'un niveau d'énergie inférieure E_{inf} à un niveau d'énergie supérieure E_{sup} (voir transition *b* sur le schéma ci-contre).

•Dans les deux cas, l'énergie du photon est alors égale à : $\Delta E = E_{sup} - E_{inf}$.

2 CONVERSION PHOTOTHERMIQUE

▲ Panneaux solaires thermiques

• **Capteur solaire thermique**

Un capteur solaire thermique est constitué :
– d'un caisson isolant ;
– d'une vitre en verre qui ferme le caisson et piège le rayonnement lumineux par effet de serre ;
– d'une feuille métallique noire qui absorbe le rayonnement du soleil et le convertit en énergie interne dans la plaque ;
– d'un fluide caloporteur qui voit sa température augmenter de $\Delta\theta$ du fait du transfert thermique provenant de la feuille métallique. L'énergie thermique Q que le fluide reçoit est égale à :

$$Q = mc\Delta\theta = \rho Vc\Delta\theta$$

- m = masse du fluide caloporteur (en kg)
- ρ = masse volumique du fluide caloporteur (en kg.m^{-3})
- V = volume du fluide caloporteur (en m^3)
- c = capacité thermique massique du fluide caloporteur (en J.kg^{-1}.°C^{-1})
- $\Delta\theta = \theta_{finale} - \theta_{initiale}$ = écart de température entre l'état final et l'état initial (en °C)

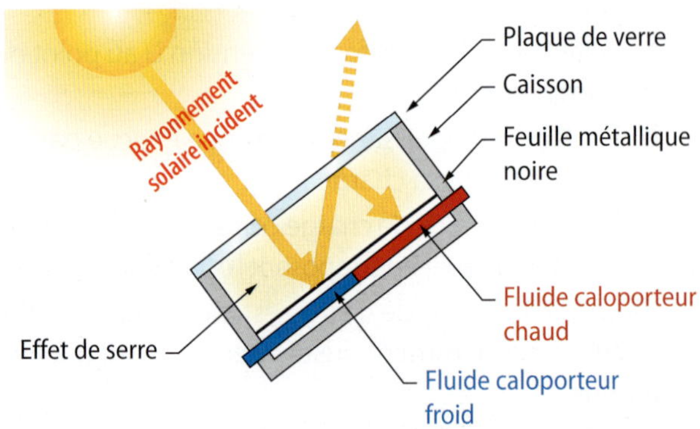

▲ Schéma en coupe d'un capteur solaire thermique

▶▶▶

- **Chaîne énergétique d'un capteur solaire thermique**

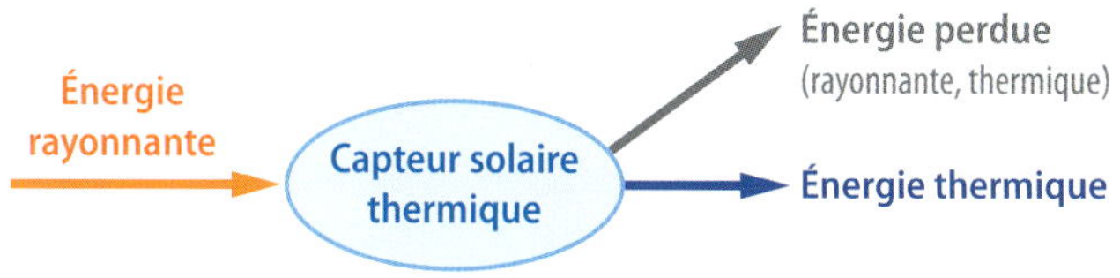

Rendement : $r = \dfrac{E_{thermique}}{E_{rayonnante}} = \dfrac{P_{thermique}}{P_{rayonnante}}$

où E est l'énergie (en J) et P est la puissance (en W)

3 CONVERSION PHOTOVOLTAÏQUE

- **Chaîne énergétique d'une cellule photovoltaïque**

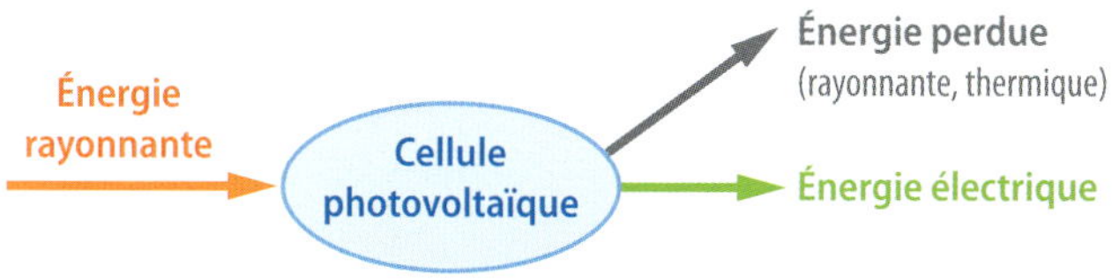

- **Rendement (maximal) :** $r = \dfrac{P_{électrique}}{P_{rayonnante}} = \dfrac{P_{max}}{P_{surf} \times S}$

Les rendements usuels pour des panneaux photovoltaïques à base de silicium n'excèdent pas 20 %.

- **Courbes caractéristiques $I = f(U)$ et $P_{élec} = f(U)$ d'un panneau photovoltaïque de surface S (en m^2) sous un éclairement donné P_{surf} (en W.m^{-2})**

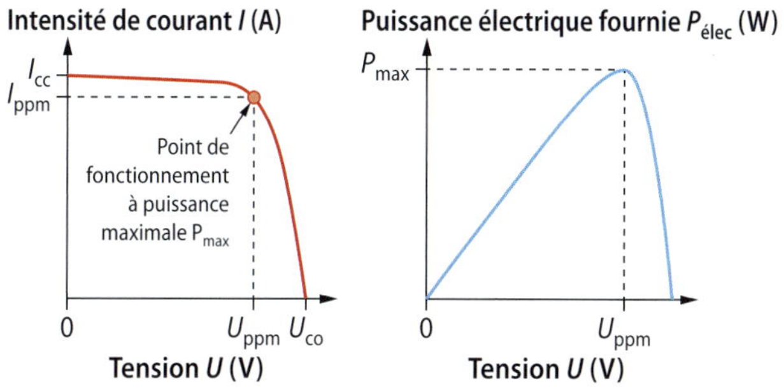

- I_{cc} = intensité du courant de court-circuit
- U_{co} = tension en circuit ouvert (ou tension à vide)
- P_{max} = puissance maximale fournie par le panneau photovoltaïque
- I_{ppm} = intensité nominale (intensité du courant au point de fonctionnement à puissance maximale)
- U_{ppm} = tension nominale (tension au point de fonctionnement à puissance maximale)

- **Point de fonctionnement d'un panneau photovoltaïque**

Dans un circuit comprenant un panneau photovoltaïque et un dipôle récepteur, l'intensité I et la tension U sont entièrement déterminés par le point de fonctionnement, intersection des caractéristiques du panneau et du dipôle.

Exemple : le dipôle est un conducteur ohmique de résistance R. Sa caractéristique $I = f(U)$ a pour équation $I = \dfrac{U}{R}$: c'est une droite passant par l'origine de coefficient directeur $\dfrac{1}{R}$.

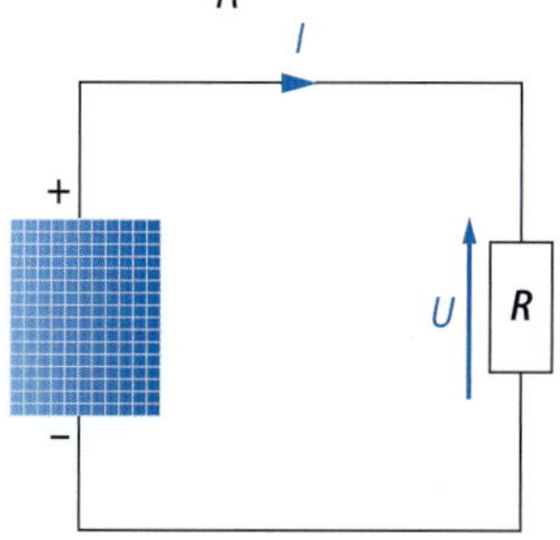

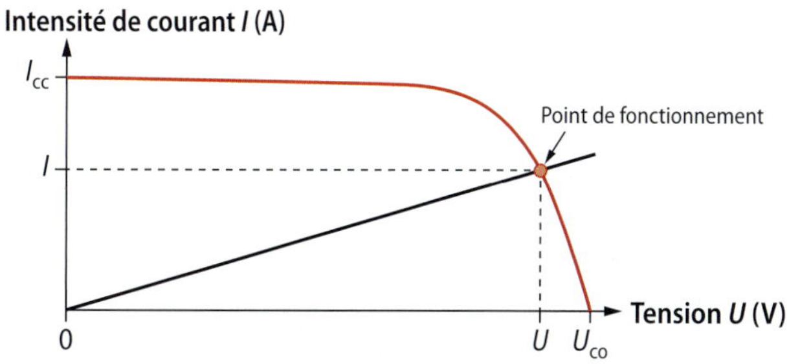

Données : $h = 6{,}63 \times 10^{-34}$ J.s ; 1 eV $= 1{,}6 \times 10^{-19}$ J ; $c = 3{,}0 \times 10^{8}$ m.s^{-1}

Indiquer la (ou les) bonne(s) réponse(s) :

■ Modèle corpusculaire de la lumière (le photon)

	A	B	C
1. La lumière est :	☐ constituée de phonons	☐ constituée de photons	☐ une onde électromagnétique
2. Un rayonnement gamma a pour fréquence $f = 7{,}7 \times 10^{19}$ Hz. L'énergie du photon associé est :	☐ $\Delta E = hf$	☐ $5{,}1 \times 10^{-14}$ J	☐ $\Delta E = \frac{hc}{f}$
3. L'énergie d'un photon de 3,5 eV est égale à :	☐ $2{,}2 \times 10^{19}$ J	☐ $4{,}6 \times 10^{-20}$ J	☐ $5{,}6 \times 10^{-19}$ J
4. La longueur d'onde dans le vide d'un rayonnement associé à un photon d'énergie $\Delta E = 2{,}34 \times 10^{-19}$ J est :	☐ 85 µm	☐ 850 nm	☐ $8{,}50 \times 10^{-7}$ m

■ Conversion photothermique

	A	B	C
5. Un panneau solaire thermique :	☐ fournit une énergie lumineuse	☐ fournit une énergie thermique	☐ fournit une énergie électrique
6. Le rendement d'un panneau solaire thermique est le rapport des puissances :	☐ $\frac{P_{électrique}}{P_{rayonnante}}$	☐ $\frac{P_{thermique}}{P_{rayonnante}}$	☐ $\frac{P_{rayonnante}}{P_{thermique}}$
7. Une masse de 1,0 kg d'eau (avec $c_{eau} = 4{,}18 \times 10^{3}$ J.kg^{-1}.°C^{-1} ; 1 Wh = 3 600 J) subissant une élévation de température de 50 °C reçoit une énergie thermique de :	☐ $2{,}1 \times 10^{5}$ J	☐ $7{,}6 \times 10^{8}$ Wh	☐ 58 Wh

■ Conversion photovoltaïque

Pour les questions suivantes, on considère les caractéristiques d'un panneau photovoltaïque (en bleu) et d'un conducteur ohmique de résistance R (en rouge).

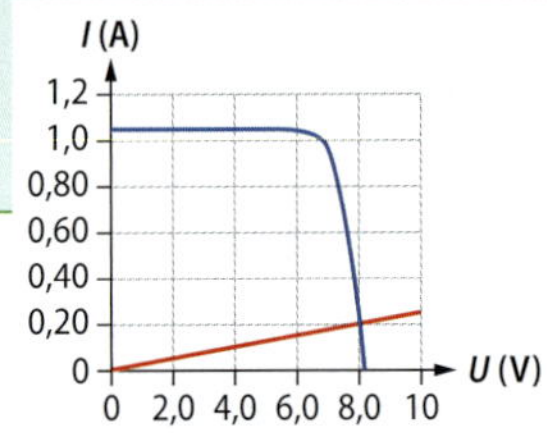

	A	B	C
8. Les valeurs nominales d'intensité et de tension du panneau photovoltaïque sont :	☐ 1,04 A et 8,1 V	☐ 1,0 A et 7,0 V	☐ les valeurs de l'intensité et de la tension au point de fonctionnement à puissance maximale
9. La puissance électrique maximale P_{max} que peut fournir le panneau est :	☐ 8,4 W	☐ 7,0 W	☐ 7,8 W
10. Le panneau alimente le conducteur ohmique. Le point de fonctionnement du circuit :	☐ est situé à l'intersection des deux caractéristiques	☐ est le point de fonctionnement à puissance maximale	☐ a pour coordonnées : U = 8,0 V et I = 0,20 A
11. La résistance du conducteur ohmique est égale à :	☐ 1,6 Ω	☐ 40 Ω	☐ $2{,}5 \times 10^{-2}$ Ω

→ Corrigés, p. 284

Panneaux photovoltaïques sur un bateau

On donne la caractéristique tension-courant d'un panneau photovoltaïque de surface $S = 0{,}556\ m^2$ et équipant un bateau. La caractéristique est obtenue pour un éclairement optimal $P_{surf} = 1\ 000\ W.m^{-2}$.

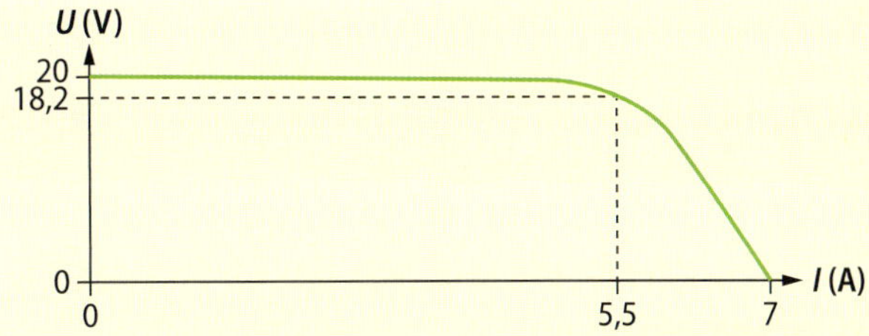

1. Déterminer l'intensité de court-circuit I_{cc}, la tension à vide U_{co}, l'intensité nominale I_{ppm} et la tension nominale U_{ppm}.

S'APPROPRIER - Savoir repérer sur une caractéristique les points de fonctionnement de court-circuit, à vide, à puissance maximale.

2. Calculer la puissance maximale P_{max} fournie par le panneau pour un éclairement de 1 000 $W.m^{-2}$.

RÉALISER - Utiliser les relations pour le calcul de P_{max}, $P_{reçue}$ et du rendement.

3. Calculer la puissance reçue $P_{reçue}$ par le panneau pour l'éclairement indiqué.

RÉALISER - Utiliser les relations pour le calcul de P_{max}, $P_{reçue}$ et du rendement

4. En déduire la valeur du rendement maximal.

RÉALISER - Utiliser les relations pour le calcul de P_{max}, $P_{reçue}$ et du rendement.

5. Calculer la résistance R d'un conducteur ohmique alimenté par le panneau et recevant la puissance maximale P_{max}.

RÉALISER - Utiliser la loi d'Ohm.

6. L'énergie électrique nécessaire par jour à bord du bateau est $E_{jour} = 5{,}00$ kWh.

ANALYSER/RAISONNER - Connaître la relation reliant énergie et puissance.

a) En se plaçant au point de fonctionnement à puissance maximale, calculer l'énergie $E_{panneau}$ en Wh produite par le panneau pour une journée offrant 6 heures de rayonnement équivalent à 1 000 $W.m^{-2}$.

b) En déduire le nombre puis la surface de panneaux devant être installés sur le bateau pour couvrir les besoins journaliers en électricité.

Solution

1. Par lecture graphique, $I_{cc} = 7{,}0$ A, $U_{co} = 20$ V, $I_{ppm} = 5{,}5$ A, $U_{ppm} = 18{,}2$ V.

2. $P_{max} = U_{ppm} \times I_{ppm} = 18{,}2 \times 5{,}5 = 1{,}0 \times 10^2$ W

3. $P_{reçue} = P_{surf} \times S = 1\ 000 \times 0{,}556 = 556$ W

4. Le rendement (maximal) vaut :

$$r = \frac{P_{max}}{P_{reçue}} = \frac{1{,}0 \times 10^2}{556} = 0{,}18 = 18\ \%.$$

5. Au point de fonctionnement à puissance maximale, $U = U_{ppm} = 18{,}2$ V et $I = I_{ppm} = 5{,}5$ A. D'après la loi d'Ohm, on en déduit : $R = \frac{U}{I} = \frac{18{,}2}{5{,}5} = 3{,}3\ \Omega$

6. a) $E_{panneau} = P_{max} \times \Delta t = 1{,}0 \times 10^2 \times 6 = 6{,}0 \times 10^2\ Wh$

b) Le nombre de panneaux nécessaire est :

$$N = \frac{E_{jour}}{E_{panneau}} = \frac{5{,}00 \times 10^3}{6{,}0 \times 10^2} = 8{,}3 \text{ soit 9 panneaux.}$$

La surface totale à poser est donc :

$S_{tot} = N \times S = 9 \times 0{,}556 = 5{,}00\ m^2$.

À VOUS DE JOUER !

Panneaux solaires thermiques sur un bateau

Un chauffe-eau solaire équipant un bateau est relié à des panneaux solaires thermiques pouvant produire par jour une énergie thermique surfacique de $1{,}0 \times 10^3\ Wh.m^{-2}$ lorsqu'ils reçoivent une énergie lumineuse surfacique journalière de 3 440 $Wh.m^{-2}$. Ce système permet de chauffer quotidiennement l'eau contenue dans un ballon de 120 L en élevant sa température de 30 °C.

Données : $\rho_{eau} = 1{,}0\ kg.L^{-1}$; $c_{eau} = 4{,}18 \times 10^3\ J.kg^{-1}.°C^{-1}$; 1 Wh = $3{,}6 \times 10^3$ J

1. Calculer le rendement de ces panneaux.

2. Déterminer l'énergie thermique emmagasinée par l'eau contenue dans le ballon.

3. En déduire la surface de panneaux posés sur le pont du bateau, permettant de fournir cette énergie.

→ Corrigés, p. 284

Données : constante de Planck $h = 6{,}63 \times 10^{-34}$ J.s ; célérité de la lumière dans le vide ou dans l'air $c = 3{,}0 \times 10^8$ m.s^{-1} ; 1 eV = $1{,}6 \times 10^{-19}$ J

Modèle corpusculaire de la lumière (le photon)

1 Énergie de gap du silicium

S'approprier : sélectionner des informations, mobiliser ses connaissances **Réaliser :** effectuer un calcul

Les cellules photovoltaïques sont constituées de silicium, matériau semi-conducteur, présentant une bande de valence et une bande de conduction séparées par une bande interdite dont la largeur en énergie, appelée « énergie de gap », est $E_g = 1{,}12$ eV. Pour générer un courant électrique, un électron doit passer de la bande de valence à la bande de conduction. Cela peut se faire par absorption d'un photon d'énergie supérieure à E_g.

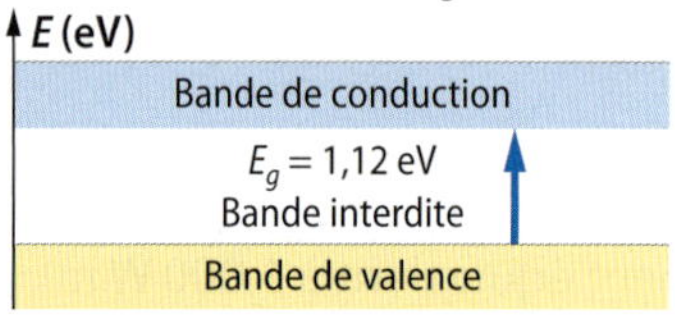

▲ Diagramme énergétique

1. Exprimer la valeur de E_g en joules.

2. Écrire la condition sur l'énergie ΔE que le photon doit avoir pour générer un courant électrique au sein de la cellule photovoltaïque.

3. En déduire les valeurs des longueurs d'onde du rayonnement solaire pouvant générer un courant électrique.

4. À l'aide du spectre électromagnétique en rabat de couverture, préciser à quel domaine du spectre ces longueurs d'onde correspondent.

2 Rayonnement ionisant

S'approprier : mobiliser ses connaissances
Réaliser : effectuer un calcul

À forte dose, les rayonnements ionisants présentent des dangers sur la santé de l'homme car ils possèdent suffisamment d'énergie pour arracher des électrons de la matière à leur atome. L'ionisation de la matière s'observe à partir d'un seuil d'énergie particulaire de 12,4 eV avec 1 eV = $1{,}6 \times 10^{-19}$ J.

1. Donner les valeurs en joules de l'énergie d'un photon associé à un rayonnement ionisant.

2. En déduire les fréquences des rayonnements ionisants.

3. À l'aide du spectre électromagnétique en rabat de couverture, préciser à quel domaine d'ondes électromagnétiques appartiennent les rayonnements ionisants.

Conversion photothermique

3 Rendement d'un capteur solaire thermique

S'approprier : mobiliser ses connaissances
Réaliser : effectuer un calcul.

Un capteur solaire thermique est constitué d'une vitre et d'un serpentin noir. De l'eau circule dans le serpentin avec un débit de 25,0 L par heure. La température de l'eau, à l'entrée du serpentin, est égale à 14 °C, alors qu'elle est de 35 °C à la sortie.

1. Quel est le mode de transfert d'énergie reçu par le capteur solaire ?

2. Quels sont les rôles respectifs de la vitre et de la peinture noire ?

3. Calculer l'énergie échangée par transfert thermique fournie à l'eau chaque seconde.

4. Au cours de cette expérience, la puissance rayonnante reçue est de 900 W. Calculer le rendement de ce capteur solaire.

Donnée : $c_{eau} = 4{,}18$ kJ.kg^{-1}.°C^{-1}

4 SCIENCE IN ENGLISH

A heating solar panel

The yearly sum of global irradiation in France is equal to 1,500 kWh.m^{-2}. A 20 m^2 solar panel is connected to three solar water heaters, each of which absorbs an average of 4,000 kWh per year. The yield of the panel is 30%.

1. Calculate the yearly energy received by the panel.

2. How much thermal energy does the panel produce?

3. Is the panel sufficient to heat the water contained in all three water heaters?

5 Bilan de puissance d'un capteur solaire thermique

S'approprier : mobiliser ses connaissances
Réaliser : effectuer un calcul, exploiter un schéma.

Un capteur solaire thermique de type « sous vide » de surface 1 m^2 est schématisé ci-dessous :

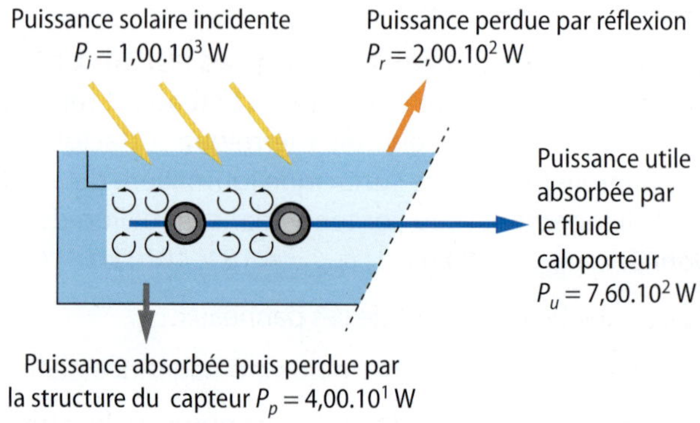

1. Compléter le schéma du bilan de puissance du capteur solaire thermique, en précisant la forme des puissances mises en jeu.

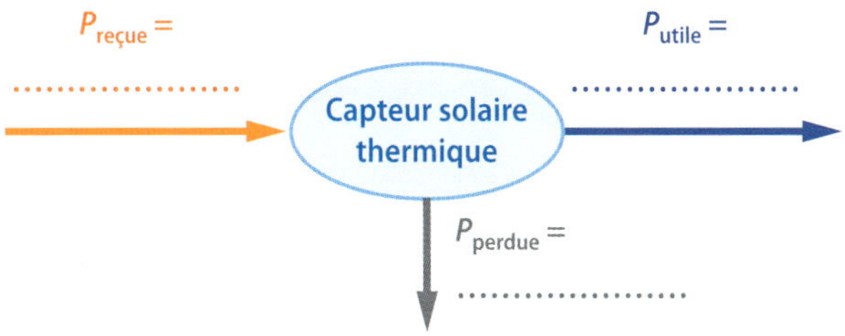

2. Exprimer le rendement de ce capteur.

3. Calculer la valeur du rendement.

Conversion photovoltaïque

6 Panneau photovoltaïque d'un chargeur portable

S'approprier : mobiliser ses connaissances
Réaliser : exploiter un graphique, effectuer un calcul.

Le panneau photovoltaïque alimentant un chargeur portable a les caractéristiques suivantes :

Surface de l'ensemble	15 cm × 7,0 cm
Tension nominale	5,0 V
Intensité nominale	400 mA
Conditions d'éclairement lors du tracé de la caractéristique	1 000 W.m^{-2}

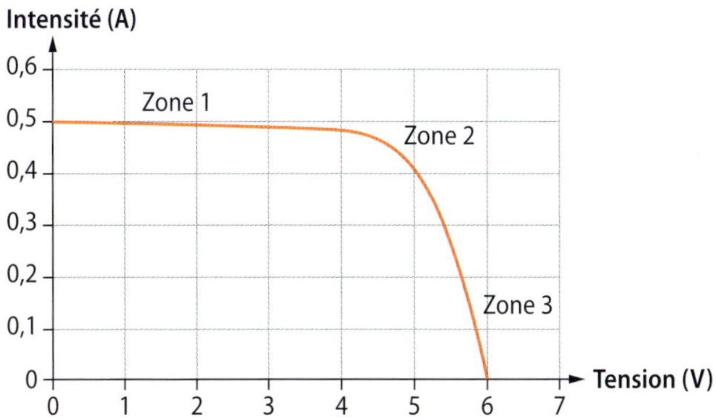

1. Compléter la chaîne énergétique du panneau photovoltaïque, en précisant la forme des énergies mises en jeu.

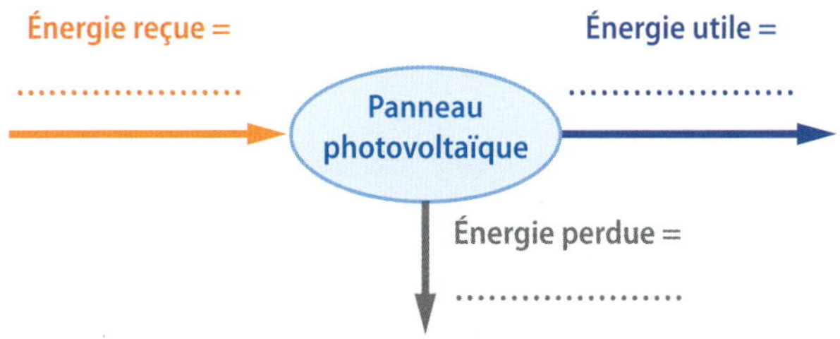

2. Relever les valeurs de la tension à vide U_{CO} et de l'intensité du courant de court-circuit I_{CC}.

3. Déterminer les valeurs des puissances fournies P_{CO} et P_{CC} par le panneau sur les points de fonctionnement à vide et en court-circuit.

4. Sur quelle zone de la caractéristique (1, 2 ou 3) le panneau fournit-il sa puissance maximale P_{max} ?

5. Calculer la valeur de P_{max}.

6. Déterminer le rendement maximal du panneau photovoltaïque.

7 Point de fonctionnement d'un panneau photovoltaïque

S'approprier : mobiliser ses connaissances
Réaliser : exploiter un graphique, effectuer un calcul

On branche un conducteur ohmique de résistance R aux bornes d'un module photovoltaïque sous un éclairement de 1 000 W.m^{-2}. Leurs caractéristiques $I = f(U)$ ont été tracées ci-dessous.

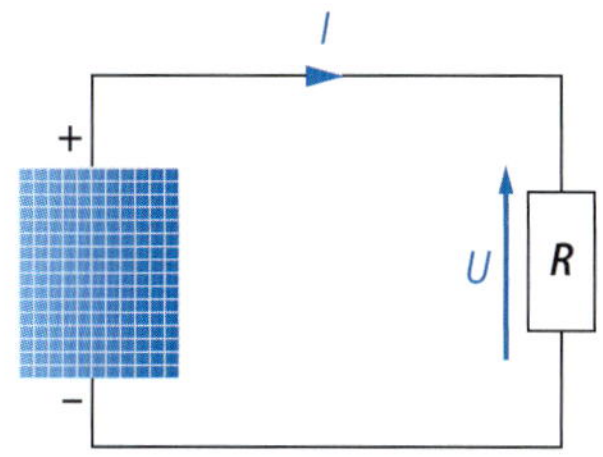

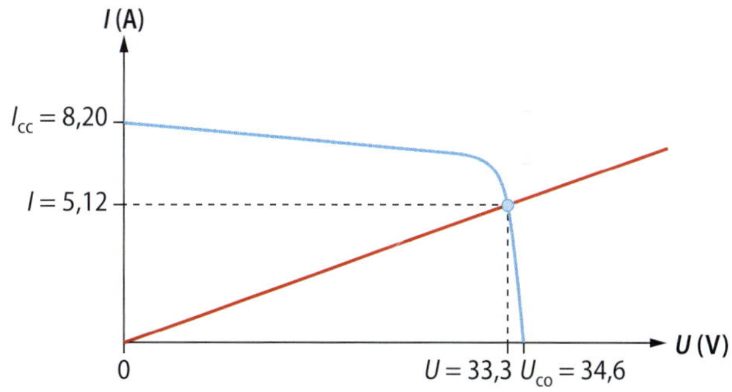

1. Relever les coordonnées du point de fonctionnement.

2. En déduire les valeurs de I et de U dans le circuit.

3. Déterminer la valeur de la résistance R.

4. Au point de fonctionnement à puissance maximale, l'intensité et la tension sont respectivement égales à I_{PPM} = 7,55 A et U_{PPM} = 30,45 V.

a) Calculer la puissance électrique maximale P_{max} que peut délivrer le module photovoltaïque.

b) Que doit valoir R pour que le conducteur ohmique reçoive la puissance maximale P_{max} ? Justifier.

c) Après avoir recopié la caractéristique du module, superposer la caractéristique du conducteur ohmique fonctionnant au point de puissance maximale.

8 Cellule photovoltaïque multi-jonction

DIFFÉRENCIATION

Afin d'améliorer le rendement des cellules photovoltaïques, la recherche s'oriente vers l'étude de matériaux semi-conducteurs ayant une efficacité de conversion meilleure que celle du silicium, semi-conducteur utilisé dans la plupart des cellules photovoltaïques. Dans ce contexte, les cellules multi-jonctions, constituées de couches successives de matériaux semi-conducteurs différents, suscitent un intérêt grandissant en raison de leur rendement élevé.

DOC. 1 Courbes $I = f(U)$ et $P = f(U)$ d'une cellule triple-jonction de surface

$S = 8{,}9 \times 10^{-5}$ m^2 pour un éclairement de 1 000 W.m^{-2}

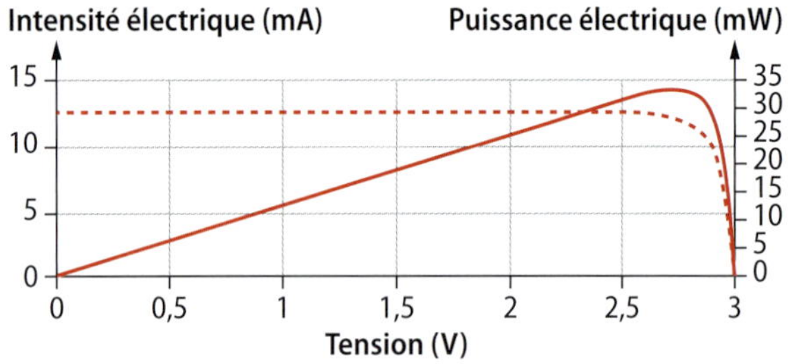

Courbe en pointillé : évolution de l'intensité du courant électrique.

Courbe en trait épais : évolution de la puissance électrique délivrée.

DOC. 2 Énergie du photon absorbé par une cellule photovoltaïque

Pour produire un courant électrique au sein d'une cellule photovoltaïque constituée d'un semi-conducteur, il faut « arracher » un électron du réseau semi-conducteur. L'énergie nécessaire peut être fournie par un photon du rayonnement électromagnétique : l'énergie ΔE du photon absorbé doit être alors supérieure ou égale à l'énergie de gap E_g, qui est une énergie caractéristique du semi-conducteur.

DOC. 3 Distribution en longueur d'onde de l'énergie rayonnée par le Soleil et sensibilité en longueur d'onde de la cellule triple-jonction

La cellule triple-jonction est composée de trois semi-conducteurs disposés en couches. Le domaine spectral du rayonnement absorbé par chaque semi-conducteur est représenté ci-dessous. Par exemple, le semi-conducteur 1 absorbe les rayonnements de longueur d'onde $\lambda \leq \lambda_1$, le semi-conducteur 2 absorbe les rayonnements de longueur d'onde $\lambda \leq \lambda_2$, le semi-conducteur 3 absorbe les rayonnements de longueur d'onde $\lambda \leq \lambda_3$.

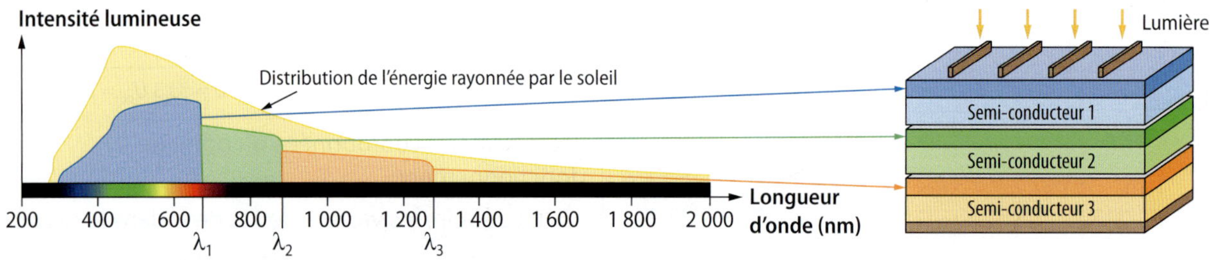

• Déterminer le rendement de la cellule triple jonction ainsi que les trois semi-conducteurs la composant. Justifier.

Données :

Semi-conducteur	GaSb	GaP	GaAs	InGaP	InGaN	InGaAs
Énergie de gap E_g (eV)	0,68	2,3	1,4	1,8	2,7	1,0

– Constante de Planck $h = 6{,}63 \times 10^{-34}$ J.s ;

– Célérité de la lumière dans le vide ou dans l'air $c = 3{,}0 \times 10^8$ m.s^{-1} ;

– 1 eV = $1{,}6 \times 10^{-19}$ J

9 Centrale solaire thermodynamique

BAC

Une centrale thermodynamique comme celle de Gemasolar en Andalousie est une centrale électrique utilisant l'énergie thermique du Soleil pour produire de l'électricité.

DOC. 1 Schéma de principe de la centrale solaire de Gemasolar en Andalousie

Les sels fondus jouent le rôle de fluide caloporteur et constituent des « batteries » d'énergie thermique. Une fois chauffés au sommet de la tour à 565 °C, ils sont stockés dans un réservoir, avant d'être envoyés vers le générateur de vapeur pour produire de l'électricité.

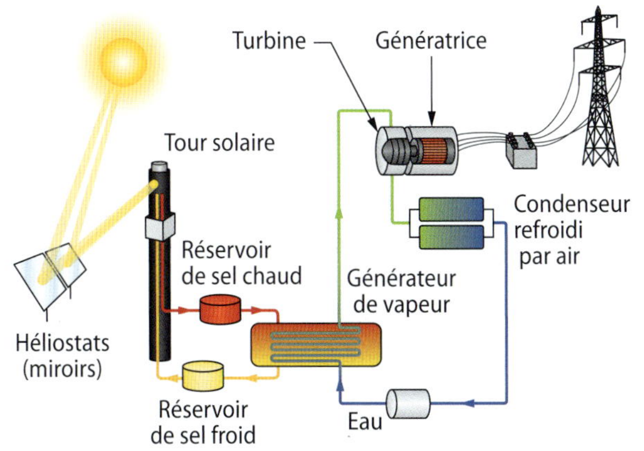

DOC. 2 Caractéristiques de la centrale de Gemasolar

- Superficie totale de la centrale : 190 hectares
- Éclairement moyen annuel du site : 235 $W.m^{-2}$/an
- Production électrique annuelle : 110 GWh/an

Données pour les sels fondus :

- Température des sels chauds : 565 °C
- Température des sels froids : 290 °C
- Capacité thermique massique : $c = 1\,495\ J.kg^{-1}.K^{-1}$
- Masse volumique : $\rho = 1\,899\ kg.m^{-3}$

Données : 1 tonne = 10^3 kg ; 1 Wh = 3 600 J ; 1 hectare = 10^4 m^2

1. À partir du DOC. 1, expliquer le principe de fonctionnement de la centrale solaire à sels fondus. Vous détaillerez en particulier comment l'électricité est générée à partir des sels fondus, et comment cette centrale peut fonctionner la nuit.

2. En l'absence de soleil, la centrale peut produire de l'électricité pendant 15 h, à partir de l'énergie thermique stockée dans le réservoir de sels fondus chauds et égale à 588 MWh. Calculer la masse de sels fondus nécessaire pour stocker cette énergie.

3. Déterminer le rendement global de la centrale, c'est-à-dire le rendement de conversion de l'énergie solaire incidente en énergie électrique. Commenter.

10 Optimisation d'une installation de panneaux solaires thermiques

Le propriétaire d'un camping souhaite faire installer des panneaux solaires thermiques afin d'alimenter un chauffe-eau solaire. Il hésite sur le lieu de pose des panneaux : soit sur le toit du bâtiment A (option 1), soit sur le bâtiment B (option 2).

DOC. 1 Implantations possibles des panneaux solaires (option 1 et option 2)

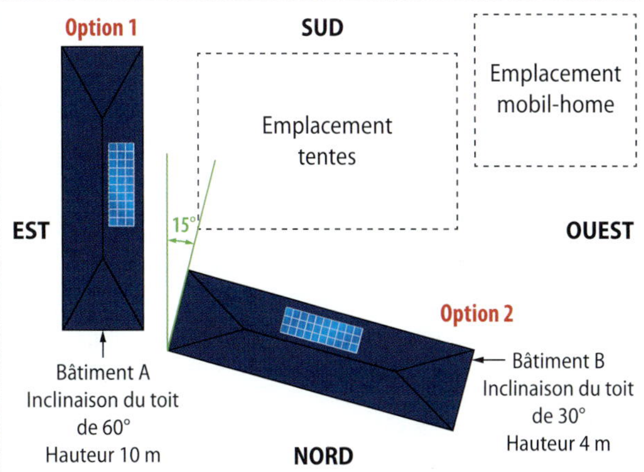

DOC. 2 Influence de l'orientation (Nord/Sud/Est/Ouest) et de l'inclinaison des panneaux (de 10° à 90°) sur l'efficacité du rayonnement solaire.

L'efficacité du rayonnement solaire peut être définie par : $e = \dfrac{P_{surf}^{réel}}{P_{surf}^{max}}$, où $P_{surf}^{réel}$ est l'éclairement réel reçu par le panneau (dépend de l'orientation et de l'inclinaison du panneau) et P_{surf}^{max} est l'éclairement reçu maximal.

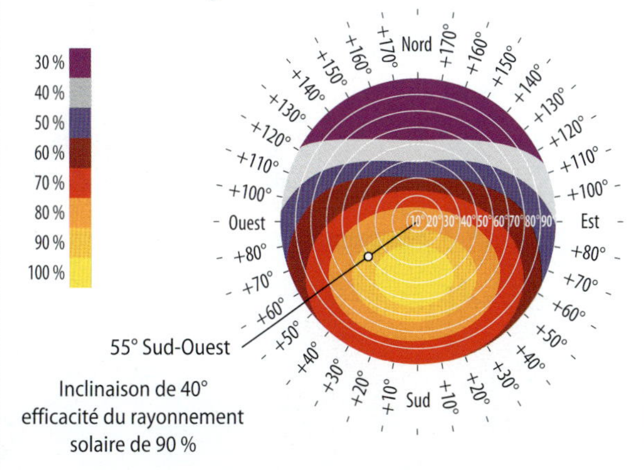

- Quel conseil lui donner ? Justifier.

THÈME 2 › MATIÈRE

ET MATÉRIAUX

CHAPITRE 10

THÈME 2 › MATIÈRE ET MATÉRIAUX

Propriétés des matériaux et organisation de la matière

Fusion, vaporisation, sublimation, tous ces changements d'état ne sont pas toujours possibles suivant les conditions physiques de pression et température. Déterminer l'état final d'une transformation physique incluant des changements d'état permet de réaliser le bilan des énergies mises en jeu.

→ **Dans quelles conditions de pression et de température un corps pur est-il stable sous forme solide, liquide ou gazeuse ?**

›Testez vos prérequis

Indiquer la (ou les) bonne(s) réponse(s) :

1. La condensation liquide correspond à la transition :

- ☐ **a.** liquide → gaz
- ☐ **b.** liquide → solide
- ☐ **c.** gaz → liquide

2. Pour un changement d'état vers une phase moins condensée :

- ☐ **a.** l'énergie échangée est positive
- ☐ **b.** l'énergie échangée est négative
- ☐ **c.** l'énergie échangée est nulle

3. La relation de calcul : $Q_P = mL$ s'applique

- ☐ **a.** lors d'un changement de phase
- ☐ **b.** pour une variation de température
- ☐ **c.** uniquement pour les liquides

4. Lors d'un changement d'état :

- ☐ **a.** la température est constante
- ☐ **b.** la température est nulle
- ☐ **c.** l'énergie échangée est nulle

5. Les transformations suivantes sont exothermiques :

- ☐ **a.** vaporisation
- ☐ **b.** condensation
- ☐ **c.** fusion

6. Les transformations suivantes sont endothermiques :

- ☐ **a.** solidification
- ☐ **b.** fusion
- ☐ **c.** condensation

→ Corrigés, p. 284

Sublimation de la glace carbonique en cuisine

Vidéo
Faire une sublimation avec de la neige carbonique

CAPACITÉS EXIGIBLES

- Associer, dans le cas de l'eau, un changement d'état à l'établissement ou à la rupture de liaisons hydrogène entre molécules

> ACTIVITÉ DOCUMENTAIRE 1

- Utiliser un diagramme d'état (P, T) pour déterminer l'état final d'un fluide lors d'une transformation physique d'un corps pur

> ACTIVITÉ DOCUMENTAIRE 2

- Établir expérimentalement le bilan énergétique de la transformation physique d'une entité chimique

> ACTIVITÉ EXPÉRIMENTALE 3

- Utiliser l'énergie massique de changement d'état et les capacités thermiques massiques pour calculer les énergies mises en jeu

> ACTIVITÉ DOCUMENTAIRE 4

ACTIVITÉ 1

ACTIVITÉ DOCUMENTAIRE

COMPÉTENCES
- S'approprier : rechercher, sélectionner et organiser l'information en lien avec la problématique
- Analyser/Raisonner : faire des prévisions à l'aide d'un modèle.
- Réaliser : mettre en œuvre les étapes d'une démarche

→ Aspect microscopique des changements d'état de l'eau

L'eau existe de façon courante sous trois phases : solide, liquide et gazeuse. Comment interpréter au niveau microscopique la différence entre ces trois états ?

DOC. 1 Polarité de la molécule d'eau

Dans une molécule d'eau, les électrons engagés dans les liaisons intramoléculaires se répartissent davantage vers l'atome d'oxygène. L'atome d'oxygène se trouve ainsi chargé négativement tandis que les deux atomes d'hydrogène sont chargés positivement. La répartition des charges n'étant pas uniforme, la molécule est dite polaire.

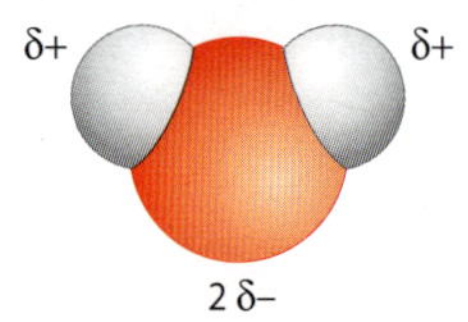

DOC. 2 Liaisons hydrogène

Les molécules d'eau s'associent par des liaisons hydrogène. Le pôle négatif (atome d'oxygène) d'une molécule est attiré par les pôles positifs (atomes d'hydrogène) des autres molécules.

Le nombre moyen ainsi que la durée de vie des liaisons hydrogène que réalise chaque molécule d'eau avec ses voisines permettent de comprendre au niveau microscopique la différence entre les trois états de l'eau.

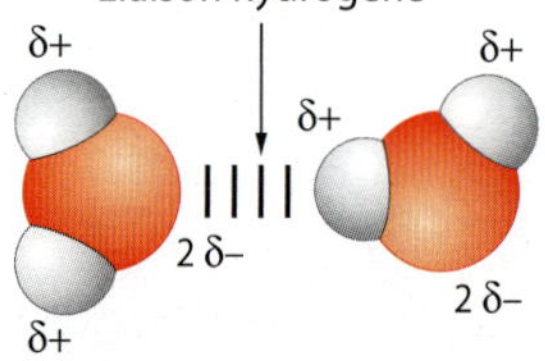

DOC. 3 Nombre de liaisons hydrogène entre molécules pour les 3 états de l'eau

État gazeux	État liquide	État solide
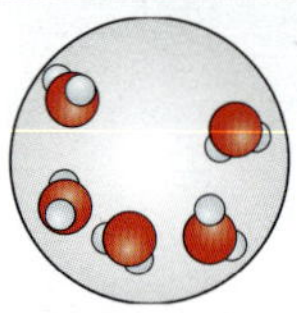	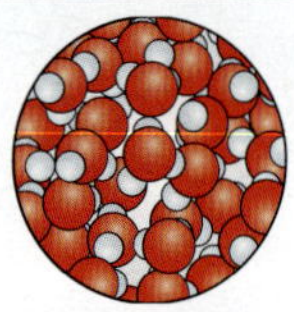	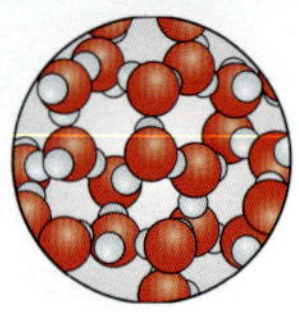
Très peu	3,5 en moyenne, change toutes les 3×10^{-12} s	4 liaisons

DOC. 4 Rappels sur les noms des changements d'état

- Vaporisation (liquide → gaz)
- Sublimation (solide → gaz)
- Fusion (solide → liquide)
- Condensation solide (gaz → solide)
- Condensation liquide (gaz → liquide)
- Solidification (liquide → solide)

QUESTIONS

1. S'APPROPRIER ▶ Comment nomme-t-on les liaisons intermoléculaires entre molécules d'eau ?

2. RÉALISER ▶ Citer les transformations physiques qui correspondent à l'établissement de liaisons entre molécules.

3. RÉALISER ▶ Citer les transformations physiques qui correspondent à la rupture de liaisons entre molécules.

4. ANALYSER/RAISONNER ▶ Comment interpréter au niveau microscopique la différence entre les trois états de l'eau ?

Outils

Changement d'état
Lors d'un « changement d'état » la rupture de liaisons hydrogène amène à un état final plus désordonné.

Vidéo Les molécules d'eau

Nathan live!

ACTIVITÉ 2

ACTIVITÉ DOCUMENTAIRE

COMPÉTENCES
- S'approprier : rechercher, sélectionner et organiser l'information
- Analyser/Raisonner : proposer une stratégie de résolution
- Réaliser : effectuer des procédures courantes, effectuer des calculs
- Communiquer : présenter une démarche de manière argumentée

Lecture d'un diagramme d'état

L'eau est stable sous forme liquide sous une pression $P = 1\,013 \times 10^2$ Pa à la température $\theta = 20$ °C. C'est également le cas sous une pression $P = 5\,000 \times 10^2$ Pa à la température $\theta = 100$ °C ! Dans quel état stable se trouve l'eau en fonction de sa température et de sa pression ?

DOC. 1 Diagramme d'état (P, T) de l'eau

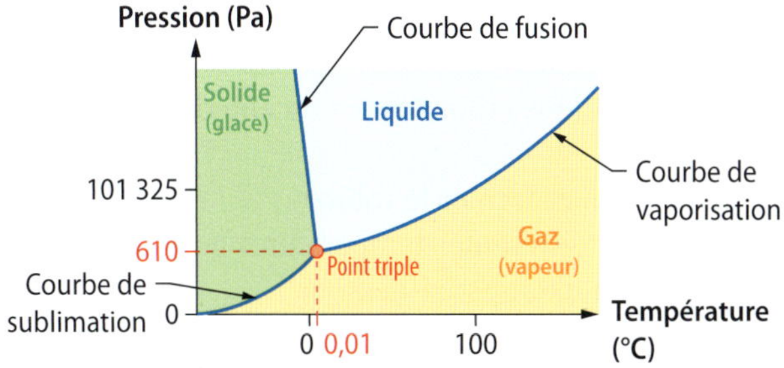

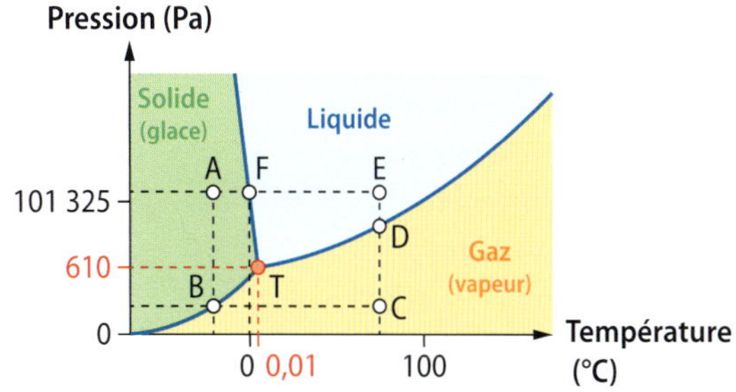

Le diagramme d'état d'un corps pur (température en abscisse et pression en ordonnée) est une représentation graphique qui permet de déterminer la phase stable dans laquelle se trouve ce corps pur pour une pression et une température données. Ce diagramme est divisé en différentes régions par des courbes d'équilibre (fusion, vaporisation, sublimation). Sur ces courbes d'équilibre le corps pur est sous forme d'un mélange de plusieurs phases.

Par lecture graphique (en se fixant la température et la pression), on détermine l'état stable dans lequel se trouve l'eau, en fonction de la zone où se situe le point :

Point A	Point B	Point C	Point D	Point E	Point T
Phase solide seule	Mélange solide-gaz	Phase gazeuse seule	Mélange liquide-gaz	Phase liquide seule	Mélange solide-liquide-gaz

QUESTIONS

1. S'APPROPRIER ▶ Quelle est l'utilité d'un diagramme d'état ?

2. S'APPROPRIER ▶ Nommer la transformation physique que subit l'eau pour réaliser le trajet C → D → E.

3. RÉALISER ▶ Quel paramètre physique est commun entre les trois états : C, D et E ?

4. RÉALISER ▶ Exploiter les documents pour indiquer sous quelle forme se trouve l'eau au point F.

5. ANALYSER/RAISONNER ▶ Est-il possible de trouver de la glace stable à une température supérieure à $\theta = 0{,}01$ °C ?

6. ANALYSER/RAISONNER ▶ Est-il possible que les trois phases solide, liquide et gaz coexistent simultanément ?

7. RÉALISER ▶ Exploiter les documents pour indiquer dans quel intervalle de pression l'eau liquide n'est pas stable.

Vidéo
Diagramme de phase des corps purs
Nathan live!

Outils
- Dans un diagramme d'état (P, T) trois états de même température sont situés sur une même droite verticale.
- L'ordonnée du point triple de l'eau indique la pression minimale de stabilité de l'eau liquide, son abscisse indique la température maximale de stabilité de la glace.

ACTIVITÉ 3

ACTIVITÉ EXPÉRIMENTALE **TP**

COMPÉTENCES
- ✓ S'approprier : Rechercher, sélectionner et organiser l'information en lien avec la problématique
- ✓ Réaliser : mettre en œuvre un protocole expérimental
- ✓ Analyser/Raisonner : Faire des prévisions à l'aide d'un modèle
- ✓ Valider : Confronter un modèle à des résultats expérimentaux

→ Comment tracer expérimentalement la courbe de vaporisation de l'eau ?

Le mélange des deux états eau liquide pure et vapeur d'eau pure est stable pour différentes valeurs du couple température-pression.

DOC. 1 Protocole expérimental

Matériel
- 1 chauffe ballon ;
- 1 ballon de 250 mL ;
- 1 bouchon percé de trois trous ;
- 1 thermomètre ;
- 1 manomètre ;
- 1 tuyau de sortie des gaz avec robinet ;
- 1 ordinateur et sa connectique.

Protocole opératoire
- Remplir au tiers le ballon avec de l'eau distillée ;
- Adapter le bouchon au ballon avec le thermomètre et le manomètre ;
- Faire bouillir pendant quelques minutes le contenu du ballon avec le robinet ouvert ;
- Éteindre le chauffe-ballon et fermer le robinet ;
- Mesurer la pression pour différentes températures pour au moins six valeurs comme dans l'exemple ci-dessous :

P (Pa)							
θ (°C)	98	96	94	92	90	88	86

DOC. 2 Schéma du dispositif

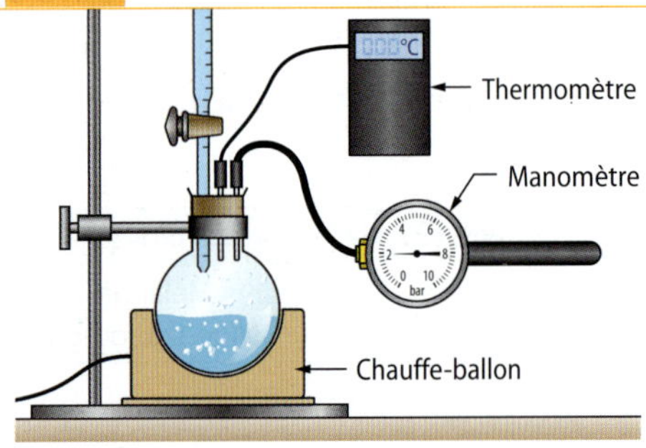

Après fermeture du robinet, quand le chauffage est arrêté, le ballon contient un mélange liquide-vapeur d'eau pure.

DOC. 3 Réalisation de la représentation graphique *P* = *f*(*T*) à l'aide d'un tableur

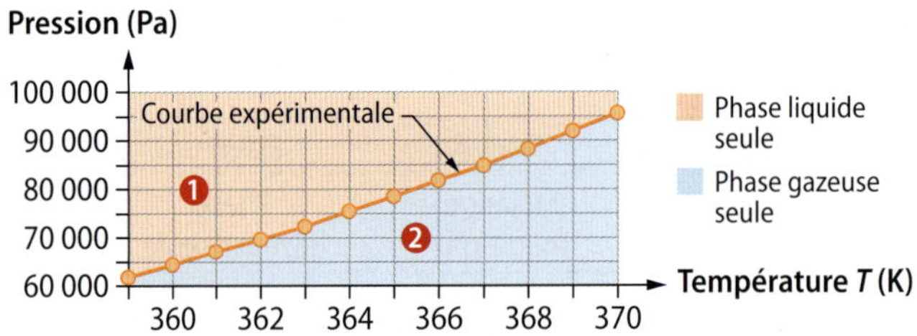

▲ Diagramme (*P*, *T*) expérimental transition liquide-vapeur de l'eau

Outils

Calcul d'une température absolue : $T[K] = \theta[°C] + 273{,}15$

Une formule simplifiée ne donne qu'un résultat approché. La précision des mesures (température et pression) est de 2 %.

QUESTIONS

1. ANALYSER/RAISONNER ▶ Quel est l'état dans lequel se trouve l'eau quand on ferme le robinet ?

2. ANALYSER/RAISONNER ▶ Exploiter les documents pour indiquer sous quelle forme se trouve l'eau le long de la courbe obtenue expérimentalement.

3. S'APPROPRIER ▶ Identifier sur le DOC. 3 la région qui correspond au domaine d'équilibre stable de l'eau liquide.

4. VALIDER ▶ Comparer les résultats expérimentaux avec la formule de Rankine donnant une équation simplifiée de la courbe : $P = 101\,325 \times e^{\left(13{,}7 - \frac{5\,120}{T}\right)}$.
Comment expliquer les différences entre ces résultats ?

Vidéo Trois expériences de changement d'état — Nathan live!

RÉSULTATS D'EXPÉRIENCE À TÉLÉCHARGER

ACTIVITÉ 4

ACTIVITÉ DOCUMENTAIRE

COMPÉTENCES

- ✓ S'approprier : Rechercher, sélectionner et organiser l'information en lien avec la problématique
- ✓ Analyser/Raisonner : proposer une stratégie de résolution
- ✓ Réaliser : Mettre en œuvre les étapes d'une démarche
- ✓ Réaliser : effectuer des calculs
- ✓ Communiquer : Présenter une démarche de manière argumentée

→ Bilan énergétique d'un changement de phase

Lors d'une séance de travaux pratiques, on chauffe de l'eau du robinet jusqu'à ébullition puis vaporisation d'une partie de cette eau. Comment réaliser le bilan d'énergie de la vaporisation partielle d'une masse d'eau ?

DOC. 1 Protocole opératoire

1. On chauffe une masse m = 150,0 g d'eau du robinet prise à la température θ_1 = 12,0 °C jusqu'à ébullition à la température θ_2 = 100,0 °C.
2. On maintient l'ébullition pendant 15 minutes et 36 secondes, puis on pèse la masse d'eau liquide restante m' = 126,1 g.

DOC. 2 Dispositif et données expérimentales

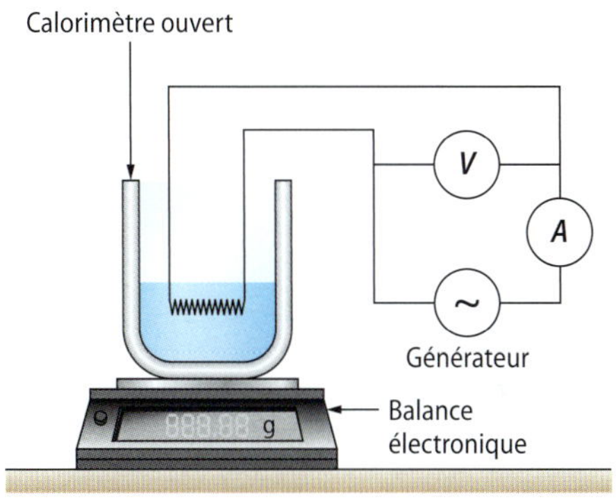

- Tension d'alimentation de la résistance électrique : U = 14,0 V
- Intensité du courant traversant la résistance électrique de chauffage : I = 4,78 A
- Durée totale de l'expérience : 33 minutes

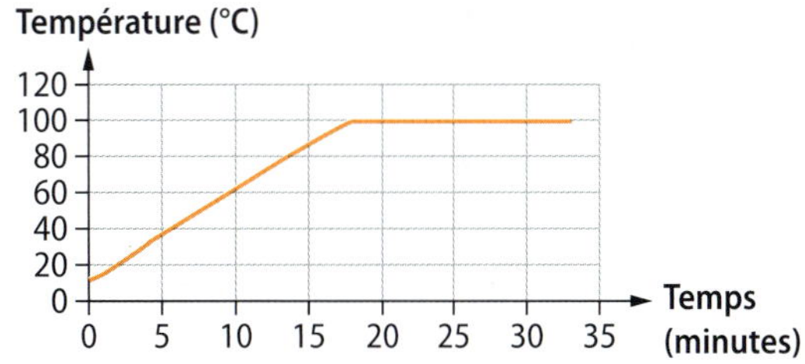

▲ Courbe de température de l'eau chauffée

DOC. 3 Données concernant l'eau

- Masse volumique de l'eau : ρ = 1 000 kg.m^{-3}.
- Capacité thermique massique de l'eau : c_{eau} = 4 200 J.kg^{-1}.K^{-1}.
- Température d'ébullition de l'eau dans les conditions de l'expérience : θ_{eb} = 100,0 °C.
- Énergie massique (enthalpie massique) de vaporisation de l'eau : $L_V = 2{,}26 \times 10^6$ J.kg^{-1}.
- Énergie massique (enthalpie massique) de fusion de l'eau : $L_F = 334 \times 10^3$ J.kg^{-1}.

QUESTIONS

1. RÉALISER ▸ Établir le bilan énergétique pour chauffer l'eau jusqu'à sa température d'ébullition.

2. RÉALISER ▸ Établir le bilan énergétique pour l'eau qui s'est vaporisée à partir du moment où elle a commencé son ébullition.

3. ANALYSER – RAISONNER ▸ Exploiter les données de l'énoncé pour montrer que le rendement énergétique lors de l'expérience a été d'environ 83 %.

Outils

- Variation d'énergie interne d'un liquide lors d'une variation de température : $\Delta U = Q = mc\Delta\theta$, avec m la masse en kg, c la capacité thermique massique de l'eau en J.kg^{-1}.K^{-1}, $\Delta\theta$ l'écart de température en °C.
- Énergie échangée lors d'un changement d'état à pression constante : $Q = mL$, avec L l'énergie massique de changement d'état en J.kg^{-1}.

Vidéo
Énergie massique de vaporisation de l'eau
Nathan live!

LE COURS

1 CHANGEMENT D'ÉTAT ET LIAISONS ENTRE MOLÉCULES

Au niveau microscopique un changement d'état correspond à l'établissement ou la rupture des interactions entre les molécules (ou atomes). Dans le cas de l'eau, cette liaison entre l'atome d'hydrogène d'une molécule et l'atome d'oxygène d'une autre molécule s'appelle la **liaison hydrogène**.

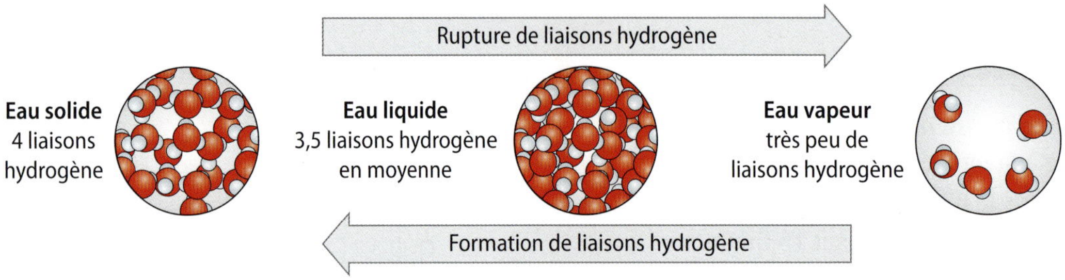

2 DIAGRAMME D'ÉTAT (*P*, *T*)

Le diagramme d'état d'un corps pur (température en abscisse et pression en ordonnée) est une représentation graphique qui permet de déterminer la phase stable dans laquelle se trouve ce corps pur pour une pression et une température données.

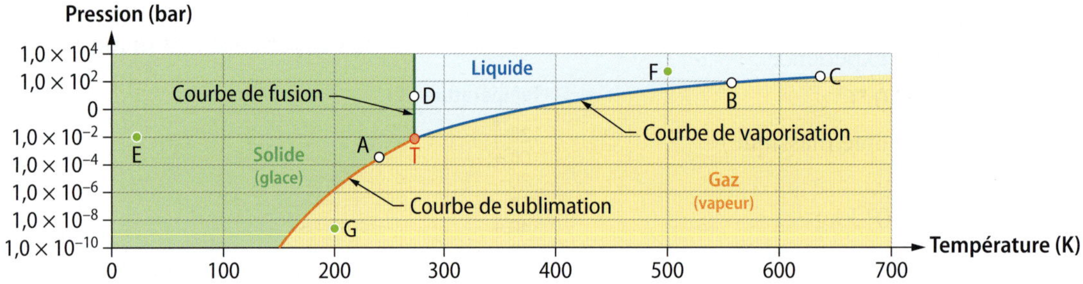

▲ Diagramme (*P*, *T*) de l'eau

• Dans chaque région, on retrouve une seule phase stable du corps pur (solide, liquide ou gaz). Tout point de coordonnées (*T*, *P*) se situant dans l'un de ces domaines indique la phase stable.

• Les trois courbes (sublimation, fusion et vaporisation) donnent les coordonnées des points (*T*, *P*) pour lesquelles deux phases peuvent coexister en équilibre.

• Au point triple (*T*) les trois phases (solide, liquide et gaz) sont en équilibre.

• Au-delà du point critique *C* la phase est dite supercritique, le fluide possède un comportement intermédiaire entre celui d'un liquide et d'un gaz.

1 seule phase			2 phases				3 phases
Point E	Point F	Point G	Point A	Point B	Point C	Point D	Point T
solide	liquide	gaz	Solide + gaz	Liquide + gaz	Liquide + gaz	Solide + liquide	Solide + liquide + gaz

3 ÉTAT FINAL APRÈS UNE TRANSFORMATION PHYSIQUE

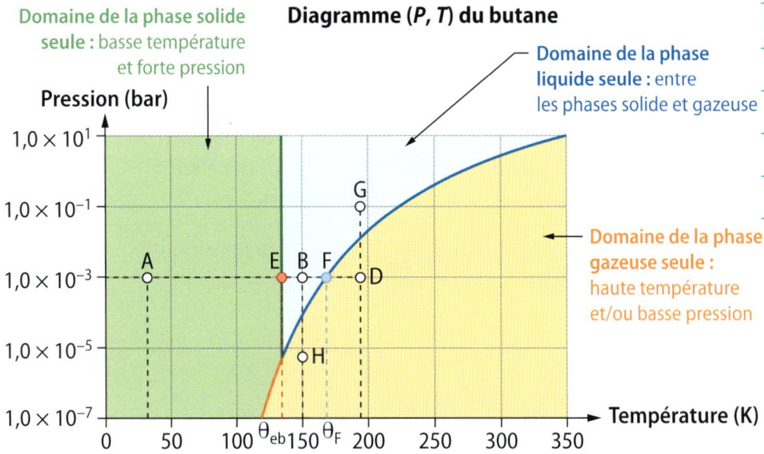

Transformation	État initial	État final
B → A	liquide	solide
B → D	liquide	gazeux
B → H	liquide	gazeux
G → D	liquide	gazeux

Remarque : un changement d'état peut s'effectuer par modification :
- de la température (*P* reste fixe) : B → D
- de la pression (*T* reste fixe) : G → D
- de *P* et de *T* : A → H

4 DIAGRAMME D'ÉTAT (*P*, *T*) ET BILAN D'ÉNERGIE

La connaissance de l'état initial et de l'état final d'un corps pur permet de réaliser le bilan en énergie de la transformation.

Bilans d'énergie des différentes transformations physiques d'une masse m d'un corps pur à partir des données du diagramme (*P*, *T*) ci-dessus :

Transformation		Bilan d'énergie		
	total	Chauffer le solide	Fondre le solide	Chauffer le liquide
A → B	$Q_{A \to B} =$	$mc_{solide}(\theta_{Fusion} - \theta_B)$	$+ mL_{Fusion}$	$+ mc_{liquide}(\theta_B - \theta_{Fusion})$
	total	Refroidir le gaz	Condenser le gaz	refroidir le liquide
D → B	$Q_{D \to B} =$	$mc_{gaz}(\theta_{Ébullition} - \theta_D)$	$-mL_{Vap}$	$+ mc_{liquide}(\theta_B - \theta_{Ébullition})$
B → D	total	Chauffer le liquide	Vaporiser le liquide	Chauffer le gaz
	$Q_{B \to D} =$	$mc_{liquide}(\theta_{Ébullition} - \theta_B)$	$+mL_{Vap}$	$+ mc_{gaz}(\theta_D - \theta_{Ébullition})$

Rappel
Les capacités thermiques
Nathan live!

Rappel
Évolution des températures pour une transformation à pression constante
Nathan live!

Indiquer la (ou les) bonne(s) réponse(s) :

Changement d'état et liaisons entre molécules

	A	B	C
1. Les liaisons entre molécules d'eau s'appellent :	☐ les liaisons aquatiques	☐ les liaisons hydrogène	☐ les liaisons oxygène
2. La fusion de l'eau est associée :	☐ à une rupture de liaisons hydrogène entre molécules	☐ à la formation de liaisons hydrogène entre molécules	☐ au maintien de liaisons hydrogène entre molécules
3. Le nombre de liaisons hydrogène entre molécules d'eau augmente pour :	☐ la transition liquide → gaz	☐ la transition solide → liquide	☐ la transition gaz → solide

Utilisation d'un diagramme (*P*, *T*)

	A	B	C
4. Dans le diagramme (*P*, *T*) de l'eau : 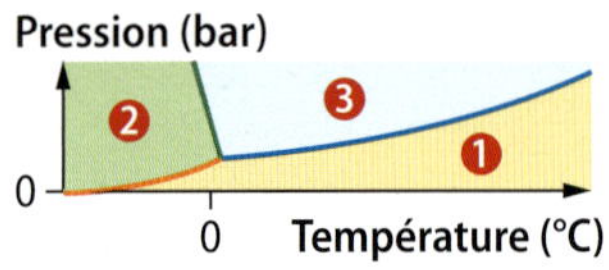	☐ ❶ correspond au domaine de stabilité du solide	☐ ❷ correspond au domaine de stabilité du solide	☐ ❸ correspond au domaine de stabilité du liquide
5. Dans le diagramme (*P*, *T*) de l'eau : 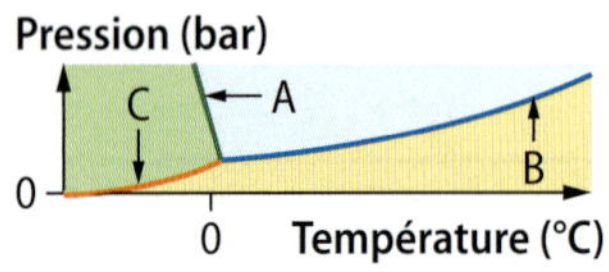	☐ la courbe B correspond à la courbe de vaporisation	☐ la courbe A correspond à la courbe de fusion	☐ la courbe C correspond à la courbe de sublimation
6. Dans le diagramme (*P*, *T*) de l'eau : 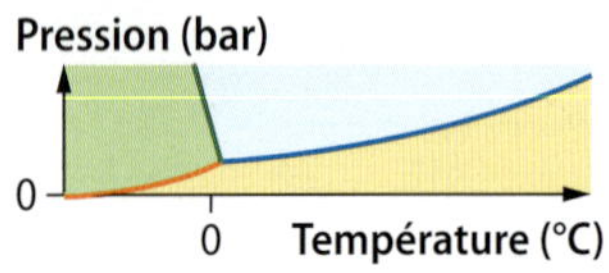	☐ l'intersection des trois courbes définit le point triple	☐ l'intersection des trois courbes définit l'origine du graphique	☐ il existe un seul point où les phases solide, liquide et gazeuse existent ensemble
7. Dans le diagramme (*P*, *T*) de l'eau : 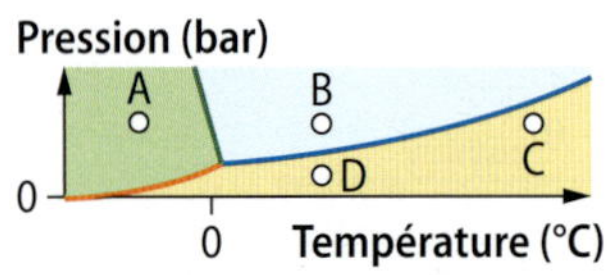	☐ la transformation à température constante pour aller de D vers B correspond à une condensation liquide.	☐ la transformation à pression constante pour aller de C vers B correspond à une condensation liquide.	☐ la transformation à pression constante pour aller de A vers B nécessite deux changements de phase

Changement d'état et bilan d'énergie

	A	B	C
8. Pour un corps pur, lors de sa transformation physique :	☐ l'énergie échangée est proportionnelle à la masse	☐ l'énergie échangée est proportionnelle à la température finale	☐ l'énergie échangée est proportionnelle à la température initiale
9. $L_V = 199 \times 10^3$ MJ.kg^{-1} pour la vaporisation du diazote :	☐ le diazote est toujours liquide	☐ cette valeur est également valable pour la vaporisation de l'eau	☐ pour la condensation liquide du diazote : $L = -199 \times 10^3$ J.kg^{-1}

→ Corrigés, p. 284

Transformation physique de l'eau

Une masse d'eau $m = 2,00$ kg d'eau subit une transformation physique qui l'amène d'un état A vers un état B.

	État A	État B
Pression (bar)	1,00	1,00
Température (K)	400	300

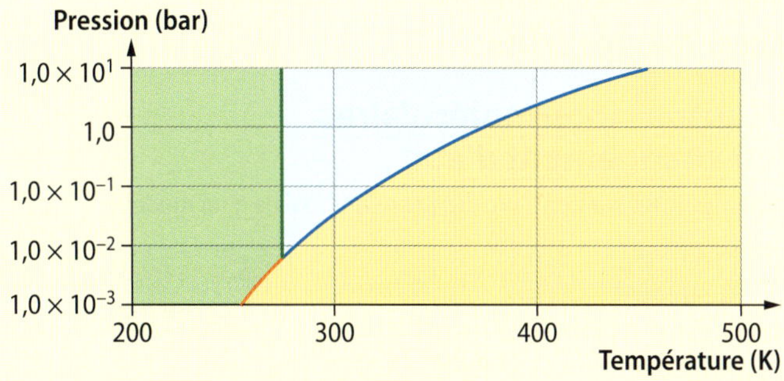

▲ Diagramme (P, T) de l'eau

1. Dans quel état physique se trouve l'eau dans l'état A ?

> **RÉALISER** – placer le point A dans le diagramme (P, T) et identifier sur le diagramme (P, T) les trois domaines (solide, liquide et gaz), puis conclure.

2. Dans quel état physique se trouve l'eau dans l'état B ?

> **RÉALISER** – placer le point B dans le diagramme (P, T) et identifier sur le diagramme (P, T) les trois domaines (solide, liquide et gaz), puis conclure.

3. Citer le nom du changement d'état qu'a subi l'eau lors de la transformation A → B.

> **ANALYSER – RAISONNER** – le nom de la transformation dépend de l'état physique initial et de l'état physique final.

Solution

1. Le point A se trouve dans le domaine de l'état gazeux stable. Dans l'état A, l'eau est sous forme gazeuse.

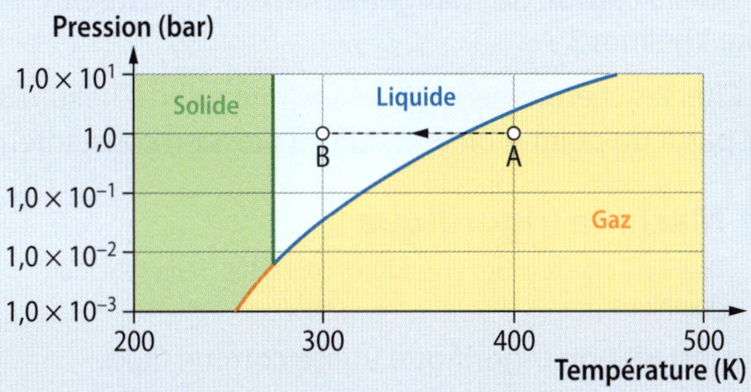

▲ Diagramme (P, T) de l'eau

2. Le point B se trouve dans le domaine de l'état liquide stable. Dans l'état B l'eau est sous forme gazeuse.

3. Quand l'eau passe de l'état gazeux à l'état liquide, la transformation est une condensation liquide.

À VOUS DE JOUER !

Transformation physique de l'eau

Une masse d'eau $m = 3,00$ kg d'eau subit une transformation physique qui l'amène d'un point C vers un point D :

	Point C	Point D
Pression (bar)	1,00	$1,00 \times 10^{-2}$
Température (K)	300	300

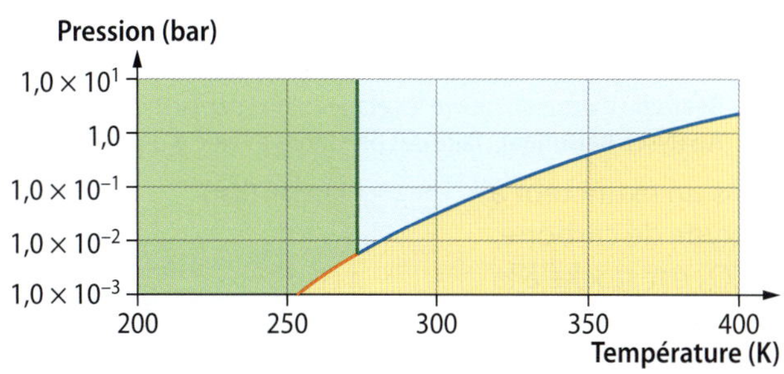

▲ Diagramme (P, T) de l'eau

1. Dans quel état physique se trouve l'eau au point C ?

2. Dans quel état physique se trouve l'eau au point D ?

3. Citer le nom du changement d'état qu'a subi l'eau lors de la transformation C → D.

→ Corrigés, p. 284

Changement d'état et liaisons entre molécules

1 Liaisons intermoléculaires et changement d'état

Analyser/Raisonner : faire des prévisions à l'aide d'un modèle

Compléter le tableau suivant en indiquant pour chaque changement d'état de l'eau si des liaisons hydrogène intermoléculaires sont créées (C) ou rompues (R).

	Liaisons créées ou rompues
liquide → gaz	
gaz → solide	C
solide → liquide	
solide → gaz	R
liquide → solide	
gaz → liquide	

2 Ébullition de l'eau sous pression

S'approprier : rechercher, sélectionner et organiser l'information en lien avec la problématique. **Analyser/Raisonner** : procéder à des analogies

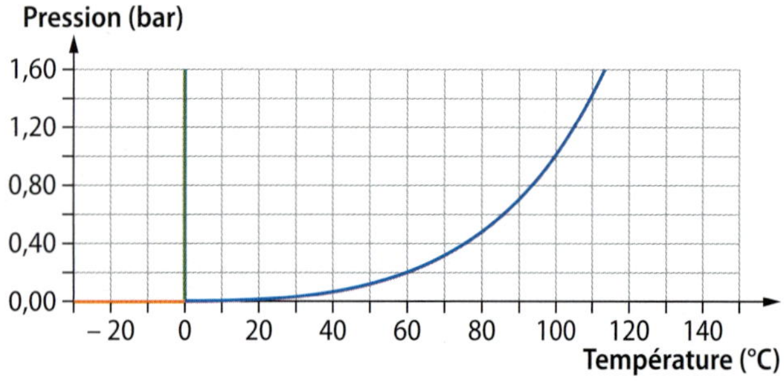

▲ Diagramme (P, θ) de l'eau

1. Exploiter le diagramme (P, θ) pour indiquer la valeur de la température à laquelle l'équilibre liquide ⇔ gaz est stable pour l'eau pure à la pression P = 1,0 bar.

2. Quel nom donne-t-on à cette température ?

3. Par analogie, exploiter le diagramme pour trouver la température d'ébullition de l'eau pour une pression P = 1,4 bar.

3 Extincteur à dioxyde de carbone

Réaliser : mettre en œuvre les étapes d'une démarche
Analyser/Raisonner : faire des prévisions à l'aide d'un modèle

Dans un extincteur à dioxyde de carbone, le CO_2 est stocké à la pression de 70 bars à la température de 20 °C. Lorsque le CO_2 sort de la bouteille, il est sous forme d'un mélange de neige carbonique et de gaz (P = 1,0 bar et θ = –78,5 °C).

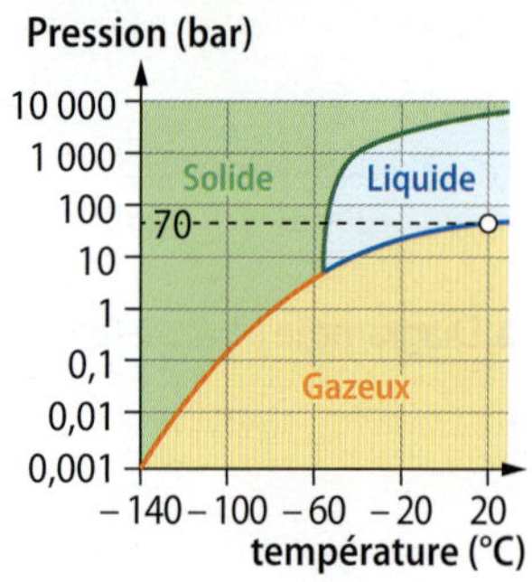

1. Exploiter le diagramme (P, θ) pour indiquer l'état sous lequel se trouve le CO_2 dans la bouteille.

2. Quel changement d'état va subir la neige carbonique quand elle reçoit de l'énergie à pression constante P = 1,0 bar au contact des flammes ?

4 L'hélium 3 un cas à part

Analyser/Raisonner : procéder à des analogies.
Réaliser : mettre en œuvre les étapes d'une démarche

L'hélium 3 est l'un des isotopes de l'hélium. Cet isotope peu présent sur Terre, mais présent en plus grande quantité sur la Lune pourrait servir, dans le futur, comme combustible pour réaliser des réactions de fusion nucléaire. Son diagramme d'état ci-dessous montre quelques particularités.

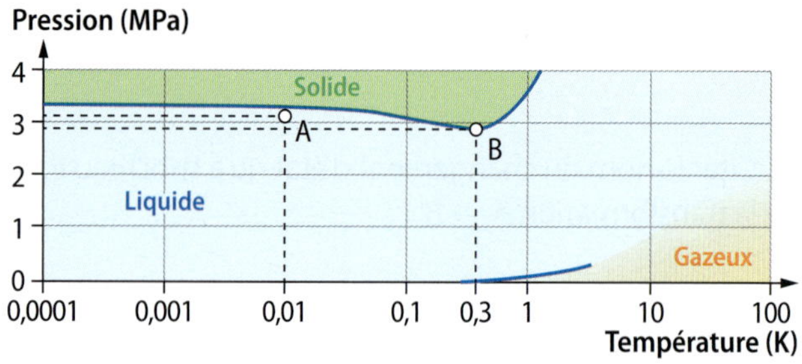

1. Les trois phases solide, liquide et gaz peuvent-elles exister ensemble pour l'hélium 3 ?

2. Quelle courbe de changement d'état n'existe pas pour l'hélium 3 ?

3. Citer les changements de phase que subira l'hélium 3 si à partir du point A on le chauffe à pression constante.

5 Machine frigorifique

Réaliser : effectuer des procédures courantes : représentation graphique

Une installation frigorifique utilise comme fluide caloporteur de l'ammoniac.
Indiquer pour chacun des points suivants l'état physique dans lequel se trouve l'ammoniac :

Point	A	B	C	D
P (bar)	3	12	12	3
θ (°C)	0	100	25	–10

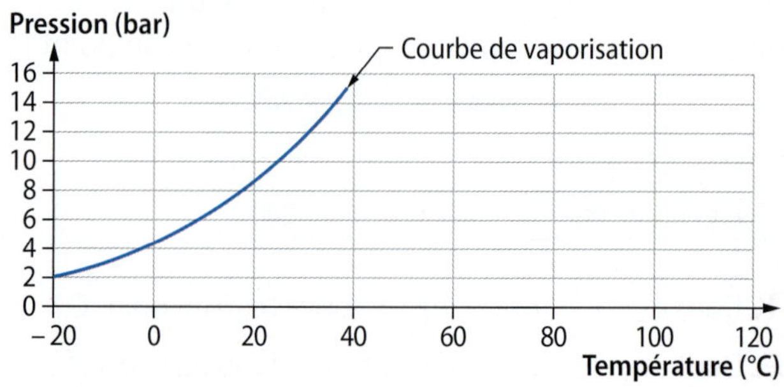

▲ Diagramme (P, θ) de l'ammoniac

6 Pression dans une bouteille de butane

S'approprier : Rechercher, sélectionner et organiser l'information en lien avec la problématique. **Réaliser** : Effectuer des procédures courantes : représentation graphique

Une bouteille de butane commercial contient un mélange liquide-gaz à l'équilibre, la pression à l'intérieur de la bouteille ne dépend donc que de la température du butane.

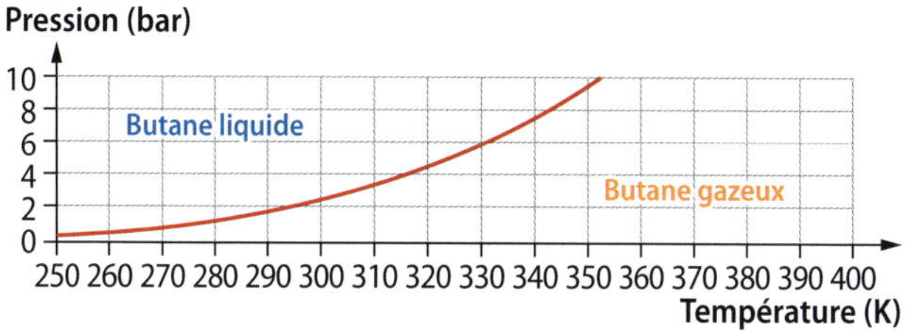

▲ Diagramme (*P*, *T*) du butane

1. Citer le nom de la courbe qui correspond à l'équilibre liquide-vapeur.

2. Exploiter le diagramme (*P*, *T*) pour indiquer la pression dans la bouteille aux températures suivantes :

Température du butane	0,0 °C	50,0 °C
Pression dans la bouteille [bar]		

Changement d'état et bilan d'énergie

7 Dégivrage d'un parebrise

Réaliser : effectuer des procédures courantes : calculs. **Analyser/Raisonner** : faire des prévisions à l'aide d'un modèle

La masse de givre présent sur le pare-brise d'une voiture vaut $m = 0{,}100$ kg. Cette couche d'eau solide est à la température $\theta_1 = -20$ °C.

Données :

- Température de fusion de la glace : $\theta_f = 0{,}0$ °C
- Énergie massique de fusion de la glace $L_F = 334 \times 10^3$ J.kg^{-1}
- capacité thermique massique de la glace : $c = 2\ 100$ J.kg^{-1}.K^{-1}

1. Calculer l'énergie nécessaire pour faire fondre à 0,0 °C l'ensemble du givre présent sur le pare-brise.

2. Quelle serait l'énergie nécessaire pour faire fondre une masse $m' = 0{,}200$ kg ?

8 Azote liquide

Analyser/Raisonner : formuler des hypothèses. **Réaliser** : effectuer des procédures courantes : calculs

L'azote liquide est utilisé dans de nombreux secteurs d'activité pour refroidir par cryogénie.
Un réservoir contient une masse $m = 80$ kg d'azote liquide sous pression atmosphérique à la température $\theta_{éb} = -196$ °C. Après utilisation, l'azote est sous forme gazeuse à la température $\theta_1 = 20{,}0$ °C.

1. La transformation subie par l'azote est-elle physique ou chimique ?

2. Réaliser le bilan d'énergie nécessaire pour réaliser cette transformation.

Données :

- Température d'ébullition de l'azote : $\theta_{éb} = -196$ °C
- Énergie massique de vaporisation de l'azote $L_{vap} = 199 \times 10^3$ J.kg^{-1}
- Capacité thermique massique de l'azote gazeux : $c = 1{,}04 \times 10^3$ J.kg^{-1}.K^{-1}

9 Patinoire refroidie à l'ammoniac

Une patinoire olympique possède une piste contenant une masse $m = 162$ kg de glace qu'il faut maintenir à la température $\theta_2 = -10{,}0$ °C. Pour réaliser cette couche de glace, l'eau est initialement sous forme liquide prise à la température $\theta_1 = 12{,}0$ °C.

Données :

- Température de fusion de la glace : $\theta_f = 0{,}0$ °C
- Énergie massique de fusion de la glace $L_F = 334 \times 10^3$ J.kg^{-1}
- Capacité thermique massique de l'eau liquide : $c_l = 4{,}19 \times 10^3$ J.kg^{-1}.K^{-1}
- Capacité thermique massique de la glace : $c_g = 2{,}10 \times 10^3$ J.kg^{-1}.K^{-1}

1. Réaliser le bilan d'énergie nécessaire pour réaliser la piste de glace.

2. Cette énergie est-elle proportionnelle à la masse de glace de la piste ?

10 SCIENCE IN ENGLISH

Liquid nitrogen

Liquid nitrogen is obtained from diatomic gas cooled to below its boiling temperature $T_{eb} = 77{,}4$ K. It is a colourless, low-viscosity liquid, like water. In the food industry, liquid nitrogen is used for flash-freezing and preserving food.

1. How is liquid nitrogen obtained/produced?
2. At what temperature does liquid nitrogen boil?

11 Climatiseur de voiture — BAC

La climatisation d'une voiture permet d'effectuer des transferts énergétiques entre l'intérieur et l'extérieur d'un véhicule. Le refroidissement de l'intérieur du véhicule est assuré par la circulation d'un fluide frigorigène qui subit différents changements d'état suivant le cycle ci-dessous :

Transformation entre les états	❶ → ❷	❷ → ❸
Nature de la transformation	Compression du gaz	Détente : condensation totale du fluide
Transformation entre les états	**❸ → ❹**	**❹ → ❶**
Nature de la transformation	Détente avec vaporisation partielle du fluide	vaporisation totale du liquide restant

DOC. 1 Schéma de la climatisation d'une voiture

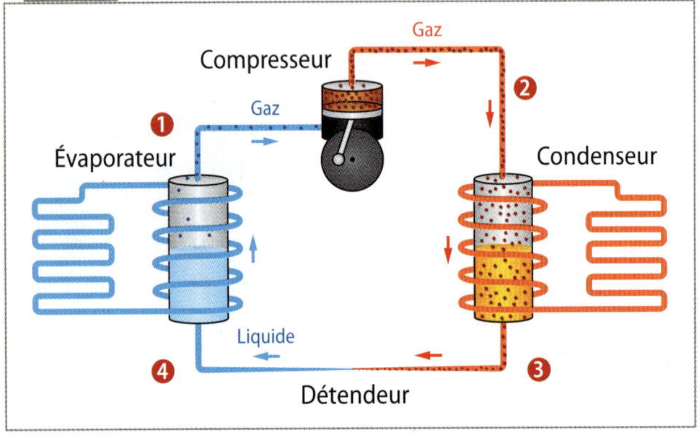

DOC. 2 Diagramme (*p*, *T*) du fluide frigorigène

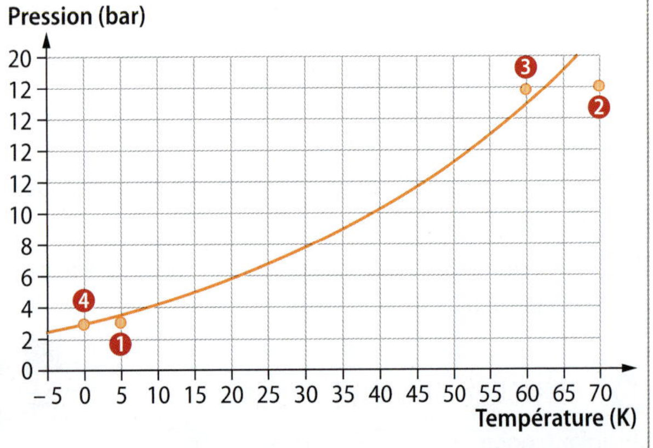

État	❶	❷	❸	❹
Pression (bar)	3,0	18,0	18,0	3,0
Température (°C)	5,0	70,0	60,0	0,6

Dans l'état ❹, le mélange contient 45 % de vapeur.

1. Quel est le nom de la courbe qui apparaît dans le diagramme d'état ?

2. Pour chaque état, indiquer sous quelle forme se trouve le fluide frigorigène.

3. Réaliser le bilan d'énergie pour la transformation ❷ → ❸.

4. Réaliser le bilan d'énergie pour la transformation ❹ → ❶.

Données :

Capacités thermiques massiques	Gaz ($P = 3{,}0$ bar)	Gaz ($P = 18{,}0$ bar)	Liquide ($P = 18{,}0$ bar)
c ($kJ.kg^{-1}.K^{-1}$)	$c_1 = 1{,}04$	$c_2 = 1{,}35$	$c_2 = 1{,}65$

Énergie massique de vaporisation à la température de changement d'état	$\theta_4 = 0{,}6$ °C	$\theta_5 = 63$ °C
L_V ($kJ.kg^{-1}$)	$L_4 = 200$	$L_5 = 292$

12 Nettoyage au CO_2

Le dioxyde de carbone supercritique se comporte comme un puissant solvant, capable de dissoudre les taches et la saleté.

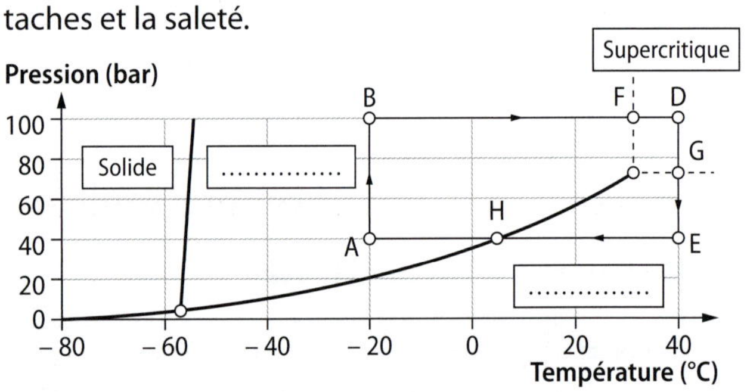

▲ Diagramme d'état du dioxyde de carbone CO_2

L'état supercritique est un état de la matière, aux propriétés intermédiaires entre celles d'un gaz et celles d'un liquide (température > 31 °C et pression > 73 bars). Le processus mis en jeu est décrit par le cycle sur le diagramme d'état ci-dessous.

1. Compléter dans les deux cases du graphique comportant des pointillés, l'état physique du dioxyde de carbone.

2. Indiquer dans le tableau ci-dessous, la portion du cycle correspondant aux transformations décrites.

Transformations	Graphiquement
Le CO_2 liquide est comprimé sous une centaine de bars.	A → B
Le CO_2 est chauffé de 31 °C à 40 °C à pression constante. Il est alors dans un état supercritique.	
Dans l'extracteur, le CO_2 supercritique se charge en graisse et sa pression diminue.	
Le CO_2 liquide est chauffé de –20 °C à 31 °C à pression constante.	
Le CO_2 est détendu et se retrouve alors sous forme gazeuse ; ce qui lui permet de se séparer de la graisse.	

3. Réaliser le bilan d'énergie pour la transformation E → A.

4. Comment interpréter le signe du résultat précédent ?

Données :

Capacités thermiques massiques	Gaz (P = 40,0 bar)	Liquide (P = 40,0 bar)
c (kJ.kg^{-1}.K^{-1})	$c_g = 1{,}25$	$c_l = 2{,}11$

Énergie massique de vaporisation à la température de changement d'état	$\theta_H = 5{,}3$ °C
L_V (kJ.kg^{-1})	$L_H = 200$

13 Produire des glaçons à la maison

DIFFÉRENCIATION

Un congélateur permet de transformer de l'eau liquide prise au robinet à $\theta_1 = 10$ °C pour former des glaçons à la température $\theta_2 = -17$ °C. Durant toute la transformation physique, l'eau est à la pression $P = 1{,}0$ bar. Un bac à glaçons contient 10 compartiments pouvant chacun contenir une masse de 15 g d'eau.

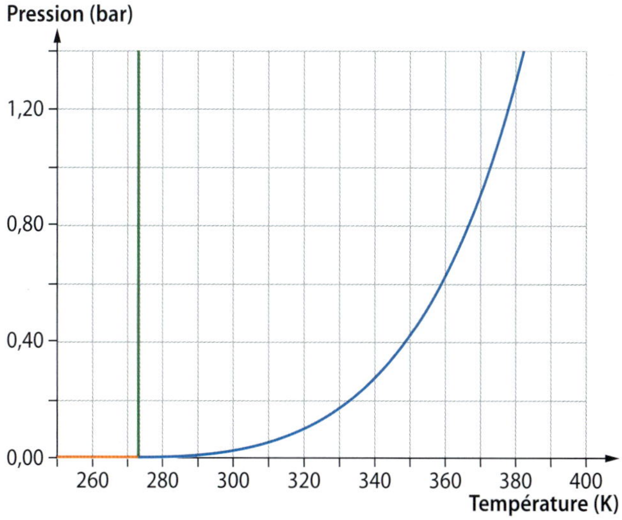

▲ Diagramme (P, T) de l'eau

Réaliser le bilan d'énergie de l'eau pour la transformation physique entre θ_1 et θ_2.

Données : $L_F = 334 \times 10^3$ J.kg^{-1} ;
$c_{liquide} = 4{,}20 \times 10^3$ J.kg^{-1}.K^{-1} ; $c_{glace} = 2{,}10 \times 10^3$ J.kg^{-1}.K^{-1}.

14 Réservoir GPL

Le GPL (gaz de pétrole liquéfié) est un carburant utilisé pour les véhicules automobiles. Il est constitué d'un mélange de propane et de butane qui se trouve toujours sous la forme d'un mélange liquide-vapeur quand il est stocké dans le réservoir d'un véhicule. Pour l'exercice, on assimile le GPL à du propane pur.

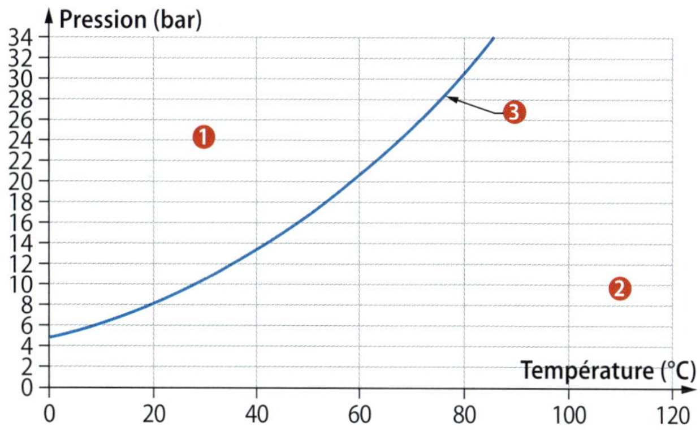

▲ Diagramme (P, θ) du propane

1. Indiquer pour chacun des domaines ❶ et ❷ et sur la courbe ❸ sous quelle forme se trouve le propane.

2. Lors du plein du véhicule la température est de 20,0 °C. Que vaut la pression dans le réservoir ?

3. Comment évolue la pression dans le réservoir quand la température augmente ? Cette évolution est-elle proportionnelle à la variation de température ?

4. Une soupape de sécurité permet de limiter la pression dans le réservoir à 27,0 bars. À partir de quelle température la soupape laisse-t-elle du GPL s'échapper du réservoir ?

15 Détermination expérimentale de la pression de vapeur saturante de l'eau

→ Mesures et incertitudes, rabats

En utilisant le dispositif expérimental de l'activité documentaire 3, les résultats suivants ont été obtenus :

P (Pa)	920×10^2	723×10^2
θ (°C)	96,0	90,0

Précision des appareils :

Thermomètre	±0, 5 °C
Manomètre	$\pm 4 \times 10^2$ Pa

1. Estimer l'incertitude-type sur chacune des valeurs mesurées.

2. Exprimer le résultat de chacune des mesures en tenant compte de son incertitude-type.

3. Pour chacune des deux températures, calculer la pression à l'aide de la formule de Rankine :

$P = 101325 \times e^{\left(13{,}7 - \frac{5120}{T}\right)}$.

4. Comparer les résultats donnés par la formule de Rankine avec les résultats expérimentaux, sachant que les résultats de mesure ont 65 % de chance de se trouver dans l'intervalle de mesure $[m - \Delta M ; m + \Delta M]$.

CHAPITRE

11

THÈME 2 › MATIÈRE ET MATÉRIAUX

Radioactivité

Depuis la découverte de la radioactivité à la fin du XIXe siècle, l'Homme a su tirer profit de ce phénomène extraordinaire aux services de la médecine, de l'industrie, de l'art, de l'espace, de l'histoire et de la production d'énergie. Si l'exploitation de l'énergie nucléaire reste un enjeu majeur, elle suscite cependant de nombreuses polémiques en particulier celles concernant l'avenir des déchets nucléaires et les risques importants en cas d'éventuels accidents.

→ **Qu'est-ce que la radioactivité ? Quelles sont les réactions nucléaires que l'Homme cherche à exploiter pour produire de l'énergie ?**

› Testez vos prérequis

Indiquer la (ou les) bonne(s) réponse(s) :

1. L'écriture conventionnelle du noyau d'un élément chimique *X* ayant *Z* protons et *A* nucléons s'écrit :

☐ **a.** X_Z^A ☐ **b.** ${}_Z^A X$ ☐ **c.** ${}_A^Z X$

2. Dans l'expression « carbone 14 », le nombre 14 fait référence au :

☐ **a.** nombre de protons
☐ **b.** nombre de nucléons
☐ **c.** nombre de neutrons

3. Il n'y a pas de réactions nucléaires :

☐ **a.** dans une centrale nucléaire
☐ **b.** dans le Soleil
☐ **c.** lors d'une transformation chimique

4. Des noyaux isotopes sont des noyaux ayant :

☐ **a.** le même nombre de neutrons et un nombre de protons différent
☐ **b.** le même nombre de neutrons et le même nombre de protons
☐ **c.** le même nombre de protons et un nombre de neutrons différent

5. Parmi les équations de réactions ci-dessous, celle qui n'est pas associée à une réaction nucléaire est :

☐ **a.** $2\ H_2 + O_2 \rightarrow 2\ H_2O$
☐ **b.** ${}_1^2H + {}_1^3H \rightarrow {}_2^4He + {}_0^1n$
☐ **c.** ${}_6^{14}C \rightarrow {}_7^{14}N + {}_{-1}^{0}e$

→ Corrigés, p. 284

Vidéo
Le fonctionnement d'une centrale nucléaire

CAPACITÉS EXIGIBLES

- Distinguer la radioactivité naturelle de la radioactivité artificielle. Citer les différents types de rayonnement radioactif et préciser la nature des particules émises.

> ACTIVITÉ DOCUMENTAIRE 1

- Citer la définition de l'activité d'une source radioactive et indiquer son unité. Exploiter la définition de la demi-vie d'une espèce radioactive. Comparer la décroissance radioactive de deux espèces connaissant leurs demi-vies respectives.

> ACTIVITÉ DOCUMENTAIRE 2

- Distinguer une réaction de fission d'une réaction de fusion, déterminer la valeur du défaut de masse et l'énergie libérée lors d'une réaction nucléaire.

> ACTIVITÉ DOCUMENTAIRE 3

ACTIVITÉ 1

ACTIVITÉ DOCUMENTAIRE

COMPÉTENCES

- ✓ S'approprier : rechercher, sélectionner et organiser l'information en lien avec la problématique
- ✓ Analyser/Raisonner : choisir un modèle ou des lois pertinentes
- ✓ Réaliser : utiliser un modèle, effectuer des représentations, collectes de données

→ Qu'est-ce que la radioactivité et quels sont les types de rayonnements émis ?

DOC. 1 La découverte de la radioactivité

En 1903, Henri Becquerel, Marie et Pierre Curie reçurent conjointement le prix Nobel de physique pour leur découverte de la radioactivité naturelle sur les éléments d'uranium, polonium et radium. Ceux-ci émettent spontanément et sans s'épuiser un rayonnement nouveau, invisible et très intense. En 1934, en bombardant des noyaux d'aluminium avec des noyaux d'hélium, Irène Curie et son mari Frédéric Joliot réussirent à former des noyaux de phosphore radioactifs, un isotope du phosphore stable, jamais observé dans la nature, ce qui leur valut le prix Nobel de chimie en 1935 pour leur découverte de la radioactivité artificielle.

Vidéo La découverte de la radioactivité — Nathan live!

DOC. 2 Les différents types de rayonnement radioactif

Pour gagner en stabilité, les noyaux radioactifs se désintègrent en émettant trois types de rayonnement. Ces rayonnements s'accompagnent de l'émission de particules distinctes.

Rayonnement radioactif	α (« alpha »)	β^+ (« bêta plus »)	β^- (« bêta moins »)	γ (« gamma »)
Particule émise	Un noyau d'hélium ${}^{4}_{2}He$	Un positon ${}^{0}_{+1}e$	Un électron ${}^{0}_{-1}e$	Un photon associé à un rayonnement γ

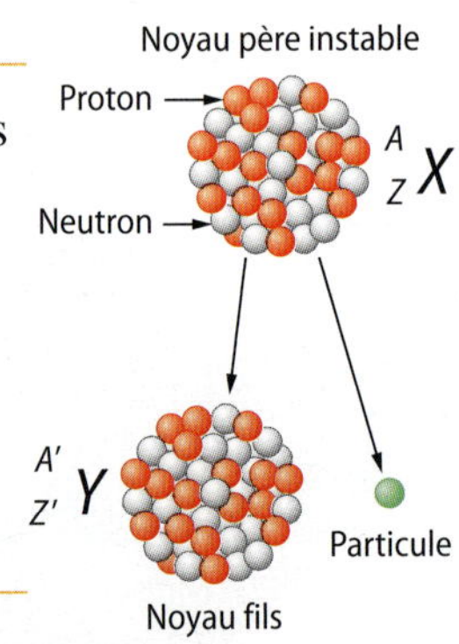

Rappel

L'écriture conventionnelle d'un noyau atomique est notée ${}^{A}_{Z}X$ où X est le symbole de l'élément chimique, A le nombre de nucléons, et Z le nombre de protons.

Outils

Lois de conservation

Lors d'une réaction nucléaire, il y a conservation de la charge électrique et du nombre de nucléons : ${}^{A}_{Z}X \rightarrow {}^{A_1}_{Z_1}Y_1 + {}^{A_2}_{Z_2}Y_2$ avec

$A = A_1 + A_2$, conservation du nombre de nucléons

$Z = Z_1 + Z_2$, conservation de la charge électrique

QUESTIONS

1. S'APPROPRIER ▶ À l'aide du DOC. 1, définir « la radioactivité naturelle » et « la radioactivité artificielle ».

2. S'APPROPRIER ▶ Citer les éléments radioactifs du DOC. 1 qui relèvent de la radioactivité naturelle, et celui relevant de la radioactivité artificielle.

3. RÉALISER ▶ L'écriture conventionnelle d'un noyau d'uranium 238 s'écrit ${}^{238}_{92}U$. Indiquer le nombre de nucléons de ce noyau en précisant le nombre de protons et le nombre de neutrons.

4. RÉALISER ▶ À l'aide du DOC. 2, compléter le tableau ci-contre. Dans les exemples ci-contre, un noyau père se désintègre en un noyau fils en émettant un rayonnement α ou β^+ ou β^-.

Noyau père	Noyau fils	Particule émise	Nature du rayonnement émis (α, β^+, β^-)
${}^{30}_{15}P$	${}^{30}_{14}Si$		
${}^{238}_{92}U$	${}^{234}_{90}Th$		
${}^{234}_{90}Th$	${}^{234}_{91}Pa$		

ACTIVITÉ 2

ACTIVITÉ DOCUMENTAIRE

COMPÉTENCES
- ✓ S'approprier : rechercher, sélectionner et organiser l'information en lien avec la problématique
- ✓ Réaliser : effectuer des calculs, collectes de données, exploiter un graphique

→ Comment la radioactivité permet-elle de dater des vestiges de l'histoire ?

En 1940, des archéologues ont retrouvé un bois de renne à l'intérieur de la grotte de Lascaux. Pour dater ce vestige, ils ont utilisé le phénomène de la radioactivité.

DOC. 1 Cycle du carbone 14

Le carbone possède trois isotopes naturels : Les deux premiers ^{12}C (présent à 98,93 %), et ^{13}C (présent à 1,07 %) sont stables, tandis que le troisième ^{14}C (sous forme de trace) est radioactif. Le taux moyen de présence du carbone 14 dans l'atmosphère est constant et se retrouve dans tous les êtres vivants comme le montre le schéma suivant.

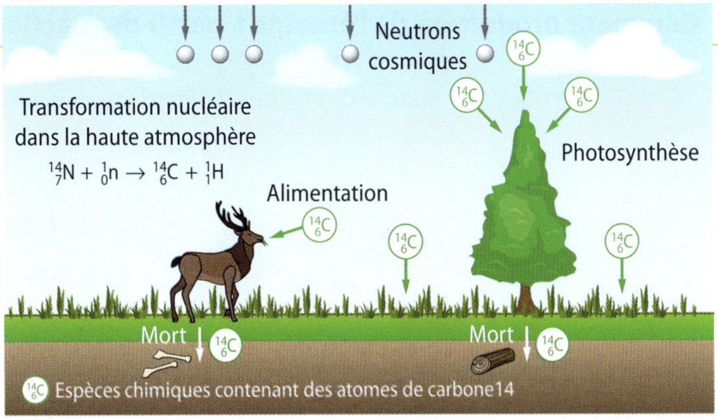

DOC. 2 Loi de décroissance radioactive du carbone 14

Lorsqu'un être vivant (animal, homme, plante) meurt, son apport en carbone 14 cesse. Les noyaux de carbone 14 étant radioactifs, ils se désintègrent au cours du temps. Par conséquent leur nombre dans la matière morte diminue en fonction du temps, ce qui entraîne également une diminution de **l'activité *A*** de l'échantillon.

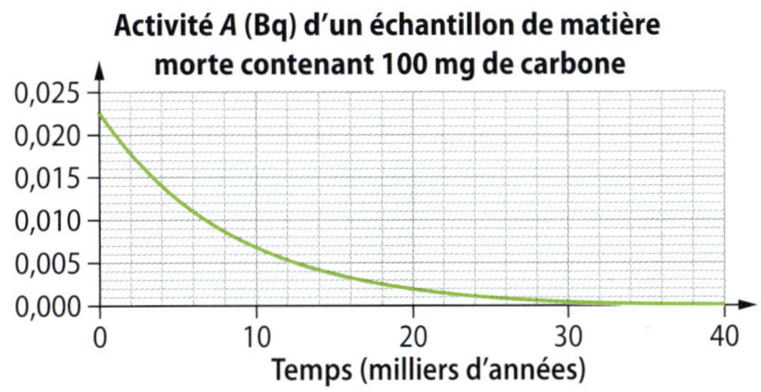

QUESTIONS

1. S'APPROPRIER ▶ À l'aide du DOC. 1, expliquer pourquoi le bois de renne trouvé dans la grotte peut contenir des noyaux de carbone 14 .

2. RÉALISER ▶ L'échantillon de bois de renne analysé au moment de sa découverte contient 100 mg de carbone et présente une activité de $2{,}9 \times 10^{-3}$ Bq.
À l'aide du DOC. 2 :

a) Déterminer l'activité, exprimée en Becquerel, de l'échantillon au moment de la mort de l'animal.

b) Déterminer la demi-vie du carbone 14.

c) Estimer la durée entre la mort de l'animal et l'analyse de son bois. Comparer cette durée à la demi-vie du carbone 14.

3. ANALYSER - RAISONNER ▶ Le potassium 40 est un noyau radioactif que l'on trouve également dans l'organisme des animaux et dont la demi-vie vaut 1,3 milliards d'années. Indiquer si une datation du bois de renne trouvé dans la grotte aurait été possible à partir du potassium 40.

Vocabulaire

L'activité : nombre de désintégrations de noyaux radioactifs par seconde qui se produisent au sein d'une source radioactive. L'unité de l'activité est le becquerel de symbole Bq (1 Bq = 1 désintégration par seconde).

La demi-vie d'un noyau radioactif $t_{1/2}$: durée au bout de laquelle le nombre de noyaux radioactifs présents dans l'échantillon ou son activité a été divisé par deux.

COMPÉTENCES
- S'approprier : rechercher, sélectionner et organiser l'information en lien avec la problématique
- Réaliser : effectuer des calculs, collectes de données, exploiter un graphique

ACTIVITÉ DOCUMENTAIRE

→ L'énergie nucléaire

Pendant la deuxième guerre mondiale, en recourant par deux fois à la bombe atomique (Hiroshima et Nagasaki en 1945) l'Homme a démontré les effets dévastateurs d'une ampleur inédite de l'énergie nucléaire. Cette énergie a ensuite été exploitée à des fins civiles, notamment dans la production de l'électricité.

Comment produit-on de l'énergie à partir de réactions nucléaires ?

DOC. 1 Le nucléaire dans la production d'électricité en France et dans le monde en 2016/2017

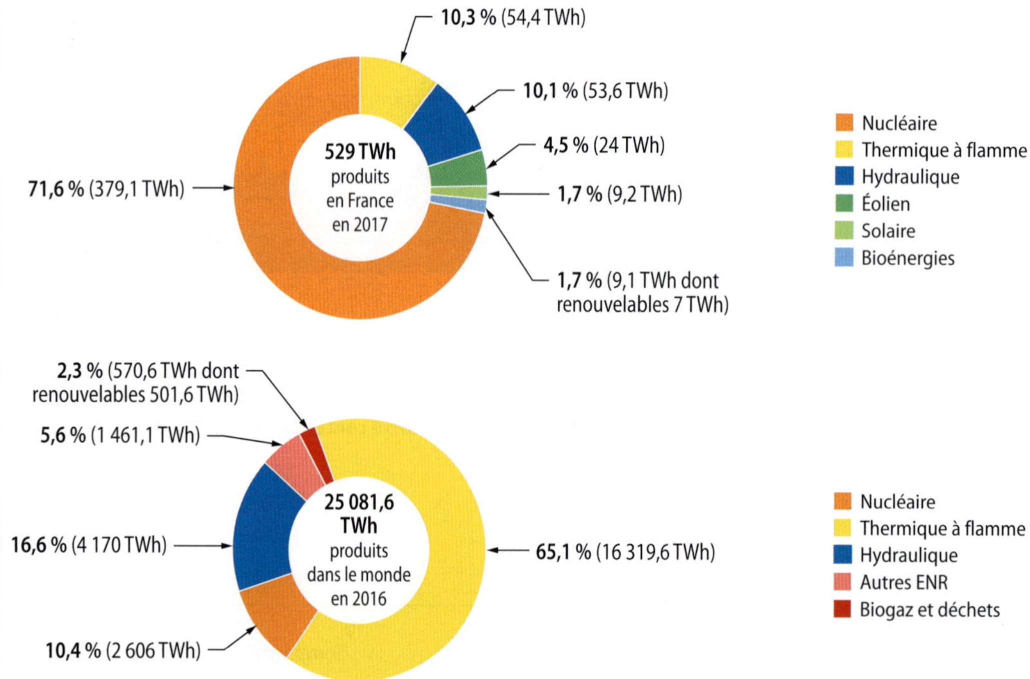

DOC. 2 L'exploitation de l'énergie nucléaire

Actuellement, pour produire de l'électricité, les centrales nucléaires récupèrent l'énergie libérée au cours d'une réaction nucléaire : un noyau d'uranium 235 se casse sous l'effet de l'impact d'un neutron, ce qui peut être modélisé par l'équation suivante :
$^{1}_{0}n + ^{235}_{92}\text{U} \rightarrow ^{94}_{38}\text{Sr} + ^{140}_{54}\text{Xe} + 2\,^{1}_{0}n$

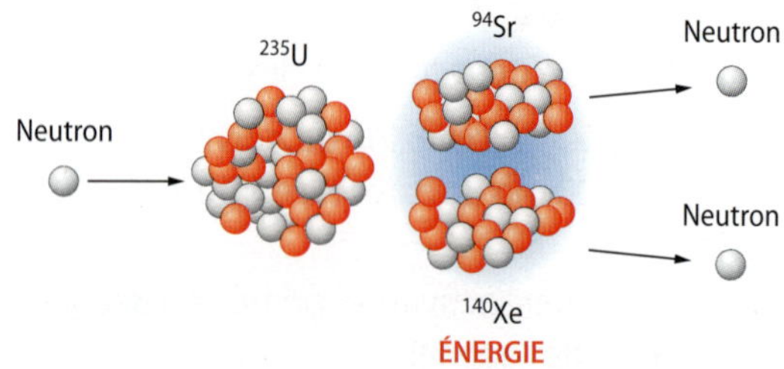

Au sein des étoiles, comme le Soleil, un autre type de réaction nucléaire a lieu produisant une quantité d'énergie énorme : deux noyaux isotopes de l'hydrogène, le deutérium et le tritium s'associent pour donner naissance à un noyau plus lourd, celui de l'hélium selon l'équation : $^{2}_{1}\text{H} + ^{3}_{1}\text{H} \rightarrow ^{4}_{2}\text{He} + ^{1}_{0}n$.
Cette réaction très difficile à réaliser en laboratoire, fait l'objet de recherche actuelle.

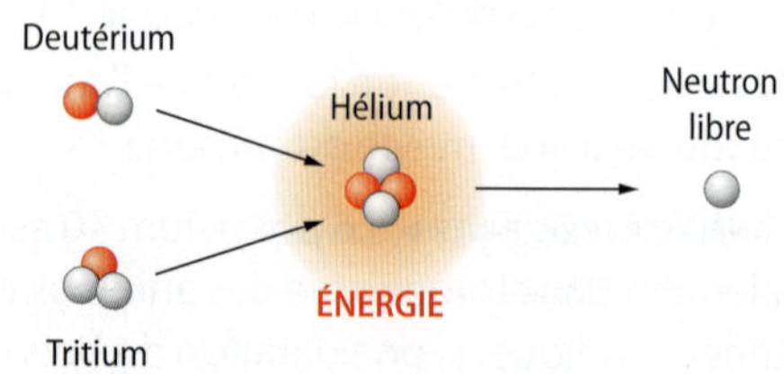

DOC. 3 L'équivalence entre masse et énergie

Albert Einstein, par sa célèbre formule $E = mc^2$, a montré l'équivalence entre la masse et l'énergie, avec c la vitesse de la lumière dans le vide $c = 3{,}00 \times 10^8$ m.s^{-1}, E l'énergie en J, et m la masse en kg.

Ainsi, lors d'une réaction, si la masse des produits formés est inférieure à la masse des réactifs, la masse manquante n'a pas disparu, elle s'est transformée en énergie. L'énergie libérée est donc égale : $E_{libérée} = |\Delta m| \times c^2 = |m_{produits} - m_{réactifs}| \times c^2$, avec $|\Delta m|$ le défaut de masse (ou la perte de masse) entre les réactifs et les produits (en kg).

Vocabulaire

Fusion : réaction au cours de laquelle deux noyaux légers s'associent pour donner naissance à un noyau de taille moyenne, libérant au passage un neutron.

Fission : réaction au cours de laquelle un noyau lourd est scindé en noyaux plus légers sous l'effet de l'impact d'un neutron, libérant plusieurs neutrons.

DOC. 4 Masse de différents noyaux et particules

Noyau ou particule	Neutron	Uranium 235	Strontium 94	Xénon 140
Symbole	${}^{1}_{0}n$	${}^{235}_{92}U$	${}^{94}_{38}Sr$	${}^{140}_{54}Xe$
Masse (en u)	1,00866	235,044	93,9154	139,925

Outils

- L'électronvolt : 1 eV = $1{,}6 \times 10^{-19}$ J
- Le mégaélectronvolt : 1 MeV = 10^6 eV
- L'unité de masse atomique : 1 u = $1{,}66054 \times 10^{-27}$ kg
- Le kilowattheure : 1 kWh = 3 600 kJ
- La tonne équivalent pétrole : énergie fournie par la combustion d'une tonne de pétrole, 1 tep = 11 600 kWh

QUESTIONS

1. S'APPROPRIER ▶ À partir du DOC. 1 :

a) Comparer la part du nucléaire dans la production d'électricité en France à celle dans le monde.

b) Au niveau mondial, indiquer la ressource la plus utilisée pour produire de l'électricité.

c) Comparer les avantages et inconvénients de cette ressource et ceux du nucléaire dans la production d'électricité (vous pourrez dresser un tableau).

2. S'APPROPRIER ▶ À l'aide du DOC. 2, indiquer si une réaction relève d'une réaction de fission ou d'une réaction de fusion dans les cas suivants :

– la réaction se produisant au sein d'une centrale nucléaire,

– la réaction se produisant au sein du Soleil.

3. RÉALISER ▶ On s'intéresse à la réaction se produisant au cœur d'une centrale nucléaire. À l'aide des DOC. 2, 3 et 4 :

a) Calculer la valeur du défaut de masse associée à cette réaction.

b) En déduire l'énergie libérée exprimée en MeV.

c) Indiquer le nombre de nucléons mis en jeu dans cette réaction. En déduire l'énergie libérée par nucléon exprimée en MeV.

d) Calculer l'énergie libérée par la fission d'1,0 g d'uranium 235, exprimée en kWh, puis en tep. Commenter.

LE COURS

1 LA RADIOACTIVITÉ

• **Écriture conventionnelle d'un noyau** d'un atome correspondant à un élément chimique de symbole X (voir ci-contre) :

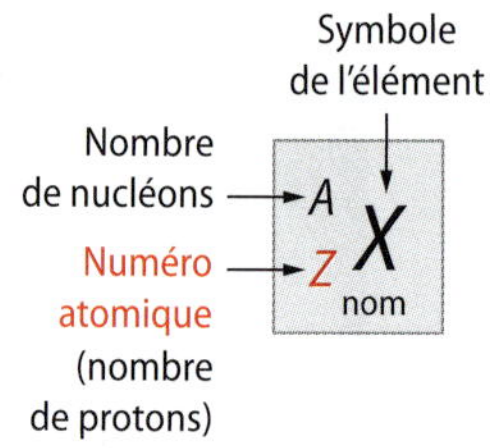

• Deux noyaux sont **isotopes** s'ils ont le même nombre de protons Z, mais un nombre de neutrons différent, ce qui entraîne un nombre de nucléons A différent.
Exemple : L'uranium 238 ${}^{238}_{92}U$ et l'uranium 235 ${}^{235}_{92}U$ sont des isotopes.

• La **radioactivité** est une réaction nucléaire spontanée (voir schéma ci-contre). Elle peut être naturelle (observée dans la nature) ou artificielle (créée par l'Homme) en émettant une particule.
Un noyau radioactif instable, appelé noyau père, se désintègre en un autre noyau, appelé noyau fils, plus stable. On distingue trois types de radioactivité selon la nature de la particule émise :

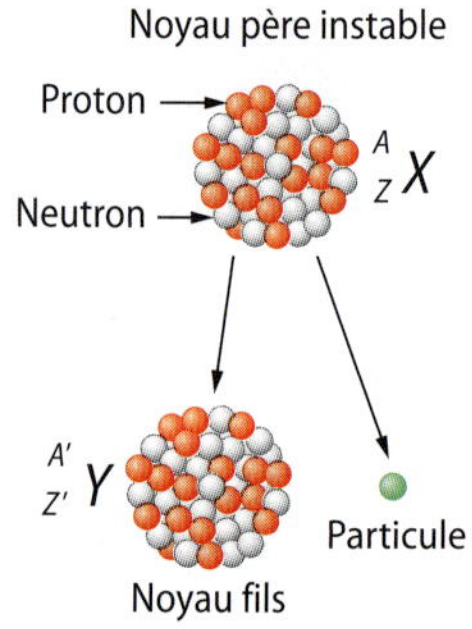

▲ Schéma illustrant la radioactivité.

– **la radioactivité α** : la particule émise est un noyau d'hélium ${}^{4}_{2}He$ (particule α)
Exemple : ${}^{210}_{84}Po \rightarrow {}^{206}_{82}Pb + {}^{4}_{2}He$

– **la radioactivité β⁻** : la particule émise est un électron ${}^{0}_{-1}e$
Exemple : ${}^{60}_{27}Co \rightarrow {}^{60}_{28}Ni + {}^{0}_{-1}e$

– **la radioactivité β⁺** : la particule émise est un positon ${}^{0}_{+1}e$
Exemple : ${}^{15}_{8}O \rightarrow {}^{15}_{7}N + {}^{0}_{+1}e$

– **la radioactivité γ** : un rayonnement électromagnétique γ est émis au cours d'une désintégration α, β⁻ ou β⁺. Le noyau fils se trouvant en général dans un état excité, se désexcite en émettant un rayonnement γ (voir schéma ci-contre)
Exemple : ${}^{60}_{28}Ni^{*} \rightarrow {}^{60}_{28}Ni + \text{rayonnement } \gamma$

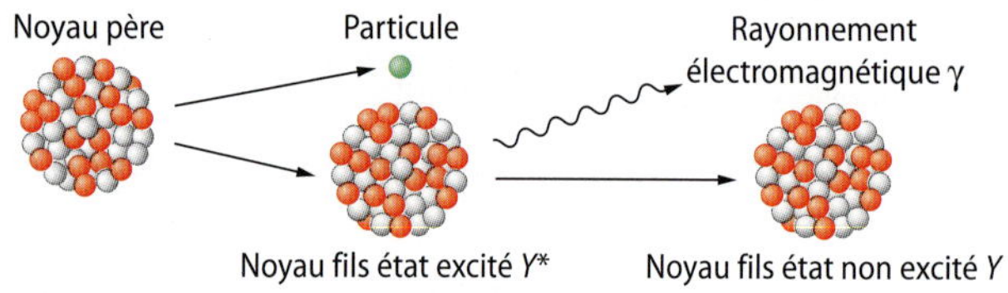

▲ Radioactivité γ.

2 LOI DE DÉCROISSANCE RADIOACTIVE ET ACTIVITÉ D'UNE SOURCE RADIOACTIVE

Loi de décroissance radioactive

Dans un échantillon, le nombre de noyaux radioactifs d'un élément chimique diminue au cours du temps :

$$N(t) = N_0 e^{-\frac{0,693 \times t}{t_{1/2}}}$$

où $t_{1/2}$ est la **demi-vie** du noyau radioactif et N_0 est le nombre initial de noyaux radioactifs présents à $t = 0$

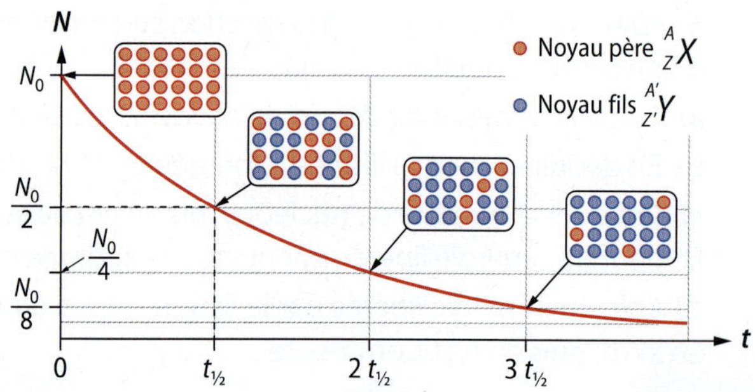

▶▶▶

▶▶▶

$t_{1/2}$ dépend exclusivement de la nature du noyau radioactif et est égale à la durée au bout de laquelle le nombre de noyaux radioactifs a été divisé par deux est :

$$N(t_{1/2}) = \frac{N_0}{2}$$

L'activité A d'une source radioactive A est le nombre de désintégrations de noyaux radioactifs par seconde qui se produisent en son sein. Elle s'exprime en becquerel, de symbole Bq (1 Bq = 1 désintégration par seconde).

De même : $A(t) = A_0 e^{-\frac{0,693 \times t}{t_{1/2}}}$ où A_0 est l'activité initiale de l'échantillon radioactif.

Exemple : Pour un adulte de 70 kg, A = 7 000 Bq (due à la présence de ^{40}K et ^{14}C).

3 ÉNERGIE LIBÉRÉE LORS DE RÉACTIONS DE FISSION ET DE FUSION

FISSION	FUSION
Réaction nucléaire au cours de laquelle un noyau se scinde en deux autres noyaux plus légers. Exemple : ${}_0^1n + {}_{92}^{235}U \rightarrow {}_{38}^{94}Sr + {}_{54}^{140}Xe + 2\,{}_0^1n$.	Réaction nucléaire au cours de laquelle deux noyaux s'associent pour former un noyau plus lourd. Exemple : ${}_1^2\mathrm{H} + {}_1^3\mathrm{H} \rightarrow {}_2^4\mathrm{He} + {}_0^1n$.

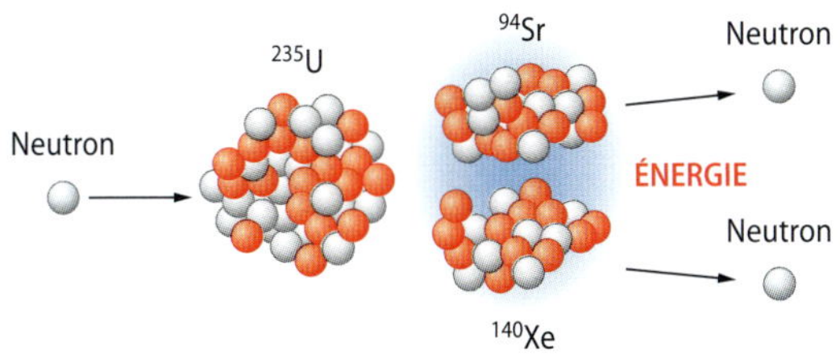

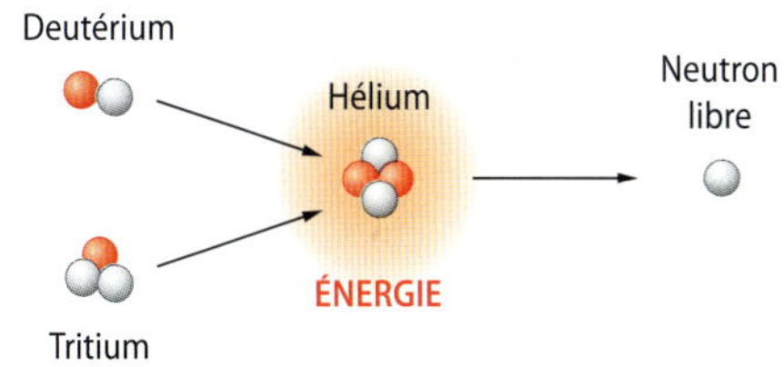

DÉFAUT DE MASSE LORS D'UNE RÉACTION NUCLÉAIRE :

$$\Delta m = m_{\text{produits}} - m_{\text{réactifs}}$$

où m_{produits} est la masse totale des produits formés (en kg)
$m_{\text{réactifs}}$ est la masse totale des réactifs (en kg)
Δm est la valeur du défaut de masse (en kg)

ÉNERGIE LIBÉRÉE LORS D'UNE RÉACTION NUCLÉAIRE :

$$E_{lib} = |\Delta m| \times c^2$$

où c est la célérité de la lumière dans le vide ou dans l'air $c = 3,0 \times 10^8$ m.s^{-1}
Δm est le défaut de masse (en kg)
E_{lib} est l'énergie libérée (en J)

Usuellement l'énergie libérée est exprimée en MeV : 1 MeV = $1,6 \times 10^{-13}$ J.

Indiquer la (ou les) bonne(s) réponse(s) :

La radioactivité

	A	B	C
1. La radioactivité est un phénomène :	☐ exclusivement naturel	☐ exclusivement artificiel	☐ naturel et artificiel
2. Un noyau radioactif :	☐ émet un rayonnement radio	☐ est stable dans le temps	☐ se désintègre en raison de son instabilité
3. Dans la représentation symbolique du noyau ${}^{18}_{8}O$:	☐ 18 est le nombre de nucléons et 8 celui des protons	☐ 18 est le nombre de neutrons et 8 est celui des protons	☐ 18 est le nombre de nucléons et 8 est celui des neutrons
4. La désintégration ${}^{18}_{9}F \rightarrow {}^{18}_{8}O + {}^{0}_{+1}e$ correspond à de la radioactivité :	☐ α	☐ β^+	☐ β^-
5. Lors de la désintégration ci-dessus, la particule émise est :	☐ un électron	☐ un noyau d'hélium	☐ un positon

Loi de décroissance radioactive et activité

	A	B	C
6. On considère un échantillon radioactif correspondant à la courbe de décroissance ci-dessous. La demi-vie du noyau radioactif vaut : 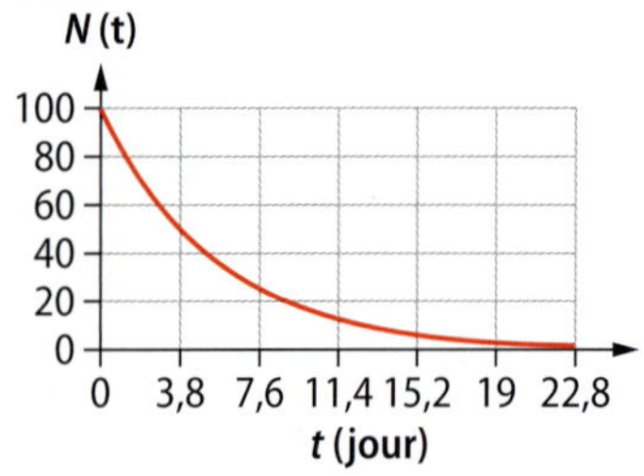	☐ 11,4 jours	☐ 7,6 jours	☐ 3,8 jours
7. On considère une source radioactive subissant $3{,}0 \times 10^5$ désintégrations par minute. Son activité vaut :	☐ $3{,}0 \times 10^5$ Bq	☐ $5{,}0 \times 10^3$ Bq	☐ $1{,}8 \times 10^7$ Bq

Énergie libérée lors de réactions de fission et de fusion

	A	B	C
8. La réaction ${}^{16}_{8}O + {}^{16}_{8}O \rightarrow {}^{31}_{16}S + {}^{1}_{0}n$ est une réaction de :	☐ fission	☐ fusion	☐ désintégration
9. L'énergie libérée lors d'une réaction nucléaire se calcule par la relation :	☐ $E_{libérée} = \lvert \Delta m \rvert^2 \times c$	☐ $E_{libérée} = \lvert \Delta m \rvert \times c$	☐ $E_{libérée} = \lvert \Delta m \rvert \times c^2$
10. Le défaut de masse d'une réaction vaut $\Delta m = -2{,}1 \times 10^{-30}$ kg. L'énergie libérée est donc égale à (on prend $c = 3{,}0 \times 10^8$ m.s^{-1}) :	☐ $6{,}3 \times 10^{-22}$ J	☐ $1{,}9 \times 10^{-13}$ J	☐ 1,2 MeV avec 1 MeV = $1{,}6 \times 10^{-13}$ J

→ Corrigés, p. 284

Fission du plutonium 239 dans les réacteurs nucléaires

Le plutonium n'existe pas à l'état naturel, il est produit sous la forme du plutonium 239 ^{239}Pu dans les réacteurs nucléaires, à partir de l'uranium 238 (non fissile mais qui représente 99 % d'un échantillon d'uranium naturel). La formation de plutonium 239 est schématisée ci-dessous :

$$^{238}_{92}U + ^{1}_{0}n \longrightarrow ^{239}_{92}U \xrightarrow{(a)} ^{239}_{93}Np \xrightarrow{(b)} ^{239}_{94}Pu$$

Le plutonium 239, fissile, peut subir une fission selon l'équation ci-dessous et contribue ainsi à la production d'énergie :

$$^{1}_{0}n + ^{239}_{94}Pu \rightarrow ^{135}_{52}Te + ^{102}_{42}Mo + 3\,^{1}_{0}n$$

Données : $m(^{1}_{0}n) = 1{,}0087$ u ; $m(^{239}_{94}Pu) = 239{,}0530$ u ; $m(^{135}_{52}Te) = 134{,}9167$ u ; $m(^{102}_{42}Mo) = 101{,}9103$ u ; unité de masse atomique $u = 1{,}66 \times 10^{-27}$ kg ; $c = 3{,}00 \times 10^{8}$ m.s^{-1} ; 1 eV $= 1{,}60 \times 10^{-19}$ J.

1. Préciser la nature de la radioactivité (naturelle ou artificielle) du plutonium 239 et de l'uranium 238.

← **S'APPROPRIER** - Savoir extraire des informations de l'énoncé

2. Les réactions (*a*) et (*b*) sont des désintégrations radioactives de type β^-. Quelle particule est émise au cours de ces désintégrations ?

← **RÉALISER** - Reconnaître les différents types de rayonnement radioactif et la nature des particules émises

3. Calculer la valeur du défaut de masse lors de la fission du plutonium 239.

← **S'APPROPRIER** - Connaître les relations sur la valeur du défaut de masse et sur l'énergie libérée

4. En déduire l'énergie libérée en MeV lors de la fission du plutonium 239.

← **RÉALISER** - Calculer la valeur du défaut de masse et l'énergie libérée

Solution

1. Le plutonium 239 correspond à de la radioactivité artificielle, tandis que l'uranium 238 correspond à de la radioactivité naturelle.
2. Au cours d'une désintégration de type β^-, la particule émise est un électron $^{0}_{-1}e$.
3. $\Delta m = m(^{135}_{52}Te) + m(^{102}_{42}Mo) + 3\,m(^{1}_{0}n) - m(^{1}_{0}n) - m(^{239}_{94}Pu) = -0{,}208\,6 \text{ u} = -0{,}2086 \times 1{,}66 \times 10^{-27} = -3{,}46 \times 10^{-28}$ kg.
4. $E = |\Delta m| \times c^2 = 3{,}46 \times 10^{-28} \times (3{,}00 \times 10^{8})^2 = 3{,}11 \times 10^{-11}$ J $= 195$ MeV.

À VOUS DE JOUER !

Le thorium une alternative à l'uranium ?

Le thorium, quatre fois plus abondant que l'uranium sur Terre, est étudié dans certains pays comme une alternative possible à la filière fonctionnant à l'uranium dans les réacteurs nucléaires. Cependant, il est non fissile, et doit être transformé en uranium 233, quant à lui fissile, selon les réactions suivantes :

$$^{232}_{90}Th + ^{1}_{0}n \rightarrow ^{233}_{90}Th \xrightarrow{(a)} ^{233}_{91}Pa \xrightarrow{(b)} ^{233}_{92}U.$$

L'uranium 233 peut subir une fission selon l'équation : $^{1}_{0}n + ^{233}_{92}U \rightarrow ^{77}_{31}Ga + ^{155}_{61}Pm + 2\,^{1}_{0}n$.

Données : $m(^{1}_{0}n) = 1{,}674\,44 \times 10^{-27}$ kg ; $m(^{233}_{92}U) = 386{,}971 \times 10^{-27}$ kg ; $m(^{77}_{31}Ga) = 127{,}744 \times 10^{-27}$ kg ; $m(^{155}_{61}Pm) = 257{,}272 \times 10^{-27}$ kg ; $c = 3{,}00 \times 10^{8}$ m.s^{-1} ; 1 eV $= 1{,}60 \times 10^{-19}$ J.

1. Préciser la nature de la radioactivité (naturelle ou artificielle) du thorium 232.

2. Les réactions (*a*) et (*b*) sont des désintégrations radioactives. De quel type de radioactivité s'agit-il (α, β^+, β^-) ? Quelle particule est émise lors des désintégrations (*a*) et (*b*) ?

3. Calculer la valeur du défaut de masse lors de la fission de l'uranium 233.

4. En déduire l'énergie libérée en MeV lors de la fission de l'uranium 233.

→ Corrigés, p. 284

Données générales pour tous les exercices :
1 eV = 1,602 × 10^{-19} J ; c = 3,0 × 10^{8} m.s^{-1} ;
1 u = 1,66 × 10^{-27} kg

La radioactivité

1 SCIENCE IN ENGLISH

Sources of Radioactivity

DOC. Radioactivity in France

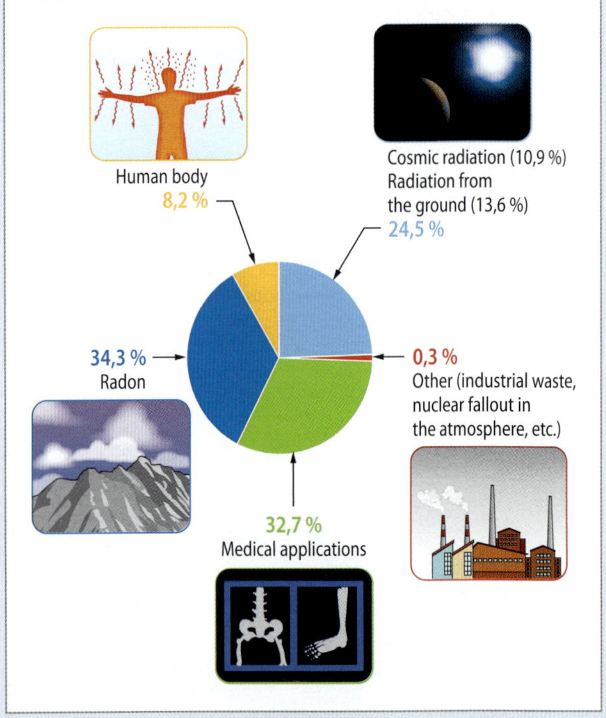

1. Specify if each of these sources is an example of natural or artificial (man-made) radioactivity.

2. What are the three main sources of radioactivity that people in France are exposed to?

3. Specify the origin of the radioactivity in each of the sources listed in the chart, using the internet to do research.

2 Radioactivité α, β ou γ ?

S'approprier : mobiliser ses connaissances

Pour chacune des réactions ci-dessous, indiquer la nature de la particule émise et le type de radioactivité (α, β^+, β^- ou γ).

1. $^{28}_{13}\text{Al} \rightarrow {}^{28}_{14}\text{Si} + {}^{0}_{-1}\text{e}$

2. $^{144}_{60}\text{Nd} \rightarrow {}^{140}_{58}\text{Ce} + {}^{4}_{2}\text{He}$

3. $^{222}_{86}\text{Rn}^* \rightarrow {}^{222}_{86}\text{Rn} + \text{rayonnement } \gamma$

4. $^{91}_{42}\text{Mo} \rightarrow {}^{91}_{41}\text{Nb} + {}^{0}_{+1}\text{e}$

Loi de décroissance radioactive et activité

3 À qui sont ces courbes ?

S'approprier : mobiliser ses connaissances. **Réaliser :** exploiter un graphique

On a représenté ci-dessous trois courbes de décroissance radioactive associées à trois noyaux radioactifs, où $N(t)$ et N_0 représentent les nombres de noyaux radioactifs de l'échantillon respectivement à l'instant t et à $t = 0$.

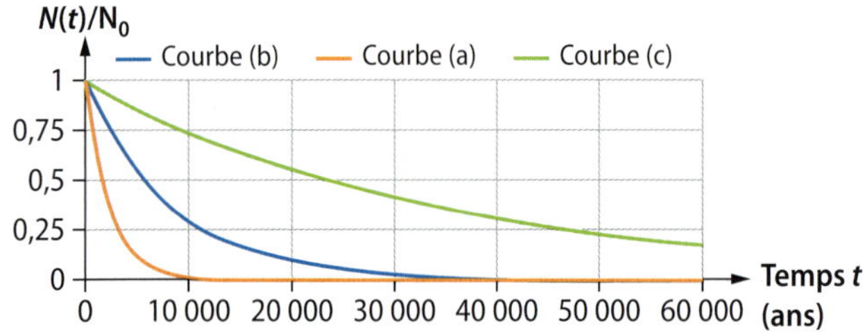

1. Déterminer pour chacune des courbes la demi-vie du noyau radioactif correspondant.

2. À l'aide du tableau ci-dessous, associer à chaque courbe le noyau radioactif correspondant.

Noyau radioactif	Demi-vie	Noyau radioactif	Demi-vie
Césium 137	30 ans	Carbone 14	5 730 ans
Plutonium 239	24 100 ans	Neptunium 236	154 000 ans
Américium 243	7 370 ans	Radium 226	1 600 ans

4 Traceur radioactif en tomographie

S'approprier : mobiliser ses connaissances. **Réaliser :** utiliser un modèle, tracer et exploiter un graphique, effectuer un calcul

Le fluor 18 est un traceur radioactif utilisé au cours d'un examen médical appelé « tomographie par émission de positons ». En se désintégrant le fluor 18 émet un positon.

On suit l'évolution de l'activité d'un échantillon contenant du fluor 18, destiné à être administré à un patient :

t (min)	0	30	60	90	120	150	180	210	240
A (MBq)	360	298	246	204	169	140	115	96	79

1. De quel type de rayonnement radioactif s'agit-il ?

2. Quel est le nombre de désintégrations par seconde de l'échantillon à l'instant initial ?

3. Tracer la courbe représentant $A = f(t)$.

4. En déduire la demi-vie du fluor 18.

5. Que vaut l'activité de l'échantillon au bout de deux demi-vies ?

6. Au bout de quelle durée l'activité sera-t-elle divisée par 10 ?

5 La datation d'une roche en géologie

S'approprier : mobiliser ses connaissances. **Réaliser :** utiliser un modèle, tracer et exploiter un graphique

Certaines roches terrestres possèdent de l'uranium 235 ^{235}U, noyau radioactif ayant une demi-vie de 700 millions d'années. En se désintégrant, il donne naissance à un noyau de plomb 207 ^{207}Pb.

1. Tracer la courbe de décroissance radioactive d'un échantillon d'uranium 235, montrant l'évolution de la proportion de noyaux ^{235}U restant en fonction du temps, dans l'intervalle de temps [0 ; 2 500 millions d'années].

2. L'analyse d'échantillons d'une roche éruptive a montré que cette roche contenait une proportion de 75 noyaux ^{235}U contre 25 noyaux ^{207}Pb. À partir de la courbe de décroissance tracée, estimer l'âge de la roche.

6 Le radium 226

S'approprier : mobiliser ses connaissances. **Réaliser :** utiliser un modèle, effectuer un calcul

Le radium 226 $^{226}_{88}Ra$ est un noyau radioactif qui se désintègre pour donner naissance au radon 222 $^{222}_{86}Rn$. Le nombre N de noyaux de radium 226 d'un échantillon évolue dans le temps selon l'équation : $N(t) = N_0 \times e^{-1{,}36\times10^{-11}t}$ où N_0 est le nombre initial de noyaux de radium 226 dans l'échantillon, t est le temps (en s).

1. Nommer le type de radioactivité du radon 226 en précisant la nature de la particule émise.

2. Déterminer la demi-vie du radium 226 en années.

3. En 1911, Marie Curie a réalisé un étalon international de radium 226 de masse égale à 0,01675 g.

a) Combien en restait-il cent ans après ?

b) Sachant que l'activité massique du radium 226 vaut $3{,}7 \times 10^{10}$ Bq.g^{-1}, déterminer l'activité de l'étalon préparé par Marie Curie en 1911.

Énergie libérée lors des réactions de fission et de fusion

7 La bombe atomique H

S'approprier : sélectionner et exploiter des informations, mobiliser ses connaissances

Dans les bombes atomiques, les réactions en chaîne qui libèrent l'énergie nucléaire sont amplifiées, contrairement à celles dans les centrales nucléaires qui sont stabilisées. Actuellement, il existe deux types de bombes atomiques : la bombe A (utilisée à Hiroshima et Nagasaki en 1945), et la bombe H, mise au point au début des années 1950 mais qui n'a jamais été utilisée sur des populations. Le schéma illustre un des modèles de bombe H existant.

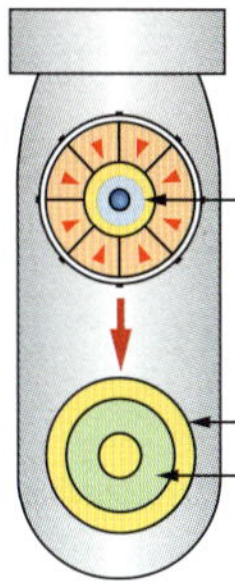

La bombe H comporte deux étages : au premier étage, l'explosion d'une bombe A à partir de la réaction $^{1}_{0}n + ^{239}_{94}Pu \rightarrow ^{102}_{42}Mo + ^{135}_{52}Te + 3\,^{1}_{0}n$ amorce au deuxième étage des réactions impliquant l'uranium 235. Un exemple de réactions possibles est donné par $^{1}_{0}n + ^{235}_{92}U \rightarrow ^{90}_{36}Kr + ^{142}_{56}Ba + 4\,^{1}_{0}n$. Sous la pression, les noyaux d'hydrogène s'assemblent libérant ainsi énormément d'énergie.

1. Quelles sont les différentes réactions mises en jeu dans la bombe H ? Préciser s'il s'agit de fission ou de fusion en justifiant.

2. Comment la réaction du deuxième étage impliquant l'uranium 235 est amorcée ?

3. Parmi les réactions ci-dessous, indiquer lesquelles peuvent se produire dans la phase finale. Justifier.

a) $2\,H_2 + O_2 \rightarrow 2\,H_2O$.

b) $^{2}_{1}H + ^{2}_{1}H \rightarrow ^{3}_{2}He + ^{1}_{0}n$.

c) $^{2}_{1}H + ^{3}_{1}H \rightarrow ^{4}_{2}He + ^{1}_{0}n$.

d) $^{2}_{1}H + ^{239}_{94}Pu \rightarrow ^{241}_{95}Am$.

8 Le réacteur expérimental international ITER

S'approprier : sélectionner et exploiter des informations, mobiliser ses connaissances. **Réaliser :** effectuer un calcul

Le réacteur expérimental ITER (International Thermonuclear Experimental Reactor), en cours de construction depuis les années 2010, vise à démontrer la réalisation de la fusion en tant que source d'énergie. Cette réaction met en jeu un noyau de deutérium $^{2}_{1}H$ et un noyau de tritium $^{3}_{1}H$ selon l'équation :
$^{2}_{1}H + ^{3}_{1}H \rightarrow ^{4}_{2}He + ^{1}_{0}n$.

Données :

Noyau ou particule	$^{1}_{0}n$	$^{2}_{1}H$	$^{3}_{1}H$	$^{4}_{2}He$
Masse (en u)	1,008 66	2,013 55	3,015 50	4,001 50

1. Calculer la valeur du défaut de masse lors de la fusion.

2. En déduire la valeur de l'énergie libérée, en MeV, lors de la fusion.

3. L'énergie libérée par nucléon lors de la fission vaut 0,76 MeV environ.

Calculer l'énergie libérée par nucléon lors de la fusion. Comparer à celle obtenue lors de la fission.

Donnée générale pour tous les exercices :
$1\ eV = 1,6 \times 10^{-19}\ J$

9 Le plutonium 238 source d'énergie dans l'espace

BAC

Dans les missions spatiales trop lointaines, la lumière du Soleil est trop faible pour pouvoir alimenter les panneaux solaires d'une sonde spatiale. Il faut alors utiliser un générateur thermoélectrique à radio-isotopes, ou RTG en anglais (Radioisotope Thermoelectric Generator). Ce générateur utilise principalement du plutonium 238, noyau radioactif, qui en se désintégrant libère de l'énergie thermique. Cette énergie est ensuite convertie en énergie électrique par un thermocouple.

DOC. 1 La sonde spatiale New Horizons

La sonde New Horizons lancée en janvier 2006 pour étudier le système de la planète naine Pluton, avait à son bord un RTG fonctionnant avec 7,8 kg de plutonium 238. À son lancement, la sonde était capable de produire une puissance thermique de 4 400 W, convertie ensuite en une puissance électrique de 240 W. Au moment de son survol au-dessus de Pluton, en juillet 2015, la puissance électrique délivrée n'était plus que de 190 W.

DOC. 2 Désintégration du plutonium 238

- Réaction de désintégration : ${}^{238}_{94}Pu \rightarrow {}^{234}_{92}U + {}^{4}_{2}He$
- Demi-vie du plutonium 238 : $t_{1/2} = 87,7$ ans
- Masses des noyaux :

${}^{238}_{94}Pu$	${}^{234}_{92}U$	${}^{4}_{2}He$
$3,952073 \times 10^{-25}$ kg	$3,885528 \times 10^{-25}$ kg	$6,644691 \times 10^{-27}$ kg

1. On considère la désintégration d'un noyau de plutonium 238.
a Indiquer la nature de la particule émise ainsi que le type de rayonnement radioactif.
b) Déterminer la valeur du défaut de masse lors de cette réaction.
c) En déduire l'énergie libérée en joule, puis en MeV.

2. On s'intéresse au lancement de la sonde New Horizons en janvier 2006.
a) Déterminer le nombre de désintégrations par seconde subies par la source radioactive du RTG pour fournir la valeur de la puissance thermique à son lancement.
b) En déduire la valeur initiale de l'activité de la source radioactive.

3. On considère la phase de survol de Pluton par la sonde en juillet 2015.
a) Calculer l'activité de la source radioactive au moment du survol de la sonde au-dessus de Pluton.
b) En déduire la puissance thermique délivrée par le RTG lors de cette phase.
c) En supposant que le rendement de conversion des thermocouples est constant, déterminer la puissance électrique délivrée par le RTG lors de cette phase. Commenter.

10 L'accident nucléaire de Fukushima

Suite à l'accident nucléaire de Fukushima survenu le 11 mars 2011 ; les régions agricoles environnantes ont été contaminées par des éléments radioactifs comme l'iode 131 et le césium 137. On s'intéresse à la contamination radioactive par le césium 137 des légumes à feuille dans les régions de i itate et Kawamata, situées à 40 km au nord-ouest de Fukushima Daiichi.

Données : Demi-vie du césium 137 : 30 jours

DOC. 1 Seuil de commercialisation pour les denrées alimentaires

Pour pouvoir être commercialisées et consommées, les denrées alimentaires doivent avoir une activité en élément radioactif inférieure au seuil de commercialisation fixé. Pour les légumes, le seuil en césium 137 en vigueur au Japon en 2011 était de 500 $Bq.kg^{-1}$.

DOC. 2 Évolution de l'activité massique en césium 137 (en $Bq.kg^{-1}$) des légumes à feuille dans les régions de Iitate et Kawamata

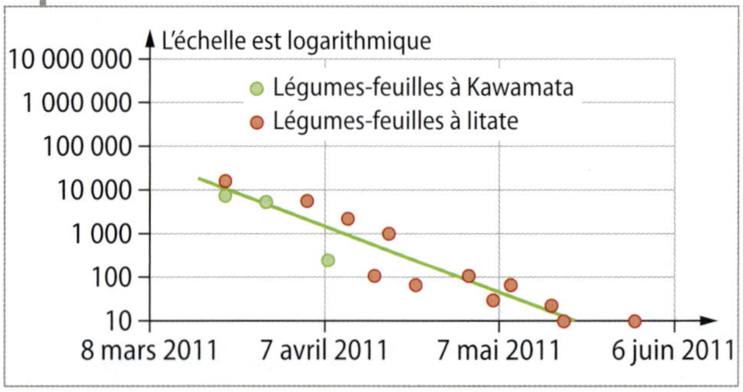

1. À partir des DOCS. 1 et 2, déterminer, à compter de la date de l'accident de Fukushima, la durée au bout de laquelle les légumes à feuille à Iitate et Kawamata sont redevenus propres à la consommation selon les normes en vigueur au Japon en 2011.

2. La diminution de la contamination en césium 137 observée dans le DOC. 2 peut-elle uniquement s'expliquer par la décroissance radioactive de cet élément ? Justifier.

11 Les déchets radioactifs

En France, la gestion des déchets radioactifs, issus principalement de la production d'électricité, représente un enjeu majeur et un réel problème de société qui suscite de nombreux débats.

DOC. 1 Le devenir du combustible nucléaire

Lors de son introduction dans le réacteur nucléaire, le combustible nucléaire est constitué initialement d'uranium 238 (97 %) et d'uranium 235 (3 %). Le diagramme ci-contre montre sa composition massique (en %) à la sortie du réacteur, après son utilisation durant un cycle de 4 ans et demi.

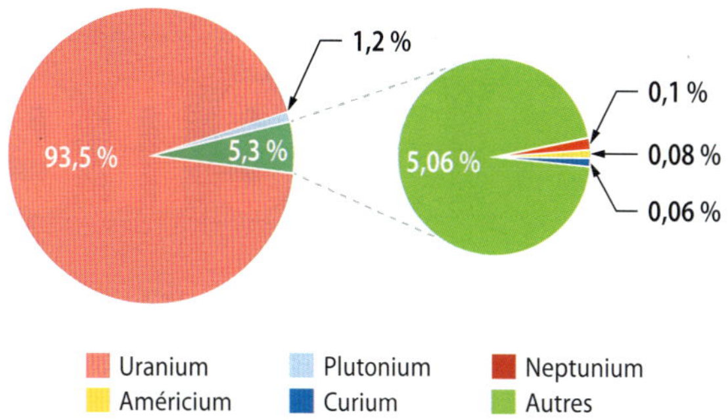

▲ Composition massique du combustible nucléaire en fin de vie

DOC. 2 Classification des déchets radioactifs et modes de gestion associés

En France, afin de définir le mode de gestion approprié des déchets radioactifs, la classification de ces derniers repose principalement sur leur activité massique A_m (en $Bq.g^{-1}$) et leur demi-vie $t_{1/2}$.

Catégorie	Déchets dits à vie très courte ($t_{1/2} < 100$ jours)	Déchets à vie courte ($t_{1/2} \leq 31$ ans)	Déchets à vie longue ($t_{1/2} \geq 31$ ans)
Très faible activité (TFA) $A_m < 10^2\ Bq.g^{-1}$	**VTC** : Gestion par décroissance radioactive	**TFA** : stockage de surface (centre industriel de regroupement, d'entreposage et de stockage)	
Faible activité (FA) $10^2\ Bq.g^{-1} < A_m < 10^6\ Bq.g^{-1}$		**FMA-VC** : stockage de surface (Centres de stockage de l'Aube et de la Manche)	**FA-VL** : stockage à faible profondeur à l'étude
Moyenne activité (MA) $10^6\ Bq.g^{-1} < A_m < 10^9\ Bq.g^{-1}$			**MA-VL** : stockage profond en projet
Haute activité (HA) $A_m > 10^9\ Bq.g^{-1}$	Non applicable	**HA** : stockage profond en projet	

DOC. 3 Données

Noyau radioactif	Neptunium 237	Américium 241
Écriture conventionnelle	$^{237}_{93}Np$	$^{241}_{95}Am$
Demi-vie $t_{1/2}$	$2{,}14 \times 10^6$ ans	432 ans
Activité massique (en $Bq.g^{-1}$)	$2{,}61 \times 10^7\ Bq.g^{-1}$	$1{,}27 \times 10^{11}\ Bq.g^{-1}$

1. À quelle catégorie(s) de déchets radioactifs appartiennent le neptunium et l'américium ?

2. Quel est le mode de gestion de ces déchets ? Pourquoi cela pose débat en France ?

3. On considère 1 tonne de combustible nucléaire en fin de vie.

a. Préciser la masse du neptunium et celle de l'américium à la fin de vie de ce combustible.

b. Calculer l'activité du neptunium et celle de l'américium correspondant à la fin de vie du combustible.

4. Calculer la durée au bout de laquelle l'échantillon de neptunium atteindra l'activité d'un déchet TFA. Même question pour l'échantillon d'américium. Commenter.

CHAPITRE
12

THÈME 2 › MATIÈRE ET MATÉRIAUX

Bilan énergétique d'une combustion

Les combustibles fossiles sont largement utilisés pour la production d'énergies thermique, mécanique ou électrique. Riches en carbone et en hydrogène, l'énergie qu'ils libèrent lors leur combustion complète produit du dioxyde de carbone et de l'eau.

→ Pourquoi le dioxyde de carbone est-il autant cité pour son implication sur le changement climatique ?

› Testez vos prérequis

Indiquer la (ou les) bonne(s) réponse(s) :

1. La combustion complète d'un combustible carboné libère :
- ☐ **a.** du monoxyde de carbone
- ☐ **b.** du carbone
- ☐ **c.** du dioxyde de carbone

2. Le méthanol C_2H_5OH :
- ☐ **a.** est un alcool
- ☐ **b.** est un alcène
- ☐ **c.** est un alcane

3. La combustion complète d'un alcane produit :
- ☐ **a.** de l'eau
- ☐ **b.** du dioxyde de carbone
- ☐ **c.** du monoxyde de carbone

4. Le dioxygène :
- ☐ **a.** est un carburant
- ☐ **b.** est un comburant
- ☐ **c.** est un gaz

5. La combustion complète d'un alcène est :
- ☐ **a.** endothermique
- ☐ **b.** exothermique
- ☐ **c.** athermique

6. Le pouvoir calorifique d'un combustible :
- ☐ **a.** dépend du combustible
- ☐ **b.** est identique pour tous les combustibles
- ☐ **c.** est identique pour les alcanes et alcènes

→ Corrigés, p. 284

Vidéo
Visualisation en 3D de la circulation du CO_2 dans l'atmosphère

CAPACITÉS EXIGIBLES

- Utiliser le modèle de la réaction chimique pour déterminer les produits de la combustion d'un alcane, d'un alcène ou d'un alcool

> ACTIVITÉ DOCUMENTAIRE 1

- Établir un bilan d'énergie à partir d'un bilan de matière

> ACTIVITÉ DOCUMENTAIRE 2
> ACTIVITÉ EXPÉRIMENTALE 3

- Le dioxyde de carbone et la problématique du réchauffement climatique

> ACTIVITÉ DOCUMENTAIRE 4

ACTIVITÉ 1

ACTIVITÉ DOCUMENTAIRE

COMPÉTENCES
- S'approprier : rechercher, sélectionner et organiser l'information en lien avec la problématique
- Analyser/Raisonner : faire des prévisions à l'aide d'un modèle
- Réaliser : mettre en œuvre les étapes d'une démarche

→ L'essence sans plomb SP95-E10

DOC. 1 Composition du SP95-E10

L'essence SP95-E10 est commercialisée en France depuis 2009, elle contient de nombreuses molécules différentes dont de l'éthanol produit à partir de végétaux.

Cette essence est composée d'un mélange dont la composition moyenne comprend :

Alcanes	Cycloalcanes	Alcènes	Hydrocarbures aromatiques	Éthanol d'origine végétal
20 à 30 %	5 %	30 à 45 %	30 à 45 %	Jusqu'à 10 %

DOC. 2 Exemples de molécules présentes dans le SP95-E10

Octane	Benzène	Éthanol	Pent-1-ène
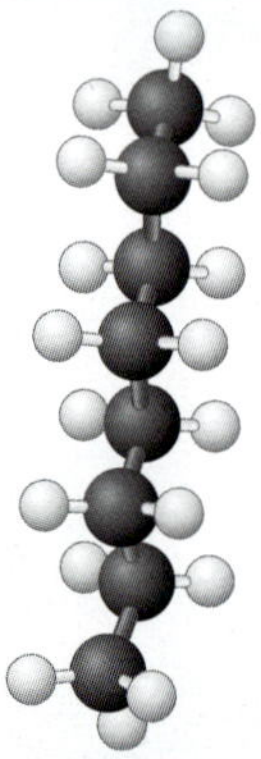	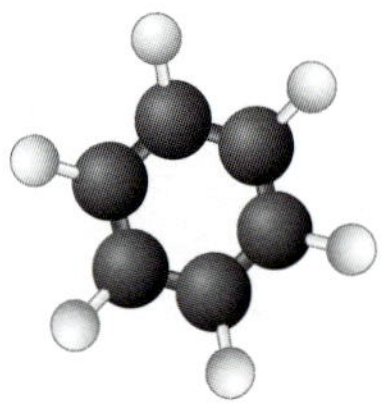	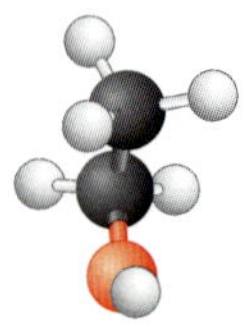	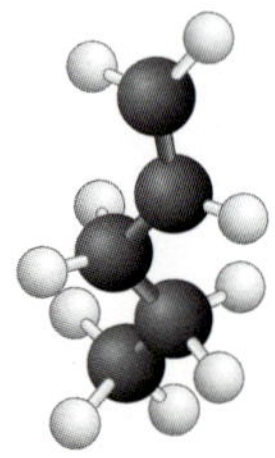

DOC. 3 Combustion complète des alcanes, alcènes et alcools

La combustion complète d'un carburant (alcane, alcène ou alcool) dans l'air ne produit que du dioxyde de carbone et de l'eau :

carburant + dioxygène
→ dioxyde de carbone + eau

Outils

Formules brutes de quelques familles de molécules organiques

n désigne le nombre d'atomes de carbone présents dans la molécule.

Les alcanes	Les alcènes	Les alcools
C_nH_{2n+2}	C_nH_{2n}	$C_nH_{2n+1}OH$

QUESTIONS

1. S'APPROPRIER ▶ Citer les atomes que toutes les molécules du DOC. 2 ont en commun.

2. RÉALISER ▶ Écrire la formule brute de chacune des molécules présentes dans le DOC. 2.

3. RÉALISER ▶ Citer les molécules du DOC. 2 qui appartiennent aux familles suivantes : alcane, alcène et alcool.

4. RÉALISER ▶ Écrire les équations de combustion complète de l'octane et de l'éthanol.

Vidéo
Énergie : les nouveaux noms des carburants
Nathan live!

Outils

Pour établir la formule brute d'une molécule, il faut compter le nombre total de chaque type d'atome qu'elle contient.

ACTIVITÉ 2

ACTIVITÉ DOCUMENTAIRE

COMPÉTENCES
- S'approprier : rechercher, sélectionner et organiser l'information en lien avec la problématique
- Analyser/raisonner : proposer une stratégie de résolution
- Réaliser : effectuer des procédures courantes (collectes de données)
- Réaliser : effectuer des calculs
- Communiquer : présenter une démarche de manière argumentée

Les pouvoirs calorifiques PCI et PCS

La combustion complète du méthane génère du dioxyde de carbone et de l'eau à l'état de vapeur. Une chaudière à condensation permet de récupérer une quantité d'énergie supplémentaire contenue dans cette eau de combustion en la condensant.

DOC. 1 Principe de deux chaudières

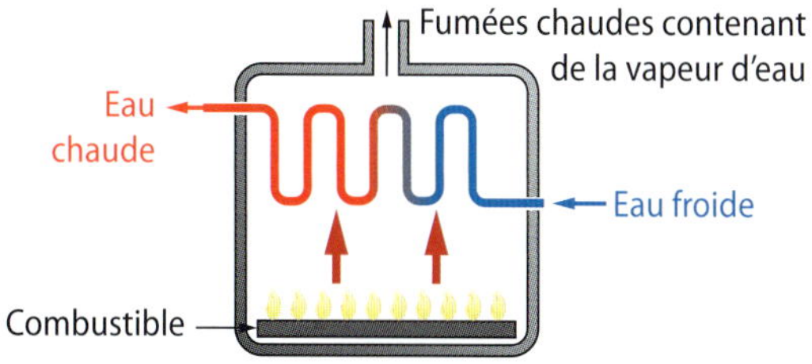

▲ Chaudière classique sans condensation des fumées.

Rendements des deux chaudières par rapport au PCS	
Chaudière classique	**Chaudière à condensation**
81 %	94 %

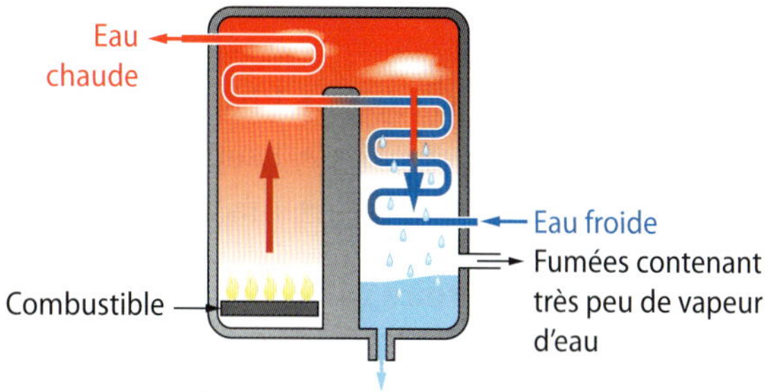

▲ Chaudière à condensation : les fumées formées sont condensées pour éliminer une partie de l'eau vapeur qu'elles contiennent.

DOC. 2 Pouvoirs calorifiques

Le pouvoir calorifique inférieur (**PCI**) : c'est l'énergie (par unité de masse) libérée par la combustion d'un combustible, les fumées contenant de l'eau sous forme vapeur. Pour le méthane **PCI = 50 MJ.kg^{-1}**.	Le pouvoir calorifique supérieur (**PCS**) : c'est l'énergie (par unité de masse) libérée par la combustion d'un combustible à laquelle vient s'ajouter l'énergie libérée par la condensation de la vapeur d'eau des fumées.

DOC. 3 Bilan de matière pour la combustion du méthane pour une année de fonctionnement

Méthane consommé	Dioxyde de carbone produit	Eau produite
720 kg	1 980 kg	1 620 kg

Outils

Énergie échangée lors d'un changement d'état à pression constante : $Q = mL$

$L_v = 2{,}26.10^6$ J.kg^{-1} : Énergie massique de vaporisation de l'eau [J.kg^{-1}]

Calcul du PCS : $Q_2 = m_{CH4} \times PCS$

QUESTIONS

1. RÉALISER ▶ Écrire l'équation bilan de la combustion complète du méthane dans l'air.

2. RÉALISER ▶ Montrer que l'énergie annuelle libérée par la combustion dans la chaudière classique vaut $Q_1 = 3{,}6 \times 10^9$ J.

3. RÉALISER ▶ Calculer l'énergie libérée annuellement par la condensation de l'eau des fumées.

4. RÉALISER ▶ Calculer l'énergie annuelle Q_2 produite par la combustion dans la chaudière à condensation.

5. ANALYSER/RAISONNER ▶ Calculer le PCS pour le méthane.

6. RÉALISER ▶ Calculer l'énergie utile pour chacune de ces deux chaudières.

Vidéo
Le phénomène de condensation d'une chaudière
Nathan live!

ACTIVITÉ 3

ACTIVITÉ EXPÉRIMENTALE **TP**

COMPÉTENCES
- ✓ S'approprier : rechercher, sélectionner et organiser l'information en lien avec la problématique
- ✓ Analyser/raisonner : proposer une stratégie de résolution
- ✓ Réaliser : effectuer des procédures courantes (collectes de données)
- ✓ Réaliser : effectuer des calculs

→ Rendement du chauffage par combustion

Le chauffage d'eau par combustion lors d'une séance de travaux pratiques ne permet pas de transférer l'intégralité de l'énergie libérée. Le but de cette partie est d'évaluer le rendement de ce transfert thermique.

DOC. 1 Protocole expérimental

Matériel :
- 1 brûleur à butane et/ou à éthanol ;
- 1 canette en aluminium ;
- 1 balance ;
- 1 support avec pince ;
- 1 thermomètre.

Protocole opératoire :
- Peser la canette vide ;
- introduire dans la canette 200 g d'eau ;
- mesurer la température de l'eau dans la canette ;
- peser le brûleur de butane/éthanol ;
- allumer le brûleur ;
- régulièrement, agiter doucement le contenu de la canette puis arrêter le chauffage quand $\Delta\theta \approx 20$ °C ;
- relever la température finale, puis mesurer la masse finale du brûleur.

DOC. 2 Schéma du dispositif

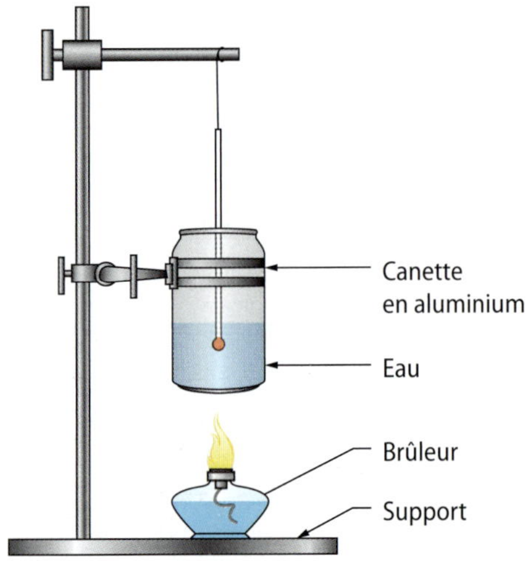

Fixer la canette pleine sur le portant grâce à la pince.

Installer le brûleur en dessous.

DOC. 3 Données expérimentale

- Pouvoirs calorifiques des combustibles

Butane	Éthanol
$46,4 \times 10^6$ J.kg^{-1}	$28,8 \times 10^6$ J.kg^{-1}

- Capacités thermiques massiques

Eau	Aluminium
$4,18 \times 10^3$ J.kg^{-1}.K^{-1}	897 J.kg^{-1}.K^{-1}

Vidéo
Le phénomène de condensation d'une chaudière
Nathan live!

QUESTIONS

1. RÉALISER ▶ Calculer l'énergie libérée par la combustion de chacun des deux combustibles.

2. RÉALISER ▶ Calculer l'énergie reçue par l'ensemble {eau + canette} pour chacune des expériences.

3. ANALYSER/RAISONNER ▶ Calculer le rendement du transfert thermique pour chacune de ces deux expériences.

Outils

Variation d'énergie interne d'un corps lors d'une variation de température : $\Delta U = Q = mc\Delta\theta$.
m : masse (kg)
c : capacité thermique massique de l'eau (J.kg^{-1}.K^{-1})
$\Delta\theta$: écart de température (°C)
Énergie libérée par la combustion : $Q_{chimique} = m_{combustible} \times PCI$

RÉSULTATS D'EXPÉRIENCE À TÉLÉCHARGER

ACTIVITÉ DOCUMENTAIRE

COMPÉTENCES
- S'approprier : rechercher, sélectionner et organiser l'information en lien avec la problématique
- Analyser/Raisonner : proposer une stratégie de résolution
- Réaliser : Mettre en œuvre les étapes d'une démarche

Gaz à effet de serre et réchauffement climatique

Qu'est-ce qu'un gaz à effet de serre ? Quel est son rôle dans le réchauffement climatique ?

DOC. 1 Définition d'un gaz à effet de serre

Un gaz à effet de serre laisse passer une grande partie du rayonnement solaire qui réchauffe la Terre, mais « piège » une partie du rayonnement infrarouge émis par la Terre. C'est ainsi que la Terre garde une partie de l'énergie qu'elle rayonne vers l'espace. Si la concentration en gaz à effet de serre augmente, davantage d'énergie est piégée dans son atmosphère, ce qui augmente sa température.

▲ Les gaz à effet de serre laissent passer une grande partie du rayonnement visible

▲ Les gaz à effet de serre absorbent puis réémettent le rayonnement infrarouge

DOC. 2 Bilan du rayonnement moyen pour la Terre

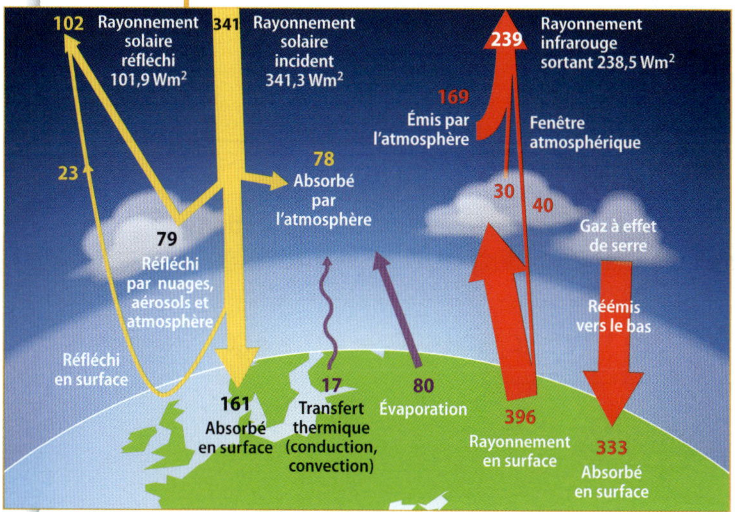

DOC. 3 Le forçage radiatif est une mesure de l'impact d'un gaz à effet de serre

Plus la valeur du forçage radiatif [$W.m^{-2}$] est grande et plus l'impact sur le réchauffement climatique est grande.

Gaz	Forçage radiatif en 2016 (entre parenthèses chiffres pour 2005) d'après GIEC
Dioxyde de carbone	+ 1,99 (+ 1,66)
Méthane	+ 0,51 (+ 0,48)
Protoxyde d'azote	+ 0,19 (+ 0,16)
Gaz fluorés et chlorés	+ 0,12 (+ 0,09)

QUESTIONS

1. S'APPROPRIER ▶ Quelles sont les caractéristiques des gaz à effet de serre vis-à-vis du rayonnement ?

2. ANALYSER/RAISONNER ▶ Citer le gaz à effet de serre produit lors de la combustion complète de combustibles carbonés.

3. S'APPROPRIER ▶ Quel gaz à effet de serre a le plus d'impact sur le réchauffement climatique ?

4. ANALYSER/RAISONNER ▶ Exploiter le DOC. 2 pour montrer que le bilan du rayonnement au sommet de l'atmosphère est excédentaire de 0,9 $W.m^{-2}$.

Vidéo
Qu'est-ce que l'effet de serre ?
Nathan live!

Outils
Les gaz fluorés et chlorés (CFC et HFC) sont des chlorofluorocarbures utilisés pour les liquides frigorigènes, solvants, gaz propulseurs des aérosols, climatisation…

LE COURS

1 CARBURANTS ET COMBUSTIBLES COURAMMENT UTILISÉS

Les composés organiques couramment utilisés pour les combustions appartiennent à trois familles (*n* désigne le nombre d'atomes de carbone présents dans la molécule) :

Famille	Les alcanes	Les alcènes	Les alcools
Formule brute	C_nH_{2n+2}	C_nH_{2n}	$C_nH_{2n+1}OH$

2 COMBUSTIONS COMPLÈTES DES COMPOSÉS ORGANIQUES

La combustion d'un composé organique est complète si les seuls produits de la réaction sont du dioxyde de carbone et de l'eau (dans la réalité une combustion n'est jamais complète à 100 %). Pour espérer réaliser une combustion complète, il faut que le dioxygène (souvent issu de l'air) soit apporté au minimum dans les proportions stœchiométriques de la réaction.

Combustion complète du butane	$C_4H_{10} + \frac{13}{2}O_2 \rightarrow 4CO_2 + 5H_2O$
Combustion complète de l'hexène	$C_6H_{12} + 9O_2 \rightarrow 6CO_2 + 6H_2O$
Combustion complète du méthanol	$C_2H_5OH + \frac{7}{2}O_2 \rightarrow 2CO_2 + 3H_2O$

▲ Exemples de combustions complètes

3 BILAN DE MATIÈRE D'UNE COMBUSTION COMPLÈTE DANS LES PROPORTIONS STŒCHIOMÉTRIQUES

Une combustion est complète dans les conditions stœchiométriques quand tous les réactifs disparaissent totalement. À la fin de la réaction, il n'y a plus que des produits. La relation des proportions stœchiométriques donne la relation entre les quantités de matières [mol] des réactifs et produits.

Équation bilan	$C_7H_{16} + 11O_2 \rightarrow 7CO_2 + 8H_2O$	$C_2H_5OH + \frac{7}{2}O_2 \rightarrow 2CO_2 + 3H_2O$
Relation des proportions stœchiométriques	$n_{C_7H_{16}} = \frac{n_{O_2}}{11} = \frac{n_{CO_2}}{7} = \frac{n_{H_2O}}{8}$	$n_{C_2H_5OH} = \frac{n_{O_2}}{\frac{7}{2}} = \frac{n_{CO_2}}{2} = \frac{n_{H_2O}}{3}$

Un bilan de matière permet de calculer les masses qu'il faudra faire réagir (les réactifs) et celles que l'on récupérera (les produits). Ce bilan nécessite de passer par les quantités de matière pour la résolution.

Conversion des masses en quantité de matière : $n = \frac{m}{M}$ → Calcul des quantités de matières inconnues avec la relation des proportions stœchiométriques → Calcul des masses à partir des quantités de matière calculées précédemment : $m = n \times M$

Exemple : on brûle de façon complète 200 g de C_7H_{16}. Quelle masse de dioxygène consomme-t-on ? Quelles masses de chacun des produits seront produites ?

Données : $M(C_7H_{16}) = 100$ g.mol^{-1} ; $M(O_2) = 32{,}0$ g.mol^{-1} ; $M(CO_2) = 44{,}0$ g.mol^{-1} ; $M(H_2O) = 18{,}0$ g.mol^{-1}

$n_{C_7H_{16}} = \frac{m_{C_7H_{16}}}{M_{C_7H_{16}}}$

$n_{C_7H_{16}} = \frac{200}{100}$

$n_{C_7H_{16}} = 2{,}00$ mol

→

$n_{O_2} = 11\, n_{C_7H_{16}}$

$n_{O_2} = 22{,}0$ mol

$n_{CO_2} = 7\, n_{C_7H_{16}}$

$n_{CO_2} = 14{,}0$ mol

$n_{H_2O} = 8\, n_{C_7H_{16}}$

$n_{H_2O} = 16{,}0$ mol

→

Masse de dioxygène consommé :

$m_{O_2} = n_{O_2} \times M_{O_2}$

$m_{O_2} = 22{,}0 \times 32{,}0 = 704$ g

Masse des produits formés :

$m_{CO_2} = n_{CO_2} \times M_{CO_2}$

$m_{CO_2} = 14{,}0 \times 44{,}0 = 616$ g

$m_{H_2O} = n_{H_2O} \times M_{H_2O}$

$m_{H_2O} = 16{,}0 \times 18{,}0 = 288$ g

4 ÉNERGIE ÉCHANGÉE LORS D'UNE COMBUSTION COMPLÈTE

- Le pouvoir calorifique inférieur (**PCI**) : c'est l'énergie (par unité de masse) libérée par la combustion d'un combustible, les fumées contenant de l'eau sous forme vapeur.
- Le pouvoir calorifique supérieur (**PCS**) : c'est l'énergie (par unité de masse) libérée par la combustion à laquelle vient s'ajouter l'énergie libérée par la condensation de la vapeur d'eau des fumées.

PCI du combustible

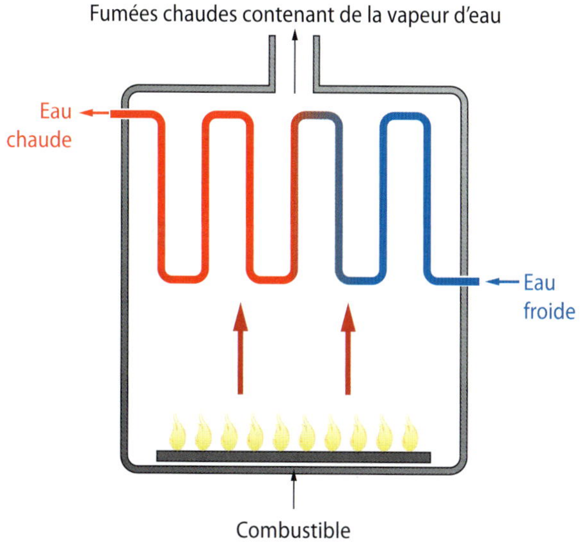

$$Q = m_{combustible} \times PCI$$

- Q désigne l'énergie fournie par la combustion [J]
- $m_{combustible}$ désigne la masse de combustible [kg]
- PCI désigne le pouvoir calorifique inférieur [$J.kg^{-1}$]

Rappel Conversion des pouvoirs calorifiques — Nathan live!

PCS du combustible

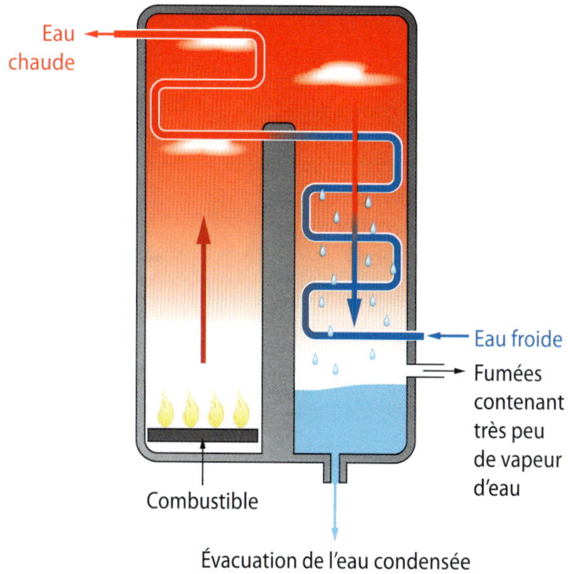

$$Q' = m_{combustible} \times PCS \quad Q' = Q + m_{eau}L_v$$

- Q' désigne l'énergie fournie par la combustion [J]
- $m_{combustible}$ désigne la masse de combustible [kg]
- PCS désigne le pouvoir calorifique supérieur [$J.kg^{-1}$]
- m_{eau} désigne la masse d'eau produite lors de la combustion [kg]
- $L_v = 2{,}26.10^6\ J.kg^{-1}$: Énergie massique de vaporisation de l'eau [$J.kg^{-1}$]

5 GAZ À EFFET DE SERRE ET RÉCHAUFFEMENT CLIMATIQUE

Un gaz à effet de serre laisse passer une grande partie du rayonnement solaire qui réchauffe la Terre, mais « piège » une partie du rayonnement infrarouge émis par la Terre. C'est ainsi que la Terre garde une partie de l'énergie qu'elle rayonne vers l'espace. Si la concentration en gaz à effet de serre augmente, davantage d'énergie est piégée dans son atmosphère, ce qui augmente sa température.

Gaz à effet de serre	Eau	Dioxyde de carbone	Méthane	Protoxyde d'azote	Ozone	Gaz chlorofluorés
Formule chimique	H_2O	CO_2	CH_4	N_2O	O_3	CF_2Cl_2, CH_2Cl_2…

Indiquer la (ou les) bonne(s) réponse(s) :

Combustion complète et nomenclature

	A	B	C
1. Les produits de la combustion complète des alcools :	☐ sont identiques à ceux de la combustion complète des alcènes	☐ sont identiques à ceux de la combustion complète des alcanes	☐ sont identiques à ceux de la combustion du dihydrogène
2. La molécule de formule brute C_6H_{12} :	☐ est un alcane	☐ est un alcool	☐ est un alcène
3. La molécule de formule brute C_2H_5OH :	☐ est un alcane	☐ est un alcool	☐ est un alcène
4. Pour la combustion complète du méthane :	☐ le dioxygène est l'un des produits de la réaction	☐ le dioxygène est le comburant de la réaction	☐ le dioxygène est le carburant de la réaction
5. Parmi les pictogrammes suivants, lesquels peuvent figurer sur une bouteille de butane ?	☐ 	☐ 	☐ 
6. L'équation bilan de la combustion complète du méthane est :	☐ $CH_4 + 2O_2 \rightarrow CO_2 + 2H_2O$	☐ $CH_4 + \frac{3}{2}O_2 \rightarrow CO_2 + 2H_2O$	☐ $2H_2O + CO_2 \rightarrow CH_4 + 2O_2$

Bilan d'énergie d'une combustion

	A	B	C
7. Lesquelles de ces valeurs peuvent correspondre au PCI d'un combustible ?	☐ 50 $MJ.kg^{-1}$	☐ 0,30 $J.kg^{-1}$	☐ 4,18 $kJ.kg^{-1}.K^{-1}$
8. La différence entre le PCI et le PCS :	☐ provient d'une combustion incomplète	☐ est due à l'évaporation du dioxyde de carbone	☐ provient de la condensation de l'eau contenue dans les fumées
9. Comparaison entre le PCI et le PCS :	☐ la valeur du PCS est toujours plus faible que la valeur du PCI	☐ les deux valeurs sont différentes car elles sont exprimées dans des unités différentes	☐ la valeur du PCI est toujours plus faible que la valeur du PCS

Effet de serre et réchauffement climatique

	A	B	C
10. Un gaz à effet de serre :	☐ est fabriqué dans une serre	☐ est pratiquement transparent pour le rayonnement visible	☐ provient de l'atmosphère
11. Les principaux gaz à effet de serre dans l'atmosphère terrestre sont :	☐ le dioxyde de carbone	☐ l'eau	☐ le dioxygène
12. L'augmentation de gaz à effet de serre dans l'atmosphère terrestre :	☐ tend à faire diminuer la température de l'atmosphère	☐ n'a d'incidence que sur la couche d'ozone	☐ tend à augmenter la température de l'atmosphère terrestre

→ Corrigés, p. 284

■ Combustion complète du propane

Une bouteille de propane commercial contient une masse utile $m = 13{,}0$ kg.
Le propane C_3H_8 est brûlé de façon complète.

1. Calculer la quantité de matière de butane disponible dans une bouteille.

> **RÉALISER** - Calculer la masse molaire du propane. Puis calculer la quantité de matière.

2. Écrire l'équation bilan de la combustion complète du propane.

> **ANALYSER/RAISONNER** - La combustion complète du propane nécessite du dioxygène. Les seuls produits de la réaction sont du dioxyde de carbone et de l'eau.

3. Réaliser un bilan de matière pour calculer la masse de dioxyde de carbone produite lors de la réaction.

> **ANALYSER/RAISONNER** - Appliquer la relation des proportions stœchiométriques.
> **RÉALISER** - Calculer la masse molaire du dioxyde de carbone. Puis calculer la masse de dioxyde de carbone.

4. Calculer l'énergie libérée par la combustion complète de la totalité du gaz, les fumées contenant de la vapeur d'eau.
Masses molaires : $M(\text{C}) = 12{,}0 \text{ g.mol}^{-1}$; $M(\text{O}) = 16{,}0 \text{ g.mol}^{-1}$; $M(\text{H}) = 1{,}00 \text{ g.mol}^{-1}$
Pouvoir calorifique inférieur du propane : PCI = 46,4 MJ·kg^{-1}

> **RÉALISER** - Calculer l'énergie libérée à partir de la valeur du PCI.

Solution

1. Masse molaire du propane : $M(C_3H_8) = 3 \times 12{,}0 + 6 \times 1{,}00 = 44{,}0 \text{ g.mol}^{-1}$.
Calcul de la quantité de matière : $n_{C_3H_8} = \dfrac{m}{M_{C_3H_8}} = \dfrac{13 \times 10^3}{44} = 295$ mol.

2. $C_3H_8 + 5O_2 \rightarrow 3CO_2 + 4H_2O$.

3. Bilan de matière de la réaction pour le dioxyde de carbone :
$n_{CO_2} = 3\, n_{C_3H_8}$
$n_{CO_2} = 3 \times 295 = 885$ mol.
Masse molaire du dioxyde de carbone : $M(CO_2) = 12{,}0 + 2 \times 16{,}0 = 44{,}0 \text{ g.mol}^{-1}$.
Calcul de la masse de dioxyde de carbone produite :
$m_{CO_2} = n_{CO_2} \times M_{CO_2} = 885 \times 44{,}0 = 39{,}0 \times 10^3 \text{ g} = 39{,}0 \text{ kg}$.

4. L'énergie libérée par la combustion ne tient compte que du PCI du propane :
$Q = m_{combustible} \times PCI$
$Q = 13{,}0 \times 46.4 \times 10^6 = 603 \times 10^6$ J.

À VOUS DE JOUER !

■ Combustion complète de butane

Une bouteille de butane commercial contient une masse utile $m = 13{,}0$ kg. Le butane C_4H_{10} est brûlé de façon complète.

1. Calculer la quantité de matière de butane disponible dans une bouteille.

2. Écrire l'équation bilan de la combustion complète du butane.

3. Réaliser un bilan de matière pour calculer la masse de dioxyde de carbone produite lors de la réaction.

4. Calculer la masse d'eau produite lors de cette combustion.

5. Calculer l'énergie libérée par la combustion complète de la totalité du gaz, les fumées étant condensées, donc ne contenant plus de vapeur d'eau.
Données : Masses molaires : $M(\text{C}) = 12{,}0 \text{ g.mol}^{-1}$; $M(\text{O}) = 16{,}0 \text{ g.mol}^{-1}$; $M(\text{H}) = 1{,}00 \text{ g.mol}^{-1}$
Pouvoir calorifique inférieur du butane :
PCI = 45,8 MJ·kg^{-1}
Énergie massique de vaporisation de l'eau
$L_v = 2{,}26 \times 10^6 \text{ J·kg}^{-1}$

→ Corrigés, p. 284

Combustion complète et nomenclature

1 Combustions complètes

Analyser/Raisonner : faire des prévisions à l'aide d'un modèle

1. Compléter les équations bilan des combustions suivantes :

Nature de la combustion	Équation bilan
Combustion complète de l'octane	$C_8H_{118} + \ldots O_2 \rightarrow \ldots CO_2 + \ldots H_2O$
Combustion complète de l'hexène	$C_6H_{12} + \ldots O_2 \rightarrow \ldots + \ldots$
Combustion complète de l'éthanol	$\ldots C_2H_5OH + \ldots \rightarrow \ldots + \ldots$

2. Quel est le comburant de chacune de ces réactions de combustion ?

2 Gel combustible au méthanol

Analyser/Raisonner : faire des prévisions à l'aide d'un modèle
S'approprier : rechercher, sélectionner et organiser l'information en lien avec la problématique

Les gels combustibles sont utilisés pour les réchauds à fondue, le réchauffage des plats ou encore les allume barbecue.
L'avantage est que le gel est beaucoup plus visqueux que le combustible seul.
Les risques d'incendie sont ainsi réduits.

Méthanol : CH_3OH			

1. Donner la signification des pictogrammes associés au méthanol.

2. À quelle famille chimique appartient le méthanol ?

3 Cheminée à éthanol ou bioéthanol

Analyser/Raisonner : faire des prévisions à l'aide d'un modèle
S'approprier : rechercher, sélectionner et organiser l'information en lien avec la problématique

La cheminée à l'éthanol (ou bioéthanol) est souvent présentée comme une alternative à la cheminée traditionnelle à bois. Son utilisation est davantage tournée vers un usage décoratif.

La qualité du combustible utilisé détermine grandement la qualité de la flamme ainsi que les produits de la combustion. La présence d'acétone est à éviter.
Un combustible est vendu avec les caractéristiques suivantes :

	Molécules présentes dans le combustible utilisé		
Formule brute	Éthanol : C_2H_6O	Isopropanol : C_3H_8O	Acétone : C_3H_6O
Composition moyenne	96 %	3 %	1 %

1. Citer les molécules du combustible qui appartiennent à la famille des alcools.

2. Écrire les équations de combustion complète de l'éthanol et de l'isopropanol.

Bilan d'énergie d'une combustion

4 PCI dans différentes unités

Réaliser : effectuer des procédures courantes de calcul

Le pouvoir calorifique inférieur d'un combustible peut être exprimé dans différentes unités.

1. À l'aide de la classification périodique du rabat, calculer les masses molaires du méthane et de l'éthanol, et les exprimer en $kg.mol^{-1}$.

2. Compléter les valeurs de PCI manquantes dans le tableau ci-dessous.

Combustibles liquides	Masse volumique ρ [$kg.L^{-1}$]	Masse molaire M [$kg.mol^{-1}$]	PCI			
			$J.kg^{-1}$	$kWh.kg^{-1}$	$J.L^{-1}$	$J.mol^{-1}$
Méthane : CH_4	656×10^{-3}	16×10^{-3}		13,9		800×10^3
Éthanol : C_2H_5OH	0,789	46×10^{-3}	$29{,}7 \times 10^6$			

5 PCI et PCS du méthane

Réaliser : mettre en œuvre les étapes d'une démarche, effectuer des procédures courantes de calcul

Le gaz naturel est principalement constitué de méthane : CH_4. On envisage la combustion complète d'une masse $m_1 = 2{,}00$ kg de méthane qui produit une masse d'eau liquide $m_2 = 4{,}5$ kg.

1. Calculer l'énergie libérée par la combustion complète du méthane en supposant que l'eau est totalement condensée.

2. Calculer le pouvoir calorifique supérieur (PCS) du méthane.
Pouvoir calorifique inférieur du méthane :
PCI = 50,0 $MJ.kg^{-1}$
Énergie massique de vaporisation de l'eau :
$L_v = 2{,}26 \times 10^6$ $J.kg^{-1}$

6 Rendement d'une chaudière

Réaliser : effectuer des procédures courantes de calcul, mettre en œuvre les étapes d'une démarche

Le chauffage annuel d'une habitation nécessite une énergie utile $E = 6\,000$ kWh. Cette habitation est chauffée par une chaudière au fioul à condensation dont le rendement vaut $\eta = 95$ % par rapport au PCS.

1. Calculer en joules l'énergie annuelle que doit libérer la combustion du fioul pour assurer une année de chauffage.

2. Calculer la masse, puis le volume de fioul consommés annuellement pour le chauffage.
Pouvoir calorifique supérieur du fioul : PCS = 46,1 $MJ.kg^{-1}$
Masse volumique du fioul : $\rho = 845$ $kg.m^{-3}$

7 Comparaison de PCI

Réaliser : effectuer des procédures courantes de calcul, mettre en œuvre les étapes d'une démarche

Une étudiante consomme annuellement 1 630 kWh pour l'eau chaude et la cuisine. Cette énergie est produite par la combustion de gaz naturel sans qu'il n'y ait condensation des fumées. Il existe deux types de gaz (type H et type B), qui sont vendus suivant la zone géographique d'habitation.

1. Calculer le volume de gaz consommé annuellement qui sera indiqué par son compteur suivant le type de gaz délivré.

2. Quel sera le prix payé pour la consommation dans les deux cas.
Données :
PCI du gaz naturel type H : 36,3 $MJ.m^{-3}$
PCI du gaz naturel type B : 32,4 $MJ.m^{-3}$
Tarif réglementé du gaz au 1er novembre 2019 : 0,0789 €/kWh

8 Bilan carbone de la production électrique par centrale combinée au gaz

Réaliser : effectuer des procédures courantes de calcul

Le rendement d'une centrale combinée au gaz (CCG) classique de production d'électricité vaut $\eta = 58$ %. Pour l'année 2018, EDF annonce une énergie électrique produite (on supposera que le gaz consommé est du gaz naturel) par cette filière de 31,4 TWh.

1. Calculer l'énergie consommée par la production CCG exprimée en TWh.

2. Montrer que l'estimation des émissions de dioxyde de carbone par EDF de cette production est de l'ordre de 12×10^9 kg pour l'année 2018.
Données : 1,0 TWh = $1{,}0 \times 10^9$ kWh
Bilan carbone (estimé) de la combustion du gaz naturel : 0,214 $kgCO_2$/kWh

Effet de serre et réchauffement climatique

9 Comment reconnaître un gaz à effet de serre ?

S'approprier : rechercher, sélectionner et organiser l'information en lien avec la problématique. **Analyser/Raisonner** : faire des prévisions à l'aide d'un modèle

Un gaz qui absorbe le rayonnement infrarouge peut être qualifié de gaz à effet de serre. Tous les gaz ne sont pas des gaz à effet de serre. Pour absorber le rayonnement infrarouge, une molécule de gaz doit être composée d'au moins deux atomes (s'ils sont de nature différente), ou de trois atomes, ou plus. Voici une liste de gaz présents dans l'atmosphère :

Dioxygène	Diazote	Ozone	Dioxyde de carbone	Eau	Protoxyde d'azote	Méthane
O_2	N_2	O_3	CO_2	H_2O	N_2O	CH_4

1. Quels gaz n'ont aucun impact vis-à-vis de l'effet de serre sur terre ?

2. Quels sont les gaz à effet de serre produits par la combustion complète d'un alcane ?

10 Absorption de l'atmosphère terrestre

S'approprier : rechercher, sélectionner et organiser l'information en lien avec la problématique
Réaliser : exploiter une représentation graphique

Le graphe ci-dessous indique les longueurs d'onde absorbées par l'atmosphère terrestre.

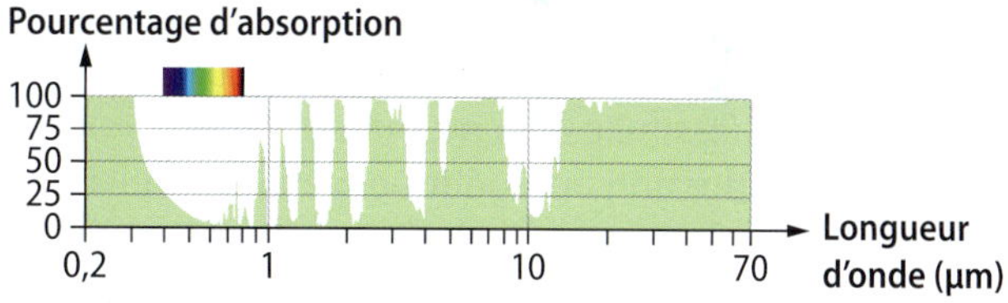

1. Le rayonnement visible est-il absorbé par les gaz présents dans l'atmosphère terrestre ?

2. Comment appelle-t-on les gaz responsables de l'absorption dans les domaines de l'infrarouge ?

11 SCIENCE IN ENGLISH

Greenhouse gases

The Earth is warmed by the sun's rays. Some of that energy is reflected back towards the sky as infrared rays. Greenhouse gases (GHGs) absorb some of those infrared rays, preventing them from reaching space. GHGs produced by human activity include: carbon dioxide, methane, and nitrous dioxide.

1. What kind of radiating energy is trapped by greenhouse gases?

2. Name the greenhouse gases produced by human activity.

12 Bilan carbone d'un voyage en avion

Les avions utilisent comme carburant le kérosène que l'on assimilera à un hydrocarbure de formule brute $C_{10}H_{22}$. La consommation moyenne par passager transporté sera fixée pour l'exercice à 4,0 L de kérosène pour 100 km parcourus.

1. À quelle famille de molécules appartient le kérosène ?

2. Calculer la masse de kérosène consommée pour parcourir 100 km en avion.

3. Pour un passager, calculer la masse de dioxyde de carbone produite par km parcouru.

4. Quelle serait la masse de carbone produite pour un avion contenant 200 personnes et effectuant un trajet de 1 500 km ?

Données :

Masses molaires : $M(C) = 12{,}0\ g.mol^{-1}$;
$M(O) = 16{,}0\ g.mol^{-1}$; $M(H) = 1{,}00\ g.mol^{-1}$

Masse volumique du kérosène : $\rho = 800\ kg.m^{-3}$

13 Bilan carbone comparé de la combustion du propane et du méthane

BAC

La facture annuelle d'une habitation indique une consommation énergétique (pour le chauffage, la production d'eau chaude et la cuisine) valant $E = 15{,}0 \times 10^3$ kW.h. On souhaite comparer l'impact carbone de deux choix possibles de combustibles assurant la totalité de la dépense énergétique annuelle :

- choix 1 : production énergétique par la combustion de gaz naturel (assimilé à du méthane) ;
- choix 2 : production énergétique par la combustion de propane.

On supposera que les rendements des différents appareils (chaudière, cuisinière…) sont identiques dans les deux cas.

1. Calculer la masse de chacun de ces deux combustibles consommés annuellement par cette habitation.

2. Écrire les équations bilan de la combustion complète du propane (C_3H_8) et du méthane (CH_4).

3. Réaliser le bilan de matière de ces deux combustions pour calculer la masse de dioxyde de carbone produite.

4. Lequel de ces combustibles émet le moins de gaz à effet de serre ?

Données :

Masses molaires : $M(C) = 12{,}0\ g.mol^{-1}$; $M(O) = 16{,}0\ g.mol^{-1}$;
$M(H) = 1{,}00\ g.mol^{-1}$

PCI du propane : PCI = 46,4 MJ.kg^{-1}

PCI du méthane : PCI = 50,0 MJ.kg^{-1}

14 Chauffage au bois

Le chauffage au bois est l'une des solutions possibles pour ne pas utiliser la combustion d'énergies fossiles.
Formule brute simplifiée du bois : $C_6H_{12}O_6$.
Le CO_{2e} correspond à l'équivalent en CO_2 qui produirait le même effet de serre que l'ensemble des émissions cumulées de CO_2, CH_4, N_2O et autres gaz.

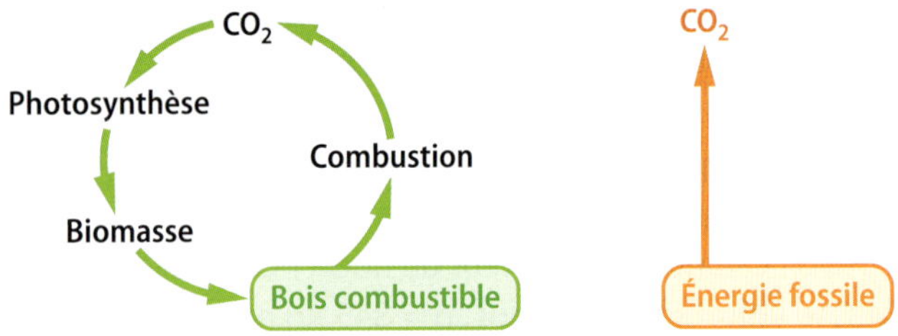

▲ Cycle simplifié du carbone pour le bois

	kg de CO_{2e} produit pour 1,0 GJ consommé sur le PCI en métropole		
	Bois	Fioul domestique	Gaz naturel
Combustion	73,8	52,1	5,22
Transport du combustible	16,1	11	2,97
Total	89,9	63,1	8,19

1. Exploiter les documents pour indiquer si la combustion du bois est une combustion complète.

2. Lors de la photosynthèse, la réaction chimique (simplifiée) correspond à la réaction inverse de la combustion complète du bois. Proposer une équation bilan (simplifiée) de la photosynthèse du bois.

3. Citer les principaux gaz à effet de serre qui apparaissent dans les divers documents.

4. Exploiter l'ensemble des documents pour indiquer des avantages et inconvénients à l'utilisation du bois comme combustible de chauffage.

	Contribution (% massique) aux émissions nationales de polluants atmosphériques		
	SO_2	NOx	CO
Bois	2,7	4,8	38,9
Fuel domestique	10,2	6,1	0,32
Gaz naturel et GNV	1,2	8,6	16,1
Risques : dépend de l'exposition			
	HAP	COMV	PM10
Bois	60,5	20,8	28,8
Fuel domestique	0,56	0,47	0,43
Gaz naturel et GNV	0,056	0,97	0,47
Risques : dépend de l'exposition			

	PM2,5	PM1,0
Bois	43,4	57,8
Fuel domestique	0,61	0,75
Gaz naturel et GNV	0,73	1,0
Risques : dépend de l'exposition		

15 Bilan carbone d'un véhicule

DIFFÉRENCIATION

Une voiture à essence (que l'on assimilera à de l'octane C_8H_{18}) a pour caractéristiques de consommation :
- consommation urbaine : 6,3 L pour 100 km ;
- consommation mixte : 5,0 L pour 100 km ;
- consommation extra-urbaine : 4,2 L pour 100 km.

Données :
Masses molaires : $M(C) = 12,0\ g.mol^{-1}$;
$M(O) = 16,0\ g.mol^{-1}$; $M(H) = 1,00\ g.mol^{-1}$.
Masse volumique de l'essence : $\rho = 755\ kg.m^{-3}$.

• Quelle est la classe d'émission de CO_2 de ce véhicule ?

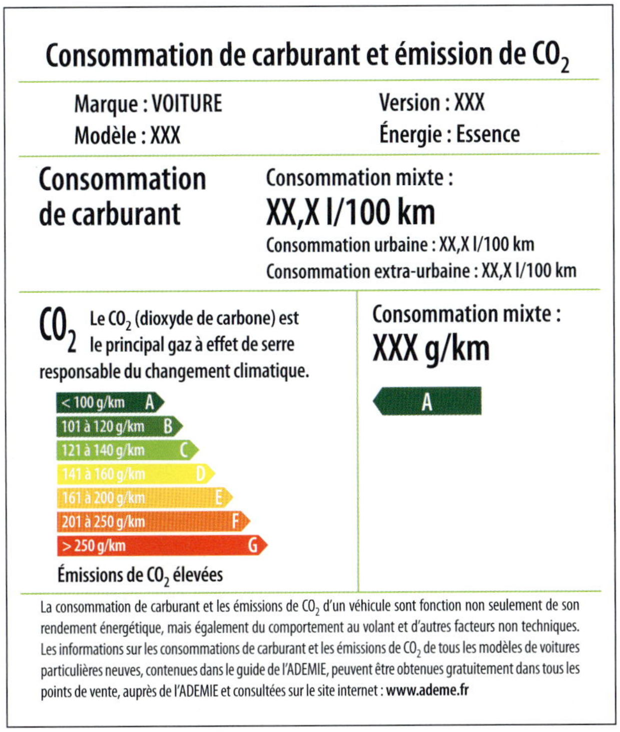

16 Pouvoir calorifique du bois en fonction de son humidité

Le pouvoir calorifique du bois varie fortement avec l'humidité qu'il contient. L'humidité sur bois brut (Hb) est définie par la masse d'eau contenue dans le bois divisée par la masse du bois. Cette humidité varie généralement entre 10 et 55 %.

Les bois vendus peuvent avoir une humidité relative comprise entre 20 et 40 %.
Pour simplifier, on prendra comme composition chimique pour le bois de hêtre $C_6H_{12}O_6$.
La consommation annuelle d'une famille représente une masse $m = 4\ 000$ kg de bois à 20 % d'humidité relative.

DOC. 1 Pouvoir calorifique et humidité

Le rendement de la chaudière à bois vaut $\eta = 75\ \%$.

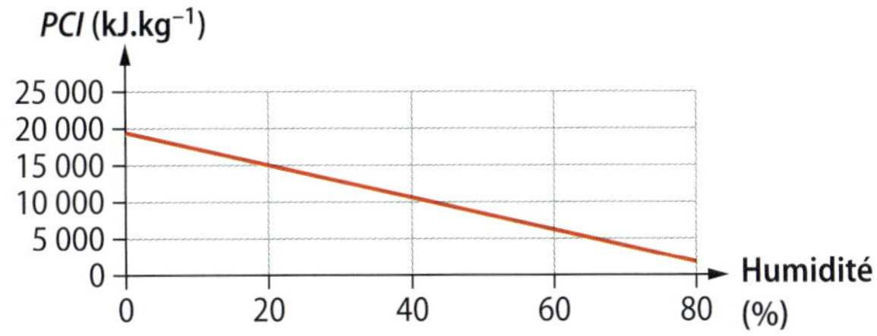

▲ Évolution du PCI du bois (hêtre) en fonction de son humidité

$$PCI_b = PCI_S \times \left(1 - \frac{H_b(\%)}{100}\right) - 2\ 500 \times \frac{H_b(\%)}{100}$$

• PCI_b : pouvoir calorifique inférieur du bois humide [$MJ.kg^{-1}$]
• PCI_s : pouvoir calorifique inférieur du bois totalement sec [$MJ.kg^{-1}$]
• H_b : humidité relative [%]

DOC. 2 Caractéristiques du hêtre

	Hêtre (H_b = 20 %)	Hêtre (H_b = 40 %)
% massique de cellulose dans le bois	80 %	60 %

1. Indiquer l'intervalle des valeurs du PCI du hêtre pour une humidité relative comprise entre 20 et 40 %.

2. Le PCI du bois décroît-il linéairement en fonction de l'humidité relative ?

3. Écrire l'équation bilan de la combustion complète du bois.

4. Calculer la masse annuelle de dioxyde de carbone produite par la combustion complète du bois.

5. Calculer la masse de bois que devra consommer cette famille si le bois livré à une humidité relative de 60 %.

Données :
Pouvoir calorifique inférieur du bois sec :
$PCI = 19,3\ MJ.kg^{-1}$
Masses molaires : $M(C) = 12,0\ g.mol^{-1}$;
$M(O) = 16,0\ g.mol^{-1}$; $M(H) = 1,00\ g.mol^{-1}$

CHAPITRE 13

THÈME 2 › MATIÈRE ET MATÉRIAUX

Oxydo-réduction : piles, accumulateurs et piles à combustible

Les piles et accumulateurs transforment de l'énergie chimique en énergie électrique. Pour les accumulateurs, le fonctionnement est réversible, ce qui permet des cycles de charge-recharge. Les caractéristiques des piles et accumulateurs dépendent des masses actives de réactifs et de leur composition chimique.

→ Comment réaliser le bilan de matière lors du fonctionnement d'une pile ou d'un accumulateur ?

›Testez vos prérequis

Indiquer la (ou les) bonne(s) réponse(s) :

1. Un oxydant se fait réduire :
- ☐ **a.** en captant un ou des électrons
- ☐ **b.** en cédant un ou des protons
- ☐ **c.** en cédant un ou des électrons

2. Une espèce qui cède des électrons :
- ☐ **a.** se fait oxyder
- ☐ **b.** se fait réduire
- ☐ **c.** est un réducteur

3. H^+/H_2 est un couple :
- ☐ **a.** acide/base
- ☐ **b.** oxydant/réducteur
- ☐ **c.** de réducteurs

4. Une pile à combustible est :
- ☐ **a.** un accumulateur
- ☐ **b.** une batterie
- ☐ **c.** un générateur de tension continue

5. Dans une demi-équation électronique, les électrons sont placés côté :
- ☐ **a.** gauche
- ☐ **b.** réducteur
- ☐ **c.** oxydant

6. La demi-équation électronique $O_{2(g)} + 4\,H^+ + 4\,e^- = 2\,H_2O$ correspond au couple oxydant/réducteur :
- ☐ **a.** O_2/H_2O
- ☐ **b.** H^+/H_2O
- ☐ **c.** e^-/H_2O

7. La demi-équation électronique d'oxydation du dihydrogène est :
- ☐ **a.** $H = H^+ + e^-$
- ☐ **b.** $2\,H = 2\,H^+ + 2\,e^-$
- ☐ **c.** $H_2 = 2\,H^+ + 2\,e^-$

→ Corrigés, p. 284

Vidéo
L'hydrogène (dihydrogène)

CAPACITÉS EXIGIBLES

- Exploiter les équations d'une réaction d'oxydo-réduction pour réaliser un bilan de matière dans le cas d'une pile à combustible

> ACTIVITÉ EXPÉRIMENTALE 1

- Exploiter les équations d'une réaction d'oxydo-réduction pour réaliser un bilan de matière dans le cas d'une charge puis d'une décharge d'un accumulateur

> ACTIVITÉ DOCUMENTAIRE 2

- Identifier l'oxydant et le réducteur mis en jeu dans une pile ou un accumulateur à partir de la polarité de la pile ou des couples oxydant/réducteur utilisés

> ACTIVITÉ DOCUMENTAIRE 2
> ACTIVITÉ DOCUMENTAIRE 3

ACTIVITÉ 1

ACTIVITÉ EXPÉRIMENTALE **TP**

COMPÉTENCES

- ✓ S'approprier : représenter la situation par un schéma.
- ✓ Réaliser : proposer un protocole expérimental ; effectuer des procédures courantes ; mettre en œuvre les étapes d'une démarche.
- ✓ Analyser/Raisonner : évaluer des ordres de grandeur.

→ Bilan de matière et rendement d'une pile à combustible

On souhaite effectuer un bilan de matière pour calculer le rendement d'une pile à combustible.

DOC. 1 Matériels

- Une pile à hydrogène réversible avec ses réservoirs de gaz (dihydrogène et dioxygène)
- Un générateur de tension continue fournissant une tension de 3,0 V (piles, capteurs solaires, générateur continu…)
- Des fils de connexion
- Des multimètres ou ExAO
- Une résistance électrique $R = 10\ \Omega$
- Un chronomètre

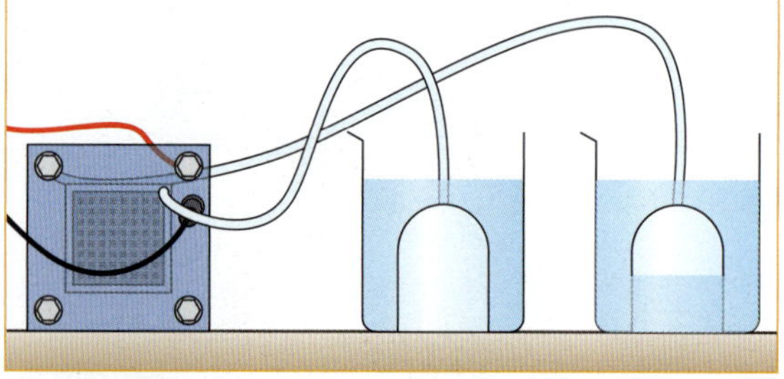

Outil

- Relation entre la masse et le volume : $m = \rho V$
  m = masse (kg)
  ρ = masse volumique (kg.L^{-1})
  V : volume (L)
- Énergie libérée par la réaction de H_2 :
  $Q_{chimique} = m_{combustible} \times PCI$
  Q l'énergie fournie par la réaction du dihydrogène (J)
  m_{H2} la masse de combustible (kg)
  PCI le pouvoir calorifique inférieur (J.kg^{-1})

DOC. 2 Données sur le dihydrogène dans les conditions de l'expérience

- Masse volumique du dihydrogène : 89,9 kg.L^{-1}
- Pouvoir calorifique du dihydrogène : 120 MJ.kg^{-1}

DOC. 3 Protocole opératoire pour alimenter une résistance à partir de la pile à combustible

- Connecter les appareils de mesure nécessaires pour mesurer la tension et l'intensité du courant sortant de la pile à combustible.
- Connecter la résistance qui servira de récepteur électrique.
- Démarrer la pile à combustible ainsi que le chronomètre.
- Mesurer et noter les résultats de la tension et de l'intensité du courant.
- Arrêter le chronomètre quand la réserve de dihydrogène a été épuisée.

Vidéo Pile à combustible — Nathan live!

QUESTIONS

1. RÉALISER ▶ Proposer un protocole opératoire pour produire 20 mL de dihydrogène, qui sera l'un des réactifs de la pile à combustible, puis le mettre en œuvre.

2. S'APPROPRIER ▶ Proposer un schéma électrique de montage correspondant à l'expérience du DOC. 3.

3. RÉALISER ▶ Calculer la masse de dihydrogène stockée dans le réservoir de la pile à combustible.

4. RÉALISER ▶ Exploiter vos résultats pour calculer l'énergie fournie par la pile à combustible lors de l'alimentation de la résistance.

5. ANALYSER – RAISONNER ▶ Exploiter vos résultats et les données du DOC. 2 pour calculer le rendement de la pile à hydrogène.

RÉSULTATS D'EXPÉRIENCE À TÉLÉCHARGER

ACTIVITÉ 2

ACTIVITÉ DOCUMENTAIRE

COMPÉTENCES

- ✓ Analyser/Raisonner : choisir un modèle ou des lois pertinentes.
- ✓ Réaliser : effectuer des procédures courantes.

→ Masse des électrodes d'une batterie au plomb

Les voitures à moteur thermique utilisent principalement des batteries au plomb pour le démarrage. Quel est le bilan de matière pour une batterie lors de son fonctionnement réversible ?

DOC. 1 Fonctionnement réversible de la batterie au plomb

Les batteries au plomb ont un fonctionnement réversible qui permet leur décharge lors d'un démarrage, puis leur recharge à l'aide de l'alternateur. Les deux couples oxydant/réducteur présents dans cette batterie sont : Pb^{2+}/Pb et PbO_2/Pb^2.

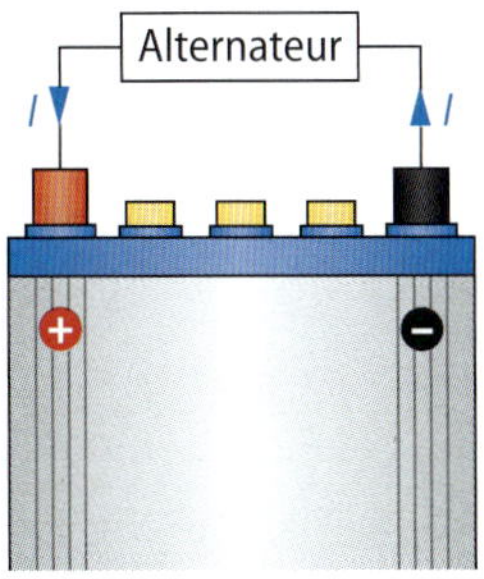

$2\ Pb^{2+} + 2\ H_2O \rightarrow PbO_2 + 4\ H^+ + Pb$

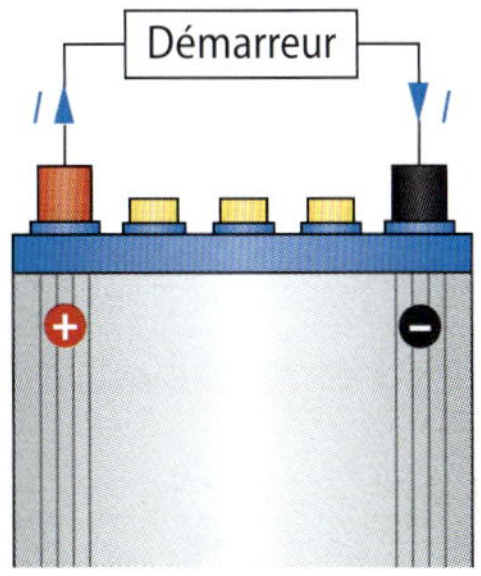

$PbO_2 + 4\ H^+ + Pb \rightarrow 2\ Pb^{2+} + 2\ H_2O$

DOC. 2 Masses actives des électrodes

Les masses actives des électrodes correspondent aux masses de chaque électrode qui participent à la réaction chimique de charge et de décharge d'une batterie.

On considère que la batterie a atteint sa fin de durée de vie quand sa capacité est réduite à 20 % de la capacité totale.

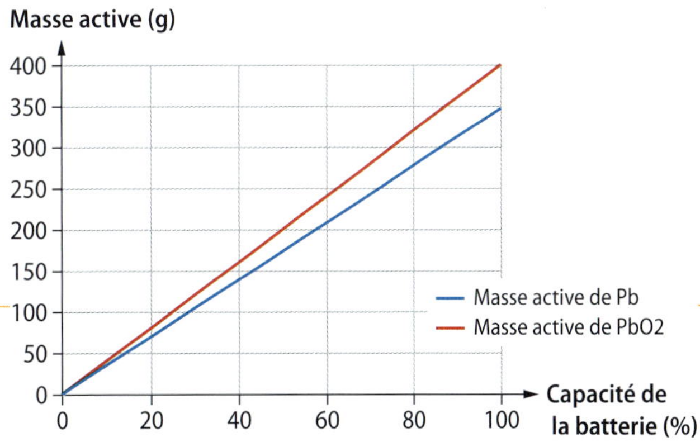

▲ Évolution de la masse active des électrodes

Outil

À l'extérieur de la batterie, le sens de parcours des électrons est opposé à celui de l'intensité du courant.

QUESTIONS

1. ANALYSER – RAISONNER ▶ Identifier l'oxydant et le réducteur lors de la décharge de la batterie.

2. RÉALISER ▶ Exploiter les documents pour donner les valeurs des masses actives des électrodes quand la batterie est totalement chargée.

3. RÉALISER ▶ Exploiter les documents pour calculer la perte de masse de chaque électrode quand la batterie se décharge de 20 %.

4. RÉALISER ▶ Exploiter les documents pour donner les valeurs des masses actives des électrodes quand la batterie est en fin de vie.

ACTIVITÉ DOCUMENTAIRE

COMPÉTENCES

- Réaliser : effectuer des procédures courantes ; mettre en œuvre les étapes d'une démarche.
- Analyser/Raisonner : faire des prévisions à l'aide d'un modèle ; procéder à des analogies.

→ Polarité et couples oxydant/réducteur

Une pile à combustible PEM de type utilisé en travaux pratiques peut fonctionner de façon réversible. Comment identifier l'oxydant et le réducteur lors du remplissage des réservoirs puis lors de leur consommation ?

Vocabulaire

Oxydant : espèce chimique capable de capter un ou plusieurs électrons.

Réducteur : espèce chimique capable de céder un ou plusieurs électrons.

Anode : électrode où se produit l'oxydation.

Cathode : électrode où se produit la réduction.

DOC. 1 Couples oxydant/réducteur

La pile à combustible PEM utilise deux couples oxydant/réducteur.

Couple oxydant/ réducteur	Demi-équation électronique (l'oxydant est réduit)	Demi-équation électronique inversée (le réducteur est oxydé)
$O_{2(g)}/H_2O$	$\ldots O_{2(g)} + \ldots H^+ + \ldots = \ldots H_2O$	$\ldots H_2O = \ldots + \ldots H^+ + \ldots e^-$
$H^+/H_{2(g)}$	$\ldots + \ldots = \ldots$	$\ldots = \ldots + \ldots$

DOC. 2 Fonctionnement réversible de la pile PEM

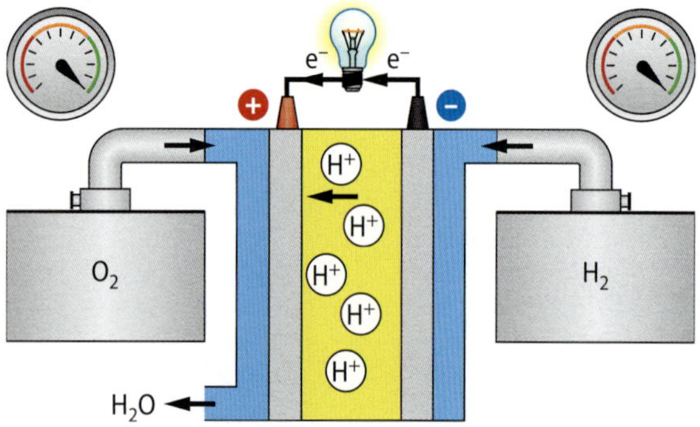

▲ Fonctionnement en générateur

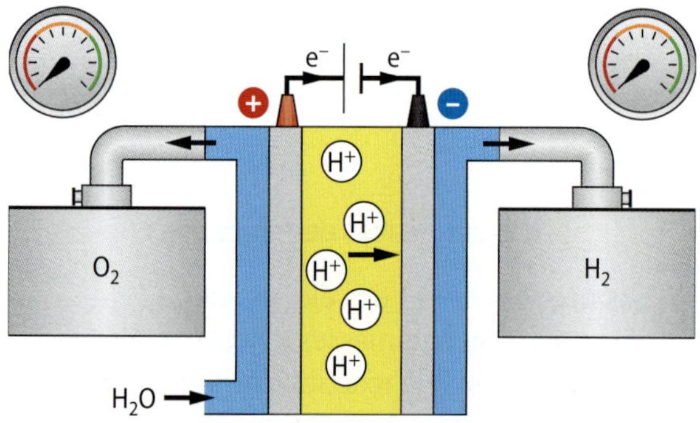

▲ Fonctionnement en récepteur : recharge des réservoirs

DOC. 3 Anode et cathode lors du fonctionnement en mode générateur

	Borne +	Borne −
Fonctionnement en générateur	Cathode	Anode

Vidéo L'électrolyseur et la pile à combustible — Nathan live!

QUESTIONS

1. RÉALISER ▶ Équilibrer les demi-équations électroniques des deux couples oxydant/réducteur du DOC. 1.

2. ANALYSER – RAISONNER ▶ Indiquer quels sont l'oxydant et le réducteur lors de la recharge des réservoirs.

3. ANALYSER – RAISONNER ▶ Indiquer quels sont l'oxydant et le réducteur lors de la consommation des réactifs contenus dans les réservoirs.

4. RÉALISER ▶ Écrire l'équation de la réaction pour la phase de recharge des réservoirs.

5. RÉALISER ▶ Écrire l'équation de la réaction pour la phase de fonctionnement en pile.

6. RÉALISER ▶ Réaliser le même tableau que celui du DOC. 3 pour le fonctionnement en récepteur.

ACTIVITÉ 4

ACTIVITÉ DOCUMENTAIRE

COMPÉTENCES
- ✓ S'approprier : rechercher, sélectionner et organiser l'information en lien avec la problématique
- ✓ Réaliser : effectuer des procédures courantes (calculs, représentations, collectes de données, etc.)
- ✓ Analyser/raisonner : proposer une stratégie de résolution
- ✓ Réaliser : mettre en œuvre les étapes d'une démarche

→ Consommation et rendement d'une pile à combustible

Dans une voiture à hydrogène, la production d'énergie électrique est assurée par une pile à combustible. Cette voiture effectue un trajet de 146 km. Quel est le rendement de la pile à combustible d'une voiture à hydrogène ?

DOC. 1 Caractéristiques du dihydrogène

Masse molaire	Masse volumique dans le réservoir	Pouvoir calorifique inférieur
$M(H_2) =$ 2,0 g.mol^{-1}	$\rho = 42$ kg.m^{-3}	PCI = 33,33 kW.h.kg^{-1}

DOC. 2 Caractéristiques de la pile à combustible et du dihydrogène

- Tension nominale de la pile à combustible $U_p =$ 240 V
- 320 cellules élémentaires toutes identiques et délivrant une tension $U_c = 0{,}75$ V montées en série
- Quantité d'électricité fournie en fonction de la quantité de matière de dihydrogène consommée par une seule cellule :

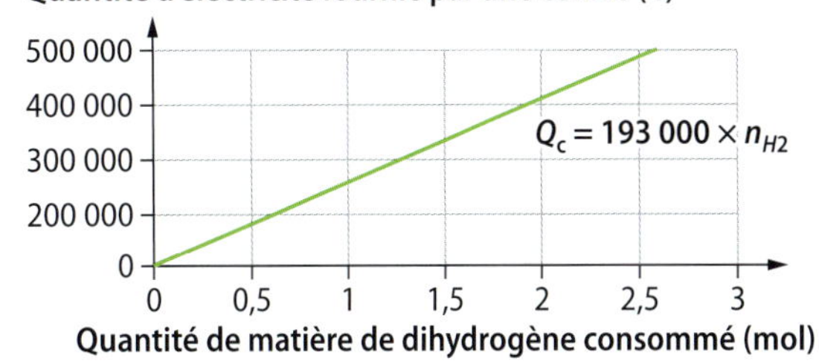

▲ Consommation d'une cellule de la pile

DOC. 3 Architecture simplifiée de la motorisation de la voiture

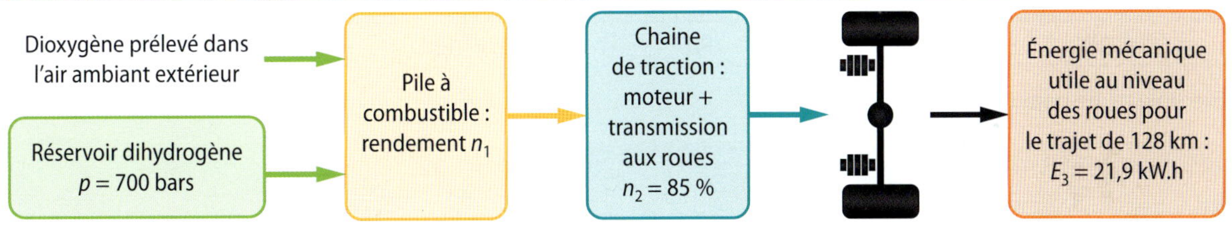

QUESTIONS

1. S'APPROPRIER ▶ Exploiter les documents pour calculer l'énergie fournie par la pile à combustible.

2. RÉALISER ▶ Exploiter les documents pour calculer la masse de dihydrogène (exprimée en kg) consommée par une cellule pour le trajet.

3. ANALYSER – RAISONNER ▶ Montrer par un calcul que le rendement de la pile à combustible est de l'ordre de 60 %.

Outils

■ **Énergie totale fournie par la pile à combustible à la chaîne de traction**

$$W_B = 3{,}20\ W_C$$

- W_B l'énergie fournie par la pile à la chaîne de traction (W.h)
- W_C l'énergie fournie par une cellule de la pile (W.h)

■ **Énergie délivrée par une cellule de la pile**

$$W_C = Q_C U_C$$

- W_C l'énergie fournie par une cellule de la pile (J)
- Q_C la quantité d'électricité (C)
- U_C la tension nominale d'une cellule (V)

Rappel : 1,0 kW.h = 3,6 × 10^6 J

■ **Pouvoir calorifique inférieur du dihydrogène**

$$W_{chimique} = m_{H_2}\,\text{PCI}$$

- $W_{chimique}$ l'énergie chimique reçue par la pile lors de la consommation de H_2 (kW.h)
- m_{H_2} la masse de dihydrogène consommé (kg)
- PCI le pouvoir calorifique inférieur du dihydrogène (kW.h.kg^{-1})

LE COURS

1 POLARITÉ ET COUPLES OXYDANT/RÉDUCTEUR

- Une pile ou un accumulateur possède deux électrodes. L'une des deux électrodes constitue la borne + tandis que la seconde constitue la borne - : c'est la polarité. Pour une décharge, le sens conventionnel du courant sort de la borne +. Pour une recharge, le courant s'inverse, mais la polarité reste inchangée. Le sens de parcours des électrons dans les fils est opposé à celui du courant.
  - L'électrode où se produit l'**oxydation** est l'**anode**. Les électrons quittent l'anode vers le circuit extérieur.
  - L'électrode où se produit la **réduction** s'appelle la **cathode**. Les électrons arrivent à la cathode par le circuit extérieur.

- Pour un accumulateur (ou une batterie), l'anode devient une cathode suivant le sens de fonctionnement (charge ou décharge). Par contre, la polarité (bornes positive et négative) est inchangée.

Polarité pour la décharge d'une pile ou d'un accumulateur

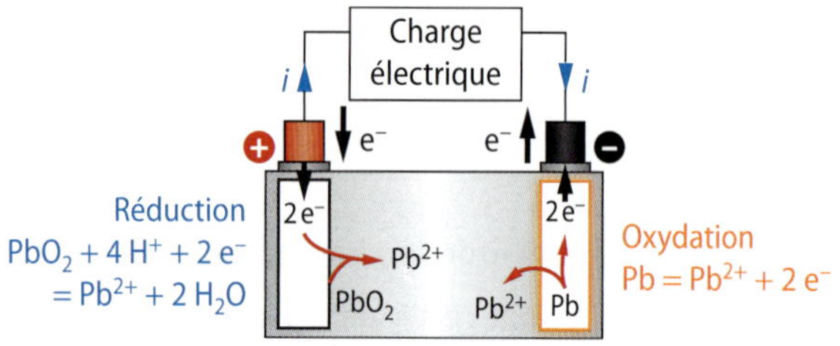

Polarité pour la recharge d'un accumulateur

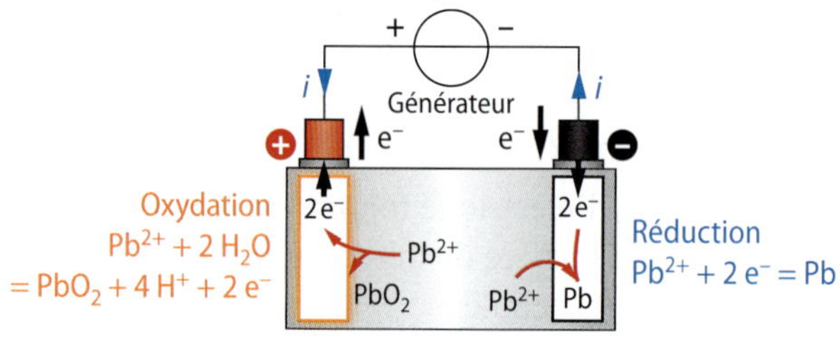

Couple oxydant/réducteur	Oxydant consommé	Réducteur consommé	Couple oxydant/réducteur	Oxydant consommé	Réducteur consommé
PbO_2/Pb^{2+}	PbO_2		PbO_2/Pb^{2+}		Pb^{2+}
Pb^{2+}/Pb		Pb	Pb^{2+}/Pb	Pb^{2+}	

▲ Exemple d'une batterie au plomb

2 BILAN DE MATIÈRE D'UN ACCUMULATEUR OU UNE PILE

- Le bilan de matière permet de faire le lien entre les quantités de matière active consommées et produites avec la quantité de matière d'électrons ayant circulé dans le circuit extérieur.

Décharge	Charge
Pôle ⊕ Couple n° 1 oxydant/réducteur $NiO_2H/Ni(OH)_2$ 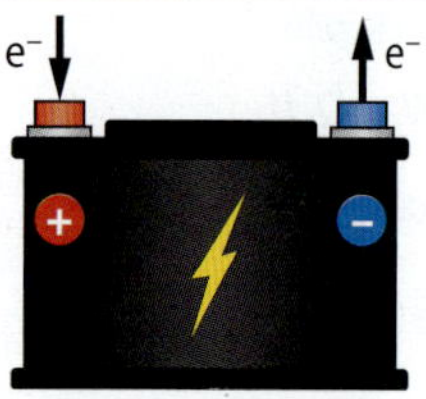 Pôle ⊖ Couple n° 2 oxydant/réducteur $LaNi_3/LaNi_3H_6$	Pôle ⊕ Couple n° 1 oxydant/réducteur $NiO_2H/Ni(OH)_2$ 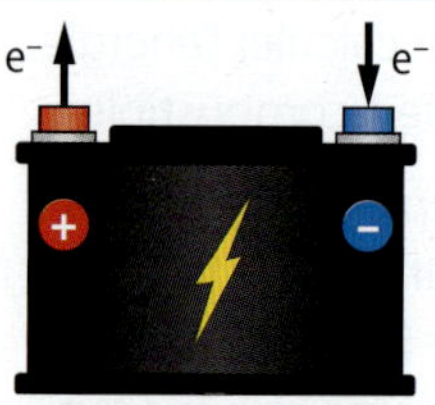 Pôle ⊖ Couple n° 2 oxydant/réducteur $LaNi_3/LaNi_3H_6$
Borne + : $NiO_2H + H_2O + e^- = Ni(OH)_2 + OH^-$	Borne + : $Ni(OH)_2 + OH^- = NiO_2H + H_2O + e^-$
Borne – : $LaNi_5H_6 + 6\,OH^- = LaNi_5 + 6\,H_2O + 6\,e^-$	Borne – : $LaNi_5 + 6\,H_2O + 6\,e^- = LaNi_5H_6 + 6\,OH^-$

La relation des proportions stœchiométriques relie les quantités de matière d'électrons échangés et de **matière active** produite ou consommée dans l'accumulateur, pour la charge ou la décharge :

Borne + : $n_{Ni(OH)_2} = n_{OH^-} = n_{NiO_2H} = n_{H_2O} = n_{e^-}$. **Borne –** : $n_{LaNi_5H_6} = \frac{n_{OH^-}}{6} = n_{LaNi_5} = \frac{n_{H_2O}}{6} = \frac{n_{e^-}}{6}$.

►►►

▶▶▶

• Équation bilan de la décharge :
$LaNi_5H_6 + 6\ NiO_2H \rightarrow LaNi_5 + 6\ Ni(OH)_2$

Matière active	Consommé	Produit
NiO_2H	3,0 mol	0
$Ni(OH)_2$	0	3,0 mol
$LaNi_5H_6$	0,50 mol	0
$LaNi_5$	0	0,50 mol

• Équation bilan de la charge :
$LaNi_5 + 6\ Ni(OH)_2 \rightarrow LaNi_5H_6 + 6\ NiO_2H$

Matière active	Consommé	Produit
NiO_2H	0	3,0 mol
$Ni(OH)_2$	3,0 mol	0
$LaNi_5H_6$	0	0,50 mol
$LaNi_5$	0,50 mol	0

▲ Exemple pour 3,0 mol d'électrons qui circule dans le circuit extérieur

• La quantité d'électricité (ou capacité de l'accumulateur) est proportionnelle à la quantité d'électrons qui peuvent circuler dans le circuit extérieur lors de la décharge (et de la recharge pour un accumulateur).

$Q = n_{e^-} F$

• Q la quantité d'électricité exprimée en coulombs (C)
• $F = 96\,500\ C.mol^{-1}$ la constante de Faraday ($C.mol^{-1}$)
• n_e la quantité de matière d'électrons (mol)

3 BILAN DE MATIÈRE D'UNE PILE À COMBUSTIBLE

Le bilan de matière d'une pile à combustible peut s'effectuer avec les mêmes méthodes que pour la décharge d'un accumulateur.

• **Exemple d'une pile à hydrogène**

Réduction à la borne + : $O_2 + 4\ H^+ + 4\ e^- = 2\ H_2O$
Oxydation à la borne - : $H_2 = 2\ H^+ + 2\ e^-$
Relations des proportions stœchiométriques :

Borne + : $n_{O_2} = \dfrac{n_{H^+}}{4} = \dfrac{n_{e^-}}{4} = \dfrac{n_{H_2O}}{2}$. **Borne -** : $n_{H_2} = \dfrac{n_{H^+}}{2} = \dfrac{n_{e^-}}{2}$.

Équation bilan du fonctionnement : $O_{2(g)} + 2\ H_{2(g)} \rightarrow 2\ H_2O_{(l)}$

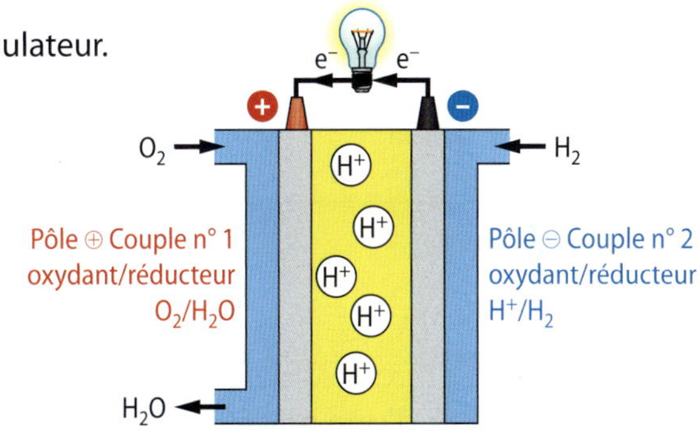

	n_{H_2}	n_{O_2}	n_{H_2O}
Consommé	4,0 mol	2,0 mol	0
Produit	0	0	4,0 mol

◀ Exemple de fonctionnement pour 8,0 mol d'électrons qui circule dans le circuit extérieur

• **Rendement d'une pile à combustible**

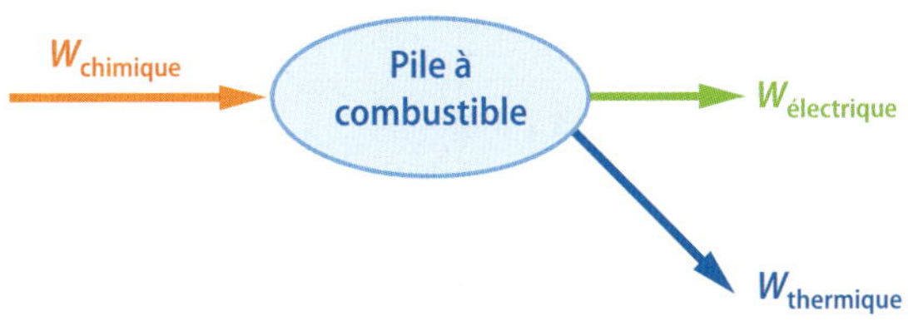

Conservation de l'énergie :
$W_{chimique} = W_{électrique} + Q_{thermique}$

Rendement électrique :
$\eta_{électrique} = \dfrac{W_{électrique}}{W_{chimique}}$

$W_{chimique} = m_{combustible}\ PCI$

• $W_{chimique}$ l'énergie chimique reçue par la pile lors de son fonctionnement (J)
• $m_{combustible}$ la masse de combustible consommé (kg)
• PCI le pouvoir calorifique inférieur du combustible ($J.kg^{-1}$)

$W_{électrique} = QU$

• $W_{électrique}$ l'énergie électrique fournie (J)
• Q la quantité d'électricité délivrée (C)
• U la tension nominale de la pile (V)

EXERCICES — Testez vos connaissances

Indiquer la (ou les) bonne(s) réponse(s) :

	A	B	C
■ Polarité et couples oxydant/réducteur			
1. Pour la demi-équation électronique $H_2 = 2\,H^+ + 2\,e^-$:	☐ H^+ est un oxydant	☐ H_2 est un réducteur	☐ H_2 est un oxydant
2. Les nombres stœchiométriques pour la demi-équation $a\,O_2 + b\,H^+ + c\,e^- = d\,H_2O$ sont :	☐ $a = 1\,; b = 2\,; c = 3\,; d = 4$	☐ $a = 1\,; b = 4\,; c = 4\,; d = 2$	☐ $a = 2\,; b = 1\,; c = 0\,; d = 3$
3. Pour les couples oxydant/réducteur Pb^{2+}/Pb et PbO_2/Pb^{2+} :	☐ Pb est un réducteur	☐ Pb^{2+} est le réducteur du second couple	☐ Pb^{2+} est l'oxydant du second couple
■ Bilan de matière d'un accumulateur			
4. Bilan de matière pour 1 mole de PbO_2 : $PbO_2 + 4\,H^+ + 2\,e^- = Pb^{2+} + 2\,H_2O$	☐ $n_{e^-} = 0{,}5\,mol$ $n_{Pb^{2+}} = 1{,}0\,mol$	☐ $n_{e^-} = 1{,}0\,mol$ $n_{Pb^{2+}} = 1{,}0\,mol$	☐ $n_{e^-} = 2{,}0\,mol$ $n_{Pb^{2+}} = 1{,}0\,mol$
5. Lors de la recharge d'une batterie au plomb à électrolyte acide : $2\,Pb^{2+} + 2\,H_2O \rightarrow PbO_2 + 4\,H^+ + Pb$	☐ le pH de l'électrolyte augmente	☐ le pH de l'électrolyte diminue	☐ il n'y a aucune incidence sur le pH de l'électrolyte
6. Lors de la recharge d'une batterie, dans le circuit extérieur :	☐ les électrons arrivent à la borne + de la batterie	☐ les électrons arrivent à la borne – de la batterie	☐ les électrons arrivent à la même borne que lors de la décharge
7. Le courant électrique délivré par un accumulateur dans un récepteur :	☐ circule de la borne + vers la borne –	☐ circule de la borne – vers la borne +	☐ les électrons arrivent à la même borne que lors de la décharge
8. Pour cette équation de décharge : $Ni(OH)_2 + M \rightarrow NiO_2H + MH$, l'équation de recharge est :	☐ $NiO_2H + MH \rightarrow Ni(OH)_2 + M$	☐ $Ni(OH)_2 + M \rightarrow NiO_2H + MH$	☐ $Ni(OH)_2 + MH \rightarrow NiO_2H + M$
■ Bilan de matière d'une pile à combustible			
9. L'équation bilan de fonctionnement d'une pile à hydrogène est :	☐ $\frac{1}{2}O_{2_{(g)}} + H_{2_{(g)}} \rightarrow H_2O_{(l)}$	☐ $H_2 = 2\,H^+ + 2\,e^-$	☐ $2\,H_2O \rightarrow O_{2_{(g)}} + 4\,H^+ + 4\,e^-$
10. Bilan de matière pour 1,0 mole d'électrons dans : $H_2 = 2\,H^+ + 2\,e^-$	☐ $n_{H_2} = 0{,}5\,mol$ $n_{H^+} = 0{,}5\,mol$	☐ $n_{H_2} = 1{,}0\,mol$ $n_{H^+} = 2{,}0\,mol$	☐ $n_{H_2} = 0{,}5\,mol$ $n_{H^+} = 1{,}0\,mol$
11. Une pile à hydrogène consomme 2,0 mol de dihydrogène : $O_{2(g)} + 2\,H_{2_{(g)}} \rightarrow 2\,H_2O_{(l)}$	☐ elle consomme 1,0 mol de dioxygène	☐ elle produit 2 mol d'eau	☐ elle consomme 2,0 mol de dioxygène
12. Pour une quantité d'électricité échangée $Q = 1{,}0$ A.h, $F = 96\,500\ C.mol^{-1}$:	☐ $n_{e^-} = 96\,500\,mol$	☐ $n_{e^-} = 1{,}0 \times 10^{-5}\,mol$	☐ $n_{e^-} = 37 \times 10^{-3}\,mol$
13. Le bilan de matière d'une pile à combustible dépend :	☐ uniquement de sa durée d'utilisation	☐ de la tension qu'elle délivre	☐ de l'énergie qu'elle a fournie

→ Corrigés, p. 284

Démarrage d'un véhicule avec une batterie

Lors du démarrage d'une voiture, la batterie au plomb délivre au démarreur un courant $I = 300$ A durant une durée $\Delta t = 2{,}0$ s.

	À la borne +	À la borne –
Demi-équation électronique	$...PbO_2 + ...H^+ + ...e^- = ...Pb^{2+} + ...H_2O$	$...Pb = ...Pb^{2+} + ...e^-$

Données :
Masses molaires : $M(Pb) = 207$ g.mol^{-1} ; $M(O) = 16{,}0$ g.mol^{-1}
Constante de Faraday : $F = 96\,500$ C.mol^{-1}.

1. Calculer la quantité d'électricité consommée lors du démarrage.

RÉALISER - Calculer la quantité d'électricité consommée à partir de l'intensité du courant et du temps de fonctionnement.

2. Compléter les demi-équations électroniques.

RÉALISER - Appliquer les lois de conservation des éléments chimiques et de la charge électrique.

3. Calculer la quantité de matière d'électrons mobilisés pour le démarrage.

RÉALISER - Calculer la quantité de matière d'électrons à partir de la quantité d'électricité échangée.

4. Réaliser un bilan de matière pour déterminer la masse de PbO_2 consommée lors du démarrage.

ANALYSER/RAISONNER - Réaliser un bilan de matière à la borne + de la batterie.
RÉALISER - Calculer la masse de dioxyde de plomb consommée.

Solution

1. Calcul de la quantité d'électricité consommée :
$Q_{consommée} = I \times \Delta t = 300 \times 2{,}0 = 600\,C$.

2. Demi-équations électroniques :
- Borne + : $PbO_2 + 4\,H^+ + 2\,e^- = Pb^{2+} + 2\,H_2O$.
- Borne – : $Pb = Pb^{2+} + 2\,e^-$.

3. La quantité de matière d'électrons se calcule par :
$n_{e^-} = \dfrac{Q_{consommée}}{F} = \dfrac{600}{96\,500} = 6{,}2 \times 10^{-3}$ mol.

4. Bilan de matière à la borne + :
$n_{PbO_2} = \dfrac{n_{e^-}}{2}$
$n_{PbO_2} = \dfrac{6{,}2 \times 10^{-3}}{2} = 3{,}1 \times 10^{-3}$ mol.
Masse molaire de PbO_2 : $M(PbO_2) = 207 + 2 \times 16{,}0 = 239$ g.mol^{-1}
Calcul de la masse d'oxyde de plomb consommée :
$m_{PbO_2} = n_{PbO_2} \times M_{PbO_2}$
$m_{PbO_2} = 3{,}1 \times 10^{-3} \times 239 = 0{,}74$ g.

À VOUS DE JOUER !

Recharge d'une batterie au plomb

Une batterie au plomb a pour capacité 90 A.h. Les demi-équations électroniques (à compléter) qui se déroulent à chaque borne sont les suivantes :

	À la borne +	À la borne –
Demi-équation électronique	$...\,Pb^{2+} + ...\,H_2O = ...\,PbO_2 + ...\,H^+ + ...\,e^-$	$...\,Pb^{2+} + ...\,e^- = ...\,Pb$

1. Compléter les demi-équations électroniques.

2. Calculer la quantité de matière d'électrons mobilisés pour la recharge complète de la batterie.

3. Réaliser un bilan de matière pour déterminer les masses de Pb et PbO_2 formées lors de la recharge.

Données :
- Masses molaires : $M(Pb) = 207$ g.mol^{-1} ; $M(O) = 16{,}0$ g.mol^{-1}
- Constante de Faraday : $F = 96\,500$ C.mol^{-1}

→ Corrigés, p. 284

Polarité et couples oxydant/réducteur

1 Décharge d'une batterie au plomb

Analyser/Raisonner : faire des prévisions à l'aide d'un modèle
Réaliser : utiliser un modèle

Lors de la décharge d'une batterie au plomb, les demi-équations électroniques qui se produisent aux deux bornes de la batterie sont les suivantes :

	À la borne +	À la borne –
Demi-équation électronique	$PbO_2 + 4\,H^+ + 4\,e^- = Pb^{2+} + 2\,H_2O$	$Pb = Pb^{2+} + 2\,e^-$

1. Identifier les deux couples oxydant/réducteur mis en jeu dans cette batterie.

2. Identifier l'oxydant et le réducteur consommés lors de sa décharge.

2 Réversibilité d'un accumulateur NiMH

Analyser/Raisonner : proposer une stratégie de résolution, formuler des hypothèses

Les accumulateurs de type NiMH sont utilisés notamment dans les véhicules hybrides. Comme tout accumulateur, leur fonctionnement est réversible, ils peuvent être déchargés puis rechargés.

Pôle ⊕ Couple n° 1 oxydant/réducteur $NiO_2H/Ni(OH)_2$

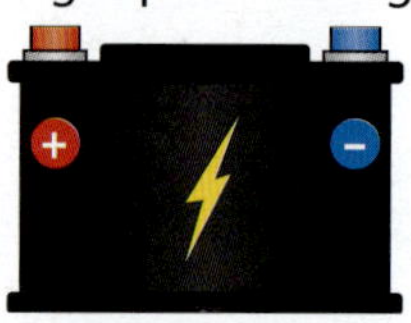

Pôle ⊖ Couple n° 2 oxydant/réducteur $LaNi_3/LaNi_3H_6$

1. Identifier l'oxydant et le réducteur consommés lors de sa décharge.

2. Identifier l'oxydant et le réducteur consommés lors de sa recharge.

3 Pile lithium-chlorure de thionyle

Analyser/Raisonner : faire des prévisions à l'aide d'un modèle, formuler des hypothèses

Une pile lithium-chlorure de thionyle possède une très bonne énergie massique ainsi qu'un taux d'autodécharge parmi les plus faibles. Elle est bien adaptée pour des durées de vie longues quand elle débite un courant assez faible. Les deux demi-équations électroniques qui modélisent son fonctionnement sont :

- $2\,SOCl_2 + 4\,e^- = 4\,Cl^- + S + SO_2$
- $Li = Li^+ + e^-$

1. Identifier l'oxydant et le réducteur consommés lors de la décharge de cette pile.

2. Associer à chaque demi-équation électronique la borne + ou – correspondante.

Bilan de matière d'un accumulateur

4 Bilan de matière pour la décharge d'une batterie au plomb

Réaliser : effectuer des procédures courantes, mettre en œuvre les étapes d'une démarche

Lors de la décharge partielle d'une batterie au plomb, la quantité d'électricité fournie au circuit extérieur vaut : $Q = 3{,}86 \times 10^5$ C. Les demi-équations électroniques qui se produisent aux deux bornes sont les suivantes :

- à la borne + : $PbO_2 + 4\,H^+ + 2\,e^- = Pb^{2+} + 2\,H_2O$
- à la borne – : $Pb = Pb^{2+} + 2\,e^-$

1. Calculer la quantité de matière d'électrons circulant dans le circuit extérieur pour cette décharge.

Donnée :
Constante de Faraday : $F = 96\,500$ C.mol^{-1}

2. Réaliser le bilan de matière à chaque borne de la batterie pour compléter le tableau suivant :

Consommé			Produit	
n_{PbO_2}(mol)	n_{H^+}(mol)	n_{Pb}(mol)	$n_{Pb^{2+}}$(mol)	n_{H_2O}(mol)

5 Charge et décharge d'un accumulateur NiMH

Réaliser : effectuer des procédures courantes (calculs, représentations, collectes de données, etc.)

La réaction de décharge d'une batterie nickel-hydrure est modélisée par l'équation suivante :
$LaNi_5H_6 + 6\,NiO_2H \rightarrow LaNi_5 + 6\,Ni(OH)_2$

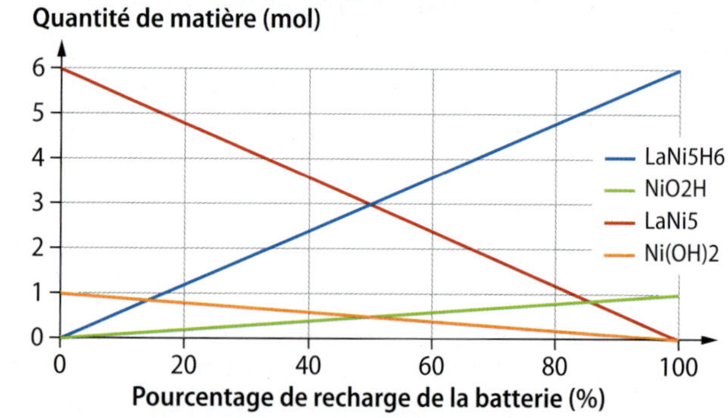

▲ Quantités de matières en fonction du pourcentage de recharge

Quand elle est totalement chargée, cette batterie stocke une quantité d'électricité $Q = 26{,}8$ A.h.
Le graphe ci-contre indique les quantités de matière active impliquées dans le fonctionnement de cette batterie.

1. Réaliser un bilan de matière pour une recharge partielle de 80 % de la capacité totale.

2. Réaliser un bilan de matière pour une décharge de 10 % à partir d'une batterie totalement chargée.

6 Décharge complète d'un accumulateur Ni-Cd

Réaliser : effectuer des procédures courantes, mettre en œuvre les étapes d'une démarche

Une batterie Ni-Cd de capacité $Q = 83$ A.h est utilisée dans un équipement d'éclairage de secours autonome. Réactions aux bornes de l'accumulateur lors de sa décharge :

- à la borne + : $NiO_2H + 2\,H_2O + e^- = Ni(OH)_2 + OH^-$
- à la borne – : $Cd + 2\,OH^- = Cd(OH)_2 + 2\,e^-$

1. Calculer la quantité de matière d'électrons circulant dans le circuit extérieur pour la décharge complète.

2. Calculer les masses de NiO_2H et de Cd que l'accumulateur contient pour assurer sa décharge complète.

Données :

- Masses molaires : $M(Cd) = 112{,}4$ g.mol^{-1} ; $M(Ni) = 58{,}7$ g.mol^{-1} ; $M(O) = 16{,}0$ g.mol^{-1} ; $M(H) = 1{,}00$ g.mol^{-1}
- Constante de Faraday : $F = 96\,500$ C.mol^{-1} ;
- Conversion : 1,0 A.h = $3{,}6 \times 10^3$ C

Bilan de matière d'une pile à combustible

7 Réactifs consommés par une pile à hydrogène

Analyser/Raisonner : choisir un modèle ou des lois pertinentes
Réaliser : mettre en œuvre les étapes d'une démarche

Une pile à hydrogène consomme du dihydrogène et du dioxygène pour former de l'eau. Pour produire 120×10^6 J d'énergie électrique, la pile produit 250 mol d'eau.

1. Écrire puis équilibrer l'équation bilan.

2. Calculer les quantités de matière de chaque réactif consommé.

8 Bilan de matière pour une pile à combustible au méthanol

Réaliser : mettre en œuvre les étapes d'une démarche

Dans une pile à combustible au méthanol, la consommation d'une mole de méthanol produit 4,0 mol d'électrons qui circulent dans le circuit extérieur.

1. Équilibrer l'équation bilan :
$\ldots\ O_2 + \ldots\ CH_3OH \rightarrow\ \ldots\ CO_2 + \ldots\ H_2O$.

2. Compléter le tableau suivant pour 24 mol d'électrons circulant dans le circuit extérieur alimenté par cette pile :

Consommé		Produit	
n_{O_2}(mol)	n_{CH_3OH}(mol)	n_{CO_2}(mol)	n_{H_2O}(mol)

9 Rendement électrique d'une pile à hydrogène

Réaliser : effectuer des procédures courantes, mettre en œuvre les étapes d'une démarche

L'équation bilan d'une pile à hydrogène est la suivante : $\frac{1}{2}\,O_{2(g)} + H_{2(g)} \rightarrow H_2O_{(l)}$.
Son rendement électrique est de 50 %. Lors de son fonctionnement, elle produit une énergie électrique de 240 MJ.

1. Calculer l'énergie consommée par cette pile lors de son fonctionnement.

2. Réaliser le bilan de matière pour le fonctionnement et compléter le tableau du bilan en masse suivant :

Consommé		Produit
m_{O_2}(kg)	m_{CH_3OH}(kg)	$m_{H_2O}(n_{H_2O}$(mol))

Données :

- Masses molaires : $M(C) = 12{,}0$ g.mol^{-1} ; $M(O) = 16{,}0$ g.mol^{-1} ; $M(H) = 1{,}00$ g.mol^{-1}
- Pouvoir calorifique inférieur du propane : PCI = 45,6 MJ.kg^{-1}

10 SCIENCE IN ENGLISH

Fuel cells

Fuel cells are used to produce energy for hydrogen-electric vehicles. They produce electricity and heat simultaneously.

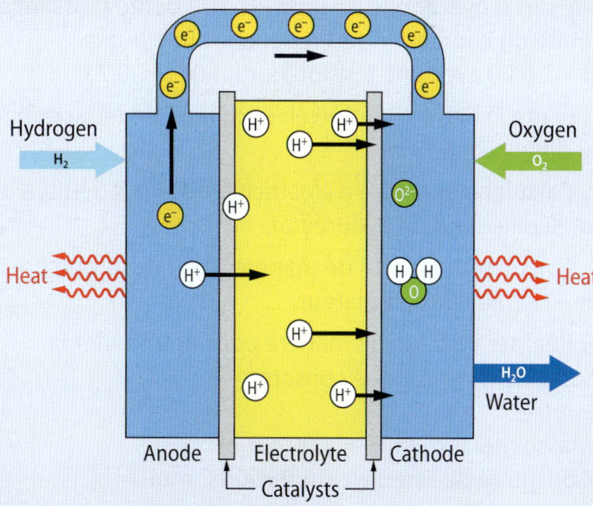

▲ Principle of a hydrogen battery

1. Identify the two oxidant (oxidizing agent)/fuel (reductant, or reducing agent) pairs required for the cell to work.
2. What oxidant is converted by this cell?
3. On which side of the cell is the positive terminal found?

11 Application ferroviaire du stockage d'énergie

Les motrices ferroviaires de traction (train, tramway…) utilisent des batteries dites « embarquées » prévues pour les systèmes de secours vitaux. Les batteries sont constituées d'accumulateurs de technologie Ni-Cd, dont les caractéristiques sont les suivantes :

Capacité	Tension nominale	Masse
Q_{accu} = 160 A·h	U_{accu} = 1,2 V	16 kg

1. Équilibrer les demi-équations électroniques de décharge de l'accumulateur :
• à la borne + :
… NiO_2H + … H_2O + … e^- = … $Ni(OH)_2$ + … OH^-
• à la borne – : … Cd + … OH = … $Cd(OH)_2$ + … e^-

2. Calculer la quantité de matière d'électrons que peut faire circuler l'accumulateur.

3. Calculer les masses de réactifs consommés (Cd et NiO_2H) lors de la décharge complète.

4. Écrire l'équation bilan de la recharge de l'accumulateur.

5. Calculer les masses des réactifs consommés lors de la recharge de l'accumulateur.

Données :
• Masses molaires : M(Cd) = 112,4 g.mol^{-1} ; M(Ni) = 58,7 g.mol^{-1} ; M(O) = 16,0 g.mol^{-1} ; M(H) = 1,00 g.mol^{-1}
• Constante de Faraday : F = 96 500 C.mol^{-1}

12 Pile à hydrogène

Une pile à hydrogène de type PEM de petite puissance débite un courant I = 134 A pendant une durée Δt = 2 h 00 avec une tension nominale U = 0,7 V.

1. Écrire la demi-équation électronique de réduction du dihydrogène.

2. Calculer la quantité d'électricité (notée Q) débitée par la pile pendant la durée Δt.

3. Calculer la quantité de matière d'électrons que peut faire circuler l'accumulateur.

4. Réaliser un bilan de matière pour déterminer la masse de dihydrogène consommée.

Données :
• Masse molaire : M(H) = 1,00 g.mol^{-1}
• Constante de Faraday : F = 96 500 C.mol^{-1}

13 Alimentation d'un drone

Les drones professionnels sont utilisés dans de nombreux secteurs : audiovisuel, inspection thermique, photogrammétrie, l'agriculture… Ces appareils utilisent des moteurs électriques. Leur autonomie est généralement de l'ordre de 30 minutes quand ils sont alimentés par des batteries. Pour augmenter cette autonomie, il est possible d'y adjoindre une pile à hydrogène. Au maximum de la masse embarquée (stockage d'énergie + appareil photographique), la puissance de l'ensemble des moteurs vaut P = 2 500 W. La masse totale maximale embarquée pour le stockage d'énergie du drone vaut m_{max} = 8,0 kg.

Technologie de l'accumulateur	Énergie massique (W.h.kg^{-1})
Li-ion	190

▲ Solution d'alimentation par batterie au lithium

Pile à combustible		Batterie de secours	
Rendement : 55 %	Masse totale : 7,05 kg	Masse : 0,75 kg	Énergie massique : 190 W.h.kg^{-1}

▲ Solution pile à combustible + batterie de secours

1. Calculer la durée du temps de vol du drone quand il est alimenté par la solution batterie seule.

2. Calculer l'autonomie du drone quand il utilise seulement sa batterie de secours.

3. Calculer la masse de dihydrogène que peut embarquer le drone dans la pile à combustible.

4. Proposer une valeur de l'autonomie totale du drone équipé de la pile à combustible avec sa batterie de secours.

Donnée : Pouvoir calorifique du dihydrogène : 120 MJ.kg^{-1}

14 Bus à hydrogène

Un bus à hydrogène est alimenté par un ensemble de deux piles à hydrogène connectées en parallèle. Chaque pile est constituée de 500 cellules connectées en série. Le bus doit assurer quotidiennement un trajet de 300 km en un peu moins de 6 h 00. La consommation moyenne par cellule est de 10,0 g pour 100 km parcourus. Les données d'une cellule sont les suivantes :

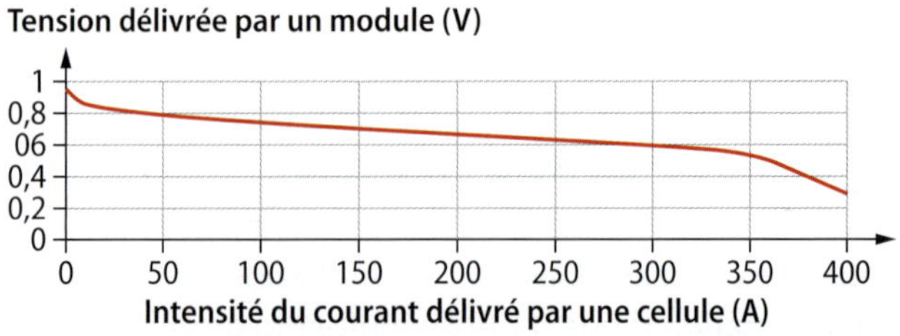

▲ Tension d'une cellule en fonction de l'intensité du courant délivré

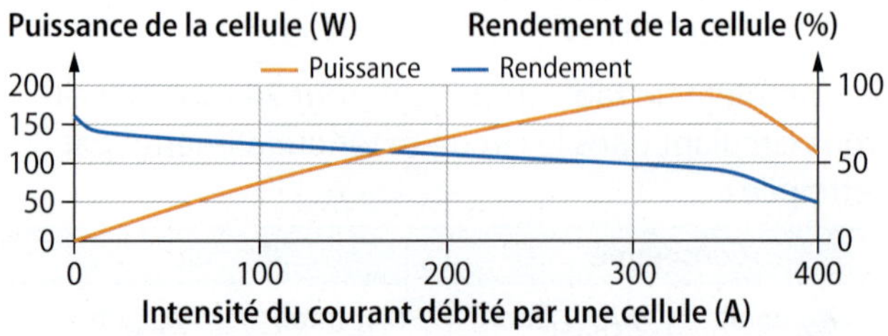

▲ Puissance et rendement d'une cellule

1. Exploiter les données pour indiquer si la puissance électrique délivrée par une cellule est maximale pour le rendement maximum.

2. Exploiter les documents pour donner la valeur de la puissance totale de l'ensemble des deux batteries pour un rendement de chaque cellule de 50 %.

3. Quelle est la consommation du bus pour parcourir 100 km ?

4. Calculer la masse de dihydrogène nécessaire pour assurer l'autonomie quotidienne du bus.

15 Batterie LFP

DIFFÉRENCIATION

Les batteries lithium fer phosphate (LFP) sont parmi les plus sûres au sein de la famille des batteries lithium-ion. La capacité réelle d'une telle batterie est très proche de la capacité théorique calculée à partir des masses actives présentes initialement dans chacune des 4 cellules connectées en série dans la batterie.

Réactifs de la batterie chargée	$FePO_4$	LiC_6
Masses actives des électrodes présentes dans chaque cellule (g)	337,5	176,6

Lors de la décharge de la batterie, les demi-équations électroniques (non équilibrées) qui se produisent aux électrodes sont les suivantes :
- à la borne + : $...FePO_4 + ...Li^+ + ...e^- = ...LiFePO_4$
- à la borne – : $...LiC_6 = ...C + ...Li^+ + ...e^-$

- Calculer la capacité théorique Q de cette batterie.

Données :
- Masses molaires :
$M(Fe) = 55,8\ g.mol^{-1}$; $M(P) = 31,0\ g.mol^{-1}$;
$M(O) = 16,0\ g.mol^{-1}$; $M(Li) = 6,9\ g.mol^{-1}$;
$M(C) = 12,0\ g.mol^{-1}$
- Constante de Faraday : $F = 96\,500\ C.mol^{-1}$

16 Batterie à électrolyte circulant RFB

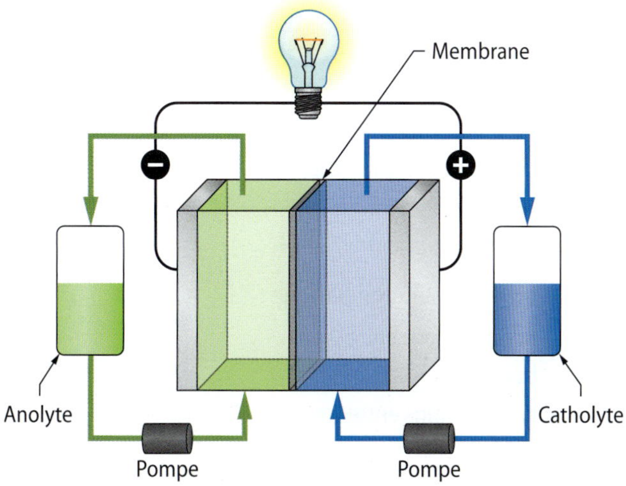

Une batterie à flux redox au vanadium (RFB) est une technologie de stockage d'énergie stationnaire. Les couples oxydant/réducteur sont contenus dans un liquide spécifique (le catholyte et l'anolyte). Deux réservoirs extérieurs permettent de stocker l'anolyte et le catholyte. Cette batterie doit pouvoir stocker une énergie $E = 60$ MWh.

Tension nominale	Énergie massique	Énergie volumique
$U_{batterie} = 1,25$ V	20 $W.h.L^{-1}$	25 $W.h.L^{-1}$

Données :
- Charge de l'accumulateur :
- oxydation : $VO^{2+} + H_2O = VO_2^+ + 2\,H^+ + e^-$
- réduction : $V^{3+} + e^- = V^{2+}$

1. Nommer les deux couples oxydant/réducteur présents dans cette pile.

2. Associer l'anolyte et le catholyte à chacun des deux couples oxydant/réducteur.

3. Calculer en m^3 le volume d'électrolyte nécessaire pour stocker l'énergie E.

4. Écrire l'équation bilan modélisant la décharge de cette pile.

17 Bilan de matière pile à méthanol

BAC

Une pile à combustible de type DMFC utilise comme combustible du méthanol. Cette pile est destinée à assurer la production d'une énergie électrique $E_{élec} = 10,0$ kWh.

Caractéristiques de la pile à combustible		
Puissance nominale	Tension nominale	Rendement
35 W	1,2 V	25 %

1. Équilibrer les demi-équations électroniques de fonctionnement de la pile :
- à la borne + : $...\ O_2 + ;H^+ + ...\ e^- = ...\ H_2O$
- à la borne – : $...\ CH_3OH + ...\ H_2O = ...\ CO_2 + ...\ H^+ + ...\ e^-$

2. Calculer la quantité de matière d'électrons que doit faire circuler la pile pour l'autonomie souhaitée.

3. Réaliser un bilan de matière pour calculer la masse de méthanol nécessaire afin d'assurer l'autonomie.

4. Calculer le nombre de bidons de 5,0 L d'éthanol nécessaire pour assurer cette autonomie.

Données :
- Constante de Faraday : $F = 96\,500\ C.mol^{-1}$;
- Conversion : $1,0\ A.h = 3,6 \times 10^3\ C$

Combustible	Masse volumique ρ ($kg.L^{-1}$)	Masse molaire M ($kg.mol^{-1}$)
Méthanol	0,792	$32,0 \times 10^{-3}$

CHAPITRE 14

THÈME 2 › MATIÈRE ET MATÉRIAUX

Réactions chimiques acido-basiques

Le changement climatique ne concerne pas uniquement le réchauffement de notre planète. Le dioxyde de carbone, produit par l'activité humaine, se dissout dans les océans, augmentant lentement leur acidité au fil du temps. L'acidification des océans représente une véritable menace pour les organismes vivants marins, les coraux entre autres.

→ **Quelles sont les caractéristiques des réactions chimiques acido-basiques ?**

›Testez vos prérequis

Indiquer la (ou les) bonne(s) réponse(s) :

1. Un corps chimique dissous dans l'eau est :

- ☐ **a.** un solvant
- ☐ **b.** un soluté
- ☐ **c.** une solution

2. La concentration molaire s'exprime en :

- ☐ **a.** $g.L^{-1}$
- ☐ **b.** $L.mol^{-1}$
- ☐ **c.** $mol.L^{-1}$

3. Ajouter de l'eau distillée à une solution permet de réaliser :

- ☐ **a.** une dilution
- ☐ **b.** une dissolution
- ☐ **c.** une fusion

4. Le pH d'une solution acide :

- ☐ **a.** est compris entre 0 et 7
- ☐ **b.** vaut 7
- ☐ **c.** est compris entre 7 et 14

5. Le pH d'une solution basique :

- ☐ **a.** est compris entre 0 et 7
- ☐ **b.** vaut 7
- ☐ **c.** est compris entre 7 et 14

→ Corrigés, p. 284

Récif corallien peu profond

Vidéo
Shikine, laboratoire de l'acidification de l'océan
Nathan live!

CAPACITÉS EXIGIBLES

- Définir un acide comme un donneur de proton et une base comme un accepteur de proton. Identifier un acide et une base dans un couple donné.

> ACTIVITÉ DOCUMENTAIRE 1

- Écrire et exploiter l'équation chimique d'une réaction entre un acide et une base, les couples acide/base étant donnés.

> ACTIVITÉ DOCUMENTAIRE 1

- Mesurer le pH d'une solution aqueuse.

> ACTIVITÉ EXPÉRIMENTALE 2

- Citer et exploiter la relation entre la concentration en ions H_3O^+ d'une solution aqueuse et la valeur du pH.

> ACTIVITÉ DOCUMENTAIRE 3

- Proposer et réaliser un protocole permettant d'obtenir une solution de concentration molaire donnée par dilution.

> ACTIVITÉ EXPÉRIMENTALE 4

- Prévoir le sens d'évolution du pH lors d'une dilution d'une solution aqueuse de pH connu.

> ACTIVITÉ EXPÉRIMENTALE 4

ACTIVITÉ 1

ACTIVITÉ DOCUMENTAIRE

COMPÉTENCES

- ✓ S'approprier : rechercher et sélectionner les informations
- ✓ Analyser/Raisonner : analyser les informations

Acides et bases

DOC. 1 Acides et bases de Brønsted

Le chimiste danois Joannes Nicolaus Brønsted a élaboré en 1923 une définition moderne des acides et des bases. Selon lui, un acide est une entité chimique capable de perdre un proton pour donner une base. À l'inverse, une base est capable de capter un proton pour donner un acide.

Parmi les acides les plus connus, l'acide chlorhydrique (HCl) est une espèce gazeuse, que nous retrouvons en solution aqueuse dans notre estomac, l'acide éthanoïque (CH_3COOH) est présent dans le vinaigre et l'acide sulfurique (H_2SO_4) est un liquide présent, entre autres, dans le lac occupant le cratère du volcan Poas au Costa Rica.

▲ Lac acide dans le cratère du volcan Poas

Une des bases les plus employées est l'hydroxyde de sodium NaOH, un solide blanc également appelé soude, contenant l'ion hydroxyde HO^-.

DOC. 2 Couples acide/base et réactions acido-basiques

Un couple acide/base est généralement noté AH/A^- ou AH^+/A suivant le couple concerné.

On dit que A^- est la base conjuguée de l'acide AH (ou A celle de AH^+). Chaque acide possédant une base conjuguée, ces deux entités forment un couple acide/base.

Par exemple, nous avons les couples CH_3COOH/CH_3COO^- et NH_4^+/NH_3 et ceux mettant en jeu les molécules d'eau (H_2O) : H_3O^+/H_2O et H_2O/HO^-.

Lors d'une réaction acido-basique, deux couples acide/base sont mis en jeu. L'acide d'un couple réagit avec la base d'un autre pour former la base du premier couple et l'acide du second selon :

$$\text{acide}_1 + \text{base}_2 \rightarrow \text{base}_1 + \text{acide}_2$$

QUESTIONS

1. S'APPROPRIER ▶ En vous appuyant sur la définition moderne des acides et des bases et les écritures proposées pour un couple acide/base, proposer une formule chimique pour le proton.

2. RÉALISER ▶ En déduire la demi-équation protonique mettant en jeu le couple CH_3COOH/CH_3COO^- et un proton.

3. S'APPROPRIER ▶ L'acide chlorhydrique faisant partie des couples acide/base notés AH/A^-, donner la formule chimique de sa base conjuguée.

4. RÉALISER ▶ Écrire l'équation de la réaction acidobasique pouvant avoir lieu entre deux molécules d'eau.

5. ANALYSER – RAISONNER ▶ Une eau « pure », ne contenant que des molécules d'eau, peut-elle exister ? Justifier.

ACTIVITÉ 2

ACTIVITÉ EXPÉRIMENTALE **TP**

COMPÉTENCES

✓ Réaliser : proposer et mettre en œuvre un protocole expérimental

→ Comment peut-on avec un chou rouge estimer le pH de solutions aqueuses ?

DOC. 1 Le chou rouge

Le chou rouge est un légume qui se consomme aussi bien cru que cuit. La couleur du chou rouge est due à la présence de pigments naturels, les anthocyanes, pouvant être extraits par décoction.

La cuisson du chou rouge peut réserver des surprises colorées ! Quand on cuit un chou rouge dans l'eau, l'eau de cuisson devient rapidement bleue. Il suffit d'ajouter un filet de vinaigre ou de citron à cette eau de cuisson et elle devient rose. Le jus de chou rouge permet donc de mesurer le pH d'une solution aqueuse grâce à ses variations de couleur.

DOC. 2 Matériel mis à disposition

- **Chou rouge**
- Matériel nécessaire pour la décoction (bécher en pyrex, plaque chauffante, moufle de préhension) et pour la filtration (erlenmeyer, entonnoir et filtre)
- Pissette d'eau distillée
- Solutions tampon de pH (1, 3, 5, 7, 9, 11, 13)
- Jus de citron, vinaigre blanc, eau minérale…
- Porte tubes à essais + tubes à essais + pipettes Pasteur
- Gants et lunettes de sécurité

Vocabulaire

Solution tampon : elle permet d'obtenir une solution dont le pH est pratiquement constant malgré l'ajout de petites quantités de base, d'acide ou d'eau.

QUESTIONS

1. RÉALISER ▶ Réaliser une décoction de chou rouge en plaçant une feuille de chou découpée en petits morceaux dans un bécher contenant environ 200 mL d'eau distillée. Chauffer. Après 10 minutes d'ébullition, laisser refroidir la décoction puis la filtrer pour récupérer le filtrat.

2. RÉALISER ▶ Proposer, en fonction du matériel mis à votre disposition, un protocole permettant de voir la palette de couleurs des anthocyanes du chou rouge en fonction du pH.

3. RÉALISER ▶ Après validation par le professeur, réaliser votre protocole, noter vos mesures et observations dans un tableau et conclure.

4. RÉALISER ▶ Proposer, en fonction du matériel mis à votre disposition, un protocole permettant de déterminer l'intervalle de pH pour différents aliments (jus de citron, vinaigre blanc, eau minérale, etc.).

5. RÉALISER ▶ Après validation par professeur, réaliser votre protocole et déterminer l'intervalle de pH pour ces différents aliments.

6. VALIDER ▶ À l'aide d'un pH-mètre et/ou d'un rouleau de papier-pH, vérifier vos résultats expérimentaux.

ACTIVITÉ 3

ACTIVITÉ DOCUMENTAIRE TABLEUR

COMPÉTENCES
- S'approprier : rechercher et sélectionner les informations
- Analyser/Raisonner : analyser les informations.

→ Quelles relations lient la concentration molaire des ions oxonium H_3O^+ et le pH ?

DOC. Les poissons et le pH

Vous venez de vous procurer quelques poissons et vous avez l'intention de les transférer dans votre aquarium tout neuf. Si vous ne voulez pas les traumatiser (immobiles dans un coin, blottis contre une racine, cachés derrière les plantes, respirant à toute vitesse, ou prêts au grand saut !), il vaut mieux éviter les grands changements liés à la nature de l'eau. Elle peut être chimiquement très différente de celle où ils nageaient auparavant. Certains poissons ne peuvent évoluer que dans un milieu acide (c'est le cas des poissons d'Amazonie comme les Néons ou les Tétras), d'autres dans un milieu basique (c'est le cas des poissons d'Amérique Centrale comme les Platy et les Molly). Il est utile de connaître et de mesurer l'une des principales caractéristiques d'une eau : celle liée à son pH (potentiel Hydrogène).

C'est le chimiste danois Søren Sørensen qui proposa une échelle de mesure du degré d'acidité d'une solution en 1909, celle-ci est logarithmique. Le pH dépend de la concentration molaire des ions oxonium H_3O^+ en solution aqueuse, notée $[H_3O^+]$.

Outils

Mesures

Pour des solutions diluées, de concentrations inférieures à 0,05 mol.L^{-1} en ions oxonium H_3O^+, voici quelques mesures de pH avec les valeurs de concentration en ions oxonium correspondantes :

pH	2,0	4,0	7,5	11,0
$[H_3O^+]$ (mol.L^{-1})	$1{,}0 \times 10^{-2}$	$1{,}0 \times 10^{-4}$	$10^{-7{,}5} = 3{,}2 \times 10^{-8}$	$1{,}0 \times 10^{-11}$

Remarques concernant le nombre de chiffres significatifs :

- Avec l'imprécision des mesures, on ne peut conserver qu'une seule décimale pour toute valeur lue sur un pH-mètre. Donc, même si nous lisons 12,36, nous conservons la valeur 12,4.
- Après mesure du pH, ceci impose que la concentration molaire en ions oxonium, notée $[H_3O^+]$, soit toujours donnée avec deux chiffres significatifs (que celui-ci soit supérieur ou non à 10,0).

Outils Maths

Fonction logarithme décimal

$f(x) = \log(x)$ correspond à la fonction logarithme décimal sachant que si $y = \log(x)$ alors $x = 10^y$.

QUESTIONS

1. ANALYSER-RAISONNER ▶ Exploiter les mesures ci-dessus pour déterminer la relation mathématique permettant de calculer la concentration molaire des ions oxonium à partir de la mesure du pH.

2. RÉALISER ▶ À l'aide d'un logiciel tableur-grapheur, proposer une relation logarithmique, utilisant la fonction « log » (logarithme décimal), liant le pH et la concentration molaire des ions oxonium, notée $[H_3O^+]$.

3. RÉALISER ▶ Pour des poissons « tétra empereur » ne supportant qu'une eau de pH compris entre 5,0 et 7,0, donner l'intervalle correspondant pour la concentration molaire des ions oxonium (respecter les règles concernant le nombre de chiffres significatifs).

4. ANALYSER-RAISONNER ▶ Indiquer si une concentration molaire de $5{,}0 \times 10^{-8}$ mol.L^{-1} en ions oxonium est satisfaisante pour une population de poissons « Molly » ne pouvant vivre que dans une eau de pH compris entre 7,5 et 8,2. Justifier en respectant les règles concernant le nombre de chiffres significatifs.

ACTIVITÉ 4

ACTIVITÉ EXPÉRIMENTALE **TP**

COMPÉTENCES

- ✓ Réaliser : proposer et mettre en œuvre un protocole expérimental en respectant les règles de sécurité.
- ✓ Analyser/Raisonner : formuler des hypothèses

→ Comment diluer une solution acide et comment évolue le pH lors d'une dilution ?

Vous disposez d'une solution aqueuse d'acide chlorhydrique (ou chlorure d'hydrogène) déjà diluée comme le préconise la fiche technique ci-dessous.

DOC. Fiche technique

Pour travailler dans des conditions optimales de sécurité, il est fortement conseillé de lire attentivement la fiche technique du produit avant utilisation. En voici une ci-contre, où figurent les pictogrammes d'une bouteille d'acide chlorhydrique à 23 %, soit une concentration molaire de 7,2 mol.L^{-1} pour les ions oxonium H_3O^+.

ACIDE CHLORHYDRIQUE

Détartrant, décapant

Composition

Chlorure d'hydrogène (concentration 23 %)

Utilisations

IMPORTANT : s'utilise en dilution 30 % d'acide pour 70 % d'eau.
ATTENTION : toujours verser l'acide dans l'eau. Après traitement, rincer abondamment.
DÉTARTRANT : rénovation extérieure des marbres, de certaines pierres de terrasses et cuivres oxydés. Débouche, détartre les canalisations WC.
DÉCAPANT : carrelages (traces de ciment), égalisation des joints. Polit et nettoie les métaux. Recommandé pour préparer à la soudure Zinc et Acier. Rectifie (diminue) le pH de l'eau des piscines.

Mode d'emploi

Utiliser pur ou dilué au pinceau ou à la brosse

Précautions d'emploi

NE PAS UTILISER sur les pierres calcaires. Respectez scrupuleusement le mode d'emploi, refermez bien la bouteille aussitôt après chaque utilisation et rangez-la hors de portée des enfants. En cas de contact avec les yeux ou la peau, laver immédiatement et abondamment avec de l'eau et consulter un spécialiste. En cas d'ingestion, consulter immédiatement un médecin et lui montrer l'emballage ou l'étiquette.

Centre anti-poison France : 01 40 05 48 48

QUESTIONS

1. S'APPROPRIER ▶ Donner la signification des deux pictogrammes de la fiche.

2. ANALYSER-RAISONNER ▶ Expliquer pourquoi il est demandé de verser l'acide concentré dans l'eau et non l'inverse lors de sa dilution.

3. RÉALISER ▶ Calculer la concentration molaire des ions oxonium H_3O^+ de la solution acide, mise à votre disposition, déjà diluée comme le préconise la fiche technique.

4. RÉALISER ▶ Proposer un protocole avec la liste du matériel nécessaire pour diluer cent fois cette solution d'acide mise à votre disposition.

5. RÉALISER ▶ Après validation par votre professeur, mettre en œuvre votre protocole.

6. VALIDER ▶ Proposer puis effectuer une mesure permettant de déterminer la concentration molaire des ions oxonium H_3O^+ de cette dernière solution préparée par vos soins. Comparer cette valeur avec celle attendue théoriquement, en respectant les règles concernant le nombre de chiffres significatifs.

7. S'APPROPRIER ▶ Indiquer l'évolution du pH si vous poursuiviez la dilution de cette solution acide avec la même eau distillée. Préciser la limite attendue.

RÉSULTATS D'EXPÉRIENCE À TÉLÉCHARGER

LE COURS

1 ACIDES ET BASES

Selon Brønsted (1879-1947) :

- **Un acide est une espèce chimique capable de céder au moins un proton H^+.**
Ce transfert de proton s'écrit $AH \rightarrow A^- + H^+$ (ou $AH^+ \rightarrow A + H^+$).

- **Une base est une espèce chimique capable de capter au moins un proton H^+.**
Ce transfert de proton s'écrit $A^- + H^+ \rightarrow HA$ (ou $A + H^+ \rightarrow AH^+$).

Nous avons ici un **couple acide/base** : **AH/A^-** (ou **AH^+/A**)

Exemples :

1. Une molécule d'acide éthanoïque cède un proton H^+ à un ion hydroxyde HO^- pour former l'ion éthanoate $CH_3\text{-}COO^-$ et une molécule d'eau H_2O :

$$CH_3\text{–}COOH + HO^- \rightarrow CH_3\text{–}COO^- + H_2O$$

Dans cette équation, nous distinguons deux couples acide/base : CH_3COOH/CH_3COO^- et H_2O/HO^-.

2. L'ammoniac NH_3 fait partie du couple NH_4^+/NH_3. Sa réaction avec des ions oxonium H_3O^+ du couple H_3O^+/H_2O a pour équation :

$$NH_3 + H_3O^+ \rightarrow NH_4^+ + H_2O$$

Lors d'une réaction acido-basique, nous avons donc un échange de protons entre un acide d'un premier couple acide/base et une base d'un second couple.

2 MESURER LE pH D'UNE SOLUTION AQUEUSE

▲ Couleurs du bleu de bromothymol en fonction du pH

La mesure du pH, potentiel Hydrogène, d'une solution peut se faire par trois méthodes de précision différente.

- **L'indicateur coloré**

Un indicateur coloré est une substance qui change de couleur selon la valeur du pH. Il se présente généralement sous forme d'une solution.
Prenons le cas du bleu de bromothymol qui prend quatre couleurs différentes suivant la valeur du pH de la solution aqueuse. Il est fuchsia lorsque le pH est très acide (proche de 0), puis jaune lorsque le pH est inférieur à 6,0, vert entre 6,0 et 7,6 puis bleu lorsque le pH est supérieur à 7,6.
Pour mesurer le pH d'une solution à l'aide d'un indicateur coloré, il suffit d'en ajouter quelques gouttes dans la solution et d'observer la couleur que prend la solution. Cette méthode est peu précise mais parfois suffisante.

- **Le papier indicateur de pH**

▲ Papier indicateur de pH

La mesure du pH d'une solution aqueuse peut se faire à l'aide d'un papier indicateur de pH, qui est en réalité un papier imbibé d'un mélange d'indicateurs coloré puis séché.
Le fait de déposer une goutte de solution sur ce papier lui fait prendre une couleur que l'on compare aux couleurs étalons sur la boîte. Cette méthode est plus précise que la précédente : les valeurs de pH correspondant aux couleurs étalons indiquent une valeur de pH à une unité près (voire 0,5 unité près pour certains).

▶▶▶

▶▶▶

- **Le pH-mètre**

Pour mesurer le pH d'une solution avec le maximum de précision (0,1 unité pH près), on utilise un appareil appelé **pH-mètre**.
Avant toute utilisation, un pH-mètre est étalonné avec des solutions de pH connu.

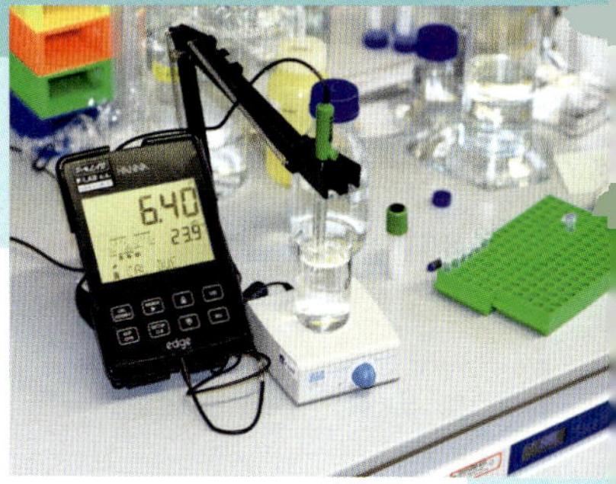

▲ pH-mètre

3 RELATIONS ENTRE LE pH ET LA CONCENTRATION MOLAIRE DES IONS OXONIUM

La relation entre le pH d'une solution aqueuse et la concentration en **ions oxonium H_3O^+** (notée $[H_3O^+]$ et exprimée en **$mol.L^{-1}$**) : $[H_3O^+] = 10^{-pH}$

Le pH est une grandeur positive (entière ou décimale) et sans unité.
Exemple : si pH = 2,0 alors $[H_3O^+] = 10^{-2,0} = 1,0 \times 10^{-2}$ $mol.L^{-1}$
Nous en déduisons les conditions pour lesquelles une solution est dite acide, neutre ou basique :

solution acide	solution neutre	solution basique
pH < 7,0	pH = 7,0	pH > 7,0
$[H_3O^+] > 1,0 \times 10^{-7}$ $mol.L^{-1}$	$[H_3O^+] = 1,0 \times 10^{-7}$ $mol.L^{-1}$	$[H_3O^+] < 1,0 \times 10^{-7}$ $mol.L^{-1}$

D'où l'échelle de pH :

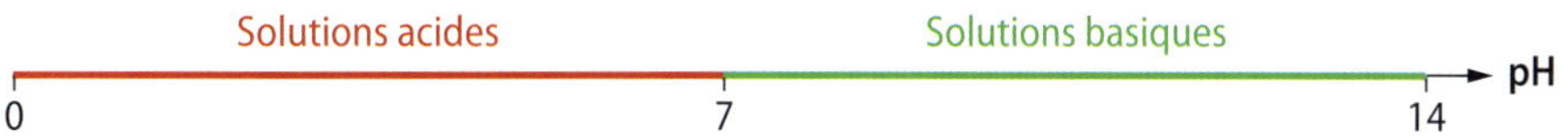

Remarque : en retenant une valeur de pH à la décimale près, la concentration des ions oxonium ne comporte que deux chiffres significatifs.

Connaissant la concentration molaire des ions oxonium H_3O^+, il est possible de calculer le pH en utilisant la fonction logarithme de base 10, « log », étudiée également en mathématiques.
Voici cette relation : $pH = -\log [H_3O^+]$

Exemple : si $[H_3O^+] = 3,5 \times 10^{-2}$ $mol.L^{-1}$ alors $pH = -\log (3,5 \times 10^{-2}) = 1,5$.

4 ÉVOLUTION DU pH LORS D'UNE DILUTION

Lors d'une dilution, après ajout d'un volume d'eau distillée, le pH varie de la façon suivante :
• si la solution initiale, avant dilution, a un pH inférieur à celui de l'eau distillée utilisée, le pH mesuré après dilution est compris entre ceux de la solution initiale et de l'eau distillée (cas 1).
• si la solution initiale, avant dilution, a un pH supérieur à celui de l'eau distillée utilisée, le pH mesuré après dilution est compris entre ceux de l'eau distillée et de la solution initiale (cas 2).

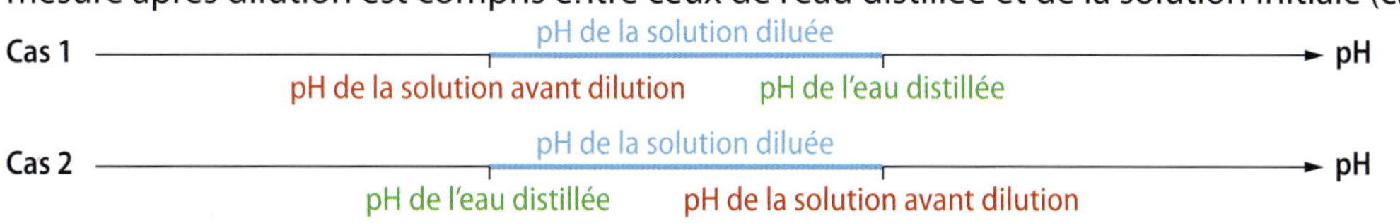

▲ Évolution du pH lors d'une dilution

En considérant que le pH de l'eau distillée est proche de 7, la dilution d'une solution acide s'accompagne d'une élévation de son pH et celle d'une solution basique d'une baisse de son pH. Dans tous les cas, le pH de la solution diluée ne peut pas dépasser celui de l'eau distillée.

Indiquer la (ou les) bonne(s) réponse(s) :

Acides et bases

	A	B	C
1. Un acide est une espèce chimique capable de céder :	☐ un proton	☐ un neutron	☐ un électron
2. Une base est une espèce chimique capable de capter :	☐ un proton	☐ un neutron	☐ un électron
3. Lors d'une réaction acido-basique l'acide d'un couple acide/base réagit avec :	☐ la base du même couple	☐ la base d'un autre couple	☐ l'acide d'un autre couple
4. Dans le couple acide/base où l'ion hydroxyde HO^- est la base, l'acide de ce même couple a pour formule chimique :	☐ H_20	☐ H_3O^+	☐ O^{2-}

Mesurer le pH d'une solution aqueuse

	A	B	C
5. Pour mesurer le pH d'une solution aqueuse, on peut utiliser :	☐ un papier pH	☐ un indicateur coloré de pH	☐ un pH-mètre

Relations entre le pH et la concentration molaire des ions oxonium

	A	B	C
6. La relation liant le pH à la concentration molaire des ions oxonium H_3O^+ est :	☐ $pH = -\log[H_3O^+]$	☐ $pH = \log[H_3O^+]$	☐ $pH = \log \times [H_3O^+]$
7. Le pH d'une solution de concentration molaire $[H_3O^+] = 10^{-5}$ mol.L^{-1} vaut :	☐ log 5	☐ –5	☐ 5
8. La concentration molaire $[H_3O^+]$ d'une solution de pH = 8,4 vaut :	☐ $10^{-8,4}$ mol.L^{-1}	☐ $4,0 \times 10^{-9}$ mol.L^{-1}	☐ $10^{8,4}$ mol.L^{-1}
9. Sur un pH-mètre est affiché 10,23, nous pouvons conserver comme résultat :	☐ 10,23	☐ 10,2	☐ 10
10. La concentration molaire des ions oxonium qui correspond à cet affichage de 10,23 vaut :	☐ $5,88 \times 10^{-11}$ mol.L^{-1}	☐ $5,9 \times 10^{-11}$ mol.L^{-1}	☐ $6,3 \times 10^{-11}$ mol.L^{-1}

Évolution du pH lors d'une dilution

	A	B	C
11. Quand on ajoute de l'eau distillée à une solution basique de pH plus élevé :	☐ Le pH diminue	☐ Le pH reste constant	☐ Le pH augmente
12. Quand on ajoute de l'eau distillée à une solution acide de pH plus faible :	☐ Le pH diminue	☐ Le pH reste constant	☐ Le pH augmente
13. Pour diluer une solution de pH très faible ou très élevé :	☐ Il faut verser l'eau dans cette solution concentrée	☐ Il faut verser cette solution concentrée dans l'eau	☐ On peut verser la solution concentrée dans l'eau ou faire l'inverse

→ Corrigés, p. 284

L'acide citrique

DOC.

Pour détartrer les cafetières électriques, on peut utiliser comme détartrant de l'acide citrique, de formule brute $C_6H_8O_7$, une poudre blanche.

Mode d'emploi pour un détartrage avec l'acide citrique :

• Diluer complètement la poudre détartrante dans 1/2 litre d'eau, pour obtenir un pH valant 2,4.

• Verser la solution dans le réservoir d'eau et mettre en marche l'appareil.

• Après l'écoulement de la moitié de la solution, arrêter l'appareil et laisser agir trente minutes.

• Remettre en marche pour l'écoulement du reste de la solution.

• Effectuer trois rinçages successifs à l'eau claire.

Quel que soit le détartrant, les ions oxonium présents réagissent avec le calcaire $CaCO_3$ pour le dissoudre en formant des ions Ca^{2+} et du dioxyde de carbone CO_2 suivant l'équation :

$$CaCO_{3(s)} + 2\,H_3O^+_{(aq)} \rightarrow Ca^{2+}_{(aq)} + CO_{2(g)} + 3\,H_2O_{(l)}$$

1. Écrire le couple acide/base correspondant mettant en jeu l'acide citrique et sa base conjuguée.

S'APPROPRIER – Écrire l'acide puis la base (obtenue après la perte d'un proton.

2. En déduire l'équation de la réaction acidobasique entre le détartrant et l'eau, membre du couple H_3O^+/H_2O.

S'APPROPRIER – L'acide d'un premier couple réagit avec la base d'un second : Réactifs ⟶ Produits

3. Calculer la concentration molaire des ions oxonium après dissolution du détartrant dans 0,50 L d'eau, en considérant que le volume de la solution finale vaut aussi 0,50 L.

S'APPROPRIER – Utiliser la relation entre le pH et $[H_3O^+]$, effectuer le calcul en tenant compte des règles concernant le nombre de chiffres significatifs.

4. En déduire la quantité de matière des ions oxonium après dissolution du détartrant dans 0,50 L d'eau.

S'APPROPRIER – Utiliser la relation entre n, $[H_3O^+]$ et V, effectuer le calcul en tenant compte des règles concernant le nombre de chiffres significatifs.

5. Au cours de ce détartrage, préciser l'évolution du pH de la solution au cours des minutes pendant lesquelles elle agit. Justifier.

ANALYSER/RAISONNER – La lecture de l'équation de réaction proposée est déterminante.

Solution

1. Il s'agit du couple $C_6H_8O_7 / C_6H_7O_7^-$.

2. L'acide citrique réagit avec l'eau pour former sa base conjuguée et l'ion oxonium :

$$C_6H_8O_{7(s)} + H_2O_{(l)} \rightarrow C_6H_7O_7^- + H_3O^+_{(aq)}$$

3. À la fin de la dissolution de l'acide citrique, le pH vaut 2,4. Nous pouvons donc utiliser la relation $[H_3O^+] = 10^{-pH}$ et nous obtenons $[H_3O^+] = 10^{-2,4} = 4,0 \times 10^{-3}$ mol.L^{-1}.

4. Il faut appliquer la relation liant la quantité de matière n des ions oxonium, la concentration molaire des ions oxonium et le volume V de la solution : $n = [H_3O^+] \times V$.
Donc $n = 4,0 \times 10^{-3} \times 0,50 = 2,0 \times 10^{-3}$ mol.

5. D'après l'équation donnée, les ions oxonium H_3O^+ sont consommés au cours du détartrage.
Or moins il y en a et plus le pH augmente. Donc au cours de ce détartrage, le pH ne cesse d'augmenter avant de se stabiliser lorsqu'il n'y a plus de calcaire.

À VOUS DE JOUER !

L'acide sulfamique

DOC.

Il est possible d'utiliser un autre détartrant, l'acide sulfamique, de formule brute H_3NSO_3. Le pH de la solution initiale vaut 1,2. Son mode d'emploi ne diffère de celui du premier que par le temps d'action, réduit à dix minutes.

1. Répondre aux mêmes questions que précédemment.

2. Donner la raison pour laquelle le temps d'action avec l'acide sulfamique est inférieur à celui avec l'acide citrique.

→ Corrigés, p. 284

Acides et bases

1 Équations chimiques à trou

S'approprier : mobiliser des connaissances

• Compléter les demi-équations protoniques ou les équations acidobasiques suivantes.

a) $HA \rightarrow ... + H^+$

b) $... + H^+ \rightarrow AH^+$

c) $HA + H_2O \rightarrow A^- + ...$

d) $A^- + H_2O \rightarrow AH + ...$

2 Une histoire de couples

S'approprier : mobiliser des connaissances

• Pour chaque demi-équation protonique et équation acido-basique de l'exercice précédent, donner le(s) couple(s) acide/base mis en jeu.

3 Vrai ou faux ?

S'approprier : mobiliser des connaissances

Pour chaque affirmation ci-dessous, indiquer si elle vraie ou fausse.

a) L'ion hydroxyde HO^- est une base car en captant un proton H^+, il se forme une molécule d'eau H_2O.

b) L'eau H_2O est une base car en captant un proton H^+, il se forme un ion oxonium H_3O^+.

c) L'ammoniac NH_3 est une base car en captant un proton H^+, il se forme un ion $NH_4{}^+$.

d) La molécule CH_3COOH est l'acide du couple CH_3COOH/CH_3COO^-.

e) L'eau H_2O fait partie de deux couples : H_3O^+/H_2O et H_2O/HO^-.

f) La molécule d'ammoniac NH_3 est l'acide du couple NH_4^+/NH_3.

g) CH_3COOH/NH_3 est un couple acide/base.

h) La molécule CH_3COOH est la base du couple CH_3COOH/CH_3COO^-.

4 Réactions acido-basiques

S'approprier : mobiliser des connaissances

1. Selon Brönsted, définir les notions d'acide et de base.

2. Retrouver les couples acide/base suivant, connaissant l'un des composants du couple.

Acide		$CH_3\text{-}NH^+_{3(aq)}$	
Base	$CH_3\text{-}CH_2\text{-}O^-_{(aq)}$		$NH_{3(aq)}$

3. Reconnaître les réactions acido-basiques parmi les équations suivantes.

a) Indiquer si la réaction est acido-basique (**oui** ou **non**).

b) Si la réaction est acido-basique, identifier l'**acide dans les réactifs**. Sinon faire une croix.

c. Si l'eau intervient, préciser son rôle : **acide** ou **base**. Sinon faire une croix.

Équation de réaction	OUI ou NON ?	Quel est l'acide ?	Rôle de l'eau ?
$NH_{3(aq)} + H_2O_{(l)} \rightarrow NH^+_{4(aq)} + HO^-_{(aq)}$			
$2\,C_2H_5OH_{(aq)} + 2\,Na_{(s)} \rightarrow 2\,C_2H_5O^-_{(aq)} + 2\,Na^+_{(aq)} + H_{2(g)}$			
$HCl_{(g)} + H_2O_{(l)} \rightarrow H_3O^+_{(aq)} + Cl^-_{(aq)}$			

Mesurer le pH d'une solution aqueuse

5 Indicateurs colorés

S'approprier : mobiliser des connaissances, rechercher, extraire et organiser l'information

DOC. 1 Étiquette d'une eau minérale

L'étiquette d'une bouteille d'eau minérale comporte les indications suivantes :

Analyse (en mg.L⁻¹)	
Calcium 71,0	Hydrogénocarbonate 250,0
Magnésium 5,5	Chlorure 20,0
Sodium 11,2	Sulfate 4,0
Potassium 3,2	Nitrate 3,0
Extrait sec à 180 °C : 300 mg.L^{-1} ; pH = 7,5	

DOC. 2 Zones de virage de trois indicateurs colorés

Indicateur coloré	Couleur $pH < pH_1$	Zone de virage $pH_1 - pH_2$	Couleur $pH > pH_2$
Hélianthine	Rouge	3,1 – 4,4	Jaune
Bleu de bromothymol	Jaune	6,0 – 7,6	Bleu
Phénolphtaléine	Incolore	8,0 – 10,0	Rose-mauve

1. Indiquer si cette eau minérale est acide, neutre ou basique. Justifier.

2. Indiquer la couleur prise pour chaque indicateur coloré en y plaçant quelques gouttes dans 10 mL de cette eau minérale.

6 pH d'un mélange

S'approprier : mobiliser des connaissances

• Choisir la bonne réponse.

Si on mélange 10,0 mL d'une solution de pH = 2,0 avec 10,0 mL d'une solution de pH = 6,0 alors :

a) Le pH du mélange est inférieur à 2,0.

b) Le pH du mélange est compris entre 2,0 et 6,0.

c) Le pH du mélange est supérieur à 6,0.

Relations entre le pH et la concentration molaire des ions oxonium

7 Concentration molaire des ions oxonium

S'approprier : mobiliser des connaissances
Réaliser : effectuer des calculs

1. Donner la formule chimique des ions oxonium.

2. Donner la relation permettant de calculer la concentration molaire des ions oxonium, connaissant le pH.

3. Pour l'eau minérale, dont l'étiquette figure dans l'exercice 5, calculer la concentration molaire des ions oxonium présents.

8 pH d'un mélange d'acides

S'approprier : rechercher, extraire et organiser l'information
Réaliser : effectuer des calculs

Nous disposons de deux solutions aqueuses acides :
– deux litres d'acide chlorhydrique HCl
avec $[H_3O^+] = 0{,}040$ mol.L^{-1} ;
– trois litres d'acide nitrique HNO_3
avec $[H_3O^+] = 0{,}050$ mol.L^{-1}.

1. Calculer le pH de chaque solution aqueuse.

2. Après mélange de ces deux solutions aqueuses, calculer la quantité de matière des ions oxonium présents.

3. En déduire la concentration molaire des ions oxonium dans le mélange et le pH correspondant.

Évolution du pH lors d'une dilution

9 pH et dilution

S'approprier : rechercher, extraire et organiser l'information
Réaliser : effectuer des calculs

Étudions les deux courbes de l'exercice 10.

1. Pour chaque courbe, indiquer la valeur initiale du pH.

2. D'après celles-ci, indiquer comment est réalisée chaque dilution. Justifier ce choix.

3. Décrire l'évolution du pH lors de l'addition d'acide chlorhydrique HCl ou d'hydroxyde de sodium NaOH dans l'eau.

4. En déduire pour HCl et NaOH s'il s'agit d'acide ou de base.

5. Retrouver, après calculs, la valeur du pH mesurée après addition de 10,0 mL d'acide chlorhydrique HCl à 0,20 mol.L^{-1} dans 50,0 mL d'eau pure.

10 SCIENCE IN ENGLISH

pH curves (titration curves)

The graph on the left is a plot of the pH as 0.20 mol.L^{-1} HCl is gradually added to 50 mL of pure water. On the right, the graph shows a plot of the pH as 0.20 mol.L^{-1} NaOH is gradually added to 50 mL of pure water.

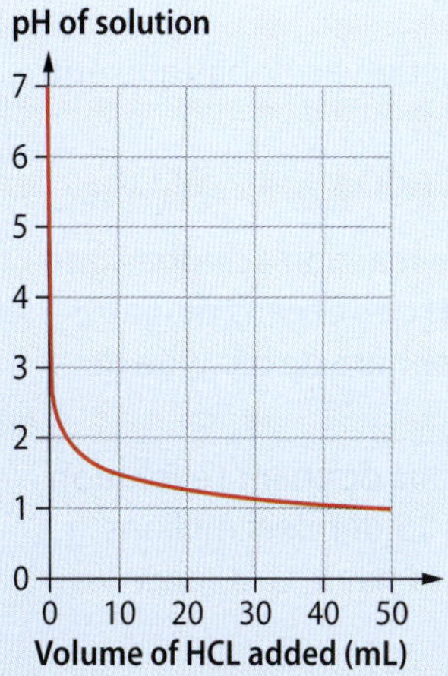

❶

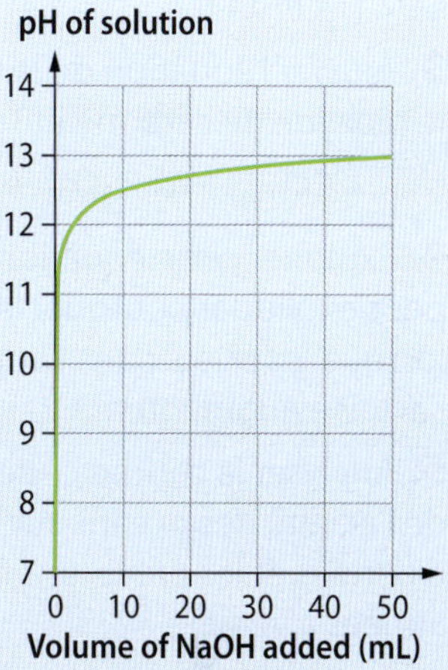

❷

Comment on these two figures using the following words: *initially, drops, climbs, pH, rapidly, gradually.*

11 Neutralisation d'une solution acide

Pour préserver l'environnement, les déchets acides, contenant des ions oxonium H_3O^+, sont neutralisés en ajoutant la quantité de matière suffisante en ions hydroxyde HO^-. Un de ces bidons de déchets acides, de volume 50 litres, a un pH valant 2,0.

1. Donner l'équation acido-basique ayant lieu entre les ions oxonium et les ions hydroxyde.

2. À partir de cette équation acido-basique, déterminer la quantité de matière nécessaire en ions hydroxyde pour neutraliser ce bidon de 50 litres de déchets acides. Détailler votre raisonnement.

▲ Stockage des déchets chimiques

12 Acidification des océans BAC

Le dioxyde de carbone CO_2, présent dans l'air, se dissout dans l'eau des océans. Il fait partie du couple $CO_2, H_2O/HCO_3^-$.

1. Indiquer si le dioxyde de carbone, mentionné dans le couple ci-dessus, est un acide ou une base.

2. Écrire l'équation protonique du couple $CO_2, H_2O/HCO_3^-$.

3. Ajuster l'équation de la réaction acidobasique entre le dioxyde de carbone et l'eau.

$$\ldots CO_{2\,(g)} + \ldots H_2O_{(l)} \rightarrow \ldots HCO^-_{3(aq)} + \ldots H_3O^+_{(aq)}$$

4. Exploiter cette équation de réaction acidobasique pour expliquer pourquoi le pH des océans diminue lorsque les rejets dans l'atmosphère de dioxyde de carbone augmentent.

5. Analyser la courbe ci-dessous donnant l'évolution de l'acidité des océans sur les 25 derniers millions d'années et les prévisions faites par le GIEC pour les années à venir.

Évolution de l'acidité des océans sur 25 millions d'années

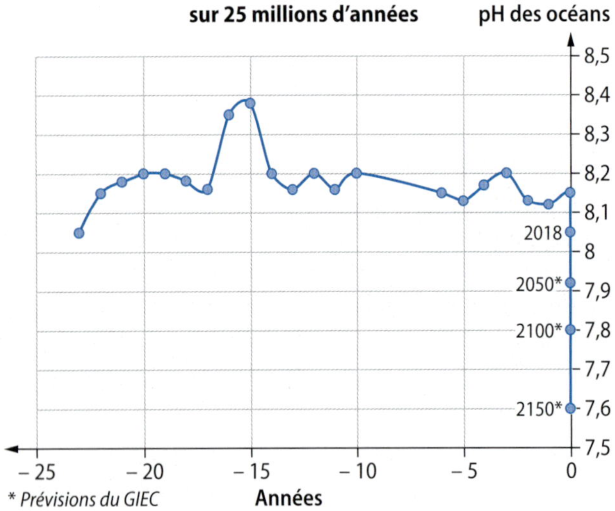

▲ Acidification des océans

▲ Corail mort à cause du réchauffement climatique

13 Chaulage d'un lac acide

DOC. 1 Pluies acides

Le terme de « pluies acides » est utilisé pour décrire toute forme de précipitation acide (pluies, neige, grêles, brouillard...).

Deux types de polluants, le dioxyde de soufre et les oxydes d'azote, sont les principales causes des pluies acides. Ces polluants s'oxydent dans l'air humide pour former de l'acide sulfurique H_2SO_4 et de l'acide nitrique HNO_3. On les retrouve dans les nuages et les précipitations parfois à des milliers de kilomètres de leur point d'émission. Ceci concourt à des dépôts acides et à l'acidification accrue des pluies par rapport à celles résultant de la seule présence du dioxyde de carbone CO_2 dans l'air humide, aboutissant à un « pH naturel » d'une pluie de l'ordre de 5,6.

En 1979, le pH de précipitations tombées à Weeling, en Virginie, est mesuré à 1,5. En 1974, la Corse a connu des pluies de pH valant 2,5.

Pour traiter ces pluies acides, une technique, appelée « chaulage », permet de lutter contre l'acidification des eaux. De la chaux vive (carbonate de calcium solide $CaCO_3$) est larguée par hélicoptère (voir la photo ci-dessous) dans des lacs afin de faire remonter le pH de l'eau.

DOC. 2 pH de survie de diverses espèces aquatiques

pH	6,5	6,0	5,5	5,0	4,5	4,0
Truite	■	■	■	■		
Bar	■	■	■			
Perche	■	■	■	■	■	
Grenouille	■	■	■	■	■	■
Salamandre	■	■	■	■		
Palourde	■	■				
Écrevisse	■	■	■			
Escargot	■	■				
Éphémère	■	■	■			

1. Calculer la concentration molaire en ions oxonium d'une solution d'acide pour que son pH soit égal à celui des précipitations tombées à Wheeling.

2. Indiquer toutes les précautions qu'il faut prendre pour manipuler une telle solution.

3. Considérons un lac acide de volume $6{,}0 \times 10^{11}$ L et de pH valant 5,4. Quelles sont les espèces aquatiques qui survivraient dans ce lac ?

4. Ajuster l'équation ci-dessous de la réaction acido-basique entre les ions carbonate CO_3^{2-} présents dans la chaux vive et les ions oxonium H_3O^+.

$$\ldots\ CO_{3(aq)}^{2-} + \ldots\ H_3O^+_{(aq)} \rightarrow \ldots\ CO_{2\,(g)} + \ldots\ H_2O_{(l)}$$

5. En lisant cette équation ajustée, compléter la phrase suivante : « Pour réagir avec dix moles d'ions oxonium présents dans le lac, il faut verser … moles d'ions carbonate. »

6. En déduire la relation entre la quantité de matière devant être versée en ions carbonate et celle devant réagir en ions oxonium pour que le pH du lac augmente.

7. Calculer la quantité de matière, exprimée en mol, d'ions oxonium devant réagir pour que le pH du lac de volume $6{,}0 \times 10^{11}$ L passe de 5,4 à 6,0.

8. En déduire la quantité de matière de chaux vive, égale à celle des ions carbonate, devant réagir pour que le pH du lac passe de 5,4 à 6,0.

9. Calculer le coût de l'opération si la masse molaire de la chaux vive est 100 g.mol^{-1} et son prix est de 130 € la tonne. Commenter le résultat.

14 Ne pas confondre pH et volume lors d'une dilution !

Un volume de deux litres d'une solution aqueuse de pH valant 2,0 est trop acide.

Avant de l'employer, il est préconisé que son pH soit proche de 2,5. La personne qui effectue cette dilution confond pH et volume et décide d'ajouter aux deux litres de la solution aqueuse acide un volume de 0,5 litre d'eau.

1. Indiquer l'évolution des quantités de matière des entités chimiques présentes en solution lors d'une dilution.

2. Indiquer l'évolution des concentrations molaires des entités chimiques présentes en solution lors d'une dilution.

3. Indiquer l'évolution du pH de cette solution aqueuse trop acide lors d'une dilution.

4. Avant dilution, calculer la concentration molaire et la quantité de matière des ions oxonium H_3O^+ présents.

5. Calculer la concentration molaire des ions oxonium H_3O^+ présents après dilution.

6. Montrer que cette confusion entre pH et volumes ne permet pas d'atteindre la valeur de 2,5 pour le pH de la solution aqueuse trop acide.

7. Prévoir s'il faut ajouter un volume d'eau inférieur ou supérieur à 0,5 litre pour que le pH de la solution aqueuse trop acide passe de 2,0 à 2,5. Justifier.

8. Calculer le volume d'eau qu'il faut ajouter aux deux litres de la solution aqueuse trop acide pour que son pH passe de 2,0 à 2,5. Pour cela, raisonner en partant du pH final désiré.

15 Dosage d'une solution d'acide ascorbique

L'acide ascorbique, ou vitamine C, est présent dans les citrons, les jus de fruits et les légumes frais.
Du fait de son activité antioxydante, il est utilisé comme conservateur alimentaire sous le code européen E300 de la liste des additifs alimentaires et peut, si c'est nécessaire, être administré sous forme de comprimés.

On désire déterminer la teneur en acide ascorbique $C_6H_8O_6$ dans 10,0 mL d'une solution S_0, en dosant ce volume avec une solution d'hydroxyde de sodium, contenant des ions hydroxyde HO^- de concentration molaire valant $5{,}0 \times 10^{-4}$ mol.L^{-1}.

1. Donner la formule brute de la base conjuguée de l'acide ascorbique, obtenue après perte d'un proton.

2. Donner la formule brute de l'acide conjugué des ions hydroxyde, obtenu après gain d'un proton.

3. Écrire l'équation de la réaction de ce dosage ayant pour réactifs l'acide ascorbique et les ions hydroxyde.

4. Lors de ce dosage, il a fallu verser un volume de 9,0 mL d'ions hydroxyde pour faire disparaître la totalité de l'acide ascorbique présent initialement dans les 10,0 mL de solution S_0. Calculer la quantité de matière d'ions hydroxyde versés.

5. Après lecture de l'équation de la réaction de ce dosage, écrite précédemment, déterminer la quantité de matière d'acide ascorbique présent initialement dans la solution S_0.

6. En déduire la concentration molaire initiale de l'acide ascorbique dans les 10,0 mL de la solution S_0.

THÈME 3 › ONDES ET

SIGNAUX

CHAPITRE 15

THÈME 3 › ONDES ET SIGNAUX

Notion d'onde

Les ondes, qu'elles soient mécaniques ou électromagnétiques, sont omniprésentes dans notre environnement. Grâce aux progrès technologiques, il nous est actuellement possible de décomposer un signal périodique quelconque et de transmettre un ensemble de signaux périodiques choisis.

→ Quelles sont les caractéristiques des ondes périodiques ?

› Testez vos prérequis

Indiquer la (ou les) bonne(s) réponse(s) :

1. Quel que soit le type d'onde, il s'agit de la propagation :

- ☐ **a.** de matière
- ☐ **b.** d'énergie
- ☐ **c.** de matière et d'énergie

2. En exploitant uniquement l'enregistrement sur l'écran d'un oscilloscope, il nous est possible de mesurer pour une onde :

- ☐ **a.** sa longueur d'onde
- ☐ **b.** sa célérité
- ☐ **c.** sa période

3. De toutes les caractéristiques d'une onde électromagnétique, une seule ne varie pas quel que soit le milieu. Il s'agit de :

- ☐ **a.** sa célérité
- ☐ **b.** sa longueur d'onde
- ☐ **c.** sa fréquence

4. Moduler une onde électromagnétique permet :

- ☐ **a.** de transmettre une information sur de longues distances
- ☐ **b.** de la ralentir
- ☐ **c.** de la faire changer de direction

→ Corrigés, p. 284

Vidéo
La reconnaissance vocale, comment ça marche ?
Nathan live!

CAPACITÉS EXIGIBLES

- Relever expérimentalement le spectre d'amplitude d'une onde périodique : déterminer la fréquence du fondamental et des harmoniques.
- Comprendre qu'un signal périodique quelconque peut être décomposé en une somme d'un signal continu (composante continue) et de signaux sinusoïdaux. Identifier la fréquence du fondamental d'un signal périodique.

> ACTIVITÉ EXPÉRIMENTALE 1

- Exploiter un spectre d'amplitude d'un signal périodique pour déterminer ses caractéristiques.

> ACTIVITÉ EXPÉRIMENTALE 1

- Déterminer le rang d'un harmonique à partir de sa fréquence et de la fréquence du signal.

> ACTIVITÉ DOCUMENTAIRE 2

- Déterminer l'intervalle de fréquence nécessaire pour transmettre un signal périodique.

> ACTIVITÉ DOCUMENTAIRE 3

ACTIVITÉ 1

ACTIVITÉ EXPÉRIMENTALE **TP** Audacity

COMPÉTENCES
- ✓ Réaliser : Mettre en œuvre un protocole expérimental ; calculer
- ✓ Analyser/Raisonner : Décrire – Déduire

→ Comment peut-on décomposer un signal périodique ?

Tout autour de nous, les signaux sont présents partout. L'analyse du signal est au cœur des mathématiques appliquées et permet de décoder l'information.

Son
Sons 1 et 2
Nathan live!

DOC. 1 Décomposition d'un signal périodique

Grâce aux travaux remarquables de Joseph Fourier, il nous est actuellement possible de connaître la composition d'un signal (son, image, etc.) en fréquences car n'importe quel signal périodique peut être décomposé en une somme de signaux sinusoïdaux caractérisés par leurs fréquence et amplitude respectives. Cela est largement utilisé en traitement du signal et dans certains appareils courants de traitement du son, comme un équaliseur.

Joseph Fourier (1768-1830)

Outils 1

Mixer avec Audacity®

Le logiciel libre Audacity® permet de mixer, donc d'additionner des signaux de nature diverse pour créer un nouveau signal. Pour y parvenir, il suffit de respecter les quelques étapes suivantes en appuyant simultanément sur les touches de raccourci indiquées :
- Ctrl + Shift + i : importer le(s) fichier(s) sélectionné(s) ;
- Ctrl + a : sélectionner l'ensemble des pistes affichées dans la fenêtre d'Audacity® ;
- Ctrl + Shift + m (ou Ctrl + w) : créer une nouvelle piste, résultat de l'addition de celles sélectionnées ;
- Ctrl + 1 ou Ctrl + 3 : zoomer ou dézoomer pour observer l'allure des signaux périodiques.

Outils 2

Spectre d'amplitude

Il est possible de vérifier aisément et rapidement vos résultats précédents. L'analyse de ce signal, toujours grâce au logiciel Audacity®, donne les fréquences présentes dans le signal « son 1 » en traçant son spectre d'amplitude.

Par exemple, ci-contre, avec un autre signal, Audacity® détecte deux pics dont un à 1 000 Hz.

En ordonnées sont mentionnées des valeurs en décibel (dB), unité qui sera définie dans le chapitre suivant.

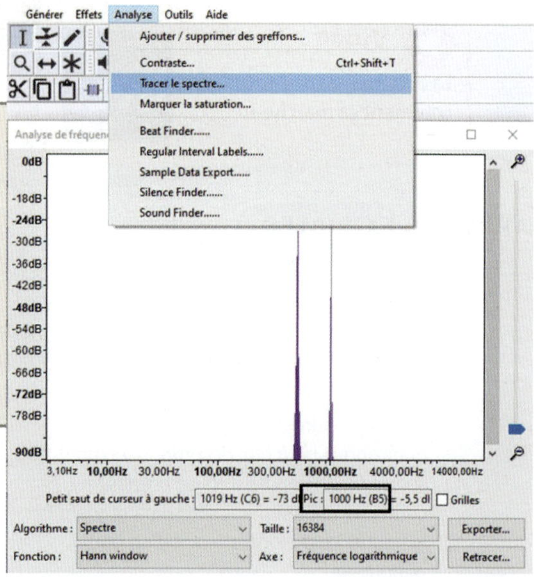

QUESTIONS

1. **RÉALISER ▶** En utilisant la copie d'écran ci-dessous du fichier « son 1 », déterminer la fréquence de ce signal périodique.

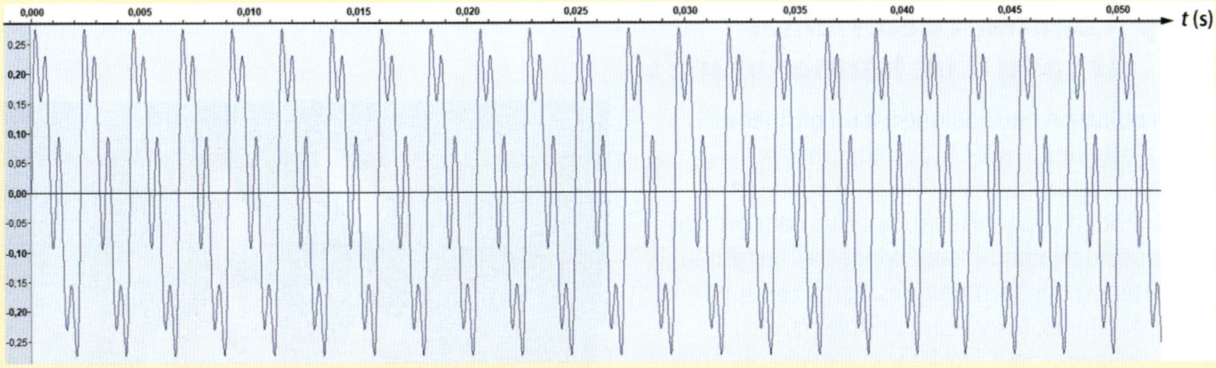

2. **ANALYSER - RAISONNER ▶** En utilisant l'outil 1, il vous est demandé de retrouver parmi quatre signaux mis à votre disposition (le nom indique leur fréquence en Hertz puis leur amplitude), ceux qui composent le signal « son 1 ». Réfléchir avant tout à la stratégie à mettre en œuvre pour y parvenir.

3. **RÉALISER ▶** Recopier la première ligne du tableau ci-dessous et compléter, à l'aide des résultats de la question 2, les lignes suivantes permettant de recenser tous les signaux sinusoïdaux présents dans le signal « son 1 ».

Fréquence du signal (Hz)	Amplitude

4. **ANALYSER - RAISONNER ▶** Donner la fréquence du fondamental du signal « son 1 » sachant qu'il s'agit de la fréquence la plus basse parmi celles des signaux sinusoïdaux.

5. **COMMUNIQUER ▶** Comparer la fréquence des signaux sinusoïdaux présents, dénommés « harmoniques », à la fréquence du fondamental (ou 1er harmonique) et proposer une relation mathématique entre elles.

6. **RÉALISER ▶** Pour le signal « son 1 », vérifier la présence des fréquences notées à la question 3 en réalisant son spectre d'amplitude (outil 2).

Maintenant, intéressons-nous à un autre signal, « son 2 », obtenu à partir du fichier « son 1 » en lui ajoutant une tension continue.

Sur le même laps de temps, voici l'évolution de ces deux signaux :

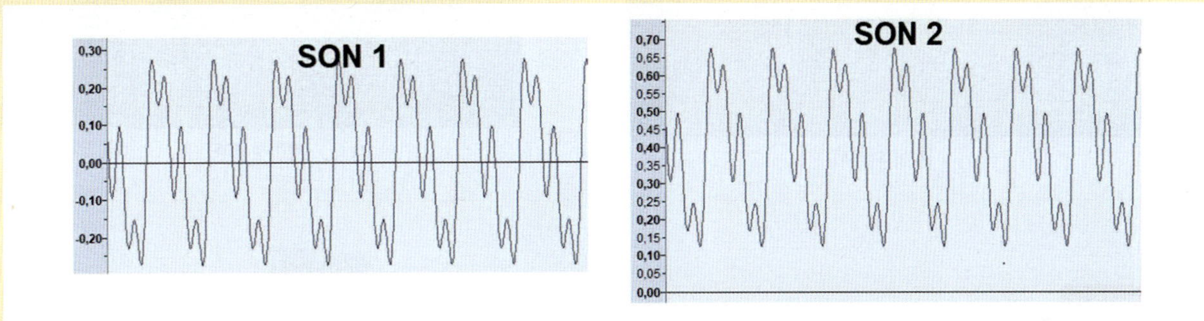

7. **ANALYSER - RAISONNER ▶** Déterminer la valeur de la tension continue ajoutée au « son 1 » pour obtenir le « son 2 ». Justifier.

8. **ANALYSER - RAISONNER ▶** Comparer les spectres d'amplitude des fichiers « son 1 » et « son 2 » pour établir la différence notable permettant de détecter une composante continue.

RÉSULTATS D'EXPÉRIENCE À TÉLÉCHARGER

ACTIVITÉ DOCUMENTAIRE

COMPÉTENCES

- ✓ Réaliser : Mettre en œuvre un protocole expérimental ; calculer
- ✓ Analyser/Raisonner : Décrire – Déduire
- ✓ Communiquer

→ Comment déterminer le rang d'un harmonique ?

La pollution harmonique est un problème qui est apparu avec le développement de l'électronique. Elle concerne un grand nombre d'appareils absorbant un courant non sinusoïdal lorsqu'ils sont connectés au réseau, générant des harmoniques. Parmi ces appareils (ordinateurs, téléviseurs, onduleurs, etc.), intéressons-nous aux lampes à décharge pour lesquelles la pollution harmonique engendre un risque de vieillissement prématuré.

▲ Un régisseur met en place une lampe à décharge sur une scène

DOC. 1 Mesures électriques au niveau d'un fil de phase

Voici les mesures effectuées concernant la tension électrique (signal A) et l'intensité du courant électrique (signal B) au niveau d'un fil de « phase » d'une installation électrique, câblée en triphasé, alimentant trois lampes à décharge :

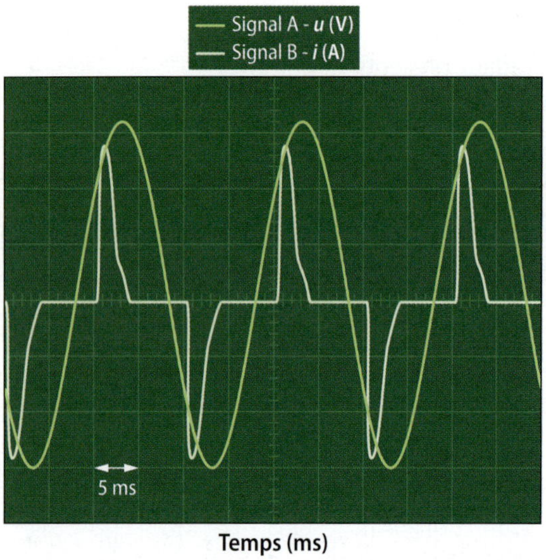

DOC. 2 Intensité électrique au niveau du fil de neutre

On a relevé l'évolution de l'intensité du courant électrique au niveau du fil « neutre » lorsque ces trois lampes à décharge fonctionnent :

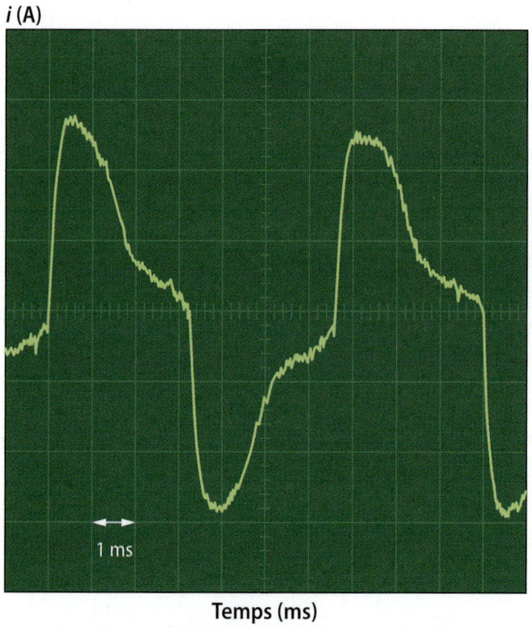

QUESTIONS

1. ANALYSER - RAISONNER ▶ Déterminer la fréquence du signal A puis celle du signal B. Comparer ces deux fréquences.

2. ANALYSER - RAISONNER ▶ Déterminer le rang de l'harmonique, responsable ici de cette pollution harmonique. Justifier.

Outils

Pour un harmonique de rang n, sa fréquence est donnée par la relation $f_n = n \times f_1$ où f_1 est la fréquence du fondamental.

ACTIVITÉ 3

ACTIVITÉ DOCUMENTAIRE

COMPÉTENCES
- ✓ S'approprier : sélectionner et organiser l'information
- ✓ Analyser/Raisonner
- ✓ Réaliser
- ✓ Communiquer

→ Transmission d'un signal

La transmission d'une information (voix, musique, etc.) est possible en modulant l'amplitude d'une onde électromagnétique en fonction de la fréquence de cette information (signal modulant).
Pour obtenir une meilleure qualité sonore, la modulation de l'onde électromagnétique (la porteuse) s'est faite au niveau de sa fréquence et non plus de son amplitude.
Il s'agit d'un signal radio émis sur la bande FM s'étalant de 87,5 MHz à 108 MHz en France. **Comment déterminer l'intervalle de fréquence nécessaire pour transmettre un signal comportant un ensemble d'harmoniques choisis ?**

DOC. **Transposition de fréquence lors d'une modulation d'amplitude**

La transposition de fréquence est un changement de fréquence, consistant à translater le spectre d'un signal, sans perte d'informations.

Prenons le cas de la modulation d'amplitude où la porteuse, de fréquence F, est modulée par l'information à transmettre (voir Fig. 1a), contenant ici deux harmoniques de fréquence f_A et f_B (voir Fig. 2a). Le signal modulé (voir Fig. 1b) reçu par un récepteur radio sur la bande AM comporte alors cinq fréquences différentes (voir Fig. 2b).

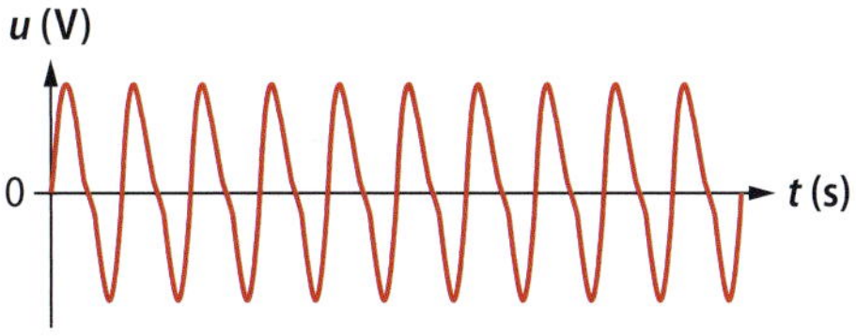

Fig. 1a : signal modulant composé des harmoniques de fréquence f_A et f_B

Modulation d'amplitude

Fig. 1b : signal modulé obtenu après modulation d'amplitude

Fig. 2a : spectre d'amplitude avant modulation d'amplitude

Modulation d'amplitude

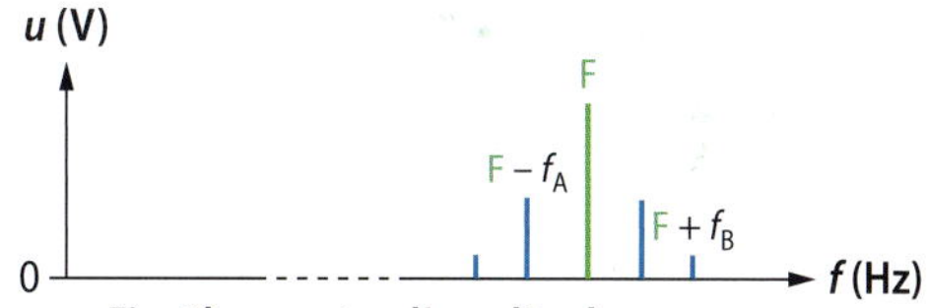

Fig. 2b : spectre d'amplitude avant modulation d'amplitude

▲ Sur les figures 2a et 2b, les échelles concernant les axes sont identiques.

QUESTIONS

1. ANALYSER - RAISONNER ▶ Donner le rang des harmoniques de fréquence f_A et f_B. Justifier.

2. S'APPROPRIER ▶ Donner les valeurs des deux fréquences manquantes sur la figure 2b.

3. ANALYSER - RAISONNER ▶ En utilisant les figures 2a et 2b, comparer les amplitudes des signaux avant et après modulation d'amplitude.

4. ANALYSER - RAISONNER ▶ Déterminer l'intervalle de fréquence nécessaire pour transmettre ce signal par modulation d'amplitude.

5. RÉALISER ▶ Déterminer la largeur qu'occupe cet intervalle de fréquence sur la bande AM.

LE COURS

1 DÉCOMPOSITION D'UN SIGNAL PÉRIODIQUE

- **Signaux périodiques**

Un signal quelconque est dit périodique si et seulement si un motif élémentaire se répète au cours du temps.

La période T d'un signal est la plus petite durée au bout de laquelle le signal se reproduit identique à lui-même.

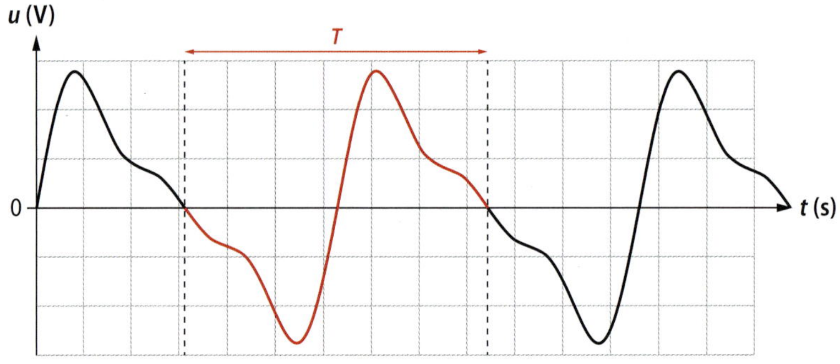

La fréquence f_1 de ce signal, appelée fréquence du fondamental, est exprimée en hertz (Hz). Elle est liée à la période T, exprimée en seconde (s), par $f_1 = \frac{1}{T}$.

- **Décomposition de Fourier**

Le mathématicien Joseph Fourier (1768-1830) a montré que tout signal périodique de période T, de fréquence $f_1 = \frac{1}{T}$, peut s'exprimer sous la forme d'une somme de signaux sinusoïdaux de fréquences multiples de f_1, appelée série de Fourier :

$$s(t) = A_0 + A_1 \sin(2\pi f_1 t + \varphi_1) + A_2 \sin(2\pi f_2 t + \varphi_2) + \ldots + A_n \sin(2\pi f_n t + \varphi_n)$$

Où : A_0 : amplitude de la composante continue (valeur moyenne)
$A_1, A_2 \ldots A_n$: amplitude du signal sinusoïdal de fréquence $f_1, f_2 \ldots f_n$
$\varphi_1, \varphi_2 \ldots \varphi_n$: phase à $t = 0$ avec une valeur comprise entre $-\pi$ et π.

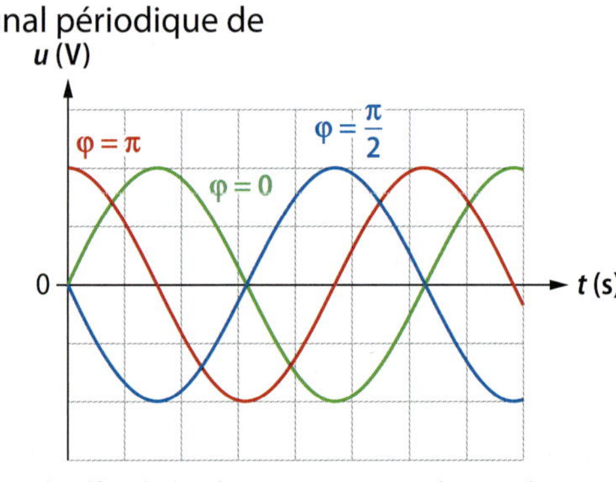

▲ Effet de la phase sur un signal périodique

Exemple :

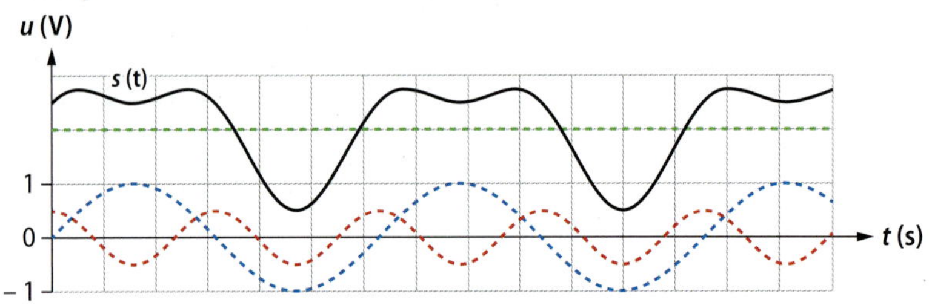

▲ Décomposition de $s(t) = 2 + 1 \times \sin(2\pi f_1 t) + 0{,}5 \times \sin(2\pi \times (2f_1)t + \frac{\pi}{2})$

- **Spectre d'amplitude**

Le spectre d'amplitude d'un signal périodique permet de déterminer la valeur absolue de la composante continue (à 0 Hz), l'amplitude et la fréquence des signaux sinusoïdaux le composant.

Pour le signal périodique de la figure ci-dessus, voici le spectre d'amplitude correspondant ci-contre.

La fréquence du fondamental f_1 correspond à la fréquence la plus petite du spectre en amplitude, différente de OH_3.

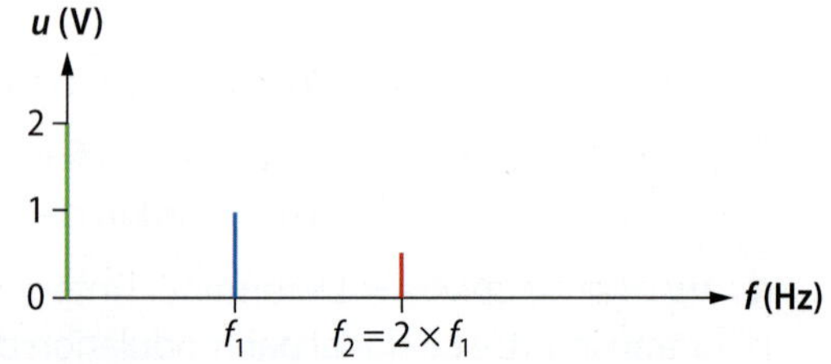

▲ Spectre d'amplitude de $s(t) = 2 + 1 \times \sin(2\pi f_1 t) + 0{,}5 \times \sin(2\pi \times (2f_1)t + \frac{\pi}{2})$

2 DÉTERMINATION DU RANG D'UN HARMONIQUE

- À partir de l'enregistrement temporel des signaux ou d'un spectre d'amplitude (voir le spectre ci-dessous). Il est possible de déterminer les fréquences f_1 du fondamental et f_n des harmoniques. Pour chaque fréquence f_n supérieure à f_1, on peut calculer son rang n sachant que $n = \frac{f_n}{f_1}$, n étant un entier naturel non nul ($n \in \mathbb{N}^*$).

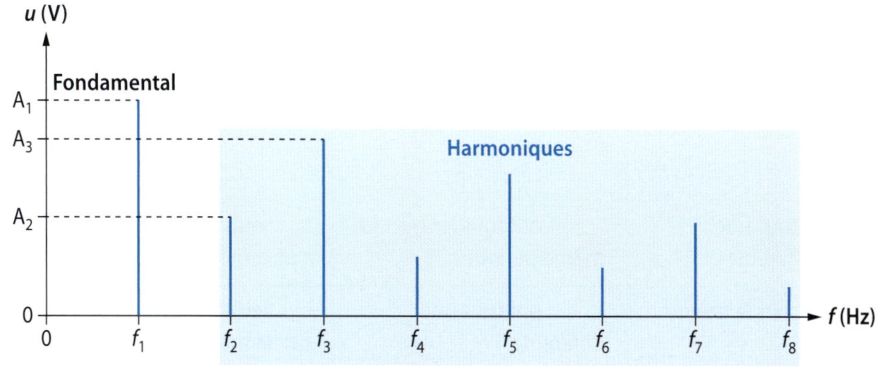

▲ Spectre d'amplitude d'un signal périodique quelconque

- L'étude approfondie des harmoniques de courant est cruciale dans une installation industrielle pour limiter les risques d'incendie ou de détérioration des appareils.

3 TRANSMISSION D'UN SIGNAL

- Pour transmettre un signal périodique quelconque, il faut filtrer les harmoniques, d'amplitude très faible, pour limiter la largeur de la bande de fréquence émise. Puis, avec ce signal, il faut moduler la porteuse, onde électromagnétique de haute fréquence. Cette transposition de fréquence permet d'émettre un signal contenant l'information à transmettre.

- Voici le schéma de principe :

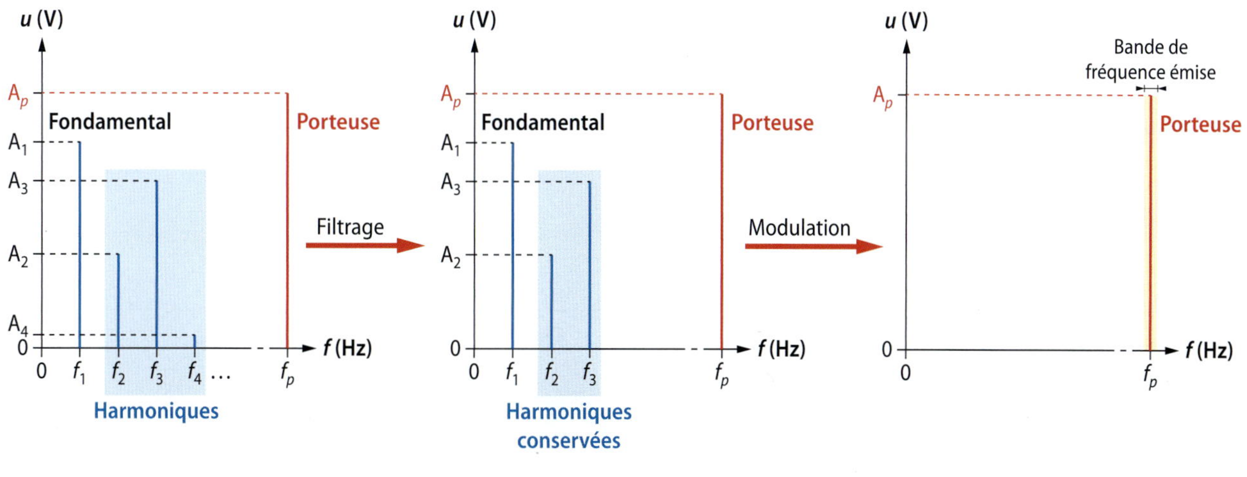

▲ Transmission d'un signal périodique quelconque avec une transposition de fréquence

EXERCICES — Testez vos connaissances

Voici l'évolution temporelle de trois signaux A, B et C, ainsi que le spectre d'amplitude du signal A.

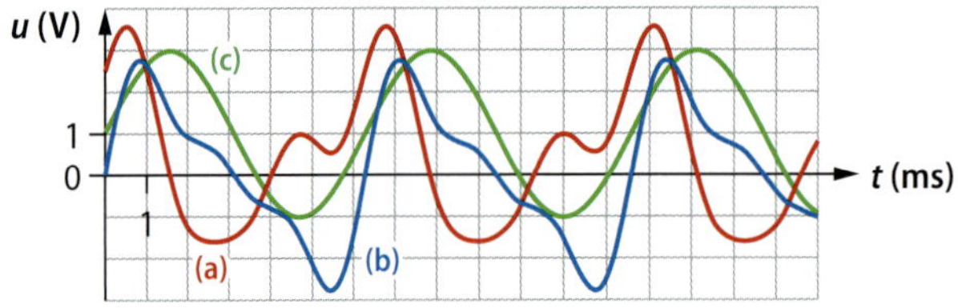

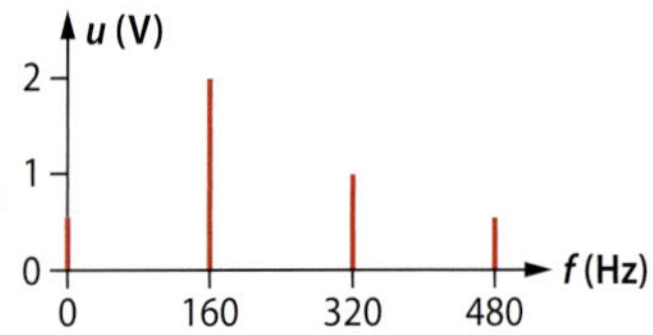

Indiquer la (ou les) bonne(s) réponse(s) :

Décomposition d'un signal périodique

	A	B	C
1. Parmi les trois signaux ci-dessus, y en a-t-il un qui n'est pas périodique ?	☐ le signal A	☐ le signal C	☐ aucun des trois
2. Parmi les trois signaux ci-dessus, y en a-t-il un qui n'a pas de composante continue ?	☐ le signal A	☐ le signal B	☐ aucun des trois
3. Que peut-on dire de la période de ces trois signaux ?	☐ ils ont tous une période différente	☐ ils ont tous les trois la même période	☐ seuls les signaux A et B ont la même période
4. Que peut-on dire de la fréquence du fondamental de ces trois signaux ?	☐ ils ont tous la même	☐ ils ont tous une différente	☐ seuls les signaux A et B ont la même
5. La fréquence du fondamental du signal A vaut :	☐ 0 Hz	☐ 160 Hz	☐ 320 Hz
6. À partir de ce spectre d'amplitude, que peut-on affirmer pour le signal A ?	☐ il n'est pas périodique	☐ il est périodique et ne contient pas de composante continue	☐ il est périodique et possède deux harmoniques en plus d'une composante continue et d'un fondamental
7. L'amplitude de l'harmonique 2 du signal A vaut :	☐ 0,5 V	☐ 1 V	☐ 2 V

Détermination du rang d'un harmonique

	A	B	C
8. D'après le spectre d'amplitude du signal A :	☐ sont uniquement présents les harmoniques de rang 1 et 2	☐ sont uniquement présents les harmoniques de rang 1 et 3	☐ sont présents les harmoniques de rang 2 et 3

Transmission d'un signal

	A	B	C
9. D'après le spectre d'amplitude ci-dessous, le nombre d'harmoniques à transmettre vaut : 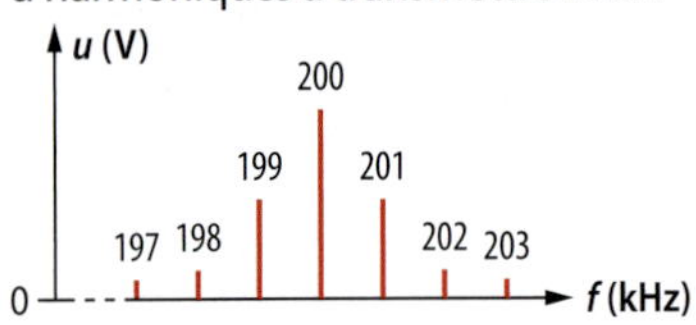	☐ 3	☐ 4	☐ 7
10. D'après le spectre d'amplitude de la question précédente, la largeur de l'intervalle de fréquence nécessaire pour transmettre ce signal vaut :	☐ 3 kHz	☐ 6 kHz	☐ 200 kHz

→ Corrigés, p. 284

Mixage de trois signaux

Un signal périodique est produit en mixant les trois signaux (a), (b) et (c) suivants :

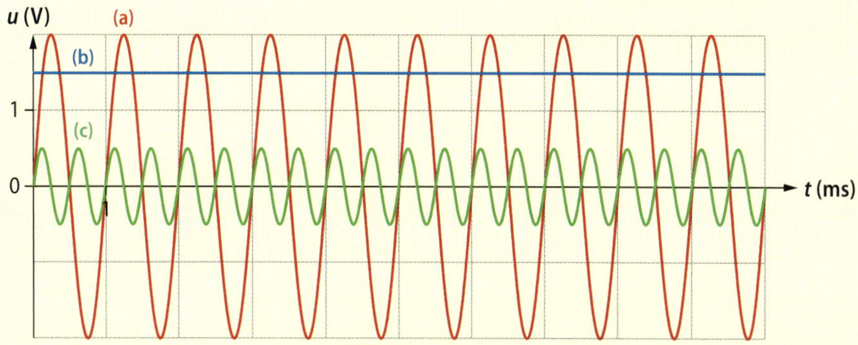

1. Donner la valeur de la composante continue (b).

RÉALISER - Lire l'ordonnée correspondante.

2. Déterminer le plus précisément possible la période T des signaux sinusoïdaux (a) et (c).

RÉALISER - Pour une meilleure précision, ne pas mesurer une seule période, mais plusieurs.

3. Pour les signaux (a) et (c), donner leurs équations sous la forme $s(t) = A \times \sin(2\pi ft)$.

S'APPROPRIER - Reconnaître les termes dans cette équation. **RÉALISER** - Lire l'ordonnée correspondante. Attention aux unités pour effecteur le calcul de f, connaissant T.

4. En déduire la fréquence du fondamental et le rang de l'harmonique du signal obtenu en mixant les signaux (a), (b) et (c).

S'APPROPRIER - Signification des mots « fondamental » et « harmonique ».

5. Tracer le spectre d'amplitude du signal produit en mixant les signaux (a), (b) et (c).

S'APPROPRIER - Grandeurs utilisées dans un spectre d'amplitude en abscisses et ordonnées. **RÉALISER** - Utiliser les réponses précédentes pour les regrouper dans le spectre d'amplitude.

Solution

1. La composante continue vaut 1,5 V.

2. $T_a = 1{,}0$ ms et $T_c = 0{,}50$ ms.

3. $f_a = \frac{1}{T_a} = \frac{1}{1{,}0 \times 10^{-3}} = 1{,}0 \times 10^3$ Hz

et $f_c = \frac{1}{T_c} = \frac{1}{0{,}50 \times 10^{-3}} = 2{,}0 \times 10^3$ Hz.

$A_a = 2{,}0$ V et $A_c = 0{,}5$ V.

Donc $s_a(t) = 2{,}0 \times \sin(2\pi \times 1{,}0 \times 10^3 \times t)$

et $s_c(t) = 0{,}5 \times \sin(2\pi \times 2{,}0 \times 10^3 \times t)$.

4. La fréquence du fondamental vaut $1{,}0 \times 10^3$ Hz et l'harmonique présente est de rang 2.

5.

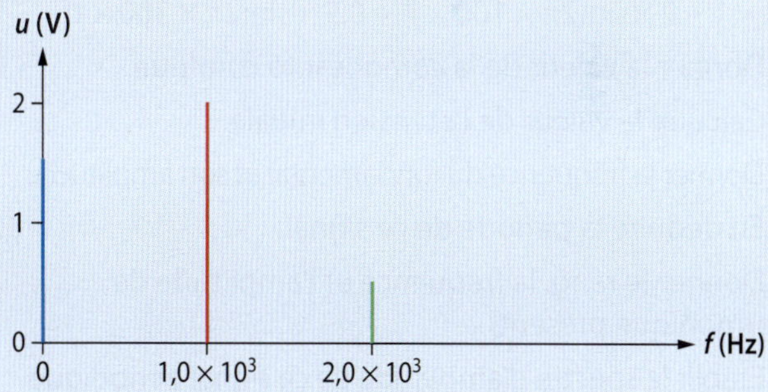

À VOUS DE JOUER !

Trois signaux mixés

Répondre aux mêmes questions de l'exercice résolu précédent, avec les trois signaux ci-contre.

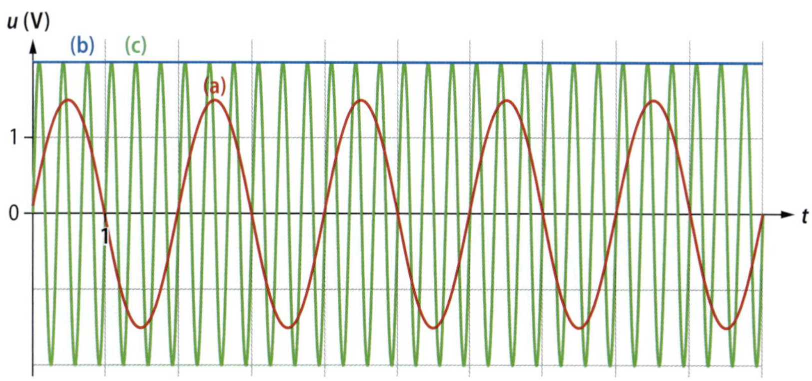

→ Corrigés, p. 284

Décomposition d'un signal périodique

1 Quelle mesure ?

S'approprier : mobiliser des connaissances

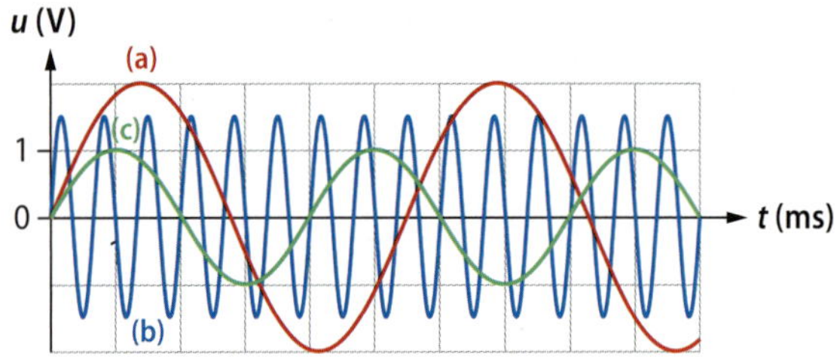

1. Préciser la mesure pouvant être effectuée grâce à cet enregistrement.

2. Effectuer cette mesure pour les signaux (a), (b) et (c).

2 Fréquences

S'approprier : mobiliser des connaissances

1. Calculer les fréquences des signaux (a), (b) et (c) de l'enregistrement de l'exercice 1.

2. Peut-on conserver ces trois fréquences si nous voulons créer un autre signal contenant un fondamental et au moins un harmonique ? Justifier.

3 Une histoire d'équation

S'approprier : mobiliser des connaissances

Un signal périodique a pour équation :
$s(t) = 1 + 2 \times \sin(2\pi \times 100 \times t) + 0{,}5 \times \sin(2\pi \times 300 \times t)$

1. Donner la valeur de la composante continue.

2. Calculer la valeur de la tension initiale.

3. Donner la fréquence du fondamental et son amplitude.

4. En déduire la période de ce signal.

5. Donner le rang, la fréquence et l'amplitude de l'harmonique présent.

6. Etablir le spectre d'amplitude de ce signal périodique

4 Sommes-nous en phase ?

S'approprier : mobiliser des connaissances

Voici trois signaux de même fréquence 1 000 Hz et de même amplitude 1,0 V.

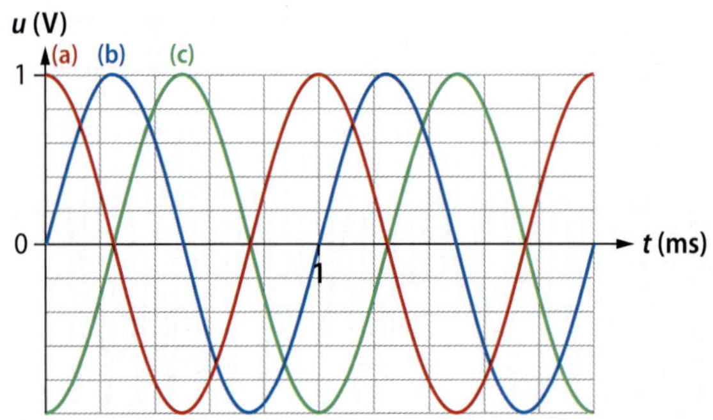

Ils ont tous trois une phase φ différente et ces courbes ont pour équation : $s(t) = 1{,}0 \times \sin(2\pi \times 1\,000 \times t + \varphi)$.

1. Déterminer la valeur de la phase φ, exprimée en radian, pour chaque signal en utilisant la valeur de $s(t_0)$ pour chacun d'eux.

2. Donner le spectre d'amplitude de ces trois signaux.

5 Signal périodique ?

S'approprier : mobiliser des connaissances

Voici quatre spectres d'amplitude :

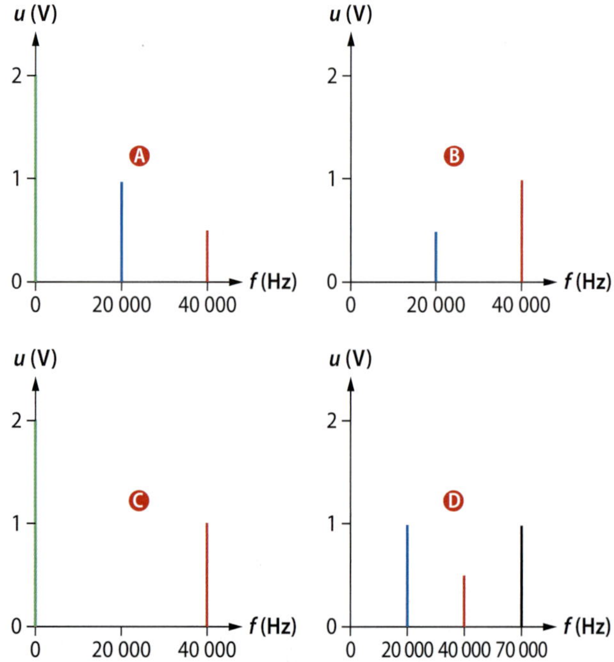

Préciser, pour chaque spectre d'amplitude, s'il s'agit de celui d'un signal périodique ou non. Justifier.

Détermination du rang d'un harmonique

6 SCIENCE IN ENGLISH

Fundamental and harmonics

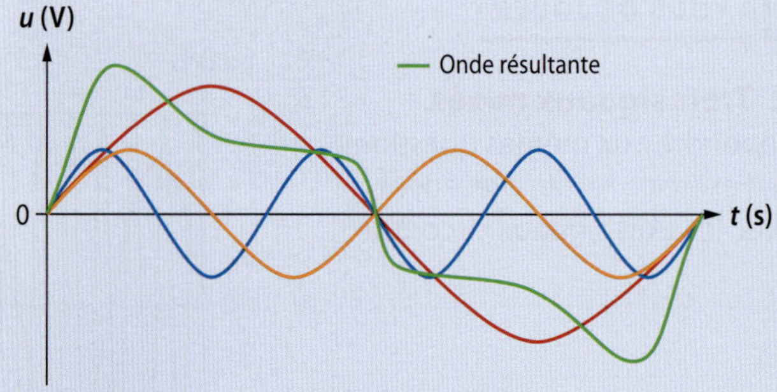

Specify the colour of the fundamental and harmonics and their respective rank.

7 Harmoniques en électricité

Analyser/Raisonner : exploiter l'information

Dans les systèmes électriques, la présence d'harmoniques modifie la forme des signaux du courant et de la tension car elle s'écarte de formes d'ondes sinusoïdales. Les courants harmoniques sont causés par des charges non linéaires connectées au système de distribution. Une charge est dite non linéaire lorsque le courant qu'elle absorbe n'a pas la même forme d'onde que la tension d'alimentation.
Voici un relevé de mesures d'harmoniques en utilisant la même base de temps :

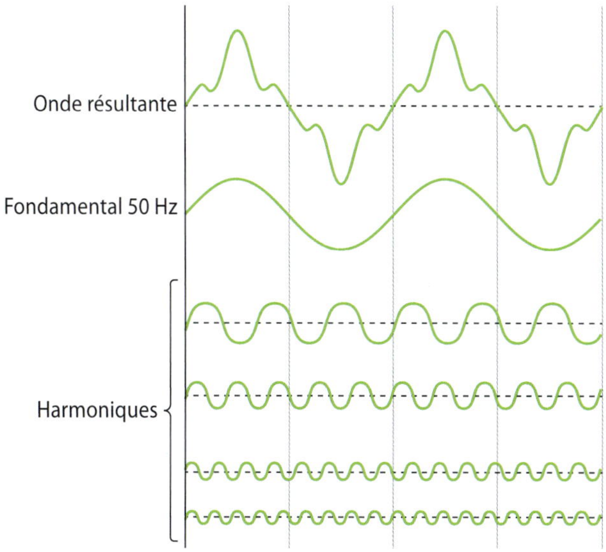

1. Déterminer le rang des harmoniques présents.

2. Donner le point commun au sujet du rang de ces harmoniques.

8 Rang ?

Analyser/Raisonner : exploiter l'information

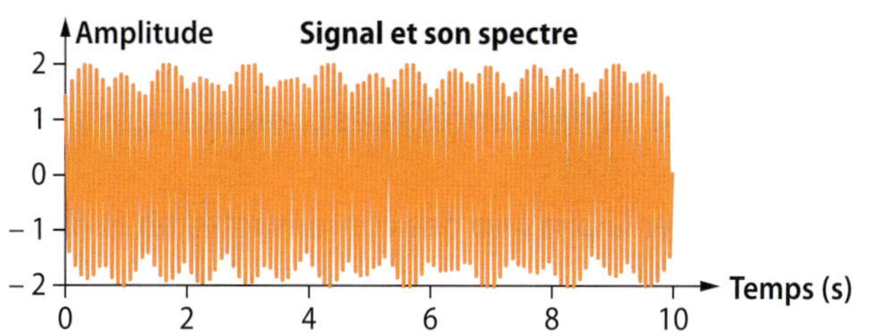

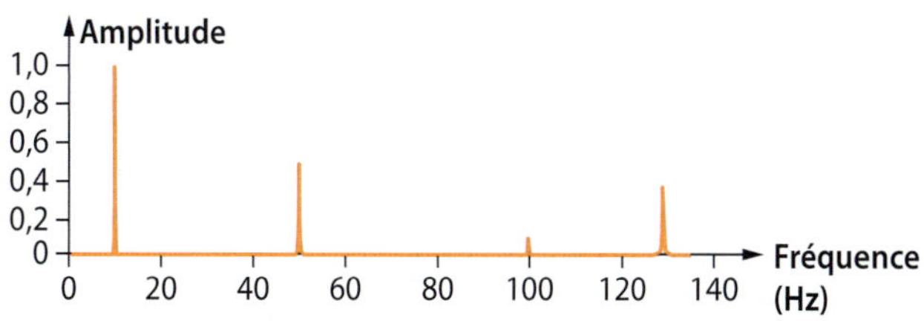

1. Déterminer la fréquence du fondamental et des harmoniques.

2. En déduire le rang de chaque harmonique.

Transmission d'un signal

9 Modulation de fréquence

Analyser/Raisonner : exploiter l'information

L'amplitude du signal modulé en fréquence demeure constante au cours de sa transmission tandis que sa fréquence varie en fonction de l'information à transmettre et est centrée sur celle de la porteuse de très haute fréquence.
Voici le spectre d'amplitude d'une modulation de fréquence obtenue en modulant une porteuse, de fréquence F, par un signal sinusoïdal de fréquence f.

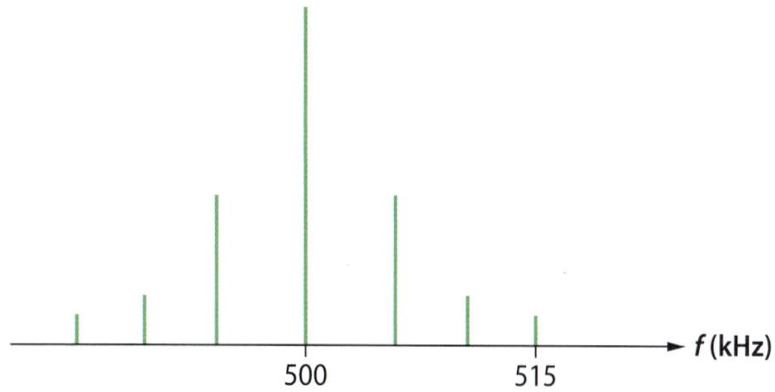

1. Déterminer les valeurs de F et f. Justifier.

2. Donner l'intervalle de fréquence nécessaire pour transmettre ce signal modulé en fréquence.

3. En déduire la largeur de cette bande de fréquence.

10 Modulation d'amplitude

Analyser/Raisonner : exploiter l'information

Voici le spectre d'amplitude d'un signal modulé en amplitude.

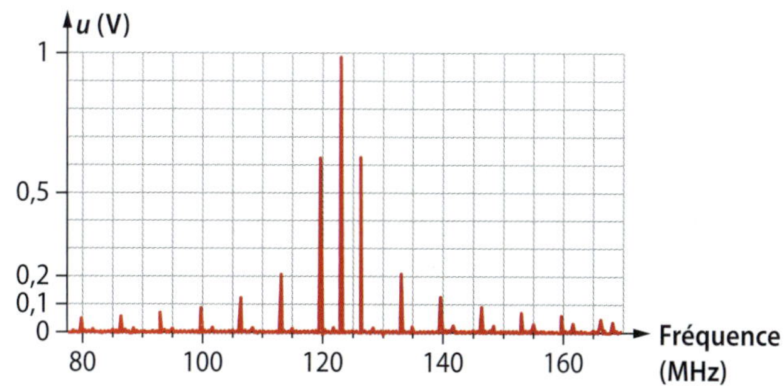

1. Déterminer le plus précisément possible la fréquence de la porteuse.

2. Déterminer le plus précisément possible la fréquence du fondamental.

3. Donner le rang et la fréquence des harmoniques présents.

4. Préciser si le signal transmis est un son audible pour l'être humain. Justifier.

5. Déterminer l'intervalle de fréquence minimal pour recevoir les harmoniques de ce signal d'amplitude supérieure à 100 mV.

11 Le piano est-il bien accordé ?

DIFFÉRENCIATION

Audacity

DOC. 1 Accorder un piano

Pour le piano, la fréquence du fondamental d'un son dépend principalement de la longueur de la corde, de son diamètre, de sa densité et de la tension de celle-ci, pouvant être réglée par un accordeur. En augmentant la tension d'une corde, on augmente la fréquence du fondamental de la note jouée. Pour les notes d'un piano, la corde donnant la fréquence du fondamental la plus basse peut mesurer jusqu'à deux mètres de long tandis que la plus haute ne mesure que six centimètres ! La corde du La central qui vibre à 440 Hz mesure environ 42 centimètres. Si on voulait garder le même diamètre et la même densité pour toutes les cordes d'un piano, la corde de la note la plus basse mesurerait plus de six mètres ! C'est pour cette raison qu'on augmente volontairement le diamètre des cordes basses pour en diminuer la longueur. Ce qu'on entend dans n'importe quel son musical (à part le diapason) est en réalité une multitude de sons car même si on perçoit la note comme étant le La_{440}, on entend en réalité bien plus de notes que celle-ci.

1. À partir des informations du **DOC. 1**, cocher VRAI ou FAUX pour les quatre propositions suivantes.

	VRAI	FAUX
a) Quand on augmente uniquement la tension d'une corde de piano, la note jouée est plus grave.		
b) Quand on augmente uniquement la longueur d'une corde de piano, la note jouée est plus grave.		
c) Quand on augmente uniquement le diamètre d'une corde de piano, la note jouée est plus grave.		
d) Quand on frappe la corde d'un piano, le spectre d'amplitude du son émis ne contient que la fréquence du fondamental.		

Après accord d'un piano, un enregistrement audio est effectué, **téléchargeable**, en faisant vibrer la corde du La central. Vous pouvez utiliser un logiciel, comme par exemple Audacity®, permettant d'effectuer des mesures concernant ce son.

Audio
Accord d'un piano

Nathan live!

2. Rédiger un paragraphe argumenté au sujet de la qualité de l'accord effectué et de la richesse de ce son en harmoniques.

12 Points communs et différences ? BAC

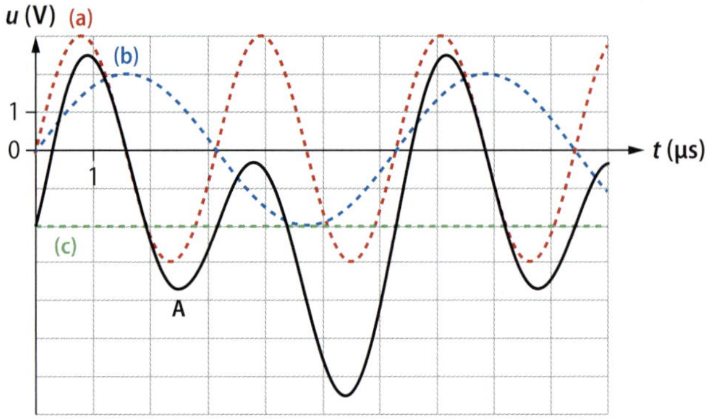

▲ Signal A et ses composantes (a), (b) et (c)

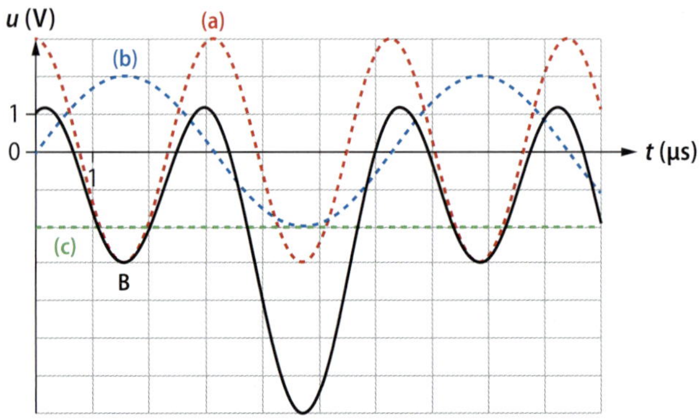

▲ Signal B et ses composantes (a), (b) et (c)

1. Donner la valeur absolue de la composante continue (c).

2. Donner les amplitudes des composantes (a) et (b) des signaux A et B.

3. Déterminer, le plus précisément possible, les périodes *T* des composantes (a) et (b) des signaux A et B.

4. En déduire les fréquences f des composantes (a) et (b) des signaux A et B.

5. Déterminer la phase φ des composantes (a) et (b) des signaux A et B.

6. En déduire les équations mathématiques *s*(t) des signaux A et B.

7. Donner les spectres d'amplitude des signaux A et B.

8. Quels sont les points communs et différences que vous pouvez constater en comparant les signaux et leurs spectres d'amplitude ?

9. Un spectre d'amplitude caractérise-t-il un seul signal périodique ?

13 La reconnaissance vocale

La reconnaissance vocale a de multiples applications et repose sur l'analyse fréquentielle des signaux.

DOC. 1 Consonnes et voyelles

« La distinction des sons de la parole en deux catégories bien distinctes, les voyelles et les consonnes, est principalement liée à leur caractère périodique ou apériodique. Les sons **vocaliques** sont périodiques et classés en termes de répartition d'énergies dans le spectre, tandis que les sons **consonantiques** sont assimilables à des bruits, avec une structure moins ordonnée et apériodique. »

Source : Bulletin de l'Union des Physiciens n° 778 : Analyse de sons musicaux et de la parole

DOC. 2 Enregistrement de « b-a-ba »

Audio
« b-a-ba » d'un homme
Nathan live!

Vous disposez de l'enregistrement audio d'un homme prononçant « b-a-ba » et ci-dessous, de la copie d'écran de la représentation temporelle de ce « b-a-ba » prononcé par un homme.

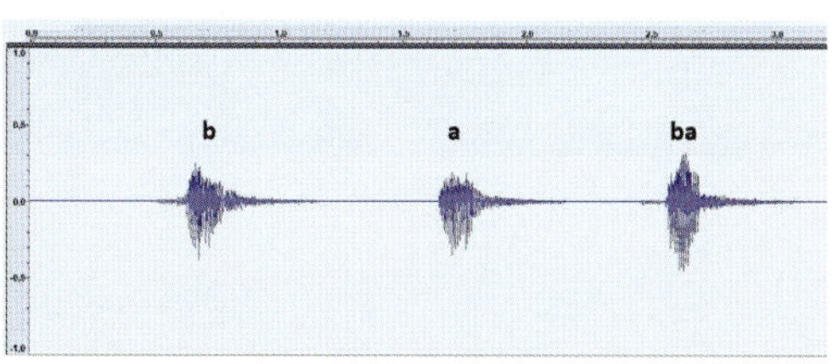

▲ Enregistrement audio de b-a-ba

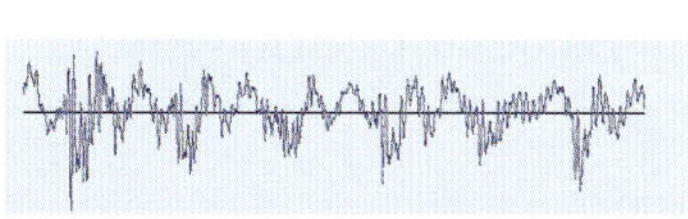

▲ Fig. 1a zoom sur l'enregistrement audio du b

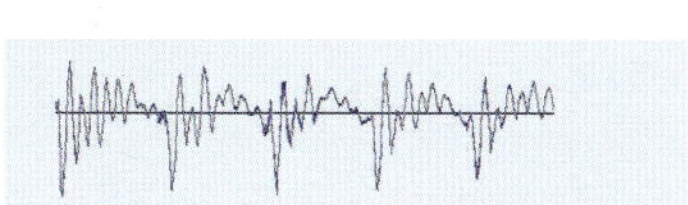

▲ Fig. 1b zoom sur l'enregistrement audio du a

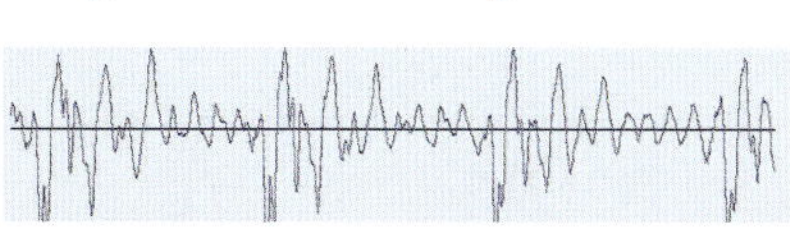

▲ Fig. 1c zoom sur l'enregistrement audio du ba

1. En utilisant les figures 1a et 1b, indiquer les propriétés des voyelles et consonnes. Justifier.

2. Attribuer le bon terme, en gras dans le document 1, pour les voyelles et les consonnes.

3. D'après la figure 1c, la syllabe « ba » est-elle périodique ou non ?
Vous avez à disposition deux autres fichiers « b a ba d'une enfant » et « b a ba d'une femme ».

Audio
« b-a-ba » d'une enfant et d'une femme
Nathan live!

4. Après une analyse spectrale pertinente des trois enregistrements du « b-a-ba » à votre disposition, montrer les différences perceptibles pour les trois individus (enfant, femme et homme).

DOC. 3 Spectrogramme

Le spectrogramme est très utilisé pour étudier le signal de parole. Il est obtenu en traçant la répartition énergétique du son en fonction du temps et de la fréquence. L'intensité est définie par la couleur sachant que plus la couleur évolue vers le rouge plus l'intensité est importante.

Ci-dessous, est représenté le spectrogramme du « b-a-ba » obtenu en analysant le fichier « b-a-ba d'un homme ».

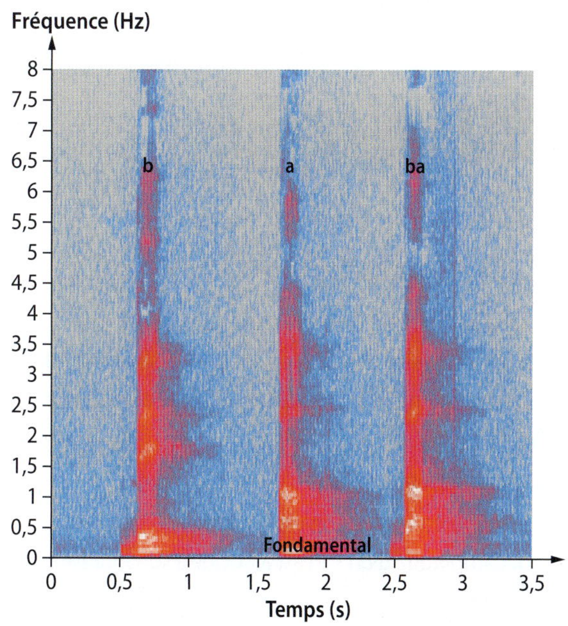

▲ Spectogramme du « b-a-ba » prononcé par un homme

5. Comparer les spectrogrammes du « a » et du « ba ».

CHAPITRE

16

THÈME 3 › ONDES ET SIGNAUX

Ondes sonores

Chaque instrument de musique, qu'il soit à cordes ou à vent, permet de jouer un répertoire. Ensemble, ils peuvent donner un son harmonieux, agréable à écouter, ou dissonant quand les instruments sont mal accordés.

→ **Quelles sont les caractéristiques d'un son harmonieux ?**

› Testez vos prérequis

Indiquer la (ou les) bonne(s) réponse(s) :

1. Choisir l'affirmation juste.

☐ **a.** La fréquence d'un son est associée à sa hauteur.

☐ **b.** La fréquence d'un son est associée à son amplitude.

☐ **c.** La fréquence d'un son est associée à sa hauteur et à son amplitude.

2. Choisir l'affirmation juste.

☐ **a.** L'amplitude d'un son est associée à sa fréquence.

☐ **b.** L'amplitude d'un son est associée à son intensité acoustique.

☐ **c.** L'amplitude d'un son est associée à sa fréquence et à son intensité acoustique.

3. Dans quel ordre la célérité du son est-elle de plus en plus importante selon l'état physique du milieu traversé ?

☐ **a.** gaz, liquide, solide

☐ **b.** liquide, gaz, solide

☐ **c.** solide, liquide, gaz

4. La période T du signal vaut :

☐ **a.** 0,5 s

☐ **b.** 1 s

☐ **c.** 2 s

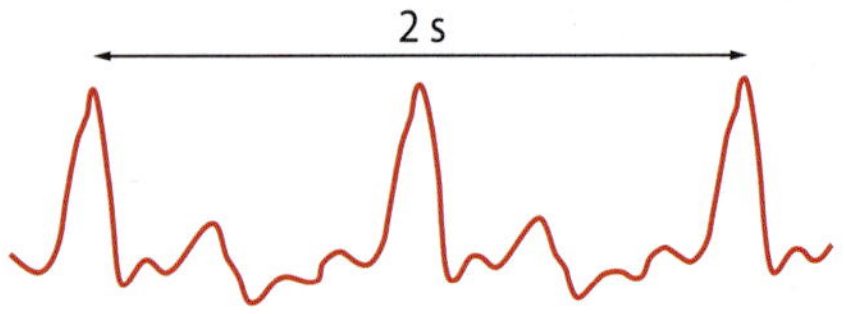

→ Corrigés, p. 284

Vidéo
Les mathématiques de la musique

Nathan live!

CAPACITÉS EXIGIBLES

- Utiliser un outil numérique pour relever le spectre d'amplitude d'un signal sonore périodique (son pur et son complexe)
- Déterminer la fréquence du fondamental et des harmoniques à partir du spectre d'amplitude d'un signal sonore. Définir et distinguer la notion de timbre et de hauteur

> ACTIVITÉ EXPÉRIMENTALE 1

- Mesurer des niveaux sonores

> ACTIVITÉ EXPÉRIMENTALE 2

- Exploiter des informations relatives aux courbes de sensibilité de l'oreille humaine

> ACTIVITÉ DOCUMENTAIRE 3

- Mettre en évidence les phénomènes de transmission ou d'absorption d'un son par différents matériaux

> ACTIVITÉ EXPÉRIMENTALE 4

ACTIVITÉ 1

COMPÉTENCES

- ✓ Réaliser : mettre en œuvre un protocole expérimental
- ✓ Analyser/Raisonner : analyser des informations

ACTIVITÉ EXPÉRIMENTALE **TP** Audacity

➔ Caractéristiques des sons purs et complexes

Tout instrument de musique à cordes ou à vent permet de jouer des notes figurant sur une partition. Les cordes vocales nous permettent d'émettre des sons.
Pour y répondre, vous avez à disposition deux fichiers son d'une note, le « la_3 », jouée par un diapason ou un piano. Ces deux fichiers peuvent être étudiés avec le logiciel Audacity®.

QUESTIONS

1. Pour ces deux signaux enregistrés :

a) RÉALISER ▶ Zoomer en tirant sur l'axe des temps (en abscisses).

b) RÉALISER ▶ Déterminer la période *T* des deux signaux.

c) RÉALISER ▶ Représenter ces deux signaux sur le même graphe. Commenter l'allure des signaux.

d) RÉALISER ▶ Déterminer la fréquence *f* de ces deux signaux.

e) RÉALISER ▶ Réaliser leurs décompositions spectrales et les commenter.

f) ANALYSER – RAISONNER ▶ Attribuer l'adjectif « pur » ou « complexe » à chacun des deux sons étudiés.

2. ANALYSER – RAISONNER ▶ À l'aide du pointeur, déterminer la valeur f_1 de la fréquence la plus basse obtenue sur la décomposition spectrale. Que constatez-vous ?

3. ANALYSER – RAISONNER ▶ Relever les valeurs des éventuelles autres fréquences du spectre. Que constatez-vous ?
Les deux instruments jouent la même note pourtant la sensation auditive n'est pas la même.
Les sons émis par le diapason et le violon ont la même hauteur mais pas le même timbre.

4. COMMUNIQUER ▶ En analysant d'un peu plus près les courbes, proposer une définition pour les mots « hauteur » et « timbre » d'un son.

5. RÉALISER ▶ Venez pousser un « la la la » près du microphone… et enregistrer votre chant au format wav.

6. ANALYSER – RAISONNER ▶ Chantez-vous juste ou faux ? Justifier !

RÉSULTATS D'EXPÉRIENCE À TÉLÉCHARGER

ACTIVITÉ 2

ACTIVITÉ EXPÉRIMENTALE **TP** TABLEUR

COMPÉTENCES
- Réaliser : proposer et mettre en œuvre un protocole expérimental en respectant les règles de sécurité
- Analyser/Raisonner : formuler des hypothèses

→ Dans l'air, comment varie le niveau sonore en fonction de la distance source-oreille ?

Nous sommes en permanence exposés à des bruits ou à des sons d'intensité plus ou moins importante. Une échelle bien pratique, celle des décibels, permet de mieux appréhender les risques.

DOC. 1 Puissance acoustique et intensité sonore

Une source sonore met en mouvement de vibration l'air situé dans son voisinage. La source se caractérise par sa puissance acoustique (exprimée en Watt). L'énergie de l'onde acoustique produite est caractérisée par l'intensité sonore (notée I, unité $W.m^{-2}$). Il existe une intensité sonore minimale sous laquelle on n'entend pas le son, c'est le seuil d'audibilité I_0 valant $1{,}0 \times 10^{-12}$ $W.m^{-2}$. Il existe aussi un seuil de douleur, palier au-delà duquel un son crée une douleur et endommage fortement le système auditif. L'intensité sonore associée vaut $I_{douleur} = 10$ $W.m^{-2}$.

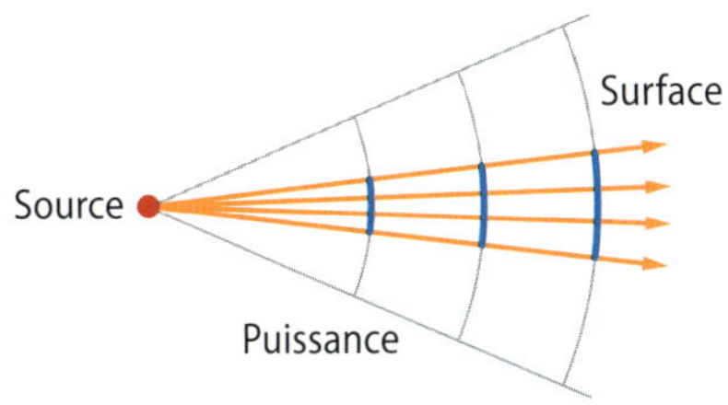

DOC. 2 Changeons d'échelle... passons à celle logarithmique !

Les intensités sonores de notre quotidien peuvent s'étendre de $1{,}0 \times 10^{-12}$ à 10 $W.m^{-2}$. Ce domaine est beaucoup trop étendu pour se rendre compte des différentes valeurs car le seuil de douleur est 10^{13} fois plus fort que le seuil d'audibilité. Pour réduire ce domaine de valeurs, une nouvelle grandeur, le niveau sonore L (L pour « Level ») exprimé en décibel (dB), est bien utile et se calcule avec la formule suivante :

$$L = 10 \times \log\left(\frac{I}{I_0}\right)$$

sachant que :
- L : niveau sonore (dB) ;
- I : intensité sonore de la source sonore ($W.m^{-2}$) ;
- I_0 : seuil d'audibilité ($I_0 = 1{,}0 \times 10^{-12}$ $W.m^{-2}$).

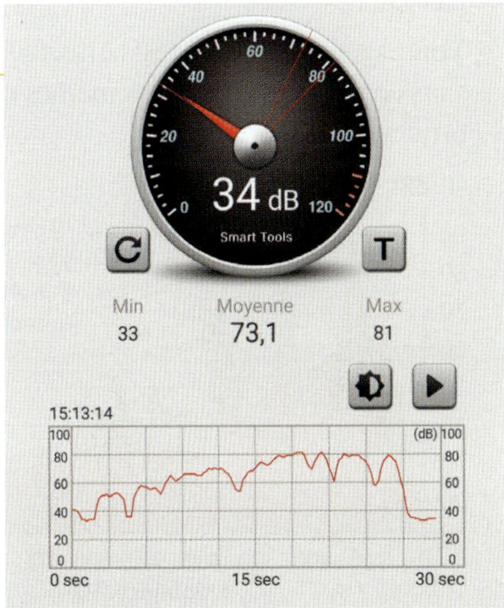

▲ Exemple d'acquisitions effectuées avec un smartphone

QUESTIONS

1. RÉALISER ▶ Proposer puis, après validation par votre professeur, mettre en œuvre votre protocole expérimental permettant d'effectuer des mesures pour répondre à la problématique de cette activité, à savoir « Dans l'air, comment varie le niveau sonore en fonction de la distance source-oreille ? ».

2. RÉALISER ▶ À l'aide d'un logiciel tableur-grapheur, exploiter vos mesures pour formuler une hypothèse concernant la baisse du niveau sonore à chaque fois que la distance source-oreille double.

RÉSULTATS D'EXPÉRIENCE À TÉLÉCHARGER

ACTIVITÉ DOCUMENTAIRE

COMPÉTENCES
- S'approprier : rechercher et sélectionner les informations
- Analyser/Raisonner : analyser des informations

Sensibilité de l'oreille humaine

Il existe depuis quelques années des casques audio à réduction de bruit active. Cette technologie est aussi utilisée dans un système innovant permettant de réduire le bruit au niveau des sièges passagers d'un avion.

DOC. 1 Atténuateur électronique de bruit pour siège d'avion

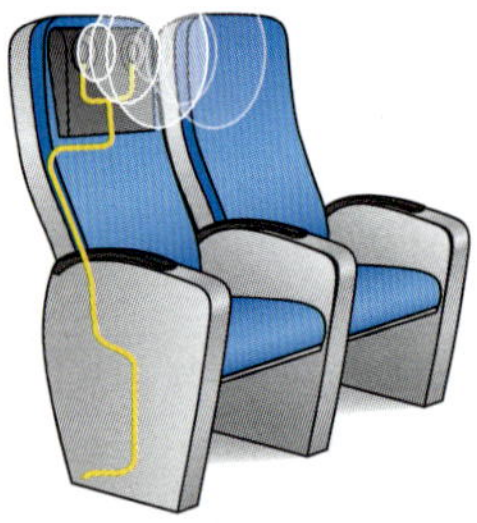

Chaque siège d'avion, équipé d'un atténuateur électronique de bruit, contient un module électroacoustique qui détecte le fond sonore ambiant et produit un autre son afin de le réduire grâce à deux haut-parleurs placés près des oreilles du passager.

Voici les résultats des tests effectués, avec ou sans ce dispositif, dans les mêmes conditions de bruit ambiant.

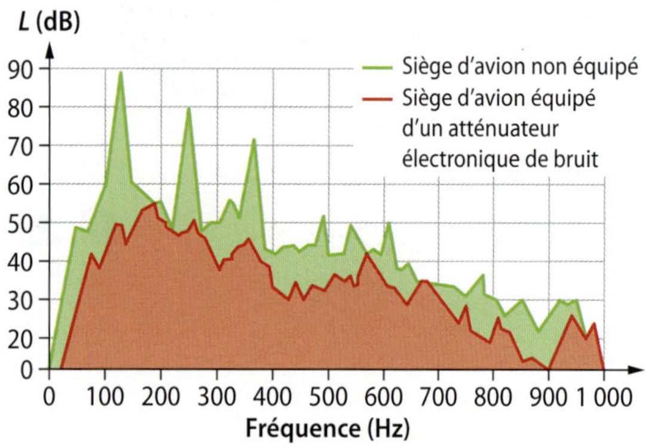

▲ Résultats du test de siège

DOC. 2 Sensibilité de l'oreille humaine

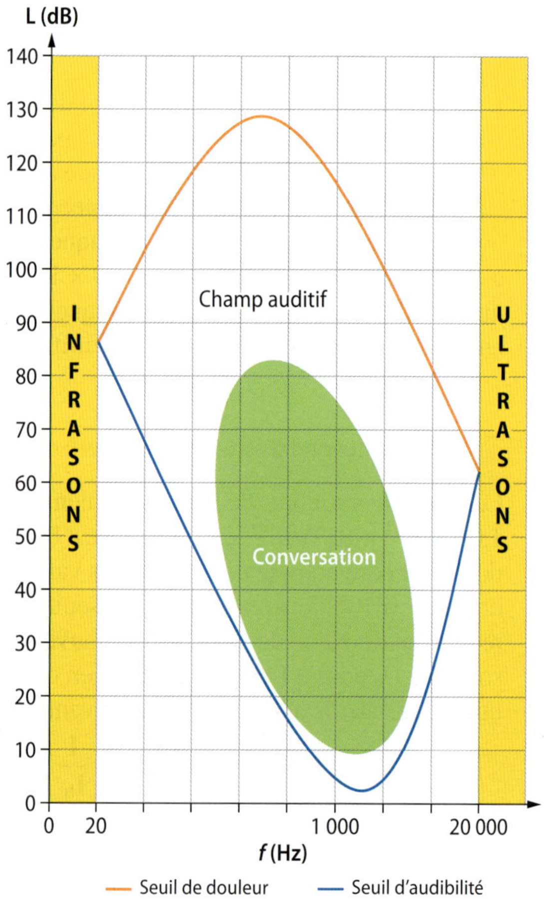

▲ Courbes de sensibilité de l'oreille humaine

QUESTIONS

1. ANALYSER – RAISONNER ▶ Est-ce vrai ou faux ? Justifier.
Ces sièges, équipés d'atténuateur électronique de bruit, permettent :
- de plus réduire le niveau sonore des sons graves que des sons médiums ;
- de réduire le niveau sonore au maximum de 10 dB environ.

2. ANALYSER – RAISONNER ▶ En vous appuyant sur les documents, expliquer l'intérêt de placer un atténuateur électronique de bruit sur des sièges d'avion pour :
- limiter le bruit dans la cabine d'avion ;
- permettre à deux personnes de converser plus facilement.

ACTIVITÉ 4

ACTIVITÉ EXPÉRIMENTALE **TP**

COMPÉTENCES

✓ Réaliser : proposer et mettre en œuvre un protocole expérimental en respectant les règles de sécurité

✓ Analyser/Raisonner : exploiter des mesures

➜ Suivant la nature du matériau, comment évolue l'atténuation phonique ?

L'utilisation d'une chambre sourde permet d'étudier l'absorption des ondes sonores par différents matériaux.

DOC. 1 Transmission/Absorption

Quand une onde sonore passe d'un milieu de propagation A à un autre B, son énergie est en partie :

- réfléchie dans le milieu de propagation A à la surface de contact entre les milieux A et B ;
- absorbée dans le milieu de propagation B ;
- transmise après le milieu de propagation B.

L'énergie de l'onde incidente est égale à la somme des énergies des ondes réfléchie, absorbée et transmise.

$$I = I_r + I_a + I_t$$

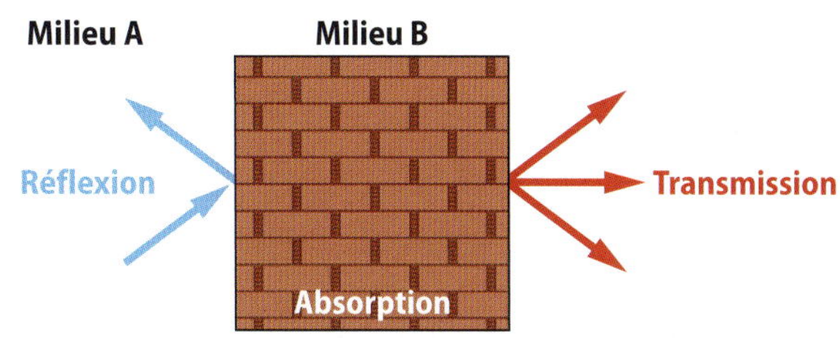

DOC. 2 Description du dispositif

Cette chambre sourde est tapissée d'isolants phoniques, permettant de confiner le son émis par un buzzer au sein de la mallette. Le buzzer émet un son tant que la mallette est fermée.

Divers matériaux sont à disposition, à savoir du polystyrène, du bois, etc.

Remarque : une expérience témoin permet de comparer et ainsi de pouvoir réaliser une conclusion.

Une expérience sans témoin est incomplète et ne sert à rien.

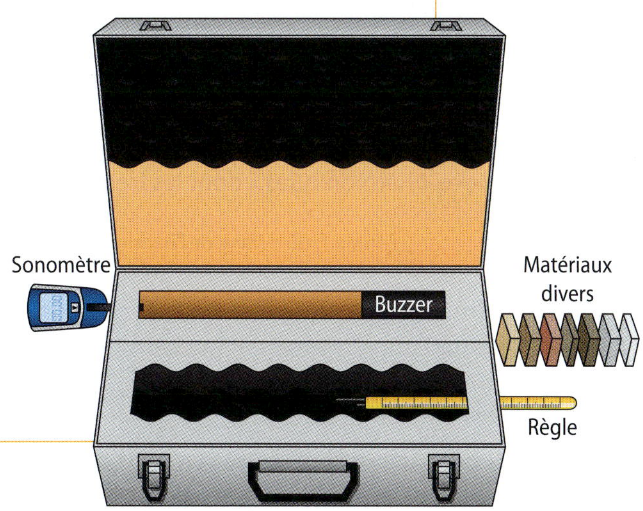

QUESTIONS

Vidéo
Chambre sourde
Nathan live!

1. RÉALISER ▶ Proposer une expérience témoin avant toute étude de l'atténuation phonique.

2. RÉALISER ▶ Proposer puis, après validation par votre professeur, mettre en œuvre votre protocole expérimental permettant d'effectuer des mesures pour répondre à la problématique de cette activité, à savoir « Suivant la nature du matériau, comment évolue l'atténuation phonique ? ».

RÉSULTATS D'EXPÉRIENCE À TÉLÉCHARGER

LE COURS

1 CARACTÉRISTIQUES DES SONS PURS ET COMPLEXES

Un son se traduit à l'oscilloscope par un signal électrique. Il est possible de relever, grâce à un outil numérique, son spectre d'amplitude.

- **Quels sont les deux types de sons musicaux ?**

Son pur

Celui-ci est pur si le signal périodique est sinusoïdal.

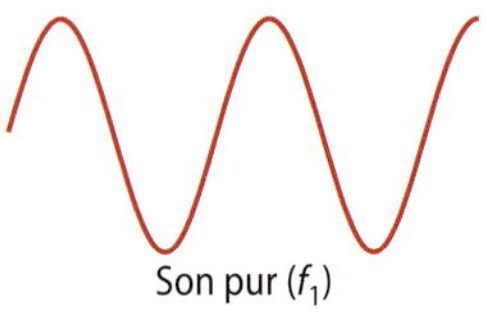

On observe une seule fréquence sur le spectre d'amplitude d'un son pur.

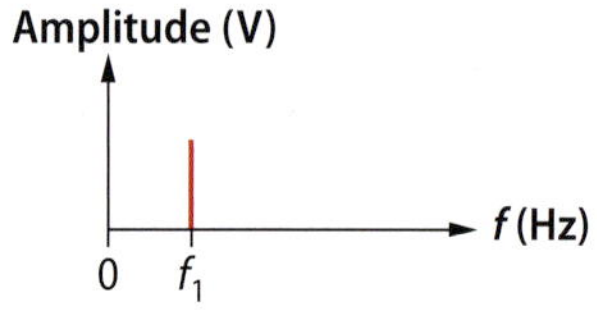

▲ Spectre d'amplitude d'un son pur

Son complexe

Si le signal périodique n'est pas sinusoïdal, le son musical est complexe.

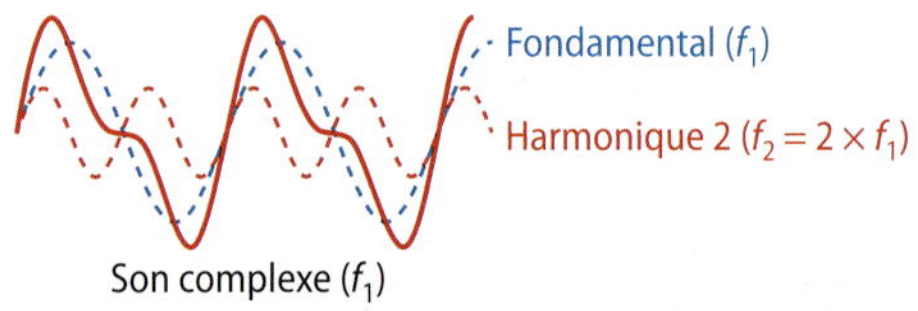

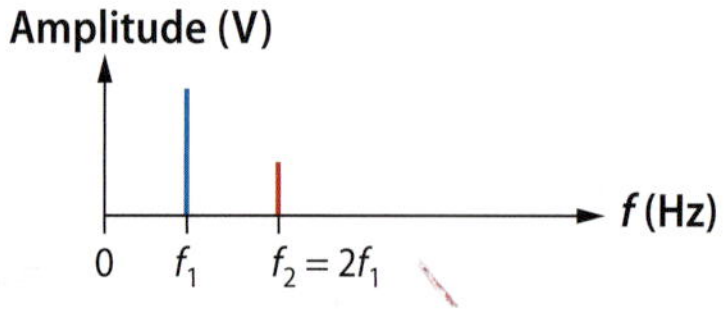

▲ Spectre d'amplitude d'un son complexe

Un son complexe de fréquence f_1 peut être décomposé en une somme de sons purs sinusoïdaux appelés « harmoniques » dont les fréquences sont telles que :

$f_n = n \times f_1$ où n : rang de l'harmonique f_1 et f_n en Hz

La fréquence f_1, fréquence la plus basse de la décomposition spectrale, est appelée fréquence du fondamental (ou harmonique 1).

- **Qu'est-ce que la hauteur d'un son ?**

La hauteur d'un son, égale à la fréquence f_1 du fondamental, est la caractéristique qui donne la sensation qu'un son est plus aigu ou plus grave qu'un autre. Plus la hauteur est élevée, plus le son est aigu.

La hauteur f_1 est liée à la période T, durée d'un motif élémentaire du signal sonore, par la relation $f_1 = \frac{1}{T}$ avec T en seconde (s) et f_1 en Hertz (Hz).

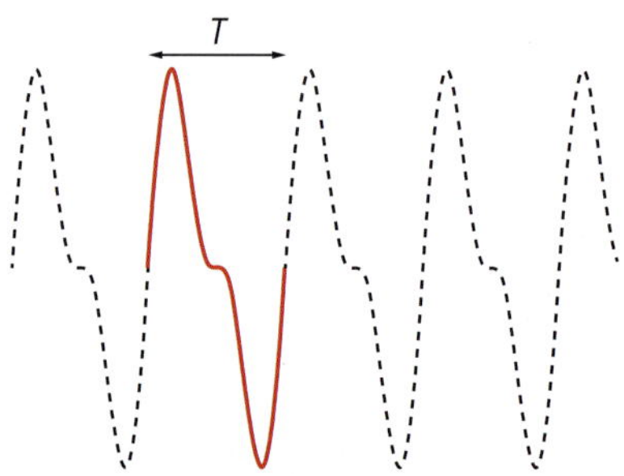

▲ Motif élémentaire (en rouge) d'un son complexe et sa période T

- **Qu'est-ce que le timbre d'un son ?**

Deux sons, de même hauteur, joués par deux instruments différents, ne sont pas perçus de la même manière.

Le timbre d'un son est la qualité du son qui permet de distinguer des notes, de même hauteur, jouées par des instruments différents. Il est lié au nombre d'harmoniques et à leurs amplitudes.

2 DE L'INTENSITÉ ACOUSTIQUE AU NIVEAU SONORE

La sensation auditive humaine n'est pas proportionnelle à l'intensité sonore reçue. En effet, quand deux trompettes jouent ensemble, l'intensité sonore est deux fois plus grande par rapport à une seule trompette, car **les intensités acoustiques s'additionnent**, mais le son ne paraît pas deux fois plus fort.

Pour quantifier cette sensation sonore, on définit la grandeur appelée **niveau sonore**, notée ***L***, sachant que :

$\boldsymbol{L = 10 \times \log\left(\frac{I}{I_0}\right)}$ avec I en W.m^{-2} et L en décibel (dB).

L'intensité sonore de référence I_0 correspond au seuil d'audibilité de l'oreille humaine, pour un son de fréquence 1 000 Hz, et est telle que : $I_0 = 10^{-12}$ W.m^{-2}.

Connaissant le niveau sonore L, il est possible de calculer l'intensité acoustique avec la relation suivante : $\boldsymbol{I = I_0 \times 10^{\frac{L}{10}}}$

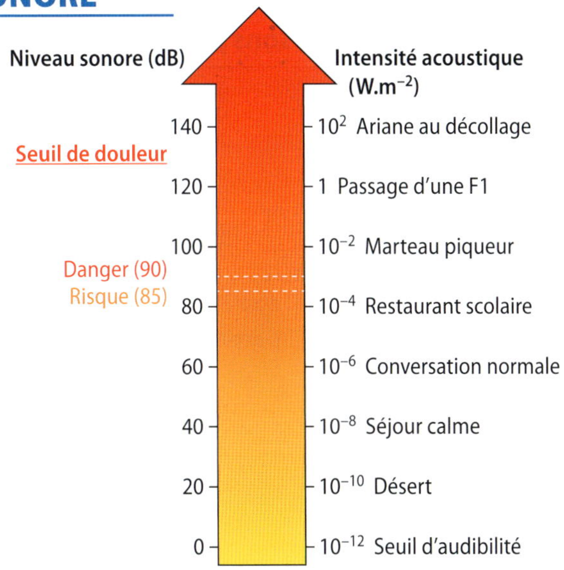

▲ Intensité acoustique et niveau sonore

3 SENSIBILITÉ DE L'OREILLE HUMAINE

Notre oreille a des **seuils d'audibilité** et de douleur qui dépendent de la fréquence du son reçu. Parmi les fréquences audibles, les plus graves et les plus aiguës sont mal perçues et deviennent gênantes voire dangereuses à fort volume. Les médiums sont quant à eux bien perçus et moins dangereux.

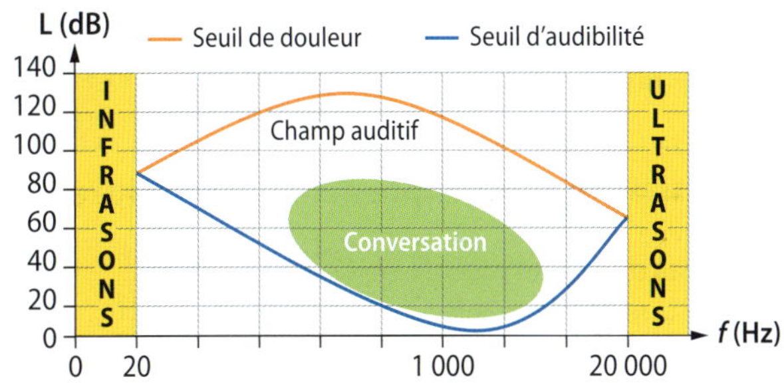

▲ Courbes de sensibilité de l'oreille humaine

4 TRANSMISSION OU ABSORPTION D'UN SON PAR DIFFÉRENTS MATÉRIAUX

L'**isolation phonique** dépend de la **nature des matériaux** choisis, de leurs **épaisseurs** respectives et de la **fréquence** de l'onde sonore incidente.

À partir de modèles, on peut en déduire la valeur de l'indice d'affaiblissement acoustique R_w, exprimé en décibels (dB), mesure normalisée caractérisant l'aptitude d'un matériau à atténuer la transmission directe du bruit. Ici le matériau permet donc, en moyenne, de diminuer de 30 dB le niveau sonore perçu.

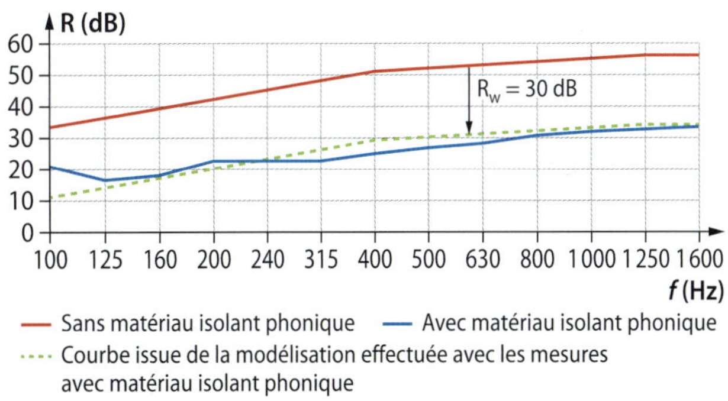

▲ Mesure d'affaiblissement acoustique en fonction de la fréquence du son pour un matériau

EXERCICES — Testez vos connaissances

Indiquer la (ou les) bonne(s) réponse(s) :

Caractéristiques des sons purs et complexes

	A	B	C
1. La fréquence de ce signal électrique est proche de : 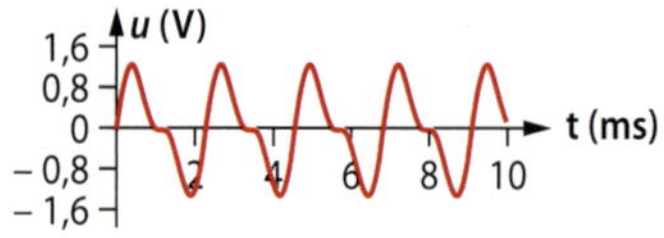	☐ 100 Hz	☐ 200 Hz	☐ 400 Hz

Répondre aux questions **2.** à **8.** d'après les **notes 1, 2, 3 et 4** ci-dessous.

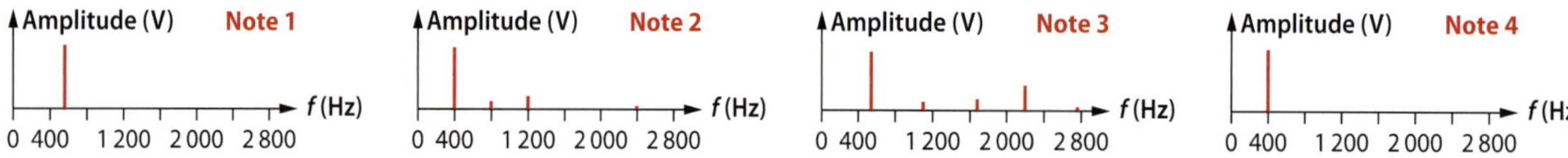

	A	B	C
2. Pour ces quatre notes :	☐ nous avons deux sons purs et deux sons complexes	☐ nous n'avons que des sons purs	☐ nous n'avons que des sons complexes
3. La hauteur de la note 2 vaut :	☐ 400 Hz	☐ 800 Hz	☐ 2 500 Hz
4. La note ayant le plus d'harmoniques est :	☐ la note 1	☐ la note 2	☐ la note 3
5. Pour ces quatre notes :	☐ les notes 1 et 3 ont la même hauteur	☐ les notes 2 et 4 ont la même hauteur	☐ elles ont toutes la même hauteur
6. Pour ces quatre notes :	☐ les notes 2 et 3 ont le même timbre	☐ les notes 1 et 4 ont le même timbre	☐ ces quatre notes ont un timbre différent

De l'intensité acoustique au niveau sonore

	A	B	C
7. Le niveau d'intensité sonore L se calcule par la relation suivante :	☐ $L = 10 \log \frac{I}{I_0}$ avec $I_0 = 10^{12}$ W.m^{-2}	☐ $L = 10 \log \frac{I}{I_0}$ avec $I_0 = 10^{-12}$ W.m^{-2}	☐ $L = 10 \log \frac{I_0}{I}$ avec $I_0 = 10^{12}$ W.m^{-2}
8. Un musicien joue une note pendant quelques secondes avec son instrument. Le niveau sonore est de 70 dB. Un second musicien vient accompagner le premier et joue la même note au même niveau sonore.	☐ le nouveau niveau sonore vaut 70 dB	☐ le nouveau niveau sonore vaut 73 dB	☐ le nouveau niveau sonore vaut 140 dB

D'après le document 2 p. 230 du livre, répondre aux questions **9.** à **10.** :

Sensibilité de l'oreille humaine

	A	B	C
9. D'après les courbes de sensibilité de l'oreille humaine :	☐ quel que soit le niveau sonore, nous entendons nettement les sons de fréquences différentes	☐ suivant sa fréquence, un son peut être audible même à un niveau sonore très faible	☐ suivant sa fréquence, un son peut être dangereux pour l'audition même à un niveau sonore de 80 dB.

Transmission ou absorption d'un son par différents matériaux

	A	B	C
10. L'isolation phonique d'une cloison varie en fonction :	☐ de la nature du(des) matériau(x) choisi(s)	☐ de l'épaisseur du(des) matériau(x) choisi(s)	☐ de la fréquence de l'onde sonore incidente

→ Corrigés, p. 284

■ Analyse des signaux 1 et 2

Voici les enregistrements et les spectres d'amplitude de deux signaux.

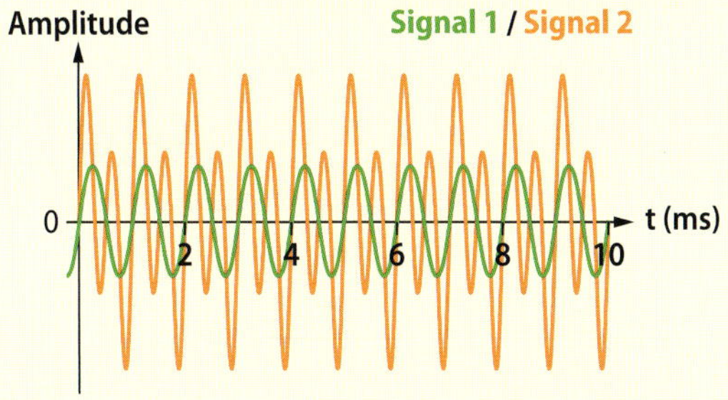

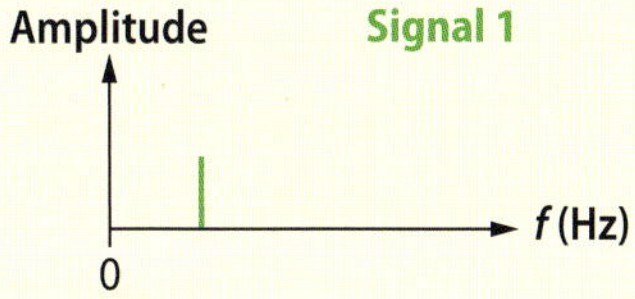

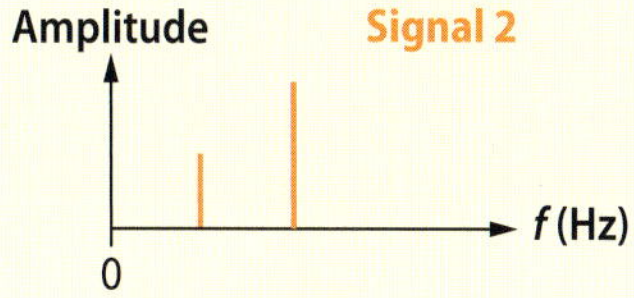

Remarque : l'échelle des fréquences est identique pour les deux spectres en amplitude.

1. Pour chaque signal ci-dessus, indiquer s'il est pur ou complexe. Justifier.

> **S'APPROPRIER** - Allure d'un son pur ou complexe.

2. Déterminer la hauteur de chaque signal.

> **S'APPROPRIER** - Relation entre période et fréquence ;
> **ANALYSER/RAISONNER** - Déterminer la période de chaque signal ;
> **RÉALISER** - Convertir si nécessaire.

3. En déduire si ces signaux sont audibles pour l'Homme.

> **S'APPROPRIER** - Intervalle des fréquences audibles pour l'Homme.

4. En cas de présence d'harmonique(s), déterminer leur(s) fréquence(s).

> **S'APPROPRIER** - Harmoniques de fréquences multiples par rapport au fondamental ;
> **ANALYSER/RAISONNER** - Exploiter les spectres d'amplitude.

5. En cas de présence d'harmonique(s), comparer leur(s) amplitude(s) par rapport à celle du fondamental.

> **ANALYSER/RAISONNER** - Comparer les hauteurs de chaque pic sur les spectres d'amplitude.

Solution

1. Le signal 1 est pur car il s'agit d'un signal sinusoïdal contrairement à celui du signal 2 qui est complexe.

2. Pour le signal 1, dix périodes occupent 10,0 ms.
Donc $T_1 = 1{,}00 \text{ ms} = 1{,}00 \times 10^{-3}$ s.
Or la hauteur f_1 de ce signal 1 est l'inverse de T_1 donc
$f_1 = \dfrac{1}{1{,}00 \times 10^{-3}} = 1{,}00 \times 10^3$ Hz.
Pour le signal 2, nous avons la même périodicité temporelle, donc sa hauteur vaut aussi $1{,}00 \times 10^3$ Hz.
En comparant les deux spectres d'amplitude, nous avons bien les fréquences les plus basses au même niveau pour les deux signaux.

3. Ces deux signaux sont audibles pour l'Homme car leurs hauteurs sont comprises entre 20 Hz et 20 kHz.

4. Seul le signal 2 présente un harmonique, ici de fréquence double par rapport à la hauteur de $1{,}00 \times 10^3$ Hz, donc elle a pour fréquence $2{,}00 \times 10^3$ Hz.

5. L'amplitude de l'harmonique 2 du signal 2 est le double de celle de son fondamental.

À VOUS DE JOUER !

■ Analyse des signaux 3 et 4

Répondre aux mêmes questions que précédemment avec les enregistrements et spectres d'amplitude ci-dessous.

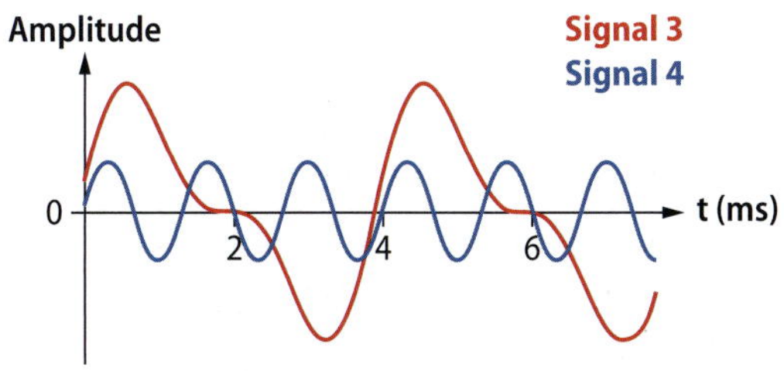

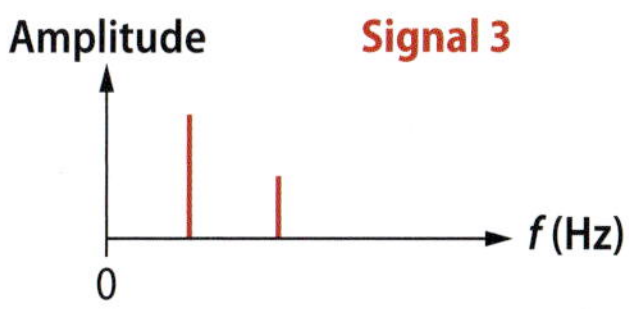

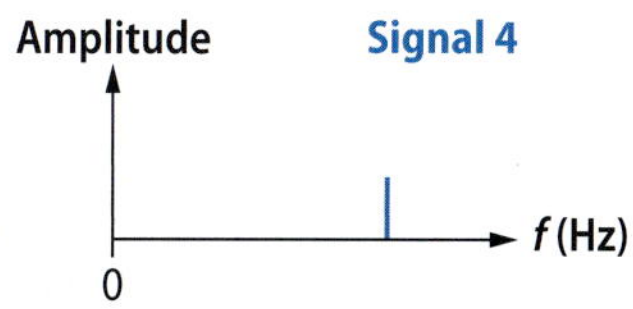

Remarque : l'échelle des fréquences est identique pour les deux spectres en amplitude.

→ Corrigés, p. 284

Caractéristiques des sons purs et complexes

1 Pur ou complexe ?

S'approprier : mobiliser des connaissances

Pour chaque son enregistré ci-dessous, indiquer s'il est pur ou complexe. Justifier.

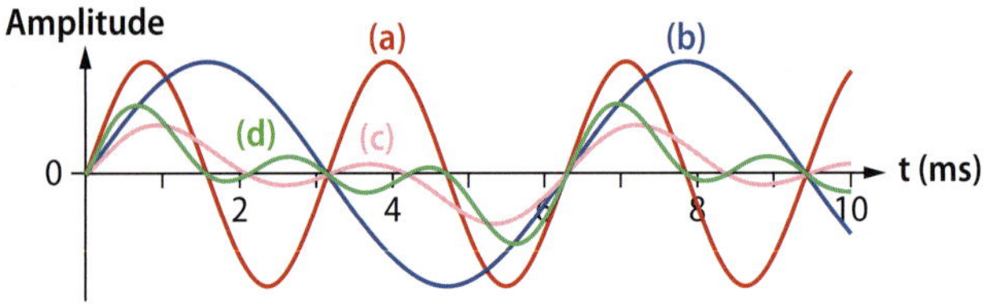

2 Période et hauteur

Analyser/Raisonner : exploiter un enregistrement
Réaliser : effectuer des calculs

1. Sans effectuer le moindre calcul, classer les quatre sons ci-dessus dans l'ordre croissant de leur hauteur. Justifier.

2. Déterminer le plus précisément possible la période de chaque son.

3. Vérifier, après calculs, votre classement effectué à la question 1.

3 Fréquences

S'approprier : mobiliser des connaissances
Analyser/Raisonner : exploiter un enregistrement

Voici le spectre d'amplitude d'un son.

1. Donner la hauteur de ce son.

2. Donner les fréquences et rang des harmoniques de ce son.

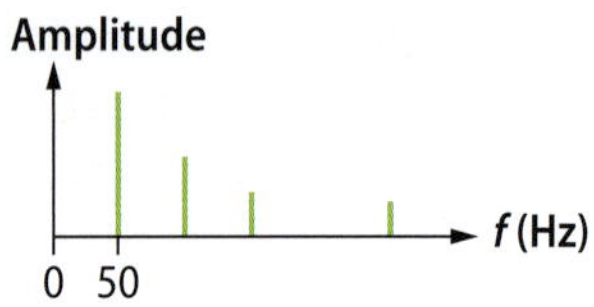

4 Hauteur et timbre

S'approprier : mobiliser des connaissances
Analyser/Raisonner : exploiter un enregistrement

Voici les spectres d'amplitude de quatre sons.

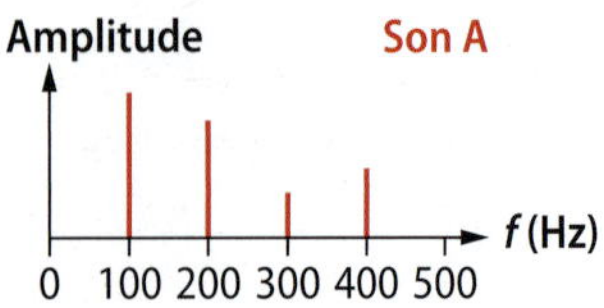

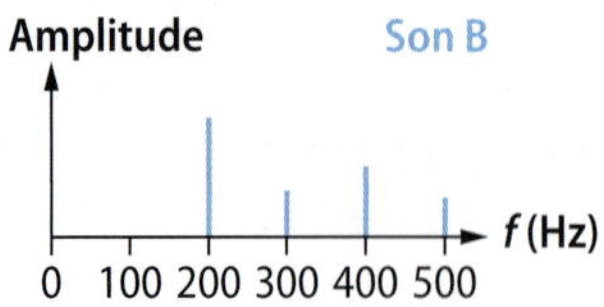

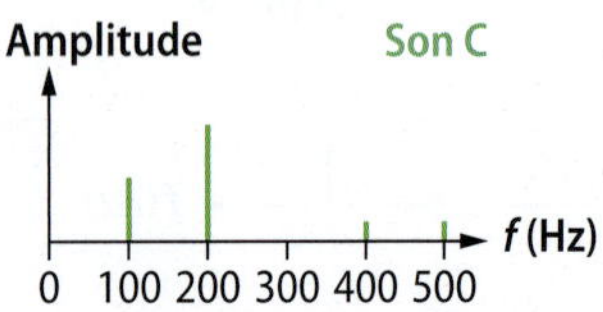

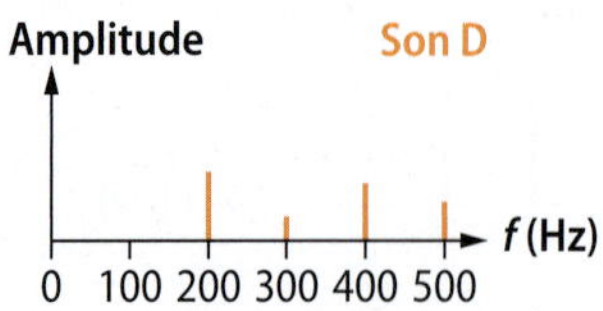

Commenter ces quatre spectres en indiquant si ces sons ont la même hauteur et/ou le même timbre.

5 Note jouée à la flûte ?

S'approprier : mobiliser des connaissances
Analyser/Raisonner : exploiter un enregistrement
Réaliser : effectuer des calculs

Voici le spectre d'amplitude d'une note jouée à la flûte.

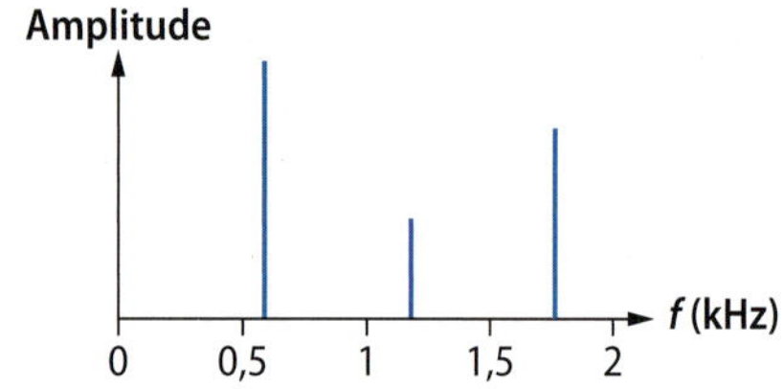

1. Déterminer le plus précisément possible la note jouée avec cette flûte.

2. Donner les fréquences et rang des harmoniques de cette note jouée à la flûte.

Données : hauteur de quelques notes de musique (en Hz)

Do_2	$Ré_2$	Mi_2	Fa_2	Sol_2	La_2	Si_2	Do_3	$Ré_3$	Mi_3	Fa_3
132	148	165	176	198	220	247	264	297	330	352

Sol_3	La_3	Si_3	Do_4	$Ré_4$	Mi_4	Fa_4	Sol_4	La_4	Si_4
396	440	495	528	594	660	704	792	880	990

De l'intensité acoustique au niveau sonore

6 Que de bruit !

S'approprier : mobiliser des connaissances
Analyser/Raisonner : exploiter un enregistrement
Réaliser : effectuer des calculs

Lorsque des enfants jouent sur des structures gonflables, le niveau sonore monte vite comme le montre l'enregistrement ci-contre.

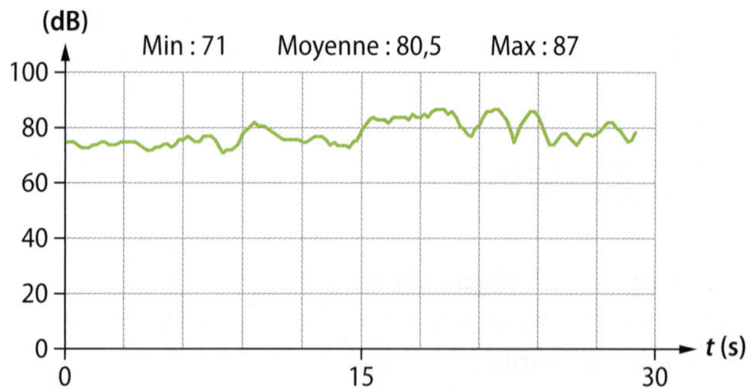

1. Calculer les intensités acoustiques minimale, moyenne et maximale lors de l'enregistrement effectué près de structures gonflables.

2. En déduire le rapport entre les intensités acoustiques maximale et minimale.

Donnée : L'intensité sonore de référence est $I_0 = 1{,}0 \times 10^{-12}$ W.m^{-2}

7 1 + 1 = 2 ?

S'approprier : mobiliser des connaissances
Analyser/Raisonner : exploiter un enregistrement
Réaliser : effectuer des calculs

1. Donner la relation permettant de calculer l'intensité acoustique totale obtenue lorsque deux instruments jouent à la même intensité acoustique I.

2. En déduire la relation permettant de calculer le niveau sonore total obtenu lorsque deux instruments jouent à la même intensité acoustique I.

3. Mettre en relation le titre de cet exercice et vos résultats précédents.

4. Calculer le niveau sonore total lorsque trois instruments jouent avec trois intensités acoustiques différentes ($1{,}0 \times 10^{-6}$ W.m^{-2}, $2{,}0 \times 10^{-6}$ W.m^{-2} et $3{,}0 \times 10^{-6}$ W.m^{-2}).
Donnée : l'intensité sonore de référence est $I_0 = 1{,}0 \times 10^{-12}$ W.m^{-2}

Sensibilité de l'oreille humaine

8 Sensibilité de l'oreille en fonction de la fréquence

Analyser/Raisonner : exploiter un enregistrement
Réaliser : effectuer des calculs

La hauteur des sons perceptibles par notre oreille varie de 20 Hz à 20 kHz. Le diagramme de Fletcher et Munson, datant de 1933, répertorie ci-dessous les courbes d'égale sensation auditive.

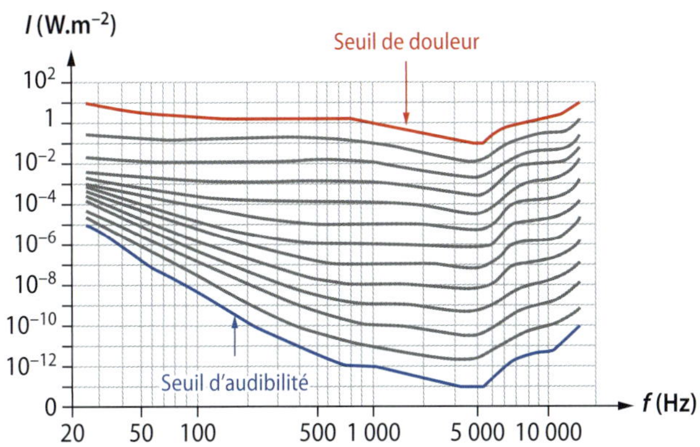

▲ Diagramme de Fletcher et Munson

1. Le seuil d'audibilité I_0 est fixé à une fréquence de 1 000 Hz. Déterminer graphiquement sa valeur.

2. D'après ces courbes isosoniques, déterminer l'intensité acoustique à 100 Hz nous donnant la même sensation auditive qu'un son de 50 Hz d'intensité acoustique $1{,}0 \times 10^{-6}$ W.m^{-2}.

3. Déterminer graphiquement l'intensité acoustique puis calculer le niveau sonore à 1 000 Hz nous donnant la même sensation auditive qu'un son de 100 Hz de niveau sonore 60 dB.

9 SCIENCE IN ENGLISH

Hearing problems

What are the hearing problems for this person ?

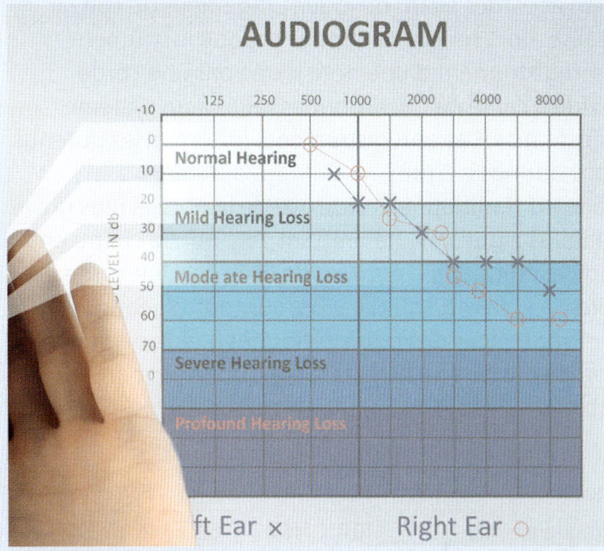

Transmission ou absorption d'un son par différents matériaux

10 Isolons !

Analyser/Raisonner : exploiter un enregistrement

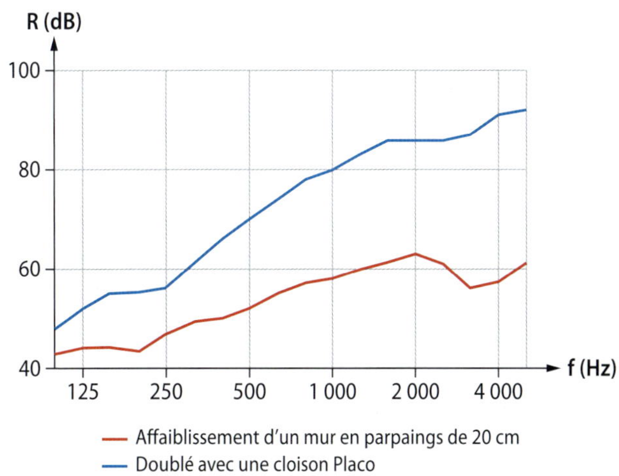

▲ Courbes d'affaiblissement d'un mur en parpaings de 20 cm (courbe rouge), doublé avec une cloison Placo (courbe bleue)

Voici les courbes d'affaiblissement acoustique d'un mur en parpaings de 20 cm d'épaisseur avec et sans cloison Placo.

1. Les parpaings ont-ils la même efficacité avec les bruits aigus et graves ? Justifier.

2. Même question avec le mur doublé avec une cloison Placo.

3. Quel affaiblissement acoustique est dû à la cloison Placo à 1 000 Hz ?

11 Musique Maestro ! BAC

Avant un concert, un bassiste et un guitariste souhaitent vérifier que leurs instruments sont bien accordés avant de jouer. L'ingénieur du son réalise alors séparément pour chaque instrument l'enregistrement d'une note jouée par une corde à vide à l'aide de microphones reliés à un système informatisé. Les enregistrements informatisés obtenus sont donnés ci-après.

L'accord traditionnel à vide est, de la note la plus grave à la plus aiguë : mi_1, la_1, $ré_2$, sol_2, si_2, mi_3, le chiffre en indice indiquant le numéro de l'octave. Une corde est dite « à vide » lorsqu'elle vibre sur toute sa longueur. Les fréquences des notes produites à vide par les cordes pincées de la guitare sont données dans le tableau suivant :

n° de corde	1	2	3	4	5	6
note	mi_1	la_1	$ré_2$	sol_2	si_2	mi_3
fréquence (Hz)	82,4	110,0	146,8	196,0	246,9	329,6

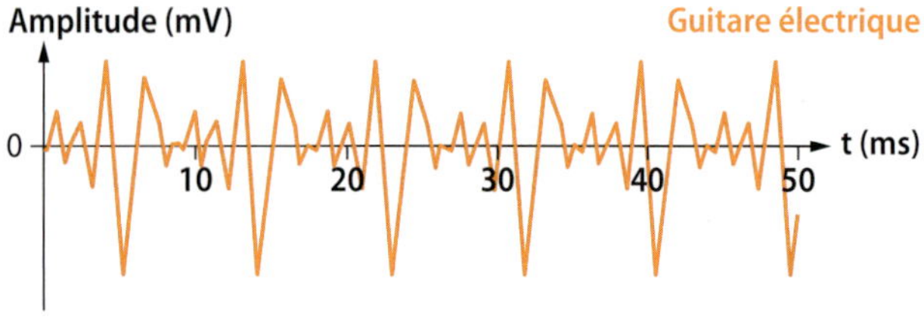

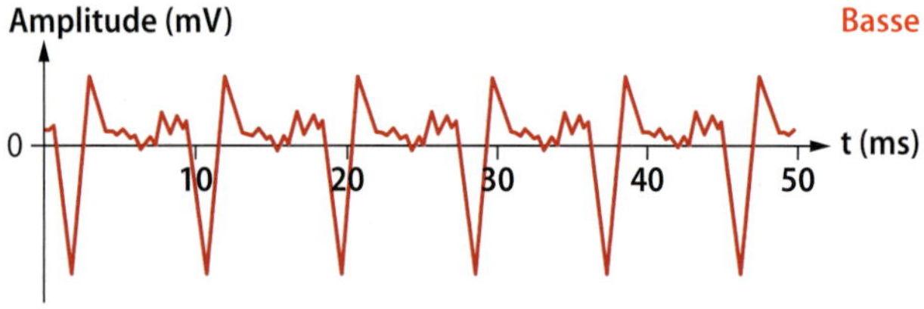

Remarque : une différence d'un à deux hertz ne doit pas être comptabilisée comme un écart significatif lors d'une comparaison de fréquences.

1. Indiquer si le son joué par la guitare électrique est pur ou complexe. Justifier.

2. Déterminer le numéro de la corde de la guitare électrique qui a été pincée. Détailler votre démarche.

3. Parmi les fréquences 55 Hz ; 110 Hz ; 330 Hz ; 440 Hz ; 660 Hz, choisir celles des harmoniques de la note jouée par la guitare électrique. Justifier.

Le son de la basse a été enregistré dans les mêmes conditions que celui de la guitare électrique.

4. Comparer en termes de hauteur et de timbre le son émis par la basse à celui émis par la guitare électrique.

La guitare électrique produit des sons grâce à des micros captant et transformant les vibrations des cordes en signal électrique. Ce signal peut ensuite être modifié électroniquement par divers accessoires

comme des pédales d'effets, puis amplifié. Parmi la multitude d'effets accessibles grâce à une pédale d'effets, on peut citer l'effet « wha-wha » popularisé par le célèbre guitariste Jimi Hendrix.

Ci-dessous sont représentés les spectres du son émis par une guitare électrique sans pédale « wha-wha » et avec l'effet « wha-wha » pour deux positions extrêmes de cette pédale dans les mêmes conditions d'attaque de la corde.

DOC. 1 Sans effet « wha-wha »

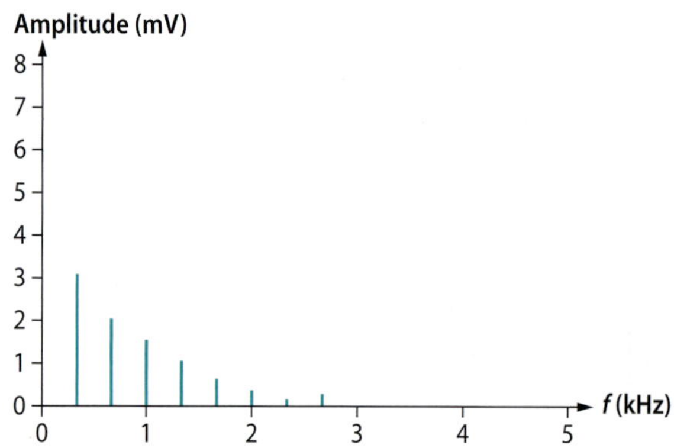

DOC. 2 Avec effet « wha-wha » en position 1

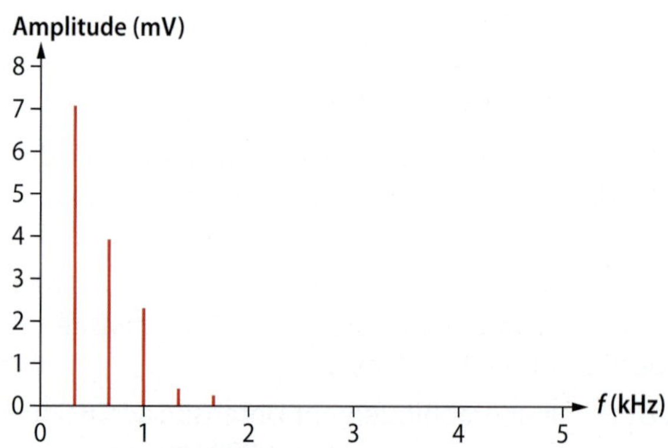

DOC. 3 Avec effet « wha-wha » en position 2

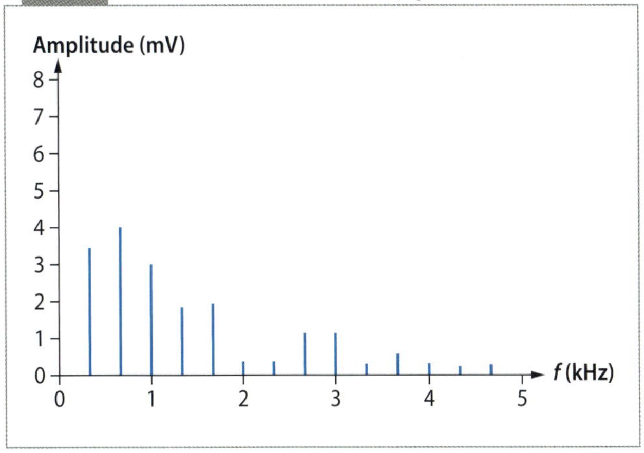

5. Préciser les effets de la pédale « wha-wha » sur les caractéristiques du son produit par une guitare électrique.

L'ingénieur du son enregistre un niveau sonore moyen de 60 dB lorsqu'une première guitare électrique joue un morceau.

6. Calculer l'intensité sonore I_1 du son enregistré.

Une seconde guitare électrique se joint à la première pour jouer à l'unisson (c'est-à-dire strictement le même enchaînement de notes) mais cette fois avec un niveau sonore différent correspondant à une intensité sonore I_2 valant $1,6 \times 10^{-6}$ W.m^{-2}.

7. Calculer le nouveau niveau sonore moyen mesuré par l'ingénieur du son lors de la prise de son quand les deux guitares électriques jouent simultanément.

Donnée : l'intensité sonore de référence est $I_0 = 1,0 \times 10^{-12}$ W.m^{-2}

12 Coupe du Monde 2010 en Afrique du Sud… STOP les vuvuzelas !

DIFFÉRENCIATION

Durant l'été 2010, pendant le Mondial de football, la vuvuzela est devenue un véritable cauchemar pour les joueurs, les commentateurs et les téléspectateurs…

Il faut avouer que ça fait du grabuge. Bien utilisée, une vuvuzela peut émettre un son d'une intensité atteignant 130 décibels. Ajoutez à cela le fait que l'instrument est utilisé par des milliers de spectateurs au cours du match et ça devient vite gênant, voire dangereux !

DOC. 1 Enregistrement réalisé à l'oscilloscope d'une vuvuzela :

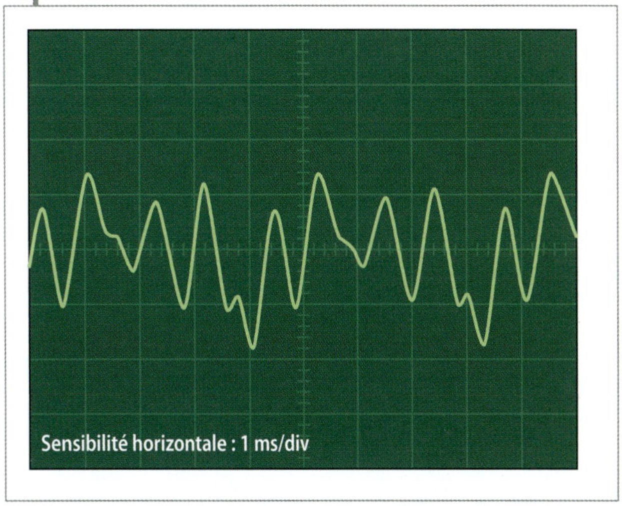

DOC. 2 Allure du spectre en amplitude d'une vuvuzela

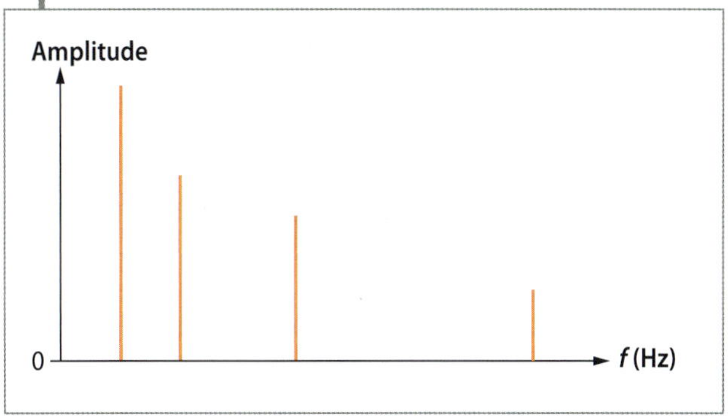

Pour réduire cette gêne pour les téléspectateurs, une société avait mis au point le moyen d'effacer lors de la retransmission certaines fréquences sonores sans pour autant altérer le son d'ambiance générale d'un stade.

Données : hauteur de quelques notes :

Note	Do	Do#	Ré	Ré#	Mi	Fa	Fa#
f1 (Hz)	130,8	138,6	146,8	155,6	164,8	174,6	185,0

Note	Sol#	La#	Si
f1 (Hz)	207,6	233,1	246,9

• Exploiter l'ensemble des documents et rédiger un paragraphe argumenté permettant d'expliquer comment la société a pu réduire l'impact des vuvuzelas sur la retransmission sonore d'un match de football lors de la coupe du Monde 2010. Préciser la note principale jouée par ces vuvuzelas.

CHAPITRE 17

THÈME 1 › ONDES ET SIGNAUX

Ondes électromagnétiques

Le déploiement des systèmes de communication a modifié notre environnement proche, mais aussi tout le paysage en créant des infrastructures capables d'émettre et de recevoir toutes ces informations qui nous parviennent de manière incessante. Ces infrastructures ne cessent d'évoluer au fil des technologies nouvelles visant à augmenter les vitesses de transmission des données.

→ **Comment les ondes électromagnétiques assurent la transmission de l'information ?**

› Testez vos prérequis

Indiquer la (ou les) bonne(s) réponse(s) :

1. Les limites des fréquences audibles pour l'oreille humaine sont comprises entre :

- ☐ **a.** 2 Hz et 2 kHz
- ☐ **b.** 20 Hz et 20 kHz
- ☐ **c.** 200 Hz et 20 kHz

2. Pour une onde électromagnétique, la relation entre sa longueur d'onde dans le vide λ en m, sa fréquence f en Hz et sa célérité c en m.s^{-1} est :

- ☐ **a.** $\lambda = cf$
- ☐ **b.** $\lambda = \frac{f}{c}$
- ☐ **c.** $\lambda = \frac{c}{f}$

3. L'enregistrement d'un signal sonore est donné ci-dessous. La période T de ce signal est proche de :

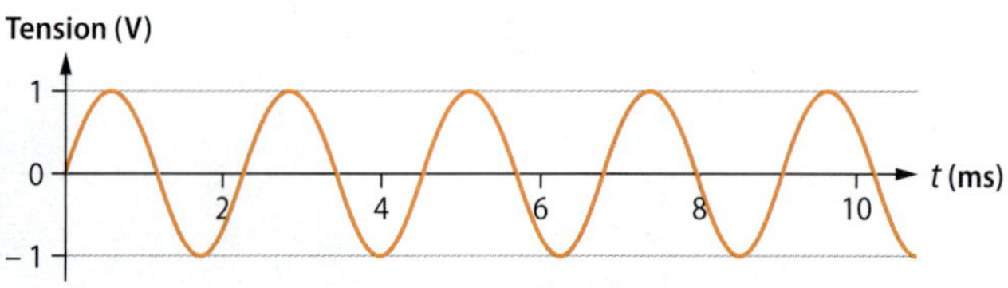

☐ **a.** 2 ms ☐ **b.** 1 ms ☐ **c.** 3 ms

4. La fréquence f du signal ci-dessus est :

☐ **a.** 0,4 Hz ☐ **b.** 4×10^2 Hz ☐ **c.** 4×10^{-4} Hz

5. Le spectre d'amplitude du signal ci-dessus est composé :

- ☐ **a.** d'un fondamental et d'une harmonique
- ☐ **b.** d'un fondamental et de deux harmoniques
- ☐ **c.** d'un fondamental uniquement

→ Corrigés, p. 284

Engrenage en rotation

Vidéo

Comment une onde transporte-t-elle de l'information ?

Nathan live!

CAPACITÉS EXIGIBLES

- Positionner les domaines fréquentiels des ondes utilisées dans les télécommunications sur une échelle de fréquence ou de longueur d'onde, à partir de données fournies

> ACTIVITÉ DOCUMENTAIRE 1

- Associer qualitativement la transmission d'informations différentes dans un même milieu à une transposition fréquentielle

> ACTIVITÉ EXPÉRIMENTALE 3

- Relier le domaine de fréquence exploité à la dimension des antennes utilisées

> ACTIVITÉ EXPÉRIMENTALE 2

- Mettre en œuvre une transmission d'informations par infrarouge ou onde radio

> ACTIVITÉ EXPÉRIMENTALE 2 ET 3

- Mettre en œuvre une transmission par fibre optique

> ACTIVITÉ EXPÉRIMENTALE 4

ACTIVITÉ 1

ACTIVITÉ DOCUMENTAIRE

COMPÉTENCES
- ✓ S'approprier : rechercher, sélectionner et organiser l'information en lien avec la problématique
- ✓ Réaliser : effectuer une collecte de données, un calcul

→ Quelles sont les fréquences des ondes électromagnétiques utilisées dans les télécommunications ?

Dans notre société très connectée, les ondes électromagnétiques ont envahi notre quotidien et sont utilisées dans tous nos systèmes de communication (téléphonie, radio, télévision, navigateur GPS…).

DOC. 1 Les ondes électromagnétiques au service de la communication

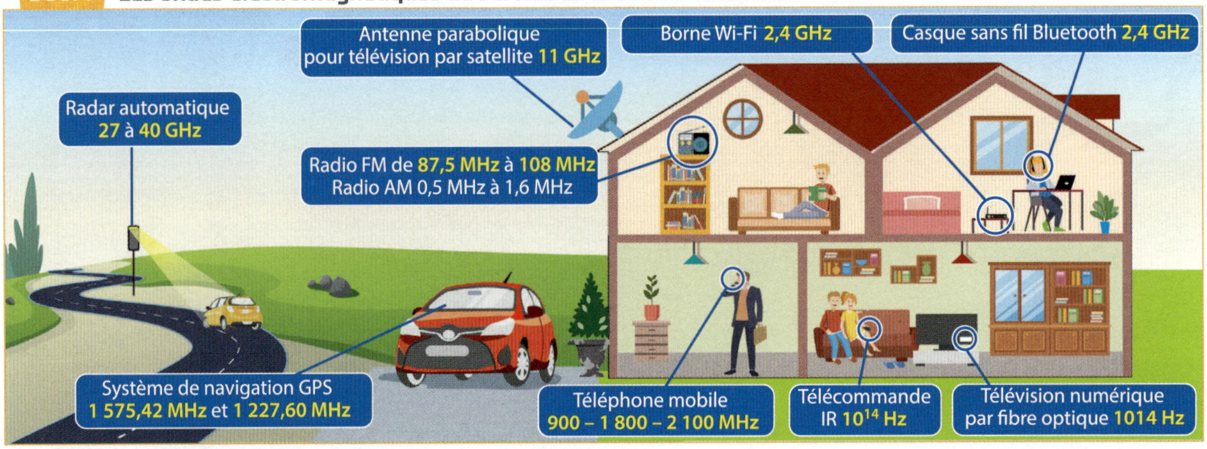

DOC. 2 Les ondes radiofréquences (ou ondes radio)

Le spectre des ondes radiofréquences a été découpé en différentes bandes permettant de classer les ondes radiofréquences utilisées dans les télécommunications.

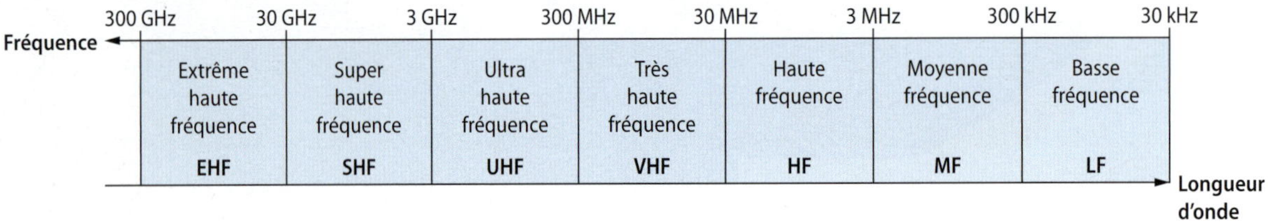

Rappel de 1re

$\lambda = cT = \frac{c}{f}$ où λ est la longueur d'onde dans le vide (en m), $c = 3{,}0 \times 10^8$ m.s^{-1} est la célérité dans l'air ou le vide d'une onde électromagnétique, T est la période (en s) de l'onde, et f sa fréquence (en Hz).

QUESTIONS

1. S'APPROPRIER ▶ Parmi les différents objets présentés dans le DOC. 1, indiquer à l'aide du schéma du DOC. 2, ceux n'utilisant pas des ondes radiofréquences pour communiquer. Préciser le type d'ondes électromagnétiques utilisé.

2. RÉALISER ▶

a) Recopier le schéma des ondes radiofréquences du DOC. 2 et positionner les différentes fréquences des ondes radio rencontrées dans le DOC. 1 sur le DOC.2.

b) Compléter l'échelle en longueur d'onde du DOC. 2 en faisant apparaître la valeur des longueurs d'onde correspondantes aux différents bandes.

ACTIVITÉ 2

ACTIVITÉ EXPÉRIMENTALE **TP**

COMPÉTENCES

- Analyser/Raisonner : choisir un modèle ou des lois pertinentes, faire des prévisions à l'aide d'un modèle
- Réaliser : utiliser un modèle, effectuer des calculs, mettre en œuvre un protocole expérimental

→ Quels sont le rôle et les dimensions caractéristiques des antennes ?

L'usage des ondes radio dans notre quotidien a entraîné une prolifération dans notre environnement d'antennes de dimension et de formes très diverses.

DOC. 1 Dispositif expérimental

Un long fil est relié à un générateur basse fréquence (GBF) générant une tension sinusoïdale de fréquence 100 kHz. On visualise ce signal en entrée d'un oscilloscope.

Un deuxième long fil est connecté sur l'autre entrée de l'oscilloscope.

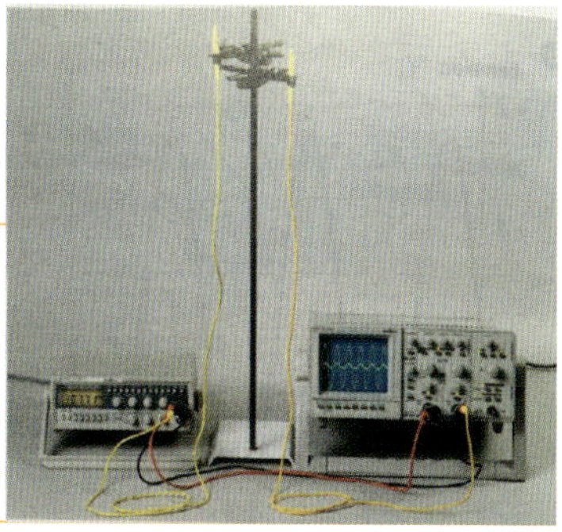

DOC. 2 Dimension des antennes

En théorie, les antennes qui émettent ou reçoivent les ondes radio doivent avoir une dimension de l'ordre de la longueur d'onde λ des ondes émises ou reçues. En général, leur dimension est choisie pour être égale à un sous-multiple de la longueur d'onde : $\frac{\lambda}{2}$ (pour une antenne demi-onde), $\frac{\lambda}{4}$ (pour une antenne quart d'onde), $\frac{\lambda}{8}$…

Le schéma ci-contre montre un exemple d'antenne demi-onde.

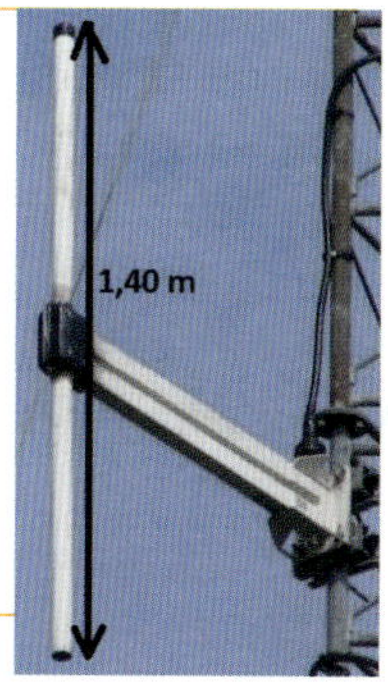

QUESTIONS

1. ANALYSER – RAISONNER ▶ Réaliser l'expérience décrite dans le DOC. 1.

a) Observer le signal reçu et comparer son amplitude et sa fréquence à celles du signal émis.

b) Indiquer le rôle de chaque fil.

c) Décrire le principe de transmission de l'information par onde radio illustré dans l'expérience du DOC. 1, à partir des mots ou expressions suivants : antenne réceptrice, antenne émettrice, signal électrique à transmettre de fréquence f (information à transmettre), onde radio, air, signal électrique transmis (information transmise).

2. ANALYSER – RAISONNER ▶ On considère les ondes radio suivantes : ondes du système GSM (téléphone mobile) de fréquence 900 MHz ou 1 800 MHz, ondes de radio FM de fréquence comprise entre 87 MHz et 108 MHz, ondes WIFI 2,4 GHz, TNT (télévision numérique terrestre) de fréquence entre 470 MHz et 790 MHz.

À partir des informations extraites du DOC. 2, indiquer les ondes radio que peut émettre ou recevoir l'antenne demi-onde représentée sur la photographie du DOC. 2. Justifier.

Données : $c = 3{,}0 \times 10^{8}$ m.s^{-1}

ACTIVITÉ 3

ACTIVITÉ EXPÉRIMENTALE **TP**

COMPÉTENCES

- ✓ S'approprier : sélectionner et organiser l'information en lien avec la problématique, représenter la situation par un schéma
- ✓ Réaliser : mettre en œuvre un protocole expérimental

→ Comment se fait la transmission d'information en modulation d'amplitude ?

DOC. 1 **Protocole expérimental illustrant le principe de la radio AM (Amplitude Modulation en anglais)**

- Envoyer sur l'entrée X d'un multiplieur un signal électrique $u_m(t)$, appelé signal modulant, résultant de la somme d'une tension sinusoïdale de fréquence $f = 1$ kHz, d'amplitude A_m voisine de 1 V et d'une tension continue U_0 de 2 V environ. Observer le signal modulant à l'aide d'un oscilloscope.
- Envoyer sur l'entrée Y du multiplieur une tension sinusoïdale $u_p(t)$ de fréquence $f_p = 200$ kHz et d'amplitude A_p voisine de 6 V. Ce signal est appelé porteuse. Visualiser la porteuse à l'aide de l'oscilloscope.
- Sur l'oscilloscope, visualiser le signal en sortie du multiplieur, appelé signal modulé s(t).
- Relier un long fil en sortie du multiplieur.
- Régler le poste de radio AM sur les grandes ondes (GO ou LW) et ajuster le sélecteur de fréquences autour de 200 kHz.
- Faire varier la fréquence f du signal modulant dans la gamme des fréquences audibles.

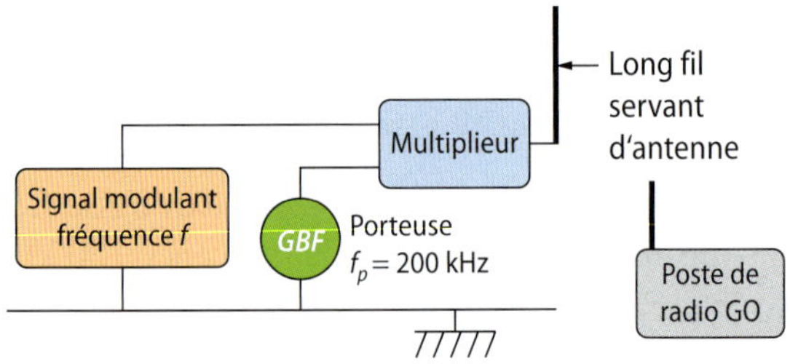

DOC. 2 **Liste de matériel**

2 GBF*, un multiplieur* et son alimentation*, un oscilloscope*, un long fil en guise d'antenne, fils de connexion, un poste radio AM.

* : Ces éléments peuvent être remplacés par un ordinateur et un logiciel type Oscillo5.

QUESTIONS

1. RÉALISER ▶ Réaliser le protocole expérimental décrit dans le **DOC. 1**.

a) Préciser la nature de l'information récupérée.

b) Indiquer le signal dont la fréquence doit être accordée sur celle du sélecteur du poste radio.

c) Représenter les allures du signal modulant $u_m(t)$, de la porteuse $u_p(t)$ et du signal modulé $s(t)$ observés à l'oscilloscope.

d) En radiodiffusion AM, la transmission de l'information se fait par modulation d'amplitude de la porteuse. Est-ce cohérent avec vos observations à l'oscilloscope ?

2. ANALYSER – RAISONNER ▶ On donne les expressions suivantes :

– pour le signal modulant : $u_m(t) = A_m\cos(2\pi ft) + U_0$;

– pour la porteuse : $u_p(t) = A_p\cos(2\pi f_p t)$.

En sortie du multiplieur, le signal modulé s'écrit :

$s(t) = ku_m(t)u_p(t)$, avec k une constante dépendant du multiplieur.

On peut montrer que $s(t)$ est la somme de trois tensions sinusoïdales de fréquences différentes :

$$s(t) = kA_pU_0\cos(2\pi f_p t) + \frac{1}{2}kA_pA_m\cos(2\pi(f_p - f)t) + \frac{1}{2}kA_pA_m\cos(2\pi(f_p + f)t)$$

Les valeurs de A_p, U_0, A_m, f, et f_p sont données dans le **DOC. 1**.

a) Préciser les valeurs des fréquences contenues dans le signal modulé obtenu.

b) En déduire l'allure du spectre d'amplitude du signal modulé $s(t)$ obtenu.

c) Justifier qu'en modulation d'amplitude, l'information est transmise sur une bande de fréquence de largeur égale à $2f$ centrée sur la fréquence f_p.

ACTIVITÉ 4

ACTIVITÉ EXPÉRIMENTALE **TP**

COMPÉTENCES
- Réaliser : mettre en œuvre un protocole expérimental, proposer un protocole expérimental
- Communiquer : présenter une démarche de manière synthétique en utilisant un vocabulaire adapté

→ Comment mettre en œuvre une transmission d'information par fibre optique ?

Le déploiement de la fibre optique a révolutionné l'ère d'internet en permettant la transmission de données à très haut débit, sur de grandes distances. Dans une fibre optique, un faisceau lumineux issu d'un laser ou d'une diode électroluminescente achemine l'information d'une extrémité à l'autre de la fibre.

DOC. 1 Schéma du montage expérimental

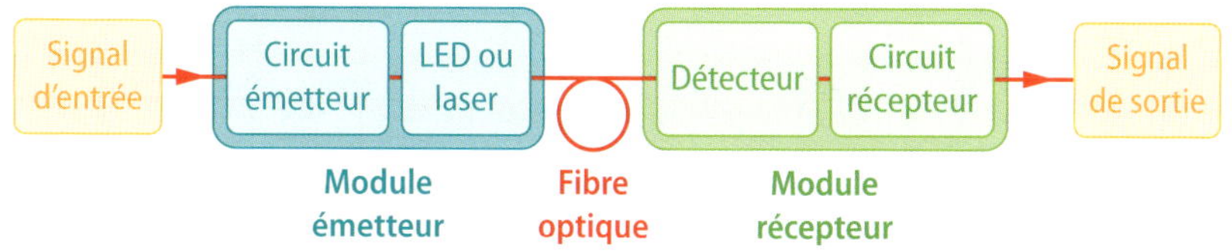

Le signal d'entrée contient l'information à transmettre.

DOC. 2 Photo du montage

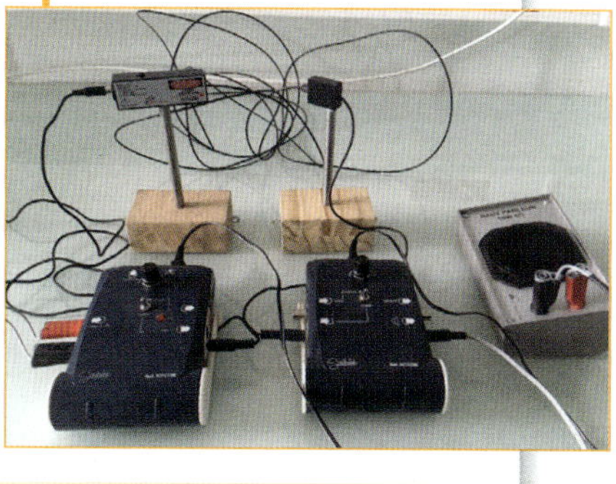

QUESTIONS

1. RÉALISER ▶ Le signal d'entrée est une tension électrique sinusoïdale.
– À l'aide d'un générateur basse fréquence, générer une tension sinusoïdale de fréquence 500 Hz et l'envoyer sur l'entrée du module émetteur.
– Visualiser le signal de sortie à l'aide d'un oscilloscope.
a) Préciser l'allure du signal de sortie.
b) Déterminer la période et la fréquence du signal de sortie.
c) Conclure sur la transmission d'un signal électrique par fibre optique.

2. RÉALISER ▶ Le signal d'entrée est un signal sonore.
– À l'aide d'un lecteur MP3, ou d'un téléphone, ou de l'ordinateur, envoyer un fichier son en entrée du module récepteur.
– Brancher un haut-parleur en sortie du module récepteur.
a) Indiquer ce que l'on observe.
b) Conclure sur la transmission d'un signal sonore par fibre optique.

3. VALIDER ▶ À partir du matériel à votre disposition, proposer et réaliser un protocole expérimental montrant les avantages d'une propagation par fibre optique par rapport à une propagation libre (dans l'air). Conclure en précisant les avantages.

4. COMMUNIQUER ▶ Rédiger en quelques phrases comment la transmission de l'information a été rendue possible dans la fibre optique. Vous utiliserez les mots ou expressions suivants : module récepteur, module émetteur, signal basse fréquence, amplitude, modulation, faisceau lumineux, photodiode, laser ou LED, démodulation.

LE COURS

1 ONDES ÉLECTROMAGNÉTIQUES ET TÉLÉCOMMUNICATION

Une onde électromagnétique peut se propager dans le vide ou dans l'air avec une célérité $c = 3{,}0 \times 10^8$ m.s^{-1}. Elle est caractérisée par sa période T (en s) ou sa fréquence f (en Hz) et par sa longueur d'onde dans le vide λ (en m) : $\lambda = cT = \frac{c}{f}$.

Ondes lumineuses : Le rayonnement infrarouge (IR) de longueur d'onde comprise entre 800 nm et 1 mm est utilisé dans des communications à faible distance (ex. : télécommande de télévision), ou dans les fibres optiques.

Ondes radiofréquences (ou ondes radio) : Ce sont les ondes électromagnétiques ayant les fréquences les plus faibles (donc les longueurs d'onde les plus élevées). Le spectre radiofréquence a été découpé en différentes bandes permettant de classer les ondes radiofréquences utilisées dans les systèmes de télécommunication.

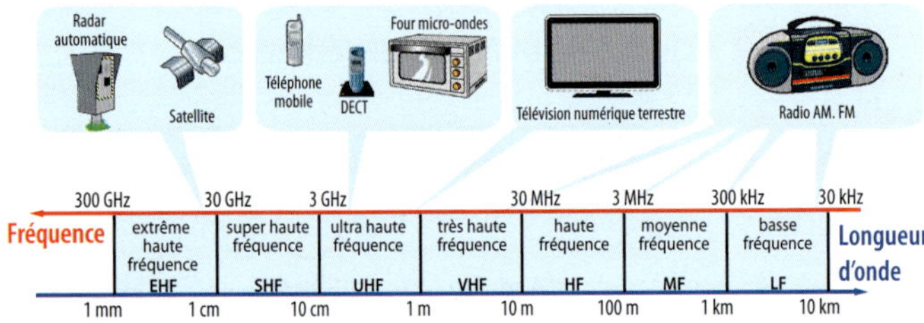

▲ Découpage en bandes de fréquences du spectre radiofréquence

2 TRANSMISSION D'INFORMATION PAR ONDE RADIO

Une onde radiofréquence est émise par une antenne émettrice à partir d'un signal électrique de même fréquence et se propage dans l'air sur une distance plus ou moins grande avant d'être réceptionnée par une antenne réceptrice.

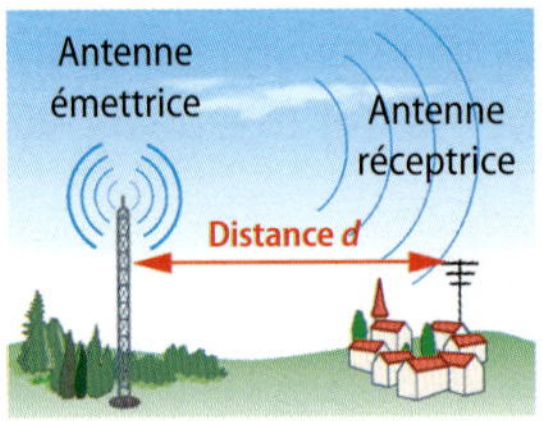

Les antennes utilisées ont des formes et des dimensions très diverses, et chacune est adaptée à certaines fréquences radio. Pour une émission et réception optimales, la taille de l'antenne doit être de l'ordre de la longueur d'onde de l'onde radiofréquence. En général, pour une antenne de type dipôle, un sous-multiple de la longueur d'onde convient : $\frac{\lambda}{2}$ (antenne demi-onde), $\frac{\lambda}{4}$ (antenne quart-onde).

Antenne râteau pour télévision terrestre (TNT) : 400 MHz < f < 800 MHz

Antenne parabolique pour télévision par satellite : 10 GHz < f < 13 GHz

▲ Antennes de télévision

3 TRANSMISSION D'INFORMATION PAR FIBRE OPTIQUE

Une fibre optique est un fil de verre très fin pouvant transporter en son cœur la lumière à un débit d'information nettement supérieur à celui des câbles coaxiaux. Elle sert donc de support d'information pour la télévision, la téléphonie, internet…

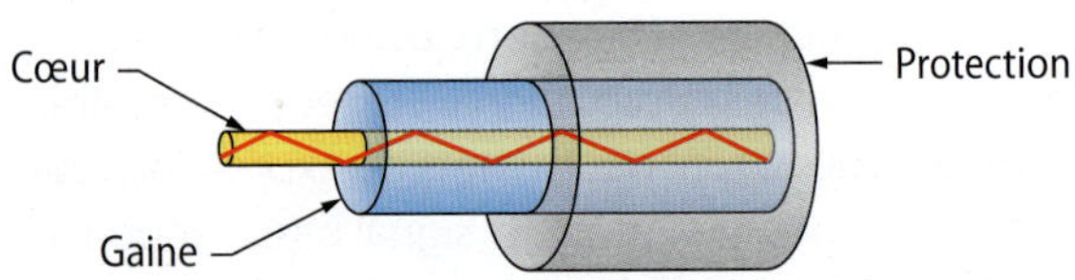

▲ Fibre multimode à saut d'indice : le cœur de verre et la gaine de verre ont respectivement des diamètres de l'ordre de 50 µm et 125 µm dans ce type de fibre.

4 MODULATION DE LA PORTEUSE

Le signal à transmettre contenant l'information (signal basse fréquence) module la porteuse (signal haute fréquence d'une centaine de kHz à quelques dizaines de GHz) lors de la transmission de l'information.

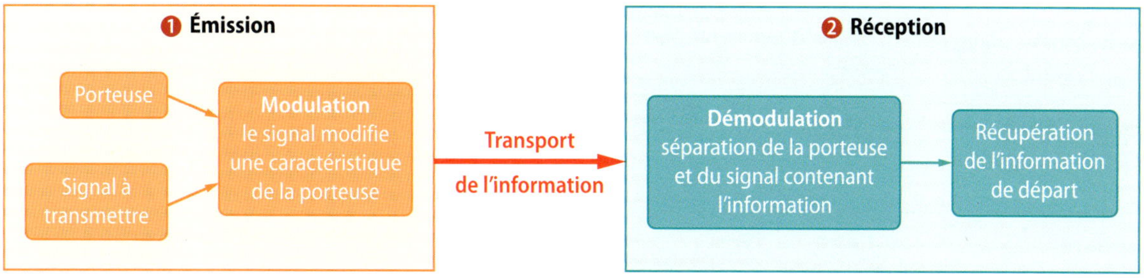

▲ Chaîne de transmission de l'information par modulation et démodulation

L'amplitude, la fréquence ou la phase sont les trois caractéristiques de l'onde porteuse qui peuvent être modulées. On parle respectivement de **modulation d'amplitude**, de **modulation de fréquence** et de **modulation de phase**.

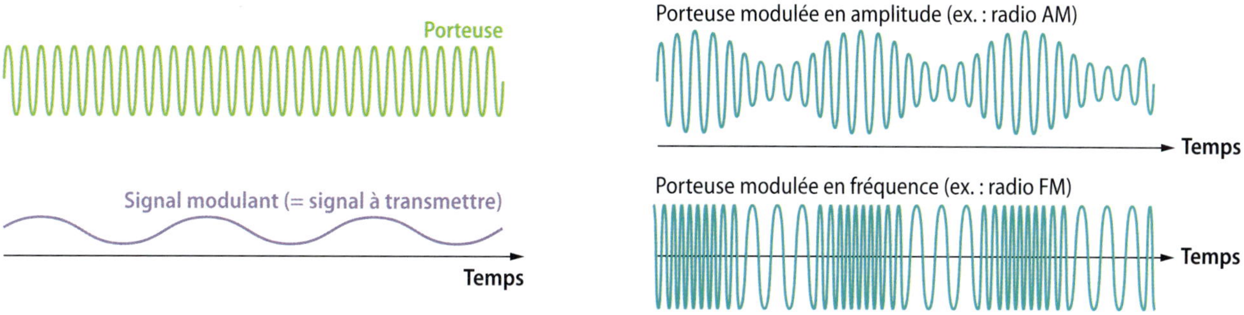

▲ Modulations d'amplitude et de fréquence

5 MULTIPLEXAGE FRÉQUENTIEL (OU TRANSPOSITION FRÉQUENTIELLE)

Pour transmettre plusieurs informations différentes occupant le même intervalle de fréquences (bande de base), il est nécessaire de recourir à plusieurs porteuses de fréquences différentes transportant les informations. Ainsi à chaque porteuse de fréquence f_p est attribué un canal de transmission possédant une bande de fréquences. Les différents canaux doivent être bien séparés en fréquence. C'est le principe du multiplexage fréquentiel (ou transposition fréquentielle) utilisé par exemple pour la diffusion de la télévision, ou de la radio.

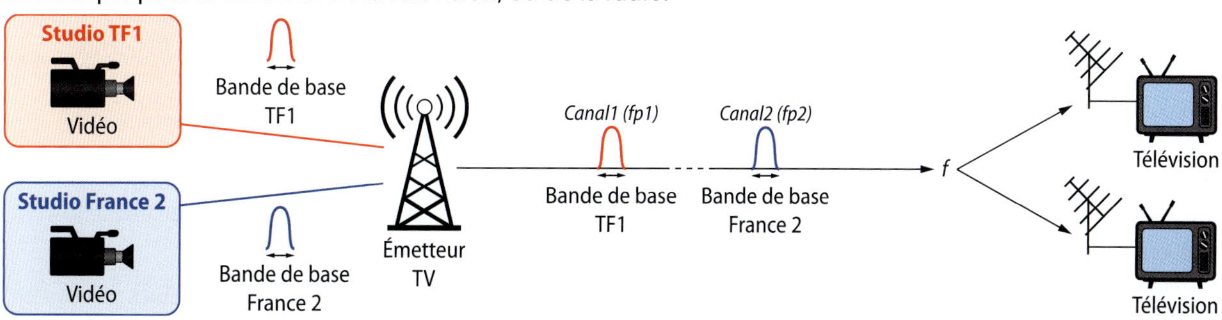

▲ Principe simplifié du multiplexage fréquentiel en télévision

Indiquer la (ou les) bonne(s) réponse(s) :

■ Ondes électromagnétiques et télécommunication

	A	B	C
1. Les ondes utilisées dans les télécommunications sont :	☐ des ondes radio uniquement	☐ des ondes lumineuses	☐ des ondes radio et des ondes infrarouge
2. Les ondes radio sont les ondes électromagnétiques ayant :	☐ les fréquences les plus élevées	☐ les fréquences les plus faibles	☐ les longueurs d'onde les plus élevées
3. Un rayonnement de longueur d'onde $\lambda = 1\ 300$ nm correspond à un rayonnement :	☐ visible	☐ infrarouge	☐ radiofréquence
4. La fréquence de ce rayonnement est égale à (avec $c = 3{,}0 \times 10^8$ m.s^{-1}) :	☐ $2{,}3 \times 10^{14}$ Hz	☐ $4{,}3 \times 10^{-15}$ Hz	☐ $2{,}3 \times 10^{-4}$ Hz

■ Transmission d'information

	A	B	C
5. La transmission d'une onde radio nécessite :	☐ une antenne émettrice et une antenne réceptrice	☐ un milieu matériel obligatoirement	☐ une fibre optique
6. Plus la fréquence de l'onde radio est faible,	☐ plus la dimension de l'antenne doit être élevée	☐ plus la dimension de l'antenne doit être faible	☐ cela ne joue pas sur la dimension de l'antenne
7. La dimension de l'antenne est en théorie :	☐ beaucoup plus grande que la longueur d'onde de l'onde radio à laquelle elle est sensible	☐ inversement proportionnelle à la longueur d'onde de l'onde radio à laquelle elle est sensible	☐ du même ordre de grandeur que la longueur d'onde de l'onde radio à laquelle elle est sensible
8. Une fibre optique transporte :	☐ la lumière	☐ une onde radio	☐ la lumière et une onde radio

■ Modulation de la porteuse et multiplexage fréquentiel

	A	B	C
9. Le signal suivant est modulé en : 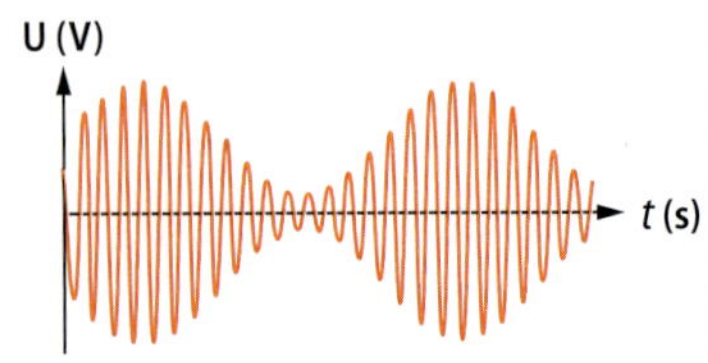	☐ amplitude	☐ fréquence	☐ phase
10. La porteuse est un signal :	☐ de haute fréquence	☐ de basse fréquence	☐ de fréquence audible
11. Le signal modulant est :	☐ de basse fréquence	☐ le signal à transmettre	☐ de haute fréquence
12. Le signal modulé est :	☐ la porteuse modulée	☐ le signal modulant modulé	☐ ni l'un ni l'autre
13. Le multiplexage fréquentiel consiste à transmettre des informations différentes dans un même milieu :	☐ à partir d'ondes sonores de fréquences différentes	☐ à partir de porteuses de fréquences différentes	☐ à partir d'ondes lumineuses de fréquences différentes

→ Corrigés, p. 284

Transmettre la radio France Inter…

Donnée : $c = 3{,}0 \times 10^8$ m.s^{-1}

1. On aurait pu envisager d'abord d'émettre des ondes électromagnétiques ayant les mêmes fréquences que le son audible.

a) Rappeler la gamme de fréquences du son audible.

> **CONNAÎTRE** - Les limites du domaine de fréquences audibles.

b) Décrire le dispositif expérimental à réaliser pour créer de telles ondes électromagnétiques à partir d'un signal vocal audio.

> **CONNAÎTRE** - La chaîne de transmission de l'information.

c) Quel devrait être l'ordre de grandeur de la taille d'une antenne permettant de transmettre le signal issu du microphone. Est-ce réalisable ?

> **CONNAÎTRE** - La relation entre λ et f, la dimension d'une antenne est du même ordre de grandeur que la longueur d'onde de l'onde dans les conditions optimales.
> **RÉALISER** - Calculer des longueurs d'onde à partir de la fréquence, savoir faire les conversions kHz, MHz en Hz.

d) Comment devrait-on choisir la fréquence du signal à émettre pour travailler avec des antennes de taille plus raisonnable ?

2. Avant 2017, l'émetteur d'Allouis situé au centre de la France (département du Cher) diffusait les programmes de France Inter en grandes ondes à la fréquence de 162 kHz, grâce à deux antennes pylônes de 350 m de haut chacune. Justifier la hauteur des pylônes.

> **RÉALISER** - Calculer des longueurs d'onde à partir de la fréquence, savoir faire les conversions kHz, MHz en Hz.

3. Des antennes demi-onde situées au sommet de la Tour Eiffel permettent aux Franciliens de recevoir les programmes de France Inter en radio FM à la fréquence de 87,8 MHz.
Quelle doit être la longueur d'une antenne pour diffuser la station France Inter en FM ?

> **RÉALISER** - Calculer des longueurs d'onde à partir de la fréquence, savoir faire les conversions kHz, MHz, Hz.

Solution

1. a) Les fréquences du son audible sont comprises entre 20 Hz et 20 kHz.

b) Pour transmettre un signal vocal audio, on pourrait utiliser un microphone qui transformerait le signal sonore en un signal électrique. Ce signal électrique pourrait alors être envoyé à une antenne qui le transformerait en une onde radio.

c) La taille d'une antenne doit être de l'ordre de la longueur d'onde de l'onde émise avec $\lambda = \frac{c}{f}$.

Pour $f = 20$ Hz, $\lambda = \frac{c}{f} = \frac{3{,}0 \times 10^8}{20} = 1{,}5 \times 10^7$ m ;

pour $f = 20$ kHz, $\lambda = \frac{c}{f} = \frac{3{,}0 \times 10^8}{20 \times 10^3} = 1{,}5 \times 10^4$ m.

Il faudrait des antennes de dimension comprise entre 10 km et 10^4 km, ce qui n'est pas du tout réaliste.

d) Il faut augmenter la fréquence du signal à émettre, d'où l'emploi d'une porteuse de haute fréquence qui transporterait le signal à transmettre, par la technique de la modulation.

2. $\lambda = \frac{c}{f} = \frac{3{,}0 \times 10^8}{162 \times 10^3} = 1{,}9 \times 10^3$ m : il faudrait, en théorie, une taille d'antenne de l'ordre du kilomètre, ce qui n'est pas réaliste. Cela explique pourquoi les pylônes ont une hauteur très élevée.

3. $L = \frac{\lambda}{2} = \frac{c}{2f} = \frac{3{,}0 \times 10^8}{2 \times 87{,}8 \times 10^6} = 1{,}7$ m.

À VOUS DE JOUER !

À qui appartient cette antenne ?

Le schéma ci-contre montre une antenne quart d'onde, ce qui signifie que sa dimension est égale au quart de la longueur d'onde de l'onde reçue.
Déterminer la fréquence de l'onde radio à laquelle cette antenne est la plus adaptée parmi les fréquences suivantes :

- GSM (téléphonie mobile) 1 800 MHz ;
- Wifi 2,4 GHz ;
- Radio FM 88 MHz à 108 MHz ;
- GPS : 1 575 MHz.

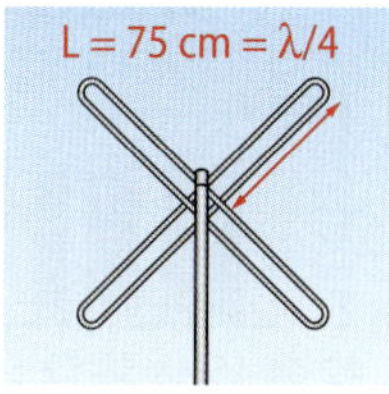

→ Corrigés, p. 284

Données : célérité d'une onde électromagnétique dans le vide ou dans l'air $c = 3{,}0 \times 10^8$ m.s^{-1}

Ondes électromagnétiques et télécommunications

1 Présence d'ondes dans la salle de classe

Connaître : restituer ses connaissances
Réaliser : effectuer un calcul, extraire l'information d'un graphique

Dans une salle de classe, on branche un fil conducteur à une des entrées d'un oscilloscope. Après avoir fait les réglages appropriés (sensibilité verticale, base de temps), on observe le signal ci-contre.

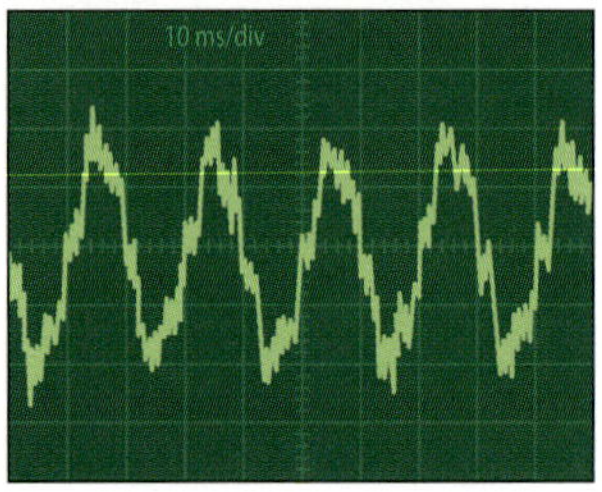

1. S'agit-il d'un signal périodique ? Si oui, calculer sa période et sa fréquence.

2. En déduire sa longueur d'onde.

3. À quel type d'ondes radio appartient l'onde perçue d'après le spectre radiofréquence p. 246 ?

4. Quelle est l'origine de cette onde ?

2 Onde IR émise par une télécommande

Connaître : restituer ses connaissances
Réaliser : effectuer un calcul, extraire l'information d'un graphique

Une télécommande de télévision possède une diode électroluminescente (DEL) qui émet un rayonnement infrarouge (IR) de longueur d'onde $\lambda = 940$ nm lorsqu'on actionne une de ses touches. Afin d'étudier le signal émis par la télécommande, on réalise le montage du **DOC. 1**.

DOC. 1 Montage

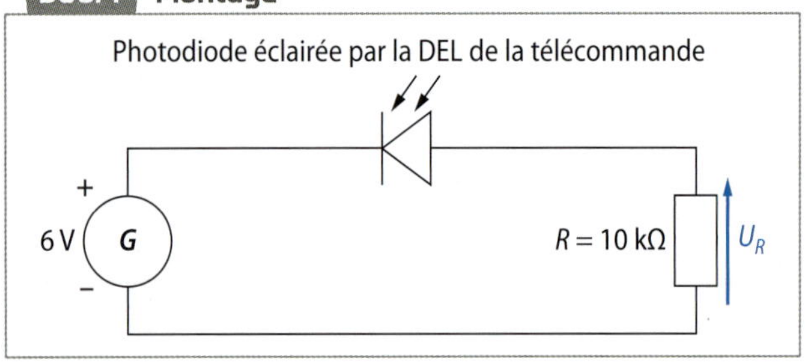

DOC. 2 Exemple d'enregistrement du signal émis par la télécommande

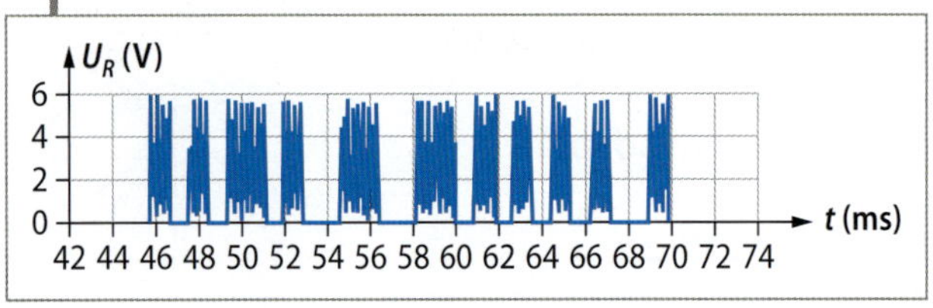

1. Calculer la fréquence de l'onde IR émise par la DEL de la télécommande.

2. En déduire la période de cette onde.

3. Est-il possible de visualiser cette période sur l'enregistrement du **DOCUMENT 2** ?

4. À l'aide du **DOCUMENT 2**, évaluer l'ordre de grandeur de la plus grande fréquence du signal visible sur l'enregistrement (fréquence associée à la période entre deux points rapprochés).

3 SCIENCE IN ENGLISH

Bluetooth

Bluetooth is a wireless personal-area network technology (WPAN for short), using radio waves (in the 2.4 GigaHz frequency band) to communicate. Unlike IrDA (Infrared Data Association) technology, which uses an infrared connection, Bluetooth devices do not need a direct line of sight to communicate, which makes them more flexible to use, and enables room-to-room communication over short distances.

1. What are the two wireless technologies mentioned in the text?

2. For each technology, give:

a) The type of electromagnetic waves used.

b) The waves' frequency.

3. What are the advantages of Bluetooth technology over IrDA?

Transmission d'information

4 Transmission d'information par infrarouge

Connaître : restituer ses connaissances
Réaliser : effectuer un calcul, extraire l'information d'un graphique

On réalise le montage du **DOC. 2** utilisant une DEL infrarouge (IR) de longueur d'onde $\lambda = 940$ nm et une photodiode placées en vis-à-vis. On visualise sur un oscilloscope (**DOC. 1**) :
– en blanc : la tension créneau délivrée par un GBF et alimentant la DEL,
– en vert : la tension aux bornes de la résistance R, $R = 22$ kΩ branchée en série avec la photodiode.

DOC. 1

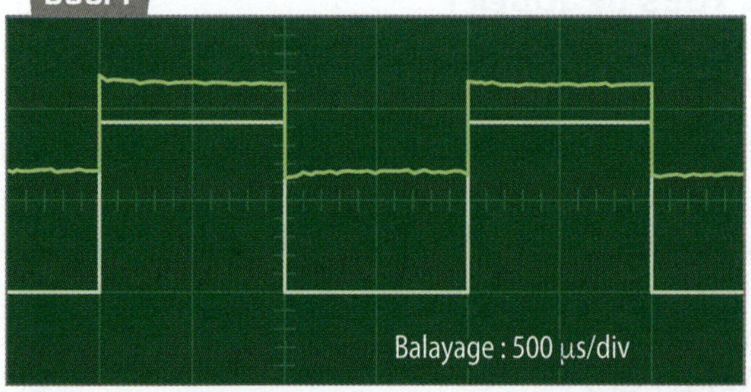

DOC. 2

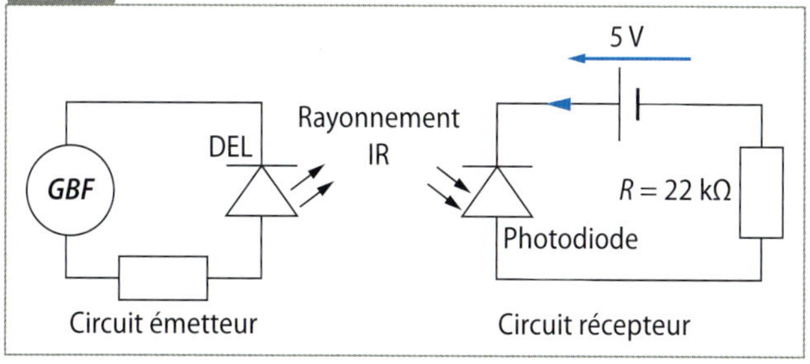

1. Déterminer la période et la fréquence de la tension délivrée par le GBF.

2. Que dire de la fréquence de la tension aux bornes de R ?

3. Cette expérience met en évidence la transmission d'information par infrarouge.
a) Préciser le signal contenant l'information et indiquer sa fréquence.
b) Préciser la porteuse et déterminer sa fréquence.
c) Quelle modulation (amplitude ou fréquence) a-t-on réalisée sur la porteuse ?

5 Antennes quart d'onde

Connaître : restituer ses connaissances
Réaliser : effectuer un calcul

L'antenne ci-dessous est appelée « antenne quart d'onde » en raison de la dimension de sa partie active rayonnante. Cette dimension est égale au quart de la longueur d'onde de l'onde radio à laquelle l'antenne est sensible.

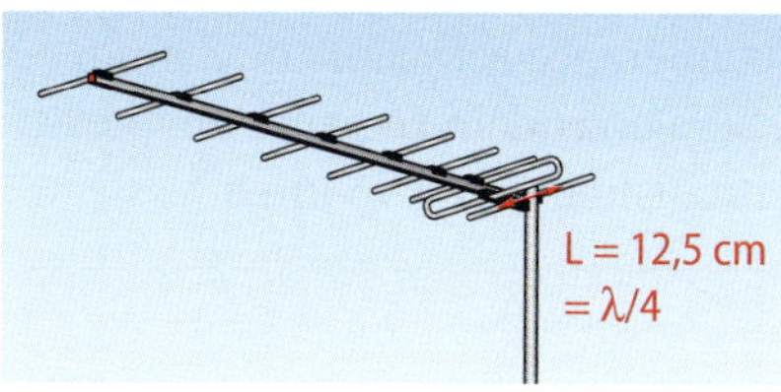

1. Calculer la longueur d'onde de l'onde radio émise ou reçue par l'antenne.

2. En déduire la fréquence correspondante.

3. Indiquer si l'antenne est adaptée pour recevoir la radio FM (88 à 108 MHz) ou la TNT (470 à 790 MHz).

6 Commande d'un portail

Connaître : restituer ses connaissances
Réaliser : effectuer un calcul

L'ouverture d'un portail automatique est commandée par une onde radio de fréquence égale à 433 MHz, générée par une télécommande. Cette onde est ensuite reçue par une antenne fixée sur le portail. L'antenne est une antenne quart d'onde, sa dimension est donc égale au quart de la longueur d'onde.

1. Pourquoi une antenne de dimension égale à la longueur d'onde ne serait pas envisageable ?

2. Calculer la dimension de l'antenne utilisée.

Modulation de la porteuse et multiplexage fréquentiel

7 Le principe général de la radiodiffusion

Réaliser : effectuer des représentations

Le schéma ci-dessous illustre le principe général de la radiodiffusion. Le recopier et le compléter en y plaçant les numéros des éléments constitutifs suivants : ❶ information transmise, ❷ tension basse fréquence (signal modulant), ❸ sélecteur de fréquences radio, ❹ modulateur, ❺ démodulateur, ❻ information à transmettre, ❼ antenne réceptrice, ❽ antenne émettrice, ❾ onde radio (image de la porteuse modulée), ❿ tension haute fréquence (porteuse).

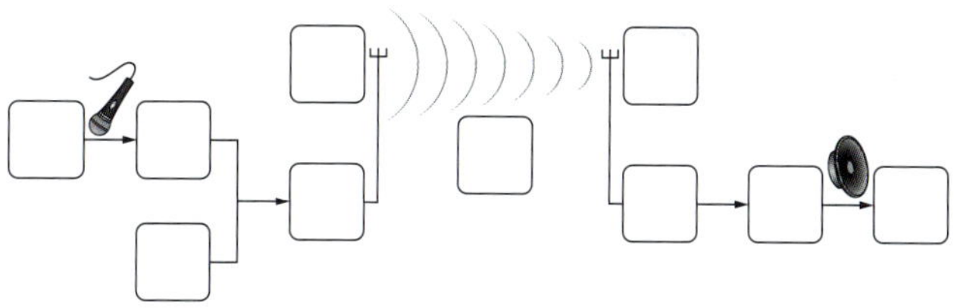

8 Mais quelle est cette modulation ?

Connaître : restituer ses connaissances
Réaliser : effectuer un calcul, extraire l'information d'un graphique

On réalise une modulation d'un signal haute fréquence (porteuse) par un signal modulant basse fréquence porteur de l'information à transmettre. On visualise sur la voie X d'un oscilloscope le signal modulant additionné d'une tension continue U_0 et sur la voie Y le signal modulé. L'oscillogramme est obtenu ci-dessous :

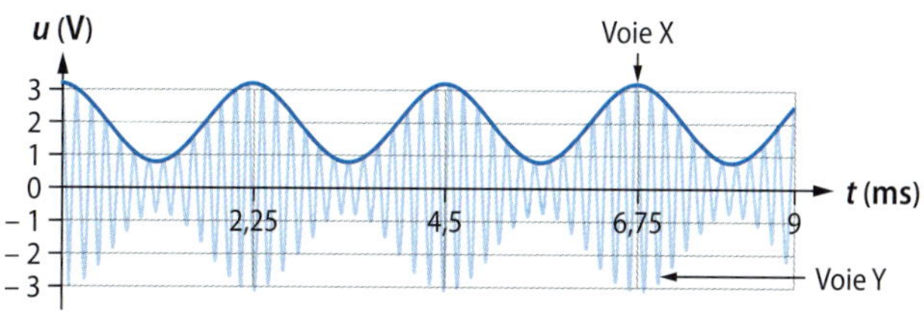

1. De quel type de modulation s'agit-il ?

2. Déterminer la fréquence de la porteuse f_p.

3. Déterminer la fréquence du signal modulant f.

4. L'information transmise correspond-elle à un son audible ?

9 Contrôle radar sur l'autoroute

DIFFÉRENCIATION

DOC. 1 Principe du contrôle de vitesse d'un véhicule par radar fixe

Le radar émet, *via* son antenne, une onde électromagnétique en direction du véhicule qui arrive vers lui. Réfléchie par le véhicule, l'onde est captée par l'antenne (qui joue donc un double rôle) puis est transmise au récepteur. La fréquence de l'onde réfléchie est décalée par rapport à celle de l'onde émise en raison de l'effet Doppler. C'est ce décalage Δf qui est mesuré et qui permet de déterminer la vitesse v du véhicule :

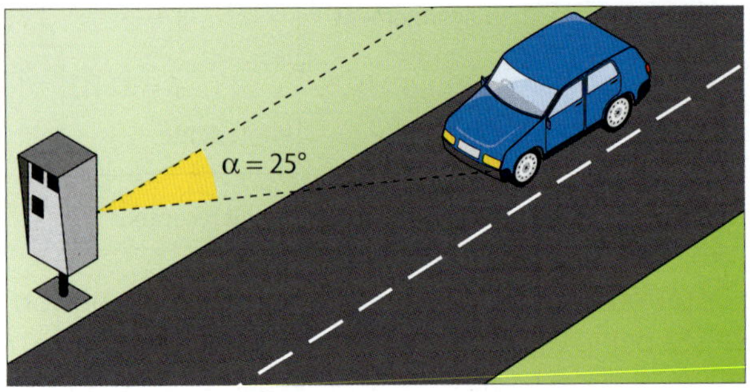

$$\Delta f = \frac{2 \times v \times \cos \alpha}{\lambda}$$

où λ est la longueur d'onde de l'onde radio émise, et α l'angle entre l'axe de la route et la direction de rayonnement de l'antenne.

DOC. 2 Quelques caractéristiques d'un radar

- Fréquence d'émission : f_E = 24,125 GHz.
- Détection et mesure de vitesse jusqu'à 300 km.h^{-1}.
- Portée de l'ordre de 50 m.

Donnée : célérité d'une onde électromagnétique dans l'air $c = 3{,}0 \times 10^8$ m.s^{-1}

- Lors d'un contrôle autoroutier, un radar enregistre un décalage en fréquence de 5,51 kHz pour un véhicule roulant sur autoroute où la vitesse maximale autorisée est de 130 km.h^{-1}. L'automobiliste sera-t-il sanctionné ?

DOC. 3 Législation

Règlementairement, l'appareil doit être tourné à 25° par rapport à l'axe de la route et dans le cas contraire, le moindre degré de différence peut faire varier la vitesse enregistrée.

Lors du calcul de la vitesse d'un véhicule, une marge de 5 km.h^{-1} pour les vitesses inférieures à 100 km.h^{-1} ou de 5 % de la vitesse limite autorisée pour les vitesses au-dessus de 100 km.h^{-1} est prise en compte, toujours à l'avantage du conducteur.

Exemple : Si la vitesse limite autorisée est de 90 km.h^{-1}, la tolérance sera alors de 5 km.h^{-1}, un véhicule sera considéré en excès de vitesse si sa vitesse enregistrée est de 96 km.h^{-1}.

10 À l'époque de la radio AM BAC

Depuis 2017, les chaînes de radio du service public n'émettent plus en bande AM qui a donc été abandonnée au profit de la radio FM ou de la radio numérique.

DOC. 1 Spectre d'amplitude en modulation d'amplitude

Prenons l'exemple d'un signal sonore de fréquence 440 Hz (note *la* du diapason) transmis en modulation d'amplitude à l'aide d'une onde radio de 200 kHz. Le signal résultant modulé en amplitude est la somme de trois signaux : la porteuse et deux autres signaux, appelés raies latérales, de fréquences respectives $f_1 = 200 - 0{,}440 = 199{,}56$ kHz et $f_2 = 200 + 0{,}440 = 200{,}44$ kHz.

DOC. 2 Canaux de radiodiffusion pour la radio AM en Grandes Ondes (GO de 150 kHz à 300 kHz)

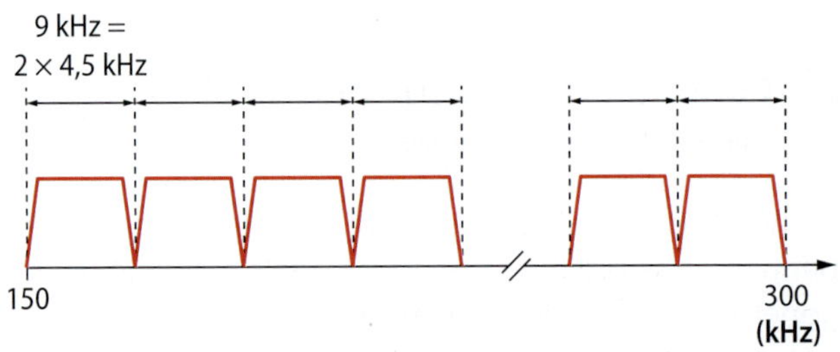

DOC. 3 Liste des premières stations radio AM avant l'arrêt de leur diffusion

France Inter 162 kHz	Europe 1 183 kHz	RMC 216 kHz	RTL 234 kHz

Entre les stations de France Inter et Europe 1, il n'y avait pas d'autre station.

1. À partir du **DOCUMENT 1** :

a) Indiquer quel est le signal de la porteuse, quel est le signal modulant.

b) Représenter le spectre d'amplitude du signal modulé dont il est question dans le **DOCUMENT 1**.

c) Quelle est la largeur de la bande de fréquence nécessaire pour transmettre le *la* du diapason ?

2. Déterminer la largeur de la bande de fréquence nécessaire à la transmission de :

a) la voix humaine dont la gamme acoustique va de 0,3 à 3,4 kHz ;

b) la musique dont la gamme en fréquence correspond à celle du son audible.

3. En radio AM, la loi impose une largeur de bande maximale de 9 kHz (**DOC. 2**).

a) Combien de canaux de diffusion (stations de radio) pouvaient être diffusés en Grandes Ondes (GO) ?

b) Est-ce que toutes les fréquences du son audible peuvent être transmises ? Si non, lesquelles sont filtrées ?

c) Conclure sur la qualité de retransmission de la musique en radio AM.

4. À partir du document 3, que se serait-il passé pour les auditeurs si les deux stations France Inter et Europe 1 en radio AM avaient été autorisées à émettre des sons de 20 kHz ? Conclure.

11 Transmission par fibre optique

Un prestataire de service installe un réseau de fibres optiques dans une ville. La longueur maximale de fibre qu'il doit utiliser pour desservir tous ses clients a pour valeur $L = 20,0$ km. La fibre optique installée utilise une diode laser de longueur d'onde 1 550 nm.

DOC. 1 Atténuation dans une fibre en silice

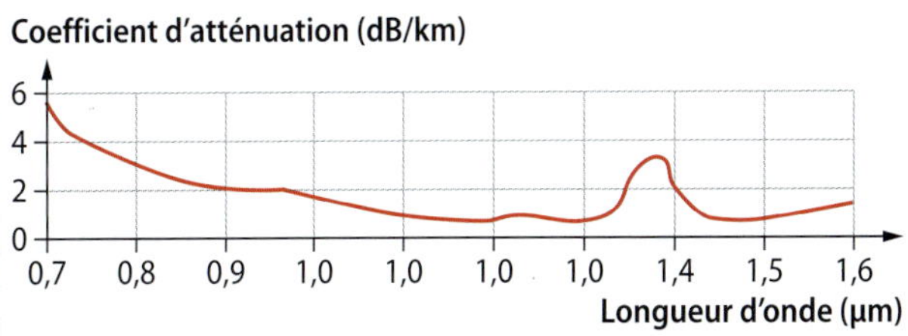

DOC. 2 Multiplexage par longueur d'onde WDM (Wavelength Division Multiplexing) dans une fibre optique

Le multiplexage par longueur d'onde permet d'envoyer différents types d'informations (voix, vidéos, données numériques…) dans une seule et même fibre optique. Ainsi, différents canaux de lumière, chacun avec une longueur d'onde spécifique et transportant une information, sont envoyés simultanément dans une fibre unique.

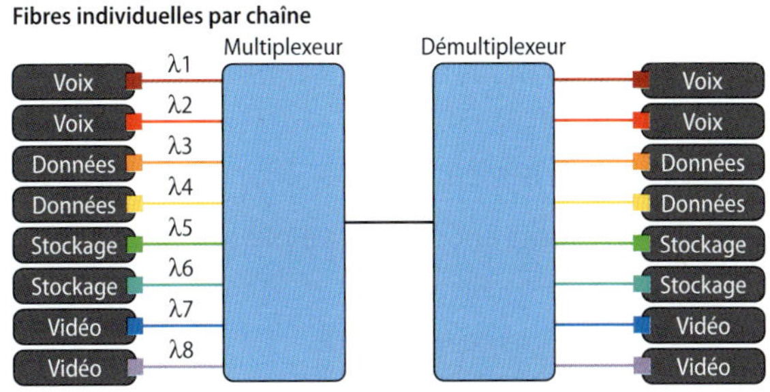

Données :

- L'atténuation en décibel d'un signal de puissance P à travers une chaîne de transmission est :

$$A_{dB} = 10\ log\left(\frac{P_{entrée}}{P_{sortie}}\right)$$

- Pour une fibre optique de longueur L, on définit le coefficient d'atténuation par : $\alpha = \frac{A_{dB}}{L}$

1. À l'aide du **DOCUMENT 1**, justifier le choix de la longueur d'onde du laser utilisé pour une bonne transmission du signal.

2. On admet que le signal en sortie de fibre est exploitable tant que sa puissance P_{sortie} est supérieure à 1 % de la puissance $P_{entrée}$ du signal entrant dans la fibre.

À l'aide du document 1 et des données, dire en justifiant si tous les clients bénéficient de signaux satisfaisants (sans amplification optique intermédiaire).

3. La fibre optique présente en réalité une bande passante comprise entre 1 530 et 1 565 nm. Le multiplexage en longueur d'onde, dont le principe est décrit dans le **DOC. 2**, utilise un espacement entre canaux de 0,4 nm.

a) Combien de canaux peuvent donc être utilisés dans cette fibre ?

b) Citer les avantages que présente le multiplexage en longueur d'onde utilisé dans une fibre optique.

PC-Maths Exercice 1 Régime sinusoïdal, valeur efficace et valeur moyenne

On considère le circuit constitué d'un générateur basses fréquences délivrant une tension sinusoïdale $U(t)$ d'amplitude U_0 et de fréquence f, d'une résistance de valeur R et d'un condensateur de capacité C branché en série.

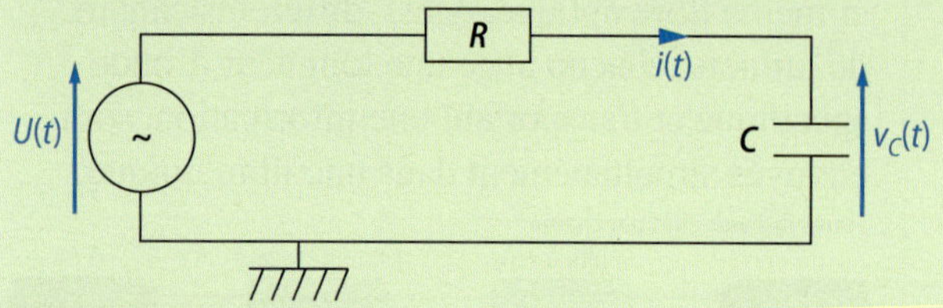

▲ Schéma du circuit R-C

Données :
- $R = 159\ \Omega$
- $C = 2{,}00 \times 10^{-6}$ F
- $f = 500$ Hz
- $U_0 = 2{,}00\ V$

On admet que $U(t)$ s'écrit en fonction du temps sous la forme $U(t) = U_0 \cos(\omega t)$ et on appelle $i(t)$ le courant électrique parcourant le circuit. On donne : $\omega = 2\pi f$ et $T = \frac{1}{f}$.

Outils mathématiques

Pour tout $\theta \in \mathbb{R}$, on a :
- $\cos^2\theta = \frac{1}{2}(\cos(2\theta)+1)$
- $\cos\theta \times \sin\theta = \frac{1}{2}\sin(2\theta)$

	Fonction f	Fonction primitive F C est une constante réelle	Domaine de définition de f
Fonction cosinus	$f(x)=\cos(ax)$	$F(x)=\frac{1}{a}\sin(x)+C$	$\mathbb{R}$
Fonction sinus	$f(x)=\sin(ax)$	$F(x)=-\frac{1}{a}\cos(x)+C$	$\mathbb{R}$

1. La valeur efficace de la tension sinusoïdale $u(t)$ fournie par le générateur est donnée par : $U_{eff} = \sqrt{\frac{1}{T}\int_0^T (u(t))^2\,dt}$.

a) Sachant que $\omega T = 2\pi$ montrer que : $\int_0^T \cos(2\omega t)dt = 0$.

b) En déduire que : $U_{eff} = \frac{U_0}{\sqrt{2}}$.

2. Tension aux bornes du condensateur et intensité du courant.

On admet que la tension $v_C(t)$ aux bornes du condensateur s'écrit pour tout $\mathbb{R}$:

$v_C(t) = \frac{U_0}{\sqrt{1+(RC\omega)^2}}\cos(\omega t - \varphi)$ avec : $\tan(\varphi) = \frac{\sin(\varphi)}{\cos(\varphi)} = RC\omega$ et $\cos(\varphi) > 0$.

a) Calculer l'amplitude de $v_C(t)$ en volts à 10^{-2} près.

b) On admet que le courant $i(t)$ est de la forme : $i(t) = C\frac{dv_C}{dt}(t) = Cv'_C(t)$.
Exprimer $i(t)$ en fonction de R, C, ω, φ et U_0.

c) Calculer l'amplitude du courant $i(t)$ en ampères et à 10^{-2} près.

d) Montrer que l'expression de la puissance instantanée $p_C(t) = v_C(t)i(t)$ reçue par le condensateur s'écrit : $p_C(t) = \frac{-U_0^2 C\omega}{2(1+(RC\omega)^2)}\sin(2\omega t - 2\varphi)$

e) La puissance active reçue par le condensateur est donnée par la valeur moyenne de la puissance instantanée $p_C(t$ sur une période (entre $t = 0$ et $t = T = \frac{2\pi}{\omega}$) :

$P_C = \frac{1}{T}\int_0^T v_C(t)i(t)dt$.

Montrer que la puissance active consommée par le condensateur est nulle.

PC-Maths Exercice 2 Radioactivité et demi-vie

En radioactivité, le nombre moyen $N(t)$ de noyaux radioactifs présents dans un échantillon décroît en fonction du temps selon une loi exponentielle :

$$N(t) = N_0 e^{-\lambda t}$$

- N_0 : nombre moyen de noyaux radioactifs à l'instant initial soit à $t = 0$ s.
- λ : constante radioactive en s^{-1}.

Le temps de demi-vie, noté T, d'un échantillon radioactif est la durée au bout de laquelle la moitié des noyaux initialement présents dans l'échantillon se sont désintégrés.

Outils mathématiques

- La fonction $\exp(-x)$ est strictement décroissante sur $\mathbb{R}$.
- La limite de $\exp(-x)$ quand $x \to +\infty$ est égale à 0.
- $\ln\left(\frac{a}{b}\right) = \ln a - \ln b$
- $\ln(e^x) = x$

1. Demi-vie et constante radioactive

a) Exprimer $N(T)$ en fonction de N_0.

b) Montrer que la relation liant T et λ est donnée par : $T = \frac{\ln 2}{\lambda}$.

c) Pour le carbone 14, la constante radioactive $\lambda = 1{,}210 \times 10^{-4}\ an^{-1}$, calculer la valeur de la demi-vie T.

2. Application

Le radon est un gaz inodore et incolore. Un dérivé, le radon 220, a pour constante radioactive : $\lambda = 0{,}0125\ s^{-1}$.

a) Calculer la demi-vie du radon 220 (on donnera sa valeur à 10^{-1} près).

On a tracé ci-dessous la courbe de décroissance radioactive du radon 220 d'un échantillon contenant initialement 100 noyaux radioactifs :

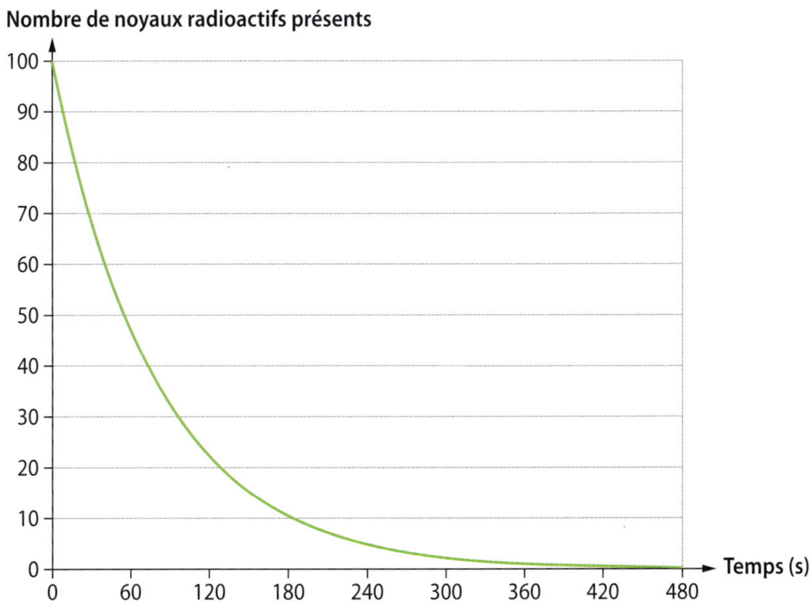

b) Retrouver graphiquement la valeur de la demi-vie du radon 220. Expliquer la démarche utilisée.

c) Déterminer graphiquement le nombre de noyaux radioactifs restant encore dans l'échantillon au bout de 165 s. Conclure quant à la durée des effets de la radioactivité pour le radon 220.

PC-Maths Exercice 3 Niveau sonore et décibel

Le son correspond à la vibration de couches d'air qui peuvent se propager jusqu'à nos oreilles. Les sons sont alors perçus de manière plus ou moins intense.

L'intensité sonore, notée I et exprimée en $W.m^{-2}$, caractérise l'intensité du signal sonore perçue par l'oreille.

Il existe une intensité sonore minimale, notée I_0 et exprimée en $W.m^{-2}$ sous laquelle notre oreille ne perçoit pas de son ; $I_0 = 10^{-12}$ $W.m^{-2}$: il correspond au seuil d'audibilité.

Le niveau sonore, noté L et exprimé en dB (décibels), est défini par :

$$L = 10\log\left(\frac{I}{I_0}\right)$$

1. Calculer le niveau sonore :

- d'une conversation d'intensité sonore : 10^{-6} $W.m^{-2}$;
- d'un concert d'intensité sonore : 10^{-2} $W.m^{-2}$.

2. a) Montrer que la relation permettant de déterminer l'intensité sonore en fonction du niveau sonore est donnée par :

$$I = I_0 10^{\left(\frac{L}{10}\right)}$$

b) Calculer l'intensité sonore :

- d'une source musicale de niveau sonore : 90dB ;
- d'une source musicale de niveau sonore : 70dB.

On notera respectivement I_1 et I_2 ces intensités sonores.

3. Corentin se demande quel est le niveau d'intensité sonore obtenu si les deux sources précédentes sont jouées simultanément.

Quelle conjecture peut-on faire pour aider Corentin dans sa réflexion ?

4. On souhaite vérifier cette conjecture.

On sait que, lorsque plusieurs instruments jouent ensemble, les intensités sonores de chaque instrument s'ajoutent.

a) Calculer l'intensité sonore totale I_T.

b) En déduire le niveau sonore correspondant L_T. Donner une valeur à 10^{-2} près.

c) Que peut-on dire concernant la conjecture faite précédemment ?

5. On s'intéresse maintenant à deux sources sonores de même intensité sonore I fonctionnant simultanément.

a) Montrer que l'expression du niveau d'intensité sonore correspondant L_T est donnée par : $L_T = 10\log 2 + 10\log\left(\frac{I}{I_0}\right)$.

b) Sachant que $10\log 2 = 3{,}0$ à 10^{-1} près, indiquer l'augmentation du nombre de décibels pour le niveau sonore.

Outils mathématiques

- La fonction logarithme décimal, notée log, est définie sur $]0\,;+\infty[$ par : $\log x = \frac{\ln x}{\ln 10}$.
- La fonction log est strictement croissante sur $]0\,;+\infty[$.
- Courbe représentative de la fonction $\log x$:

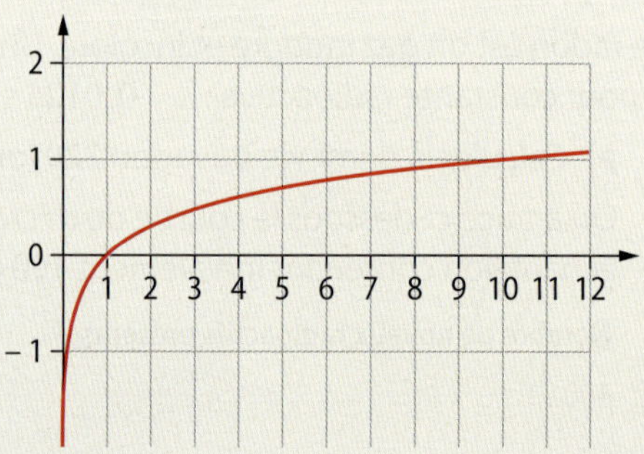

- $\lim_{x\to+\infty} \log x = +\infty$.
- $\log(10^n) = n$.
- $10^{\log x} = x$.
- Valeurs à connaître : $\log 1 = 0$; $\log 10 = 1$; $\log 100 = 2$; $\log 1000 = 3$.

PC-Maths Exercice 4 Équation différentielle pour un circuit RC

Un circuit est constitué d'une source de tension E, d'une résistance R, d'un condensateur de capacité C et d'un interrupteur K. À l'instant $t = 0$ s, on ferme l'interrupteur K.
Le condensateur est déchargé avant la mise en tension, ce qui implique $v_C(t) = 0$ V pour $t < 0$ s. Comment évolue la tension $v_C(t)$ aux bornes du condensateur ?

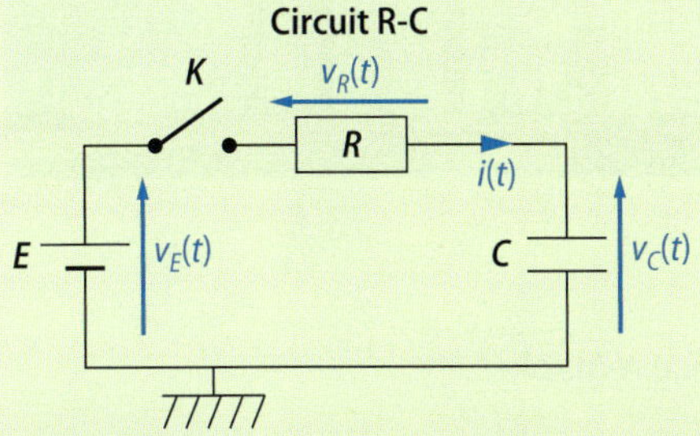

▲ Circuit R-C

$E = 10$ V ;
$R = 10$ kΩ ;
$C = 10$ nF $= 10^{-8}$ F
$i(t)$ est le courant électrique qui s'exprime en ampère (A).

La tension $v_C(t)$ aux bornes du condensateur, après fermeture de l'interrupteur (K), est une des solutions de l'équation différentielle suivante :

$$\frac{dv_C}{dt}(t) = -\frac{v_C(t)}{RC} + \frac{E}{RC}$$

1. Déterminer l'ensemble des solutions de cette équation différentielle.

2. En utilisant la condition $v_C(0) = 0$ V, montrer que : $v_C(t) = E - Ee^{-\frac{t}{RC}}$.

3. Calculer la limite de $v_C(t)$ quand $t \to \infty$. Que peut-on en déduire pour la courbe représentative de $v_C(t)$?

4. Calculer la valeur numérique de la constante de temps $\tau = RC$ en secondes.

5. À l'aide de la calculatrice, remplir le tableau avec les valeurs numériques de $v_C(t)$:

t	τ	3τ	5τ
$v_c(t)$			
$v_c(t)$ en % de 10V			

6. Pour quelle valeur de t le condensateur est-il chargé à environ 95 % ?

7. Lien entre τ et la tangente à l'origine de $v_C(t)$.

a) Déterminer la dérivée $v_C'(t)$.

b) Calculer la valeur de cette dérivée en $t = 0$.

c) Déterminer l'équation de la tangente à l'origine de $v_C(t)$; $v_C'(0)$.

d) Montrer que cette droite vaut E lorsque t vaut τ.

On a tracé la courbe de la tension $v_C(t)$.

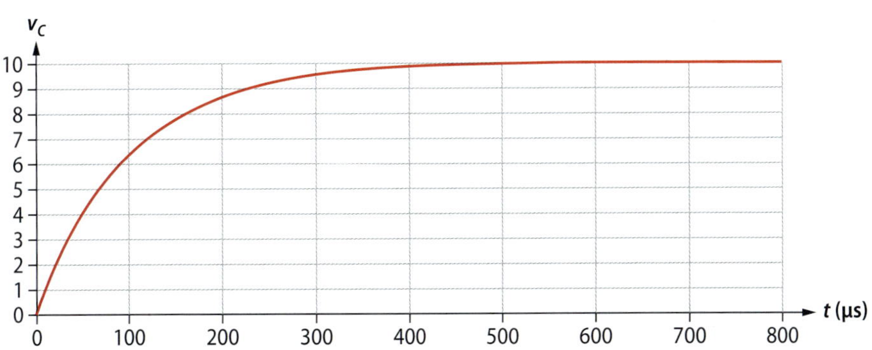

e) Tracer l'asymptote.

f) Tracer la tangente à l'origine de $v_C(t)$.

Outils mathématiques

- L'ensemble des solutions de l'équation $y' = ay + b$ est l'ensemble des fonctions définies par : $y(x) = Ce^{ax} - \frac{b}{a}$ pour toute valeur de $C \in \mathbb{R}$.
- Il existe une unique fonction y solution de cette équation différentielle qui vérifie une condition initiale $y(x_0) = B$. On en déduit l'expression de la constante C : $C = \left(B + \frac{b}{a}\right)e^{-ax_0}$.
- On peut donc écrire : $y(x) = \left(B + \frac{b}{a}\right)e^{a(x - x_0)} - \frac{b}{a}$.

PC-Maths Exercice 5 Résonance

Le 7 novembre 1940, sous l'effet du vent, le pont suspendu de Tacoma, dans l'État de Washington, s'est mis à osciller. Le tableau du pont a oscillé comme une corde de guitare avec une période de 5 secondes puis il s'est tordu. Les câbles se sont alors rompus : finalement, le pont s'est effondré. Heureusement, il n'y a eu aucune victime car les oscillations ont duré environ une heure et le pont, de longueur 1,8 km, avait été évacué. Les ponts suspendus construits ensuite ont été conçus pour éviter ce type de scénario.

On considère un circuit électrique constitué d'un condensateur en série avec une bobine et une résistance.

L'ensemble est alimenté par un générateur de tension sinusoïdale de fréquence réglable f.

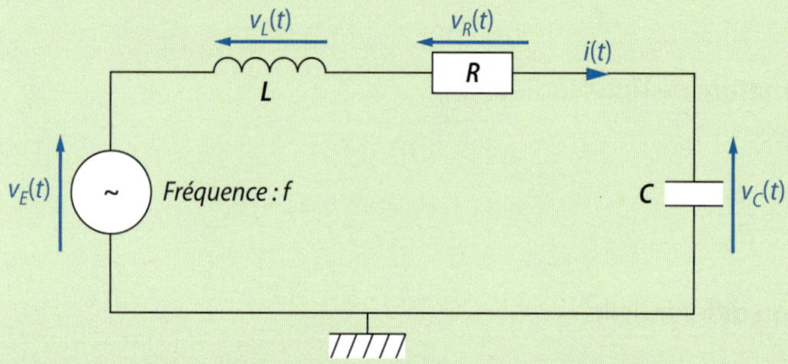

$v_E(t) = A\cos(\omega t)$ avec $A = 5$ V ; $R = 15\,\Omega$; $L = 47$ mH $= 47 \times 10^{-3}$ H ;
$C = 100$ nF $= 1{,}00 \times 10^{-7}$ F ; $\omega = 2\pi f$.

On donne l'expression de l'impédance des trois dipôles placés en série : $Z(\omega) = \sqrt{R^2 + (L\omega - \frac{1}{C\omega})^2}$

Outils mathématiques

- La composée de **g suivie de f**, notée **$g \circ f$**, est définie par : $(f \circ g)(x) = f(g(x))$.
- Dérivée de fonctions composées : $(f \circ g)'(x) = f'(g(x)) \times g'(x)$
- Dérivée de $\frac{1}{x} = -\frac{1}{x^2}$
- Dérivée de $\sqrt{x} = \frac{1}{2\sqrt{x}}$

On observe une résonance en intensité lorsque le module Z est minimal.

1. On souhaite exprimer $Z(\omega)$ sous la forme : $(f \circ g)(\omega)$.
On donne $f(x) = \sqrt{x}$. En déduire $g(\omega)$
2. Montrer que la dérivée de $g(\omega)$ est donnée par : $g'(\omega) = 2\left(L\omega - \frac{1}{C\omega}\right)\left(L + \frac{1}{C\omega^2}\right)$.
3. En utilisant la dérivée de fonctions composées, exprimer la dérivée de $Z(\omega)$: $Z'(\omega)$.
4. Montrer que la pulsation ω_0 qui annule la dérivée $Z'(\omega_0) = 0$ est donnée par $\omega_0 = \frac{1}{\sqrt{LC}}$.
5. Calculer l'impédance $Z(\omega_0)$ pour cette pulsation de résonance.
6. Sachant que $I = \frac{A}{Z(\omega_0)}$, calculer l'amplitude I du courant $i(t)$ à la pulsation ω_0.
7. En déduire $V_L = L\omega_0 I$. Commenter cette valeur de V_L à la résonnance.

PC-Maths Exercice 6 Filtre électrique

Les résistances et les condensateurs sont des composants électroniques utilisés dans le domaine du son pour concevoir des filtres. Les filtres atténuent plus ou moins les sons selon leur fréquence f, exprimée en hertz. Un filtre, placé en sortie du capteur de sons d'un microphone, sert à atténuer les sons les plus aigus.

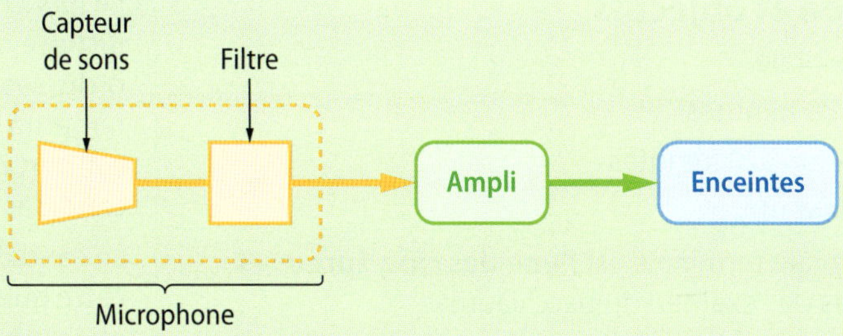

Pour le filtre étudié, l'atténuation d'un son se calcule à l'aide de deux nombres complexes z_R et z_C.

Dans tout l'exercice, on suppose que $z_R = 10\ \Omega$ et $z_C = -\frac{1000\sqrt{3}}{f}\, i$ où i désigne le nombre complexe de module 1 et d'argument $\frac{\pi}{2}$, avec f la fréquence exprimée en hertz et z_C en ohm.

Outils mathématiques

- **Passage de $z = a + ib$ à $z = re^{i\theta}$:**

On utilise : $r = |z| = \sqrt{a^2 + b^2}$ et on détermine θ solution du système :

$$\begin{cases} \cos(\theta) = \frac{a}{r} \\ \sin(\theta) = \frac{b}{r} \end{cases} \quad r \neq 0$$

- **Passage de $z = re^{i\theta}$ à $z = a + ib$**

On utilise : $a = r\cos(\theta)$ et $b = r\sin(\theta)$

Partie A – Effet du filtre sur un son grave

On choisit un son grave de fréquence $f = 100$ Hz.

1. Montrer que $z_C = -10\sqrt{3}\, i$.

2. a) Mettre z_C sous forme exponentielle : $z_C = re^{i\theta}$. On déterminera les valeurs de r et θ.

b) On considère le nombre complexe $z_T = z_R + z_C$. Exprimer z_T.

c) On considère le nombre complexe $G = \frac{z_C}{z_R + z_C}$.

Montrer que $G = \frac{\sqrt{3}}{2} e^{-i\frac{\pi}{6}}$.

d) Le module du nombre complexe $|G|$ est appelé « gain du filtre ». Donner la valeur exacte du gain du filtre puis une valeur approchée au centième.

Partie B – Effet du filtre sur un son aigu

On choisit un son aigu de fréquence $f = 1\,000\sqrt{3}\ Hz$.

1. a) Calculer la nouvelle valeur de z_C.

b) Montrer que le nombre complexe défini par $G = \frac{z_C}{z_R + z_C}$ est égal à : $\frac{-i}{10 - i}$.

2. Déterminer la forme algébrique de $G : G = a + bi$.

3. Déterminer la forme exponentielle de $G : G = \rho e^{i\theta}$.

4. Calculer la valeur exacte du gain du filtre $|G|$ puis en donner une valeur approchée au centième.

Épreuve orale dite « Grand oral »
Bulletin officiel spécial n° 2 du 13 février 2020

Définition et objectifs

- Épreuve orale
- Durée : 20 minutes
- Préparation : 20 minutes
- Coefficient : 14

L'épreuve orale terminale est **l'une des cinq épreuves terminales** de l'examen du baccalauréat.

Elle est **obligatoire** pour tous les candidats [...].

Finalité de l'épreuve

L'épreuve permet au candidat de montrer sa capacité à **prendre la parole en public de façon claire et convaincante** [...].

Évaluation de l'épreuve

L'épreuve est notée sur **20 points**.

Le jury valorise la **solidité des connaissances du candidat**, sa **capacité à argumenter** et à **relier les savoirs**, son **esprit critique**, la **précision de son expression**, la **clarté de son propos**, son **engagement dans sa parole**, sa **force de conviction**. Il peut s'appuyer sur la grille indicative.

Format et déroulement de l'épreuve

L'épreuve, d'une durée totale de 20 minutes, se déroule en trois temps :

- **Premier temps : présentation d'une question (5 minutes)**

Au début de l'épreuve, le candidat présente au jury deux questions.

Ces questions s'appuient sur l'enseignement de spécialité pour lequel le programme prévoit la réalisation d'une étude approfondie. Les candidats scolarisés peuvent avoir préparé cette étude individuellement ou avec d'autres élèves.

Les questions présentées par le candidat lui permettent de construire une argumentation pour définir les enjeux de son étude, la mettre en perspective, analyser la démarche engagée au service de sa réalisation ou expliciter la stratégie adoptée et les choix opérés en termes d'outils et de méthodes.

Les questions sont transmises au jury par le candidat sur une feuille, signée par le professeur de la spécialité concernée et portant le cachet de l'établissement d'origine du candidat.

Le jury choisit une des deux questions. Le candidat dispose de 20 minutes de préparation pour mettre en ordre ses idées et réaliser, s'il le souhaite, un support qu'il remettra au jury sur une feuille qui lui est fournie. Ce support ne fait pas l'objet d'une évaluation. L'exposé du candidat se fait sans note.

Le candidat explique pourquoi il a choisi de préparer cette question pendant sa formation, puis il la développe et y répond. Le jury évalue les capacités argumentatives et les qualités oratoires du candidat.

- **Deuxième temps : échange avec le candidat (10 minutes)**

Le jury interroge ensuite le candidat pour l'amener à préciser et à approfondir sa pensée. Cette interrogation peut porter sur toute partie du programme du cycle terminal des enseignements de spécialité de la série dans laquelle le candidat est inscrit. Ce temps d'échange permet d'évaluer la solidité des connaissances du candidat et ses capacités argumentatives.

- **Troisième temps : un échange sur le projet d'orientation du candidat (5 minutes)**

Le candidat explique en quoi la question traitée éclaire son projet de poursuite d'études, voire son projet professionnel. Il expose les différentes étapes de la maturation de son projet (rencontres, engagements, stages, mobilité internationale, intérêt pour les enseignements communs, choix de ses spécialités, etc.) et la manière dont il souhaite le mener après le baccalauréat. Le jury mesure la capacité du candidat à conduire et exprimer une réflexion personnelle témoignant de sa curiosité intellectuelle et de son aptitude à exprimer ses motivations. [...]

Le candidat effectue sa présentation du premier temps debout [...]. Pour les deuxième et troisième temps de l'épreuve, le candidat est assis ou debout selon son choix.

Composition du jury

Le jury est composé de **deux professeurs de disciplines différentes**, dont l'un représente l'enseignement de spécialité du candidat pour lequel le programme prévoit la réalisation d'un projet propre à la série, et l'autre représente le second enseignement de spécialité ou l'un des enseignements communs, ou est professeur-documentaliste.

Grille d'évaluation indicative de l'épreuve orale terminale

	Qualité orale de l'épreuve	Qualité de la prise de parole en continu	Qualité des connaissances	Qualité de l'interaction	Qualité et construction de l'argumentation
Très insuffisant	Difficilement audible sur l'ensemble de la prestation. Le candidat ne parvient pas à capter l'attention.	Énoncés courts, ponctués de pauses et de faux démarrages ou énoncés longs à la syntaxe mal maîtrisée.	Connaissances imprécises, incapacité à répondre aux questions, même avec une aide et des relances.	Réponses courtes ou rares. La communication repose principalement sur l'évaluateur.	Pas de compréhension du sujet, discours non argumenté et décousu.
Insuffisant	La voix devient plus audible et intelligible au fil de l'épreuve mais demeure monocorde. Vocabulaire limité ou approximatif.	Discours assez clair mais vocabulaire limité et énoncés schématiques.	Connaissances réelles, mais difficulté à les mobiliser en situation à l'occasion des questions du jury.	L'entretien permet une amorce d'échange. L'interaction reste limitée.	Début de démonstration mais raisonnement lacunaire. Discours insuffisamment structuré.
Satisfaisant	Quelques variations dans l'utilisation de la voix ; prise de parole affirmée. Il utilise un lexique adapté. Le candidat parvient à susciter l'intérêt.	Discours articulé et pertinent, énoncés bien construits.	Connaissances précises, une capacité à les mobiliser en réponses aux questions du jury avec éventuellement quelques relances.	Répond, contribue, réagit. Se reprend, reformule en s'aidant des propositions du jury.	Démonstration construite et appuyée sur des arguments précis et pertinents.
Très satisfaisant	La voix soutient efficacement le discours. Qualités prosodiques marquées (débit, fluidité, variations et nuances pertinentes, etc.). Le candidat est pleinement engagé dans sa parole. Il utilise un vocabulaire riche et précis.	Discours fluide, efficace, tirant pleinement profit du temps et développant ses propositions.	Connaissances maîtrisées, les réponses aux questions du jury témoignent d'une capacité à mobiliser ces connaissances à bon escient et à les exposer clairement.	S'engage dans sa parole, réagit de façon pertinente. Prend l'initiative dans l'échange. Exploite judicieusement les éléments fournis par la situation d'interaction.	Maîtrise des enjeux du sujet, capacité à conduire et exprimer une argumentation personnelle, bien construite et raisonnée.

Se préparer au Grand Oral

Mes étapes pour réussir le Grand Oral

1. Choisir les deux sujets que vous traiterez en fonction de vos intérêts personnels et de votre projet professionnel.

2. Se documenter sur le sujet : faire des recherches sur Internet, à la bibliothèque, interroger des personnes qui travaillent dans ce domaine, etc.

3. Organiser vos idées et faire un plan clair et précis de votre présentation : ces parties apparaîtront clairement lors de votre oral.

4. Écrire votre texte complet sur une feuille. Faites-vous corriger par votre professeur de spécialité concerné ou vos camarades.

5. Une fois validé, apprendre votre texte par cœur.

6. S'entraîner plusieurs fois (10 minimum) devant votre miroir pour bien maîtriser votre langage non verbal pendant vos essais.

7. S'enregistrer et demander l'avis de votre professeur de spécialité concerné ou vos camarades sur votre présentation.

Conseils pour réussir le Grand Oral

S'exprimer à l'oral

- **Le discours** : il doit s'appuyer sur un plan rigoureux et compréhensible par le jury. Vous devez être franc et authentique.
- **Le vocabulaire** : il faut utiliser des mots précis qui appartiennent aux domaines scientifiques et technologiques. Vous devez maîtriser le vocabulaire employé.
- **L'élocution** : la voix doit être claire et audible. Le débit ne doit pas être trop rapide et vous devez vous exprimer avec conviction.

Les erreurs à éviter

- Ne pas répondre à la question posée.
- Utiliser un langage familier.
- Employer un jargon technique que vous ne maîtrisez pas.
- Ne pas regarder la personne à qui vous parlez.
- Avoir une attitude désinvolte.
- Réciter par cœur un texte sans conviction.
- Ne pas être honnête dans votre discours.

Pistes pour le Grand Oral

■ Thème 1 : Énergie

1 Production d'énergie électrique

Comparer la production d'énergie électrique fournie par une centrale nucléaire avec celle produite par les énergies renouvelables ; éolienne et photovoltaïque. On s'intéressera au gaz à effet de serre et à la problématique de l'intermittence. Entraînez-vous à présenter vos arguments oralement en vous enregistrant.

Mots-clés

- Réacteur nucléaire
- Irradiance solaire
- Transition énergétique

Ressources

Lien
Comparaison des différents modes de production d'électricité
Nathan live!

2 Dimensionnement d'une installation électrique

Présenter les différentes grandeurs qui permettent de dimensionner une installation électrique. On pourra s'appuyer sur un exemple. Entraînez-vous à présenter vos arguments oralement en vous enregistrant.

Mots-clés

- Grandeur efficace
- Puissance active
- Facteur de puissance

Ressources

Lien
Présentation et dimensionnement des installations courants forts (CFO) et courants faibles (CFA)
Nathan live!

3 Pertes en ligne

L'énergie électrique est transportée à l'aide d'un réseau de lignes électriques ariennes et souterraines. Expliquer comment on limite les pertes dans un réseau électrique en régime sinusoïdal. Entraînez-vous à présenter vos arguments oralement en vous enregistrant.

Mots-clés

- Transformateur électrique
- Résistance linéique
- Très Haute Tension

Ressources

Lien
Électricité : à combien s'élèvent les pertes en ligne en France ?
Nathan live!

4 Propulsion d'un ballon dirigeable

Les ballons et dirigeables ont été les premiers aéronefs de l'humanité. Ce sont des aéronefs qui utilisent la force d'Archimède pour voler. Expliquer le principe de fonctionnement d'un aéronef et leurs évolutions techniques au cours du temps. Entraînez-vous à présenter vos arguments oralement en vous enregistrant.

Mots-clés

- Poussée d'Archimède
- Portance
- Gaz de sustentation

Ressources

Lien
Ballons et Dirigeables
Nathan live!

5 Centrale solaire à sels fondus

Une centrale solaire à sels fondus est une centrale électrique utilisant l'énergie thermique du Soleil pour produire de l'électricité. La centrale solaire à tour Gemasolar, mise en service en Andalousie en 2011 (voir vidéo) est constituée d'héliostats (miroirs) qui concentrent les rayons solaires au sommet d'une tour.

Elle dispose également d'un stockage de chaleur à sels fondus qui lui permet de générer de l'électricité même la nuit. Les sels fondus jouent le rôle de fluide caloporteur : une fois chauffés au sommet de la tour, les sels sont stockés dans un réservoir calorifugé, avant d'être envoyés vers le générateur de vapeur de la centrale, pour produire de l'électricité.

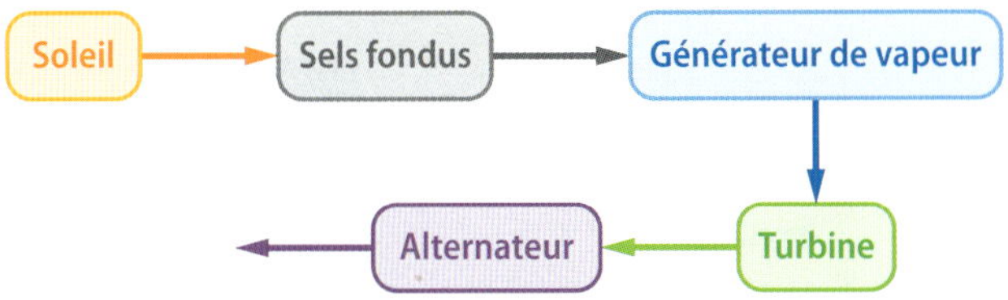

▲ Schéma de principe d'une centrale solaire à sels fondus

Expliquer le principe de fonctionnement d'une centrale solaire à sels fondus. Estimer son rendement global et indiquer ses avantages et ses inconvénients. Entraînez-vous à présenter vos arguments oralement en vous enregistrant.

Mots-clés

- Formes d'énergie
- Fluide caloporteur
- Alternateur
- Générateur de vapeur

6 Les futures batteries

Les batteries sont en constante évolution depuis leur invention. On s'intéressera aux aspects liés aux technologies futures envisagées pour le stockage de l'énergie dans des batteries. Entraînez-vous à présenter vos arguments oralement en vous enregistrant.

Mots-clés

- Batterie lithium
- Batterie sodium
- Batterie lithium air

Ressources

Lien
Les thématiques de recherche du RS2E, centre de recherche sur les batteries et supercondensateurs
Nathan live!

Lien
Les batteries sont le cœur d'un monde connecté
Nathan live!

7 Recharge des véhicules électriques

Les bornes de recharge des véhicules électriques constituent un gros enjeu pour les constructeurs automobiles. On s'intéressera aux aspects liés à l'autonomie et au temps de recharge des véhicules électriques. Entraînez-vous à présenter vos arguments oralement en vous enregistrant.

Mots-clés

- Temps de recharge BEV
- Wallbox
- Chargeur rapide
- Superchargeur

Ressources

Lien
Véhicules électriques : le feu passe au vert
Nathan live!

Lien
La gestion de la recharge des flottes de véhicules électriques
Nathan live!

8 Bilan des forces

S'approprier : mobiliser ses connaissances

Comment un bilan des forces peut-il permettre de déterminer l'accélération du système ? Entraînez-vous à présenter vos arguments oralement en vous enregistrant.

Mots-clés

■ Thème 2 : Matière et matériaux

9 Véhicules électriques

Comparer les technologies de stockage de l'énergie dans les véhicules électriques ; hydrogène, hybride et batteries. On s'intéressera au gaz à effet de serre et à la problématique de l'intermittence. Entraînez-vous à présenter vos arguments oralement en vous enregistrant.

Pistes pour le Grand Oral

Mots-clés
- Véhicule BEV
- Véhicule FCEV
- Véhicule PHEV

Ressources

Lien
La mobilité électrique un monde en mouvement

10 Puits canadien

Les puits canadiens et puits provençaux permettent de réaliser des économies d'énergie dans l'habitat. On s'intéressera aux échanges d'énergies qu'ils permettent en fonction des saisons, ainsi qu'à leurs limites. Entraînez-vous à présenter vos arguments oralement en vous enregistrant.

Mots-clés
- Puits canadien
- Puits provençal

Lien
Puits climatiques

Lien
Puits canadien et provençal

11 Centres de données ou data center

Les centres de données (data center) sont des sites regroupant des installations informatiques qui de par leur fonctionnement chauffent. On s'intéressera aux échanges d'énergies nécessaires pour refroidir de tels centres de données. Entraînez-vous à présenter vos arguments oralement en vous enregistrant.

Mots-clés
- Data center
- Refroidissement

Lien
Les différentes technologies de refroidissement des datacenters

Lien
Refroidissement : des datacenters plus intelligents

12 biocarburants

Les biocarburants sont de plus en lus présents dans les carburants vendus pour l'alimentation des moteurs thermiques. On s'intéressera aux aspects liés à la réduction des gaz à effets de serre. Entraînez-vous à présenter vos arguments oralement en vous enregistrant.

Mots-clés
- Biocarburants première génération
- Biocarburants deuxième génération

Ressources

Lien
Les Biocarburants de 1re génération

Lien
Biocarburants

13 Le soda atomique

Décrire et analyser cette affiche publicitaire des années 1950 à l'aide de vos connaissances et en faisant preuve d'esprit critique. Entraînez-vous à présenter vos arguments oralement en vous enregistrant.

Mots-clés
- Activité radioactive
- Rayonnement
- Radioactivité

14 Les pluies acides

À partir des informations données sur le schéma ci-dessous et de vos connaissances, expliquer la formation des pluies acides et leurs conséquences sur la faune et la flore. Entraînez-vous à présenter vos arguments oralement en vous enregistrant.

Mots-clés

- pH d'une solution
- Réaction acido-basique
- Couple acide/base

Ressources

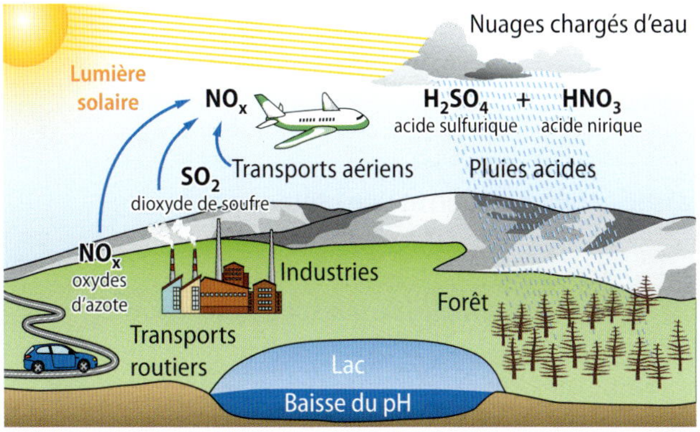

Thème 3 : Ondes et signaux

15 À partir du schéma ci-dessous et de vos connaissances, expliquer comment on peut établir le spectre d'amplitude de l'onde résultante, en considérant que pour celui-ci l'amplitude relative du fondamental soit de 100 %. Entraînez-vous à présenter vos arguments oralement en vous enregistrant.

Mots-clés

- Fréquence fondamentale
- Harmonique
- Signal périodique

Ressources

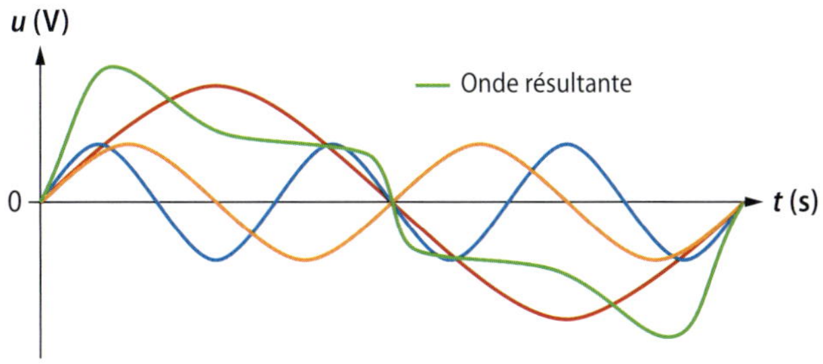

16 La presbyacousie

La presbyacousie, perte neurosensorielle progressive de l'audition avec l'âge, est à l'oreille ce que la presbytie est à l'œil.

À partir de la ressource ci-dessous et de vos connaissances personnelles, expliquer les problèmes d'audition qui apparaissent avec l'âge. Entraînez-vous à présenter vos arguments oralement en vous enregistrant.

Mots-clés

- Niveau sonore
- Domaine audible
- Sensibilité de l'oreille humaine

Ressources

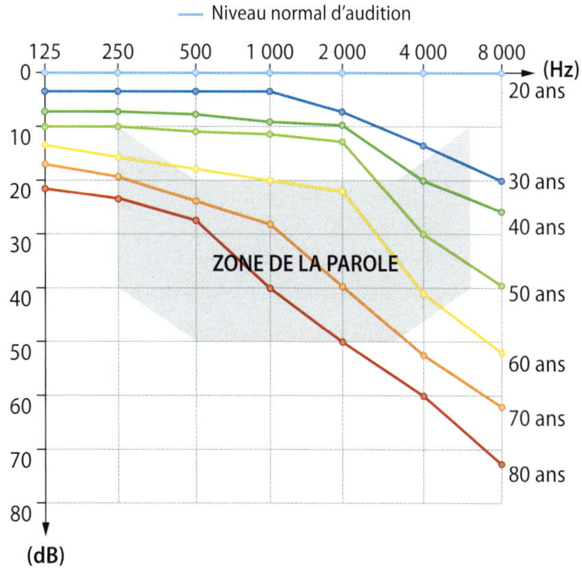

17 La TNT

Expliquer le principe de fonctionnement de la TNT (télévision numérique terrestre) illustré de manière simplifiée par la ressource ci-dessous. Entraînez-vous à présenter vos arguments oralement en vous enregistrant.

Mots-clés

- Fréquence porteuse
- Modulation
- Transposition de fréquence

Ressources

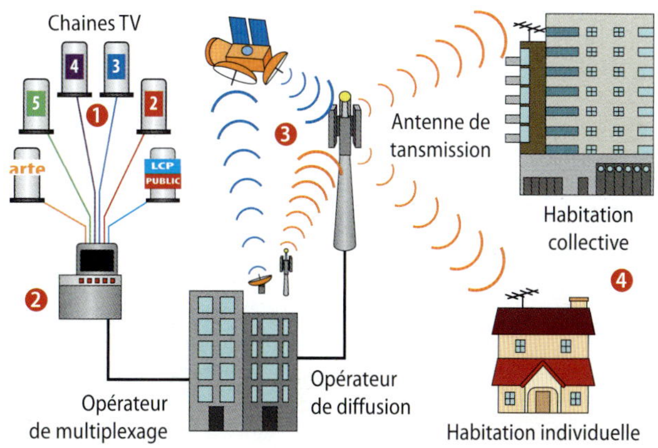

FICHE MÉTHODE 1 BIEN LIRE UN ÉNONCÉ

1 Lire l'ensemble de l'énoncé. D'une part, une lecture d'ensemble des questions peut permettre d'identifier le raisonnement à suivre pour répondre aux questions. D'autre part, certains documents peuvent se trouver à la fin de l'énoncé.

ATTENTION !
- Après un texte d'introduction, on trouve parfois la problématique de l'exercice. Ce n'est pas une question à laquelle il faut répondre.
- Derrière un numéro, il se peut qu'il n'y ait pas de questions mais seulement un texte introductif permettant d'introduire des sous-questions.

2 Repérer les données :
- Surligner les nombres ainsi que les unités les accompagnant. Attention, une donnée numérique peut aussi être écrite en lettres !
- Associer à chacune de ces données, le nom de la grandeur correspondante et sa notation.

3 Repérer les questions.

ATTENTION !
- Il faut se méfier de la ponctuation, une question ne se termine pas nécessairement par un point d'interrogation.

4 Identifier les connaissances à mobiliser pour répondre aux questions.

5 Comprendre les questions :
- Repérer éventuellement les grandeurs demandées et leur associer une notation et une unité.
- Repérer le verbe de la question et lui donner du sens.

Verbe d'action	Définition	Exemples de question et de réponse
Exprimer – Convertir	Il peut s'agir de faire une conversion d'unité.	*Exprimer la distance en m.* 2,0 km = $2{,}0 \times 10^3$ m.
Exprimer	Il peut s'agir de donner une formule qui permettra ensuite de calculer la grandeur demandée.	*Exprimer la **vitesse** en fonction de la distance et du temps.* $\boldsymbol{v} = \frac{d}{t}$.
Calculer – Faire l'application numérique – Déterminer la valeur	Il faut donner la valeur numérique d'une grandeur avec son unité après avoir fait un calcul.	*Calculer la valeur de la **vitesse**.* $\boldsymbol{v} = \frac{2{,}0 \times 10^3}{20{,}0} = 100$ m.s^{-1}.
Schématiser – Représenter	Il s'agit de faire un dessin simplifié d'une situation, d'un circuit…	*Schématiser le montage.* 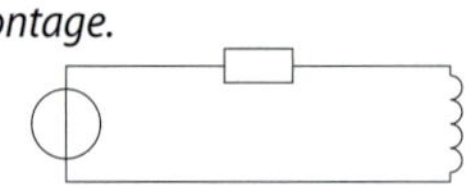
Représenter – Construire un graphique	Il s'agit de représenter un graphique.	*Représenter la tension en fonction de l'intensité.* 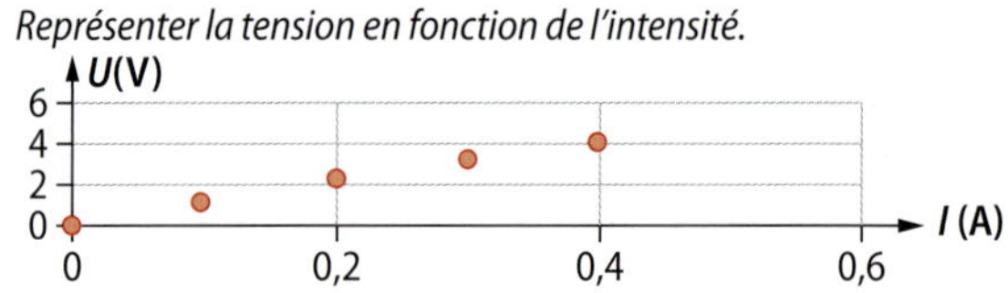
Déduire	Il s'agit de répondre à une question en s'appuyant sur la réponse à la question précédente.	L'intensité traversant la résistance de 50 Ω vaut 200 mA. *En déduire la valeur de la tension aux bornes de cette résistance.* $U = RI = 50 \times 200 \times 10^{-3} = 10$ V.
Vérifier	Il s'agit de vérifier que la valeur proposée dans la question est cohérente avec les données de l'énoncé.	*Vérifier que la résistance vaut 50 Ω.* $U = RI = 50 \times 0{,}100 = 5{,}0$ V. La tension aux bornes de la résistance vaut bien 5,0 V donc la valeur proposée pour la résistance est correcte.
Proposer/Écrire un protocole – Décrire le mode opératoire	Il s'agit de préciser les étapes de réalisation d'une expérience, à la manière d'une recette de cuisine.	*Écrire le protocole du bilan énergétique d'un changement d'état.* (*cf.* p. 145)
Justifier	Il s'agit de montrer les étapes de raisonnement qui ont permis d'aboutir à la réponse.	*Les rayons X sont plus énergétiques que la lumière visible. Justifier cette affirmation.* La fréquence des rayons X est supérieure à celle de la lumière visible. L'énergie est proportionnelle à la fréquence donc les rayons X sont plus énergétiques que la lumière visible.

Conversions simples

10^{-15}	10^{-12}	10^{-9}	10^{-6}	10^{-3}	10^{-2}	10^{-1}	1	10^{1}	10^{2}	10^{3}	10^{6}	10^{9}	10^{12}	10^{15}
f	p	n	µ	m	c	d	-	da	h	k	M	G	T	P
femto	pico	nano	micro	milli	centi	déci	-	déca	hecto	kilo	méga	giga	téra	péta

Pour réaliser une conversion, il suffit de remplacer le préfixe du multiple ou sous-multiple utilisé par sa valeur.
Par exemple :

$15\ \mu s = 15 \times 10^{-6}\ s$ $\qquad$ $200\ kHz = 200 \times 10^{3}\ Hz$

On utilise ensuite le nombre obtenu directement dans les calculs, sans chercher à les écrire sans puissance de 10 ou en utilisant l'écriture scientifique.

Conversions de surface

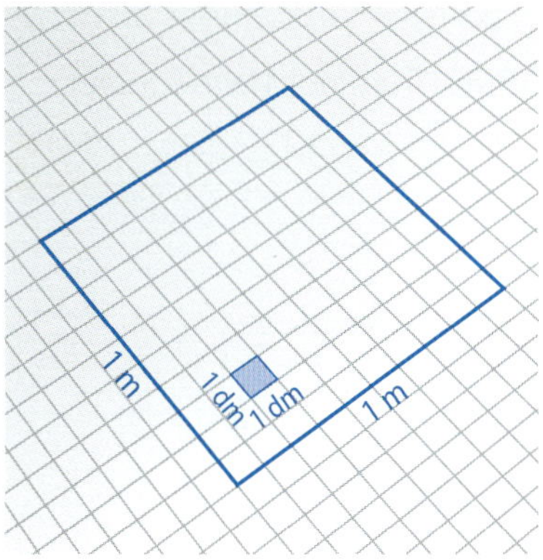

$1\ dm^2 = (10^{-1})^2\ m^2 = 10^{-2}\ m^2$.
$1\ cm^2 = (10^{-2})^2\ m^2 = 10^{-4}\ m^2$.
$1\ mm^2 = (10^{-3})^2\ m^2 = 10^{-6}\ m^2$.
$1\ km^2 = (10^{3})^2\ m^2 = 10^{6}\ m^2$.
Exemple : $20\ cm^2 = 20 \times 10^{-4}\ m^2$.

Conversions de volume

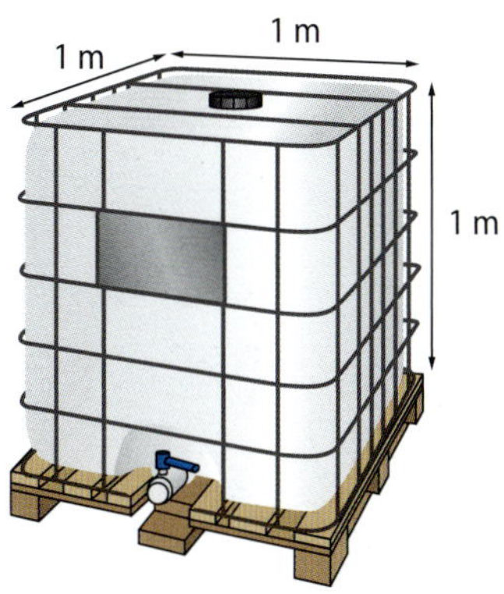

Attention ! Un cube de 1 m^3 ne contient pas 10 cubes de 1 dm^3, il contient 10^3 cubes de 1 dm^3.
$1\ dm^3 = (10^{-1})^3\ m^3 = 10^{-3}\ m^3$. $\qquad$ $1\ dm^3 = 1\ L$.
$1\ cm^3 = (10^{-2})^3\ m^3 = 10^{-6}\ m^3$. $\qquad$ $1\ cm^3 = 1\ mL$.
$1\ mm^3 = (10^{-3})^3\ m^3 = 10^{-9}\ m^3$. $\qquad$ $1\ km^3 = (10^{3})^3\ m^3 = 10^{9}\ m^3$.
Exemple : $250\ cm^3 = 250 \times 10^{-6}\ m^3$.

Conversions de durée

1 an = 365 jours.
1 jour = 24 h.
1 h = 60 min = 3 600 s.
1 min = 60 s.

UTILISATION D'UN MULTIMÈTRE

Utilisation comme voltmètre

Le voltmètre se branche en **dérivation** aux bornes du dipôle dont on veut mesurer la tension. La borne COM est branchée du côté de la base de la flèche de tension.

Exemple : mesure de la tension $u(t)$ aux bornes de la résistance du circuit ci-dessous.

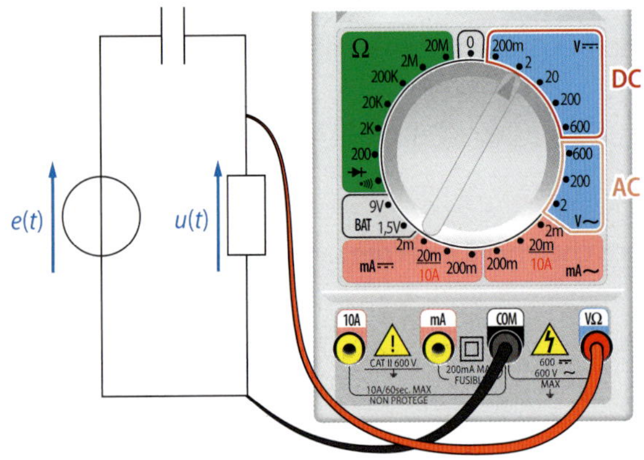

Type de tension à mesurer	Position du sélecteur
Tension continue	V⎓ (DC)
Valeur moyenne d'une tension variable	
Valeur efficace d'une tension alternative sinusoïdale	V∼ (AC)
Valeur efficace de la composante alternative d'une tension variable sinusoïdale	

Pour mesurer la valeur efficace d'une tension non sinusoïdale, on utilise un volmètre TRMS (*True Root Mean Square*).

Utilisation comme ampèremètre

L'ampèremètre se branche en **série** dans la branche du circuit dans laquelle on souhaite mesurer l'intensité du courant électrique.
Le **calibre** doit être adapté à la mesure d'intensité : en général, on part du calibre le plus grand puis on le baisse progressivement de sorte que la valeur du calibre le plus adapté soit immédiatement supérieure à celle de la mesure.

Exemple : mesure de l'intensité $i(t)$

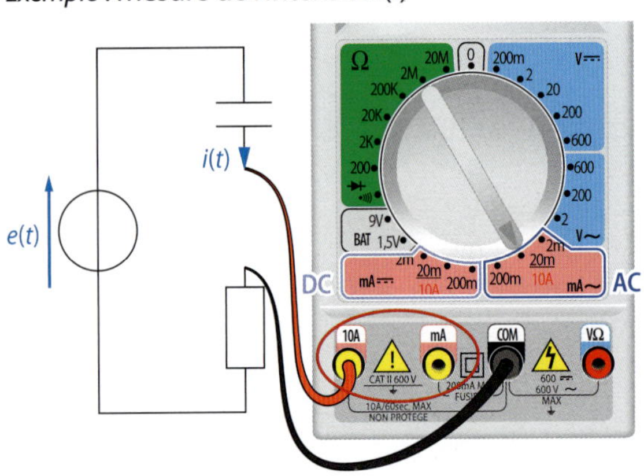

Le courant rentre par la borne 10 A ou 500 mA de l'ampèremètre et sort par la borne COM.

Choix du calibre et de la borne d'entrée du courant

Intensité à mesurer	$I < 200$ mA	$I > 200$ mA
Borne d'entrée du courant	mA	10 A
Intensité d'un courant continu	**mA⎓** (DC)	
Valeur moyenne d'une intensité variable		
Valeur efficace d'une intensité alternative sinusoïdale	**mA∼** (AC)	
Valeur efficace de la composante alternative d'un signal sinusoïdale		

Niveau sonore

$$L = 10\log\left(\frac{I}{I_0}\right)$$

- L : niveau sonore (dB)
- I : intensité acoustique de la source sonore ($W.m^{-2}$)
- I_0 : seuil d'audibilité ($I_0 = 1{,}0 \times 10^{-12}$ $W.m^{-2}$)

▲ Sonomètre, utilisé pour mesurer les niveaux sonores

Échelle de mesure du bruit en décibel

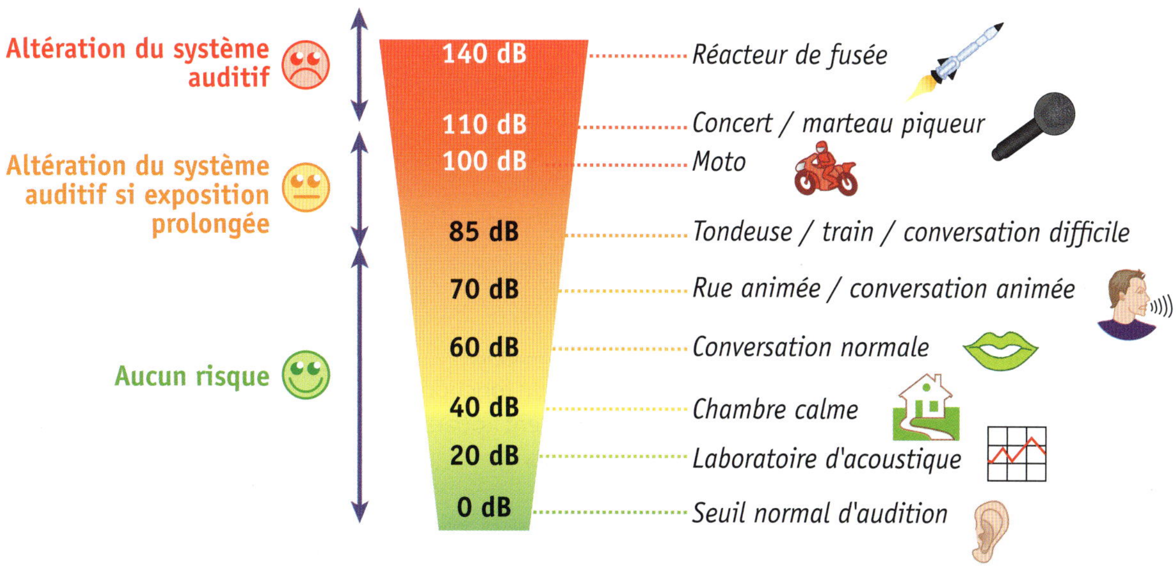

Courbe de sensibilité de l'oreille humaine

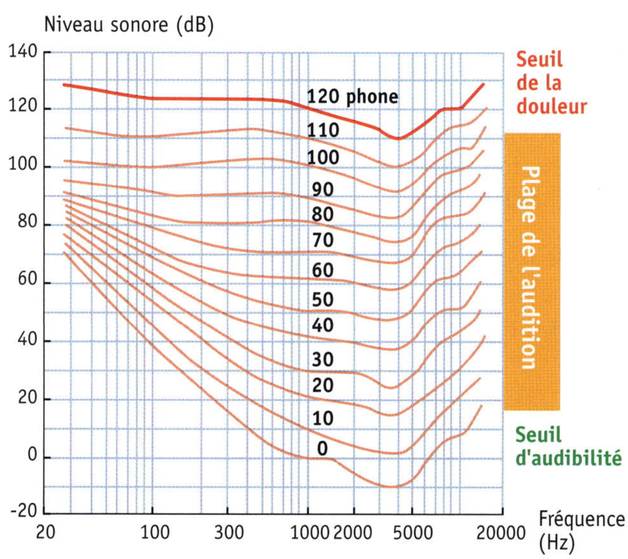

Un tableur-grapheur est un logiciel qui permet de créer des tableaux de données, de faire des opérations sur ces données et de tracer des graphiques.
Il se présente sous la forme d'un tableau dans lequel chaque cellule est repérée par ses coordonnées.

	A	B	C	D
1				
2				
3				

Par exemple, la cellule C2 se situe dans la deuxième ligne (2) de la troisième colonne (C).

Mettre en forme et calculer des données

	A	B
1	I en A	U en V
2	0,01	1
3	0,02	2
4	0,03	3
5		

1 Rentrer les valeurs mesurées dans le tableur en indiquant en entête de colonne la grandeur dont il s'agit et son unité.

	A	B	C
1	I en A	U en V	P en W
2	0,01	1	=A2*B2
3	0,02	2	
4	0,03	3	

2 Une formule commence toujours par le signe égal et est exprimée en fonction des cellules dans lequelles se trouvent les données.
Par exemple, pour calculer la puissance $P = UI$, on rentre une seule fois la formule puis on la recopie en faisant un cliquer-déplacer, du petit carré en bas à droite de la cellule à copier, vers les cellules cibles.

Tracer un graphe

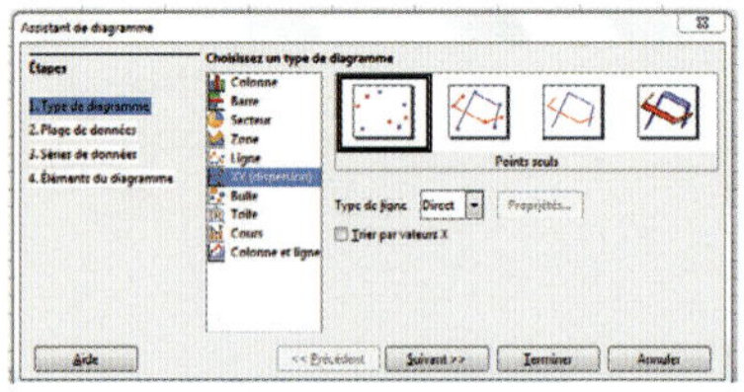

3 Sélectionner les colonnes à partir desquelles le graphe doit être tracé. Cliquer sur l'icône diagramme ou .

4 Dans « Type de diagramme », choisir dispersion ou nuage de points (ne pas relier les points).

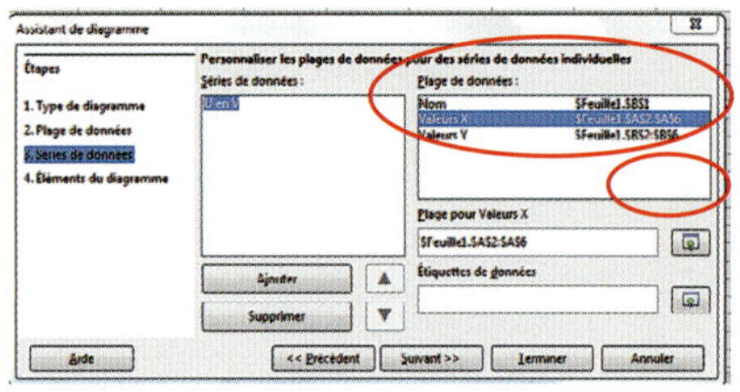

5 Dans « Série de données », choisir la grandeur à placer en abscisse et la grandeur à placer en ordonnée. Par exemple, si on veut tracer U en fonction de I, les coordonnées de la colonne contenant les intensités doivent apparaître en face de « Valeurs X » et les coordonnées de la colonne contenant les tensions doivent apparaître en face de « Valeurs Y ».

6 Dans « Élément du diagramme », indiquer un titre pour le graphique et pour chacun des axes et cliquer sur terminer.

Modéliser le graphique

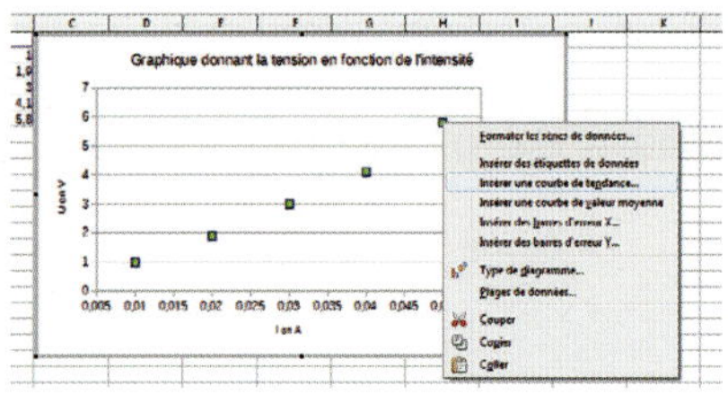

7 Double cliquer sur la fenêtre graphique puis à l'aide d'un clic droit sur un point du graphique, faire apparaître le menu contextuel ci-contre. Sélectionner « Insérer une courbe de tendance » dans le menu contextuel.

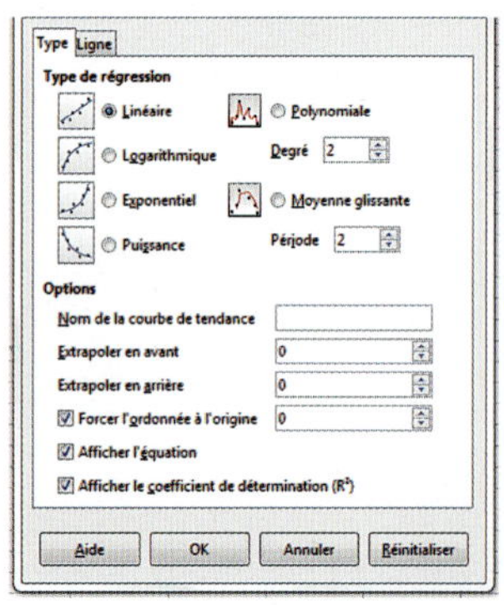

8 Observer l'allure des points obtenus et choisir le type de modélisation adapté. On peut sélectionner ou non l'option « Forcer l'ordonnée à l'origine » et choisir la valeur de l'ordonnée à l'origine. On peut aussi choisir d'« Afficher l'équation ».

9 Si la courbe de tendance passe au mieux par l'ensemble des points, cliquer sur OK. Une équation apparaît alors sur la fenêtre graphique ainsi qu'un coefficient de corrélation. Plus il est proche de 1, plus la modélisation est pertinente.

$f(x) = 107{,}6363636364x$
$R^2 = 0{,}9947038288$

10 Il faut enfin donner l'équation du modèle et préciser son domaine de validité. Dans notre exemple, nous avons tracé U en fonction de I, on écrira donc :
$U = 108 \times I$ avec U en V et I en A.
Ce modèle est valable pour une intensité comprise entre 0 et 0,050 A.

FICHE MÉTHODE 6 MULTIPLES ET SOUS-MULTIPLES

Nom			Préfixe de l'unité		Notation	Exemple	
			Notation	Nom			
MULTIPLES	10^{12}	billion	T	téra	1 Tm = 10^{12} m	Distance Soleil-Neptune : 4,5 Tm	
	10^{9}	milliard	G	giga	1 Gm = 10^{9} m	Diamètre du Soleil : 1,39 Gm	
	10^{6}	million	M	méga	1 Mm = 10^{6} m	Diamètre de la Terre : 40 Mm	
	10^{3}	mille	k	kilo	1 km = 10^{3} m	Hauteur de l'Everest : 8,8 km	
	10^{2}	cent	h	hecto	1 hm = 10^{2} m	Hauteur de la tour de Dubaï : 8,3 km	
	$10^{1} = 10$	dix	da	déca	1 dm = 10 m	Taille moyenne de la baleine bleue : 2,4 dam	
	$10^{0} = 1$				1 m	Taille moyenne d'une femme : 1,62 m	
SOUS-MULTIPLES	10^{-1}	dixième	d	déci	1 dm = 10^{-1} m	Taille du cerveau humain : 1,1 dm	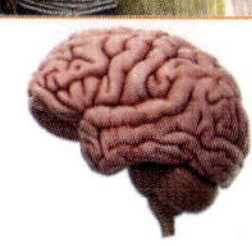
	10^{-2}	centième	c	centi	1 cm = 10^{-2} m	Diamètre d'un oeil humain : 2,5 cm	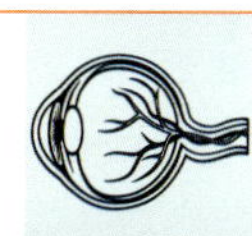
	10^{-3}	millième	m	milli	1 mm = 10^{-3} m	Taille d'une coccinelle : 4 mm	
	10^{-6}	millionième		micro	1 µm = 10^{-6} m	Taille des lymphocytes (globule blanc) : 7 µm	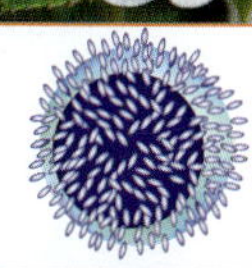
	10^{-9}	milliardième	n	nano	1 nm = 10^{-9} m	Diamètre de la double hélice de l'ADN : 2 nm	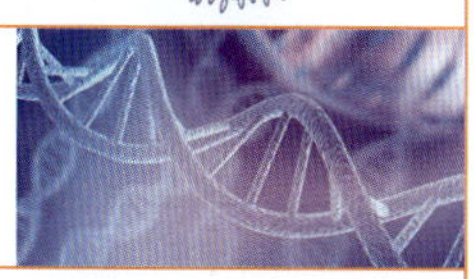
	10^{-12}		p	pico	1 pm = 10^{-12} m	Longueur de la liaison C–O : 143 pm	
	10^{-15}		f	femto	1 fm = 10^{-15} m	Diamètre du noyau d'un atome : 2,4 fm	

Réglages des paramètres de la calculatrice

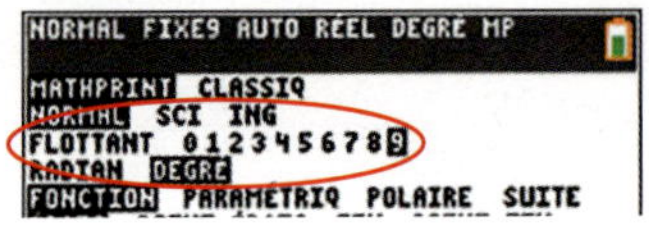

1 Appuyer sur la touche [mode] de la calculatrice pour accéder aux paramètres.
- Pour passer d'angles mesurés en radians à des angles mesurés en degrés, choisir le mode souhaité en utilisant les flèches.
- Pour afficher l'écriture des nombres en notation scientifique, il faut choisir le mode SCI, puis en dessous le nombre de décimales affichées.

2 Valider le mode sélectionné en appuyant sur la touche [entrer] : le mode sélectionné se met alors à clignoter en blanc sur fond noir.

3 Quitter la fenêtre de réglage des paramètres en appuyant sur les touches [2nde] [mode].

Effectuer un calcul avec les puissances de 10

1 Il faut d'abord écrire l'application numérique à effectuer : $f = \frac{1}{T}$. On choisit : $T = 20 \times 10^{-3}$. Alors $f = \frac{1}{20 \times 10^{-3}}$.

2 Il faut ensuite taper le calcul. On peut soit utiliser la commande EE, qui correspond aux puissances de 10, ou mettre des parenthèses et utiliser la touche 10^x.

Dans le premier cas il faut taper : 1 [÷] 20 [2nde] [,] (EE) [(−)] 3.

Dans le deuxième cas il faut taper : 1 [÷] (20 [2nde] [log] (10^x) [(−)] 3 [▸]).

3 Il faut ensuite écrire le résultat sur sa feuille. $f = 50$ Hz dans notre exemple.

> **ATTENTION !**
> Il ne faut pas confondre la touche [−] utilisée pour la soustraction avec la touche [(−)] utilisée pour les exposants négatifs.

> **ATTENTION !**
> Il faut choisir le bon nombre de chiffres significatifs et remplacer l'écriture E de la calculatrice par 10 puissance. 3,05678E-3 devient $3,1 \times 10^{-3}$ si les données comptaient 2 chiffres significatifs.

Calculer une moyenne et un écart-type

Exemple sur une mesure de température

T en °C	6,5	6,0	6,2	6,35	6,4	6,45	6,5	6,3	6,25	6,6	6,7

1 Appuyer sur la touche [stats].

2 Sélectionner le mode **ÉDIT** puis **1 : Modifier**.

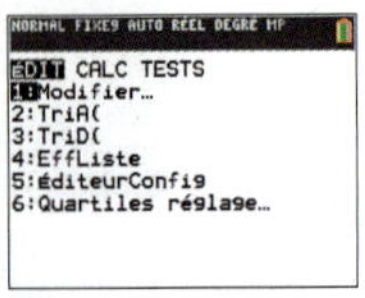

3 Rentrer les valeurs numériques dans l'une des listes.

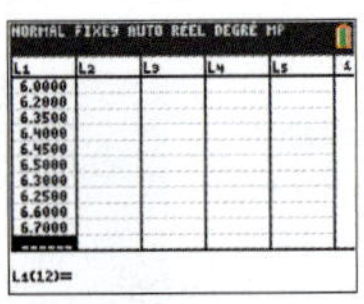

4 Appuyer sur la touche [stats].

5 Sélectionner les modes **CALC** puis **1 : Stats 1 Var**.

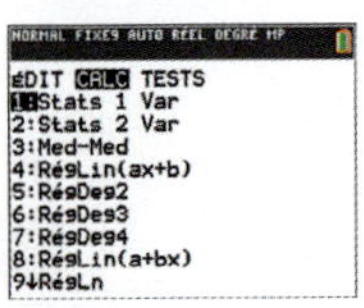

6 Choisir la liste dans laquelle les valeurs ont été rentrées puis appuyer sur [entrer] pour calculer les grandeurs statistiques.

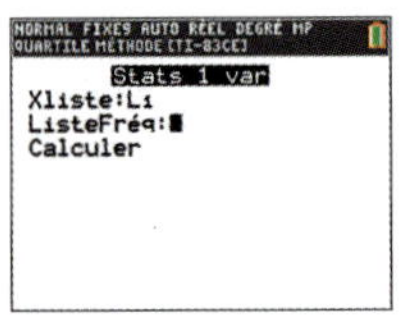

7 La valeur moyenne est notée $\overline{x}$ et l'écart-type expérimental est noté Sx.

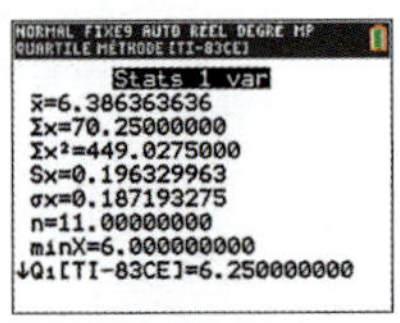

Dans notre exemple, la valeur moyenne vaut 6,4 °C et l'écart-type expérimental vaut 0,20 °C.

Réglages des paramètres de la calculatrice

1 Appuyer sur les touches SHIFT et MENU (SET UP) de la calculatrice pour accéder aux paramètres.
- Pour passer d'angles mesurés en radians à des angles mesurés en degrés, choisir le mode souhaité en utilisant les flèches.
- Pour afficher l'écriture des nombres en notation scientifique, il faut sélectionner Display puis SCI, puis en dessous le nombre de décimales affichées.

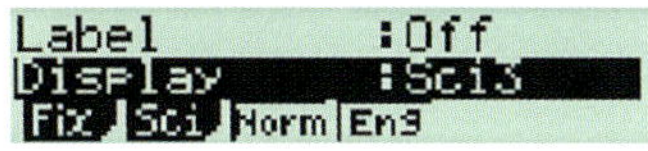

2 Valider le mode sélectionné en appuyant sur la touche EXE.

3 Quitter la fenêtre de réglage des paramètres en appuyant sur les touches SHIFT EXIT ou EXE.

Effectuer un calcul avec les puissances de 10

1 Il faut d'abord écrire l'application numérique à effectuer : $f = \frac{1}{T}$. Nous choisirons $T = 20 \times 10^{-3}$. Nous avons alors : $f = \frac{1}{20 \times 10^{-3}}$.

2 Il faut ensuite taper le calcul : 1 ÷ (20 ×10^x (–) 3).

> **ATTENTION !**
> Il ne faut pas confondre la touche – utilisée pour la soustraction avec la touche (–) utilisée pour les exposants négatifs.

3 Il faut ensuite écrire le résultat sur sa feuille. $f = 50$ Hz dans notre exemple.

Calculer une moyenne et un écart-type

Exemple sur un ensemble de mesures

Vitesse m.s^{-1}	8,0	10	13	16
Fréquence du résultat	5,0	3,0	7,0	4,0

1 Appuyer sur la touche MENU **2 (STAT)**.

2 Saisir les vitesses dans **List 1** et leur fréquence dans **List 2**.

3 Rentrer les valeurs numériques dans l'une des listes.

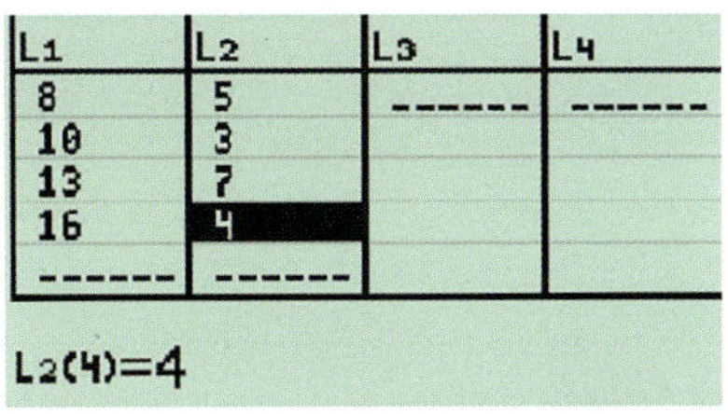

4 Ajuster les paramètres avec la touche F2 **(CALC)** F6 **(SET)** puis choisir **1-Var Xlist :** F1 **(LIST) 1** EXE et **1VAR Freq :** F2 **(LIST) 2** EXE.

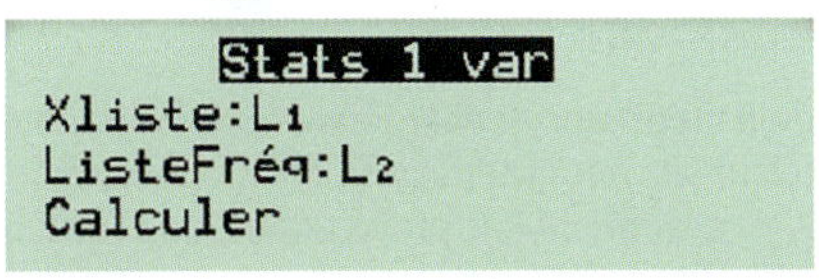

5 Appuyer sur les touches EXIT F1 **(1VAR)** pour afficher les indicateurs statistiques. La valeur moyenne est notée $\overline{x}$ et l'écart-type expérimental est noté Sx.

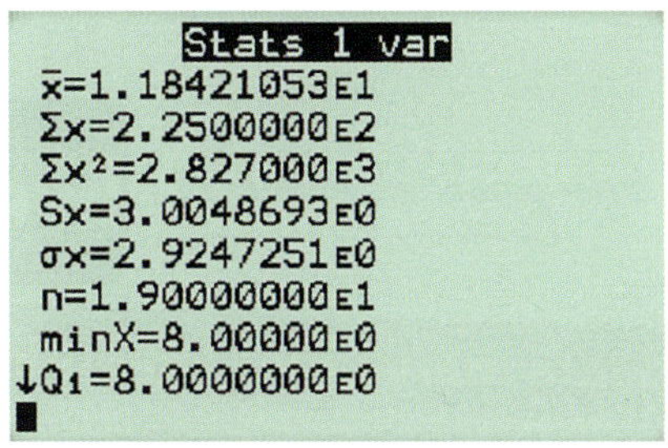

Dans notre exemple, la valeur moyenne vaut 12 m.s^{-1} et l'écart-type expérimental vaut 3,0 m.s^{-1}.

FICHE MÉTIER

> CONSEILLER(ÈRE) INFO ÉNERGIE

Le (la) conseiller (ère) info énergie conseille et renseigne les particuliers sur les économies d'énergie à faire dans leur maison, *via* des travaux d'isolation ou simplement des bonnes habitudes à prendre.

Est-ce un métier pour moi ?

- ✓ Je m'intéresse aux solutions pour la transition énergétique
- ✓ J'aime le contact avec les gens
- ✓ Je suis pédagogue et j'aime conseiller

▶ Que fait-on comme études pour apprendre ce métier ?

« J'ai un DUT en génie thermique et énergie ainsi qu'une licence professionnelle centrée sur la performance énergétique des bâtiments. Le DUT peut suffire, ou une licence pro énergie rattrapée depuis une autre spécialité (BTS ou DUT). »

▶ En quoi consiste ce métier ?

« J'explique aux gens ce qu'il faut faire pour rénover leur maison. Ça concerne l'isolation thermique, le chauffage, la ventilation. C'est très varié ! Parfois les gens veulent juste que je leur dise quoi faire, mais en général, ils veulent comprendre pourquoi, donc il faut être pédagogue.
Je fais aussi régulièrement des animations, des conférences, et je donne des cours dans des collèges sur le changement climatique. »

▶ Où travaille-t-on quand on exerce ce métier ?

« Je travaille principalement dans mon bureau, où je reçois les gens qui ont des questions sur la rénovation de leur maison, ou la construction. Il m'arrive également d'aller directement chez les gens pour voir la maison et faire une étude thermique poussée. »

▶ Qu'est-ce qui vous plaît dans ce métier ?

« Comme c'est un service public gratuit, les gens viennent vers moi en toute confiance, car ils savent que je n'ai rien à leur vendre. Donc j'ai la satisfaction de vraiment aider les gens, de résoudre des situations qui semblent parfois impossibles. »

@ **Pour plus d'informations...** Nathan live!

DUT Génie thermique et énergie

LES ATTENDUS PARCOURSUP

- Avoir une bonne maitrise du français permettant de s'exprimer et de communiquer.
- Avoir un niveau d'anglais permettant de communiquer et d'argumenter.
- Être actif dans sa formation : écouter, participer et avoir envie d'apprendre.
- Mathématiques : tenir un raisonnement logique, savoir calculer.
- Physique : bonnes connaissances des notions de physique abordées au lycée.
- Aimer expérimenter et avoir le goût de la réalisation.
- Savoir mobiliser ses connaissances et élaborer un raisonnement structuré pour répondre à une problématique scientifique.
- Avoir l'esprit d'équipe et savoir s'intégrer dans les travaux de groupe.

LES ADMISSIONS

Le DUT génie thermique et énergie est accessible à tout titulaire d'un baccalauréat : bac obtenu avec des spécialités scientifiques, bac STI2D, plus rarement bac professionnel ou STL. Accès sur dossier, voire tests et/ou entretien.

FICHE MÉTIER

> TECHNICIEN(NE) DE MAINTENANCE INDUSTRIELLE

Le (la) technicien (ne) de maintenance répare les installations et améliore les procédés industriels. Sa mission principale est d'éviter les pannes dans les industries. En effet, une simple panne pourrait mettre en péril le bon fonctionnement d'une entreprise.

Est-ce un métier pour moi ?

- ✓ Je suis curieux(se)
- ✓ Je suis débrouillard(e) et habile de mes mains
- ✓ Je suis concentré(e)

▶ Que fait-on comme études pour apprendre ce métier ?

« J'ai un DUT génie industriel et maintenance, ce qui me permet d'être à l'aise avec la plupart des domaines techniques, mais un BTS conviendrait aussi. Un parcours technique est souhaité pour ce poste. »

▶ Où travaille-t-on quand on exerce ce métier ?

« Les techniciens de maintenance peuvent être amenés à travailler un peu partout. Que ce soit dans un centre commercial ou dans l'industrie lourde, le technicien de maintenance sera amené à réaliser des tâches de maintenance préventive (tâche d'entretien) ou corrective (réparation). Il n'y a pas vraiment de lieux définis pour un technicien de maintenance. »

▶ En quoi consiste ce métier ?

« On procède à l'entretien, c'est-à-dire à la maintenance des machines industrielles pour faire en sorte qu'elles soient les plus performantes possibles. On réalise la maintenance préventive en suivant les plans de charge qui ont été définis par le constructeur. Une part importante du travail est le diagnostic de panne, ce qu'on appelle la maintenance corrective. »

▶ Qu'est-ce qui vous plaît dans ce métier ?

« Ce qui m'attire tous les jours c'est la variété des interventions. En effet, il n'y a pas un jour qui se ressemble et la curiosité technique est toujours mise à contribution pour résoudre des problèmes complexes. »

@ Pour plus d'informations… Nathan live!

BTS Maintenance des systèmes

LES ATTENDUS PARCOURSUP

- S'intéresser à la maintenance des systèmes.
- Disposer de compétences pour travailler en équipe dans le cadre d'une démarche de projet.
- Disposer de capacités d'organisation et d'autonomie.
- Disposer de compétences pour s'adapter à un environnement industriel, pour comprendre et respecter les règles de son fonctionnement.
- Disposer de compétences scientifiques et technologiques pour Interpréter et exploiter les informations obtenues à partir d'essais, de test, de simulations, de réalisations.
- Disposer de compétences en matière de communication technique pour décrire une idée, un principe, une solution (produit, processus, système).
- Disposer de compétences en matière d'expression écrite et orale y compris en anglais pour communiquer et argumenter.

LES ADMISSIONS

Le BTS Maintenance des systèmes option A systèmes de production est accessible à tout titulaire d'un baccalauréat : bac professionnel industriel de la production et de la maintenance, bac STI2D. Accès sur dossier, voire tests et/ou entretien.

FICHE MÉTIER
> ÉCONOMISTE DE LA CONSTRUCTION

Est-ce un métier pour moi ?
- ✓ Je suis curieux(se)
- ✓ Je suis rigoureux(se)
- ✓ J'aime le contact avec les autres

Un (e) économiste de la construction a pour mission de chiffrer, de répartir et d'estimer l'ensemble des coûts relatifs à la réalisation d'un ouvrage en amont et durant tout le chantier. Il (elle) assure également une mission de conseil auprès du maître d'œuvre, de l'architecte ou du client.

▶ Que fait-on comme études pour apprendre ce métier ?

« Ce métier est accessible par le biais d'un BTS études et économie de la construction. Une école propose aussi cette formation au niveau ingénieur. Cependant, avec un BTS, le poste est tout à fait accessible. En revanche, c'est un domaine dans lequel il y a une très forte demande. »

▶ Où travaille-t-on quand on exerce ce métier ?

« Il existe deux types d'économistes de la construction : économiste au sein d'une entreprise de bâtiment, et économiste au sein d'un cabinet d'architecte ou d'économiste de la construction. L'un comme l'autre sont passionnants ! En entreprise on effectue des chiffrages et des études de prix détaillés en phase avant travaux. Dans un cabinet on effectue plutôt des missions d'étude de prix de « conception » en amont des travaux. »

▶ En quoi consiste ce métier ?

« Le métier d'économiste de la construction en entreprise est de déterminer le prix de revient d'une construction afin de pouvoir faire une offre économiquement avantageuse. Il a pour missions de conseiller et de trouver des solutions (variantes, techniques de construction différentes…) pour réduire au maximum le coût d'une construction.
En maîtrise d'œuvre (cabinet d'architecte ou d'économiste), l'économiste s'occupe de la phase conception technique du projet. Il rédige les cahiers des charges, détermine le type de construction en phase avec l'architecte, il estime aussi l'enveloppe budgétaire pour réaliser le projet et établit un planning prévisionnel. »

▶ Qu'est-ce qui vous plaît dans ce métier ?

« Le challenge !
Être économiste au sein d'une entreprise est un challenge quotidien. Chaque projet est un défi, les chantiers sont décrochés par le biais d'appel d'offre, donc le but c'est d'obtenir une signature à la fin de l'étude. Dans le cas contraire, on aura travaillé pour rien. De plus, chaque projet est différent donc on ne trouve aucune routine dans ce domaine.
Aimer travailler en équipe et être techniquement curieux sont les atouts à avoir pour réussir dans cette branche. »

@ Pour plus d'informations… Nathan live!

BTS Études et économie de la construction

LES ATTENDUS PARCOURSUP

- S'intéresser à la conception en bureau d'étude et la réalisation sur chantiers de bâtiments en structures béton.
- Disposer de compétences pour travailler en équipe dans le cadre d'une démarche de projet.
- Disposer de capacités d'organisation et d'autonomie.
- Disposer de compétences scientifiques et technologiques pour Interpréter et exploiter les informations obtenues à partir d'essais, de test, de simulations, de réalisations.
- Disposer de compétences en matière de communication technique pour décrire une idée, un principe, une solution (produit, processus, système).
- Disposer de compétences en matière d'expression écrite et orale y compris en anglais pour communiquer et argumenter.

LES ADMISSIONS

Le BTS études et économie de la construction est accessible à tout titulaire d'un baccalauréat : bac pro du domaine (technicien d'études du bâtiment principalement) et STI2D (option architecture et construction notamment), puis bac obtenu avec des spécialités scientifiques. Accès sur dossier, voire tests et/ou entretien.

FICHE MÉTIER

> TECHNICIEN(NE) SUPÉRIEUR(E) DE LABORATOIRE

Un (e) technicien (e) supérieur (e) de laboratoire travaille au sein d'un laboratoire (hôpital, laboratoire d'analyse médicale, laboratoire de recherche, laboratoire pharmaceutique/agroalimentaire, laboratoire de l'administration dans la police, ou l'éducation nationale). En collaboration avec des ingénieurs, des pharmaciens ou des chercheurs, il (elle) réalise des expériences et des analyses au service du laboratoire.

Est-ce un métier pour moi ?

- ✓ J'aime manipuler et réaliser des expériences
- ✓ J'aime le travail organisé et soigné
- ✓ J'aime la diversité et la richesse des expériences menées

▶ Que fait-on comme études pour apprendre ce métier ?

« J'ai une licence professionnelle spécialisée en analyse des matériaux, exercée en alternance afin d'associer l'apprentissage théorique et la mise en application en entreprise. L'alternance est un atout majeur pour intégrer le marché du travail mais une licence physique ou chimie en cursus général est tout à fait possible pour exercer le métier de technicien supérieur de laboratoire. »

▶ Où travaille-t-on quand on exerce ce métier ?

« Les domaines d'activités sont nombreux avec une forte demande des centres de recherche notamment dans le domaine de l'énergie nucléaire, de l'aérospatiale, de l'automobile, de la propulsion et des équipements aéronautiques. »

▶ En quoi consiste ce métier ?

« Un technicien de laboratoire est généralement associé à un projet d'étude, où il est nécessaire de réaliser des essais et des expérimentations scientifiques. Je travaille dans le domaine de l'énergie nucléaire où je procède à l'étude des matériaux en utilisant un microscope électronique permettant d'observer et d'analyser la matière à une échelle très fine (nanométrique). Ces analyses servent à déterminer leur structure et à évaluer, voire prédire leur comportement pour des applications dans l'industrie nucléaire. »

▶ Qu'est-ce qui vous plaît dans ce métier ?

« C'est un métier dynamique puisqu'il nécessite de travailler au sein d'une équipe en collaboration avec d'autres techniciens, des ingénieurs et des chercheurs. Parfois certaines études s'apparentent à de vraies enquêtes où chaque membre de l'équipe apporte des résultats faisant progresser la compréhension de l'étude. La diversité des études scientifiques est enrichissante et permet d'engranger de nouvelles connaissances et compétences même après plusieurs années d'expériences. »

@ Pour plus d'informations... Nathan live!

DUT Génie biologique

LES ATTENDUS PARCOURSUP

- Avoir une bonne maîtrise du français écrit et oral.
- Savoir mobiliser ses connaissances et développer un sens critique.
- Avoir un niveau d'anglais permettant de communiquer et d'argumenter.
- Savoir analyser des documents (comprendre, résumer, synthétiser).
- Avoir des bases scientifiques (en particulier en SVT, biologie, mathématiques, physique, chimie).
- Utiliser ses connaissances pour répondre à une problématique scientifique.
- Savoir mobiliser ses connaissances et élaborer un raisonnement structuré pour répondre à une problématique scientifique.
- Avoir l'esprit d'équipe et savoir s'intégrer dans les travaux de groupe.

LES ADMISSIONS

Le DUT génie biologique option analyses biologiques et biochimiques est accessible à tout titulaire d'un baccalauréat : bac obtenu avec des spécialités scientifiques, bac STL (biotechnologie). Accès sur dossier, voire tests et/ou entretien.

FICHE MÉTIER

> INGÉNIEUR(E) DE RECHERCHE AU CNRS (CENTRE NATIONAL DE LA RECHERCHE SCIENTIFIQUE)

Les ingénieurs de recherche participent à la mise en œuvre des activités de recherche, de valorisation, et de diffusion de l'information scientifique et technique. Ils orientent et coordonnent les diverses activités techniques et administratives qui concourent à la réalisation d'un programme de recherche. De plus, ils peuvent se voir confier des missions de coopération internationale, d'enseignement ou d'administration de la recherche.

Est-ce un métier pour moi ?

- ✓ J'aime le travail d'équipe
- ✓ J'aime la diversité de mes missions
- ✓ J'aime collaborer avec des chercheurs du monde entier

▶ Que fait-on comme études pour apprendre ce métier ?

« J'ai obtenu mon Bac STI génie électronique (avec mention bien). J'ai d'abord fait un Bac+2 (DEUST acoustique) et comme je souhaitais poursuivre des études plus longues, j'ai repris un cursus SPI-EEA (sciences pour l'ingénieur, électronique, énergie électrique, automatique) à l'université jusqu'à obtenir un doctorat (Bac +8) en sciences.
Pour être ingénieur de recherche, il faut soit avoir fait un doctorat, soit être ingénieur diplômé d'une école d'ingénieur reconnue par le CNRS. »

▶ En quoi consiste ce métier ?

« Je développe, avec une équipe de plusieurs personnes que j'encadre, des instruments pour faire de nouvelles découvertes scientifiques : par exemple, je travaille sur la construction de télescopes spatiaux destinés à l'astronomie des rayons X (trous noirs). Je fais aussi des publications scientifiques pour expliquer l'avancée de mes travaux. Je participe à de nombreuses conférences (en France et à l'étranger) pour échanger avec des chercheurs qui travaillent dans le même domaine que moi. Comme mon laboratoire est rattaché à une université parisienne, je suis également amenée à donner des cours à des étudiants. »

▶ Où travaille-t-on quand on exerce ce métier ?

« Je travaille dans un laboratoire de recherches sur Paris spécialisé dans l'astrophysique. La plupart des laboratoires comme le mien sont installés dans des grandes villes (Toulouse, Lyon, Grenoble…). Les laboratoires sont souvent liés à des universités. »

▶ Qu'est-ce qui vous plaît dans ce métier ?

« Ce que j'aime, c'est la possibilité d'échanger des idées et des techniques avec des chercheurs du monde entier. Je voyage régulièrement dans des pays très différents. Je suis amenée à travailler dans un très grand nombre de domaines techniques et scientifiques : du développement d'un petit instrument (mécanique, électronique) dans mon laboratoire, à l'installation d'un grand télescope sur les hauts plateaux d'Argentine. »

@ Pour plus d'informations… Nathan live!

FICHE MÉTIER
> DÉVELOPPEUR(SE) LOGICIEL POUR LA 5G

Un (e) développeur (se) logiciel conçoit des logiciels souvent à la demande d'un client, sur la base d'un cahier des charges. La phase de préparation et de mise en place de tout logiciel est très importante car les logiciels ou applications doivent être opérationnels sur toutes les interfaces souhaitées par le client (web, mobiles, tablettes). Une fois le logiciel opérationnel, le (la) développeur(se) doit assurer son suivi et sa maintenance en résolvant les problèmes, et en s'adaptant aux besoins de ses clients.

Nathan live!

Pour plus d'informations…

Est-ce un métier pour moi ?

- ✓ Je suis à l'écoute des clients
- ✓ J'aime être confronté(e) à des problématiques techniques et/ou fonctionnelles
- ✓ Je sais associer rigueur et créativité

▶ Que fait-on comme études pour apprendre ce métier ?

« J'ai obtenu un diplôme d'ingénieur en électronique et informatique industrielle en alternance pour découvrir le métier de développeur logiciel.
Un diplôme équivalent en informatique est également une bonne perspective pour accéder à ce métier. »

▶ Où travaille-t-on quand on exerce ce métier ?

« Les ingénieurs logiciels sont généralement amenés à travailler dans des bureaux d'études ou dans des départements R&D (recherche et développement) et support. »

▶ En quoi consiste ce métier ?

« J'interviens sur le développement des infrastructures de télécommunication mobile 5G, en tant que développeur d'applications mobiles, en support. Mon rôle va être de faciliter l'intervention des techniciens d'installation et de maintenance des produits chez les clients.
Pour cela, je conçois et je développe des applications mobiles en JAVA pour automatiser et simplifier certaines de leurs missions (exemples : scanner un produit et avoir directement accès à sa documentation technique, à des guides d'installation/maintenance, et générer automatiquement des bons de commandes en cas de réparations à prévoir). Je développe également des interfaces Web, pour permettre aux managers d'avoir une vue d'ensemble sur les actions menées par leurs équipes. »

▶ Qu'est-ce qui vous plaît dans ce métier ?

« C'est un métier qui ne se limite pas à un clavier et un écran : je suis constamment amenée à échanger avec des techniciens, des ingénieurs, des managers… pour analyser leurs besoins, mais également pour trouver de nouvelles idées ou des solutions à développer.
Je fais également preuve de créativité pour développer des interfaces agréables et ergonomiques : je me mets aussi bien dans la peau du développeur que de l'utilisateur. C'est à la fois ludique et concret : chaque projet sur lequel je travaille a une finalité.
Enfin, la 5G est un domaine innovant, qui laisse entrevoir de nombreuses possibilités pour ma future carrière, et où on ne termine jamais une journée sans avoir appris quelque chose de nouveau. »

Après le BAC

La prépa TSI (technologie et sciences industrielles), destinée aux bacheliers STI2D et STL, vise l'analyse de systèmes complexes et la mise en œuvre de solutions technologiques. Elle prépare aux concours d'entrée et aux admissions sur titre de nombreuses écoles d'ingénieurs.
La CPGE (classe préparatoire aux grandes écoles) TSI est destinée aux bacheliers STI2D quelle que soit leur spécialité, ainsi qu'aux bacheliers STL de la spécialité SPCL (sciences physiques et chimiques en laboratoire).
Elle s'adresse à des élèves présentant des bases solides en mathématiques, en physique-chimie et en enseignements technologiques transversaux (pour les bacheliers STI2D), assorties d'un bon niveau en expression écrite et en langues vivantes.

LEXIQUE

A

Absorbance : capacité à absorber la lumière, ou plus généralement des ondes électromagnétiques. Elle est généralement exprimée en %.

Accumulateur : générateur électrochimique réversible (donc rechargeable) qui délivre une tension et un courant continu.

Activité radioactive : nombre de désintégrations ayant lieu chaque seconde dans un échantillon de matière radioactive. Elle décroit avec le temps et dépend de la nature des noyaux radioactifs. Elle est proportionnelle à la masse présente dans l'échantillon. L'activité d'une source radioactive se mesure en becquerels (Bq).

Adiabatique : sans échange d'énergie sous forme thermique (de chaleur) avec l'extérieur.

Adsorption : phénomène par lequel des molécules sont piégées en se fixant sur une surface solide.

Aérobie : en présence d'air qui contient du dioxygène.

Alcootest ou éthylotest chimique : appareil de mesure du taux d'éthanol dans l'air expiré.

Amphotère acido-basique : substance ayant des propriétés à la fois basique et acide. Exemple, l'eau est un composé amphotère.

Amphotère redox : substance ayant des propriétés d'oxydant dans un couple et de réducteur dans un second couple. **Exemple** : Fe^{2+}/Fe et Fe^{3+}/Fe^{2+}.

Anaérobie : un milieu anaérobie est un milieu où il n'y a pas d'air et donc absence de dioxygène.

Anode : électrode où se produit l'oxydation.

Antenne : une antenne permet d'émettre ou de recevoir des ondes électromagnétiques.

Anthropique : qui est dû à la présence humaine.

Antioxydant : les antioxydants aident la peau à lutter contre les radicaux libres produits en concentration élevée lors du stress oxydatif. Ils piègent les radicaux libres, inhibent ainsi l'oxydation. Ils vont contribuer à éliminer l'excédent de radicaux libres dans les cellules.

C

Capacité thermique massique : énergie nécessaire pour chauffer une masse d'un kilogramme d'un écart de température $\Delta\theta = 1{,}0$ °C = 1,0 K. Elle s'exprime en $J.kg^{-1}.K^{-1}$.

Catalyseur : substance qui augmente significativement la vitesse de réaction et qui est restitué en totalité en fin de réaction. **Exemple** : catalyse acide avec les protons H^+.

Cathode : électrode où se produit la réduction.

Concentration en masse : rapport de la masse de soluté sur le volume de la solution.

Concentration en quantité de matière : rapport de la quantité de matière de soluté sur le volume de la solution.

Conditions standard : $P = 10^5$ Pa, $C_0 = 1$ $mol.L^{-1}$. On peut choisir $T = 298{,}15$ K

Conductivité : la conductivité s (sigma) est une grandeur permettant d'évaluer la capacité d'une solution à plus ou moins conduire l'électricité. Elle est exprimée en Siemens par mètre ($S.m^{-1}$) dans le système international et dépend de la composition ionique de la solution aqueuse.

Conductivité thermique : grandeur physique exprimée en $W.K^{-1}.m^{-1}$ qui permet de rendre compte de la capacité d'un matériau à faciliter les transferts thermiques, elle est d'autant plus grande que les transferts thermiques sont facilités.

Constante d'Avogadro : $N_A = 6{,}02 \times 10^{23}$ mol^{-1}

Constante de Faraday : $F = 96\,480$ $C.mol^{-1}$. Elle correspond à la charge électrique d'une mole d'électrons.

Constante des gaz parfaits : $R = 8{,}314$ $J.K^{-1}.mol^{-1}$.

Conversion photothermique : c'est la transformation de l'énergie rayonnante (lumineuse) en énergie thermique. Cette conversion se fait à l'aide d'un capteur solaire thermique.

Conversion photovoltaïque : c'est la transformation de l'énergie rayonnante (lumineuse) en énergie électrique. Cette conversion se fait à l'aide d'un panneau photovoltaïque.

Couple acide-base : un acide et sa base conjuguée forment un couple acide-base.

Couple de force : ensemble de deux forces ayant la même direction, la même valeur mais de sens opposé.

D

Décibel : unité du niveau sonore.

Défaut de masse : lors d'une réaction nucléaire, il est égal à la différence entre la masse totale des produits formés et la masse totale des réactifs.
$\Delta m = m_{produits} - m_{réactifs}$. Pour une réaction nucléaire libérant de l'énergie le défaut de masse est négatif.

Demi-équation électronique : équation faisant apparaitre le transfert d'électrons entre l'oxydant et le réducteur s'écrivant sous la forme : $Ox + n\,e^- = Red$.

Demi-vie radioactive : aussi appelée période, c'est le temps au bout duquel la moitié des éléments initialement présents s'est désintégrée.

Déshydratation : opération au cours de laquelle des molécules d'eau sont éliminées d'un composé. Cette perte peut être partielle ou totale.

Dilution : diminution de la concentration d'une solution par ajout de solvant.

Disjoncteur : c'est un dispositif de sécurité pour les biens qui ouvre un circuit électrique lorsque le courant dépasse une intensité maximale pendant une certaine durée. Il peut être réarmé.

Dosage par étalonnage : méthode de détermination de la concentration (molaire ou massique) d'une espèce en solution par comparaison d'une caractéristique physique (masse volumique, absorbance ...).

E

Eau de chaux : solution aqueuse d'hydroxyde de calcium $Ca(OH)_2$.

Échographie : technique d'imagerie utilisant les ultrasons.

Effet de serre : « piégeage » du rayonnement thermique infrarouge de la Terre par les gaz à effet de serre présents dans l'atmosphère.

Effet Doppler : décalage de fréquence d'une onde sonore ou électromagnétique reçue par un observateur mobile par rapport à une source émettrice.

Electronégativité : aptitude d'un atome à attirer les électrons d'un atome voisin.

Equivalence : volume de réactif versé correspondant à la quantité exacte de réactif titrant nécessaire pour faire réagir la totalité du réactif titré.

Estérification : réaction chimique entre un acide carboxylique et un alcool qui produit un ester et de l'eau.

F

Fluide incompressible : fluide (généralement un liquide) dont le volume ne varie pas quand il est comprimé.

Flux d'une substance : masse de substance entrant ou sortant d'un volume donné pendant une durée donnée.

Flux thermique : grandeur physique exprimée en W correspondant à l'énergie thermique traversant une paroi par unité de temps. Il est toujours orienté de la paroi chaude vers la paroi froide.

Fondamental : le fondamental est la composante d'un signal périodique de fréquence la plus basse.

Fraction molaire : proportion (ou pourcentage molaire) d'un constituant dans un mélange. Sa valeur est comprise entre 0 et 1 ou entre 0 et 100 %.

Fréquence : elle est égale au nombre de répétitions d'un phénomène périodique en 1 s. Elle est reliée à la période T (en s) par : $f = \frac{1}{T}$ et s'exprime en Hz.

Fusible : c'est un dispositif de sécurité pour les biens qui ouvre un circuit électrique (fusion) lorsque le courant dépasse une intensité (calibre) pendant une certaine durée.

G

Gray : unité de mesure de radiation de la dose absorbée en $J.kg^{-1}$ (Gy).

H

Harmonique : un harmonique est une composante d'un son périodique de fréquence multiple de celle du fondamental.

Hauteur d'un son : la hauteur d'un son correspond à la fréquence du fondamental : la plus petite fréquence dans le spectre d'un signal périodique.

Hydrolyse : réaction chimique entre une molécule et de l'eau. La molécule initiale est scindée en deux molécules après rupture d'une liaison intramoléculaire.

I

Indicateur coloré : espèce chimique dont la couleur varie en fonction du pH de la solution dans laquelle il se trouve

Intensité acoustique : l'intensité acoustique est la puissance transportée par les ondes sonores, par unité de surface. Elle s'exprime en $W.m^{-2}$.

Ion hydroxyde : ion HO^-

Ion oxonium : ion H_3O^+

IRM : technique d'imagerie par résonance magnétique utilisant un champ magnétique et des ondes radio.

Isobare : à pression constante

Isochore : à volume constant

Isotope : élément chimique ayant le même nombre de protons mais un nombre de neutrons différent.
Exemple : ^{12}C et ^{13}C.

L

Liaison intramoléculaire : définit une liaison chimique entre deux atomes appartenant à une même molécule.

Liaison ionique : liaison attractive de type électrostatique entre un cation (positif) et un anion (négatif) d'un composé ionique.

Loi des gaz parfaits : relation entre la pression, le volume, la quantité de matière et la température d'un gaz parfait : $PV = nRT$.
Avec R la constante des gaz parfait : $R = 8{,}314$ J.K^{-1}.mol^{-1}.

Longueur d'onde : distance séparant deux maxima ou deux minima successifs d'une onde, distance parcourue par l'onde à la vitesse v (en m.s^{-1}) pendant une période T (en s) : $\lambda = vT$.

M

Masse volumique : c'est la masse du composé divisé par son volume : $\rho = \frac{m}{V}$.

Moment d'un couple de forces : grandeur physique exprimée en N.m qui permet de rendre compte de l'effet de rotation d'un couple de forces, elle est le produit de la valeur des forces par la distance séparant les forces.

Moment d'une force : grandeur physique exprimée en N.m qui permet de rendre compte de l'effet de rotation d'une force, elle est le produit de la valeur de la force par le bras de levier.

N

Neutron : particule électriquement neutre qui entre dans la composition du noyau atomique.

Niveau sonore : le niveau sonore permet de rendre compte de l'intensité perçue d'un son. Il s'exprime en décibel (dB). $L = 10\log(\frac{I}{I_0})$

noyau : partie centrale de l'atome composée de Z protons et de $A - Z$ neutrons. L'écriture conventionnelle du noyau de l'élément chimique X s'écrit ${}^{A}_{Z}X$.

Noyaux isotopes : se dit de deux noyaux d'un même élément chimique ayant même nombre de protons mais un nombre de neutrons différent.

Nucléon : particule du noyau : proton, neutron.

O

Onde électromagnétique : association d'un champ électrique et d'un champ magnétique pouvant se propager.

Onde sonore : onde mécanique de pression audible par l'oreille humaine.

Ondes radiofréquences (ondes radio) : ondes électromagnétiques de fréquence faible (de grandes longueurs d'onde) utilisées dans les télécommunications.

Oxydant : entité chimique capable de capter un ou plusieurs électrons.

Oxydation : une oxydation est une perte d'électrons. Dans une réaction d'oxydoréduction, le réducteur donne un ou des électrons à l'oxydant. On dit que le réducteur subit une oxydation.

P

Particule : constituant élémentaire de la matière, ou très petite quantité d'un échantillon (particule de sable…).

Période du tableau périodique : ligne horizontale du tableau périodique

pH : potentiel hydrogène : grandeur permettant de définir si un milieu est acide ou basique. Si le pH est supérieur à 7, le milieu est basique. S'il est inférieur à 7, le milieu est acide. Un pH égal à 7 correspond à un milieu neutre.

Photon : particule ou corpuscule associée à une onde électromagnétique de fréquence f. Chaque photon transporte un quantum d'énergie $\Delta E = hf$.

Photosynthèse : processus biologique permettant aux plantes, sous l'effet de la lumière, de transformer l'eau puisée dans le sol et le dioxyde de carbone de l'air en glucides (apport énergétique) et en dioxygène.

Pile : générateur électrochimique à usage unique qui délivre une tension et un courant continu.

Pile à combustible : générateur électrochimique alimenté en réactifs qui délivre une tension et un courant continu.

Point de fonctionnement : point d'une caractéristique donnant un couple de valeur correspondant à un fonctionnement possible de l'objet décrit par la caractéristique.

Porteuse : lors de la transmission d'information, c'est le signal haute fréquence porteur de l'information à transmettre (voix, image…). La porteuse peut être modulée en amplitude, en fréquence ou en phase par le signal à transmettre.

Positon : le positon est l'antiparticule associée à l'électron. Il possède une charge électrique +e (charge élémentaire).

Produit ionique de l'eau : $Ke = [H_3O^+][OH^-] = 10^{-14}$

Proton : particule de charge électrique positive qui entre dans la composition du noyau atomique.

Puissance active : valeur moyenne de la puissance instantanée, son unité est le watt.

Puissance apparente : puissance maximale que peut recevoir une installation électrique. Elle se calcule à l'aide de la relation $S = U \times I$, son unité est le V.A.

R

Radioactivité : phénomène physique de désintégration spontanée de noyaux instables (noyaux radioactifs). Cette désintégration libère un noyau plus petit appelé noyau fils, une particule (noyau d'hélium, électron ou positon) et s'accompagne très souvent d'émission d'un rayonnement γ.

Radiographie : technique d'imagerie utilisant les rayons X.

Radiothérapie : méthode de traitement des tumeurs cancéreuses utilisant les rayons X.

Rayons UV : ondes électromagnétiques dont les longueurs d'onde sont comprises entre 10 nm et 400 nm.

Rayons X : onde électromagnétique ionisante de longueur d'onde comprise entre 0,01 nm et 10 nm.

Rayons γ : ondes électromagnétiques ionisantes de longueur d'onde inférieure à 0,01 nm.

Réaction acido-basique : une réaction acido-basique est caractérisée par un transfert de proton H^+ entre un acide et une base .

Réaction de fission : réaction nucléaire au cours de laquelle un noyau se scinde en deux autres noyaux plus légers

Réaction de fusion : réaction nucléaire au cours de laquelle deux noyaux s'associent pour former un noyau plus lourd.

Réaction d'oxydoréduction : une réaction d'oxydoréduction est caractérisée par un transfert d'électrons entre : un oxydant et un réducteur.

Réaction endothermique : transformation chimique durant laquelle le système réactionnel reçoit de l'énergie du milieu extérieur.

Réaction exothermique : transformation chimique durant laquelle le système réactionnel cède de l'énergie au milieu extérieur.

Réducteur : entité chimique capable de céder un ou plusieurs électrons.

Réduction : une réduction est un gain d'électrons. Dans une réaction d'oxydoréduction, l'oxydant gagne le ou les électrons perdus par le réducteur. On dit que l'oxydant subit une réduction.

Rendement : il est égal au rapport entre l'énergie (ou puissance) utile sur l'énergie (ou puissance) reçue.

Résistance thermique : grandeur physique exprimée en $m^2.K.W^{-1}$ qui permet de rendre compte de la capacité d'un matériau à s'opposer au passage du flux thermique.

S

Sievert : unité utilisée qui permet d'évaluer de l'impact des rayonnements ionisants sur l'homme en $J.kg^{-1}$ (Sv).

Solubilité : la solubilité s est la masse maximale de soluté qui peut se dissoudre dans un certain volume de solvant. Elle s'exprime en $g.L^{-1}$.

Solvatation : dissolution d'un soluté dans le solvant.

Spectre d'un signal périodique : le spectre d'un signal périodique permet de décomposer un signal périodique en ses différentes composantes, en donnant leurs fréquences et amplitudes respectives.

Spectromètre de masse : appareil ionisant puis séparant les molécules en fonction de leur masse à l'aide d'un champ magnétique.

T

Timbre d'un son : le timbre d'un son varie en fonction des harmoniques présents et de leur amplitude respective.

Titrage : protocole expérimental qui sert à déterminer la concentration en solution d'une espèce chimique en la faisant réagir avec une autre espèce chimique dont la concentration en solution est connue.

Transposition fréquentielle : pour transmettre plusieurs informations différentes dans un même milieu, il faut recourir à plusieurs porteuses de fréquence différentes à chacune desquelles est attribué un canal de transmission.

U

Ultrasons : ondes acoustique de fréquence supérieure à 20 000 Hz.

V

Volume molaire d'un gaz : volume occupé par une mole, dans les conditions normales, le volume molaire d'un gaz vaut 22,4 L.

CORRIGÉS

THÈME 1 – ÉNERGIE

CHAPITRE 1 - L'énergie et ses enjeux

Testez vos prérequis

1. A – **2.** A/B – **3.** B/C– **4.** A – **5.** A/B/C

Testez vos connaissances

1. A – **2.** C – **3.** B – **4.** B/C – **5.** A – **6.** A – **7.** C – **8.** A – **9.** B/C – **10.** B

À vous de jouer !

Puissance d'un chauffage

1. $0 < t < t_1 : p(t) = a$

$t_1 < t < t_2 : p(t) = 0$

$t_2 < t < t_3 : p(t) = 2b(t - t_2)$

2.

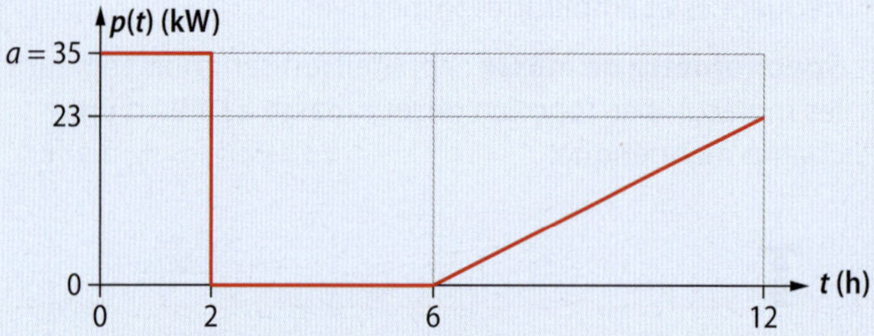

3. On obtient la puissance moyenne en calculant l'aire sous la courbe $p(t)$ que l'on divise par la durée de 12h soit :

$P = \dfrac{35\times 2 + 3\times 23}{12} = 11{,}6$ kW ou $P = \dfrac{E_2}{t_3} = 11{,}6$ kW.

4. On en déduit le rendement : $\eta = \dfrac{11{,}6}{25} = 0{,}46 = 46$ %.

CHAPITRE 2 - Énergie chimique

Testez vos prérequis

1. A/B/C – **2.** A/C – **3.** A – **4.** B – **5.** C – **6.** B – **7.** A/B

Testez vos connaissances

1. A – **2.** A – **3.** B/C – **4.** A/C – **5.** C – **6.** A/B – **7.** B – **8.** A/B – **9.** A/C – **10.** C – **11.** C – **12.** C – **13.** A – **14.** C – **15.** B – **16.** A/B

À vous de jouer !

Batterie d'accumulateurs connectés en parallèle

1. Pour une association en parallèle la tension de la batterie est égale à celle d'un accumulateur : $U_{batterie} = U_{accu} = 1{,}2$ V. La capacité de la batterie la somme de celle des accumulateurs : $Q_{batterie} = 6\times Q_{accu} = 6\times 1{,}6$ A.h $= 9{,}6$ A.h.

2. L'énergie maximale stockée s'exprime par : $Q_{batterie} = Q_{batterie}\times V_{batterie} = 9{,}6\times 1{,}2 = 11{,}5$ W.

3. L'intensité du courant de charge se calcule par : $I_{charge} = 0{,}1\times Q_{batterie} = 0{,}1\times 9{,}6 = 0{,}96$ A.

4. Il faut d'abord calculer l'intensité du courant de décharge : $I_{décharge} = 2\times Q_{batterie} = 2\times 9{,}6 = 19{,}2$ A.

On peut ensuite en déduire la durée d'utilisation pour ce courant : $t = \dfrac{Q_{batterie}}{I_{décharge}} = \dfrac{9{,}6}{19{,}2} = 0{,}5$ heure.

CHAPITRE 3 - Puissances en régime sinusoïdal

Testez vos prérequis

1. A – **2.** C – **3.** B – **4.** B – **5.** C

Testez vos connaissances

1. A – **2.** B – **3.** B – **4.** A – **5.** A – **6.** A – **7.** B – **8.** B/C – **9.** C – **10.** C – **11.** C – **12.** C

À vous de jouer !

Puissance active pour un circuit R, L

1. On relève sur le graphique :

$T = 16{,}5$ ms donc $f = 60$ Hz.$U_{max} = 85$ V donc $U = 60$ V. $I_{max} = 3$ A donc $I = 2{,}1$ A.

2. On relève sur le graphique : $\Delta t = 2$ ms. $i(t)$ est en retard par rapport à $u(t)$.

3. On obtient $|\varphi| = 2\times 3{,}14\times 60\times 2\times 10^{-3} = 0{,}75$ rad. On en déduit : $P = 60\times 2{,}1\times \cos(0{,}75) = 92$ W.

CHAPITRE 4 - Transport et distribution de l'énergie électrique

Testez vos prérequis

1. A – **2.** C – **3.** B – **4.** B – **5.** C

Testez vos connaissances

1. A – **2.** B – **3.** B/C – **4.** A – **5.** A/C – **6.** B – **7.** B – **8.** B/C – **9.** B/C – **10.** A/C – **11.** C – **12.** B

À vous de jouer !

Défaut d'isolement pour un lave-vaisselle

1. $P = UI$ alors $I = \dfrac{P}{U}$ soit $I = 7{,}7$ A. Le fusible choisit a un calibre de 20 A donc supérieur à 7,7 A, le lave-vaisselle peut fonctionner.

2. $I_D = \dfrac{U}{R_n + R_P}$ soit $I_D = \dfrac{110}{35} = 3{,}1$ A. Le disjoncteur différentiel disjoncte car 3,1 A > 0,03 A.

3. On a $I_D = \dfrac{U}{R_n + R_P}$ et $U_C = R_p.I_D$ alors $U_C = \dfrac{R_P}{R_n + R_p}U$.

On a $R_p >> R_n$ donc $U_C = U = 110$ V.

Une personne qui touche la carcasse du lave-linge est en danger car 110V est supérieure à la tension limite de sécurité en milieu sec qui vaut 50 V.

CHAPITRE 5 - Énergie interne

Testez vos prérequis

1. B – **2.** A – **3.** C – **4.** B/C

Testez vos connaissances

1. A – **2.** C – **3.** B – **4.** B – **5.** A/B – **6.** C – **7.** B – **8.** A – **9.** A – **10.** A – **11.** A/C

À vous de jouer !

Fenêtre et flux thermique

$R_{th} = \dfrac{e_{verre}}{\lambda_{verre}} + \dfrac{e_{argon}}{\lambda_{argon}} + \dfrac{e_{verre}}{\lambda_{verre}}$.

$R_{th} = \dfrac{4.10^{-3}}{1,0} + \dfrac{16.10^{-3}}{0,024} + \dfrac{4.10^{-3}}{1,0} = 0,67\ m^2.K.W^{-1}$.

La surface de la fenêtre vaut $S = 1,250 \times 1,000 = 1,250\ m^2$.

$\varphi = \dfrac{S \times (T_{chaud} - T_{froid})}{R_{th}} = \dfrac{1,250 \times (19-5)}{0,67} = 26\ W$.

Le flux thermique à travers cette fenêtre vaut 26 W.

CHAPITRE 6 - Dynamique des solides en translation

Testez vos prérequis

1. B – **2.** B/C – **3.** A/B/C – **4.** C

Testez vos connaissances

1. C – **2.** A – **3.** B – **4.** A/C – **5.** C – **6.** A – **7.** B – **8.** B

À vous de jouer !

Voiture qui freine

1. On suppose que la voiture se déplace vers la droite.

La voiture est soumise :

– à une force de freinage $\vec{F}$ dirigée horizontalement vers la gauche de valeur 900 N.

– à son poids $\vec{P}$ dirigé verticalement vers le bas de valeur $P = mg = 750 \times 10 = 7,5 \times 10^3$ N.

– à la réaction du sol $\vec{R}$ dirigée verticalement vers la haut de valeur $7,5 \times 10^3$ N (la voiture ne se déplace pas verticalement, la réaction du sol compense donc le poids).

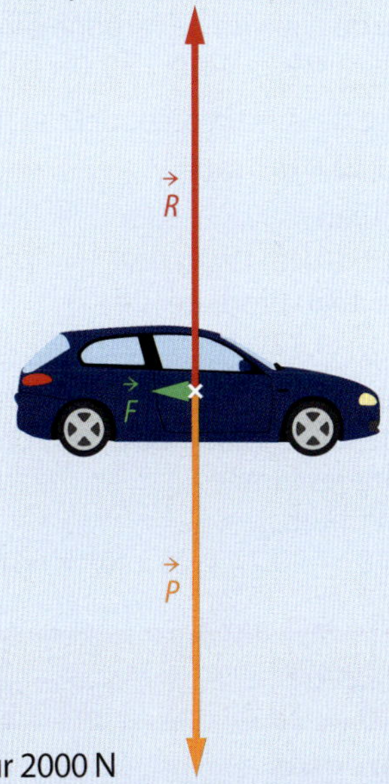

Échelle 1 cm pour 2000 N

2. La résultante des forces est égale à $\vec{F}$ et sa valeur vaut 900 N.

3. D'après la relation fondamentale de la dynamique dans un référentiel terrestre, la résultante des forces et le vecteur accélération sont tels que : $\vec{F} = m\,\vec{a}$

Le vecteur accélération est donc dirigé horizontalement vers la gauche et sa valeur vaut $a = \dfrac{F}{m} = \dfrac{900}{750} = 1,20\ m.s^{-2}$.

CHAPITRE 7 - Dynamique des solides en rotation

Testez vos prérequis

1. A/C – **2.** B – **3.** B/C – **4.** C

Testez vos connaissances

1. B – **2.** A/B – **3.** B/C – **4.** A/C – **5.** C – **6.** A – **7.** C

À vous de jouer !

Éolienne

1. L'éolienne fait 5 tours en une minute, soit $5 \times 2\pi = 10$ rad en 60 s.

On a donc $\omega = \dfrac{10\ \pi}{60} = 0,52\ rad.s^{-1}$.

2.

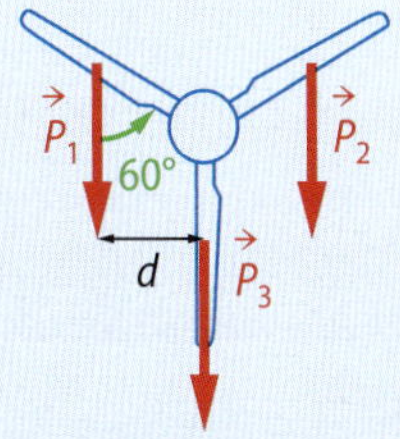

3. Une pale pèse 6,5 t, son poids vaut donc $6,4 \times 10^4$ N.

$P = mg = 6,5 \times 10^3 \times 9,81 = 6,4 \times 10^4$ N.

La distance entre le centre de rotation et le point d'application du poids vaut $\dfrac{45}{2} = 22,5$ m.

Pour la pale du bas, le bras de levier est nul donc $M_3 = 0$.

Pour les pales de gauche et de droite, le bras de levier vaut $d = 22,5 \times \sin 60° = 19,5$ m.

On a alors :

$M_1 = P_1 \times d = 6,4.10^4 \times 19,5 = 1,2 \times 10^6$ N.m.

$M_2 = P_2 \times d = 6,4.10^4 \times 19,5 = 1,2 \times 10^6$ N.m.

CHAPITRE 8 - Statique des fluides

Testez vos prérequis

1. B – **2.** A – **3.** B – **4.** B – **5.** C

Testez vos connaissances

1. C – **2.** A – **3.** C – **4.** A – **5.** C – **6.** A/B/C – **7.** B – **8.** A/C – **9.** C – **10.** A – **11.** A/B/C – **12.** A

À vous de jouer !

Alimentation domestique en eau

1. Les pressions absolues correspondent à 6,5 bar et 4,5 bar.

2. a) $P_{relh1} = 3,5 - 1\,000 \times 10 \times 1 \times 10^{-5} = 3,4$ bar

et $P_{relh2} = 3,5 - 1\,000 \times 10 \times 3,5 \times 10^{-5} = 3,15$ bar.

b) On peut écrire : $2 = 3,5 - 1\,000 \times 10 \times h_{max} \times 10^{-5}$

soit $h_{max} = \dfrac{1,5}{0,1} = 15$ m.

CHAPITRE 9 - Énergie transportée par la lumière

Testez vos prérequis

1. B – **2.** A – **3.** C – **4.** B – **5.** C

Testez vos connaissances

1. B/C – **2.** A/B – **3.** C – **4.** B/C – **5.** B – **6.** B

7. A/C – **8.** B/C – **9.** B – **10.** A/C – **11.** B

À vous de jouer !

■ Panneaux solaires thermiques sur un bateau

1. $r = \frac{E_{\text{thermique surfacique}}}{E_{\text{lumineuse surfacique}}} = \frac{1,0 \times 10^3}{3\ 440} = 29\ \%$.

2. $Q = \rho_{eau} V c_{eau} \Delta\theta = 1,0 \times 120 \times 4,18 \times 10^3 \times 30 = 1,5 \times 10^7$ J $= 4,2 \times 10^3$ Wh.

3. 1 m² de panneaux permet de produire une énergie thermique de $1,0 \times 10^3$ Wh.
La surface de panneaux est donc égale à
$S = \frac{4,2 \times 10^3}{1,0 \times 10^3} = 4,2$ m².

THÈME 2 – MATIÈRE ET MATÉRIAUX

CHAPITRE 10 - Propriétés des matériaux et organisation de la matière

Testez vos prérequis

1. C – **2.** A – **3.** A – **4.** A – **5.** B – **6.** B

Testez vos connaissances

1. B – **2.** A – **3.** C – **4.** B/C – **5.** A/B/C – **6.** A/C – **7.** A/B – **8.** A – **9.** C

À vous de jouer !

■ Transformation physique de l'eau

1. Le point C se trouve dans le domaine de l'état liquide stable. L'eau est sous forme liquide.

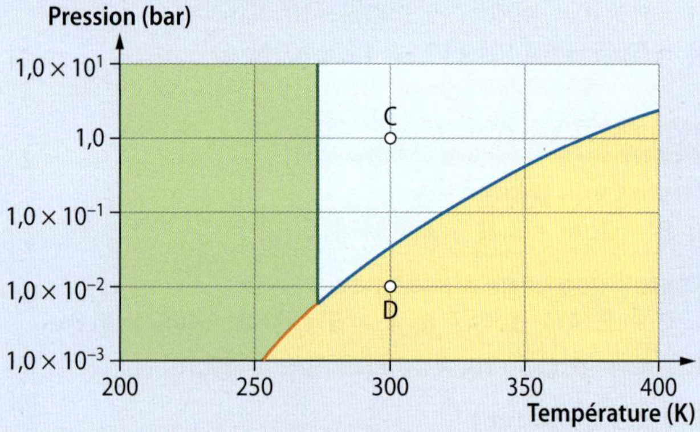

2. Le point D se trouve dans le domaine de l'état gazeux stable. L'eau est sous forme gazeuse.

3. L'eau passe de l'état liquide à l'état gazeux, la transformation est une vaporisation.

CHAPITRE 11 - Radioactivité

Testez vos prérequis

1. B – **2.** B – **3.** C – **4.** C – **5.** A

Testez vos connaissances

1. C – **2.** C – **3.** A – **4.** B – **5.** C – **6.** C – **7.** B – **8.** B – **9.** C – **10.** B

À vous de jouer !

■ Le thorium, une alternative à l'uranium ?

1. Le thorium est présent naturellement sur Terre, il correspond donc à de la radioactivité naturelle.

2. (a) et (b) sont toutes les deux des désintégrations β^- au cours desquelles un électron ${}_{-1}^{0}e$ est émis

3. $\Delta m = m({}_{31}^{77}Ga) + m({}_{61}^{155}Pm) + 2m({}_{0}^{1}n) - m({}_{0}^{1}n) - m({}_{92}^{233}U)$
$= -0,281 \times 10^{-27}$ kg.

4. $E = |\Delta m| \times c^2 = 0,281 \times 10^{-27} \times (3,00 \times 10^8)^2$
$= 2,53 \times 10^{-11}$ J $= 158$ MeV.

CHAPITRE 12 - Bilan énergétique d'une combustion

Testez vos prérequis

1. C – **2.** A – **3.** A/B – **4.** B – **5.** B – **6.** A

Testez vos connaissances

1. A/B – **2.** C – **3.** B – **4.** B – **5.** B – **6.** A – **7.** A – **8.** C – **9.** C – **10.** B – **11.** A/B – **12.** C

À vous de jouer !

■ Combustion complète de butane

1. Masse molaire du butane :
$M(C_4H_{10}) = 4 \times 12,0 + 10 \times 1,00 = 58,0$ g.mol⁻¹.
Calcul de la quantité de matière :
$n_{C_4H_{10}} = \frac{m}{M_{C_4H_{10}}} = \frac{13 \times 10^3}{58,0} = 224$ mol.

2. $C_4H_{10} + \frac{13}{2} O_2 \rightarrow 4CO_2 + 5\ H_2O$.

3. Bilan de matière de la réaction pour le dioxyde de carbone : $n_{CO_2} = 4\ n_{C_4H_{10}}$; $n_{CO_2} = 4 \times 224 = 897$ mol.
Masse molaire du dioxyde de carbone :
$M(CO_2) = 12,0 + 2 \times 16,0 = 44,0$ g.mol⁻¹.
Calcul de la masse de dioxyde de carbone produite :
$m_{CO_2} = n_{CO_2} \times M_{CO_2} = 897 \times 44,0 = 39,0 \times 10^3$ g $= 39,4$ kg.

4. Bilan de matière de la réaction pour l'eau : $n_{H_2O} = 5\ n_{C_4H_{10}}$;
$n_{H_2O} = 5 \times 224 = 1,12 \times 10^3$ mol.
Masse molaire de l'eau :
$M(H_2O) = 2 \times 1,00 + 16,0 = 18,0$ g.mol⁻¹.
Calcul de la masse d'eau produite :
$m_{H_2O} = n_{H_2O} \times M_{H_2O} = 1,12 \times 10^3 \times 18,0 = 20,2 \times 10^3$ g $= 20,2$ kg.

5. L'énergie libérée par la combustion tient compte du PCI, mais également de l'énergie libérée par la condensation de l'eau contenue dans les fumées :
$Q = m_{combustible} \times PCI + m_{eau} \times L_V$.
$Q = 13,0 \times 45,8 \times 10^6 + 20,2 \times 2,26 \times 10^6 = 641 \times 10^6$ J.

CHAPITRE 13 - Oxydo-réduction piles, accumulateurs et piles à combustible

Testez vos prérequis

1. A – **2.** A/C – **3.** B – **4.** C – **5.** C – **6.** A – **7.** C

Testez vos connaissances

1. A/B – **2.** B – **3.** A/B – **4.** C – **5.** B – **6.** B – **7.** A – **8.** A – **9.** A – **10.** C – **11.** A/B – **12.** C – **13.** C

À vous de jouer !

■ Recharge d'une batterie au plomb

Demi-équations électroniques :
- Borne + : $Pb^{2+} + 2\ H_2O = PbO_2 + 4\ H^+ + 2\ e^-$
- Borne – : $Pb^{2+} + 2\ e^- = Pb$

La quantité de matière d'électrons se calcule par :

$$n_{e^-} = \frac{Q_{\text{batterie chargée}}}{F} = \frac{90 \times 3\,600}{96\,500} = 3{,}357 \simeq 3{,}4 \text{ mol}$$

Bilan de matière à la borne + :

$$n_{PbO_2} = \frac{n_{e^-}}{2}$$

$$n_{PbO_2} = \frac{3{,}357}{2} = 1{,}67 \simeq 1{,}7 \text{ mol}$$

Masse molaire du dioxyde de plomb :
$M(PbO_2) = 207 + 2 \times 16{,}0 = 239 \text{ g.mol}^{-1}$.

Calcul de la masse d'oxyde de plomb produite :

$$m_{PbO_2} = n_{PbO_2} \times M_{PbO_2} = 1{,}67 \times 239 = 40 \text{ g}$$

Bilan de matière à la borne – :

$$n_{Pb} = \frac{n_{e^-}}{2}$$

$$n_{Pb} = \frac{3{,}357}{2} = 1{,}67 \simeq 1{,}7 \text{ mol}$$

Calcul de la masse de plomb produite :

$$m_{Pb} = n_{Pb} \times M_{Pb} = 1{,}67 \times 207 = 35 \text{ g}$$

THÈME 3 – ONDES ET SIGNAUX

CHAPITRE 14 - Réactions chimiques acido-basiques

Testez vos prérequis

1. B – **2.** C – **3.** A – **4.** A – **5.** C

Testez vos connaissances

1. A – **2.** A – **3.** B – **4.** A – **5.** A/C – **6.** A – **7.** C – **8.** A/B – **9.** B/C – **10.** B – **11.** A – **12.** C – **13.** B

À vous de jouer !

L'acide sulfamique

1. 1. $H_3NSO_3 / H_2NSO_3^-$.

1. 2. $H_3NSO_{3(aq)} + H_2O_{(l)} \rightarrow H_2NSO^-_{3(aq)} + H_3O^+_{(aq)}$.

1. 3. A la fin de la dissolution de l'acide sulfamique, le pH vaut 1,2.
Nous pouvons donc utiliser la relation $[H_3O^+] = 10^{-pH}$ et nous obtenons $[H_3O^+] = 10^{-1,2} = 6{,}3 \times 10^{-2}$ mol.L^{-1}.

1. 4. $n = 6{,}3 \times 10^{-2} \times 0{,}50 = 3{,}2 \times 10^{-2}$ mol.

1. 5. D'après l'énoncé, quel que soit le détartrant, ce sont les ions oxonium qui sont consommés donc le pH augmente.

2. La quantité de matière d'ions oxonium disponibles est supérieure pour l'acide sulfamique, $3{,}2 \times 10^{-2}$ mol au lieu de $2{,}0 \times 10^{-3}$ mol pour l'acide citrique donc la réaction avec le calcaire et les ions oxonium est plus rapide avec l'acide sulfamique.

CHAPITRE 15 - Notion d'onde

Testez vos prérequis

1. B – **2.** C – **3.** C – **4.** A

Testez vos connaissances

1. C – **2.** B – **3.** B – **4.** A – **5.** B – **6.** C – **7.** B – **8.** C – **9.** A – **10.** B

À vous de jouer !

Trois signaux mixés

1. 2,0V

2. $T_a = 2{,}0$ ms $T_b = 0{,}33$ ms

3. $s_a(t) = 1{,}5 \times \sin(2\pi \times 5{,}0 \times 10^2 \times t)$
$s_c(t) = 2{,}0 \times \sin(2\pi \times 3{,}0 \times 10^3 \times t)$

4. La fréquence du fondamental vaut $5{,}0 \times 10^2$ Hz et l'harmonique présente est de rang 6.

5.

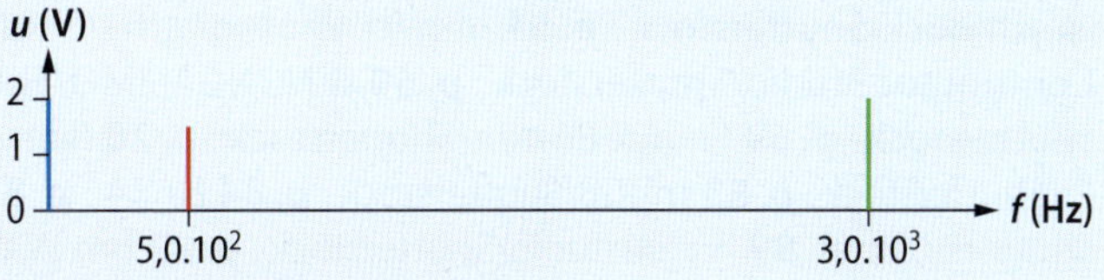

CHAPITRE 16 - Ondes sonores

Testez vos prérequis

1. A – **2.** B – **3.** A – **4.** B

Testez vos connaissances

1. C – **2.** A – **3.** A – **4.** C – **5.** A/B – **6.** C – **7.** B – **8.** B – **9.** B/C – **10.** A/B/C

À vous de jouer !

Analyse des signaux 3 et 4

1. Le signal 4 est pur car il s'agit d'un signal sinusoïdal contrairement à celui du signal 3 qui est complexe.
Pour le signal 3, une période occupent 4,0 ms.

2. Donc $T_1 = 4{,}0 \text{ ms} = 4{,}0 \times 10^{-3}$ s et $f_1 = \frac{1}{4{,}0 \times 10^{-3}} = 2{,}5 \times 10^2$ Hz.
Pour le signal 4, trois périodes occupent 4,0 ms.
Donc $T_1 = 1{,}3 \text{ ms} = 1{,}3 \times 10^{-3}$ s et $f_1 = \frac{1}{1{,}3 \times 10^{-3}} = 7{,}5 \times 10^2$ Hz.

3. Ces deux signaux sont audibles pour l'Homme car les hauteurs sont comprises entre 20 Hz et 20 kHz.

4. Seul le signal 3 présente un harmonique, ici de fréquence double par rapport à la hauteur de $2{,}5 \times 10^2$ Hz, donc elle a pour fréquence $5{,}0 \times 10^2$ Hz.

5. L'amplitude de l'harmonique 2 du signal 3 est la moitié de celle de son fondamental.

CHAPITRE 17 - Ondes électromagnétiques

Testez vos prérequis

1. b – **2.** c – **3.** a – **4.** b – **5.** c.

Testez vos connaissances

1. c – **2.** b et c – **3.** b – **4.** a – **5.** a – **6.** a – **7.** c – **8.** a – **9.** a – **10.** a – **11.** a.b. – **12.** a – **13.** b

À vous de jouer !

À qui appartient cette antenne ?

La longueur d'onde de l'onde radio à laquelle cette antenne est sensible est égale à : $\lambda = 4 \text{ L} = 4 \times 75 = 300$ cm.
La fréquence de l'onde radio correspondante est égale à :

$$f = \frac{c}{\lambda} = \frac{3{,}0 \times 10^8}{3{,}00} = 1{,}0 \times 10^8 \text{ Hz} = 1{,}0 \times 10^2 \text{ MHz}.$$

Cette antenne est donc adaptée pour la radio FM (88 MHz à 108 MHz).

Crédits photographiques

Couverture

g Sonpichit Salangsing/Shutterstock ; m Daniel Prudek/Shutterstock ; **d** Naypong Studio/Shutterstock

p. 2 g sommart sombutwanitkul/Shutterstock ; **p 2. d** agrus/AdobeStock ; **p. 3** dek-dokkhamtai/Shutterstock ; **p. 10-11** sommart sombutwanitkul/Shutterstock ; **p. 13** pixinoo/Shutterstock ; **p. 17** John-Fs-Pic/Shutterstock ; **p. 18** Impact Photography/Shutterstock ; **p. 23** Dmytro Zinkevych/Shutterstock ; **p. 24** Angela Bragato/Shutterstock ; **p. 25** Diyana Dimitrova/Shutterstock ; **p. 27** buffaloboy/Shutterstock ; **p. 28** Seika Chujo/Shutterstock ; **p. 30** Rvkamalov gmail.com/Shutterstock ; **p. 31** John-Fs-Pic/Shutterstock ; **p. 36** Mayuree Moonhirun/Shutterstock ; **p. 37** Dejan Dundjerski/Shutterstock ; **p. 39** kiri/AdobeStock ; **p. 41** NeydtStock/Shutterstock ; **p. 51** Impact Photography/Shutterstock ; **p. 53** iced skinny mocha/Shutterstock ; **p. 55** yuttana Contributor Studio/Shutterstock ; **p. 59 d** NONGASIMO/Shutterstock ; p. **59 g** Ponchy/AdobeStock ; **p. 64** Gabriel Menard/Shutterstock ; **p. 69** Franck Boston/Shutterstock ; **p. 70** Ivan Smuck/Shutterstock ; **p. 79** ushi/Shutterstock ; p. **80** Image Point Fr/Shutterstock ; **p. 83** mRGB/Shutterstock ; **p. 84** NASA ; **p. 85** Dawa Productions ; **p. 87** Auteur Nathan ; **p. 90** Valentin Valkov/Shutterstock ; **p. 89** hg jirastudio/Shutterstock ; **p. 89** hm WAYHOME studio/Shutterstock ; **p. 89 hd** KK Tan/Shutterstock ; **p. 89 bg** mexrix/Shutterstock ; **p. 89 bm** Simon Annable/Shutterstock ; **p. 89 bd** Sailorr/Shutterstock ; **p. 90 g** Michel Hans ; **p. 90 m** Rogatnykh/Shutterstock ; **p. 90 d** Crystal Eye Studio/Shutterstock ; **p. 94** snapvision/Shutterstock ; **p. 95 g** Darren Brode/Shutterstock ; **p. 95 d** Dan74/Shutterstock ; **p. 97** snapper8S8/Shutterstock ; **p. 98 hg** Kisialiou Yury/Shutterstock ; **p. 98 hm** Songquan Deng/Shutterstock ; **p. 98 hd** LeManna/Shutterstock ; **p. 98 bg** anthonycz/Shutterstock ; **p. 98 bm** 89studio/Shutterstock ; **p. 98 bd** Roman Rybaleov/Shutterstock ; **p. 99** Stanislav Fridkin/Shutterstock ; **p. 100** Auteur Nathan ; **p. 102** Kisialiou Yury/Shutterstock ; **p. 104 g** Artur Didyk/Shutterstock ; **p. 104 m** Elena Sherengovskaya/Shutterstock ; **p. 104 d** Komsan Loonprom/Shutterstock ; **p. 105** rudiPro/Shutterstock ; **p. 106 gh** JRP Studio/Shutterstock ; **p. 106 gb** Didecs/Shutterstock ; **p. 106 d** Andriy Bilous/Shutterstock ; **p. 108** Morgan Library ; **p. 111** unterwegs/Shutterstock ; **p. 114** Sander-photography/Shutterstock ; **p. 119** SizeSquare's/Shutterstock ; **p. 120 g** nnattalli/Shutterstock ; p. 120 dh Olleg/Shutterstock ; p. 121 g Dotted Yeti/Shutterstock ; **p. 121 d** GoodStudio/Shutterstock ; **p. 122 g** LUISA FUMI/AdobeStock ; **p. 122 d** Chai_B/Shutterstock ; **p. 125** diy13/Shutterstock ; **p. 126** Kim Christensen/Shutterstock ; **p. 130** Stefan Pircher/Shutterstock ; **p. 136 137** agrus/AdobeStock ; **p. 141** Grafvision/AdobeStock ; **p. 151 g** Konstantin Zaykov/Shutterstock ; **p. 151 d** Lucky Business/Shutterstock ; **p. 155** THINK A/Shutterstock ; **p. 159** Spiroview Inc./AdobeStock ; **p. 169** Diego Fiore/Shutterstock ; **p. 177** Lunatictm/Shutterstock ; **p. 178** MarinaGrigorivna/Shutterstock ; **p. 183** Literator/Shutterstock ; **p. 197** Luiz A. Rocha/Shutterstock ; **p. 198** Simon Dannhauer/Shutterstock ; **p. 199** Olga Guchek/Shutterstock ; **p. 200** Vidmantas Goldberg/Shutterstock ; **p. 202 h** Kim Christensen/Shutterstock ; **p. 202 b** JIPEN/Shutterstock ; **p. 203** smereka/Shutterstock ; **p. 207** Siyanight/Shutterstock ; **p. 208 g** Rich Carey/Shutterstock ; **p. 208 d** Bo Jansson/Alamy ; **p. 209** bitt24/Shutterstock ; **p. 210-211** dek-dokkhamtai/Shutterstock ; **p. 213** Achkin/Shutterstock ; **p. 214** BIS/Ph. Coll. Archives Larbor ; **p. 216** Oleksandr Nagaiets/Shutterstock ; **p. 225** Auteur Nathan ; **p. 227** Cloudbursted/AdobeStock ; **p. 228 h** John Abbate/Shutterstock ; **p. 228 b** Auteur Nathan ; **p. 236** wavebreakmedia/Shutterstock ; **p. 237** New Africa/Shutterstock ; **p. 238** J.Rangubphai/Shutterstock ; **p. 239** N. Antoine/Shutterstock ; **p. 241** Sasa Kadrijevic/Shutterstock ; p. **243 h** Auteur Nathan ; **p. 243 b** Auteur Nathan ; **p. 245** Auteur Nathan ; **p. 246** Alberto Masnovo/Shutterstock ; **p. 258** GeorgeColePhoto/Shutterstock ; **p. 269** Kate_Mits/Shutterstock ; **p. 271** systŠme solaire MattLphotography/Shutterstock ; **p. 271** Soleil vector-map/Shutterstock ; **p. 271** Terre KasperB1/Shutterstock ; **p. 271** Everest Vixit/Shutterstock ; **p. 271** Dubai Lynch Shannon/Shutterstock ; **p. 271** baleine Imagine Earth Photography/Shutterstock ; p. **271** femmes Monkey Business Images/Shutterstock ; **p. 271** cerveau Sebastian Kaulitzki/Shutterstock ; **p. 271** ?il Aleks Melnik/Shutterstock ; **p. 271** coccinelle Igor Chus/Shutterstock ; **p. 271** lymphocyte Timonina/Shutterstock ; **p. 271** ADN Billion Photos/Shutterstock ; **p. 271** atome koya979/Shutterstock ; **p. 274** Cookie Studio/Shutterstock ; **p. 275** violetblue/Shutterstock ; **p. 276** stockfour/Shutterstock ; **p. 277** Cookie Studio/Shutterstock ; **p. 278** Charlotte Purdy/Shutterstock ; **p. 279** SnowWhiteimages/Shutterstock.

Édition : Aliénor Benzékri

Coordination artistique : Vincent Rioult

Secrétariat d'édition : Juline Brasset, Anaëlle Féret, Nathanaël Deniau

Correctrice : Catherine Lainé

Couverture : Julie Juliencourt

Fabrication : Christine Aubert

Composition et schémas : STDI

ISBN : 978-2-09-167090-4

N.º de Project : 10267949 - Dépôt légal : septembre 2020 - Imprimé en Espagne par Macrolibros